はじめに――本書の特徴

近年、京都や奈良の数多くの寺社、あるいは日光東照宮や厳島神社などが続々とユネスコの世界文化遺産に登録される等、日本建築への興味が急速に高まりつつあります。しかし、そのやや抽象的な難解さゆえに、現在それらを解読・鑑賞する術が必ずしも一般の方々に十分普及しているとはいえません。

そこで、本書は日本建築の見方、見どころを数多くの実例をあげて、平易な文章と多数の図版を用いてわかりやすくまとめたものです。読みものとしてもおもしろく、またガイドブックとしても使い易いものを意図しました。

本書を手にして傑作建築の数々を訪れ、春ならば匂いたつ花々、夏ならば青々とした新緑、秋には燃え上がるような紅葉、冬ならば純白の雪とともに愛で、また神や仏と語らい、地域の人々と人情あふれる触れ合いを通して、疲れた心を癒してみてはいかがでしょうか。

本書が皆様の魅力発見の助けとなり、日本建築がより一層愛されるようになれば、著者として無上の喜びです。

宮元健次

目次

図説
日本建築のみかた

第四章 茶 室 ―一期一会の空間―

第一章　神　社

神のすむ家

神社の発生——自然崇拝

神社はいうまでもなく神様をまつった建物のことです。初詣《はつもうで》や結婚式、あるいは願い事があると私たちは神社を訪れますが、もともと神社には神の家である本殿はなく、山（神奈備《かんなび》・三諸《みもろ》）や木（神籬《ひもろぎ》）、石（磐座《いわくら》）で祭りを行ない、そこに神を招いて宿らせていました（図1〜3）。

それらの神の仮設の宿を常設の社に発展させたのが神社であるといわれています。その発祥にあたる建物が、歴代の天皇が即位した後、神と食事をともにするための「大嘗宮正殿《だいじょうぐうせいでん》」（図4）であり、平成天皇の即位の際も再現されました。

［図1］…神奈備の例（日吉大社、八王子山）

［図2］…神籬の例（諏訪大社上社本宮）

［図3］…磐座の例（日吉大社）

神社の種類――寺院の影響

神社の中心建物である本殿の形式を年代順に分類すると、おおよそ次の四タイプに大別できます（図1〜3、図5）。

1　本殿をもたないタイプ（山、木、石に神が宿る）
2　仏教が伝えられる前のタイプ（日本独自の造形）
3　仏教が伝えられた後のタイプ（寺院の影響を受ける）
4　神社とも寺院ともつかない宮寺《ぐうじ》（人を神に祀る）

まず1は、前述の神社発生初期の形式で、山や木、石等の自然に神を宿らせて祀《まつ》る例です。

次に2は、やはり前に触れた大嘗会《だいじようえ》の建物そのものである住吉造《すみよしづくり》や、「心御柱《しんのみばしら》」と呼ばれる大黒柱《だいこくばしら》に相当する柱を神の象徴に見立てた例であり、いずれも日本で独自に生み出された形式で、通常は人が近くで礼拝することができない神だけの社といえます。

さらに3では、六世紀に中国から仏教が伝来し、神は仏の仮の姿とする「本地《ほんち》垂迹説《すいじやくせつ》」が説えられたために、仏寺の影響を受けて屋根の反りが増し、仏像に対抗して神像が置かれるようになります。また仏寺のように庇を付けたり内部に外陣を設けて礼拝する場所がつくられ、神と人の関係がより親密になります。

最後の4の形式は、人を神として祀る特殊な形式で寺院とも神社ともつかない社です。

それぞれの形式についてより詳しく観察する前に、まずすべての神社の共通事項を以下簡単にまとめてみましょう。

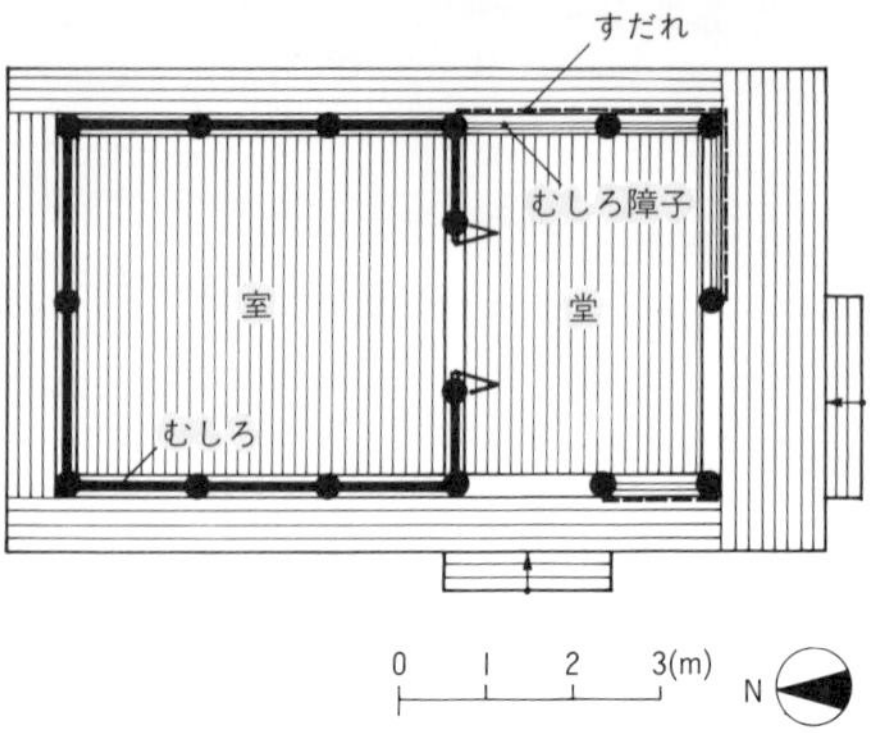

[図4]…大嘗宮正殿平面図

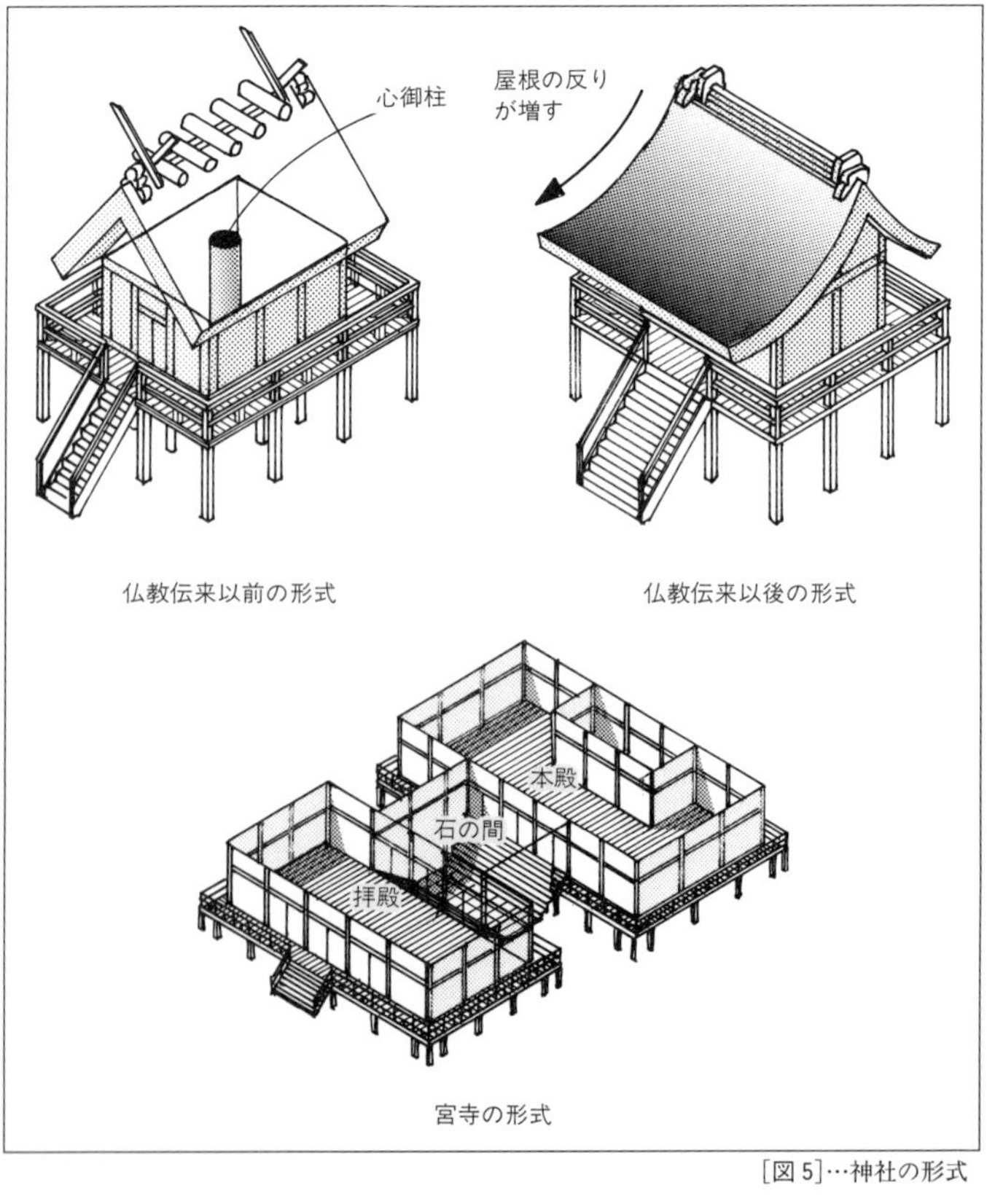

[図5]…神社の形式

鳥居《とりい》と門《もん》

聖域への入口

鳥居が神社の領域である境内への入口であることはいうまでもありません。上から笠木《かさぎ》、貫《ぬき》と呼ばれる二本の水平材を二本の柱でささえたもので、神社の様式によりさまざまな形状、材料のものがあります（図6）。

最も原始的な例としては、伊勢神宮の神明鳥居があり、式年遷宮と呼ばれる二十年ごとの造替の古材を再利用して造られます。

なお、寺院の影響から門を設けた例もあり、特に「楼門《ろうもん》」や「四脚門《よつあしもん》」はしばしば用いられています（図7）。

水盤舎《すいばんしゃ》

ケガレをはらい潔める

神社を参拝する際、まず参拝者は手

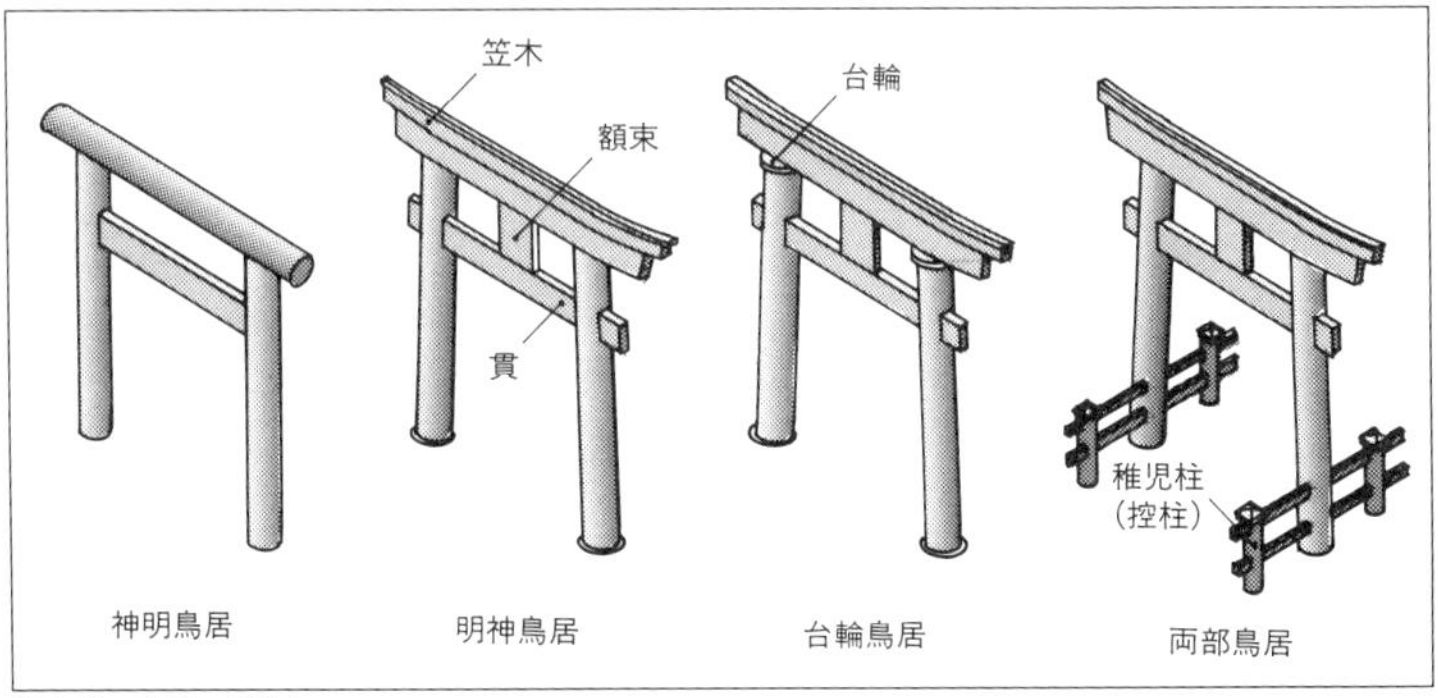

[図6]…鳥居の種類

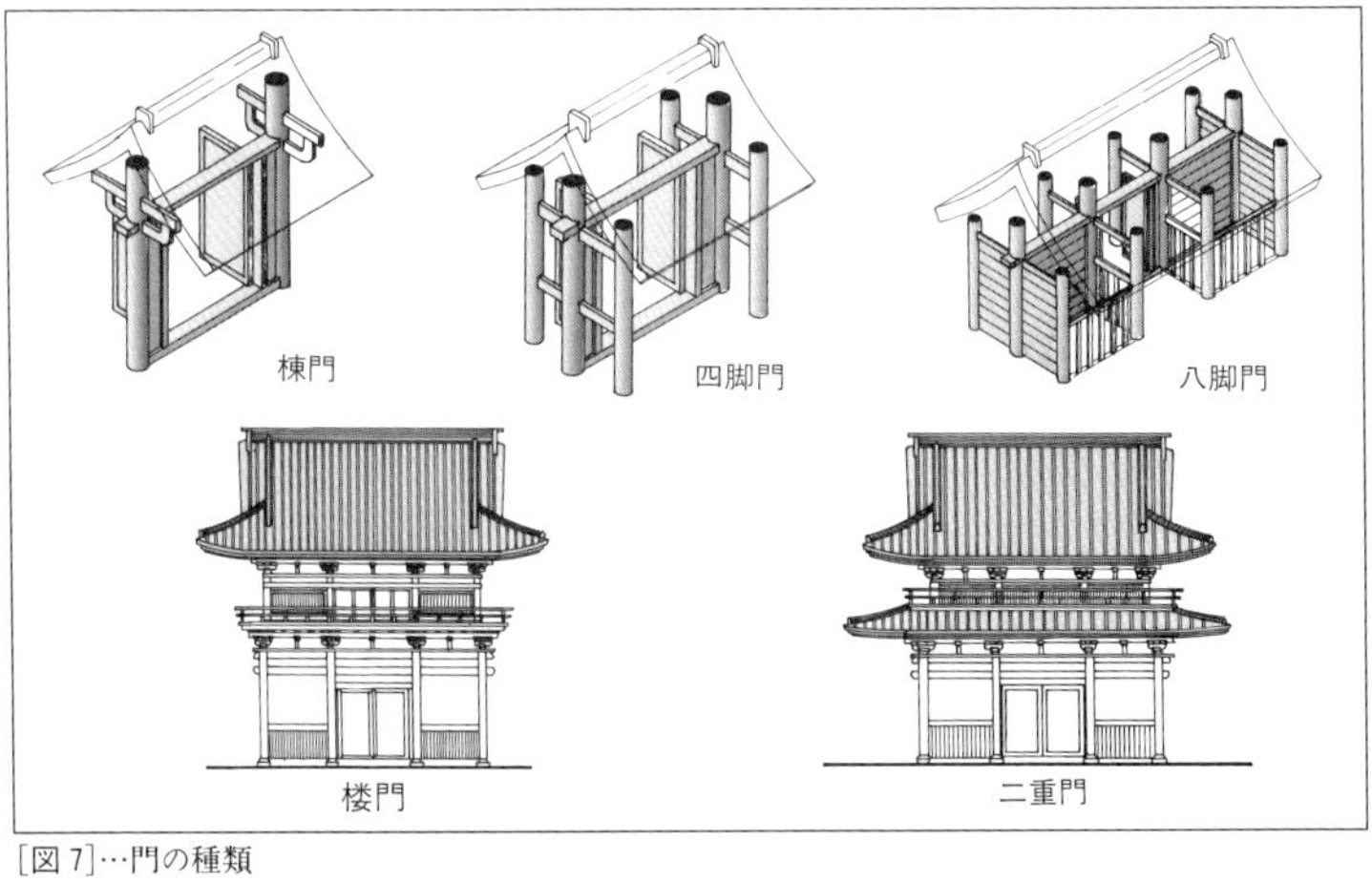

[図7]…門の種類

や口を水で潔めなくてはいけません。古くは神前の川を利用したといわれ、例えば伊勢神宮の五十鈴川《いすずがわ》の手洗場等はその名残りです。

現在では水屋《みずや》、手水舎《ちょうずや》、水盤舎《すいばんしゃ》と呼ばれる屋根付きの水舎で柄杓《えしゃく》を用いて潔めるのがほとんどです。日光東照宮の水盤舎はなんとサイフォンの原理で、水が下から上にわき出すしくみになっています（図8）。

[図8]…日光東照宮の水盤舎

参道《さんどう》

神様に出会うまでの道のり

鳥居から拝殿（拝礼のための建物）、本殿（神を祀る建物）にいたるまでの道を「参道《さんどう》」といい、神様に対面するまでの気分を高揚させるための空間です（図9）。途中に階段を設けたり、道を左右に折曲させて、まるで人が中に近づくのを拒んでいるかのような変化がしばしば見られます。

受験の神様で知られる北野天満宮の参道は童歌《わらべうた》の「とうりゃんせ」で「ここはどこの細道じゃ　天神様の細道じゃ」と歌われるほどに有名です。

通常、参道の両脇には神社に奉納された灯籠が立ち並び、夜の照りとしても用いられます。一方、祭りの際は屋台が立ち並び、市民に開放された憩いの場所としても使われます。明治神宮の「表参道」は、このような参道の公共性が定着して活況を呈し一つの町にまで発展した例といえましょう。

[図9]…参道の例（北野天満宮）

狛犬《こまいぬ》・獅子《しし》

日本のスフィンクス

狛犬は「高麗犬」のことで、朝鮮（高麗）伝来の犬の彫刻です。また獅子は「唐獅子《からじし》」ともいわれることから中国伝来とみられ、ライオンに似た想像上の動物の彫刻です（図10）。

どちらも神社の魔除《まよ》け（お守り）として、神前の左右に一対に置かれます。沖縄のシーサやエジプトのピラミッドのスフィンクスとの共通性をうかがわせます。神社によってさまざまな例があり、頭に角のはえた例や宝珠をのせたものもあります（図11）。

本殿《ほんでん》

平入《ひらい》りと妻入《つまい》り

神社の本殿の屋根の頂部を「棟《むね》」と呼びますが、棟に対して垂直な壁に入口を持つ例を「妻入《つまい》り」、また水平な壁

[図10]…狛犬(左)と獅子(右)

[図11]…狛犬のバリエーション(頭に角がはえたもの(右)と宝珠をのせた例(左)。ともに築土神社)

に入口を持つ例を「平入《ひらい》り」といいます（図12）。

まず「平入り」は、神社が元来、農耕の神を祀ることから発生したため、穀物倉庫から発展した形式で、後述する神明造《しんめいづくり》や流造《ながれづくり》、日吉造《ひえづくり》や八幡造《はちまんづくり》等の様式に用いられています。

また「妻入り」は、古代の住居から発展した形式で、大社造《たいしゃづくり》や春日造《かすがづくり》、住《すみ》吉造《よしづくり》等に用いられています。

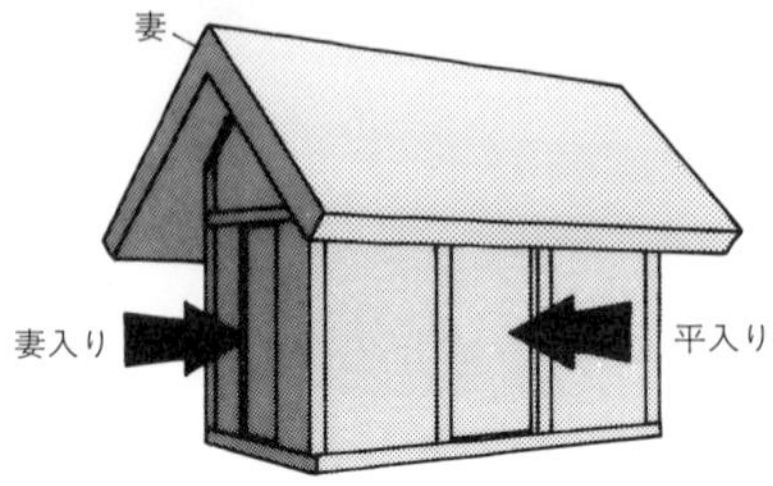

［図12］…妻入りと平入り

千木《ちぎ》と堅魚木《かつおぎ》

神様のシンボル

神社の本殿の屋根の上には、千木や堅魚木が置かれることがあります（図13）。千木は屋根の妻《つま》の骨組を左右とも延長させたものであり、また堅魚木は棟《むね》に垂直な丸太を並べたもので、妻入りの神社に多く見られ、大社造《たいしゃづくり》（図14）や春日造《かすがづくり》、住吉造《すみよしづくり》の他、平入《ひらい》りでは唯一神明造《しんめいづくり》の社《やしろ》に用いられています。

どちらも神社建築独特の意匠ですが、特に堅魚木は、その数が神社の格式をあらわし、多いほど格が高いことを示しています。なお、この名称は魚のカツオに由来するといわれ、後述する寺院や住居の「懸魚《げぎょ》」と同様、水の象徴

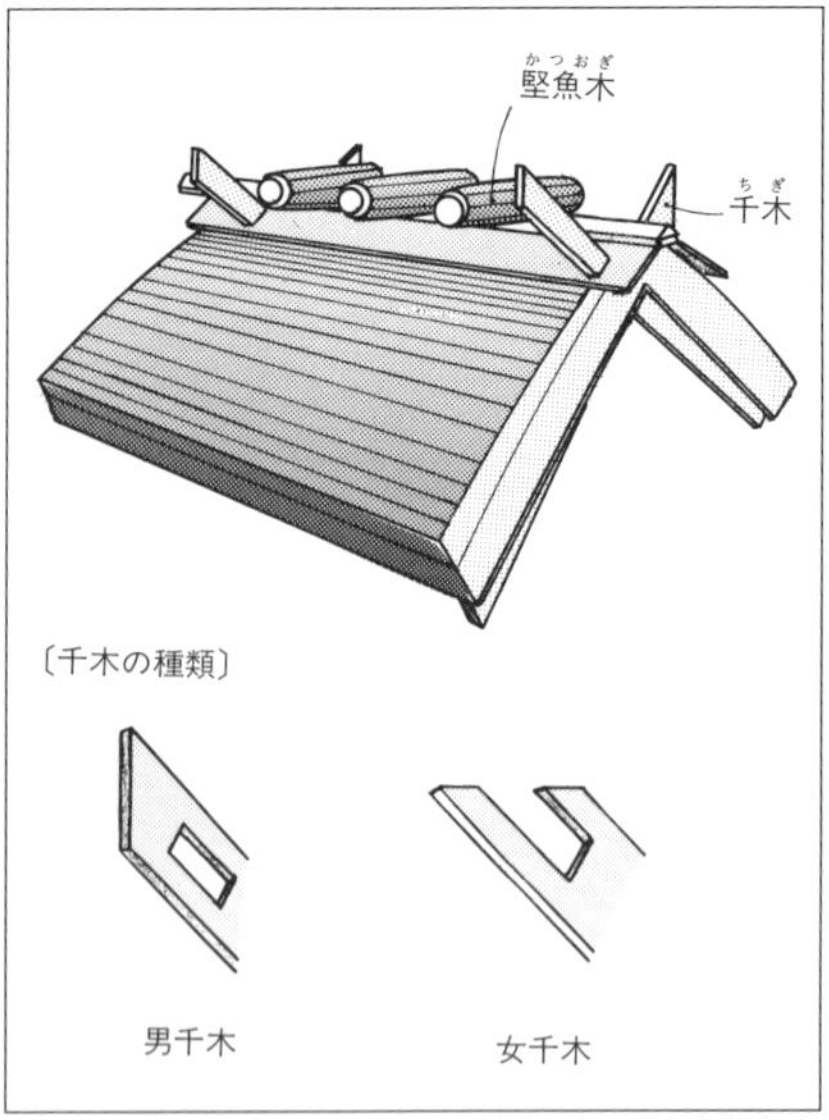

［図13］…千木と堅魚木

［図14］…出雲大社の堅魚木

として火災よけの「お守り」として屋根に置かれたものともいわれます。

垣《かき》・塀《へい》・廊下《ろうか》・注連縄《しめなわ》

聖域を囲む結界

聖域と外部を分けるために神社では通常垣を巡らせます。最も多く用いられるのが、荒垣《あらがき》や透垣《すきがき》と呼ばれる柱や板を透き間を空けて立て並べたものですが、伊勢神宮やその周辺の神社では厳重にも四重に垣が巡らされ、内から順に瑞垣《みずがき》、玉垣《たまがき》(二重)、板垣《いたがき》を用いています(図15)。

また、垣の他塀を巡らす例もあり(図16)、その他やはり寺院の影響から廊下を巡らした例もあります(図17)。

この他、「注連縄《しめなわ》」と呼ばれる藁縄《わらなわ》を聖と俗、浄と不浄の境界線である「結界《けっかい》」として、はり巡らすこともしばしばみられます(図18)。

[図15]…垣の種類

[図16]…塀の種類

[図17]…廊下の種類

[図18]…伊勢神宮の注連縄

拝殿《はいでん》・祓殿《はらいどの》・幣殿《へいでん》

神様と出会う場所

拝殿は文字通り神に拝礼するための建物で、仏寺の礼拝のための礼堂《らいどう》の影響を受けて平安時代頃から設けられたものです。

拝殿はおおよそ以下の三つに分類することができます（図19）。

横拝殿《よこはいでん》─横長で平入りの拝殿

縦拝殿《たてはいでん》─縦長で妻入りの拝殿

割拝殿《わりはいでん》─横拝殿の中央を土間とする拝殿（図20）

この他、山口県下に限って「楼門拝殿」と呼ばれる二階建ての楼門のかたちの拝殿がみられます。

一方、祭祀を行なう神職が拝礼する建物を「祓殿《はらいどの》」として別に設けた例や、神への捧げ物として玉串《たまぐし》を奉るための場所として、本殿と拝殿の間に「幣殿《へいでん》」を設けた例があります（図21）。

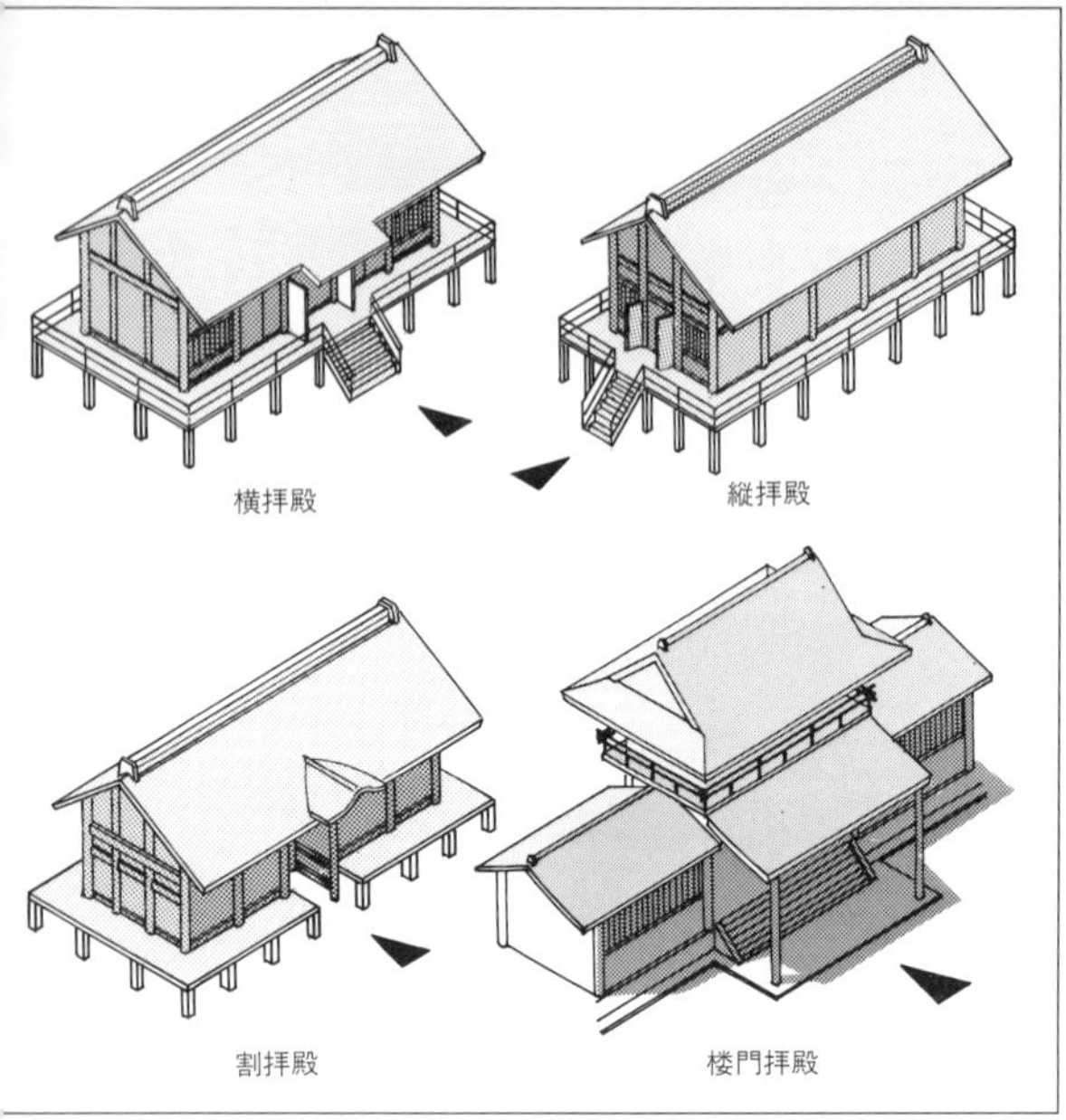

[図19]…拝殿の種類

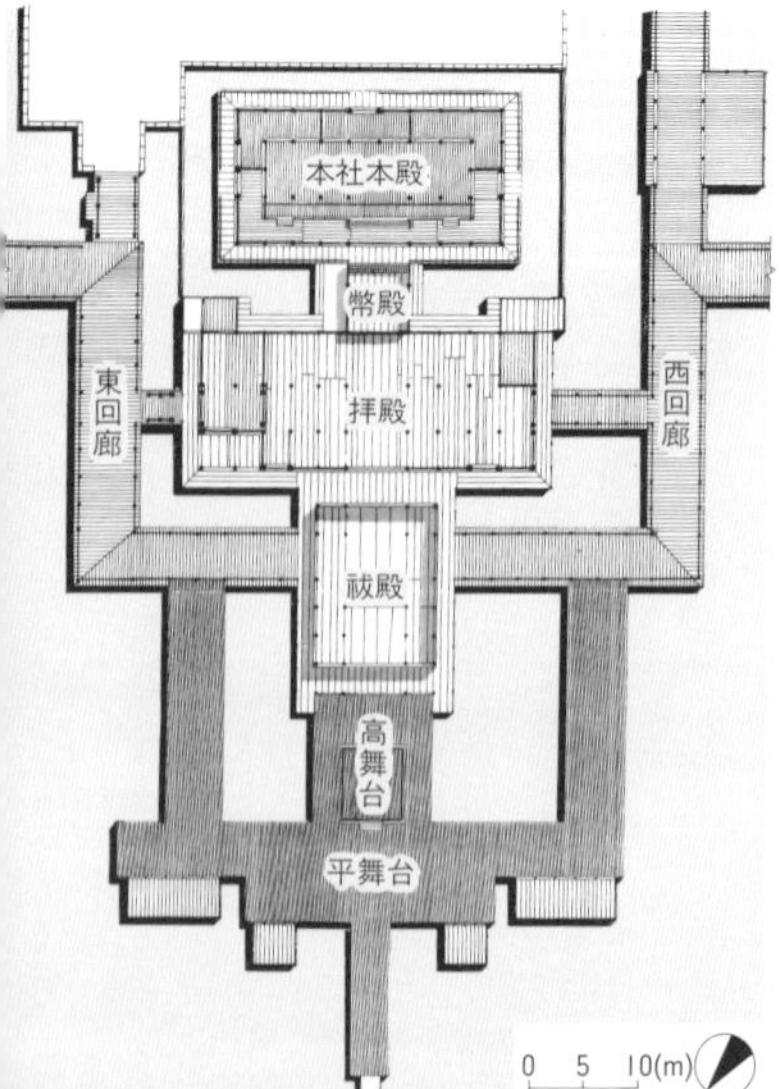

[図21]…厳島神社の祓殿と幣殿

［図22］…伊勢神宮の摂社（月読神社）

［図20］…御香宮拝殿（割拝殿）

［図23］…日吉大社の末社

［図24］…日吉大社（東本宮）

本社《ほんしゃ》・摂社《せっしゃ》・末社《まっしゃ》・別社《べっしゃ》・鎮守社《ちんじゅしゃ》

神々のコネクション

その神社のおおもとをなし、中心となる祭神が祀られている社を「本社」と呼びます。また祭神と縁の深い神を祀った社を「摂社《せっしゃ》」（図22）あるいは「末《まっ》社《しゃ》」（図23）といい、摂社の方が社格が高く、どちらも本社の境内に祀ったもの（境内社）と境外に祀ったもの（境外社）があります。例えば伊勢神宮の摂社は、内宮が二十七社、外宮は十六社もあり、また日吉大社の末社に至っては実に百八社に及んでいます。

さらに、本社と祭神は同じで別の場所に設けられた神社を「別社」「別宮」と呼びます。

一方、土地に根ざしてその場所を守る神の事を産土神《うぶすなかみ》といい、それを祀る社を「鎮《ちん》守社《じゅしゃ》」と呼びます。鎮守社は、村や都市を守る例と寺院を守る例に大別でき、前者には、村の鎮守の神様から江戸の総鎮守《そうちんじゅ》である神田《かんだ》神社などさまざまな例があり、また後者では寺院内に祀られる鎮守堂から比叡山《ひえいざん》の山王七《さんのうなな》社《しゃ》（日吉大社《ひよしたいしゃ》）（図24）まで多数の例がみられます。

神厩舎《しんきゅうしゃ》・絵馬殿《えまでん》

馬を奉じる

古来、貴族や武士の間では、神社に生きた馬を奉納して幸福を祈る習わしがありました。その馬を「神馬《しんめ》」といい、また飼育するための建物を「神厩《しんきゅう》舎」と呼びます（図25）。伊勢神宮や各地の大きな神社では、現在も神厩舎と神馬を見ることができます。

しかし、一般には生きた馬を奉納することがむずかしいので、「絵馬《えま》」と呼ばれる馬を描いた絵を奉納することが多く、それらを掲げる建物を「絵馬殿《えまでん》」といいます（図26）。

神楽殿《かぐらでん》・楽屋《がくのや》・祝詞殿《のりとでん》・直会殿《なおらいでん》

儀式の舞台

神前で舞を演ずることを「神楽《かぐら》」と

[図25]…多賀大社の神厩舎

[図26]…金山神社の絵馬殿

[図27]…住吉大社の神楽殿

[図28]…上賀茂神社の楽屋

いい、そのための屋根付きの舞台のことを「神楽殿《かぐらでん》」と呼びます（図27）。また、神楽のために雅楽を演奏する建物を「楽屋《がくのや》」といいます（図28）。どちらも、三方あるいは四方が吹放ちになった建築で、一対に設けられます。

また、祭儀を取り行なう神職が神に古式の言葉で述べる口上を「祝詞《のりと》」といい、そのための建物を「祝詞殿《のりとでん》」と呼びます（図29）。

さらに、祭儀のあと、神に奉納した「神饌《しんせん》」と呼ばれる食べ物や酒のお下り物をいただくことを「直会《なおらい》」といい、そのための建築を「直会殿《なおらいでん》」と呼びます（図30）。「直会《なおらい》」とは「居直る《いなお》」の意味で、祭儀の緊張をときほぐす場所であることがわかります。

［図29］…明治神宮の祝詞殿

［図30］…春日大社の直会殿

権殿《ごんでん》・神輿庫《みこしこ》・御旅所《おたびしょ》

神様の宿

本殿を修理・再建する場合に一時的

［図31］…上賀茂神社の中門

に御神体《ごしんたい》（神が宿る形ある物）を移す建物を「権殿《ごんでん》」あるいは「仮殿《かりどの》」「移殿《うつしどの》」「遷宮《うつしのみや》」といいます。本殿と権殿が常に並立している例に上賀茂《かみがも》神社（賀茂別雷神社）があり、全く同じ造作の二つの社殿が廊下でつなげられています（図31）。

一方、祭りの時にかつぎ出される神輿《みこし》を収蔵しておく倉庫を「神輿庫《みこしこ》」といい（図32）、山車《だし》を収める場合は「山車蔵《だしぐら》」と呼ばれます。

また、祭りで神輿が数日間巡行される際、出先で神輿を仮に収める建物を「御旅所《おたびしょ》」といいます（図33）。

神饌所《しんせんしょ》・御饌殿《みけでん》・酒殿《さかどの》・神服殿《しんぷくでん》

神様の衣・食

神様に奉納する食膳を調理する台所を「神饌所《しんせんしょ》」（図34）といい、また盛りつけを行なう所を「御饌殿《みけでん》」（図35）と呼び、ミは敬称でケは食物をあらわし

[図 32]…浅草神社の御神輿庫

[図 33]…松尾大社の御旅所

[図 34]…奈良県登弥神社神撰所

[図 35]…伊勢神宮外宮の御饌殿

ます。

さらに神様に奉納される酒を神社内で醸造する建物を「酒殿《さかどの》」といいますが、現在は神社で醸造されることはなく、春日大社酒殿（重文）など一部の例をのぞき建築にその名残りを見るにすぎません（図36）。

一方、「神御衣《かむみそ》」と呼ばれる神様の着る服を奉納する建物を「神服殿《しんぷくでん》」と呼びます（図37）。冠《かんむり》から下着、上着、はかままですべての衣服を、冬夏二回新しくしつらえて奉るのであり、神様がいかにオシャレであるかが伺えます。

庁屋《ちょうのや》・預屋《あずかりや》・大炊殿《おおいどの》

神社の裏方

神職が常駐して神社の管理を取り行なう社務所のことを正式には「庁屋《ちょうのや》」といいます（図38）。また、神職が夜間宿泊して勤番する宿直所のことを「預屋《あずかりや》」と呼びますが、社を預るの意

[図 38]…水神社庁屋

[図 36]…春日大社酒殿

[図 39]…下鴨神社預屋

[図 37]…下鴨神社神服殿

[図40]…下鴨神社大炊殿

から命名されたのでしょう（図39）。

さらに台所のことを「大炊殿《おおいどの》」あるいは「竈殿《かまどどの》」といいます（図40）。

社家《しゃけ》・斎館《さいかん》・参籠所《さんろうしょ》
人々の宿

「社家《しゃけ》」とは神職の邸宅のことです。伊勢神宮では六十家以上があったといわれます。神社の境内やその付近に社家町を形成することが多く、例えば京都の上賀茂神社一帯には江戸期には二百七十以上の社家が軒をつらねていたといわれ、現在も三十軒ほどが認められます（図41）。

[図41]…上賀茂神社社家

また「斎館《さいかん》」あるいは「参籠所《さんろうしょ》」とは、祭儀を奉仕する皇族や神職などが宿泊する施設のことです。上賀茂神社の「忌《い》子殿《しでん》」は、忌子と呼ばれる神に仕える少女のみの参籠所として知られています（図42）。

[図42]…上賀茂神社の忌子殿

1――本殿をもたない神社

神奈備《かんなび》・三諸《みもろ》・磐座《いわくら》(岩倉《いわくら》)・神籬《ひもろぎ》

　神社はもともと、「神奈備《かんなび》」あるいは「三諸《みもろ》」と呼ばれる山や「磐座《いわくら》(岩倉)」と呼ばれる石、また「神籬《ひもろぎ》」という木等に神を宿らせ、本殿がありませんでした(12頁参照)。この形式がそのまま今に残った神社がいくつか現存しています。

　例えば、現存する最も古い起源をもつといわれる奈良の大神《おおみわ》神社は、三輪《みわ》山《やま》を御神体《ごしんたい》として、拝礼のための拝殿はありますが本殿はありません。そのため、この山は禁足地として「千古斧《せんこおの》をいれない」といって神職ですら、ほとんど入山できないといわれます。

　果たしてこのような山岳信仰は、いったいどこからきたのでしょうか。未だ定説こそありませんが、大神神社周辺の神社の配置が私たちにあるヒントを与えてくれます。

　まず、多《おお》神社から三輪山を見ると、春分と秋分にはちょうど山から日の出が望めます。また、鏡作《かがみづくり》神社と神武《じんむ》天皇古墳からもそれぞれ冬至《とうじ》と夏至《げし》の日の出が望めることがわかり、これらは偶然ではなく、計画的に配置されたことを示唆しています。

　このような例は「自然暦」といわれ、世界中に数多く例がありますが、日本では三上山《みかみやま》の例など、山名に「三」がつくものが多く、おそらく春・秋分、夏至、冬至の日の出の三方を意味しているのでしょう。保《たも》井《い》春海《しゅんかい》が一六八五年に著した『日本長暦』には「冬至の日に記す」として「我が国の神の祖先のイザナギノミコトが日の三天を測って季節、日時を定めた」と述べられ、また一七五五年の安倍泰邦《あべやすくに》の『暦法親書』によれば、「夏至・春分・冬至の太陽の運行を三天といい、暦の基となった」と記され、このような配置が古くから知られていたことがわかるのです(図―)。

　それでは、この自然暦をどのように用いたかというと、稲作に関係しているといわれ、農民が田植えや苗代、稲刈りを行なう時期を知るためのしくみではないかと考えられています。すなわち、山を御神体とする神社の当初の目的は、暦を知ることだったのかもしれません。

このような自然暦の例は何も山に限ったことではなく、石を御神体とする神社にも見られ、例えば、「酒船石《さかふねいし》」と呼ばれる磐座には三本の直線が彫りこまれていますが、それぞれがやはり春・秋分、夏至、冬至の日没の方位を指している上、その方位に重なって山や神社が位置していることがわかるのです。

このように見てくると、神社のルーツである山や磐座は、自然暦を土地に記憶するためのランドマークとでもいうべきものであったのではないかと想像したくなってくるのですが、実際には未だ解明できない謎となっているのです。

それでは以下、いくつか実例について観察してみましょう。

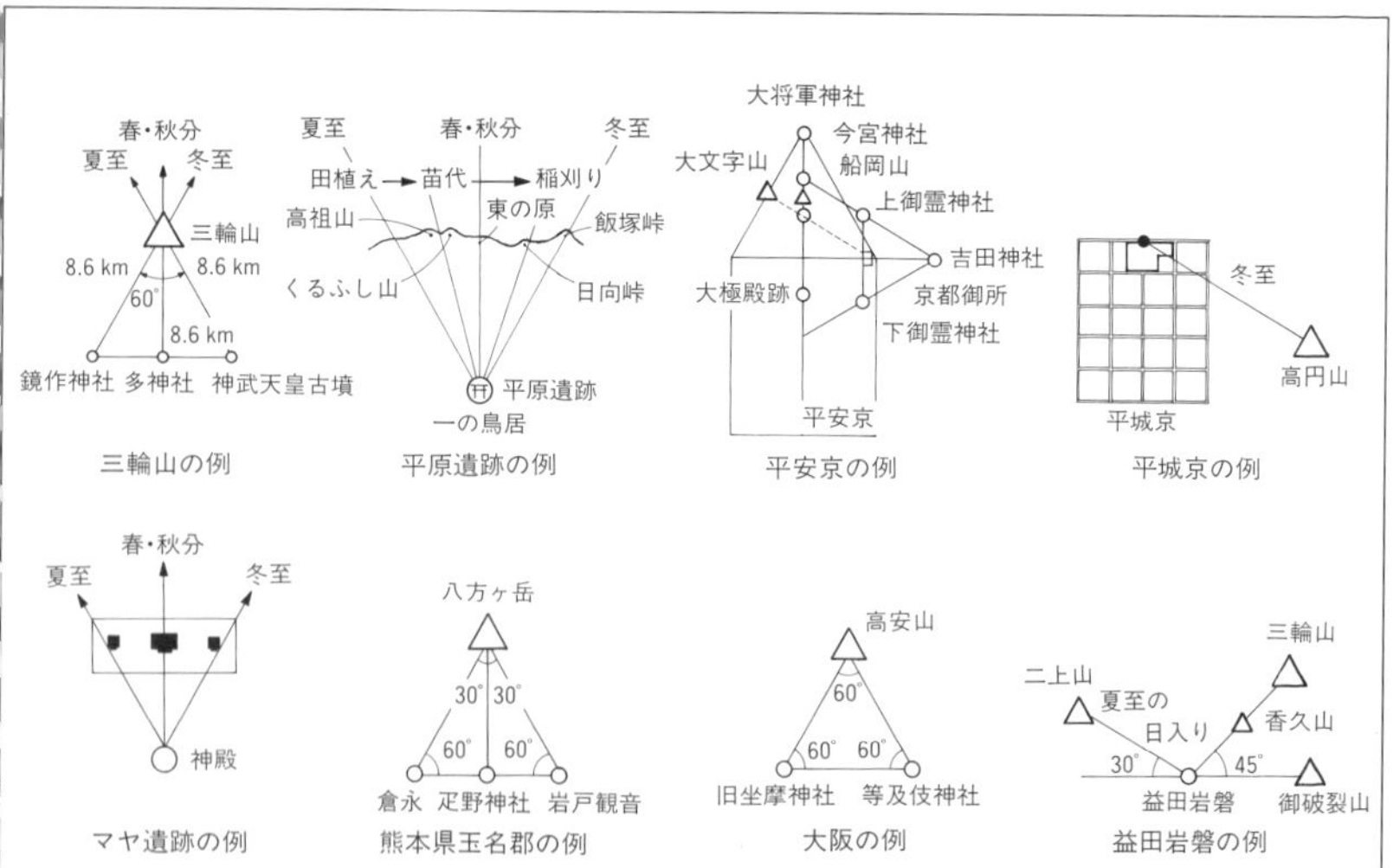

[図1]…自然暦の例

❻金鑽神社《かなさなじんじゃ》

埼玉県児玉郡神川町二宮七五一

（交通）JR八高線児玉駅下車

埼玉と群馬の県境の神流川《かんな》にほど近く、背後の金華山では古来銅の発掘が盛んであったために、「金砂《かなさ》」の意から命名されたといわれます。

本殿をもたず、御室岳《おむろだけ》を御神体とする神社で、主祭神は天《あま》照《てらす》大《おお》神《みかみ》と素戔嗚尊《すさのおのみこと》です。武蔵七党と呼ばれる武士団の一つ児玉氏の氏神として信仰を集めましたが、一六九八年に社殿が焼失、現在の拝殿はその後の造営になるものです（図12）。

ただし、境内の多宝塔は一五三四年の造営のまま焼失をまぬがれ、現在重要文化財に指定されています。

[図12]…金鑽神社鳥瞰図

2——仏教伝来以前の神社

住吉造《すみよしづくり》・大鳥造《おおとりづくり》・大社造《たいしゃづくり》・神明造《しんめいづくり》

　本殿をもつ神社として、最も古い形式に「住吉造《すみよしづくり》」「大社造《たいしゃづくり》」「神明造《しんめいづくり》」の三種類があります。それらは六世紀に日本へ仏教が伝えられる以前に日本独自の建築様式としてあみ出されました。

　まず、住吉造《すみよしづくり》は天皇の即位の後、神様とともに食事をする儀式である「大嘗会《だいじょうえ》」のための仮設の建物（大嘗宮正殿《だいじょうぐうせいでん》）を神殿として受け継いだもので、中央に扉をつけた妻入りの形式です（図1）。両開き戸の内部は「室《むろ》」と呼ばれる食事のための部屋があり、さらに奥に扉をつけて神のための「堂《どう》」が設けられており、住吉大社が代表例といわれます。この住吉造を簡略化した形式に大鳥造《おおとりづくり》があります（図2）。

　次に大社造《たいしゃづくり》は、田の字型に柱を配した平面をもち、左右非対称な位置に扉をつけた妻入《つまい》り形式となっています（図3）。出雲地方に多いタイプで、代表例には神魂《かもす》神社《じんじゃ》や出雲大社《いずもたいしゃ》・熊野大社・須佐神社・佐太神社等があげられます。その他大社造二棟を連結した「美保造《みほづくり》」の美保神社の例もあります（図4）。

　さらに神明造《しんめいづくり》は、弥生《やよい》時代以降の穀物《こくもつ》を納めるための倉庫である高床で切妻屋根《きりづまやね》をもつ「校倉《あぜくら》」が、しだいに神を祀る建物に転用された形式です（図5）。平入りで、妻壁から少し離して「棟持《むなも》ち柱」を立てていますが、この柱は実際には屋根を支えておらず、象徴と

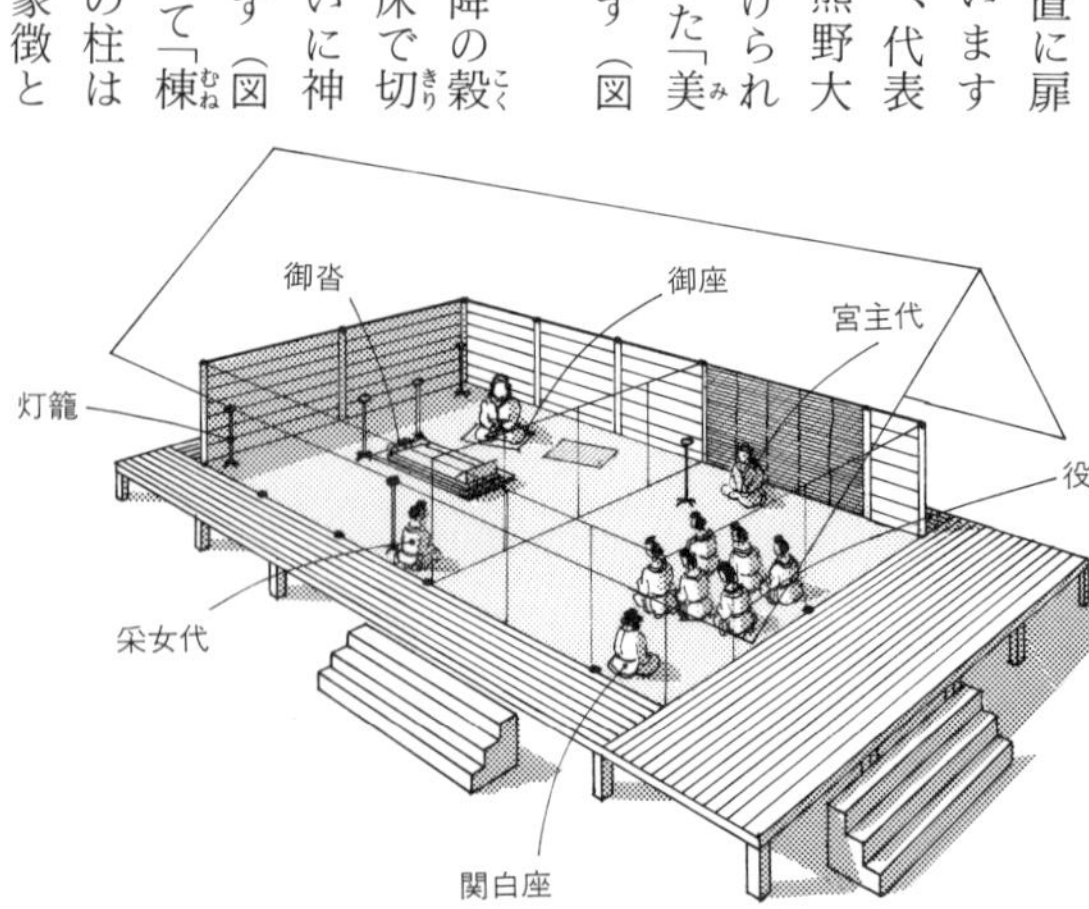

［図1］…大嘗宮正殿の復元図

しての役割があるといわれます。伊勢地方に数多くの例があり、代表としては伊勢神宮が有名です（図6）。

どの形式にしても、千木《ちぎ》と堅魚木《かつおぎ》を屋根にもつ点が共通しています。以下実例を観察してみましょう。

［図2］…大鳥造

［図4］…美保神社本殿

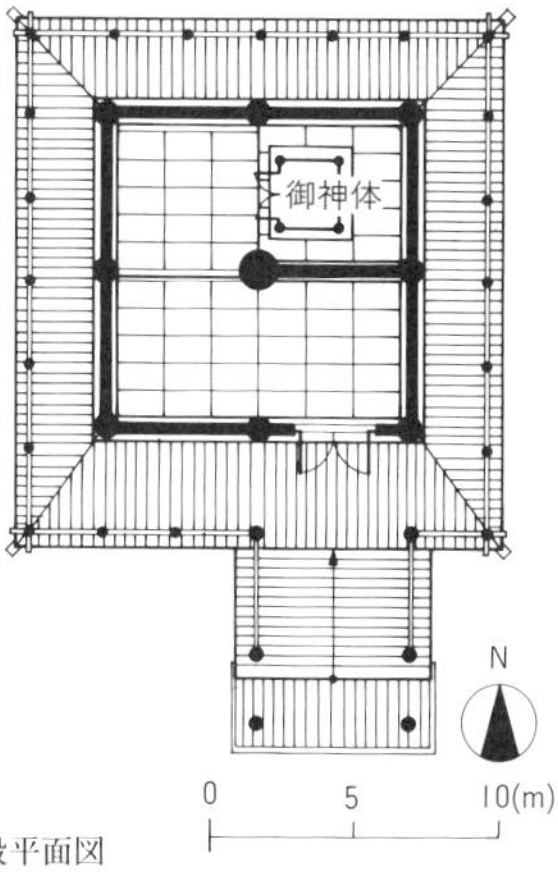

［図3］…出雲大社本殿平面図

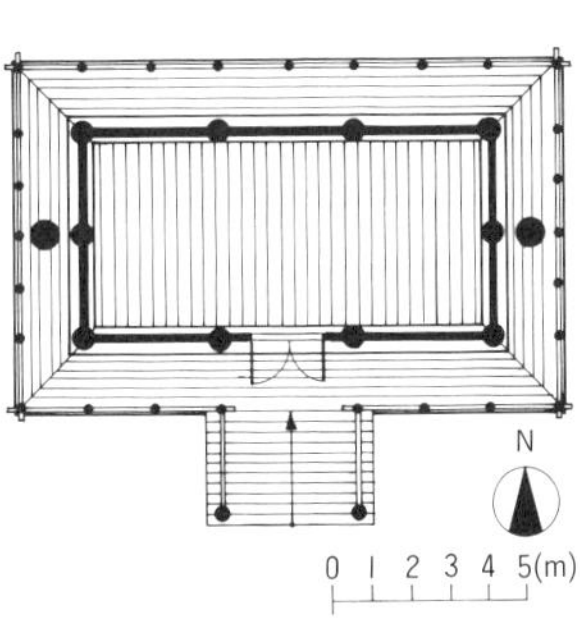

［図6］…伊勢神宮正殿（内宮）平面図

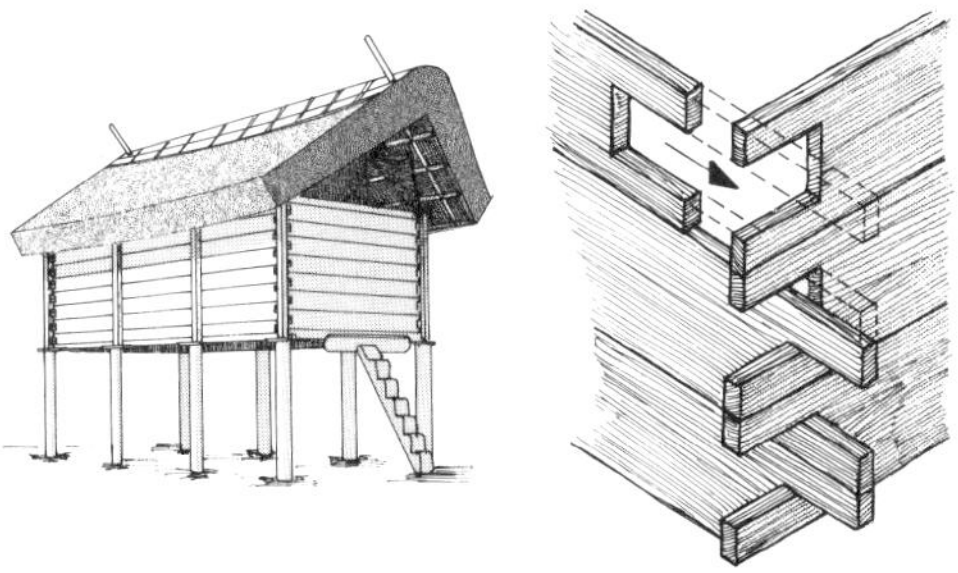

高床式倉庫　　角部分の拡大

［図5］…校倉造（高床式倉庫の例）

⑦住吉大社《すみよしたいしゃ》

大阪市住吉区住吉二—九—八九

(交通)南海電鉄本線住吉大社駅、または南海電鉄阪堺線住吉鳥居前駅下車

摂津《せっつ》の国《くに》(現大阪市)一ノ宮《いちのみや》と呼ばれた最古の神社の一つで、「住吉造《すみよしづくり》」を代表する社。神功皇后《じんこうこうごう》が新羅《しらぎ》(現韓国)遠征の際に守護神とし、のちにこの地に祀ったといわれます。そのため、古来より交通安全の神として信仰を集めてきました。

現在の本殿は一八一〇年の再建によるものですが、内部を、神の居所と天皇即位の際に神とともに食事をするための前後二室に分けた「大嘗宮正殿《だいじょうぐうせいでん》」と呼ばれる古代の神殿の形式をそのまま現在に伝えており、国宝に指定されています(図7、8)。

切妻造《きりづまづくり》で妻入りの屋根は直線的で反りがなく、棟に千木《ちぎ》と堅魚木《かつおぎ》を置く

[図8]…住吉大社第三本宮、第四本宮

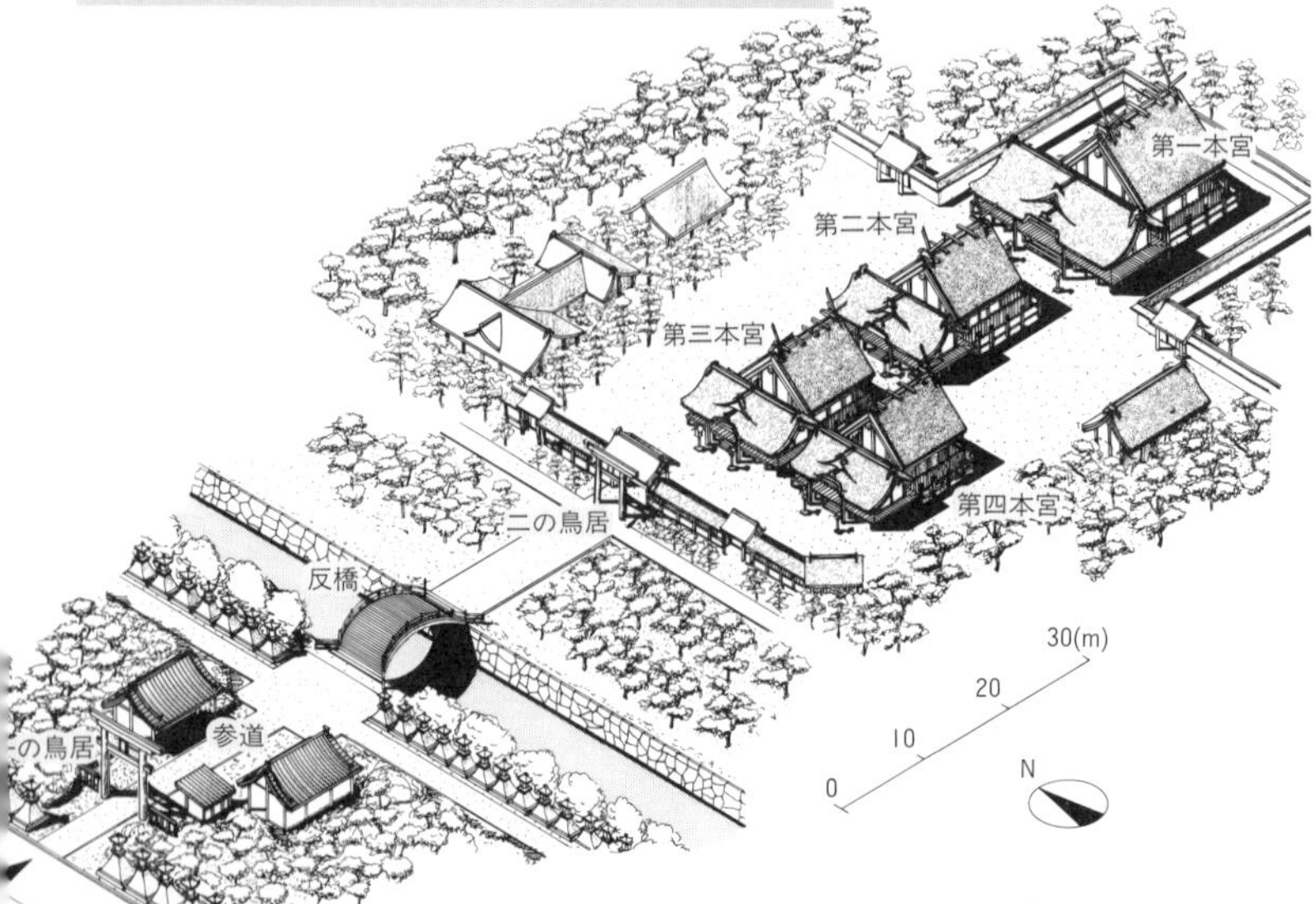

[図7]…住吉大社鳥瞰図

のが特徴で、同型の四つの本殿に「底《そこ》筒男命《つつおのみこと》」「中筒男命《なかつつおのみこと》」「表筒男命《うわつつおのみこと》」と呼ばれる三つの住吉神と神功皇后を祀っています。

❽出雲大社《いずもたいしゃ》

島根県簸川郡大社町杵築東一九五

（交通）ＪＲ山陰本線出雲市駅より一畑電鉄バス電鉄出雲大社前駅下車

住吉大社、伊勢神宮と並び称される日本最古の神社の一つで、「大社造《たいしゃづくり》」を代表する社。この地方の神社のほとんどがこの形式をもっています。

祭神は、「因幡《いなば》の素兎《しろうさぎ》」の伝説で有名な大国主命《おおくにぬしのみこと》で、出雲の国の領主として国をあけ渡すことを条件に、ここに神として祀られたものといわれます。また大黒様の化身とも考えられたために福の神としても信仰され、江戸時代には縁結びの神として信じられてきま

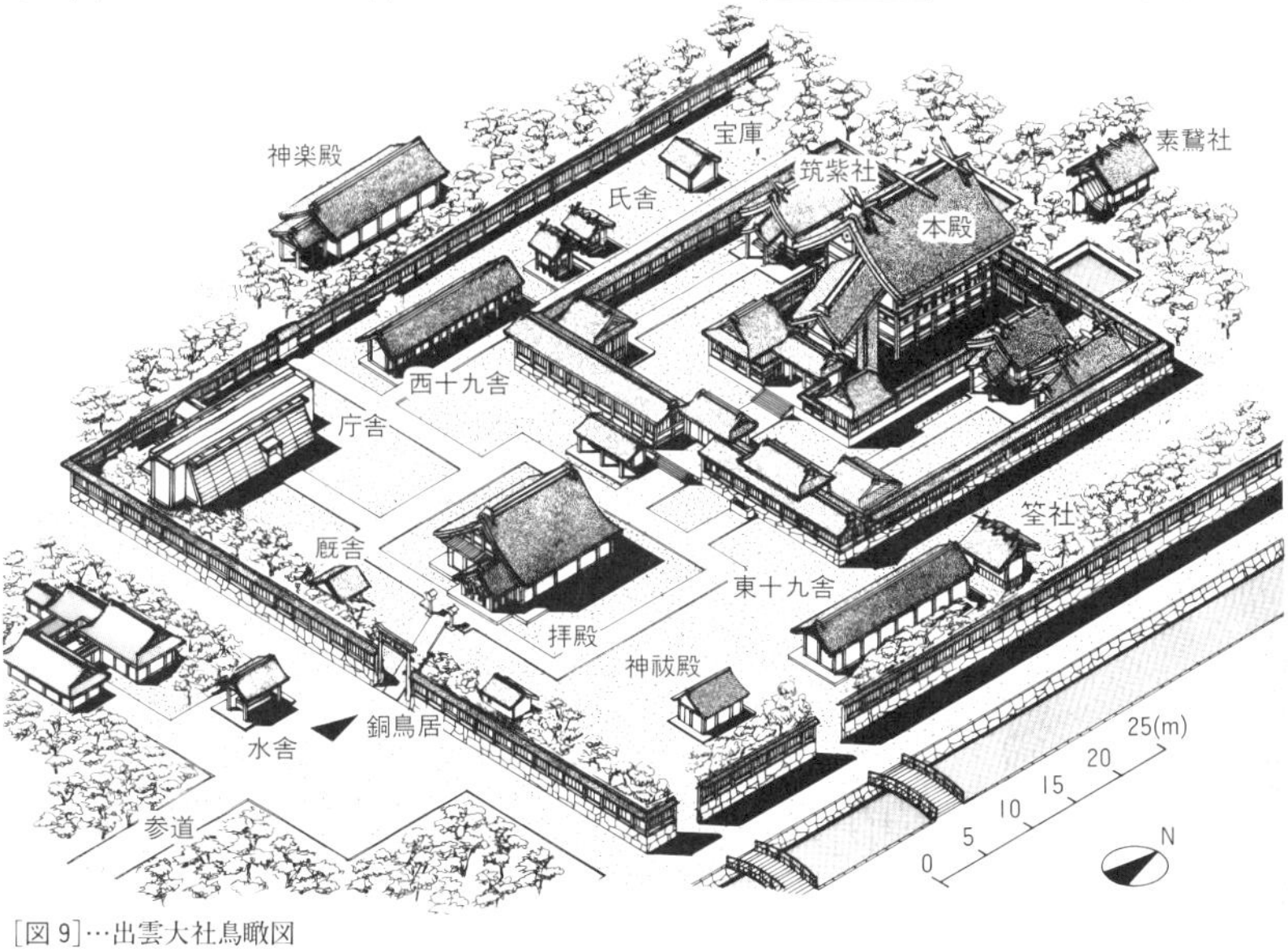

［図9］…出雲大社鳥瞰図

こぼれ話

伊勢神宮と太一思想

古代中国では、北極星のことを「太一」と呼び、天空で唯一動かずにいる宇宙の神を表します。『史記』によれば太一を中心として1年で1回転する星座が北斗七星で、太一はこれに乗って宇宙を巡ると記されています。太一思想に基づき北斗七星型配置をもつ建築として、日吉大社や日光東照宮などがあげられ、ルーツは伊勢神宮と考えられます。吉野裕子氏によれば、毎年神宮で催される「御田植神事」や、20年に一度の式年遷宮の際「心御柱」に捧げられるお櫃、神宮への運搬船などには必ず「太一」と書かれた扇や旗が掲げられるそうです。また、西北の度会の地には北斗七星が祀られ、これが外宮となったといいます。さらに最も重要な祭り三節祭の日時は北斗七星の位置から決定されたといいます。

[図10]…出雲大社本殿

した。

出雲大社では、陰暦の十月十一日から十七日にかけて「神在祭《かんありまつり》」が行なわれますが、これは日本のすべての神々がこの地に集まる祭りであることから「神のいる祭」の意で命名されたものでしょう。反対に十月を「神無月《かんなづき》」とも呼ぶのは、全国の神がいなくなる月という意味であるといわれます。

現在の本殿は、一七四四年に再建されたものですが、国宝に指定されています。住吉大社と同じく切妻造の妻入り屋根に千木と堅魚木をのせたものですが、住吉大社が中央に扉をつけているのに対し、出雲大社では左右非対称（正面向かって右側）に扉をつけています。内部平面も田の字型で中央に太い柱があり、右奥の内殿が左向きであることが異なります。

❾神魂《かもす》神社《じんじゃ》

島根県松江市大庭町五六三

（交通）ＪＲ松江駅より一畑電鉄バス大庭車庫下車

当社は、日本の国土を造ったという伝説で知られる「伊弉諾尊《いざなぎのみこと》と伊弉冉尊《いざなみのみこと》」を祭神とする神社です（図11〜13）。本殿は「大社造《たいしゃづくり》」の形式をもつ最も古い遺構であるといわれ、一五八三年に再建されたものが現存し、国宝に指定されています。出雲大社を訪れる際は、ぜひこの神魂神社にも立ち寄ることをお奨めしたいと思います。

外観は出雲大社に酷似していますが、規模ははるかに小さく、内部間取りが左右に正反対になっているのが特徴です。

❿美保《みほ》神社《じんじゃ》

島根県八束郡美保関町美保関六〇八

（交通）ＪＲ松江駅より一畑電鉄バス美保関車庫下車

『出雲国風土記』にも出てくる古い神社で「事代主命《ことしろぬしのみこと》」と「三穂津姫命《みほつひめのみこと》」を祭神とする神社です。現在の本殿は一八一三年に再建されたもので、国指定の重要文化財に指定されています（図14、15）。

[図 11]…神魂神社本殿

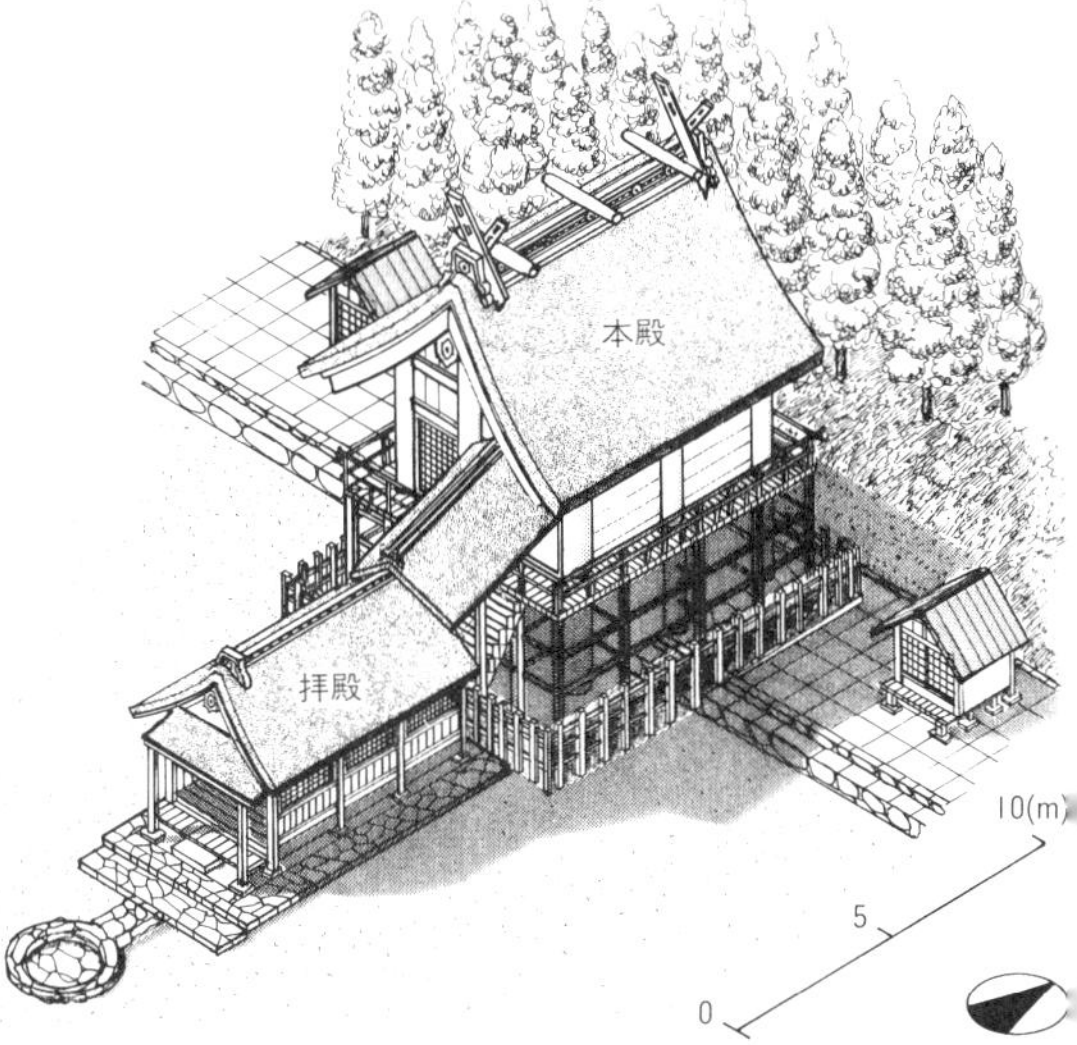

[図 12]…神魂神社鳥瞰図

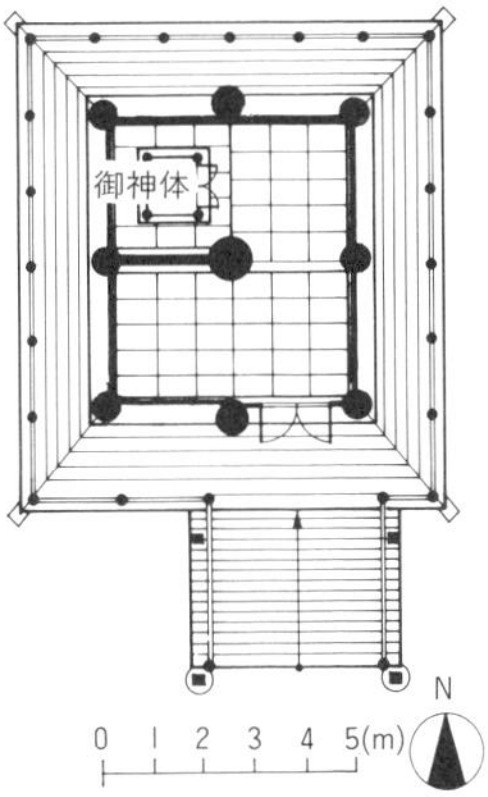

[図 13]…神魂神社本殿平面図

[図 14]…美保神社鳥居

祭神が二つのために、この地方特有の大社造の本殿を二棟左右に連結させており、「美《み》保造《ほづくり》」と呼ばれており、前掲の出雲大社、神魂神社を訪れる際はぜひそのバリエーションの一つとして見学していただきたい社《やしろ》です。

「美保関」と呼ばれる半島の先端に位置するため海とかかわりが深く、境内には二隻の「諸手船」と呼ばれる二本の丸太をくりぬいて合わせた古代の形式の船が現存しています。

⑪伊《い》勢《せ》神宮《じんぐう》

三重県伊勢市宇治館町一

（交通）ＪＲ参宮線及び近鉄山田線伊勢駅下車、外宮から三重交通バス内宮前駅下車

天皇の祖先にあたる「天照大神《あまてらすおおみかみ》」を主祭神とし、神社の中でも最も高い格式をもつ国家神とでもいうべき存在が伊勢神宮です。古来より信仰を集め、

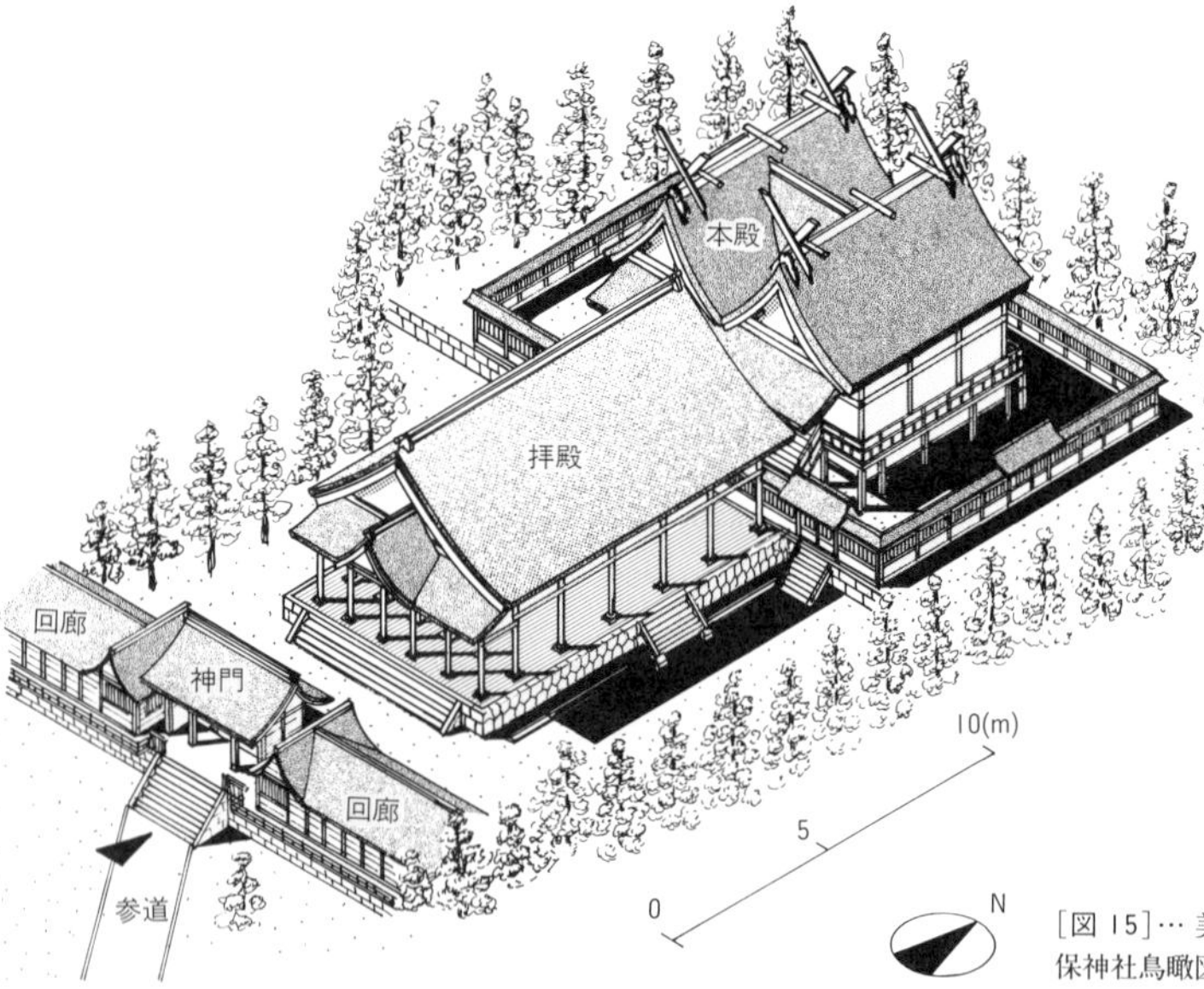

[図15]…美保神社鳥瞰図

こぼれ話

大国主命と大黒様

出雲大社の祭神である大国主命は、「ダイコク」とのごろ合わせのためか、民間ではしばしば七福神の一つ、大黒様と重ねて信仰されてきました。

しかしそもそも大黒様は、仏の仲間の一つ大黒天のことで、元来ヒンドゥー教の神マハカーラを指します。古図を見ると、このマハカーラは顔が三つ、目が三つ、腕が６本あり、人間と羊と象をつかんでぶら下げる世にも恐ろしい姿をしています。「マハ」とは大きいこと、「カーラ」は暗黒のこと、すなわちブラックホールを指しており、袋は何もかも呑み込んで「無」にする暗黒神のシンボルなのです。皮肉にも、日本ではこの袋が財宝のシンボルであると誤解され、さらに出雲大社の神様と思われて今日に至っているのです。

一生に一度は「お伊勢まいり」をすることが日本人の憧れでした。「皇大神宮《こうたいじんぐう》（内宮《ないくう》）」と「豊受大神宮《とようけだいじんぐう》（外宮《げくう》）」にそれぞれ天照大神と豊受大《とようけだい》御神《ごじん》を祀り、別宮《べつぐう》、摂社《せっしゃ》、末社《まっしゃ》、所管《しょかん》社《しゃ》など合計一〇九社が、伊勢地方の約

［図16］…伊勢神宮月夜見宮

五五〇〇ヘクタールに渡り広く点在しています。

内宮は元来、皇居に祀られていましたが、その後大和《やまと》（現奈良県）に移され、さらに一世紀頃に垂仁天皇《すじんてんのう》によって現在の地に移されたといわれます（図17）。現に、皇位継承の印といわれる大神神社《おおみわじんじゃ》から日の出の方向、すなわち日の生まれる再生の方位である真東に伊勢神宮がもとあったとされる元伊勢が位置しており、のちに触れる宮寺、つまり人が神として祀られる形式特有の東西線配置が用いられた可能性が指摘できるのです。天照大神が太陽神にたとえられるのもここから由来するのでしょう。

一方、外宮は、雄略天皇が天照大神のお告げによって、天照大神の食事を司る神として内宮から約五キロ離れた場所に祀られたもので、内宮外宮を合わせて単に「神宮」とも呼ばれることもあります（図18）。

最大の特徴は、七世紀に持統天皇が始めたといわれる「式年遷宮《しきねんせんぐう》」で、内、外宮をはじめ、一四の別宮にいたるまで、すべて二十年ごとに全く新しく造り直す制度です。戦国時代に約百二十年ほど途絶えた以外は脈々と続けられ、一九九二年には六十一回目を迎えました。このような制度がつくられた理由は、おそらく後に触れる、人が神として再生する神宮寺の性格がかかわっているともいわれ、神社全体を新しく生まれ変わらせることを意図しているのでしょう。

内、外宮も別宮もすべて東西に一対の敷地をもっており、式年遷宮ごとに交替に一方が用いられます。内宮は南面する正殿の後に左右二つの宝殿が配置し、瑞垣《みずがき》と玉垣《たまがき》（二重）、板垣が周囲を巡り、門が建てられています。

正殿は、正面三間、奥行二間で切妻

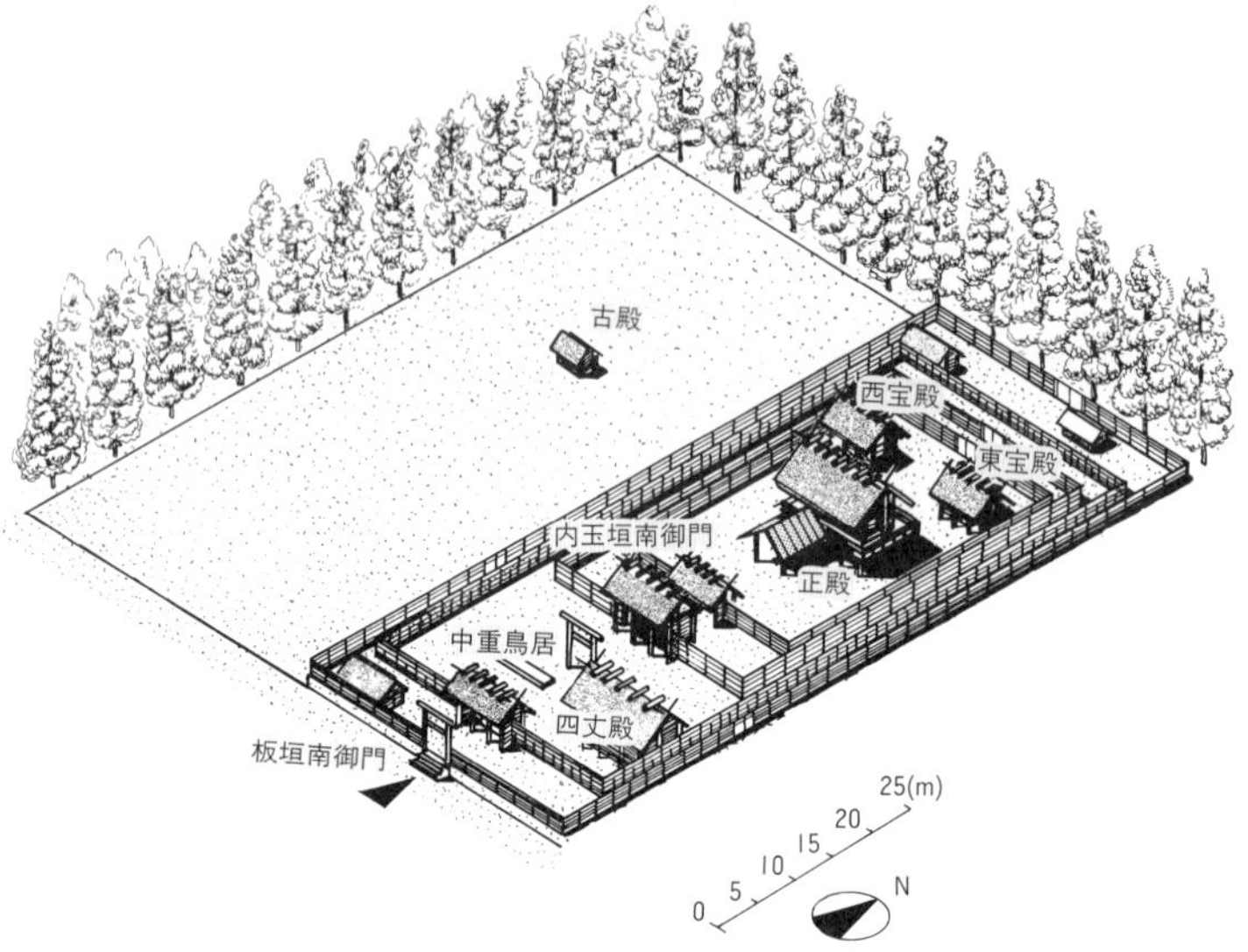

[図 17]…伊勢神宮内宮鳥瞰図

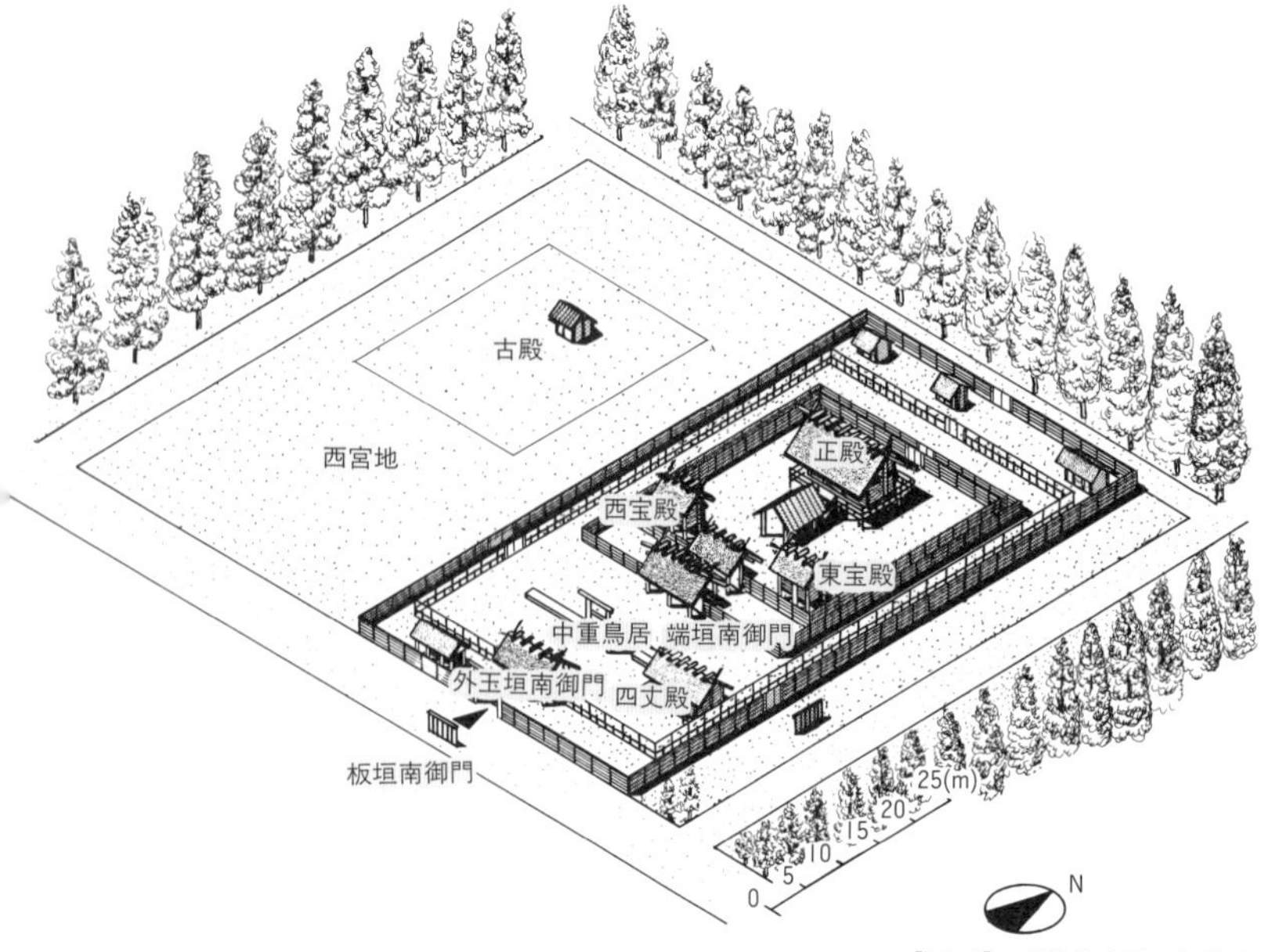

[図 18]…伊勢神宮外宮鳥瞰図

造の平入りの茅葺き屋根に千木《ちぎ》と堅魚《かつお》木《ぎ》をのせ、柱はすべて円柱で両妻に「棟持ち柱」と呼ばれる神がやどる象徴的な柱が立てられ、周囲を縁が巡っています。ヒノキの白木のままで造られるため、匂い立つような新鮮な美しさをもっています。このような形式を「神《しん》明造《めいづくり》」と呼び、後の宝殿や外宮、別宮以下の社も、すべてこの意匠を多少簡略化したしくみをもっています。

⑫仁科神明宮《にしなしんめいぐう》

長野県大町市大字社宮本一一五九

（交通）JR大糸線信濃沓掛駅下車

伊勢神宮の領地である「御厨《みくりや》」は日本各地に分布していましたが、正式な神明造の社殿が現存しているのは、この仁科神明宮《にしなしんめいぐう》を残すに過ぎません。この地が神宮領になった年代は定かではありませんが、その守護神として伊勢神宮より分祀されたことに他なりません。

伊勢神宮同様、二十年に一度の式年遷宮が行なわれていたらしく、一三七六年以降、三十一回の造り替えの記録が残されています。

現在の社殿は、一六三六年の式年造《しきねんぞう》替《たい》の際のもので、その後は修理のみ施されて今日に至ったため変形を加えることもなく、神明造としては、伊勢神宮の形式より遡る最古の遺構であるといわれます（図19、20）。

伊勢神宮とは異なり、屋根が、茅葺《かやぶき》ではなく檜皮葺《ひわだぶき》であるため、薄くて傾斜がゆるく大変軽快な意匠となっています。舟肘木《ふなひじき》や斗組《ますぐみ》、高欄《こうらん》のついた縁、蟇股《かえるまた》など、仏寺の建築様式もところどころに散見できますが、全体としては最も古い神明造の形式をとどめており、一見の価値があります。

[図19]…仁科神明宮本殿

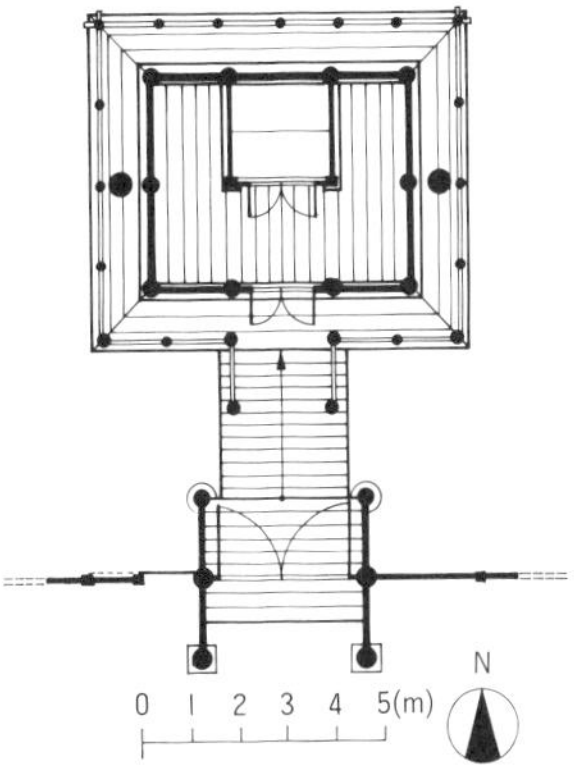

[図20]…仁科神明宮本殿平面図

エピソード

出雲大社が倒れた理由

❖1　風もないのに倒れた神殿

一〇三一年といえば、栄華を極めた藤《ふじ》原道長《わらみちなが》が没して四年目のことです。その年、日本最古の神社・出雲大社が突如倒壊するという大事件が起きました。これを目撃した貴族 源 経頼《みなもとのつねより》は、彼の日記『左経記《さけいき》』に、その様を次のように実に生々しく書き残しています。

「出雲大社が風もないのに倒れた。（中略）二、三度、光ったかと思うと、すぐに激しく震動し、神殿が倒れた。大きな材木が、みな中ほどで折れて倒れ伏した」。

この事件を記録した別の文献『日本記略』には、「理由《わけ》もなく倒れた」と書いてあります。つまり、風もなく理由もなく、ただばったりと倒れたことになるのですが、やはり倒れるからには、何か理由があったのではないかと疑いたくなるのが人情です。

もしかすると地震があったのではないかと調べてみたところ、九七六年と一〇三七年には大地震があったことが文献からわかり、また、倒壊の翌年にも小さな地震があったことは確かなのですが、倒れた一〇三一年には、全く地震がなかったことがわかりました。

それでは台風はどうでしょう。倒れた前年の一〇三〇年には、京都に大風が吹いたことが『兵範記《へいはんき》』に書かれており、また一〇三二年には豊前国《ぶぜんのくに》（大分県）に大風があって宇佐八幡宮《うさはちまんぐう》の建物が倒れたと『日本記略』に記されていますが、肝心の一〇三一年については、火災・洪水・旱魃《かんばつ》の記録はあっても、台風の記録は全くなく、文献の「風もないのに倒れた」という記述が確認できるのです。

出雲大社は世界最大の木造大建築でしたが、その巨大建築がただ倒れたのですから、これを見た当時の人々はさぞや驚いたに違いありません。科学の未発達な頃のこと、人々は出雲大社の神様のたたりだといって恐れおののいたのでした。

❖2　オオクニヌシノミコト鎮魂《ちんこん》の神社

そもそも、出雲大社が建てられた目的は、祭神オオクニヌシノミコトのたたりを鎮めることでした。『古事記《こじき》』によれば、出雲地方（鳥取県）の支配者であったオオクニヌシノミコトが、次の支配者の命令に従い、立派な神社を用意することを条件に、国をゆずります。

なんといさぎよい最期でしょう。いやいさぎよければいさぎよいほど、あとが恐いもの、江戸時代の学者本居宣長《もとおりのりなが》は、この『古事記《こじき》』の記述のうしろに、わざわざ「オオクニヌシノミコトは海に入って死んだ」と注意書きをつけて、自殺したことを強調しています。そして、死んだオオクニヌシノミコトの遺言通り、というよりも涙をのんで死んでいったオオクニヌシノミコトのたたりを恐れて建てられたのが、出雲大社でした。

❖3　出雲大社の偶数原理

日本建築において、柱と柱の間のことを「間《けん》」と呼びます。

日本建築のほとんどの間数《けんすう》が奇数を採用しています。なぜなら、建物の正面が偶数間になっていると、真中の柱が邪魔で、中央に入口をつくることができないからに他なりません。

そしてなによりも、日本には、古来、奇数―陽《はれ》、偶数―陰《け》といった考え方があるせいでしょう。

建築史家の石田茂作《いしだもさく》氏は、偶数間を持つ特異な建物として、次の四つの例を挙げました。

一　出雲大社の社殿
二　元興寺《がんごうじ》の極楽坊《ごくらくぼう》
三　法隆寺、当麻《たいま》寺、薬師寺の塔の一部
四　法隆寺金堂の上層

このうち、薬師寺を除けば、実はすべて非業《ひごう》の死をとげた人物のたたりを鎮める寺であるといわれています。

例えば、元興寺は聖徳太子、当麻寺は中将姫、法隆寺は蘇我《そが》氏、そして出雲大社がオオクニヌシノミコトの霊を供養する建物なのです。

偶数間の建物は、いいかえれば正面に扉のない建物、すなわち出口のない建物といえます。怨霊を中に封じ込めて、外へ出てこれなくするための仕組なのです。

さて、偶数が陰の数であるということは、柱間に限ったことではなく、寸法についても同様であり、日本建築のほとんどは、奇数寸法を採用してきました。

ところが、出雲大社の社殿の高さは、社伝によると昔は十六丈であったといい、実は法隆寺《ほうりゅうじ》の五重塔も『資財帳《しざいちょう》』によれば、高さが十六丈であるといわれ、偶数寸法となっていました。

偶数の中でも、特に日本において四が最も忌《い》み嫌われる陰の数であることはいうまでもありません。ところが十六丈ということは、四カケル四ということです。

さらに、出雲大社は、柱の寸法がすべて四の倍数となっています。そればかりか、出雲大社ではカシワ手を古くから四つ打ちますが、普通は二つです。カシワ手を四つ打つ神社は、他には例がほとんどありません。

今度は神社の方位に着目してみましょう。出雲大社の社殿は南面していますが、内部の神座《かみざ》は西向きにつくられています。伊勢神宮《いせじんぐう》をはじめとして、日本最古の様式をとどめるといわれる神魂《かもす》神社やほとんどの神社は、神座が日の「生まれる」方位、すなわち東向きであるのに対し、出雲大社は、奇妙にも日の「死ぬ」方位である西向きとなっているのです。しかも、御神体の位置は、田の字型平面の東北隅、すなわち「鬼門」の位置に置かれています。このような配置は、陰陽道研究家の長原芳郎氏によれば、新しい生命が生まれないことを意味するといわれます。

その他、神の権力を示すといわれるカツオギの本数について、七七一年に出された「造殿儀式《ぞうでんぎしき》」で、大社八本、中社六本、小社四本と規定されているにもかかわらず、出雲大社はわずか三本と異常に少なく、オオクニヌシノミコトの権威が故意に低められているのがわかるのです。

❖4　何回も倒れた出雲大社

「風もないのに」「理由もなく」倒れた出雲大社ですが、さらに詳しく調べてみると、倒れたのは一回だけでなく、何回も繰り返し倒れたことがわかりました。例えば、冒頭で触れた一〇三一年の倒壊の五年後、一〇三六年に再建されると、わずか二十五年しか経たない一〇六一年年、またばったり倒れました。それらを含め出雲大社は、次に示すようにその後も再建、転倒を繰返していたのです。

一〇三一（長元四）年　転倒
一〇三六（長元九）年　遷宮
一〇六一（康平四）年　転倒
一〇六七（治暦三）年　遷宮
一一〇八（天仁元）年　転倒
一一一二（天永三）年　遷宮
一一四一（保延七）年　転倒
一一四五（久安元）年　遷宮
一一七二（承安二）年　転倒
一一九〇（建久元）年　遷宮
一二三五（嘉禎元）年　転倒

いずれの記録も原文に「顛倒《てんとう》」と書かれており、火災にあったのでもなければ、地震や台風にあったのでもなく、一定年月が過ぎて造り替えられたのでもありません。ただ、ばったりと倒れたのです。

これだけ何度も建て直されているのだから、材木の腐朽とも考えられません。

しかも、神殿である上、たたり封じの建物なのですから、大工の手抜きなどとても考えられないことなのです。

❖5　その後の出雲大社

何回も繰返し倒れた出雲大社は、その後どうなったのでしょうか。

調べてみると、一二四八年の建て直し以後、建物が小さくされ、その後、倒れたという記録がありません。

何度もばったり倒れた理由は、なんのことはない、建物が巨大過ぎたせいだったのではないかということです。

文献に記された「転倒」を列記しただけでも前述の記録の通りです。出雲大社が創建されてから、記録の他にも何度も倒れたとしてもおかしくありません。倒れるたびに当時の人々は、それをオオクニヌシノミコトのたたりだと思って恐れおののき、それ故、建て直すたびに、柱間や寸法を偶数にしたり、カシワ手を四つ打ったり、オオクニヌシノミコトの怨霊を封じ込める工夫を、あの手この手と繰返してきたのではなかったでしょうか。

そして、一二四八年、ここでようやく倒れる原因が、ただ単に建物が巨大過ぎるためであることに気がつき、神殿を小さくつくり直し、その後倒れなくなったのではないかと考えられるのです。

❖6　四八メートルの神殿

出雲大社の歴史は古く、遠く神代《かみよ》の時代までさかのぼり、正確にはわかっていません。『日本書紀』には、柱は高く太く、板は広く厚くと書かれており、古くから巨大な建築であったようです。

出雲大社の社伝によると、創建の頃は三二丈（約九六メートル）、中期になってから一六丈（約四八メートル）、その後現在に至るまで、八丈（約二四メートル）といわれています。

創建の頃、三二丈だったとすると、現代の三二階建てのビルに相当します。中期の一六丈だったとしても、一六階建てに相当するのですから、木造建築としても、そして当時の技術から考えてみても、とても信用できるものではありません。

しかし、平安時代の学者・源為憲《みなもとのためのり》の書いた『口遊《くちずさみ》』という文献には、次のようなことが書いてあります。

雲太、和二、京三、謂大屋誦

まず「謂大屋誦」というのは、「大屋《たいおく》を誦して謂《い》う」と読み、この一文が当時の大きな建物を暗記するためのゴロ合わせのようなものであることがわかります。

次に太、二、三というのは、それぞれ一番、二番、三番という意味です。

そして、雲、和、京については「雲太は出雲大社を言う。和二は東大寺大仏殿《とうだいじだいぶつでん》を言う。京三は大極殿《だいこくでん》を言う」という説明がついています。

そこで、全体を訳すと「一番＝出雲大社、二番＝東大寺大仏殿、三番＝大極殿、大きな建物を称してこういう」。

さて、平安時代の東大寺大仏殿は、一五丈（四五メートル）の高さがあったことがわかっています。それよりも大きいという出雲大社は、少なくとも十五丈以上あったことになります。すなわち、社伝にあった高さ十六丈という記録が、ここでにわかに信憑性《しんぴょうせい》を帯びてくるのです。

神殿が十六丈であった理由はそれだけではありません。江戸時代の『懐橘談《かいきだん》』という文献に、「寄木《よせぎ》の造営《ぞうえい》」という話があります。

それによると、一一一〇年の建て直しの時、出雲大社近くの海岸に、大木百本が流れつき、これで本殿を建て直したが、さらにこの時余った材木が因幡《いなば》（鳥取県）に流れつき、その長さが一五丈（四五メートル）であったというのです。

この話の中の大木百本が流れついたというのは、伝説の域を出るものではありませんが、ここで注目したいのは、当時、出雲大社を建て直すのに、長さ十五丈もの大木が必要であると信じられていた点です。つまり、少なくとも十五丈もの巨大な材木を使ったと書かなければならないほど、当時の人々の目から見て、出雲大社が大きかったことがわかるのです。

しかし、実際に、十五丈もの大木が存在したとはとても考えられません。それでは、高さ十六丈もの社殿が存在したと仮定して、どのようにそれをつくったのか、次に考えてみましょう。

❖7 四八メートルの神殿のしくみ

江戸時代の学者・本居宣長《もとおりのりなが》のエッセイ『玉勝間《たまかつま》』の中に、出雲大社の平面図があります。宣長は、この図は、出雲大社をつくった千家国造家に伝わったものだと説明しており、現に千家にほとんど同じ図が残されてます。

この図によると、社殿の九本の柱は、それぞれ大きな円と、その内の小さな三つの円で現されています。これは、「出雲《いずも》大社金輪《たいしゃかなわ》の造営之図《ぞうえいのず》」と題され、三本の材木を鉄の帯で結んで一本の柱にしたことを意味しています。この方法は、東大寺大仏殿にも使われているのですが、三本の材木を合わせて、一本の太い丸太をつくり、その外側を鉄の帯で、きつく締めつけたものに他なりません。

太い丸太を縦に途中で継いでいくよりも、三本の材木を少しずつずらしながら継ぎ合わせた方が丈夫になるに決まっています。この方法を使えば、確かに木造で十六階建てのビルに相当する高さの神殿が造られたに違いありません（図a）。

❖8 高過ぎた神殿

現在の出雲大社は、高さが八丈（二四メートル）です。八丈でも日本最大の神社建築であることに変わりはなく、実物を見るとあまりの大きさに誰もが驚嘆せざるをえません。しかし、ここまで考察してきたように、少なくとも中世には、十五丈以上の高さがあったことがわかり、あまりにも何度も転倒するので、現在の八丈に縮小されたと考えられるのです。

建築史家の福山敏男氏は、その中世の頃の出雲大社を、前述の『金輪造営図《かなわぞうえいず》』や高さ十六丈という社伝等から復元しています。すなわち、高さを十六丈とし、『金輪造営図』に「引橋長さ一町」とあることから、社殿に昇る橋の長さを一町（約一〇九メートル）にしたものです（図b）。

出雲大社にほど近い淀江町《よどえちよう》角田《つのだ》遺跡より出土した弥生式土器の中に、異常に背の高い、長い橋の架かる高殿の線刻をもつものがあるのですが、なんと、福山

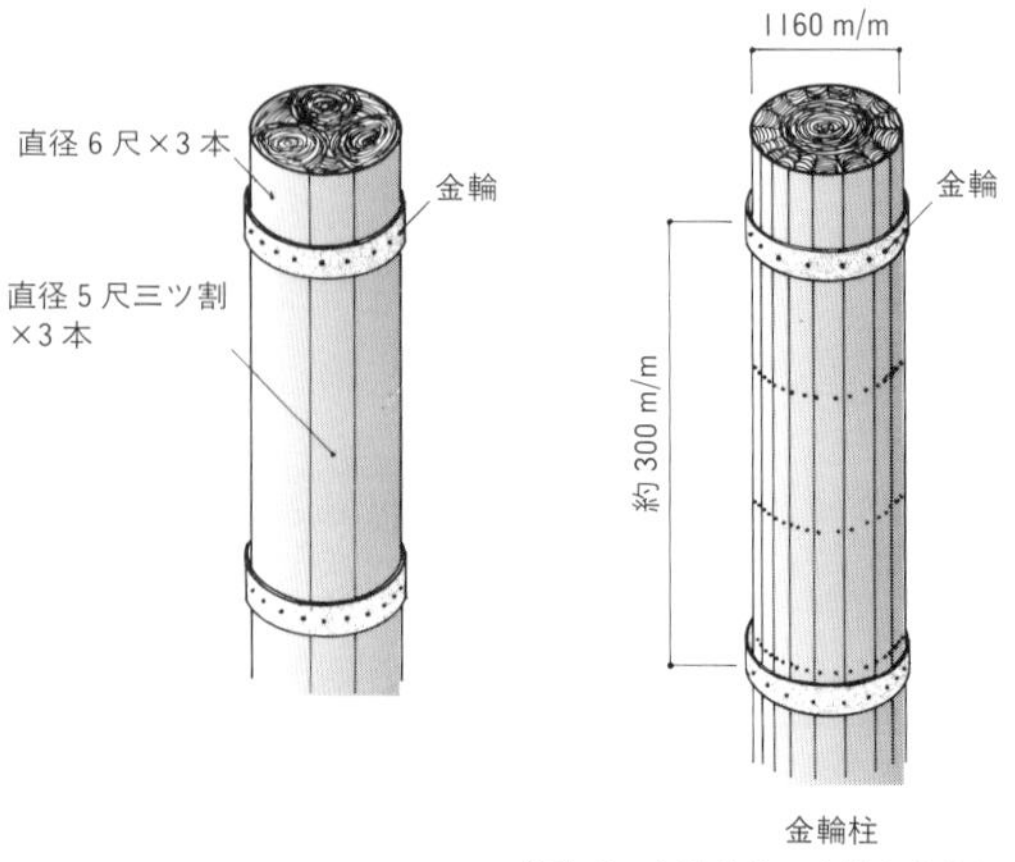

[図a]…出雲大社の金輪と金輪柱

氏の復元案はこの弥生人の描いた図にそっくりではありませんか。おそらく、この弥生式土器の図は、古代の出雲大社の姿を伝えているのでしょう（図c）。

この福山氏の案の他にも、堀口捨巳《ほりぐちすてみ》氏の案など、いくつか復元が試みられましたが、現在では、福山氏の社殿の高さ十六丈の復元案がほぼ定説となっています。

それにしても、この復元案を見ると、いかにも不安定な感じがします。高さの割に横幅が少なすぎ、まるで一枚の三角定規が立っているようで、「風もなく」「理由もない」のにばったり倒れたとしても全くおかしくないといえましょう。出雲大社が何度も転倒したのは、構造的アンバランスによるものだと考えてまず間違いありません。

十六階建てのビルに相当する建物が、突然倒れ、しかもそれが何度も続いたのですから、当時の人々がそれを神のたたりであると恐れたとしても想像に難くありません。その神への恐れが、出雲大社の高さを、十六丈という陰であり、死を意味する偶数寸法を採用させるきっかけとなったと考えられないでしょうか。

ところが、縮小された現在も、依然として八丈という偶数寸法が用いられているのは驚きです。十六丈の死カケル死の後《あと》は、八丈の死タス死なのです。

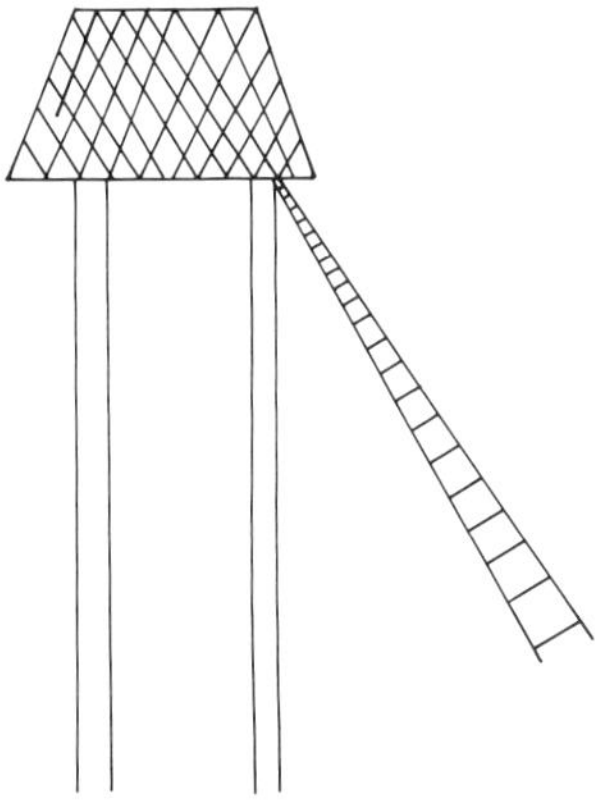

[図c]…弥生式土器に描かれた出雲大社

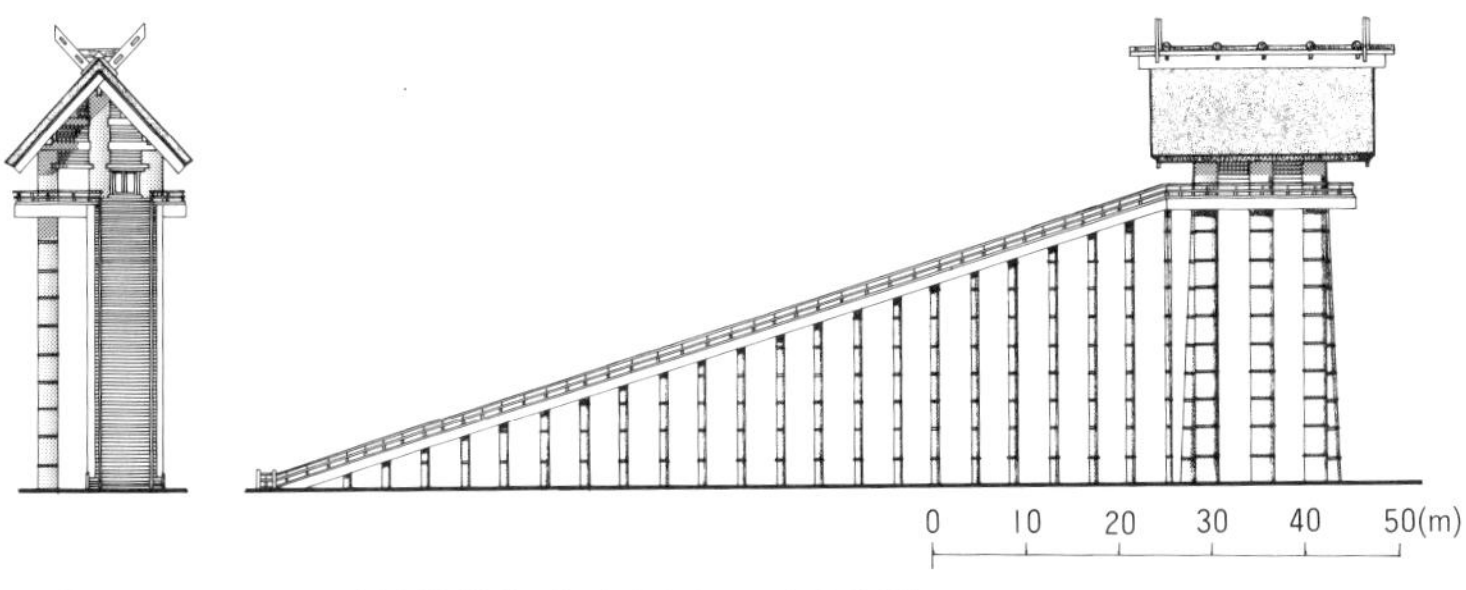

[図b]…出雲大社立面図（福山敏雄氏の復元案をもとにした作図）

3——仏教伝来以降の神社

春日造《かすがづくり》・流造《ながれづくり》・日吉造《ひえづくり》・八幡造《はちまんづくり》

奈良時代に入ると、仏教とともに伝来した仏寺建築の影響を受けた神社の形式があらわれます。すなわち、仏寺のように反りのついた屋根となり（図1）、また、土台を設けて縁側と手すりを設け、さらに仏像をまねて神像と呼ばれる礼拝物を祀るようになるのです。

平安時代に入ると、神社に増して信者を集めるようになった寺院に対抗するために、神は仏が姿を変えたものであるという「本地垂迹説《ほんちすいじゃくせつ》」が説えられて参拝者を集めようとしました。そのため神社はいっそう仏寺色を強め、本殿だけではなく回廊や楼門、あるいは塔が設けられるようになります。

このような仏寺の影響を強く受けた形式の代表的な例に「春日造《かすがづくり》」「流造《ながれづくり》」「日吉造《ひえづくり》」、「八幡造《はちまんづくり》」の四種類があります（図2）。

まず春日造《かすがづくり》は、妻入りの正面に庇《ひさし》を設け屋根上に千木《ちぎ》と堅魚木《かつおぎ》をつけた形式で、いくつかバリエーションがあり（図3）、代表例としては春日大社《かすがたいしゃ》があります。

次に流造《ながれづくり》は、切妻造の平入りを正面とし、千木も堅魚木もたない形式で、反りのついた屋根が流れるようなのでこの呼び名がついたのでしょう。流造にもいくつかのバリエーションがあり（図4）、例としては上賀茂神社や下鴨神社が有名です。

さらに日吉造《ひえづくり》は、入母屋造《いりもやづくり》の屋根の

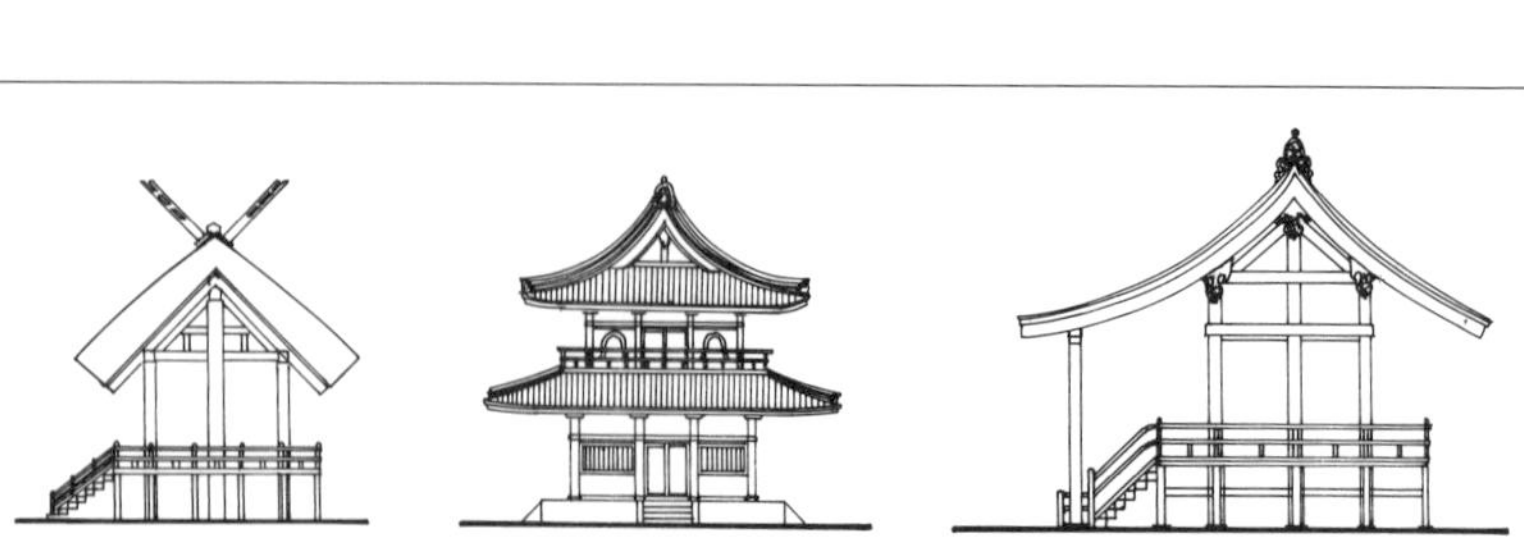

［図1］…神社と仏寺の屋根の反り

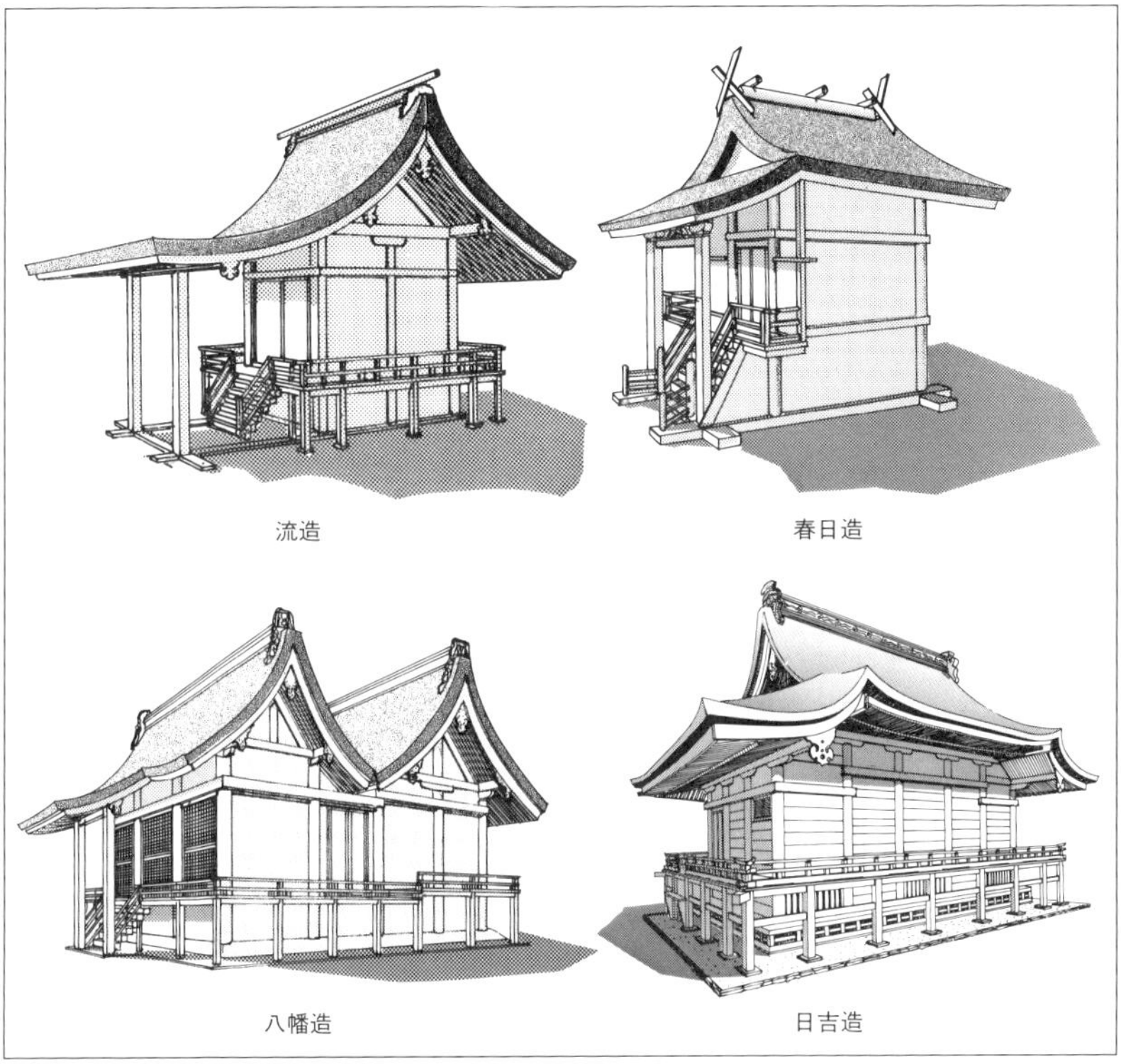

[図 2]…仏教伝来以降の神社の形式

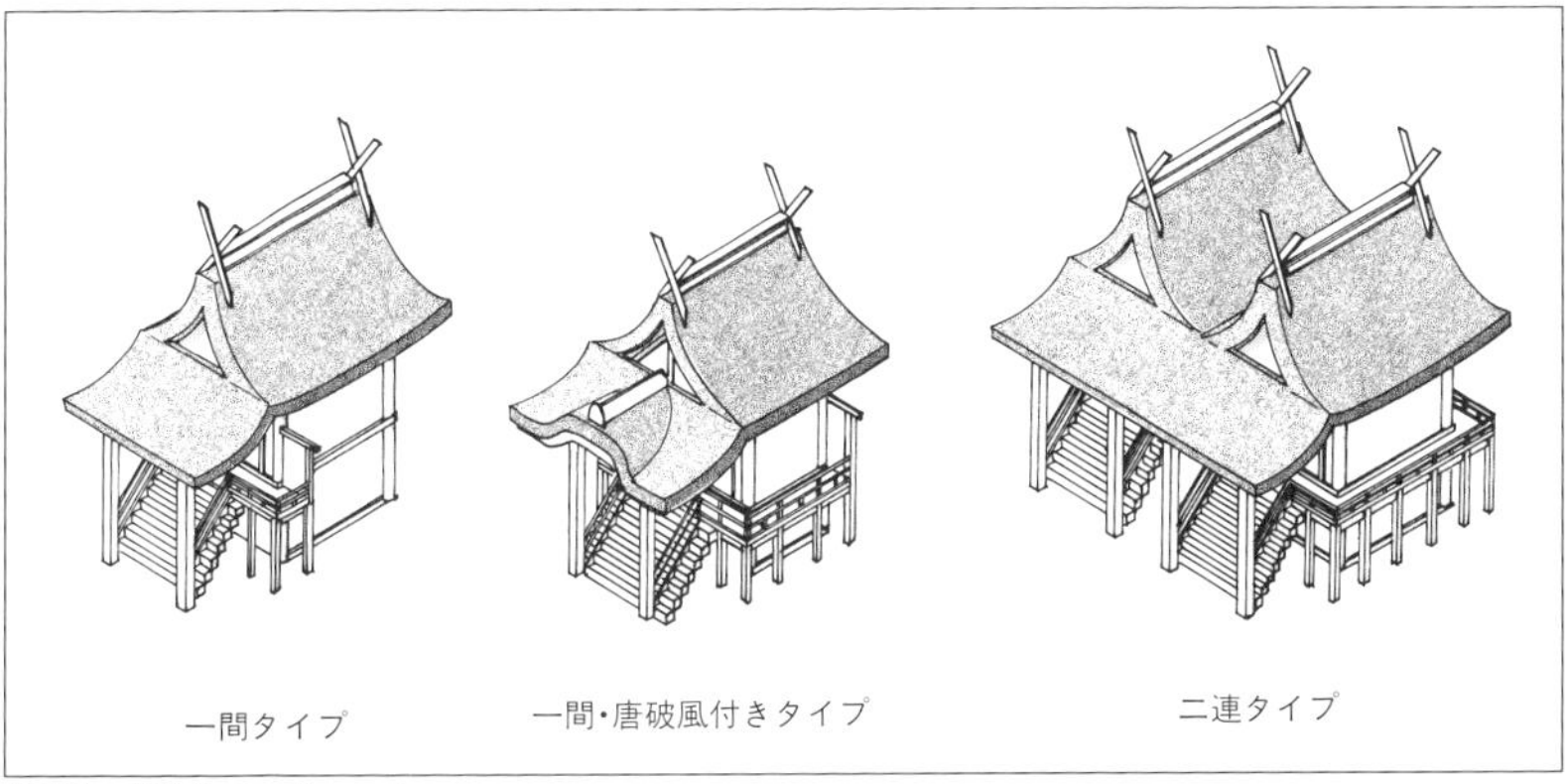

[図 3]…春日造のバリエーション

背面の庇を縦に切り落とし、両端を縋破《すがるは》風《ふ》にした特異な形式で、流造同様、千木も堅魚木もない形式で、日吉大社にのみ見られる珍しい意匠です。

この他、八幡造《はちまんづくり》は、仏寺の双堂《ならびどう》（図5）の様式を取り入れたといわれ、本殿と奉祀のための前殿の二棟が前後に「相《あい》の間《ま》」と呼ばれる部屋で継がれた形式で、後の宮寺《ぐうじ》（石《いし》の間造《まづくり》）への発展途上のような意匠をもっています。代表的な例としては宇佐《うさ》神宮があげられます。

以下、実例について解説してみましょう。

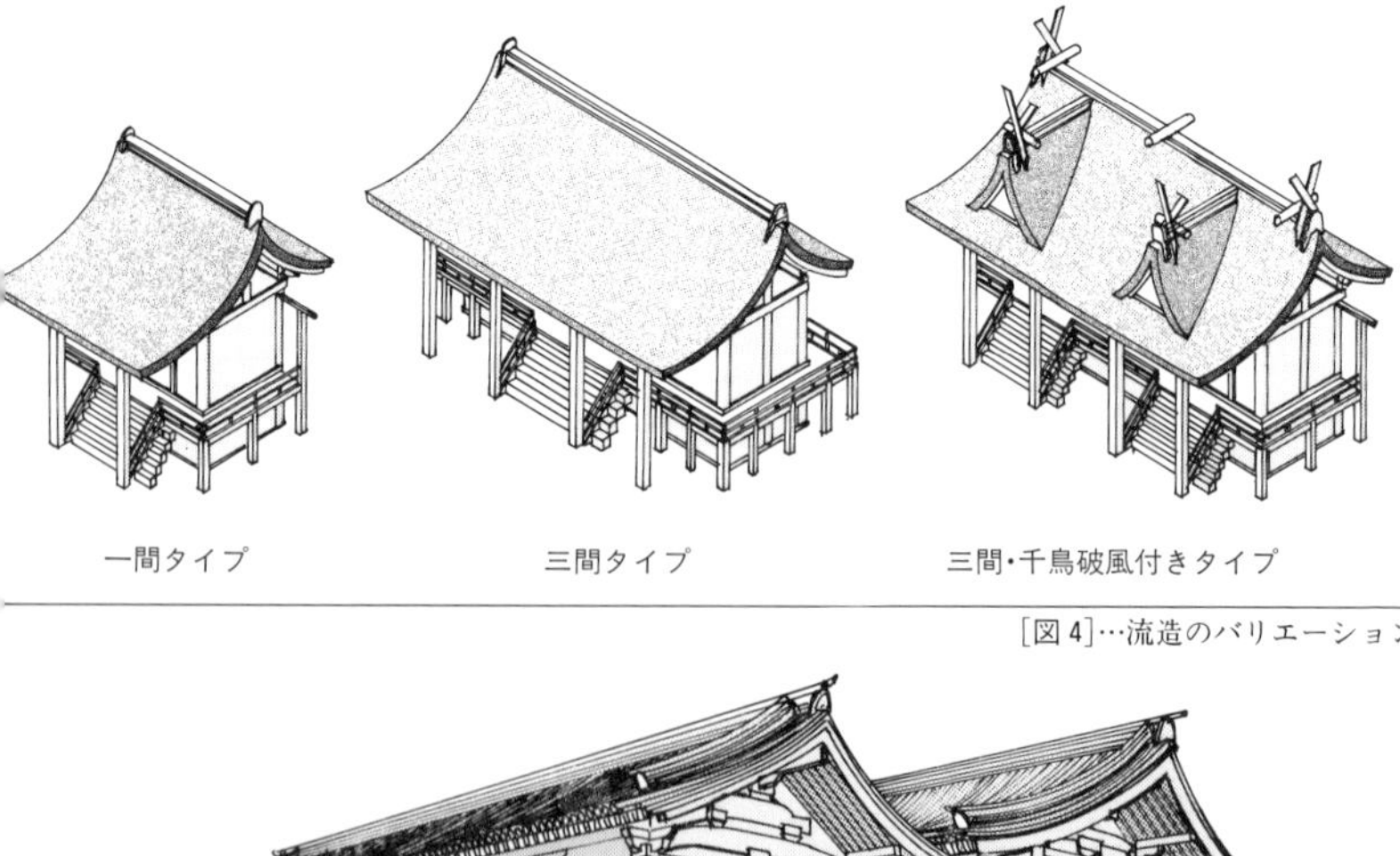

［図4］…流造のバリエーション

［図5］…双堂

エピソード

京の都を守る三匹の猿

　猿は古来、魔除けの力があると信じられてきました。インドの『ラーマーヤナ物語』では、猿は主人公の王子を助け、魔物を退治する聖なる動物として登場しますし、中国の『西遊記』でも、三蔵法師の旅を助ける孫悟空として活躍します。

　このような猿の霊力は、わが国にも紹介されたのでしょう。比叡山の守護神・日吉大社の神獣は猿であり、古くから鬼門の魔除けとして用いられ、京都の街の随所に見い出すことができます。

　例えば、天皇の住居であった京都御所の鬼門を地図上でみると、塀の角が内側に少しえぐられているのがわかりますが、これは、鎌倉御殿や京都将軍家御館等にも見られることから、偶然そうなったわけではありません。

　このようないわゆる「欠け」は、月が満月から次第に不完全な形になる意味や、破損したものの一片を表すことからもわかるように、陰陽五行説の中の家相でいえば陰であり、消極性、あるいは拒否をあらわします。つまり悪鬼の侵入を拒否する造形となっているのです。そこは、「猿ヶ辻《さるがつじ》」と呼ばれ、魔よけの意味を持つといわれる、頭に烏帽子《えぼし》をつけて御幣《ごへい》をかついだ猿の彫刻が置かれています。

　猿が置かれているのはそれだけではありません。京都御所の鬼門の方角を一直線にたどっていくと、さらに二つの場所に猿を見い出すことができます。その一つは「幸神社《さいわいのやしろ》」。これも桓武天皇が京の鬼門を封じるために建てた社《やしろ》です。なんとここにも猿ヶ辻の猿と瓜二つの烏帽子をかぶって御幣をかついだ猿の像があるのです。

　もう一匹の猿がいるのは「赤山禅院《せきざんぜんいん》」。この寺は、八八八年に建てられた比叡山延暦寺の別院で、本殿には「皇城《こうじょう》表鬼門」と書かれた板札がかかり、御所の鬼門を守る目的でこの地に造られたことを、はっきりと示しているのです。猿の彫刻は、その赤山禅院本殿の屋根の上に置かれていますが、この猿も手に御幣を持ち、京都の鬼門を守っているのです。

[図 a]…赤山禅院の猿の置物

⑬春日《かすが》大社《たいしゃ》

奈良県奈良市春日野町一六〇

（交通）近鉄奈良線近鉄奈良駅より奈良交通バス春日大社本殿下車

平城《へいじょう》京のあった奈良市街の東の霊峰「三笠《みかさ》山」を祭るために、ふもとに造られたのが春日大社です（図6）。中世に栄華を極めた藤原氏の氏寺である奈良の興福寺《こうふくじ》とともに氏神として創建され、ともにその権力を忍ぶことができる遺構です。

社伝では七六八年の創建といわれますが、実際はもっと古く、七世紀頃に鹿島神宮、香取神社、枚岡神社から武《たけ》甕槌命《みかづちのみこと》、経津主命《ふつぬしのみこと》、天児屋命《あめのこやねのみこと》、比《ひ》売神《めがみ》をまねいて四神を祀ったのがはじまりであると伝えられます。

興福寺境内《こうふくじけいだい》の東の一の鳥居を潜り、はるか一キロ以上もある参道を歩くと、やがて幣殿《へいでん》、直会殿《なおらいでん》、本殿などを回廊

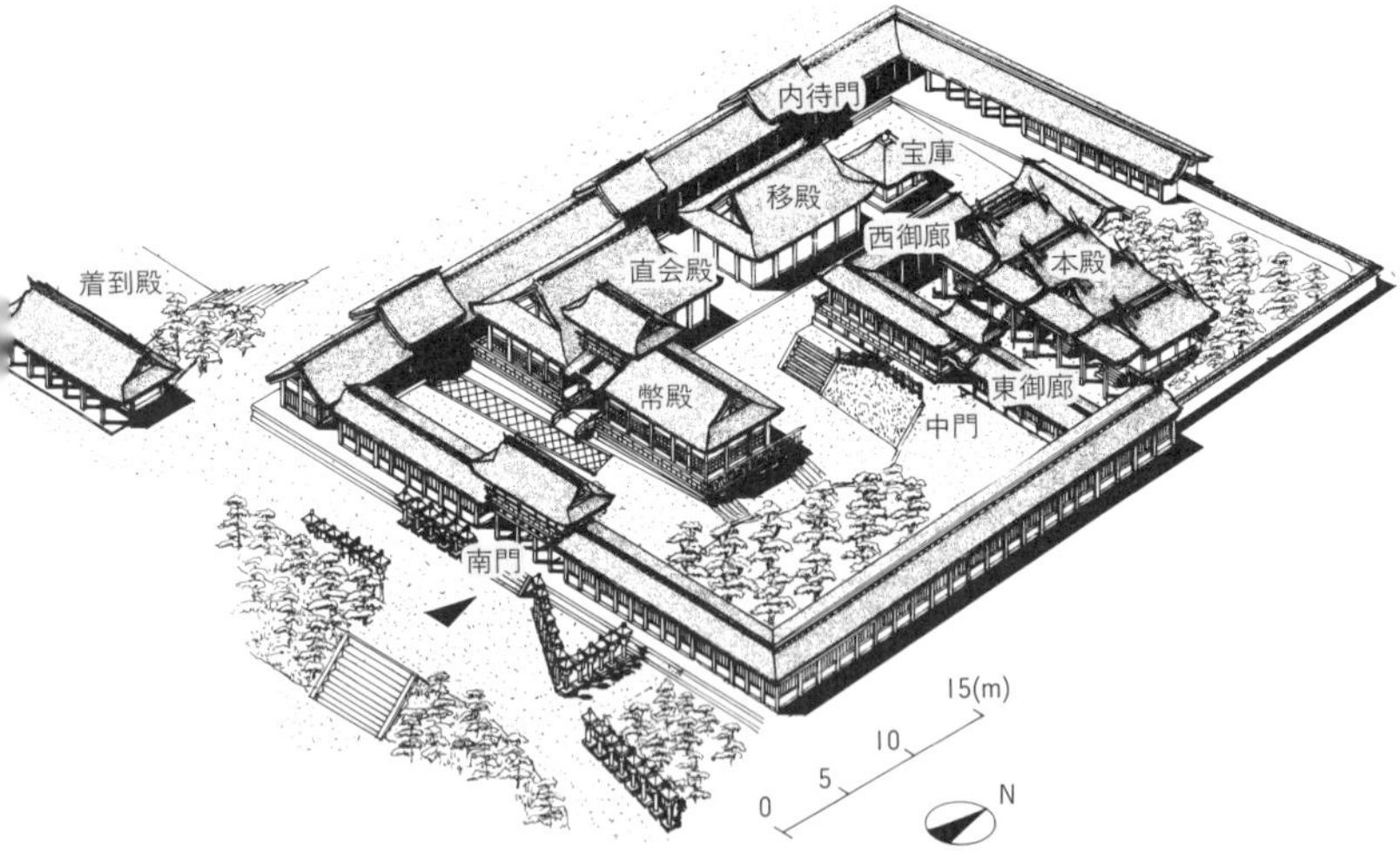

［図6］…春日大社鳥瞰図

［図7］…春日堂と白山堂

で囲んで中門を開いた本社へたどりつきます。

伊勢神宮の特徴であった式年遷宮は、この春日大社でも行なわれていたらしく、十四世紀頃から二十年周期で五十八回の遷宮を経て、現在の本殿は一八六三年の造替時のものですが、国宝に指定されています。前述の四神を祀るため、切妻造の妻入り屋根に千木《ちぎ》と堅魚木《かつおぎ》をのせ、庇《ひさし》（向拝《こうはい》）をつけた一間四方の社殿を四棟並列させた「春日造《かすがづくり》」となっています。

遷宮後の建物は、伊勢神宮では橋や鳥居に再加工されましたが、春日大社では興福寺の領地に下げ渡す習いがあり、円成寺《えんじょうじ》に現存する春日堂と白山堂《はくさんどう》は、いずれも十三世紀初頭の遷宮の際に移建されたものと見られ、いずれも国宝に指定されています（図7）。春日大社では本殿自体を見学することができないため、貴重な存在であるといえましょう。

⓮賀茂別雷神社《かもわけいかずちじんじゃ》（上賀茂神社）

京都市北区上賀茂本山三三九

（交通）ＪＲ京都駅または地下鉄烏丸線北大路駅より京都市営バス上賀茂神社前下車

⓯賀茂御祖神社《かもみおやじんじゃ》（下鴨神社）

京都市左京区下鴨泉川町五九

（交通）京阪鴨東線または叡山電鉄叡山本線出町柳駅下車、あるいはＪＲ京都駅から京都市営バス下鴨神社前下車

京都市内を流れる賀茂川沿いに約三キロほど離れて賀茂別雷神社と賀茂御祖神社があり、それぞれ俗に上賀茂《かみがも》神社（図8）、下鴨《しもがも》神社と呼ばれています。それぞれ賀茂氏の氏神《うじがみ》で、下鴨神社には賀茂氏の先祖・賀茂建角身命《かもたけつぬみのみこと》と玉依媛命《たまよりひめのみこと》を祀り、上賀茂神社には玉依媛命の子別雷神《わけいかずちのかみ》を祀っています。

どちらも創建年代は不明ですが、上賀茂神社の方が古く、七世紀末には強大な神社であったとみられ、七九四年の平安京遷都の際、都の鬼門（古来より鬼が出入りするといわれて忌み嫌われた東北の方位）から流れる鴨川から、都へ邪気が侵入することを封じる王城

［図8］…賀茂別雷神社（上賀茂神社）楼門

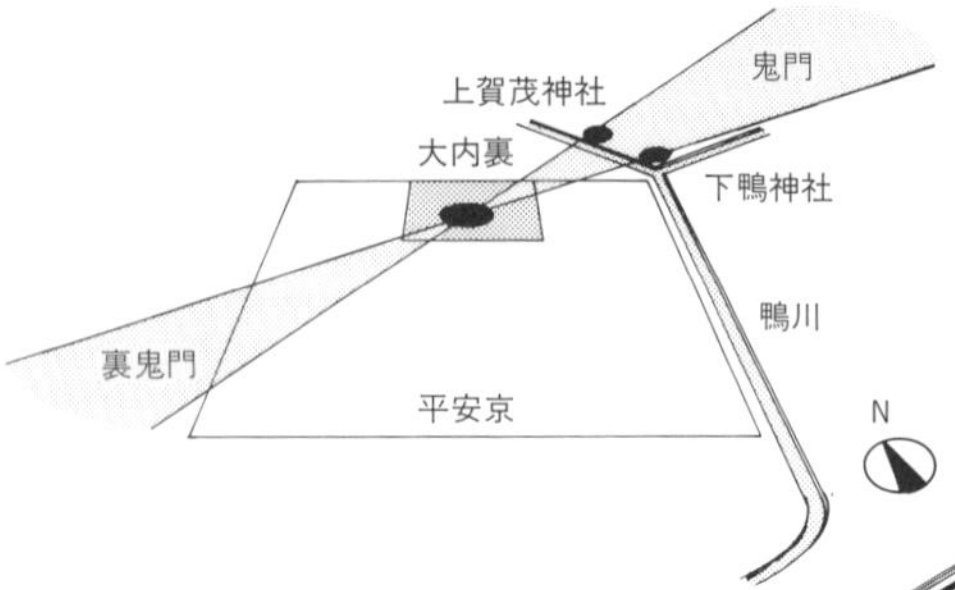

[図9]…鴨川と上賀茂神社の配置

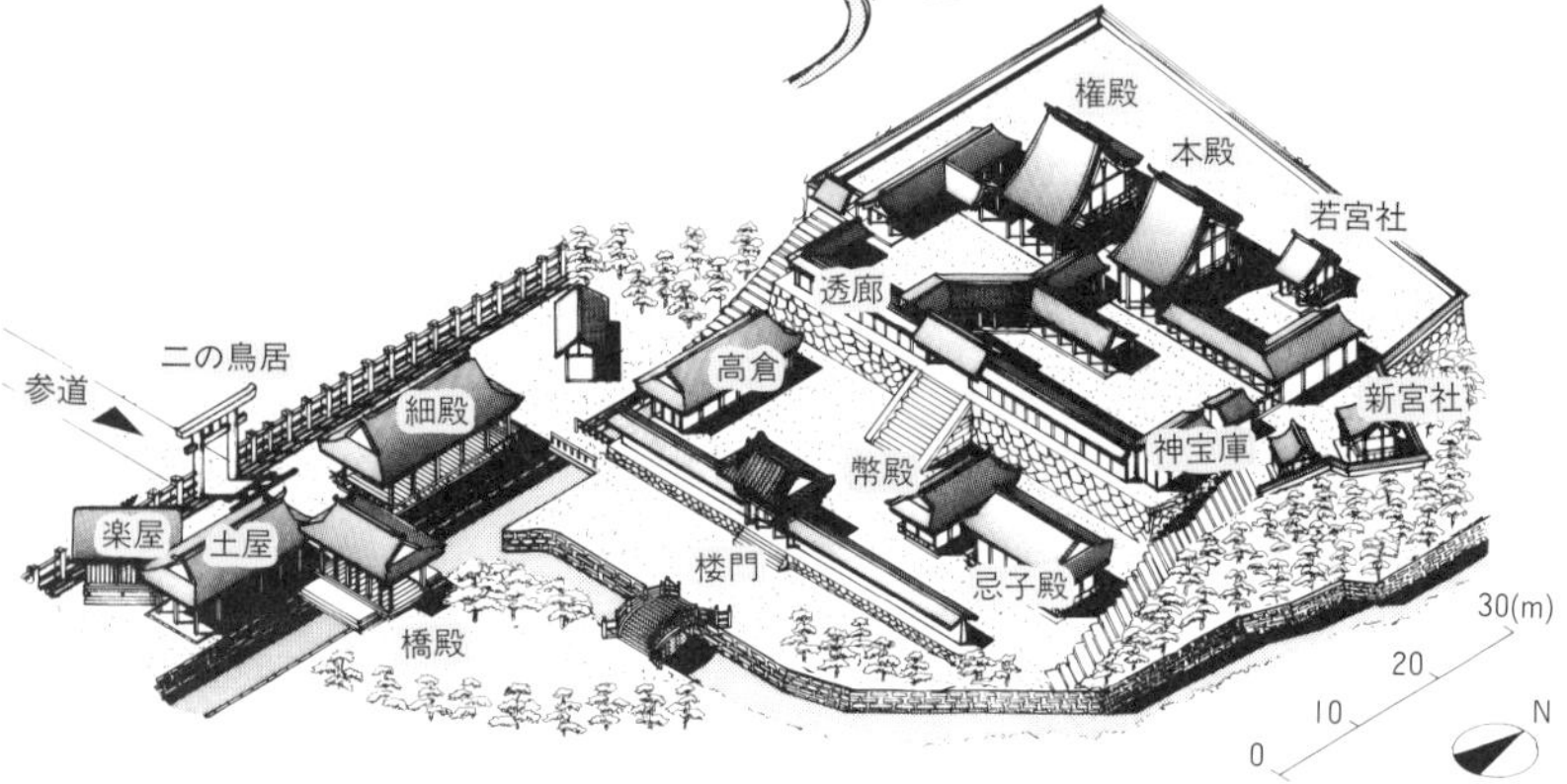

[図10]…賀茂別雷神社（上賀茂神社）鳥瞰図

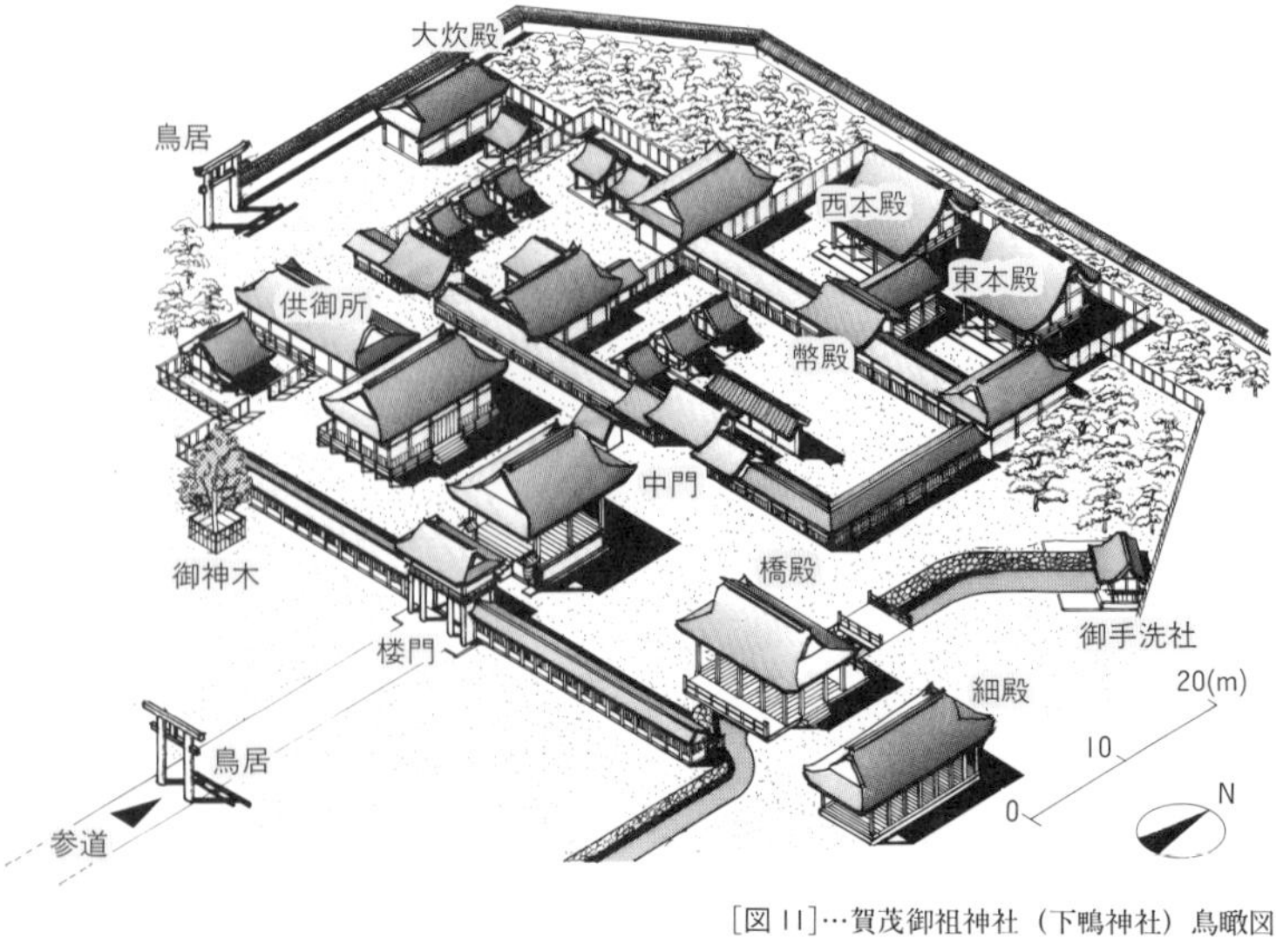

[図11]…賀茂御祖神社（下鴨神社）鳥瞰図

鎮護の神として信仰を集めたといわれます（図9）。

　毎年、五月十五日には上下両社で京都の三大祭りの一つである「葵《あおい》祭」が行なわれ、両社と御所の間を大宮人や牛車など約六百人が行列します。

［図12］…賀茂御祖神社（下鴨神社）中門

　上賀茂神社では、一八六三年造営の本殿と権殿がそれぞれ東西に同型のものが並び、正面三間、奥行二間の母屋に庇《ひさし》（向拝《こうはい》）を設け、檜皮葺の切妻造りの平入り屋根を架けた「流造」となっています。また、本殿と権殿は本殿前の祝詞《のりと》舎《や》と透廊でつなげられています（図10）。

　一方、下鴨神社も上賀茂神社とほぼ同型の二つの本殿をもち、東本殿と西本殿という名称になっています。また、高欄と階段を朱漆塗りとしたり、正面両脇間の獅子や狛犬の絵がないなど、わずかですが相違があります（図11、12）。

　さらに下鴨神社に限って、伊勢神宮や春日大社同様、一〇三六年から一三二二年の間まで式年遷宮が行なわれ、現在も本殿のみ二十一年ごとに改築が施されています。なお、現在の本殿は一八六三年の造替のものです。

⑯宇治上神社《うじがみじんじゃ》

京都府宇治市宇治山田五九

（交通）ＪＲ奈良線または京阪電鉄宇治線宇治駅下車

　宇治の地は古くからの別荘地であり、宇治川をはさんで、対岸には藤原頼道《ふじわらのよりみち》が造営した有名な平等院鳳凰堂（140頁参照）があります。よってこの宇治上神社の地もかつて応神《おうじん》天皇の別荘地であったといわれ、天皇の皇子である「菟《う》道稚郎子尊《じのわきいらつこのみこと》」が仁徳《にんとく》天皇に皇位を譲ってこの地で自殺したため、ここに主祭神として祀られたのがはじまりです。

　上・下二社があり、下社・若宮を宇治神社、上社・本宮を宇治上神社と呼びます。下社の本殿は流造《ながれづくり》の社殿を三つ並べた「三間社流造」の鎌倉時代に造営されたもので、菟道稚郎子尊の木像とともに重要文化財に指定されています（図13〜15）。

一方、上社の本殿は、流造として最古であるだけではなく、神社としても最古であり、一一世紀後半に建立されたとみられています。当初、三棟の小規模な一間社の流造の建物であったものを、全体に覆屋《おおいや》をかけて一社にした建物であるといわれ、鎌倉末期の寝殿造風の拝殿とともに、現在国宝に指定されています。

⑰園城寺《おんじょうじ》新羅善神堂《しんらぜんしんどう》

滋賀県大津市園城寺町二四六

（交通）京阪電鉄石坂線三井寺駅下車

園城寺（三井寺）（図16）の北院に鎮守の一つとして建てられたのが新羅善神堂で、十四世紀後半の造営であるといわれます（図17、18）。祭神は新羅明神《しんらみょうじん》で源《みなもとの》頼義《よりよし》の信仰が厚く、その子の義光は新羅三郎義光《しんらさぶろうよしみつ》と称しています。

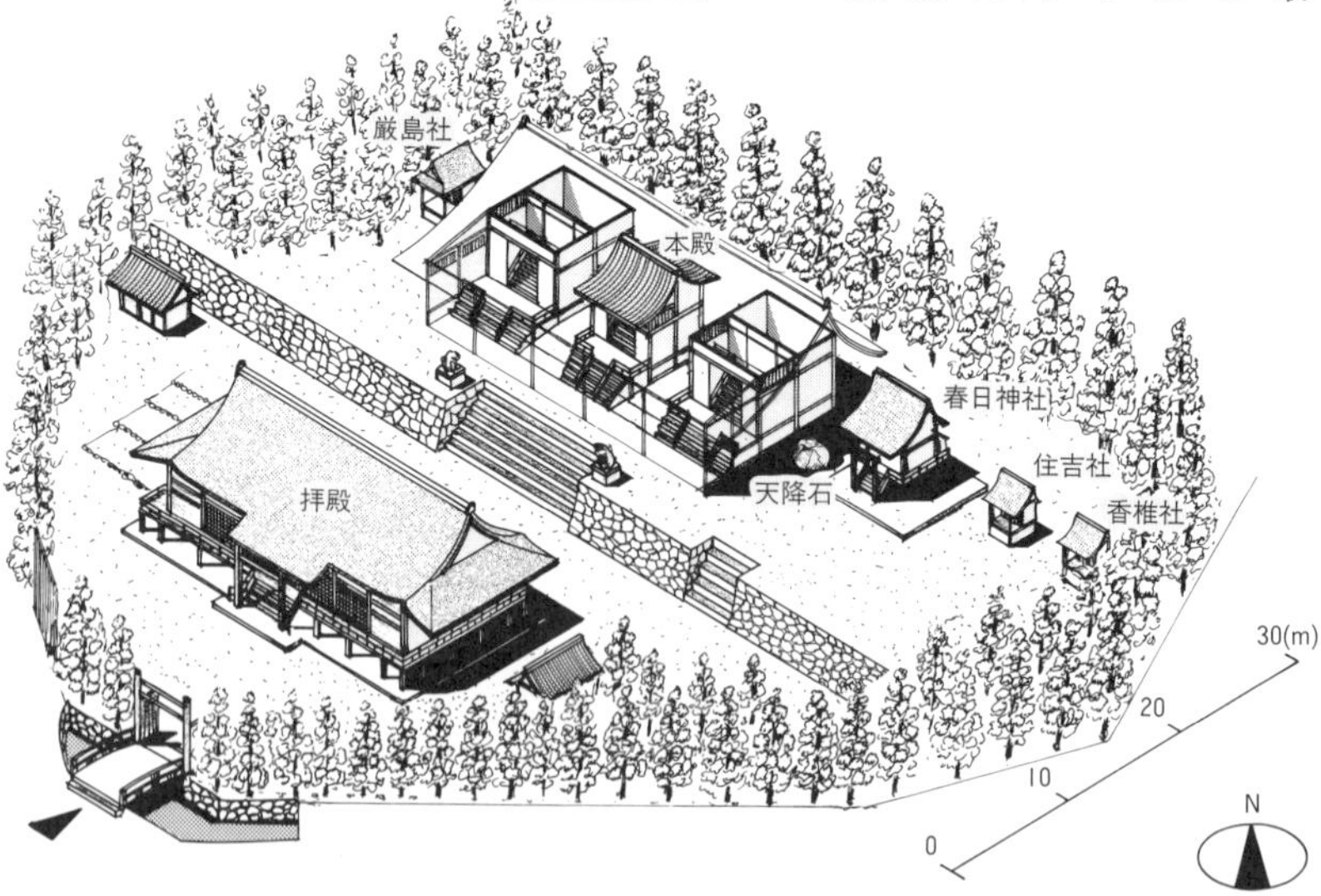

［図13］…宇治上神社鳥瞰図

［図14］…宇治上神社本殿

［図15］…宇治神社本殿

[図16]…園城寺配置図

[図17]…園城寺新羅善神堂本殿

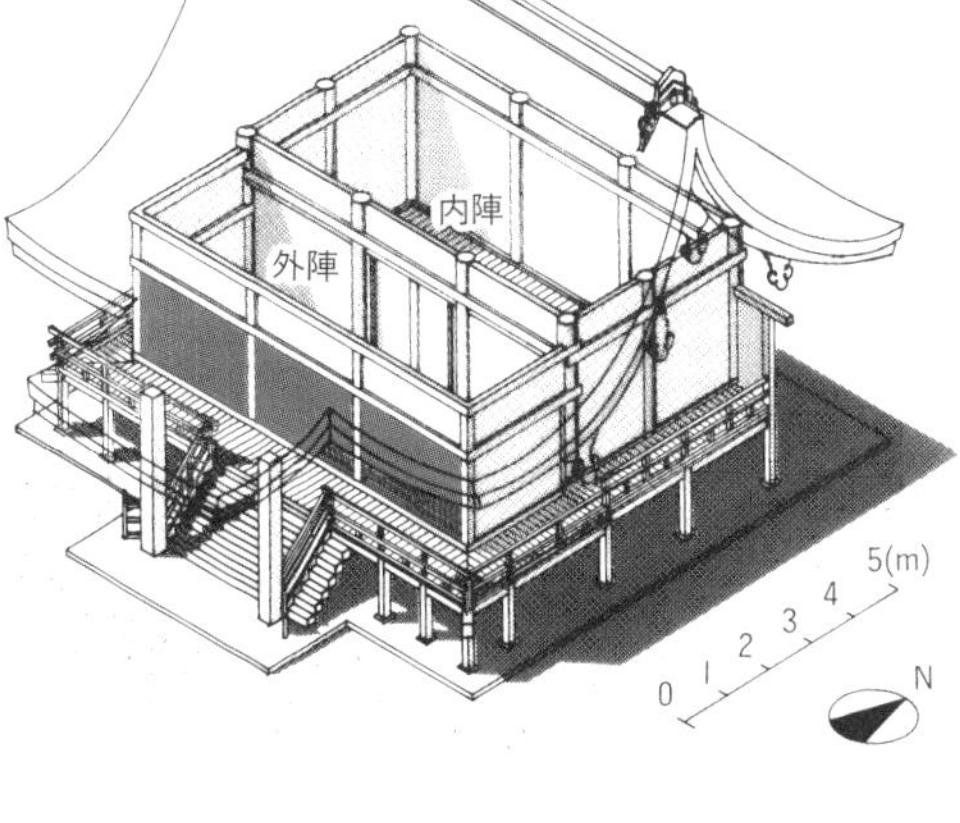

[図18]…園城寺新羅善神堂本殿
鳥瞰図

三間社流造で、近江地方にはこの形式の神社が多く、その典型を示しています。この他、多少装飾が多く、本殿が国宝の「大笹原《おおささはら》神社」（野洲郡野洲町）（図19）や同じく西本殿が国宝の「苗村《なむら》神社《じんじゃ》」（蒲生郡竜王町）、回廊が美しい「油日《あぶらひ》神社《じんじゃ》」（甲賀郡甲賀町）（図20）などが有名です。

[図19]…大笹原神社

[図20]…油日神社
鳥瞰図

⑱吉《き》備《び》津《つ》神社《じんじゃ》

岡山県岡山市吉備津九三一

（交通）JR吉備線吉備津駅下車

吉備地方（現岡山県）は、近畿地方に次いで古代の豪族の墓である前方後円墳が多く、大和朝廷発展の際に重要な役割を果したといわれます。そして、この地方の領主として朝廷から派遣されたのが吉《き》備《び》津彦命《つひこのみこと》といわれ、それを主に地域別に備前、備中、備後に祀ったのが、それぞれ、「吉備津彦神社」（岡山県岡山市一宮町一宮）、「（備中）吉備津神社」「（備後）吉備津神社」（広島県芦品郡新市町）の三つです。

まず、現在の備中吉備津神社は、一四二五年に再建された社殿ですが本殿及び拝殿は国宝に指定されており、本殿は三間社流造の周囲に二重の庇を巡らせた他に、例をみない特殊な形式で

「吉備津造《きびつづくり》」とも呼ばれています（図21）。

内部へいくに従い床・天井が高まり、床面積が一二一坪と異例に大きく、亀腹と呼ばれる高い土壇の上に建つばかりではなく、屋根の左右の頂上に千鳥破風を二つずつ並べ、組物は大仏様を用いつつも軒を一手先にするなど、極めて珍しい意匠をもっています。例祭は十月十八日ですが、この他七十以上の特殊な神祀が行なわれます。

残りの二つの吉備津彦神社と吉備津神社は前述の吉備津神社の分社で、前者は豊臣秀吉の一五八二年の高松城水攻めの際に祈願した社として知られ、昭和に入ってからの再建で、また後者は一六四八年頃の再建で重要文化財に指定されています。

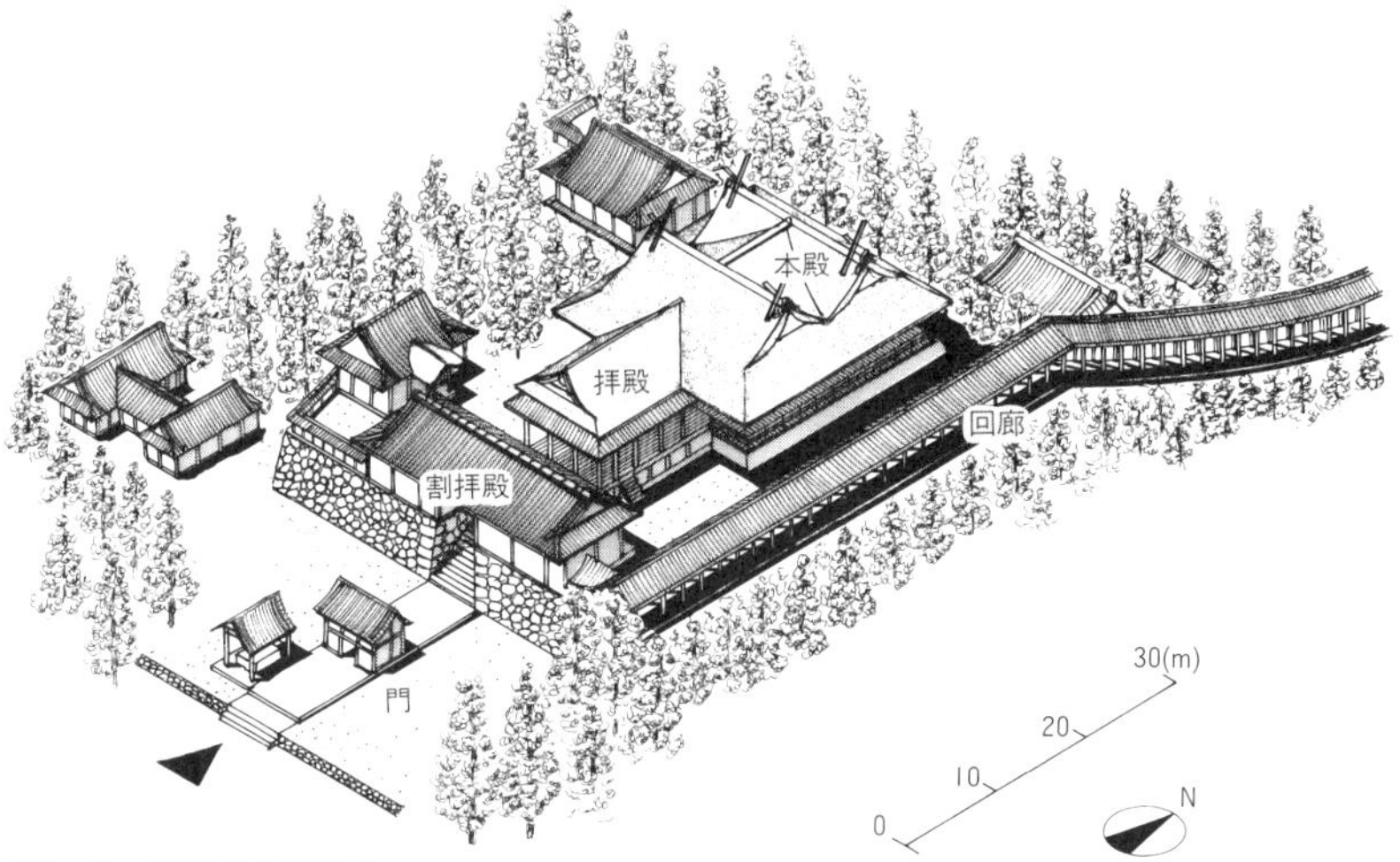

[図21]…吉備津神社鳥瞰図

こぼれ話

神仏習合と本地垂迹説

「神仏習合」とは、日本固有の神の信仰と仏教信仰との結びつきのことです。奈良時代頃、「本地垂迹説」と呼ばれる神は仏が仮りにかたちを変えてこの世に現れたものとする思想が起こり、神仏は本来同じものとする考えが生まれたのがその発祥といわれています。そのため、寺院と神社は常に一対で建てられるようになり、明治時代までは、両者に境界すらありませんでした。

しかし、明治時代に入ると政府は、天照大神という神を先祖とする天皇中心の政治を打ち出すため、1868年神仏習合を改める「神仏分離令」と呼ばれる、神社を寺院から独立させる法律を発布しました。

この法律のために、「廃仏毀釈」と呼ばれる寺院や仏像を破壊する行為が全国で続出し、一時仏教界は大混乱となりました。現在でも境界こそはあるものの、寺院と神社が一対で建てられているのはその名残りでしょう。

⑲宇佐神宮《うさじんぐう》

大分県宇佐市大字南宇佐二八五九

（交通）ＪＲ日豊本線宇佐駅より大分交通バス宇佐八幡下車

宇佐神宮は、全国に分祀社が約二万四千ある八幡宮の総本社です（図22）。主祭神は八幡様として知られる応神天皇（誉田別尊）で第一殿に祀り、続いて第二殿に比売神《ひめかみ》と第三殿に神功皇后《じんぐうこうごう》（大帯姫神）を祀る合計三殿から成り、左から順に社殿が並んでいます。

現在の本殿は一八六一年の再建ですが、切妻平入り屋根の正面三間、奥行一間の前殿《まえどの》と同じ形の屋根で奥行二間の後殿《うしろどの》を相《あい》の間《ま》で連結した典型的な八幡造を残すもので、京都の石清水《いわしみず》八幡宮と並ぶ代表として国宝に指定されています。

この二つの社殿を相の間でつなぐ形式は、その後、人を神として祀るための様式である権現造《ごんげんづくり》として発展することになります。

例祭は三月十八日で、この他いくつか珍しい祭りが行なわれています。

⑳石清水八幡宮《いわしみずはちまんぐう》

京都府八幡市高坊三〇

（交通）京阪電鉄本線八幡市駅下車

西に淀川、南に山崎、水無瀬を見下す京都の景勝地にある石清水八幡宮は、八五八年頃、僧行教が宇佐神宮のお告げにより創建したといわれています（図23、24）。

現在の社殿は、一六四一年の徳川三代将軍家光によるもので、八幡造こそ留めているものの、家光によって改装された有名な日光東照宮同様、極彩色の意匠となっています。

例祭は九月十五日ですが、その他一月十五日からの厄除けの祭り「青山祭」、十二月十四日の御神楽祭などが行なわれます。

ちなみに、鎌倉を代表する鶴岡《つるがおか》八幡宮（神奈川県鎌倉市雪ノ下）は、一〇六三年に源頼義がこの石清水から分祀したもので、一一八〇年頃現在の地に社を定めたもので、現社殿は一八二八年頃の再建で八幡造をルーツとする権《ごん》現造《げんづくり》に改められています。

㉑日吉大社《ひよしたいしゃ》

滋賀県大津市坂本五―一―一

（交通）ＪＲ湖西線比叡山坂本駅または京阪電鉄石坂線坂本駅下車

平安京の鬼門（古来鬼が出入りするとされ忌み嫌われた東北の方位）の鎮護として僧最澄が延暦寺を建てた比叡《ひえい》山《ざん》の守護神が日吉大社です（図25）。日吉はもともと「ひえ」と呼び、明治期

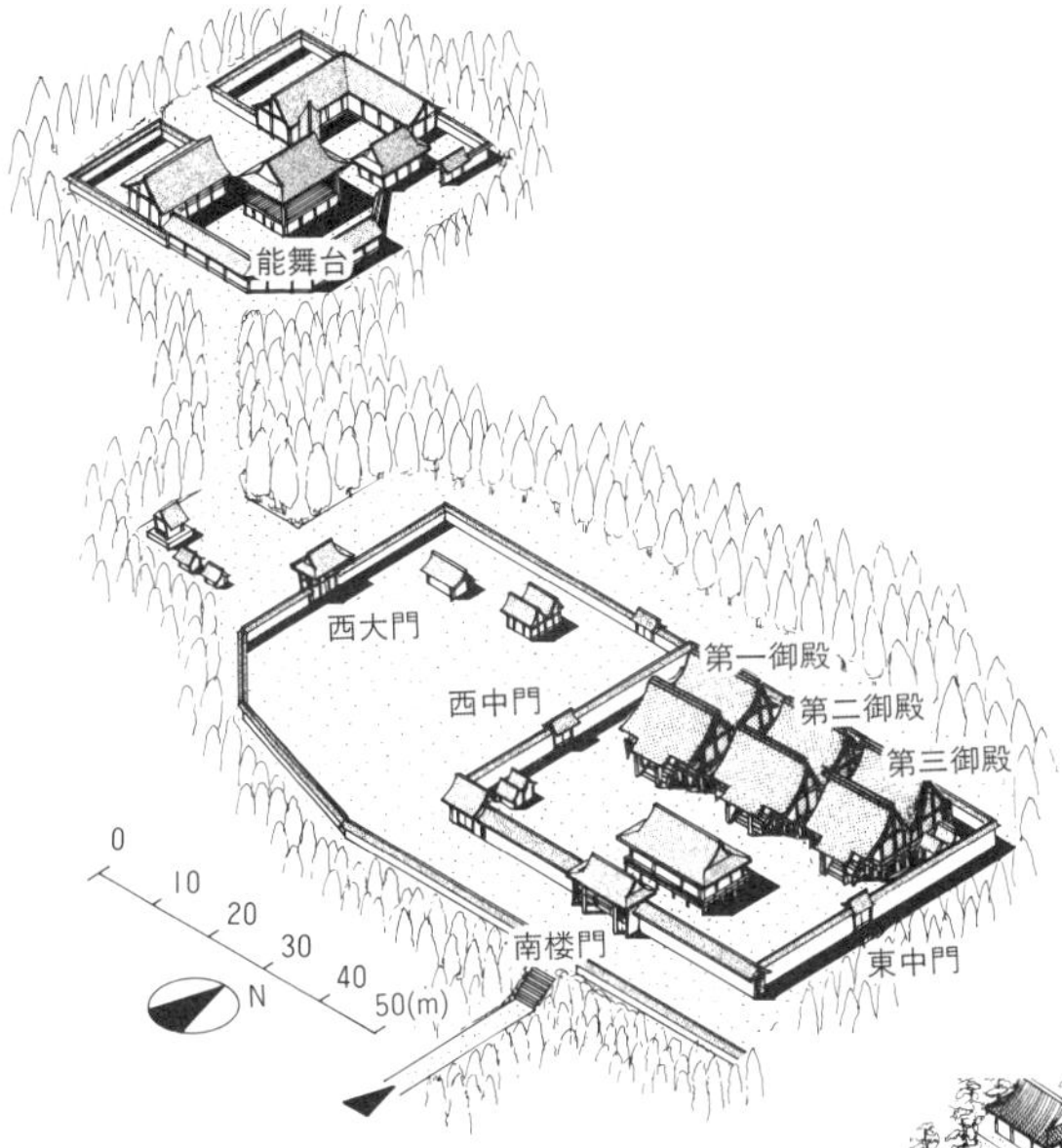

［図 22］…宇佐神宮鳥瞰図

［図 23］…石清水八幡宮鳥瞰図

［図 24］…石清水八幡宮楼門

の神仏分離までは神仏《しんぶつ》習合《しゅうごう》思想によって比叡《ひえい》山と一体となっていた社で、周囲に多数の磐座《いわくら》や古墳があり、古代より地霊として信仰を集めてきました。それが、現在の東本宮（図26）にあたり、地主神《ぢしゅしん》「大山咋神《おおやまくいのかみ》」を主祭神として祀っています。

この他、西本宮（図27）にもう一つの主祭神が祀られていますが、これは六六七年、天智天皇がこの大津の地に「大津京」という都を遷した際、朝廷の印とでもいうべき大物貴神《おおなむちのかみ》を大神神社《おおみわじんじゃ》から分祀したもので、地図上で大神神社の真北に位置しているのも偶然とは考えにくいのです。この真北に位置するということは、北辰信仰の影響で、中国では真北に位置する北極星のことを「天帝」と呼び、宇宙全体を支配する皇帝にたとえており、遷都に際し大神神社の真北に大津の地霊とともに祀られたのでしょう。

［図25］…日吉大社鳥瞰図

ところが、戦国時代に延暦寺は僧兵を出して織田信長に抵抗したため、一五七一年焼き打ちに合い、一緒に日吉大社も焼失してしまいます。

しかし自らの出生祈願の神であり、幼少の頃の俗称が「日吉」であった豊臣秀吉は、自らの神格化に利用することもあってか、一五八六年に西本宮、一五九五年に東本宮を再興し、現在にいたっているのです。

社殿は東本宮、西本宮とも国宝に指定され、この他境内の摂社、末社は数多く、比叡神が山王二十一社と呼ばれたことから総称して山王二十一社といいます。

二十一社の内訳は、上社七社、中社七社、下社七社で、七にこだわっているのは前述の北辰信仰から北斗七星にこだわっているからに相違ありません。配置を見ると、各社が北斗七星型に配されていることがわかりますし、また四月十四日を例祭とする山王祭りの際に用いられる神輿（図33）も七基で、現在重要文化財に指定されています。

境内の南には江戸時代に山王神道を復興して日光東照宮を創建した天台座主（比叡山の長）で江戸幕府の側近・天海（図34）が一六二三年に建てた日吉東照宮があります。

ちなみに、この天海が住職であった東叡山寛永寺は東京の比叡山の意であり、延暦寺同様、江戸の鬼門に位置しており、比叡山に強くこだわった人物として知られています。

［図26］…日吉大社東本宮

［図27］…日吉大社西本宮

[図 28]…日吉大社宇佐宮

[図 29]…日吉大社白山宮

[図 30]…日吉大社樹下宮

[図 31]…日吉大社牛宮宮

[図 32]…三宮宮

[図 33]…日吉大社神輿

[図 34]…天海肖像（滋賀院蔵）

エピソード

建築プロデューサーとしての秀吉

❖1　独創的な普請狂

豊臣秀吉はよく知られている通り、織田信長、徳川家康と並び称される戦国時代を代表する武将の一人です。貧しい農民の子として生まれ、足軽と呼ばれる最も低い武士の位から信長に仕え、信長亡き後の天下人に成り上がった出話は、誰もが一度は耳にして心躍らされたことがあるでしょう。

そして、それらを単なる物語ではなく、事実として捉える上で、欠かすことが出来ないものが、秀吉が戦場を駆け巡りながら造営したおびただしい数の建築群であり、その数は戦国武将の中において最も傑出しています。

そして、それは城郭に限ったことではなく、それらの城下町として長浜や伏見、京都、大阪その他多数の都市計画にも着手、そればかりか数多くの寺院の造営など、途方もない数の建設を通して天下をとったといってもよいでしょう。

それが、秀吉を別名「普請太閤」あるいは「普請狂」と呼ぶゆえんですが、膨大な建設に携わったという観点からいえば、彼を現代でいう「建築プロデューサー」と見なすことができるのではないでしょうか。

一方、秀吉は、ただ単に空前絶後の数の造営にかかわったばかりではなく、それらのいくつかは、のちの江戸時代建築に大きな影響を与えた斬新な建築でした。

例えば、従来の戦う建築としての城郭に山里曲輪とよばれる遊興施設をはじめて設けたのも秀吉でした。また、南蛮貿易やキリスト教布教を通じてもたらされた西洋建築のしくみをいちはやく建築や都市に取り入れたのも彼が先駆者でした。

さらに、茶道を奨励し、茶匠・千利休を重用して茶室の発展にも関与しています。

一方、武士の住居様式である書院造を飛躍的に発達させ、さらに、死後、神になるための秘儀や、宮寺の様式である権現造の発祥にもかかわっているのです。

❖2　秀吉の出自の謎

ここで一つ疑問となるのは、秀吉はなぜかくも建築にこだわったのかという点です。この疑問を解く鍵が、秀吉の出生についての謎にあるといえましょう。

これだけ有名な武将であるにもかかわらず、その出自どころか、その前半生すらはっきりしません。全くの謎です。確実な史料による初見は、一五六五年の織田信長の知行安堵状（領地を約束する書類）であり、ここにはじめて「木下藤吉郎秀吉」の名が登場するのです。伝説から推定すれば、この時秀吉は二十八歳であり、それ以前の彼の消息はほとんど謎のままで現在に至っているのです。

❖3　ワタリ出自説と近江との関係

ここで注目したいのが静岡大学教授の小和田哲男氏による秀吉の出自は「ワタリ」と呼ばれる定住地をもたない技術者集団と関係していたという説です。以下小和田氏の説をさらに補強しつつ、紹介してみましょう。

まず、秀吉の母なかは、ワタリの鍛冶師関兼定の娘であるといわれ、また秀吉自らも近江、浅井郡の鍛冶師に弟子入りしたという伝承があるといいます。さらに秀吉の祖父国吉も近江、浅井郡の出身であると小和田氏は指摘しています。

近江は、当時優秀な大工を多数出したことで知られ、中でも竹生島の大工職を保有した阿部家が特に有名です。秀吉はこの竹生島を大変重視しており、彼が横山城の城代の時にはこの島の宝厳寺に寺領の臨時課税免除の安堵状を与えて保護しています。また、長浜城主になってからも、火災にあったこの寺を自ら復興しているのです。

さらにこの竹生島に建つ都久夫須麻神社本殿と宝厳寺唐門は、秀吉の霊廟である豊国廟の建物を移建したものであることが明らかになっています。

一方、江戸幕府作事方の大棟梁職甲良家も近江大工であり、もとはといえば、秀吉が初代甲良宗広を伏見城に重用したことが、その発端です。また秀吉が九州に名護屋城を造営する際には、はるばるこの近江の穴太《あのう》の石工を呼びよせるほどのほれこみようです。もっとも、彼は名護屋城だけではなく、石垣山城の造営の際も、はるか関東まで穴太の石工をつれてきており、また、大坂城や伏見城にも参画させ、いかに重く用していたかがわかりましょう。（図a）

このような秀吉の近江出身者の重用は、彼の家臣全般にいえることで、片桐且元《かたぎりかつもと》、脇坂安治《わきさかやすはる》、石田三成、増田長盛《ましたながもり》、長束正家《なつかまさいえ》など枚挙に暇がありません。中でも、藤堂高虎と小堀遠州は、のちの徳川幕府でも建築の専門家であり、高虎は江戸の都市計画の中心人物として知られ、また遠州は江戸幕府作事奉行として数々の傑作を生み出した人物です。このように見てくると、秀吉の家臣団そのものが、近江大工と深く結びついていることがわかるのです。

この他、近江には秀吉の遺跡も数多く残され、秀吉の伏見城から移された園城寺（三井寺）の三重塔や大門、西教寺客殿（図b）などが現存し、ここに秀吉と工匠とを結びつける何らかの発端があるのではないかと推測するのです。

一方、秀吉の母は『太閤素生記』によれば、尾張国ゴキソ村出身であるといい、小和田氏はゴキソは御器所であり、木地師などの技術集団の地である点、また、秀吉の妻おねの出身地が尾張国朝日村すなわち木地師の地である点、さらに秀吉の幼名「日吉」の発端となった日吉神社は「ワタリ」の信仰神であった点を指摘するのです。

確かに、日吉神社の神獣である猿は秀吉の通称であり、秀吉の重用した穴太の石工は日吉大社の修理役であり、かつ近江大工の信仰を集めたことからみても、単なる偶然では片づけられないのです。

❖4　自ら大工の経験があった（？）

さまざまな秀吉伝説に共通しているのは、八歳になった秀吉が放浪の旅に出ていくつかの職業を渡り歩くことですが、ここで注目したいのは、その職業の中に大工職があることです。

前述の通り、秀吉が近江大工を特に重用した背景には、少なくとも自らの大工の経験があったことは想像するに難くないのです。

このように伝承を見る限りでは、秀吉はその前半生において、すでに工匠との関係が見え隠れしており、その後彼が膨大な数の建築の造営にかかわり、「普請狂」とまで呼ばれるようになったその発端が、現在謎のベールにつつまれている秀吉の出自にあったのではないかと、ここに推測できるのです。

[図a]…穴太の石工が造ったといわれる穴太積の例（日吉大社付近）

[図b]…西教寺客殿

4——宮寺《ぐうじ》(石《いし》の間造《まづくり》)

八棟造《やつむねづくり》・祇園造《ぎおんづくり》・権現造《ごんげづくり》・浅間造《せんげんづくり》

前述の八幡造《はちまんづくり》は、本殿《ほんでん》と拝殿《はいでん》が「相の間」と呼ばれる部屋でつないだ形式でしたが、それを発展させた形式を「宮《ぐう》寺造《じづくり》」あるいは「石《いし》の間造《まづくり》」と呼びます。

この形式は、実在した人物の霊を神として祀る宮寺《ぐうじ》に多く用いられるもので、神宮(宮)と寺院の両方の性格を合わせもつしくみです。

発祥は、流罪となり非業の死をとげた菅原道真《すがわらのみちざね》の怨霊を鎮めるために神として祀った北野《きたの》天満宮《てんまんぐう》であるといわれ、本殿と拝殿を「石の間」でつなぎ、一つの屋根を架けた「八棟造《やつむねづくり》」の形式をもっています(図1)。

また、京都の三大祭りの一つ「祇園祭り」で有名な八坂神社《やさかじんじゃ》も明治までは祇園社感神院《ぎおんしゃかんじんいん》と呼ばれる神社とも寺院ともつかない宮寺であったといわれ、やはり内陣と礼堂が大きな屋根で覆われる「祇園造《ぎおんづくり》」という形式をもっています(図2)。これは祇園祭りが古くは疫病や怨霊を封じるために梅雨明けの暑い盛りの疫病が流行する季節に行な

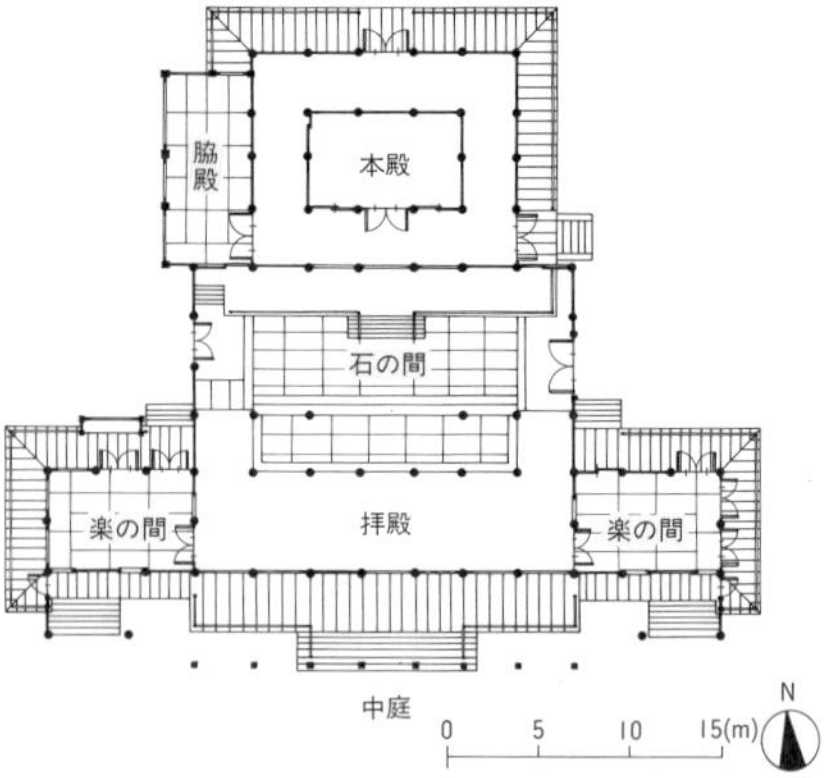

[図1]…北野天満宮社殿平面図

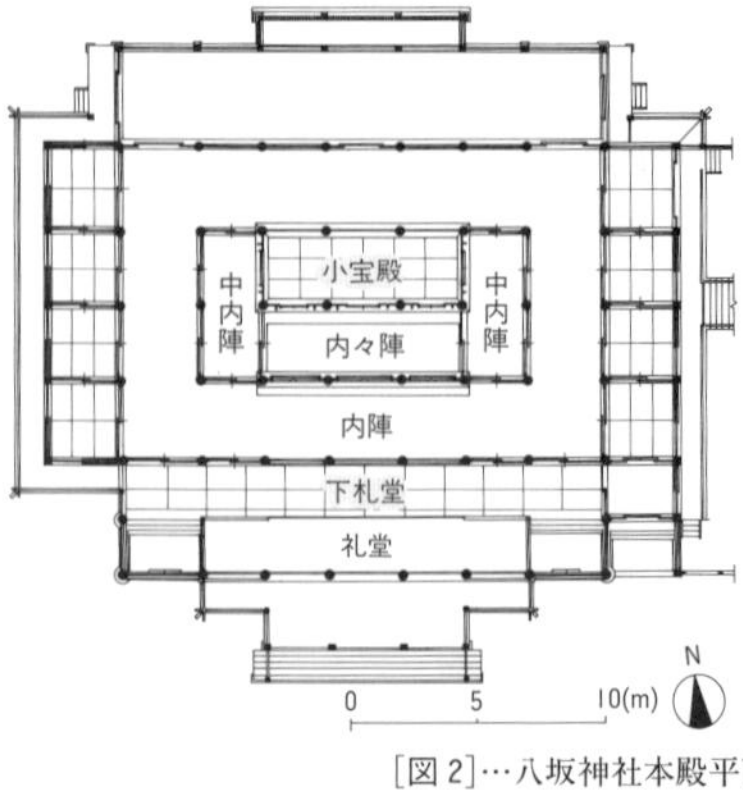

[図2]…八坂神社本殿平面図

[図 3]…愛宕神社鳥瞰図

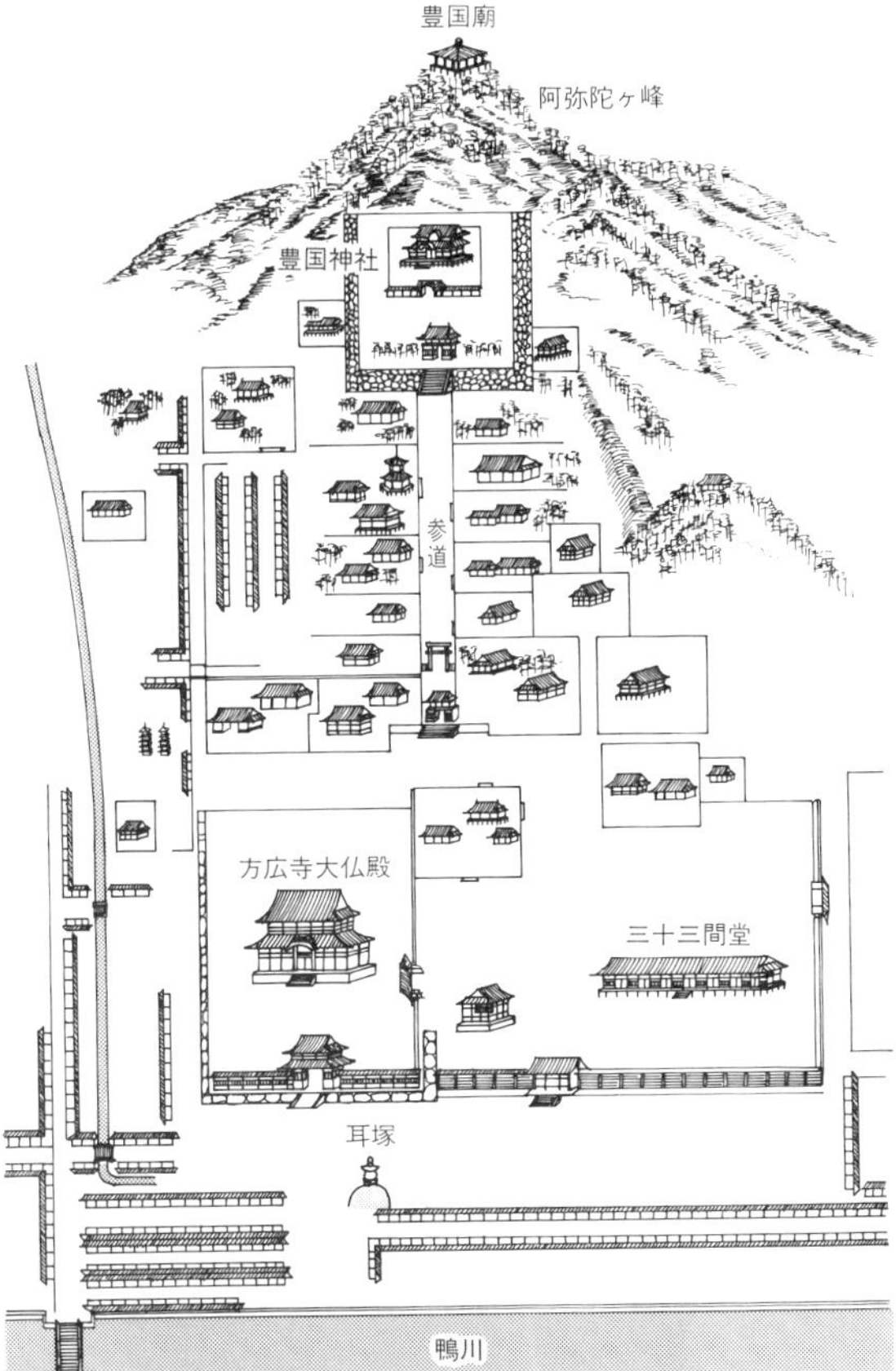

[図 4]…慶長年間の豊国神社(『慶長四年豊臣秀頼公創立豊国神社之図』をもとに作図)

われてきたためでしょう。この他、愛宕神社も明治までは白雲寺と呼ばれた宮寺であり、石の間造をもっていました（図3）。

人を神に祀る八棟造は天照大神《あまてらすおおみかみ》という神格をルーツとする天皇に匹敵する権威を身につけるためにその後権力者を死後、神として祀る秘儀として定着し、近世に入ると豊臣秀吉を神として祀った豊国廟《ほうこくびょう》へと受け継がれました（図4）。すなわち、一五九八年に秀吉が死去すると、遺言によって阿弥陀ケ峰山頂に埋葬され、翌年山腹に豊国大明神という神格として霊廟が建てられたのです。

この豊国廟の平面図（図5）を見ると、やはり拝殿と本殿が石の間でつながれていることがわかります。この建物を移建したといわれているのが、琵琶湖の竹生島《ちくぶじま》の都久夫須麻《つくぶすま》神社（図6、7）と宝厳寺《ほうごんじ》唐門《からもん》（図8）ですが、全体

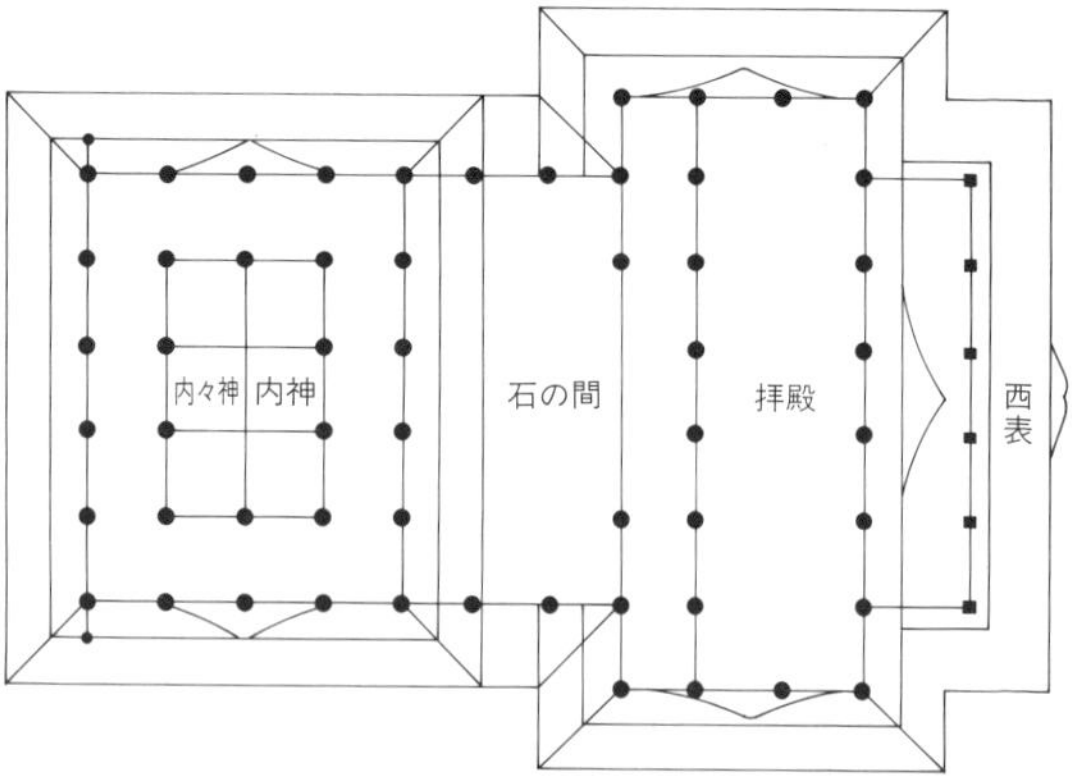

[図5]…豊国廟平面図

[図6]…都久夫須麻神社

に彫刻と極採色が施されており、この装飾が後に将軍徳川家康を神として祀った日光東照宮に受け継がれるのです。

一六一六年、徳川家康が没すると、秀吉同様遺言によって久能山東照宮に神として祀られ、さらに日光東照宮へ移されます。これらの東照宮の建築も、やはり石の間で拝殿と本殿を継ぐ形式で「権現《ごんげん》造《づくり》」と呼ばれているのです。

また前述の豊国廟の極彩色も継承し、彫刻については、やや平面的であったものをさらに立体的に発展させたふしがあります。

一方、これらの変型として、「浅間《せんげん》造《づくり》」があり、拝殿と本殿をそれぞれ一階と二階に配したもので代表作に富士山本宮浅間神社があります（図9）。

以下、実例をいくつか掲げたいと思います。

[図 8]…宝厳寺唐門

[図 9]…浅間神社本殿

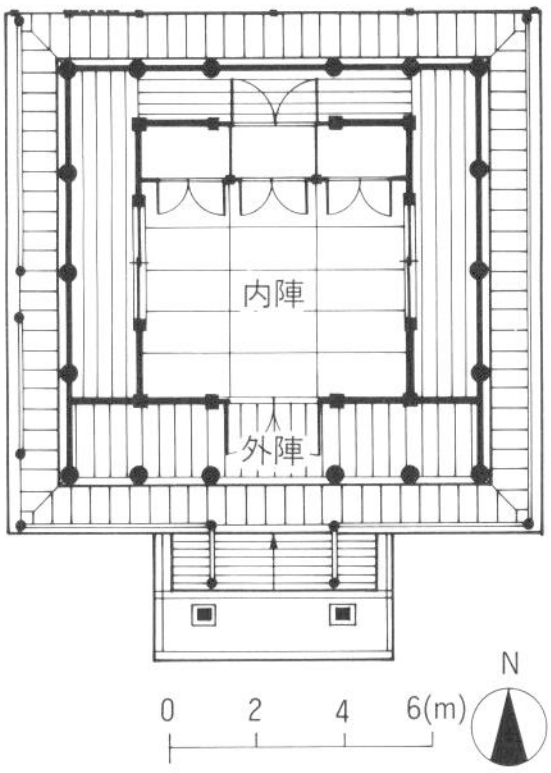

[図 7]…都久夫須麻神社平面図

㉒北野天満宮《きたのてんまんぐう》

京都市上京区馬喰町

(交通)JR京都駅より京都市営バス北野天満宮前下車

石の間造をもつ日本最古の神社が北野天満宮です(図10、11)。

主祭神の菅原道真《すがわらのみちざね》は、平安時代の学者であり、左大臣《さだいじん》までのぼりつめた政治家でもありましたが、政敵である右《う》大臣《だいじん》藤原時平《ふじわらのときひら》におとし入れられて九州の太宰府《だざいふ》に配流され、九〇三年に非業の死をとげた人物です。

その後、無実の罪で亡くなった道真へ大衆の同情が集まりましたが、ちょうどその頃、京都では落雷などの天変地異や関係者の死が相次ぎ、朝廷は罪の意識からかそれらを道真の祟《たた》りであると恐れ、道真を無罪とし、位をもとに戻して神として祀ったのが今日の北野天満宮の起りです。

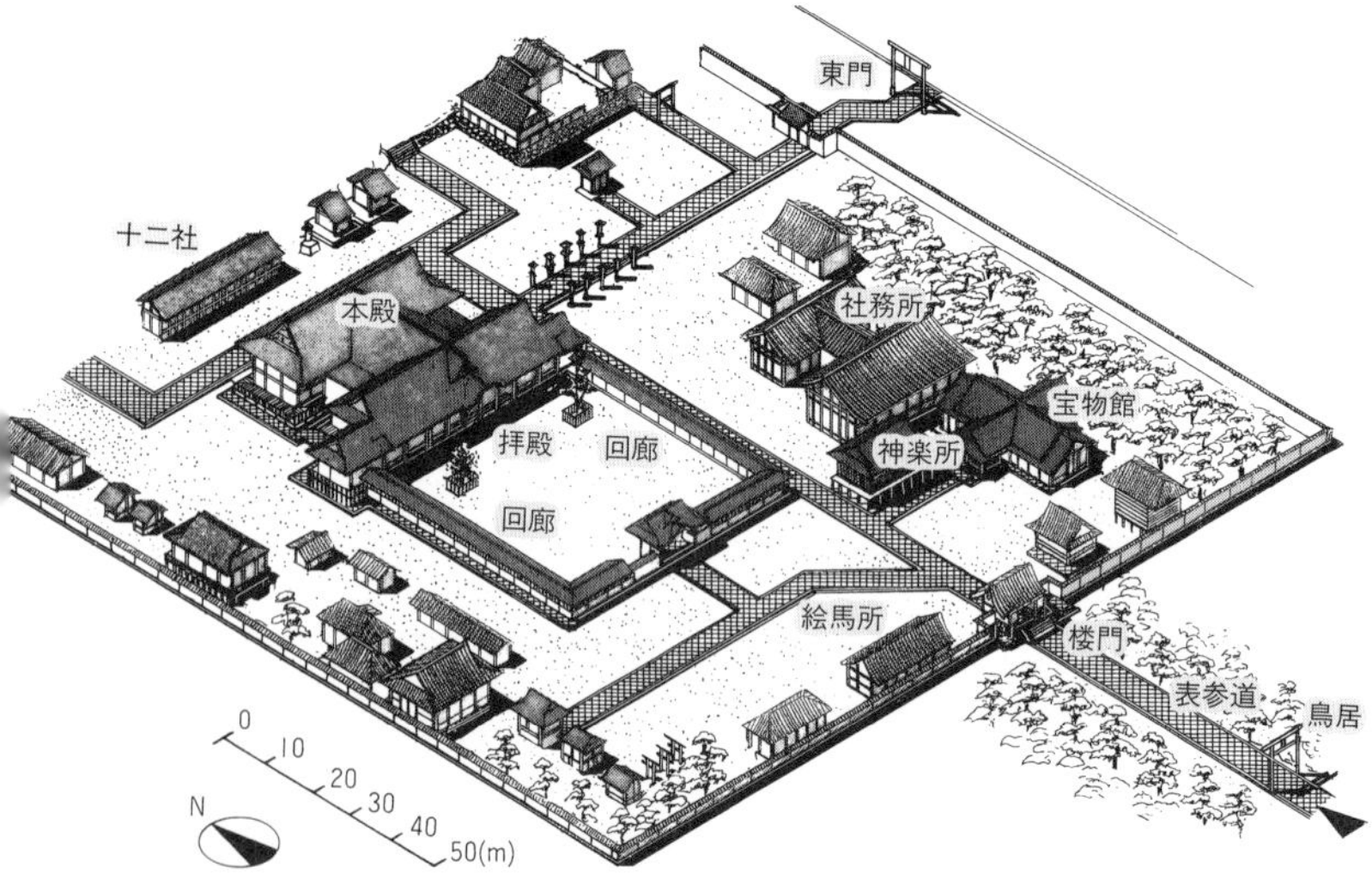

[図10]…北野天満宮鳥瞰図

[図11]…北野天満宮楼門

九四七年には神殿が建てられ、道真の祟りと思われた雷がもたらす雨から農耕の神である天神信仰と結びつき、さらに学者であったことから、今日では学問の神として信仰を集めているのです。

　現在の社殿は、一五八七年に豊臣秀吉がこの地で北野大茶湯を催した縁から、その後継ぎの秀頼が一六〇七年に再建したもので、本殿と拝殿を石の間でつないでおり、「八棟造《やつむねづくり》」と呼ばれ、この手法がその後、人を神として祀るための建築様式として東照宮へ受け継がれていくのです。

　摂社が四十余りある上、全国に約一万の分祀社を従えており、例祭は八月四日に行なわれています。毎月25日には、境内で骨董市が開かれ、多くの人々のにぎわいを見せています。

㉓八坂神社《やさかじんじゃ》

京都市東山区祇園町北側六二五

（交通）ＪＲ京都駅より京都市営バス祇園下車

　京都で一般に祇園さんと親しみをこめて呼ばれるのが八坂神社です（図12～13）。発祥は八七六年頃、インドの祇園精舎の守護神である牛頭天王《ごずてんのう》を祀ったものといわれ、古くは祇園感神院《ぎおんかんじんいん》、祇園寺とも呼ばれ、当初は神社というよりは寺院に近いものでした。現在の主祭神は素戔嗚尊《すさのおのみこと》ですが、前述の牛頭天王はその化身であるとされています。

　毎年七月十七日から二十四日にかけて行なわれる祇園祭りは、古来「祇園《ぎおん》御霊会《ごりょうえ》」と呼ばれますが、これは、九七〇年、都に疫病が流行した際、当時病いはすべて怨霊の仕業《しわざ》であると考えられていたため、鬼が出入りするといわれた「神泉苑」と呼ばれる池へ神輿を送って疫病退散を祈ったことから起ったものです。

　ちょうど疫病の流行しやすい夏の初めに行なわれ、京都の三大祭りの一つに数えられて今にいたっているのです。

［図12］…八坂神社西楼門

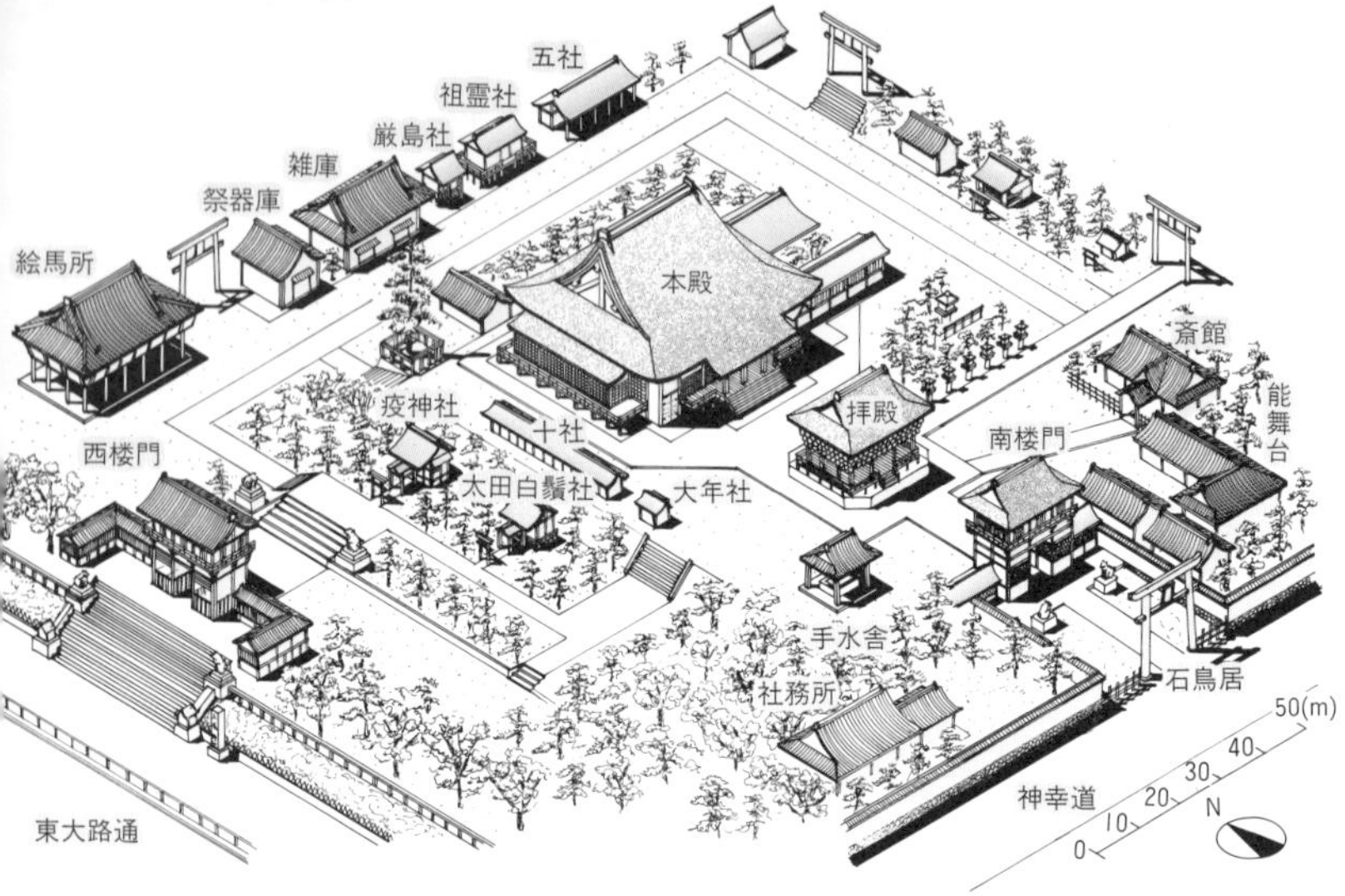

[図 13]…八坂神社鳥瞰図

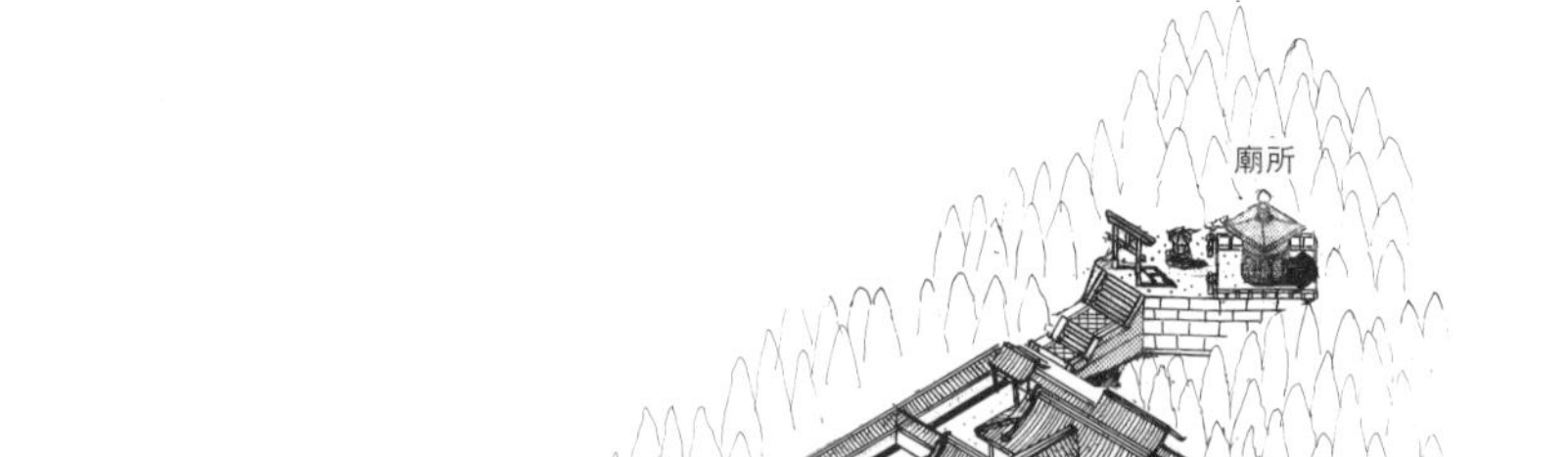

[図 14]…久能山東照宮鳥瞰図

現在の本殿は一六五四年の再建ですが重要文化財に指定されており、神殿と礼堂を一つの屋根に収めた「祇園造」と呼ばれるもので、石の間造と同様の形式を今に伝えています。

㉔久《く》能《のう》山《ざん》東《とう》照《しょう》宮《ぐう》

静岡県静岡市根古屋三九〇

（交通）ＪＲ東海道線静岡駅より静鉄バス日本平からロープウェー久能山駅下車、またはＪＲ東海道線清水駅より静鉄バス久能山下下車

徳川初代将軍家康を神としてはじめて祀った神社が久能山東照宮です。東照宮というと、とかく日光を連想しがちですが、久能山が最初につくられた東照宮です。

一六一六年四月十七日、家康は駿府城で没し、遺言に従ってその日の夜には遺骸《いがい》を久能山に葬り、翌年には社殿が整えられました。

現在の建物はほぼ創建当時のままで、本殿は石の間によって拝殿と本殿をつないだ「権現造」となっています。すべて黒漆《うるし》塗りで精巧な彫刻と極彩色が施されており、豪華絢爛な意匠をもっています（図14～16）。

［図15］…久能山東照宮参道

［図16］…久能山東照宮本社本殿

エピソード

秀吉の眠る廟

❖1　埋葬の地

桃山時代の天下人である豊臣秀吉は、一五九八年「ゆめの又ゆめ」という辞世を残して六十二年に及ぶ波乱に満ちた生涯を終えます。注目したいのは、通夜を営むことなく、何を焦ってかその日のうちに伏見城から柩が運び出され、方広寺大仏殿の背後の阿弥陀ヶ峰に埋葬されていることです。

この山は京都の葬送の地、鳥辺野の一部で、八世紀頃行基が阿弥陀如来を安置して三昧場と呼ばれる墓地を開いたのが発祥であるといわれています。彼は遺言に「八幡大菩薩」として祀られることを希望しており、その遺言の通りに埋葬されたわけです。

ところが、翌一五五九年には、遺言とは異なった「豊国大明神」という神号を朝廷から与えられ、埋葬された場所の西の麓に「豊国神社」が創建されて、正式に神格として祀られました。

従来の日本の社会は、天照大神という神を先祖にもつ皇室による公家中心のものでした。しかし秀吉は、豊臣家による武家中心の政権をつくろうとしたのであり、そのために天皇に匹敵する権威を身につけようとしたからに他なりません。そこで自らが神となり、豊臣家が神の末裔になることを望んだ結果でしょう。

❖2　豊国廟の意匠

豊国廟がつくられた当時に描かれた「洛中洛外図屏風」を見ると、方広寺大仏殿の右上には必ず豊国廟が描かれており、当時は現在の姿とは比べものにならない規模をもっていたことがわかります。

諸文献によれば、大仏殿の背後には、長さ約五一五メートルという長大な参道が阿弥陀ヶ峰の山頂をめざして伸びていたといわれます。

また、この参道の両脇には諸大名が寄進した無数の石灯籠が並列し、方広寺住職の照高院、秀吉の側近木食応其《もくじきおうご》の文殊院、夭逝した秀吉の息子鶴松の菩提寺・祥雲寺が建てられ、その他秀吉の重臣らの御殿が所狭しと軒を並べていたといいます。

さらに参道の終点には、中門と回廊が巡り、その中に本殿、舞殿、神供所、神宝殿、護摩堂、鐘楼、鼓楼などによる伽藍があったことが屏風などからわかります。

そして秀吉の遺体を安置する霊廟は、そのさらに奥の阿弥陀ヶ峰山頂にあったとみられるのです。

以上のような壮大な規模を誇った豊国廟について、『続本朝通鑑』によれば、「其制倣北野菅廟」とあることから、北野天満宮を模してつくられたことが明らかになります。北野天満宮は菅原道真を神として祀った宮寺ですが、秀吉を神に祀るにあたり、参考にされたのでしょう。

豊国廟は、豊臣氏の滅亡とともに失われてしまいましたが、前述の屛風や、中世から近世にかけての大工の秘伝書である『匠明』に載せられた平面図から、北野天満宮と同じく拝殿と本殿を石の間でつないだ形式であったことが確認できるのです。

また、この豊国廟の建物を移したことが部材の墨書から明らかになった宝厳寺唐門や都久夫須麻神社本殿の意匠を見ると、柱・梁には漆を塗り、また壁と扉に複雑な彫刻と極彩色が施されており、後に徳川家康を神格として祀った日光東照宮と酷似した意匠をもつことがわかるのです。つまり、権現造と呼ばれる東照宮の建築様式は、豊国廟を発祥とし、それが人を神に祀る秘儀として様式化したのではないかと考えられるのです。

[図 a]…豊国祭礼図屛風(豊国神社蔵)

[図 b]…豊国廟参道

㉕日光東照宮《にっこうとうしょうぐう》

栃木県日光市山内二三〇一

（交通）JR日光線または東武鉄道日光線日光駅下車

一六一五年、大坂夏の陣で、徳川家《とくがわいえ》康《やす》は豊臣家を滅ぼし、以来江戸時代となり、三百年の太平の世が始まります。しかし、その翌年の一六一六年一月、家康は鷹狩りにいった先で発病、たぶん胃がんであったといわれていますが、その約三ヵ月後、その七十五年に及ぶ波乱に満ちた生涯を閉じました。

その死の床で、家康は次のような遺言を残します。すなわち、「わが命が終わったら、遺骸は久能山に納めて神としてまつり、葬式は江戸の増上寺で行ない、三河（現愛知県）の大樹寺《だいじゅじ》に位牌を立て、一周忌も過ぎた頃、日光山へ移せ。関東の守り神となろう」と言い遺しました。

家康は、生前、神道《しんとう》を深く学んでおり、亡くなる数日前、天台宗の僧天海《てんかい》や、吉田神道《よしだしんとう》の神官・梵舜《ぼんしゅん》から神道の秘伝の伝授をうけ、死後、神として祀《まつ》るべきことを明らかにしていました。

そのような家康の念頭にあったのは、藤原鎌足廟《ふじわらのかまたりびょう》（談山《たんざん》神社）や、先の日本の支配者・豊臣秀吉《とよとみひでよし》を祀った豊国廟《ほうこくびょう》（豊国神社）の先例だったのでしょう。

家康は、それらの大政治家のあとを受けて、神に祀られ、国家的崇敬を受けることを期待したのです。そして、家康の遺体は、遺言通りすぐに久能山に移され神葬にされ、ちょうど一周忌に再び日光に移され、現在の東照宮の奥の院に葬られました。

この一六一七年に造営された建物は、その後の改築ですっかり改められてしまっており、その全貌をうかがい知ることはできません。しかし、図面や、移し建てられてわずかに残る建物から想像してみると、彫刻や彩色も極く限られ、日本の伝統的な様式である和様《わよう》をもとにした簡素なものであったと考えられます。現在の東照宮の絢爛豪華《けんらんごうか》な造形とは、全く比べものにならない程、質素なものでした。

現存する東照宮は、徳川三代将軍家《いえ》光《みつ》が一六三四年から約一年半の月日をかけて、創建当時の建物を大改築したものです。家光は、歴代将軍の中でも

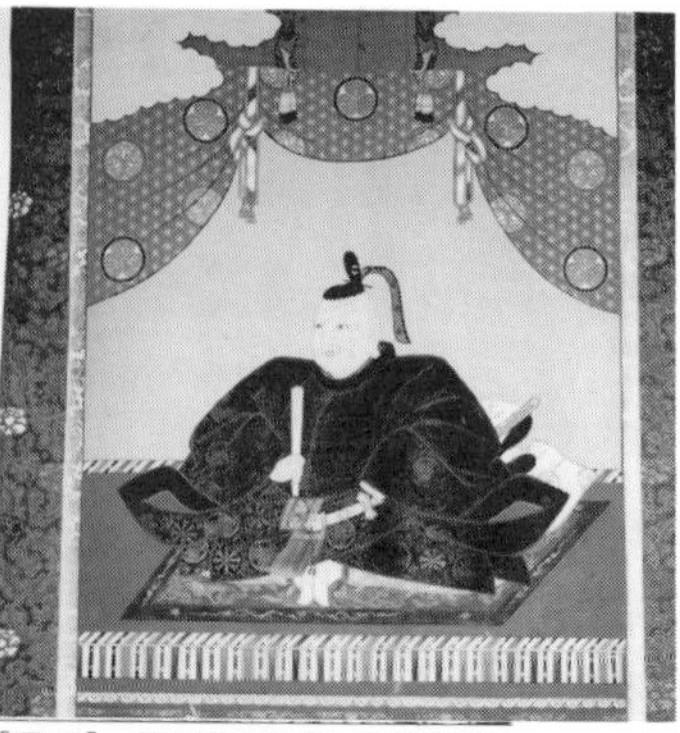

［図17］…徳川家康肖像（滋賀院蔵）

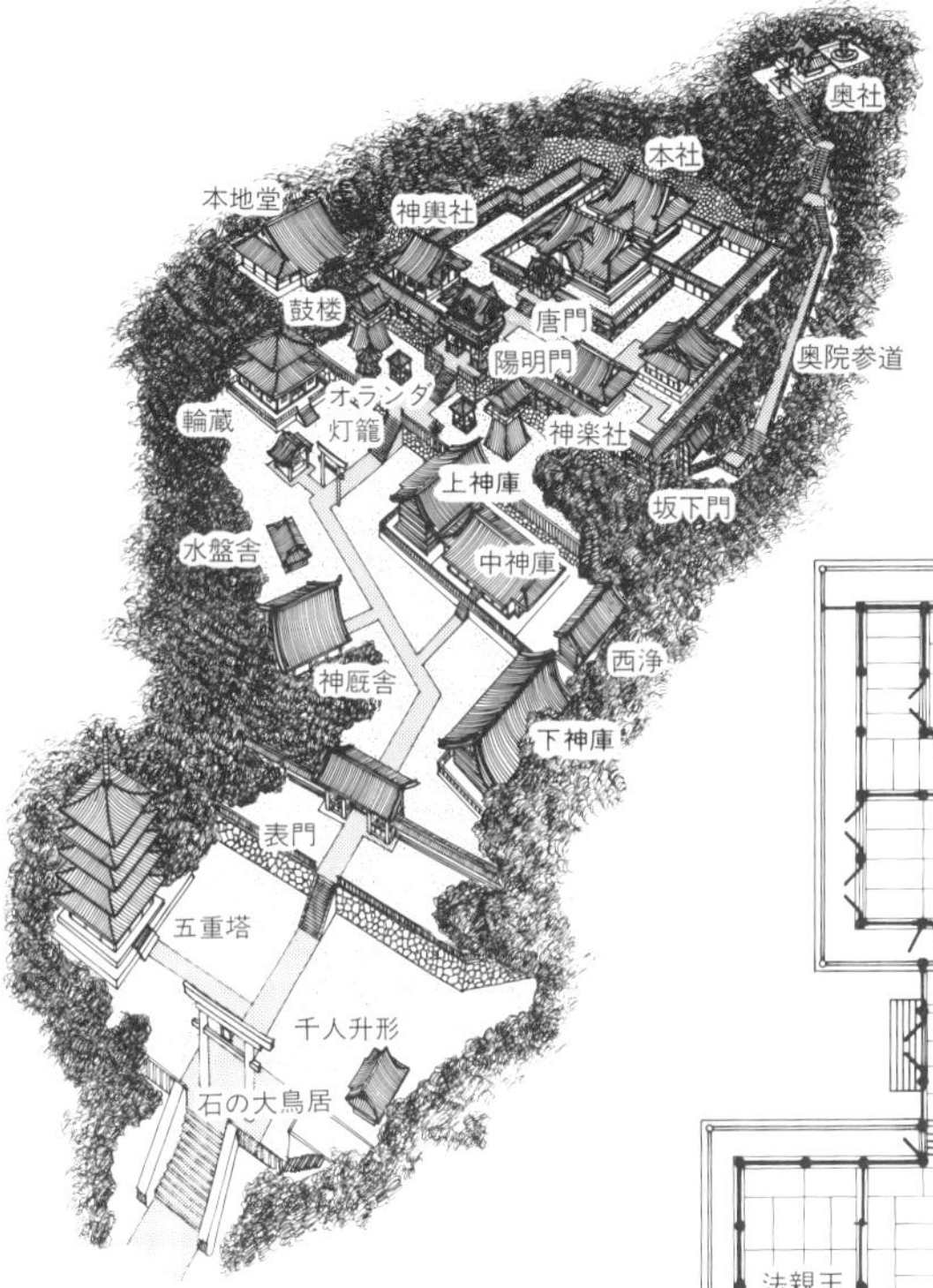

[図 18]…日光東照宮
鳥瞰図

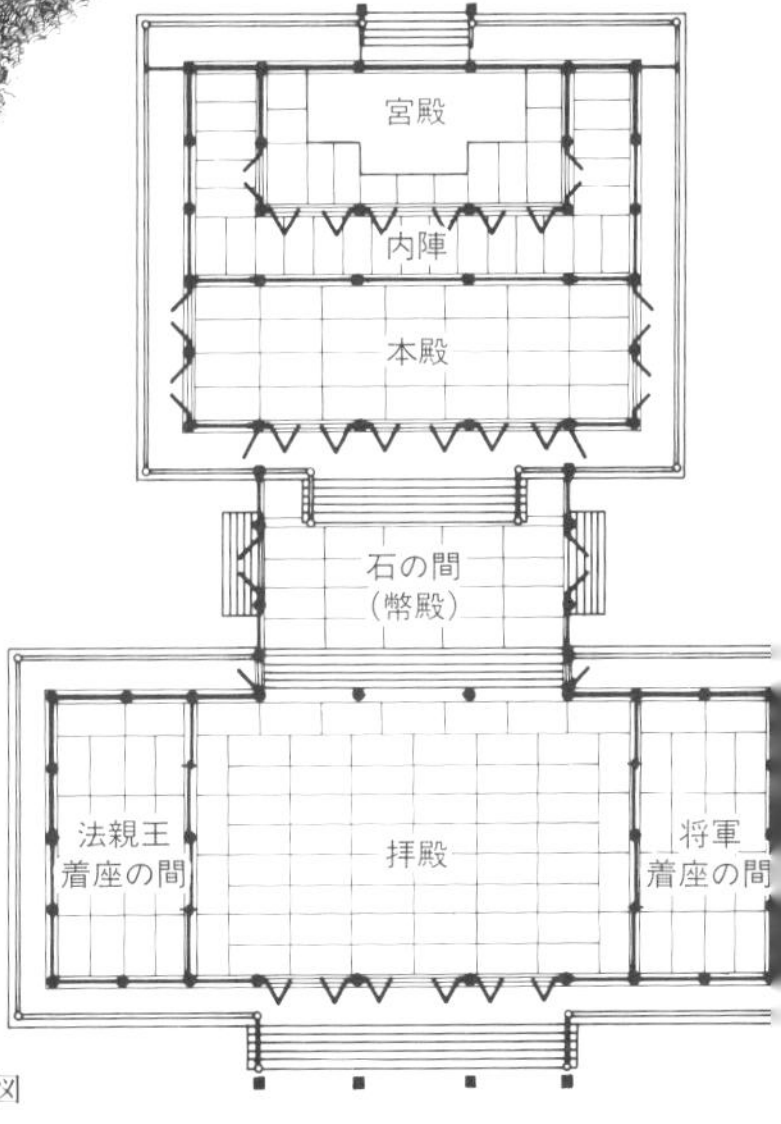

[図 19]…日光東照宮本社平面図

[図 21]…日光東照宮陽明門

[図 20]…日光東照宮唐門

群を抜いて家康を崇拝し、それはむしろ信仰に近いものがありました。歴代の将軍の日光社参は、全部で十九回ありましたが、実にそのうちの十回は、家光の社参でした。

しかし、父の二代将軍秀忠《ひでただ》が存命中は、祖父崇拝を表に出すのを遠慮していたようです。

幼少の頃、秀忠は家光より弟忠長の方を可愛がったので、忠長を次の将軍にするのでは、と周囲を疑わせたほどで、家康の命令でやっと後継ぎになったといったこともありました。家光の念頭から、常にそのことが去らなかったために、秀忠に遠慮していたのでしょう。その父秀忠が一六三一年に他界したことがその後の大改築着工と関係があると考えられています。

改築された建物は、三十数カ所にも及び、創建の頃の建物が和様《わよう》を主体としたのに対し、禅宗《ぜんしゅう》寺院の様式である中国的な禅宗様《ぜんしゅうよう》を主体としています。装飾も壁面にまで及び、豊富な色彩と立体的な彫刻で飾られるようになり、「日光を見ずして結構というなかれ」と俗に言われる通り、絢爛豪華な姿を見せているのです（図18〜21）。

この改築の総指揮をしたといわれるのが、幕府作事方《さくじがた》（建築担当の役所）大棟梁《だいとうりょう》、甲良宗広《こうらむねひろ》で、古い近江（現滋賀県）大工の名門の出身であり、特に彫刻に傑出した大工でした。また、彩色工事の総監督は、当時を代表する絵師・狩野探幽《かのうたんゆう》が担当し、その他、漆工《しっこう》、蒔絵《まきえ》、鋳物《いもの》、鍛冶《かじ》などの装飾も、当時の一流の名工たちが腕をふるいました。

この改築工事にかかった工事費などは、『東照宮御造営帳《ごぞうえいちょう》』（工事の決算書）によって詳しく知ることができます。それによると、工事の総額は、金五十六万八千両と、銀百貫目、米千石に達し、当時の年間国家予算に匹敵するといわれています。

また、この工事に投ぜられた人力は、延人数で、

大工及びその手伝い人夫　約一九六万人
金箔押し　約二万三千人
日用（運搬その他の人夫）　約二八三万人

でした。総人数で四八一万人、現在の物価で一人一万円とすれば、手間賃だけで四八一億円にもなってしまいます。このような莫大な費用を湯水のごとく使って造られたのが、現在見ることができる東照宮なのです。

㉖大崎八幡神社《おおさきはちまんじんじゃ》

宮城県仙台市青葉区八幡四—六—一

（交通）ＪＲ東北本線仙台駅より仙台市営バス大崎八幡宮前下車

大崎八幡神社は有名な戦国の武将伊《だ》

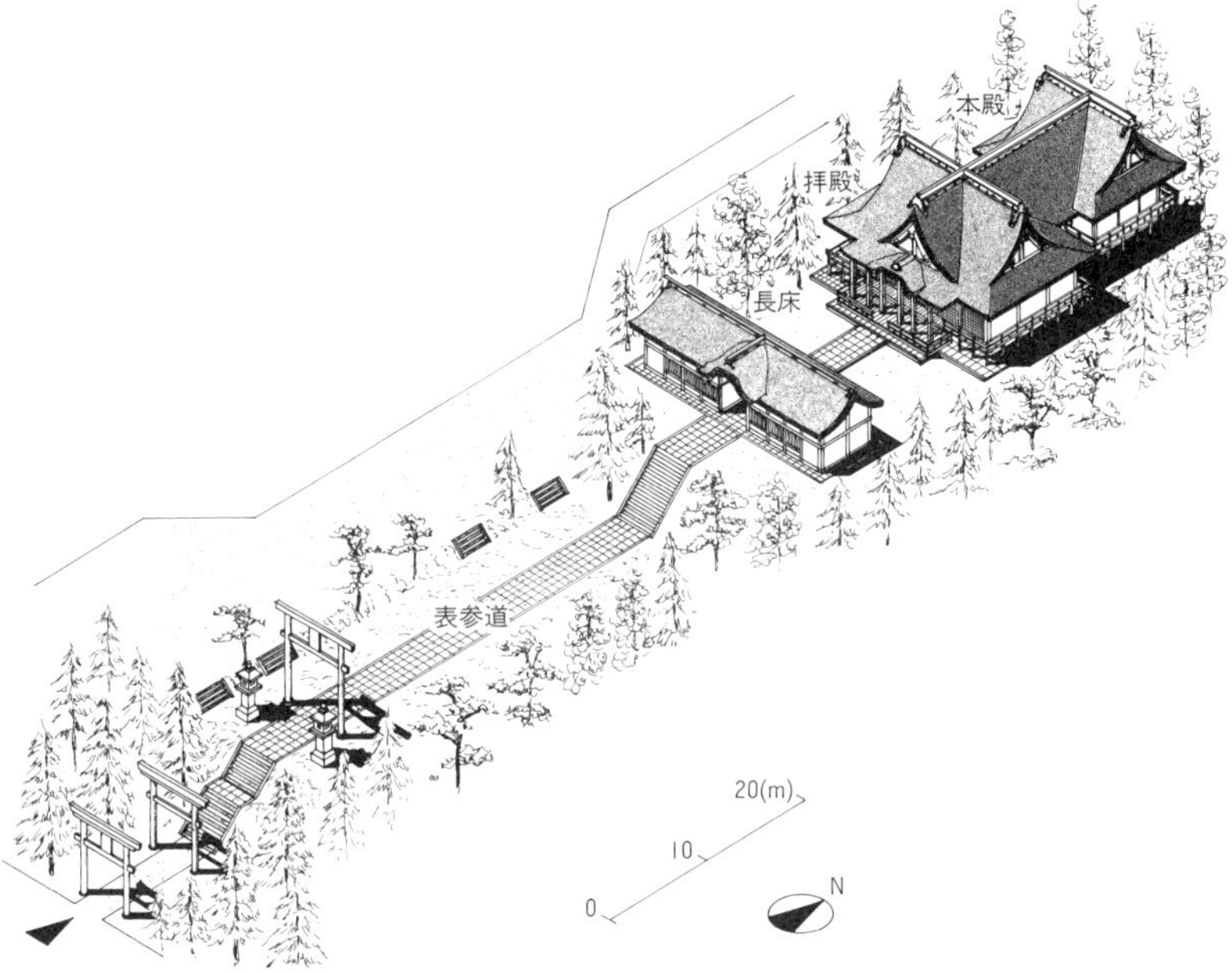

[図 22]…大崎八幡神社鳥瞰図

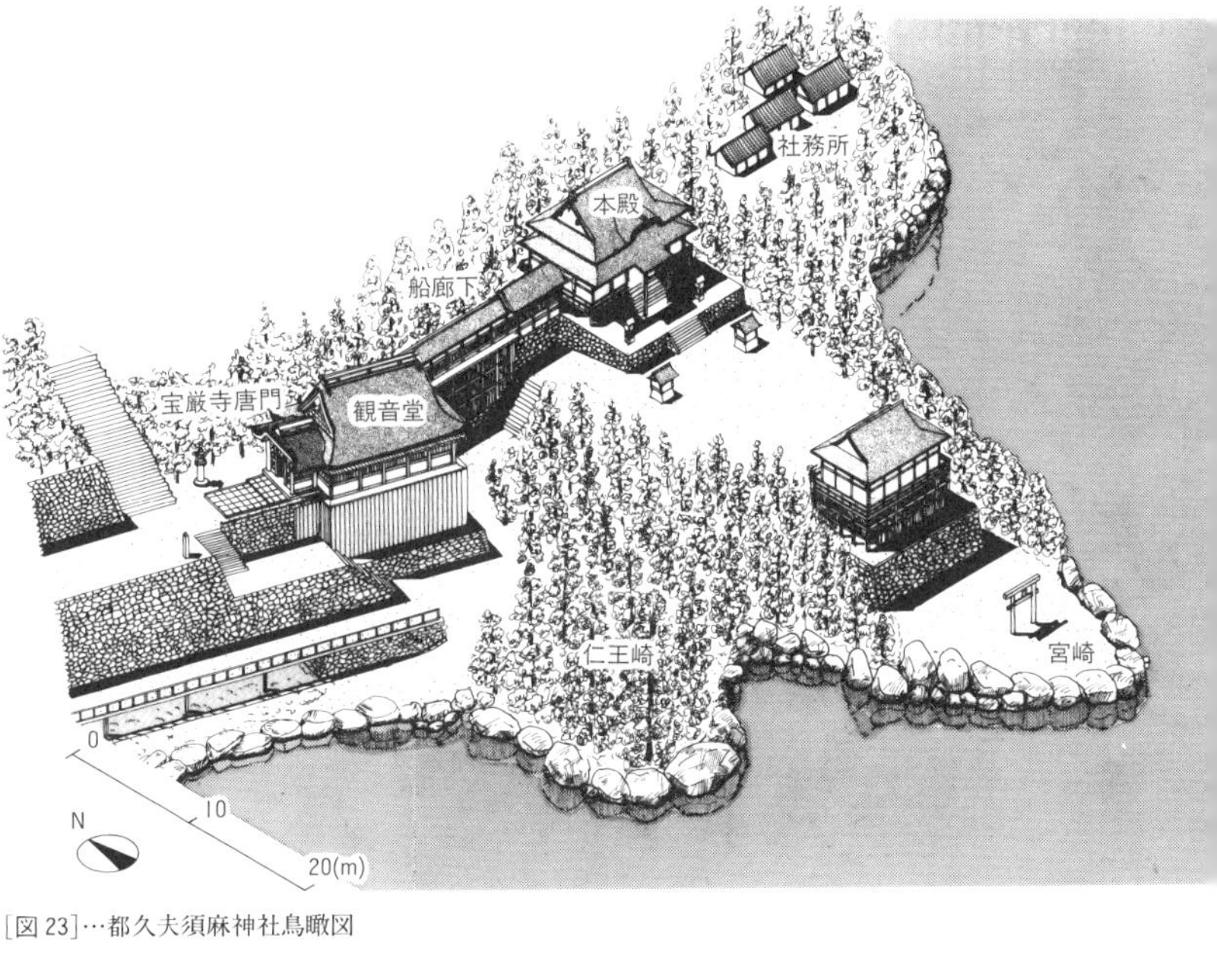

[図 23]…都久夫須麻神社鳥瞰図

達《て》政宗《まさむね》によって一六〇七年に建てられた神社で、現存する日本最古の権現造の例として国宝に指定されています（図22）。

社殿は拝殿と本殿を石の間でつなぎ、内外に複雑な彫刻を施し、漆と極彩色で仕上げたもので、桃山建築の華やかさを遺憾なく発揮しています。

㉗宝厳寺《ほうごんじ》唐門《からもん》・都久夫須麻神社《つくぶすまじんじゃ》

滋賀県東浅井郡びわ町早崎一六六四

（交通）ＪＲ北陸本線長浜駅下車、長浜港より琵琶湖汽船竹生島下船

近世における権現造の発祥というべきものが豊臣秀吉の霊廟である豊国廟であったことはいうまでもありませんが、この豊国廟の遺構といわれているのが、琵琶湖に浮ぶ竹生島にある宝厳寺唐門と都久夫須麻神社（図23〜25）です。豊国廟の遺構であるという伝承を

［図24］…宝厳寺唐門

［図25］…都久夫須麻神社本殿

もつ建物は数多くありますが、これら二つはともに解体修理の際に発見された墨書きから、確実に遺構であることが証明された数少ない貴重な例といえましょう。

まず、宝厳寺唐門は一六〇三年に京都の阿弥陀ケ峰より現地に移建されたもので、東照宮に類似した複雑な彫刻をもっています。

また、都久夫須麻神社本殿は、一六〇二年に秀吉の後継ぎの秀頼が改築した際、豊国廟の建物の一部を移したものとみられ、壁や天井に東照宮に似た金箔や極彩色が施されています。

エピソード

東照宮の色彩

❖1 結界としての陽明門

日光東照宮の中で最も有名な建物の一つに陽明門があります。一日中眺めていても見飽きないので通称「日ぐらしの門」とも呼ばれます。

この陽明門を、単独で眺めるのではなく、実際に東照宮の中を他の建物とともに歩いて巡ると、ある興味深いことに気がつかされます。すなわち、この門にいたるまでが人間の世界であって、門から中は神域であり、陽明門が二つの異なる領域の「かなめ」の役目を果たしている点です（図a）。

特に陽明門を中心とした東照宮の建築群の色彩計画に、そのことがはっきりとあらわれており、ここを訪れる人々は、じつは無意識のうちにそのことを感じとっているのです。

❖2 人の世界の色彩

陽明門を正面から眺めると、左右には朱色の回廊と極彩色の彫刻、その内側に、白い袖塀《そでべい》があります。また、その中央に白、黒、金の色彩を施した陽明門があり、またその左右には、黒い鐘楼《しょうろう》と鼓楼《ころう》があります。

ここで注目したいのは、陽明門にいたるまでの建築群と陽明門の色の関係です。すなわち、朱色の表門《おもてもん》・三神庫《さんじんこ》・経蔵《きょうぞう》等から、金や黒の建築を経て陽明門にたどり着くと、そこにはそれまで一色づつ見てきた、金、黒、朱といった色彩が、一度に炸裂するのです(図b)。言い換えれば、東照宮全体の中で、この陽明門が色彩的な高まりの頂点となっているのです。

もし、陽明門の白、黒、金、朱という極彩色を突然目にしたら、その刺激はむしろ不快なものとなりかねません。しかし、人々は陽明門を眺める前に、そこに用いられている色彩を一色づつ目にし、意識の中で準備が整えられてから、陽明門に対峙することによって、その極彩色の快感を抵抗なく受け入れることができるといった寸法です。

❖3 神の世界の色彩

それでは、陽明門の内側の神の領域の色彩はどうなっているのでしょうか。陽明門ではじめて現れた白を用いているのは、唐門《からもん》、本社《ほんしゃ》、坂下門《さかしたもん》の三つのみ。このうち、唐門と坂下門は白・朱・金を施し、本社では白・黒・金の他にあらゆる色彩の装飾が加わっています。

言い換えれば、人間世界における色彩は、一度陽明門に集中、炸裂し、今度は白を軸として、一つは唐門を経て到達点である本社へ、もう一つは家康の霊廟がある奥社入口の坂下門へと向かっているのです。つまり、陽明門にはじめて現れた白という色は、その中の神の聖域を示す色彩なのです。

このような色彩計画は、日光東照宮の造られた江戸初期を代表する絵師である狩野探幽を彩色担当プロデューサーとして決定されたもので、その巧妙さには瞠目せざるを得ません。

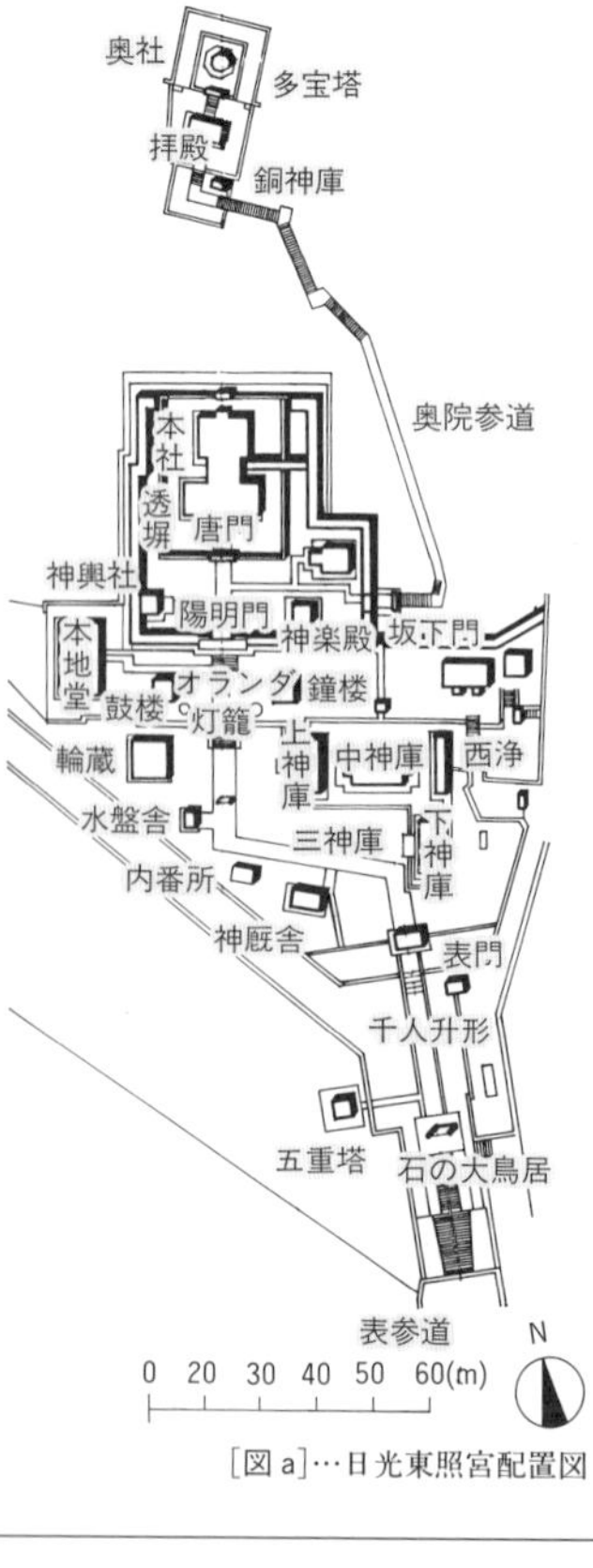

[図 a]…日光東照宮配置図

[図 b]…陽明門の装飾細部

第二章　寺院

仏のすむ家

仏教伝来と寺院——新興宗教から国家宗教へ

六世紀の中頃になると、それまで神への信仰をもつだけであった日本に仏教が伝来し、六世紀後半になると寺院を建設する技術も伝えられ、五九一年の飛鳥寺《あすかでら》の完成以降、ぞくぞくと寺院が造られるようになります。

やがて七世紀の飛鳥時代になると、天皇自らがはじめて着手した百済大寺《くだらたいじ》が完成し、仏教は国家公認の宗教となり、仏教国日本へと成長していくのです。八世紀の奈良時代に入ると東大寺《とうだいじ》を頂点として全国に国分寺（国営の寺院）が建てられ、奈良仏教が流行します。また、九世紀の平安時代には天台宗《てんだいしゅう》や真言宗《しんごんしゅう》、浄土宗《じょうどしゅう》、十三世紀の鎌倉時代には禅宗、十五世紀には浄土真宗が流行し、各時代、宗教ごとにさまざまな寺院が生み出されました。

古代寺院の伽藍《がらん》——仏様の聖域

寺院の各建築の配置のことを「伽藍《がらん》」といいます。初期の飛鳥寺の伽藍を見ると、仏様すなわち仏教の創始者・仏陀《ぶっだ》（ブッダ）の遺骨を納める塔《とう》を中心に、仏像《ぶつぞう》を安置する金堂《こんどう》三つが塔を囲み、さらに回廊によって外界と隔てられています。回廊の外には僧侶《そうりょ》の講義のための講堂《こうどう》があり、すなわち人の領域である外界に対して、伽藍内部は仏の聖域であったことがわかるのです。

その後、七世紀に建てられた寺院の伽藍を見ると、四天王寺《してんのうじ》、川原寺《かゆらじ》、法隆寺《ほうりゅうじ》

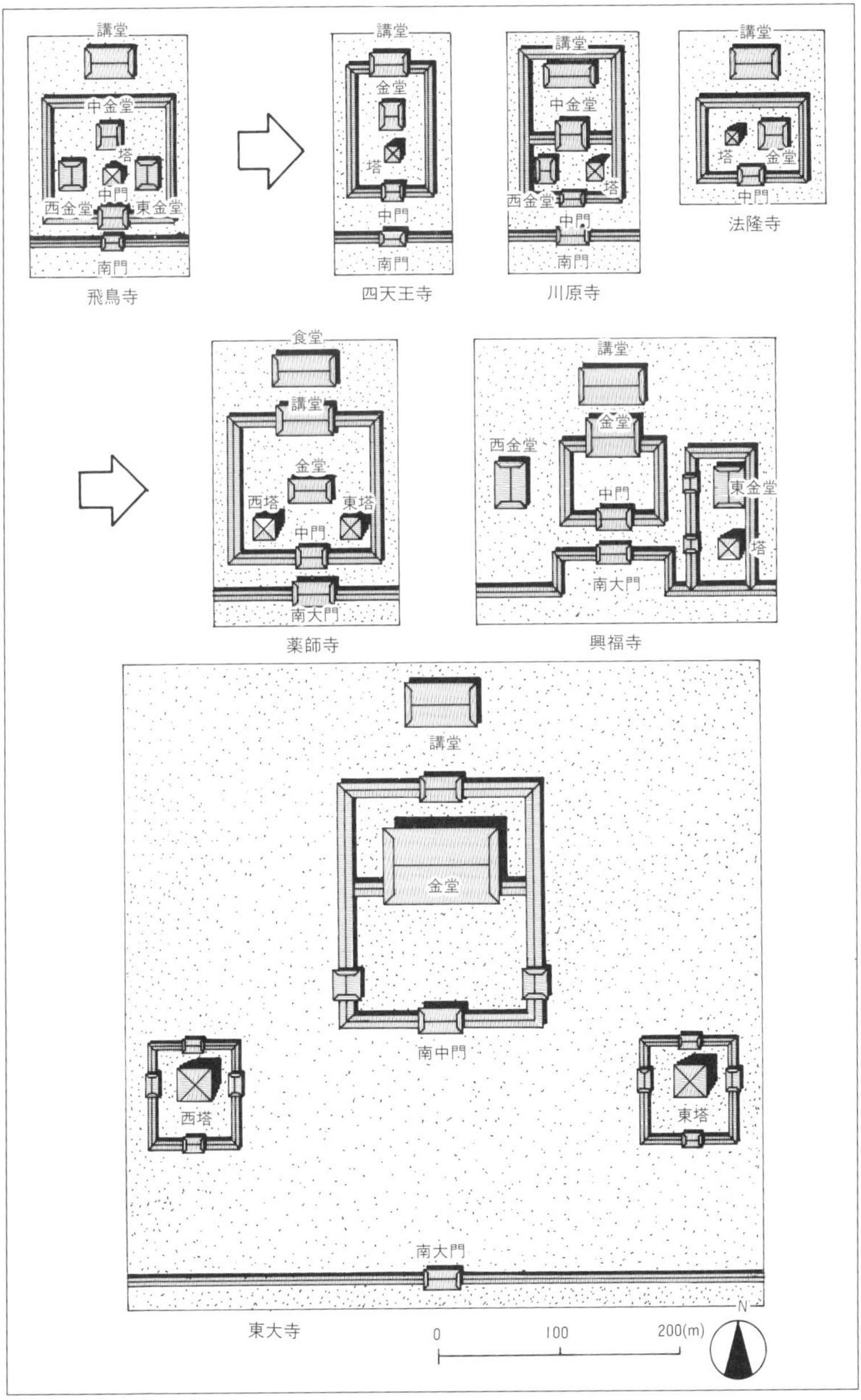
講堂
中金堂
塔
西金堂
中門
東金堂
南門
飛鳥寺
講堂
金堂
塔
中門
南門
四天王寺
講堂
中金堂
西金堂
塔
中門
南門
川原寺
講堂
塔
金堂
中門
法隆寺
食堂
講堂
金堂
西塔
東塔
中門
南大門
薬師寺
講堂
金堂
西金堂
中門
東金堂
塔
南大門
興福寺
講堂
金堂
南中門
西塔
東塔
南大門
東大寺
0
100
200(m)
N

[図1]…古代寺院の伽藍

等、いずれも一塔一金堂の形式であり、この形式が定着したことを示し、やはり講堂は外に置かれていることがわかります。

ところが八世紀の薬師寺や興福寺、東大寺になると、二塔一金堂となり、さらには伽藍外部にあった講堂が、内部の聖域に取り入れられて、人と仏がより親密な関係になります（図1）。

やがて、中世に入ると、仏を礼拝するための礼堂《らいどう》が仏堂の前に建てられ、さらに仏の場である内陣《ないじん》と、礼拝のための外陣《げじん》が一つの建築の中に設けられるようになり、人と仏の距離が少しずつ縮まっていくのです（図2）。

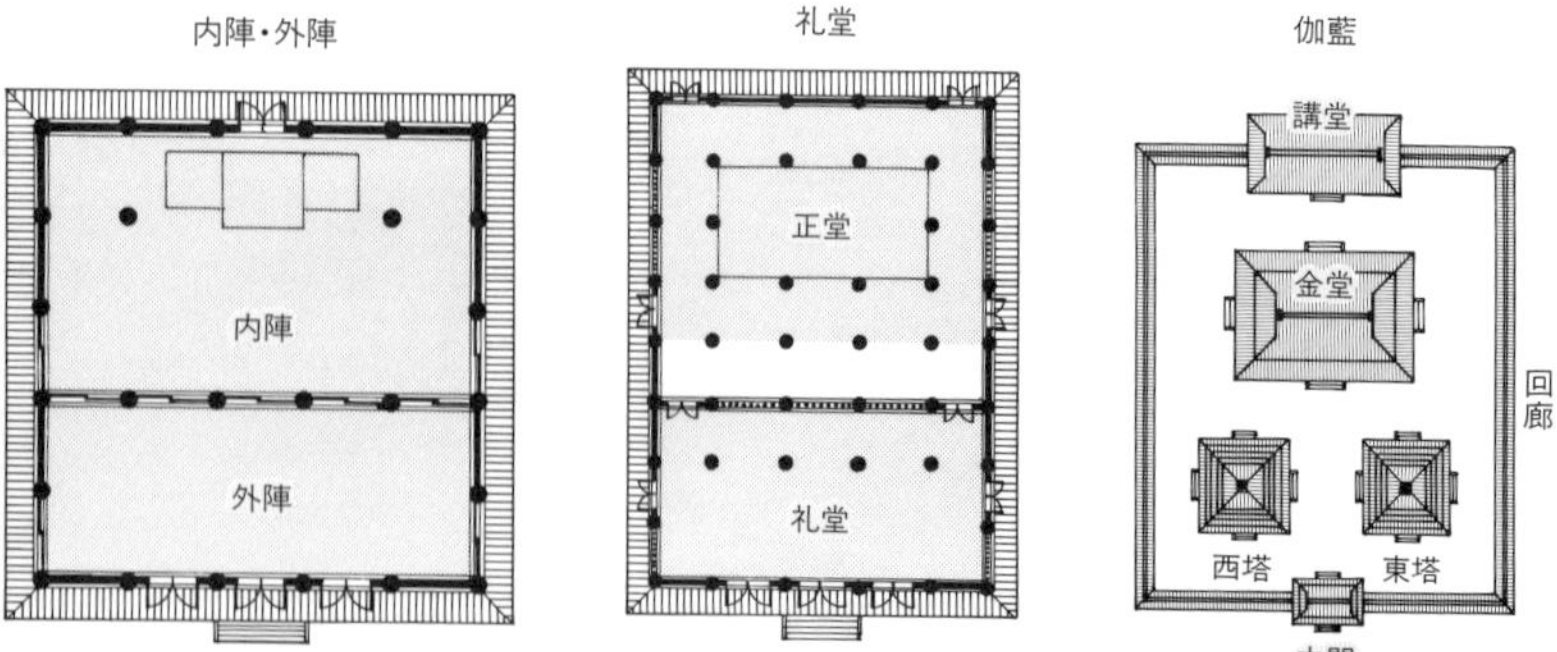

回廊の内側は、神聖な空間とした伽藍配置

正堂の前に礼堂が建てられる

堂内を内陣と外陣に分け中に入れるようになる

［図2］…伽藍→礼堂→内・外陣の移り変わり

仏堂《ぶつどう》の種類

寺院の中心

仏堂とは信仰の中心となる仏像である「本尊《ほんぞん》」を納める建物です。また信仰を開いた人物である「開山《かいざん》」や「祖《そ》師《し》」を祀《まつ》る場合もあります。以下簡単にまとめてみましょう。

本堂《ほんどう》・金堂《こんどう》・中堂《ちゅうどう》・仏殿《ぶつでん》・観音堂《かんのんどう》

仏像を祀る

本堂とは、仏像を安置した仏堂のタイプの総称で、仏教の宗派によって呼び名が異なります。

真言宗《しんごんしゅう》や法相宗《ほっそうしゅう》では「金堂《こんどう》」（図3）、天台宗《てんだいしゅう》では「中堂《ちゅうどう》」（図4）、禅宗《ぜんしゅう》では「仏殿《ぶつでん》」（図5）、浄土真宗《じょうどしんしゅう》では「阿《あ》弥陀堂《みだどう》」（図6）と呼びます。

この他、その名を唱える音を観《かん》じて人々を救うという「観世音菩薩《かんぜおんぼさつ》」と呼ばれる仏の像を納める仏堂を「観音堂《かんのんどう》」（図7）といいます。

開山堂《かいざんどう》・祖師堂《そしどう》・大師堂《たいしどう》

開祖《かいそ》を祀る

信仰の宗派や寺院を開いた僧侶を「開山《かいざん》」あるいは「祖師《そし》」と呼びますが、それらの像や位牌《いはい》を納めた仏堂は「開山堂《かいざんどう》」や「祖師堂《そしどう》」と呼ばれます。

また、浄土真宗《じょうどしんしゅう》では「大師堂《たいしどう》」または「御影堂《ごえいどう》」といい、本尊である「阿《あ》弥陀如来像《みだにょらいぞう》（清らかなあの世である極《ごく》楽浄土《らくじょうど》に死者を導く仏）を祀る「阿《あ》弥《み》陀堂《だどう》」と並べて置かれ、最も大きく、

［図3］…法隆寺金堂

［図4］…延暦寺根本中堂

[図5]…東大寺大仏殿

[図6]…西本願寺阿弥陀堂

[図7]…清水寺観音堂

寺院の中心になっています。

講堂《こうどう》・法堂《はっとう》・灌頂堂《かんじょうどう》・常行堂《じょうぎょうどう》

説法・修行の場

僧侶が仏教の教えを説き聞かせる「説法《せっぽう》」を行なうための建物を「講堂《こうどう》」（図8）といい、禅宗では特に「法堂《はっとう》」と呼ばれます。

また、中世の仏教である「密教《みっきょう》」の大切な儀式である「灌頂《かんじょう》」を行なう仏堂を「灌頂堂《かんじょうどう》」といいます。

さらに、天台宗《てんだいしゅう》の重要な儀式である「常行三昧《じょうぎょうざんまい》」に用いられる仏堂を「常《じょう》行堂《ぎょうどう》」（図9）と呼び、比叡山延暦寺では「法華三昧堂」と並べられて「担《にな》い堂《どう》」といいます。

八角円堂《はっかくえんどう》・六角円堂《ろっかくえんどう》

故人の冥福を祈る

亡くなった人の菩提《ぼだい》を弔《とむら》って建てられた八角形や六角形の平面をもつ仏堂をそれぞれ「八角円堂」「六角円堂」と

［図8］…法隆寺講堂

［図9］…延暦寺常行堂

［図10］…法隆寺夢殿（八角円堂の例）

呼び法隆寺夢殿が有名です（図10）。

仏塔《ぶっとう》の種類

仏様の遺骨を祀る

仏教を開いた仏陀《ぶっだ》（釈迦《しゃか》）の遺骨である「仏舎利《ぶっしゃり》」を祀った塔を総称して「仏塔《ぶっとう》」といい、もともと古代インドのストゥーパと呼ばれる仏塔が中国経由で日本に伝えられるうちに形が変化したものといわれています（図11）。

大別すると、次のように「多重塔《たじゅうとう》」と「多宝塔《たほうとう》」に分類できます。

多重塔《たじゅうとう》

三重塔と五重塔

三重塔《さんじゅうのとう》や五重塔《ごじゅうのとう》を総称して「多《た》重塔《じゅうとう》」といいます（図12、13）。中世までは七重や九重の塔も造られましたが、日本は地震国であるため、高層の塔は建てられなくなりました。

ちなみに三重塔、五重塔のような各

層に手すりを巡らしたような塔を「層《そう》塔《とう》」と呼ぶのに対して、屋根を積み重ねただけの「えん塔《とう》」という形式がかつてはいくつかありましたが、現在は談山《たんざん》神社の十三重塔を残すのみです。

また、平面についても中国では六角形、八角形、十二角形の例がありますが、日本ではほとんどが四角形となっています。

なお「裳階《もこし》」と呼ばれる庇をつけた塔もあり、三重塔が一見六重塔に見えたり、五重塔が十重塔に見えるので注意が必要です。

多宝塔《たほうとう》・宝塔《ほうとう》

真言宗《しんごんしゅう》の塔

一階が四角平面で二階が円形平面の二層の塔を「多宝塔《たほうとう》」（図14）といいます。また円形平面の一層の塔を「宝塔《ほうとう》」と呼びます。

平安時代に真言宗《しんごんしゅう》を伝えた僧空海《くうかい》

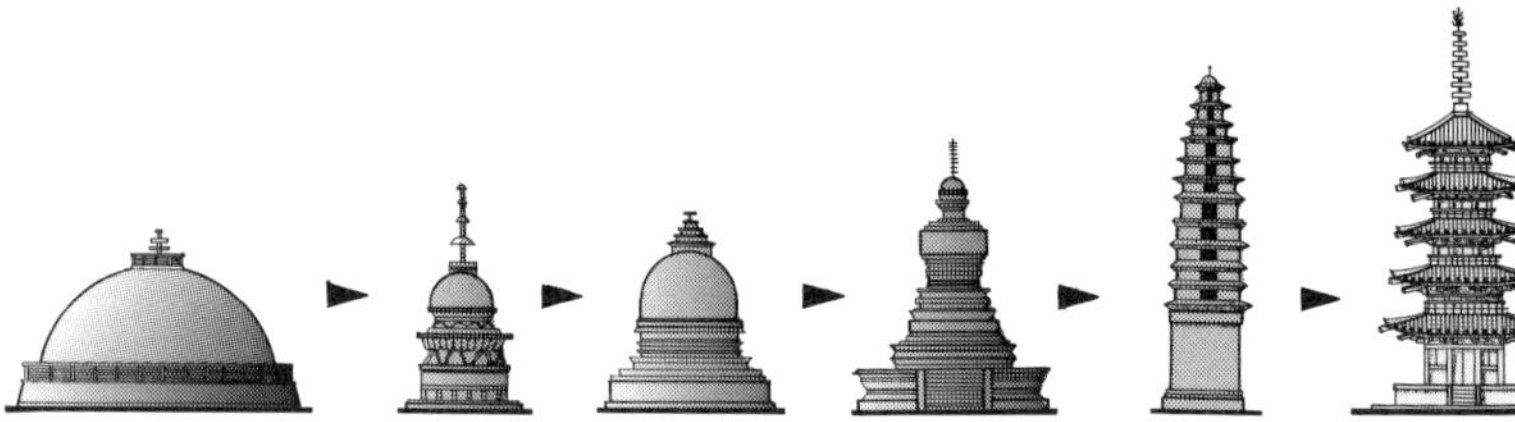

[図11]…ストゥーパから五重塔への変遷

[図12]…三井寺三重塔

[図13]…法隆寺五重塔

がもたらした形式といわれ、真言宗の本尊である「大日如来《だいにちにょらい》」を祀るための塔です。

門《もん》の種類
寺院の入口

寺院の門を大別すると一階建（八脚門・四脚門・棟門・唐門など）と二階建（二重門・楼門など）の二つに分類できます。以下それぞれを観察してみましょう。

八脚門《やつあしもん》・四脚門《しきゃくもん》・棟門《むねもん》・唐門《からもん》
一階建

柱と柱の間を「間《けん》」といいますが、正面が三間で両脇に恐ろしい顔つきの仁王《におう》像（仏を守る神である金剛力士の像）を置いた門を八本足であることから「八脚門《やつあしもん》」と呼びます。また正面が一間で、円柱の前後に各二本の柱をつけた門を「四脚門《しきゃくもん》」といいます。さら

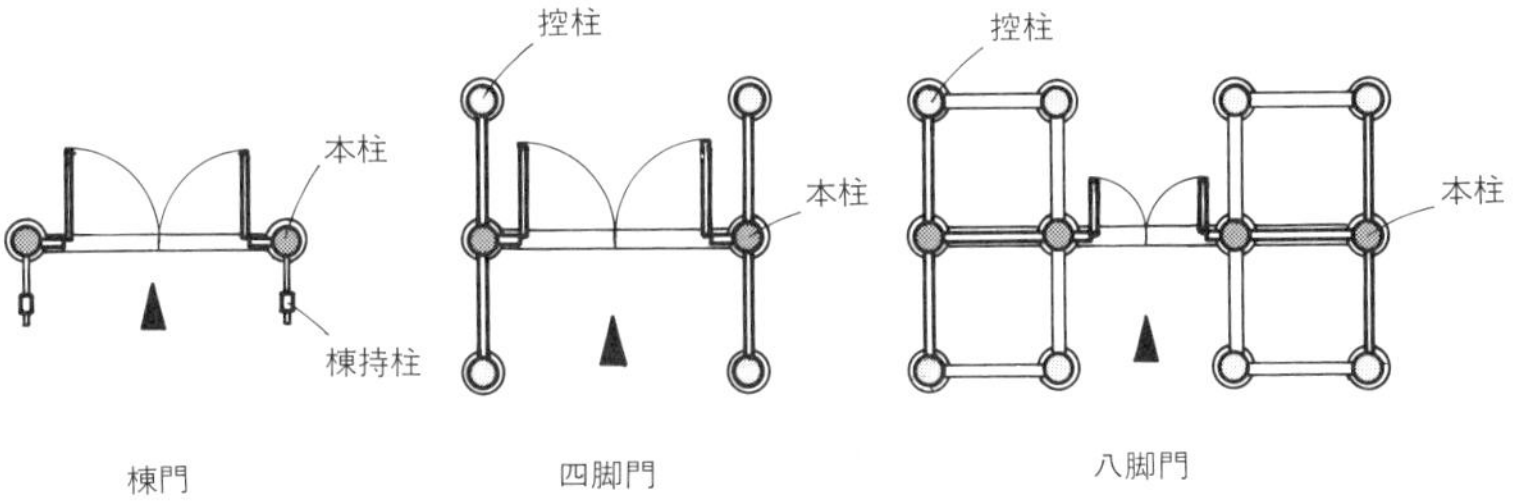

[図15]…八脚門・四脚門・棟門平面図

[図16]…西本願寺唐門

[図14]…石山寺多宝塔

に二本の柱だけで棟木（屋根をささえる梁）をささえた門を「棟門《むねもん》」と呼びます（図15）。

その他、屋根を中国的な曲線を描いた「唐破風《からはふ》」造にした門を「唐門《からもん》」（図16）といい、極彩色に彩られています。

唐門には唐破風がどちらを向いているかによって「向《むかい》唐門（正面向き）」と「平《ひら》唐門（横向き）」の二種類があります。

二重門《にじゅうもん》・楼門《ろうもん》

二階建

二階建で二層とも屋根をつけた門を「二重門《にじゅうもん》」、二階にのみ屋根をつけた門を「楼門《ろうもん》」といいます。

二重門は門の形式の中で最も格式が高く、古代の大伽藍をもつ寺院の門である「中門《ちゅうもん》」（図17）や、禅宗、浄土宗の寺院の「三門《さんもん》（山門《さんもん》）」に用いられています。

[図17]…法隆寺中門(二重門の例)

また、楼門（図18）は中世以降の寺院に数多く見られる形式です。

平面的にはどちらも前掲の正面が三間の八脚門と同じで、やはり左右に仁王像が祀られ、厳しい形相で悪しき者の入門を拒んでいるのです。

[図18]…三井寺表門(楼門の例)

その他

鐘楼《しょうろう》・鼓楼《ころう》・経蔵《きょうぞう》

伽藍《がらん》の脇役

「梵鐘《ぼんしょう》」と呼ばれる時を告げるため

の鐘を吊るための建物を「鐘楼」（図19）、太鼓を収める建物を「鼓楼」といいます。

鎌倉時代以降になると、下部を「袴《はかま》腰《ごし》」と呼ばれる覆いをつけたものが多く、それ以前の鐘楼のような趣きがなくなり残念です。

また、仏教の経典を納めた蔵を「経蔵」（図20、21）と呼びます。法隆寺に見られるように、古代寺院の伽藍では講堂の前に鐘楼と経蔵が左右一対に配され、重視されていました。

僧房《そうぼう》・方丈《ほうじょう》・塔頭《たっちゅう》・庫裡《くり》・浴室《よくしつ》・東司《とうす》

僧侶の生活圏

僧侶がともに生活する建物を「僧房《そうぼう》」といい、古代の寺院では「東室《ひがしむろ》」「西《にし》室《むろ》」といわれましたが、以降僧たちはそれぞれの独立した部屋をもつようになり、失われていきました（図22）。

また禅宗寺院の住職の住居を特に

[図20]…三井寺経蔵（外観）

[図21]…三井寺経蔵（内部）

[図19]…三井寺鐘楼

「方丈《ほうじょう》」といい、普通六間取りになっています（図23）。

一方、禅宗寺院の開山や住職を退職した僧が境内に構えた隠居所を「塔頭《たっちゅう》」といい、妙心寺ではなんと四十以上の塔頭があります（図24）。

その他、禅宗寺院では「庫裡《くり》」と呼ばれる台所を伽藍に設けることが多く、また古代寺院の頃より浴室や便所（東司・西浄）（図25）は重視され、禅宗寺院では伽藍の中に左右対称に配されました。

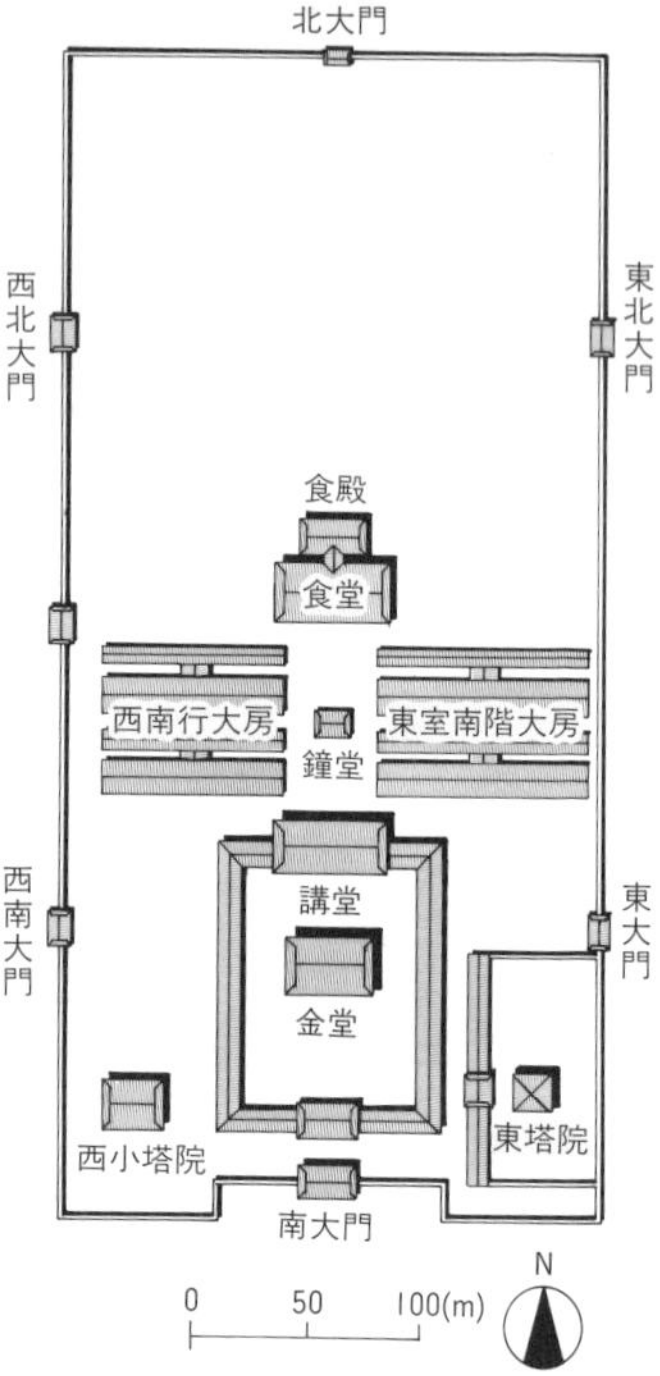

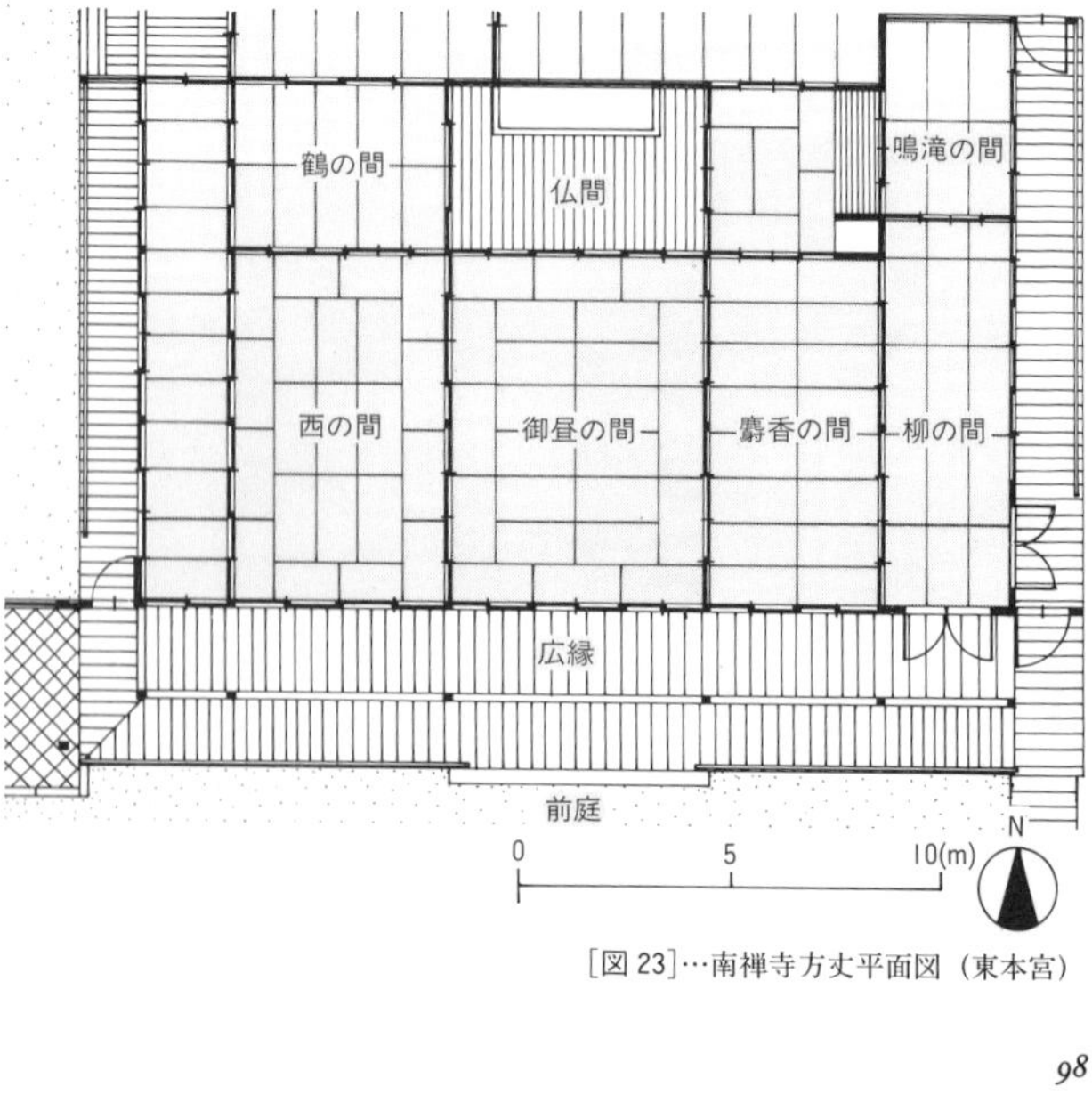

［図23］…南禅寺方丈平面図（東本宮）

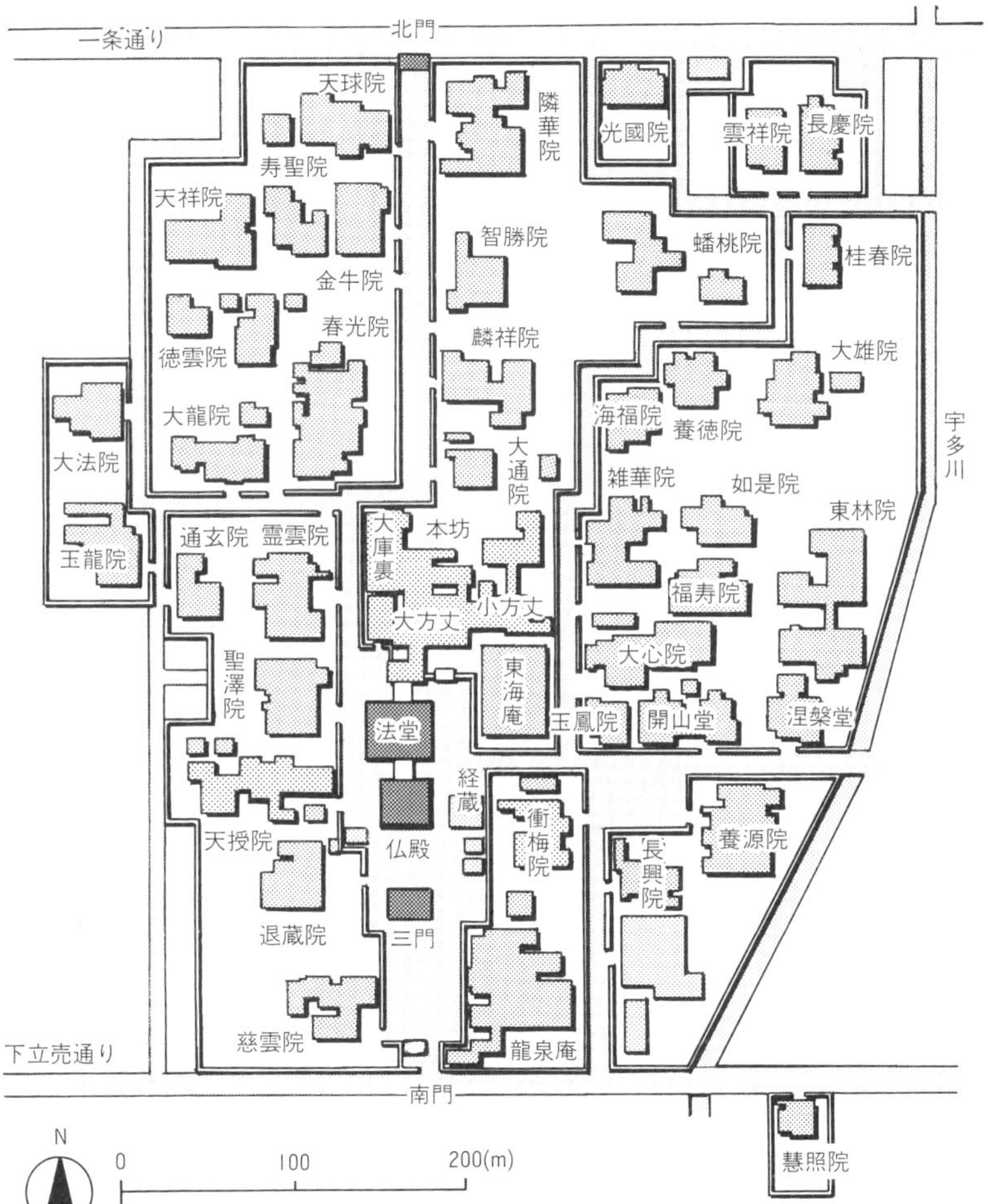

[図 24]…妙心寺配置図（中心部）

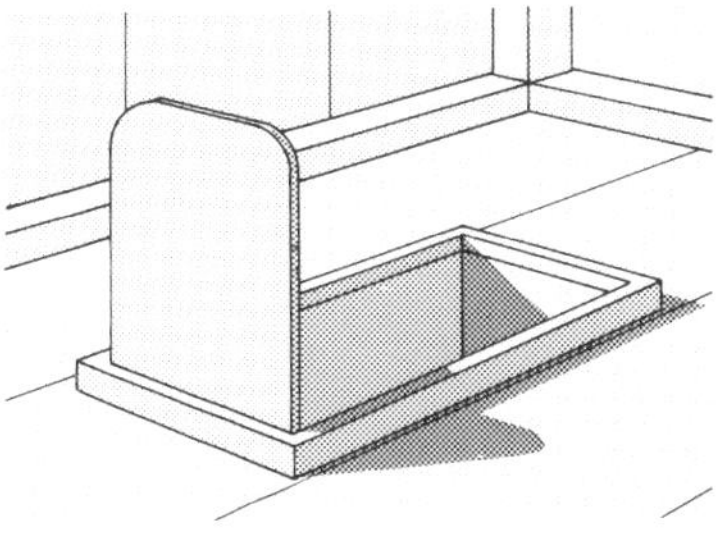

[図 25]…日光東照宮西浄

1——和様《わよう》

大斗肘木《だいとひじき》・三斗組《みつどぐみ》・出組《でぐみ》・三手先《みてさき》

六世紀から八世紀にかけて、中国大陸から日本へ仏寺の建築様式がぞくぞくと輸入されましたが、その後、わが国の環境に合わせて独自の発展をとげます。このような日本化した様式を中国から伝来した様式に対して「和様《わよう》」と呼びます。

日本は地震国であるため、中国の様式そのままでは、構造的に弱く「組手《くみて》」と呼ばれる柱《はしら》（垂直の部材）と梁《はり》（水平の部材）の交わる部分を強化するしくみが発達しました（図1）。また、いつでも傷んだ部材を簡単に取り換えられるように、日本の寺院建築は江戸時代に入るまで釘《くぎ》を全く用いませんでした。

組手の種類には、「大斗肘木《だいとひじき》」「三斗組《みつどぐみ》」「出組《でぐみ》（一手先《ひとてさき》）」「三手先《みてさき》」（図2〜5）等があり、順に建物の規模が大きくなります。

まず大斗肘木《だいとひじき》は、組手の最も基本となる単純な形式で、柱の上に大斗を載せて、その上に肘木と呼ばれる舟型の部材を介して梁を載せるしくみです。法隆寺伝法堂の組手が有名です。

次に三斗組《みつどぐみ》は、やや規模の大きな寺院に用いられる形式で、大斗肘木の上に三つの「斗《ます》」と呼ばれる部材を載せ

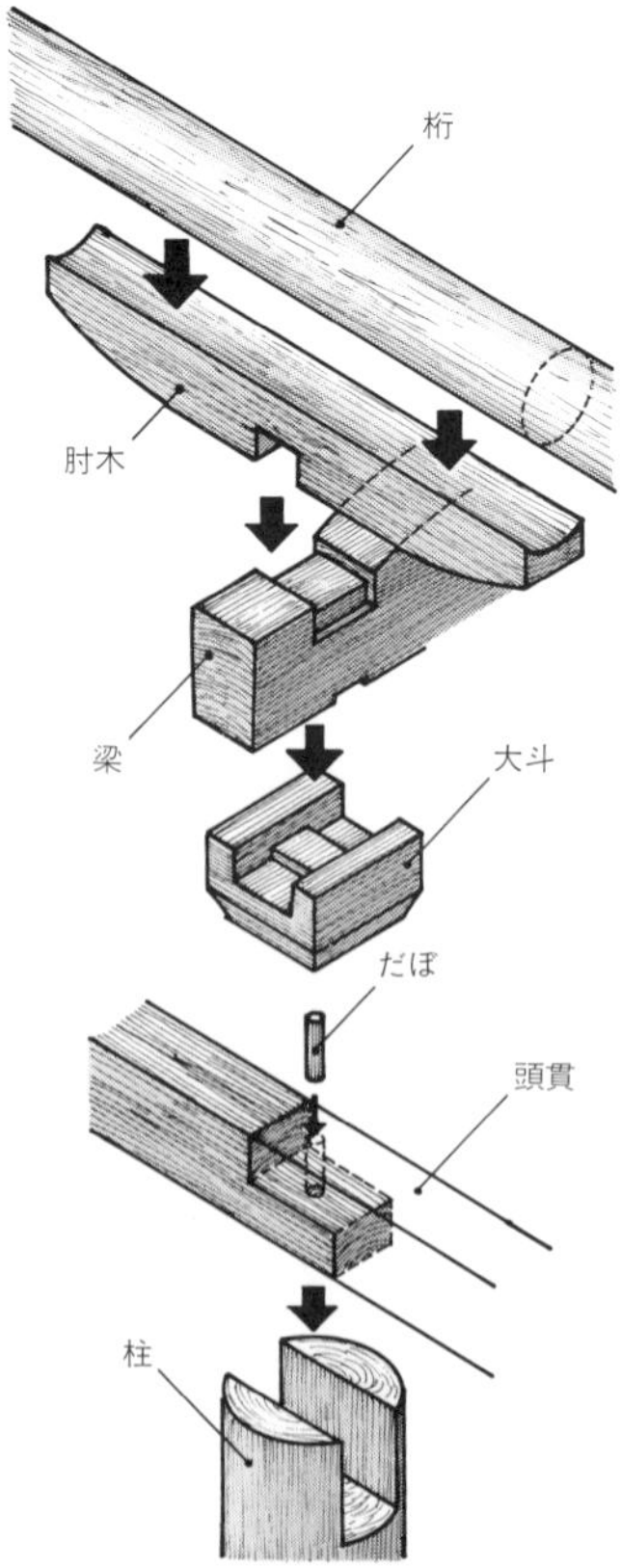

[図1]…柱と梁の接点

て梁を支えるしくみで、法隆寺講堂などに用いられています。

さらに規模の大きな寺院に用いられる組手が出組《でぐみ》で、立体的に一つ手前に肘木を飛び出させたところに三斗組を載せるために「一手先」とも呼ばれます。東大寺法華堂《とうだいじほっけどう》が代表的な例です。

この他、最も規模の大きな寺院に用いられるのが三手先《みてさき》で、出組が一つ手前に飛び出したものであるのに対し、三つ手前に飛び出させたものです。薬《やく》師寺東塔《しじとうとう》がこの組手を用いた好例です。

どの組手にしても、地震国日本に順応したために構造的に強い点が特徴といえます。

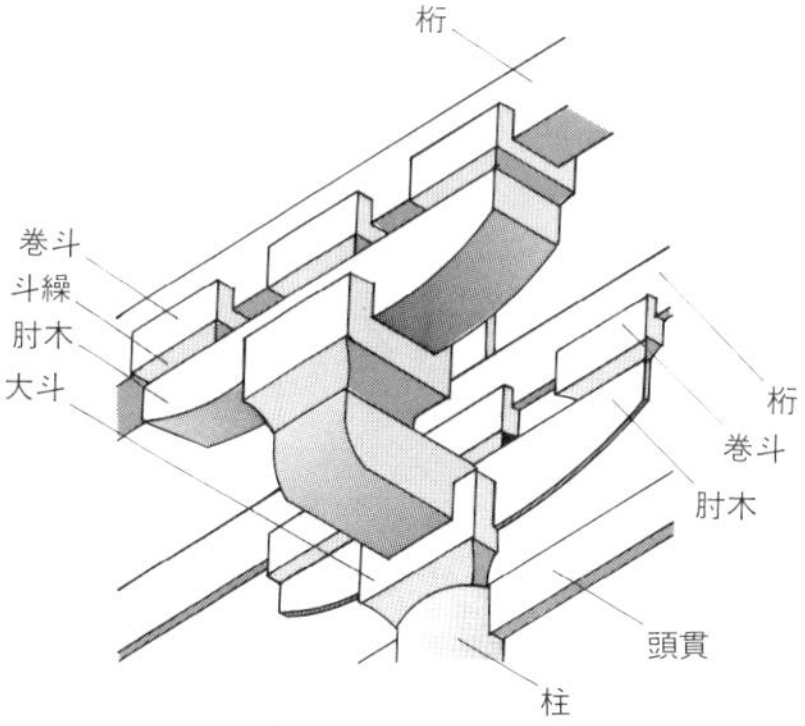

[図4]…出組説明図

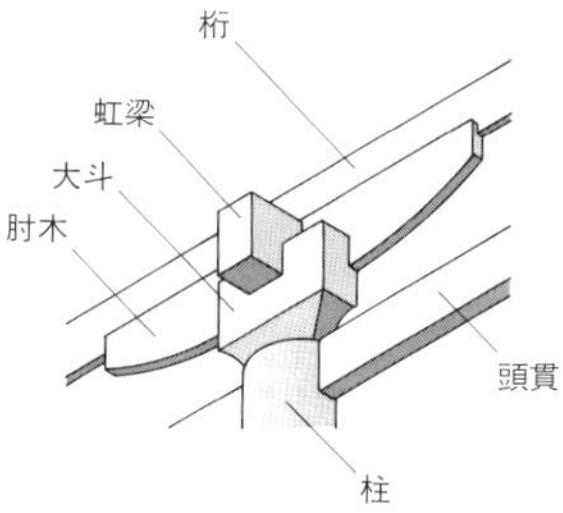

[図2]…大斗肘木説明図

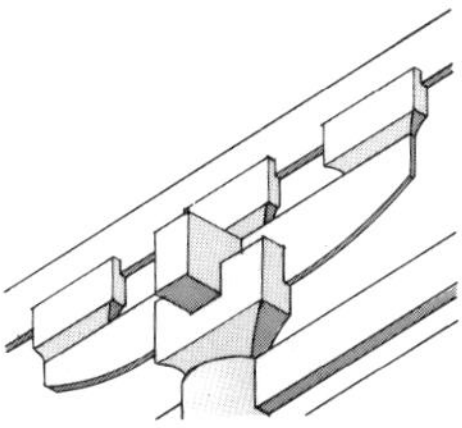
[図3]…三斗組説明図

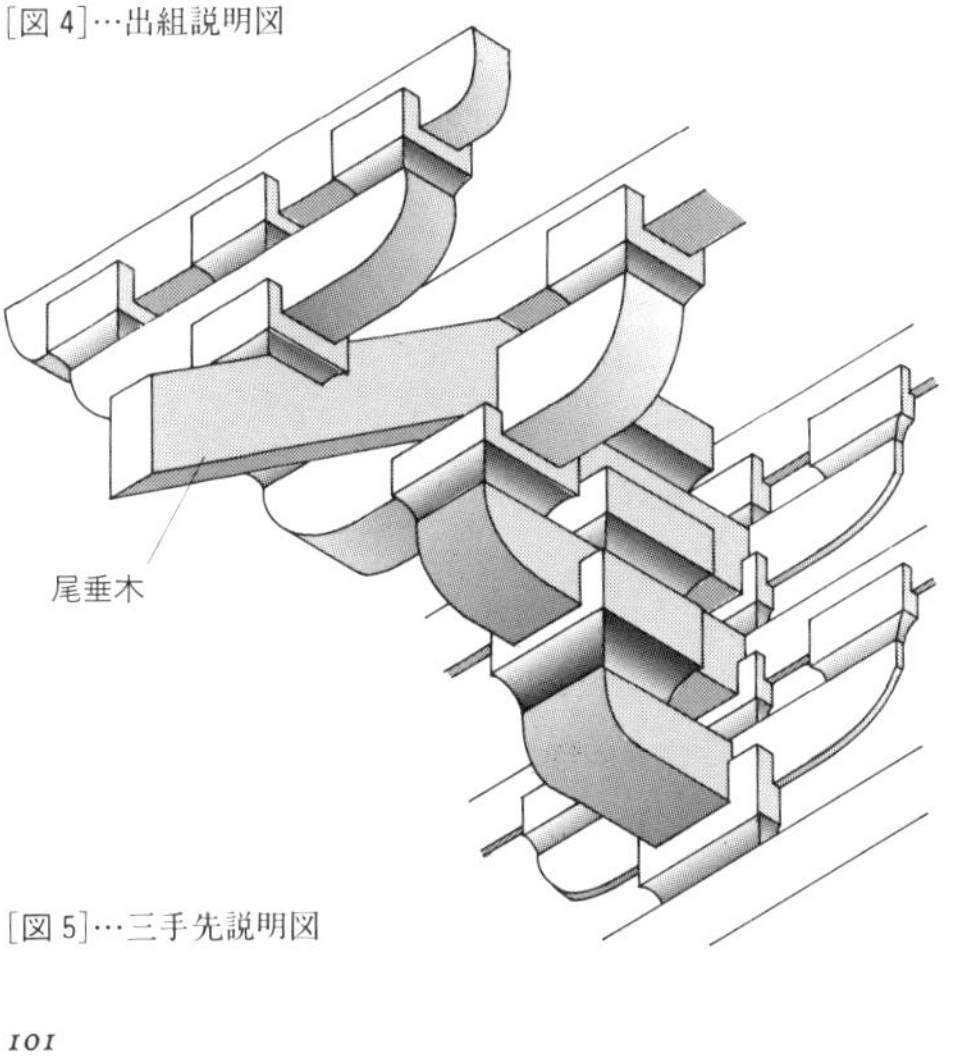

[図5]…三手先説明図

2――大仏様《だいぶつよう》（天竺様《てんじくよう》）
さし肘木

一一八〇年、聖武天皇によって建てられた国家鎮護の寺として建てられた奈良の東大寺の大仏殿が戦乱によって焼失します。翌年、中国の天竺で建築を学んだ僧 重《ちょう》源《げん》が大仏殿の再建に着手しますが、その際はじめて用いられた建築様式を「大仏様」あるいは「天竺様」といいます。

まず第一の特徴は、肘木を組物の上に置くのではなく、柱に直接さし込む「さし肘木」（図1）の手法です。柱に穴をあけてさすため、柱にひびが入りやすく、地震国日本では構造的に弱いという欠点があります。中国大陸は地震が少なく、このようなしくみで十分だったのでしょう。

第二の特徴は柱と梁の断面が四角ではなく丸い上に、全体が太くがっちりとした部材を用いている点で、内部構造を隠すことなく露出し、かつ装飾を極力廃していることで、大変男性的な様式であるといえます。

代表作品としては、前述の東大寺大仏殿（図2）の他、同じく東大寺の寺領に建てられた浄土寺浄土堂（図3）等があり、主に奈良地方の大工が大仏様を好んで用いたようです。

ちなみに大仏様で再建された東大寺大仏殿は一五六七年、再び兵火により焼失してしまうのです。

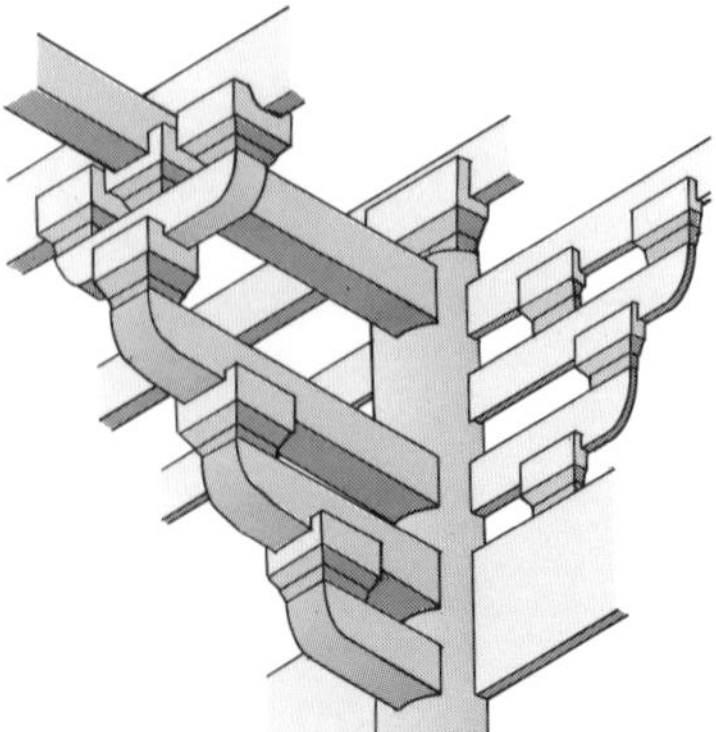

［図1］…大仏様（天竺様）説明図

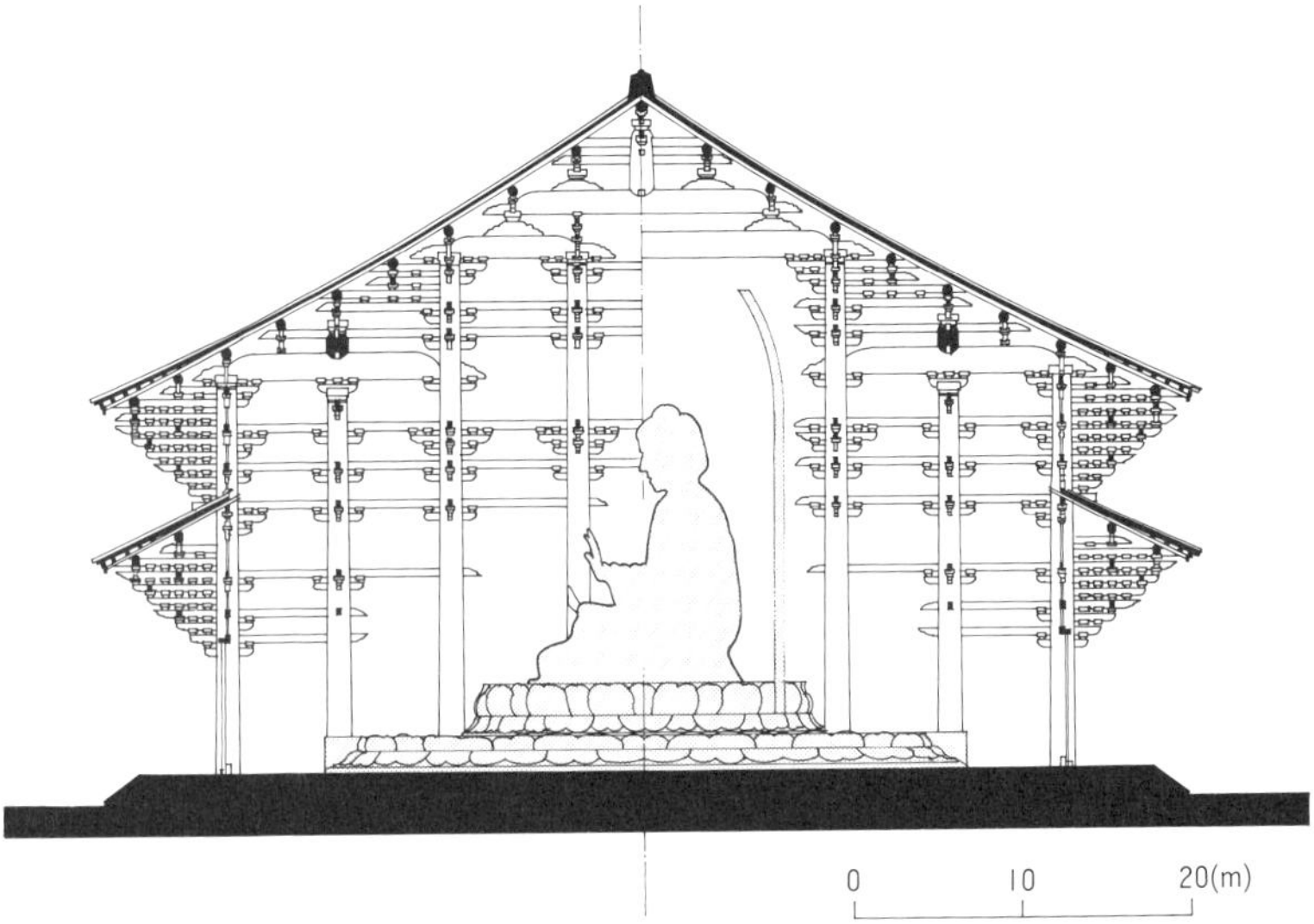

[図2]…東大寺大仏殿断面図

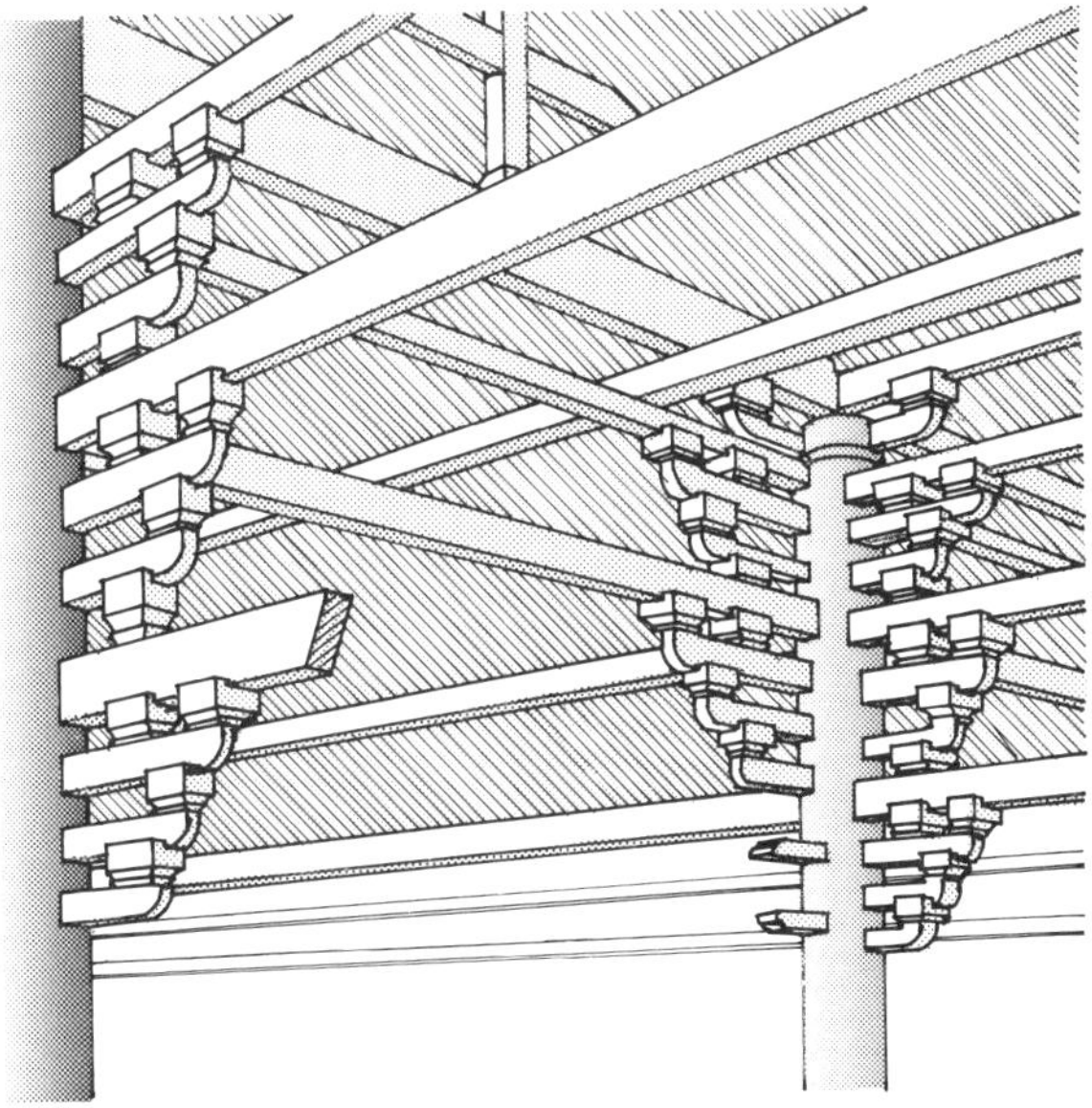

[図3]…浄土寺浄土堂内部

3——禅宗様《ぜんしゅうよう》（唐様《からよう》）

詰組《つめぐみ》

前述の大仏様を平安時代末期に日本に伝えた僧重源《ちょうげん》は、それだけではなく従来の日本の仏教とは異なる最新の仏教である禅宗を中国（唐）よりもたらしました。

そして、その禅宗の寺院の建築様式として同時に伝えたのが「禅宗様《ぜんしゅうよう》」、あるいは「唐様《からよう》」といわれる様式です。

まず第一の特徴は、和様や大仏様が床を帳るのに対し床を帳らないで土間に直接石の礎盤《そばん》を置いてその上に柱を立てる点です。

第二に大仏様は柱梁が丸断面で全体に太く、装飾がない男性的な様式であったのに対し、禅宗様は柱梁が角断面で部材が細く、朱色などの彩色《さいしき》が施された女性的な様式であるといえます。

そして第三の特徴は、通常組物は柱あるいは肘木の上にのみ置かれるにもかかわらず、唐様では梁の上に「詰組《つめぐみ》」とよばれる柱や肘木をともなわない組物を置く点にあります（図1）。詰組の下には柱がないため、梁が折れやすく、大仏様の「さし肘木」同様、地震の少ない中国ではこのようなしくみで十分でしょうが、地震国日本では構造的には欠陥があるといわざるをえません。

代表例には、大徳寺法堂（図2）や、正福寺地蔵堂などがあり、大仏様が主に奈良大工が用いたのに対し、禅宗様は主に京都の大工が好んだようです。

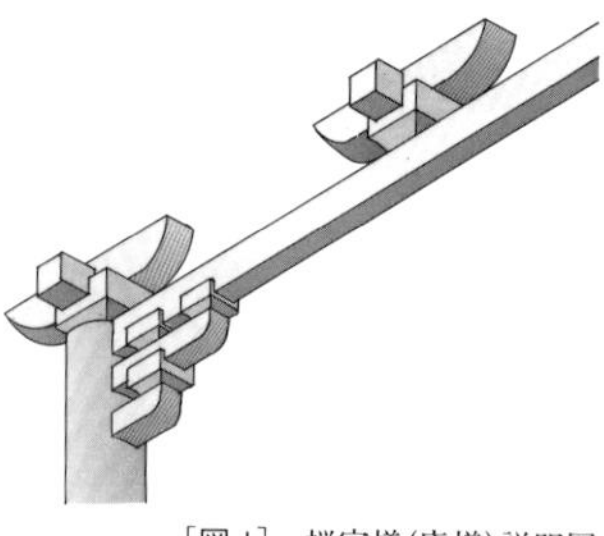

[図1]…禅宗様(唐様)説明図

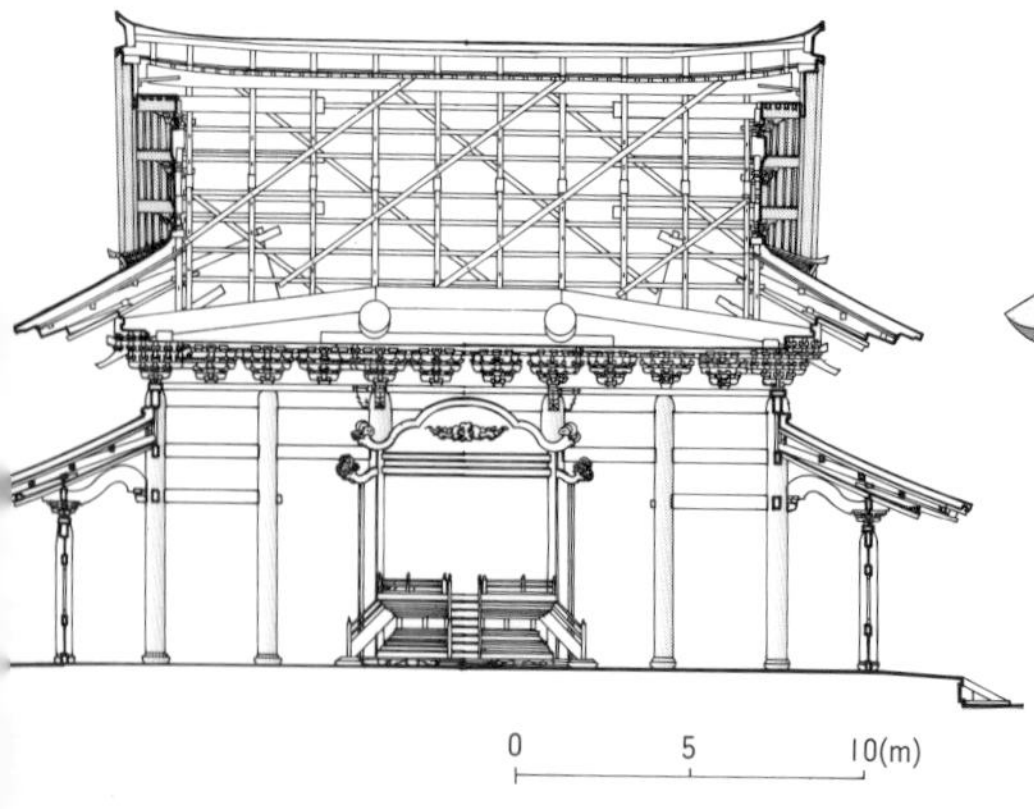

[図2]…大徳寺法堂断面図

4 ── 折衷様《せっちゅうよう》

地震に強い和様を加えた新しい様式

鎌倉時代に入ると、日本を大地震がひんぱんに襲うようになります。その結果、地震国日本で独自に発達した和様《わよう》の寺院はほぼ無事でしたが、平安時代末期に、中国から僧重源《ちょうげん》が伝えた大仏様及び禅宗様の寺院は次々と倒壊してしまいます。

これは、前述のように、大仏様の「さし肘木」や、禅宗様の「詰組《つめぐみ》」といった仕組が、地震の少ない中国大陸で生み出されたために、構造的に弱いといった欠陥をもっていたからに他なりません。

そこで、大仏様や禅宗様に、地震に弱い日本の伝統的な和様をおり混ぜた地震に強い様式が新たにあみ出されました。この様式を「折衷様《せっちゅうよう》」と呼び、工匠の自由な発想と個性により、和様と大仏様、和様と禅宗様などとさまざまに様式を組み合わせた建築が生み出されました。有名な例では、観心寺や鶴林寺の本堂があります。

＊

以上、和様、大仏様、禅宗様、折衷様といった寺院の様式について概説してきましたが、実際の寺院では、各時代に修復、再建を繰返すたびにさまざまな様式が混在しているのが実態です。そこで、本章では各様式別に実例を分類せず、以下創建年代順にいくつか実例について解説してみたいと思います。

㉘ 法隆寺《ほうりゅうじ》

奈良県生駒郡斑鳩町法隆寺山内一―一

（交通）ＪＲ関西本線法隆寺駅より奈良交通バス法隆寺前下車

六世紀中期に仏教が日本に伝来しますが、その普及に力を入れたのが聖徳太子です。そして、普及の一環として六〇七年に建てられたのが法隆寺です（図１、２）。

［図１］…法隆寺伝法堂

しかし、創建当初の建物は六七〇年に焼失してしまい、現在の伽藍はその後再建されたものですが、金堂や五重塔は、それでも元興寺に次いで古い木造建築であることは確かであり、その他の建物もほとんどが国宝か重要文化財に指定されています。

まず南大門を入ると、中門、五重塔、金堂、大講堂、回廊等が一つの伽藍《がらん》をつくっていますが、これらを「西院伽藍《さいいんがらん》」（図３）と呼び、またその東の聖徳太子邸（斑鳩宮《いかるがきゅう》）跡に建てられた八角平面をもつ「夢殿《ゆめどの》」を中心にした伽藍を「東院伽藍《とういんがらん》」（図５）と呼んで区別しています。

金堂（図４）、五重塔、中門とそれを囲む回廊はすべて「飛鳥様式」と呼ばれる最も古い建築様式をもち、法隆寺最大の見どころといえましょう。

また、夢殿は、太子一族が六四三年

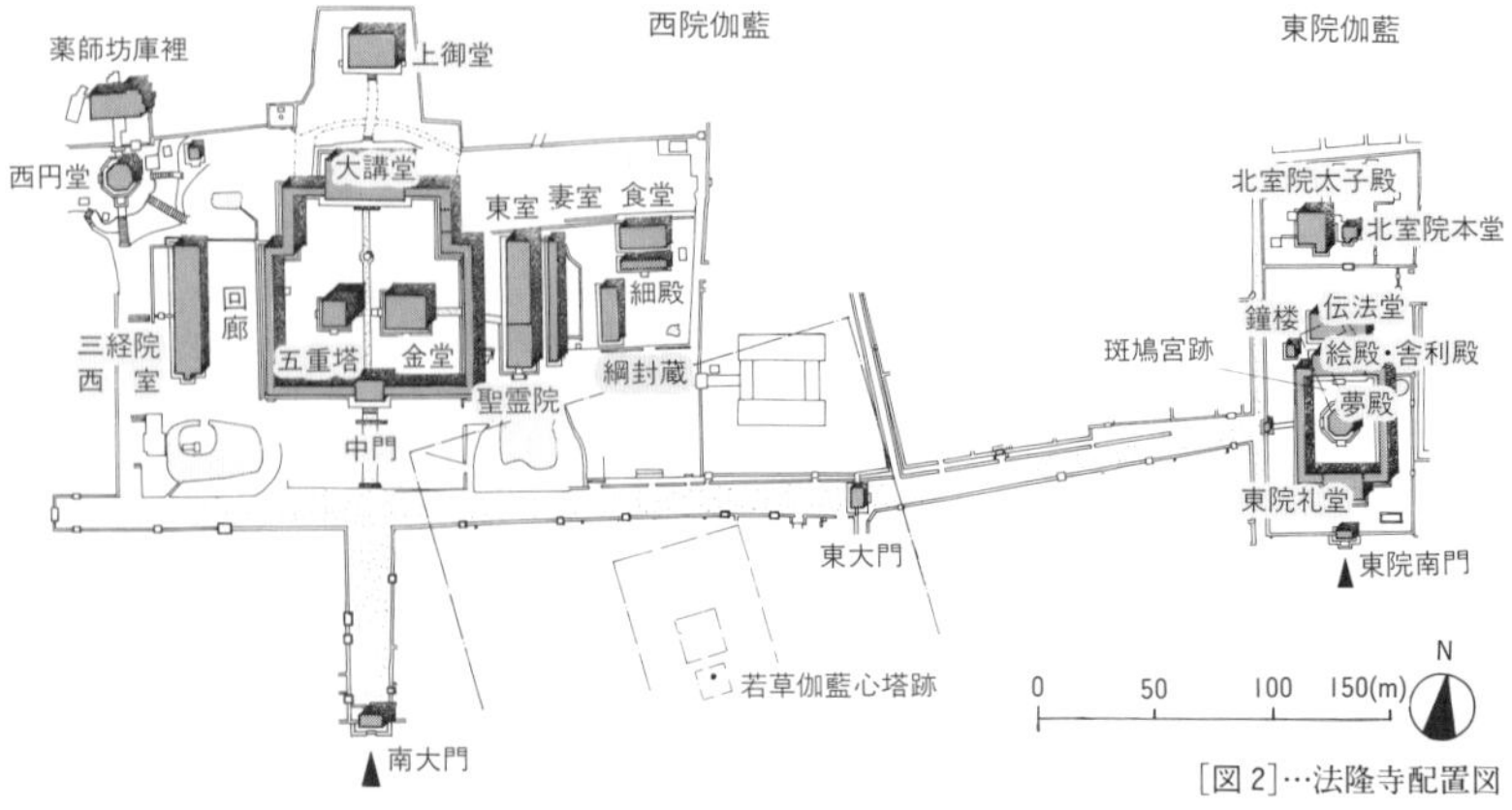

［図２］…法隆寺配置図

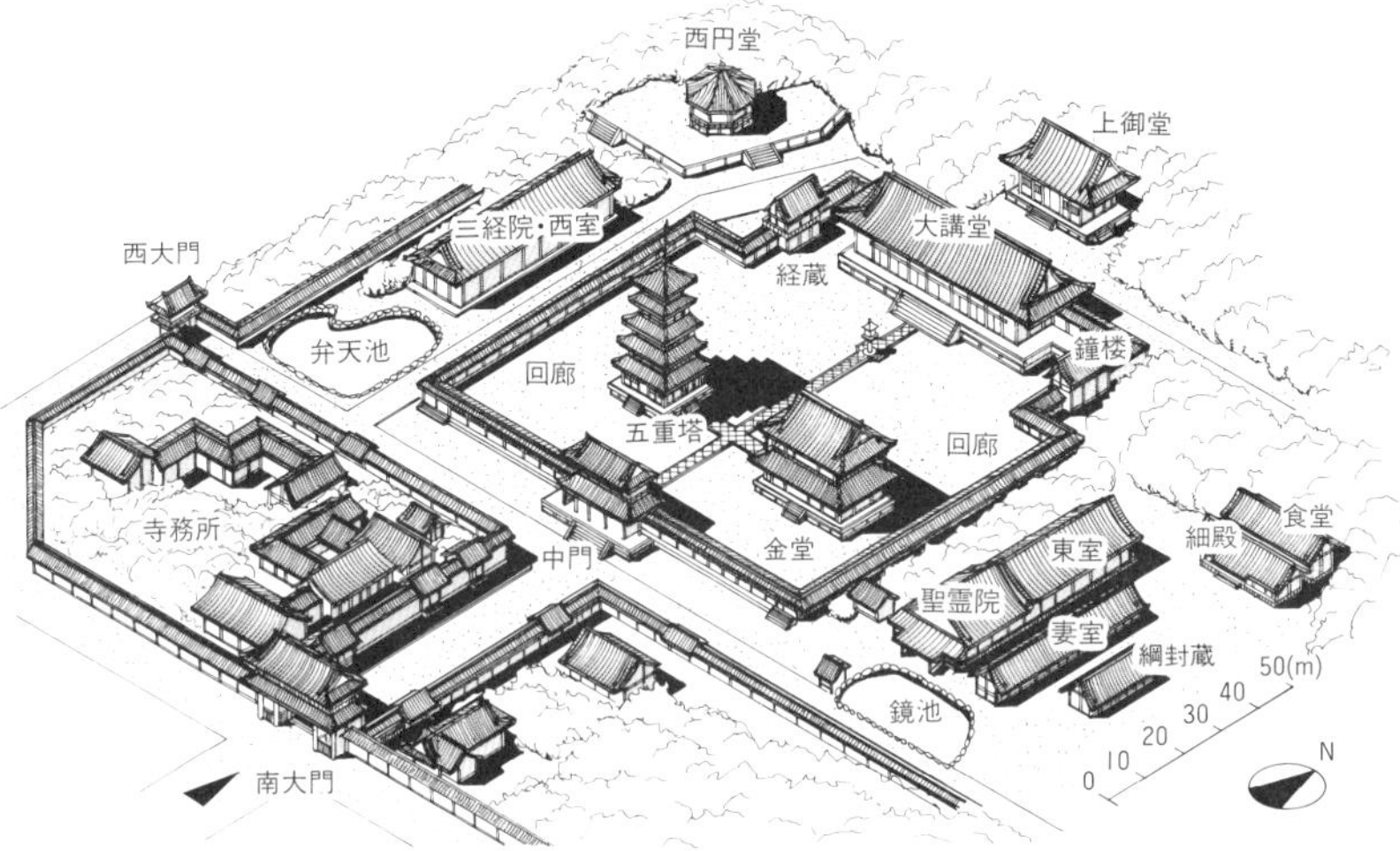

[図 3]…法隆寺西院伽藍鳥瞰図

[図 4]…法隆寺金堂

[図 6]…法隆寺南門

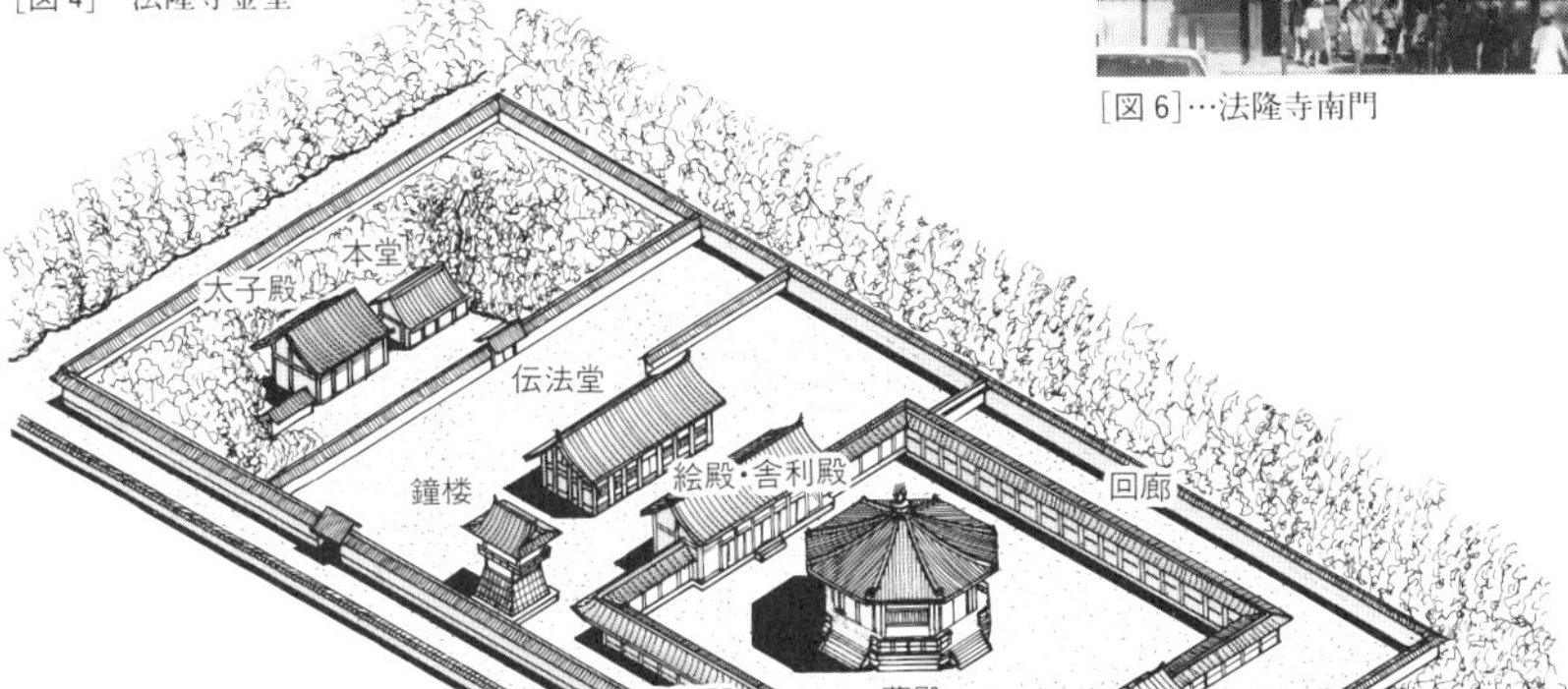

[図 5]…法隆寺東院伽藍鳥瞰図

に蘇我入鹿《そがのいるか》に攻められ、焼けたままになっていた斑鳩宮跡の供養のために建てられたもので、内部に太子をかたどったといわれる救世観音《くせかんのん》像が安置されています。

　この夢殿の北には絵殿・舎利殿をはさんで太子邸をしのぶために太子の妃橘《たちばな》夫人が建てた伝法堂《でんぽうどう》があり、奈良時代の貴族の住宅を伝えるものとして極めて貴重な遺構です。

㉙栄山寺《えいざんじ》

奈良県五條市小島町五〇三

（交通）近鉄奈良駅より奈良交通バスで五条バスセンター乗換え、栄山寺前下車

　藤原武智麻呂《ふじわらのむちまろ》の菩提寺《ぼだいじ》で、藤原氏南家の氏寺が栄山寺《えいざんじ》です（図7）。見どころは、武智麻呂の子仲麻呂《なかまろ》が父の墓として七六三年頃建立したといわれる八角堂で、国宝に指定されています。

［図 7］…栄山寺鳥瞰図

法隆寺の夢殿とともに八角円堂を代表する建築で、藤原氏の墓の形式として八角円堂が取り入れられていたのではないかとも推測できるのです。

㉚法起寺《ほっきじ》

奈良県生駒郡斑鳩町大字岡本一八七三

（交通）ＪＲ関西本線法隆寺駅より奈良交通バス法隆寺南大門下車

聖徳太子の跡継ぎ山背大兄王子《やましろのおおえのおうじ》が建てたといわれるのが法隆寺のすぐそばにある法輪寺《ほうりんじ》と法起寺《ほっきじ》で、いずれにも法隆寺と同じ飛鳥様式をもつ三重塔がありましたが、法輪寺の塔は一九四四年の落雷で焼失し、現在の塔は近年の再建によるものです（図8）。

［図9］…法起寺三重塔

法起寺の塔（図9）は六八五年に建立を始め七〇六年頃に建てられた当初のもので、大変貴重な存在です。初層、二層、三層はほぼ法隆寺五重塔の初層、三層、五層と同じ大きさであ

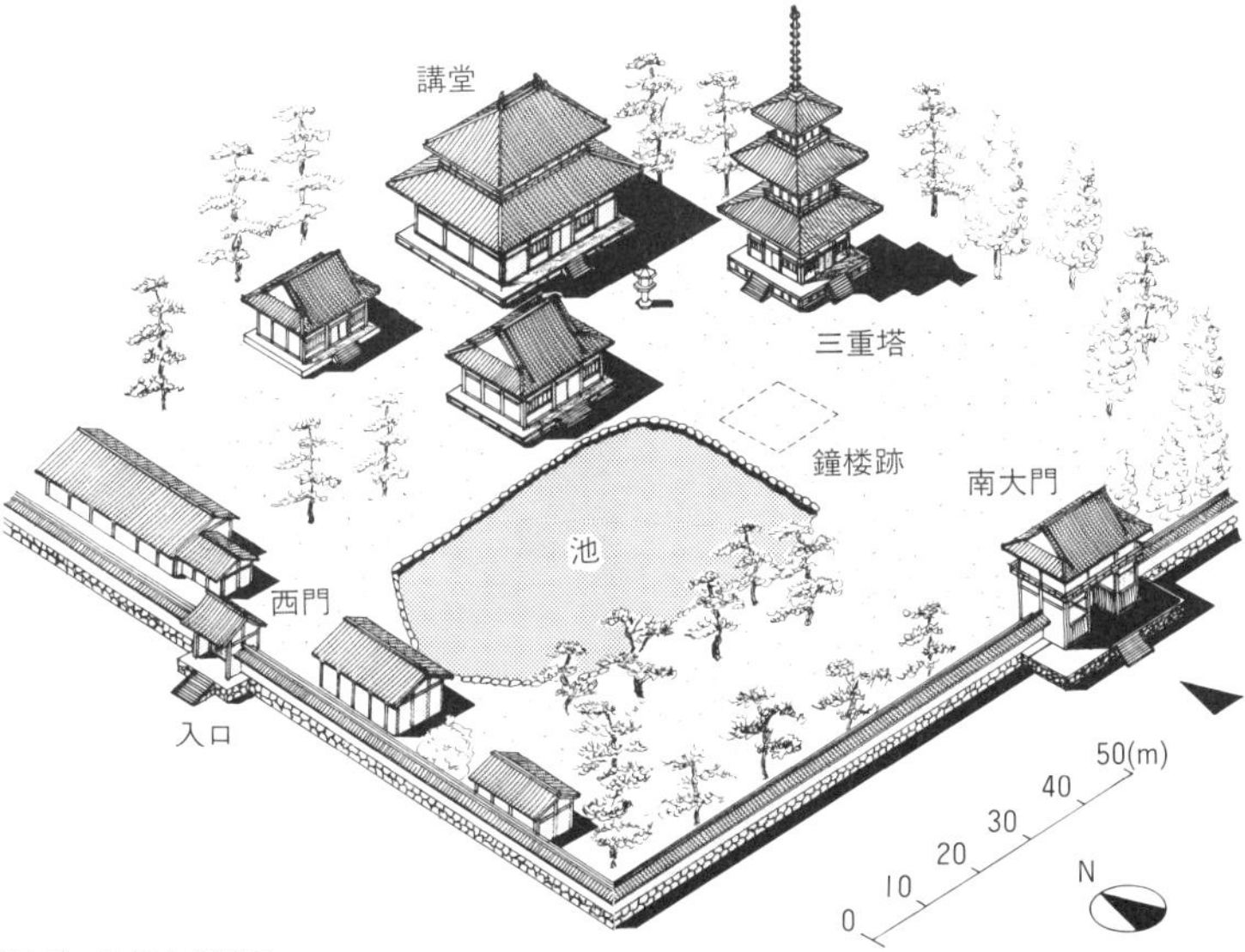

［図8］…法起寺鳥瞰図

るために、上にいくに従い、より先細りとなっています。

㉛薬師寺《やくしじ》
奈良県奈良市西ノ京町四五七

(交通)近鉄奈良線西ノ京駅下車

「薬師」とはいから人々を救うとい

[図11]…薬師寺三重塔

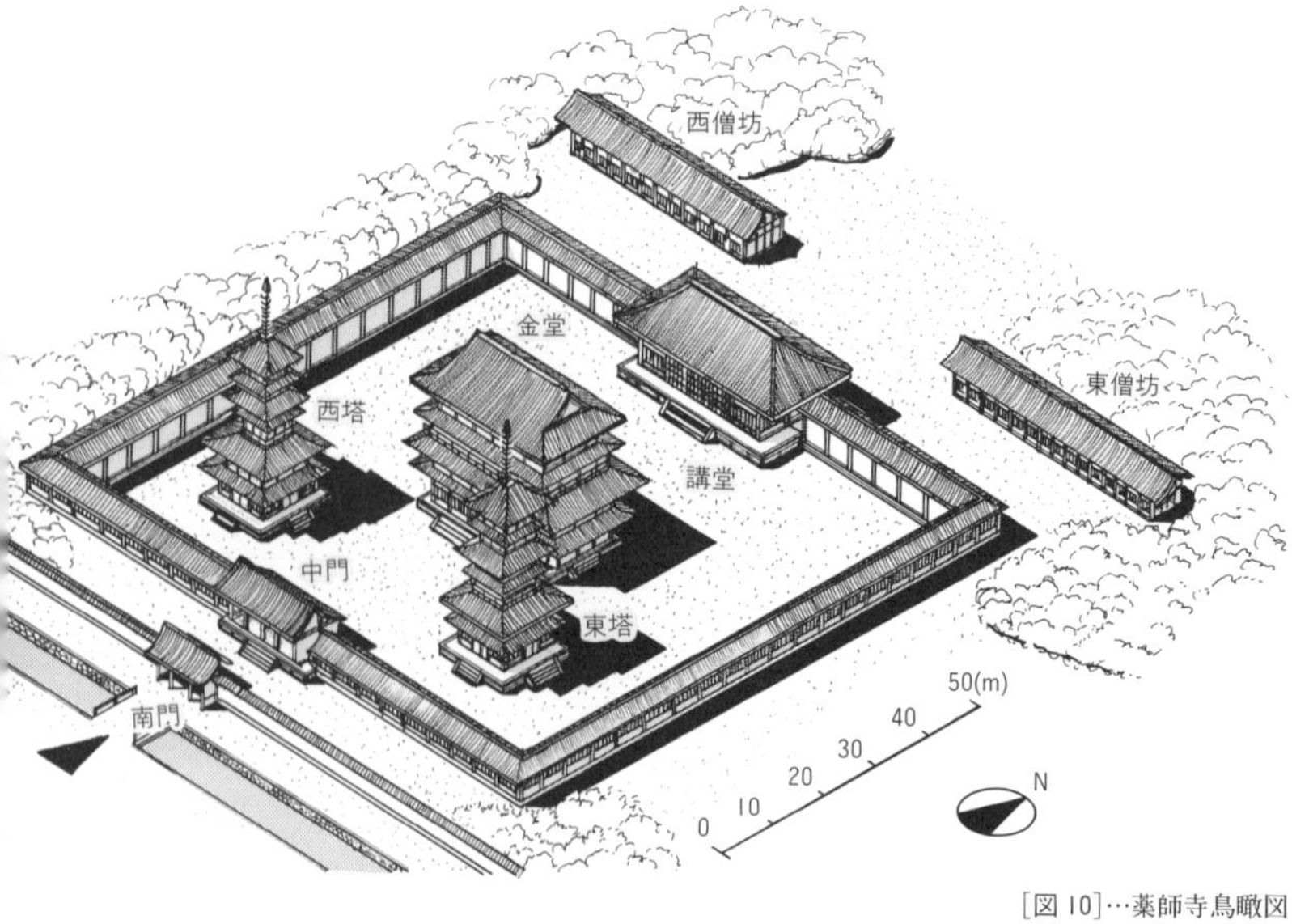

[図10]…薬師寺鳥瞰図

われる仏「薬師《やくし》如来《にょらい》」のことで、薬師寺も六八〇年に天武天皇が、妃であるのちの持統天皇の病気平癒を祈って薬師如来像を安置した寺院です。当初飛鳥地方から建てられていましたが、平城京の遷都とともに、七一八年、現地に移されたものです（図10）。

個々の建物や仏像については、飛鳥からの移転説と現地での新造説があり、未だ解決をみていません。

建物で創建当初の姿を留めているのは東塔《とうとう》と呼ばれる三重塔のみで、一見六重塔に見えますが、三重の各層に裳《も》階《こし》をつけたものです（図11）。

現在は金堂、東西両塔、回廊、食堂《じきどう》、南門、東院堂などがあり、講堂が復元中で、これら復元作業によって当初の姿が甦りつつあります。

㉜ 唐招提寺《とうしょうだいじ》

奈良県奈良市五条町一三—四六

（交通）近鉄橿原線西ノ京駅下車

中国から来日した僧鑑真《がんじん》が七五九年に創建したのが唐招提寺です。

南大門を入ると、正面に国宝の金堂があり、当時の金堂がすべて裳階《もこし》をもつか、二重の屋根をもっていたのに対し、すっきりとした一層の屋根をもっています（図12）。

屋根の傾斜や開口部に後世の改修が多く、復元図を見ると当初はより軽快な意匠であったことがわかります。平成十一年から解体修理に入りました（図13〜15）。

またその背後には同じく国宝の講堂があり、もとは平城宮の住宅風の建物であったものを仏堂に改造したものといわれています。鎌倉時代の修理で、大仏様の部材が加えられているのが残念です。

［図12］…唐招提寺金堂

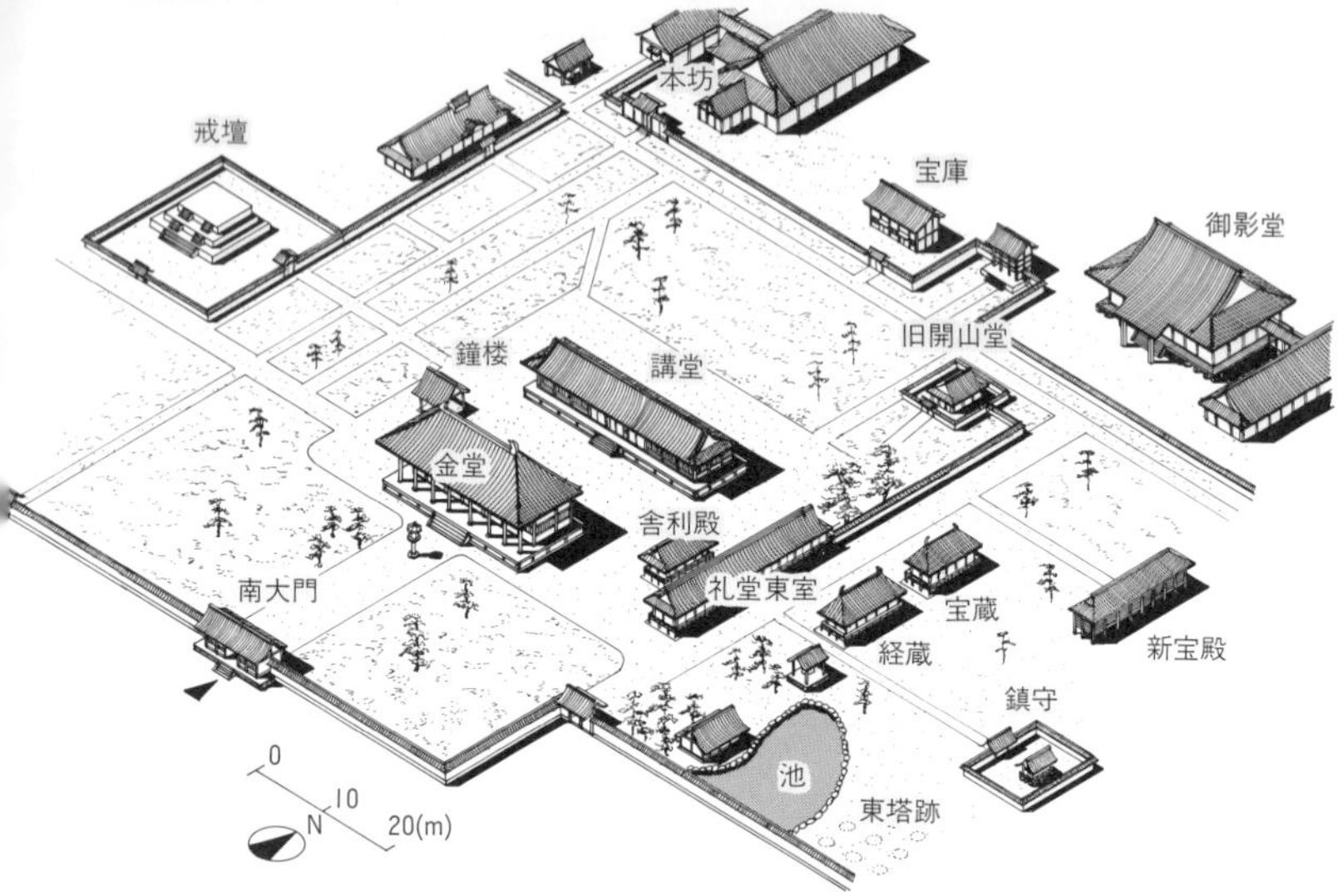

[図 13]…唐招提寺鳥瞰図

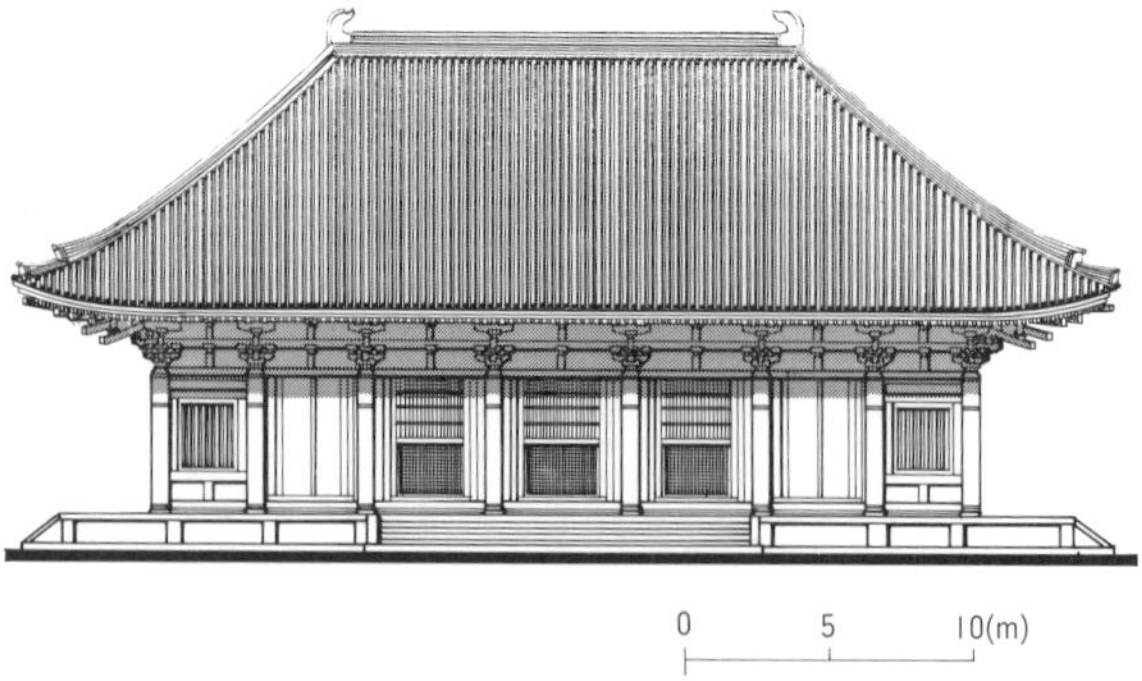

[図 14]…唐招提寺
金堂立面図（現状）

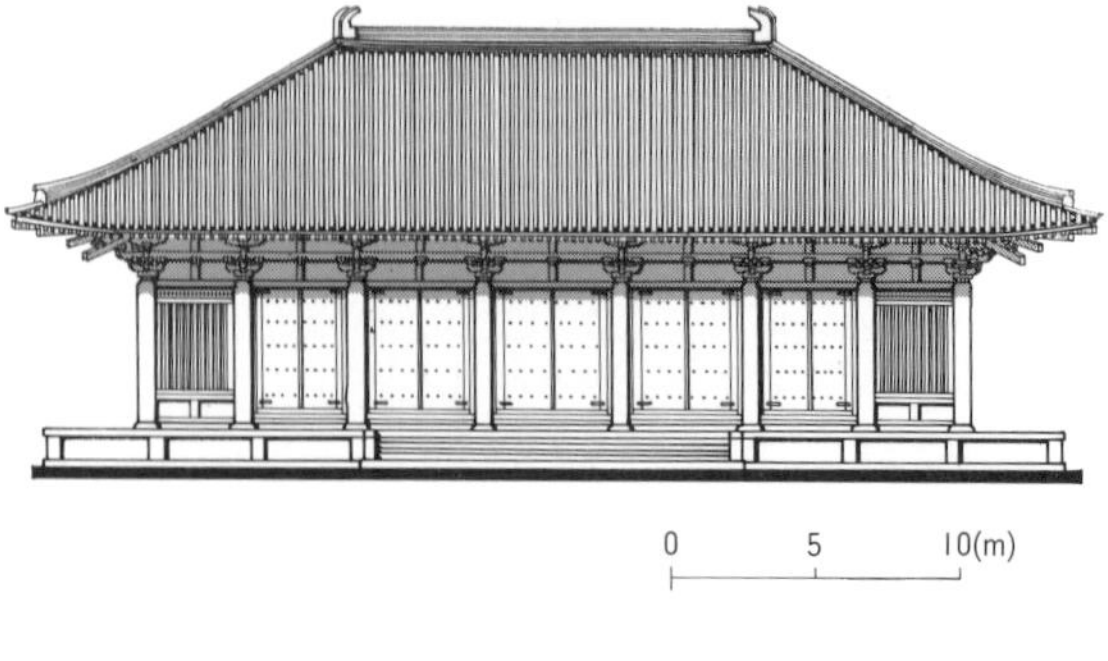

[図 15]…唐招提寺
金堂立面図（復元）

㉝東大寺《とうだいじ》

奈良県奈良市雑司町四〇六—一

(交通)近鉄奈良駅より奈良交通バス大仏殿春日大社前下車、または市内バス大仏殿博物館前下車

七四一年、聖武天皇は、各地方ごとに国営の寺院を設けて国家鎮護を祈るという国分寺の造営を命じます。また、平城京の都に全国の国分寺の中心となる総国分寺を建て、そこに大仏を造営するという構想を打ち出しました。

こうして七四五年頃から建設されたのが東大寺であり、七五二年には大仏とそれを収める大仏殿が完成し、順次回廊、講堂、七重塔などが造営されました。しかし一一八〇年の戦乱で、法《ほっ》華《け》堂《どう》や正倉院《しょうそういん》、転害門《てがいもん》などを残して、創建当初の和様の建物のほとんどが焼失してしまいました(図16)。

中でも法華堂(三月堂)は、礼拝の

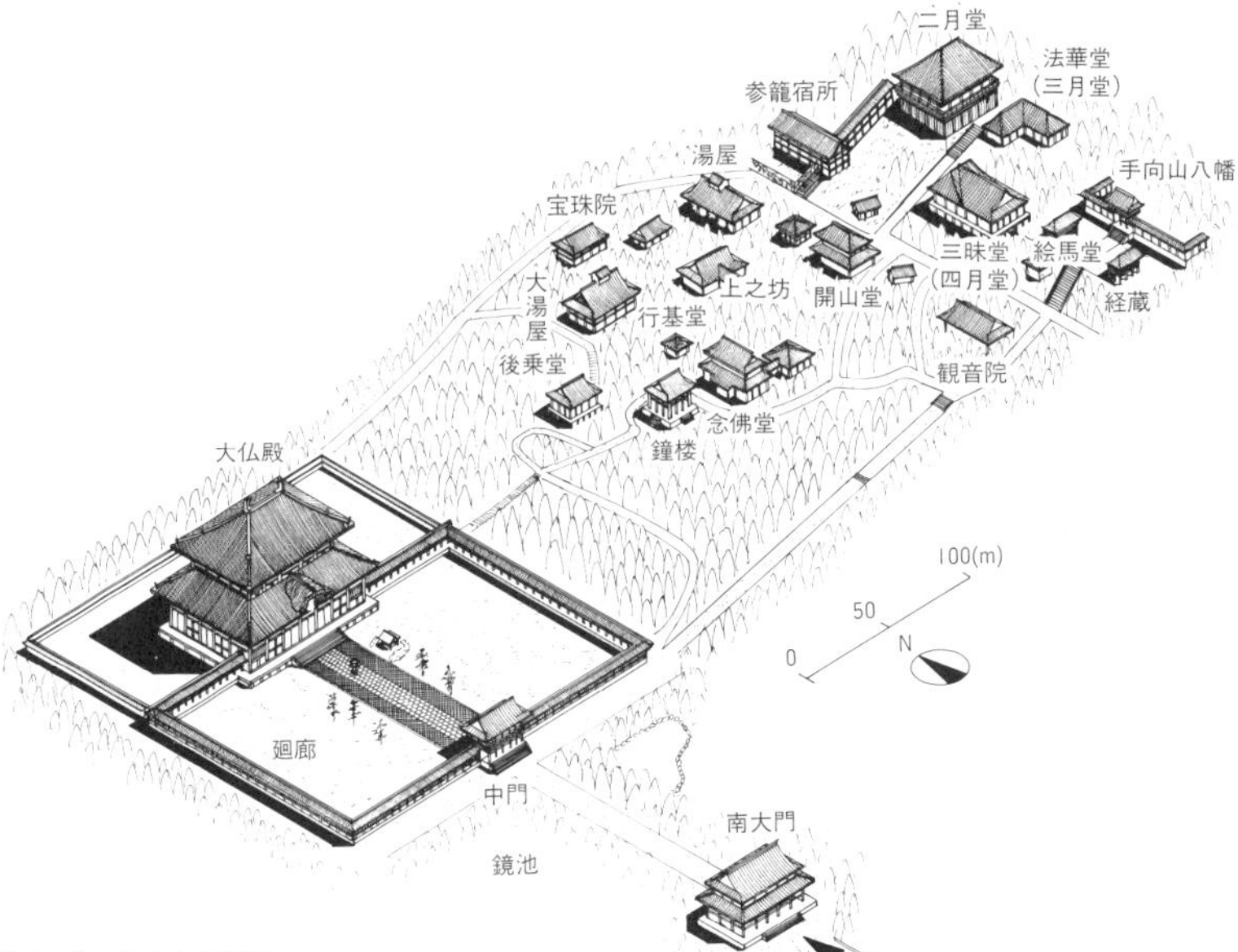

[図16]…東大寺鳥瞰図

こぼれ話

東大寺の大仏

東大寺の本尊である大仏の正式名は毘盧舎那仏。仏像は本来、仏教を開いた釈迦の姿をあらわした釈迦如来をその代表としていました。しかし、後世になると、釈迦は果たしてひとりで悟りを開くことができただろうかという疑問がもち上がり、釈迦を悟りへ導いたとされる毘盧舎那仏が考え出されたのです。

現在の大仏は、二度の戦災にあったために、胴体は鎌倉時代、頭は江戸時代、当初天平の姿をしのぶことができるのは台座の蓮弁の線彫りだけであるといわれます。

[図17]…東大寺大仏殿

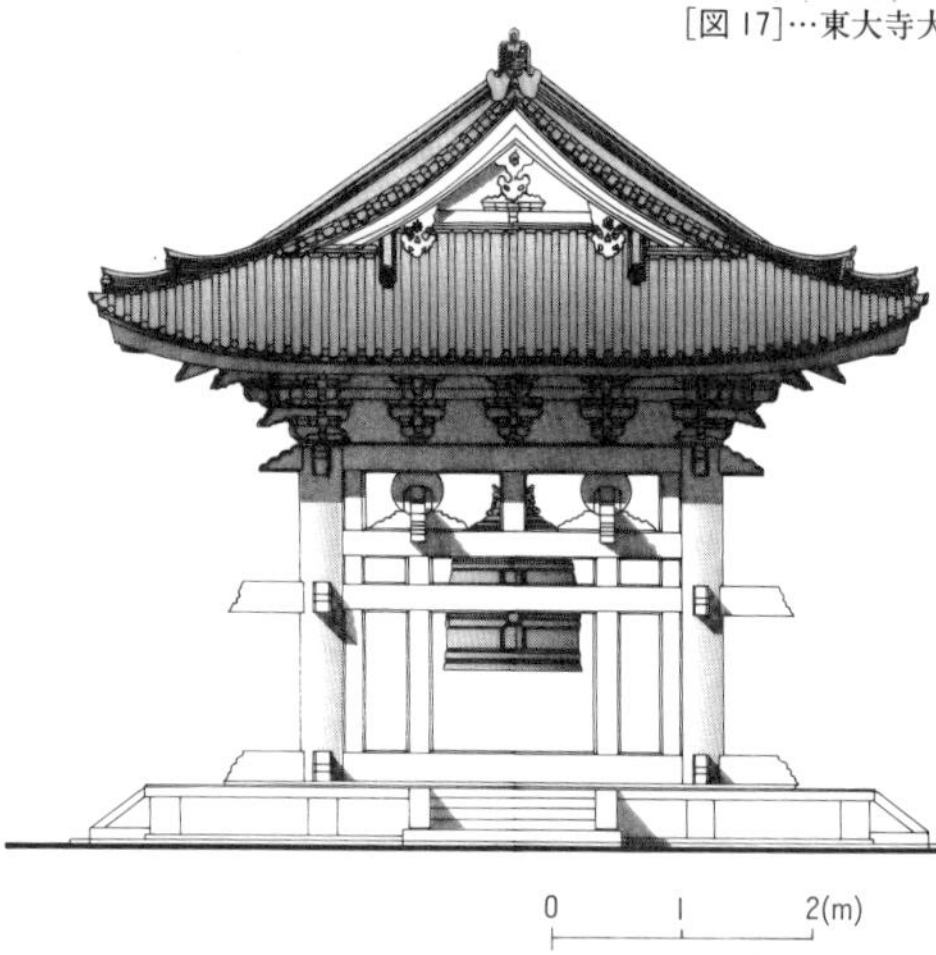

[図18]…東大寺鐘楼立面図

ための礼堂《らいどう》と仏を安置する正堂《しょうどう》の二棟を前後に並べて立てる双堂《ならびどう》と呼ばれる奈良時代の古式を忠実に今に伝える貴重な遺構で、国宝に指定されています。

翌一一八一年には、中国から新しい建築様式である大仏様を学んで帰国した僧重源《ちょうげん》によって大仏殿《だいぶつでん》（図17）や南《なん》大門《だいもん》が再建されます。そのため、東大寺は、和様ではなく大仏様で造営されましたが、再び兵火にあって焼失し、現在の大仏殿は、江戸時代の再建によるものです。

その後、今度は僧栄西が寺を復興しますが、彼の造営した鐘楼《しょうろう》（図18）を見ると、和様でも大仏様でもなく、禅宗様で造られていることがわかり、古代の高床式住居の形式を残す正倉院の校倉造とともに、東大寺は日本建築の様式のほとんどを網羅しているといえましょう。

この他三昧堂《さんまいどう》（四月堂）や開山堂《かいざんどう》、大湯屋《おおゆや》など数多くの貴重な遺構があり、千二百年の歴史の蓄積を体験をすることができます。

㉞ 浄土《じょうど》寺《じ》

兵庫県小野市浄谷町二〇九五

（交通）神戸電鉄小野駅または神姫バス明石社線本町よりタクシーで五分

一一八〇年に焼失した東大寺大仏殿

を新様式である大仏様（天竺様）で再建した僧重源によって、東大寺の別所として一一九二年に同じく大仏様を用いて創建されたのが浄土寺です（図19）。

東大寺大仏殿は、その後再び焼失してしまったため、浄土寺の本堂である浄土堂（図20）は重源が手掛けた唯一現存する遺構として大変貴重なものであり、国宝に指定されています。

平面は三間四方で柱が六メートルの等間隔に配された特異な形状ですが、細部には大仏様の特徴がよく表われており、天井を張らずに男性的な太い梁が露出しているのがわかります。

内部には鎌倉時代を代表する仏師の一人・快慶作の阿弥陀三尊像があり、同じく国宝に指定されています。

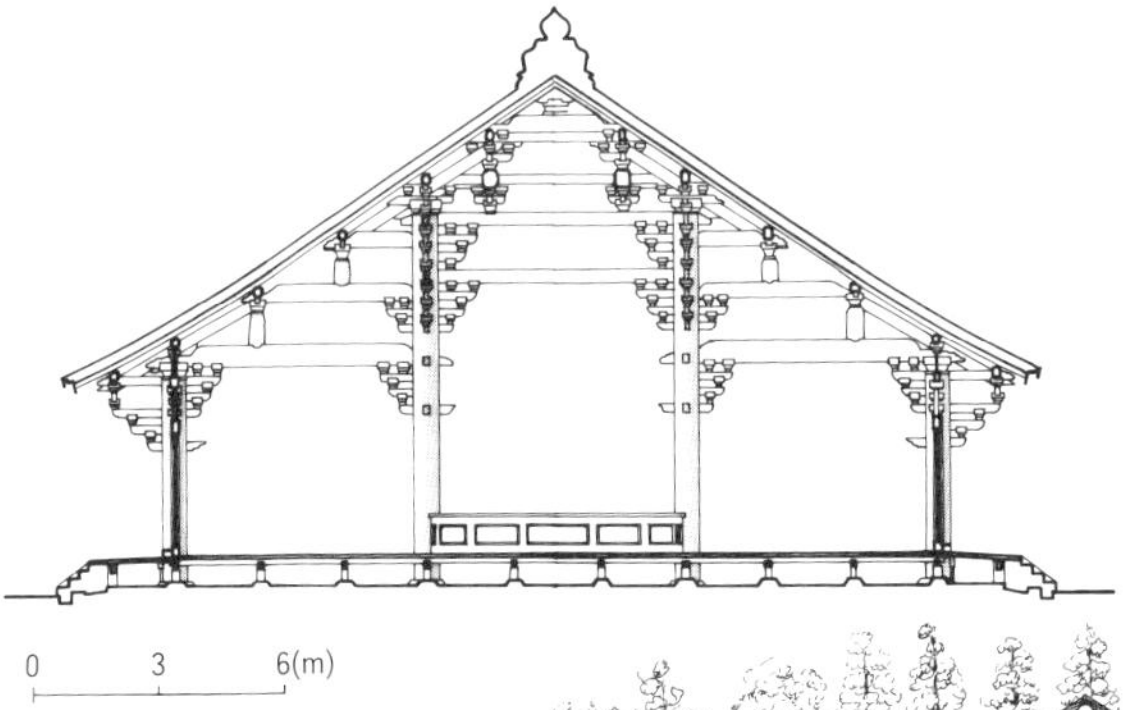

[図20]…浄土寺浄土堂断面図

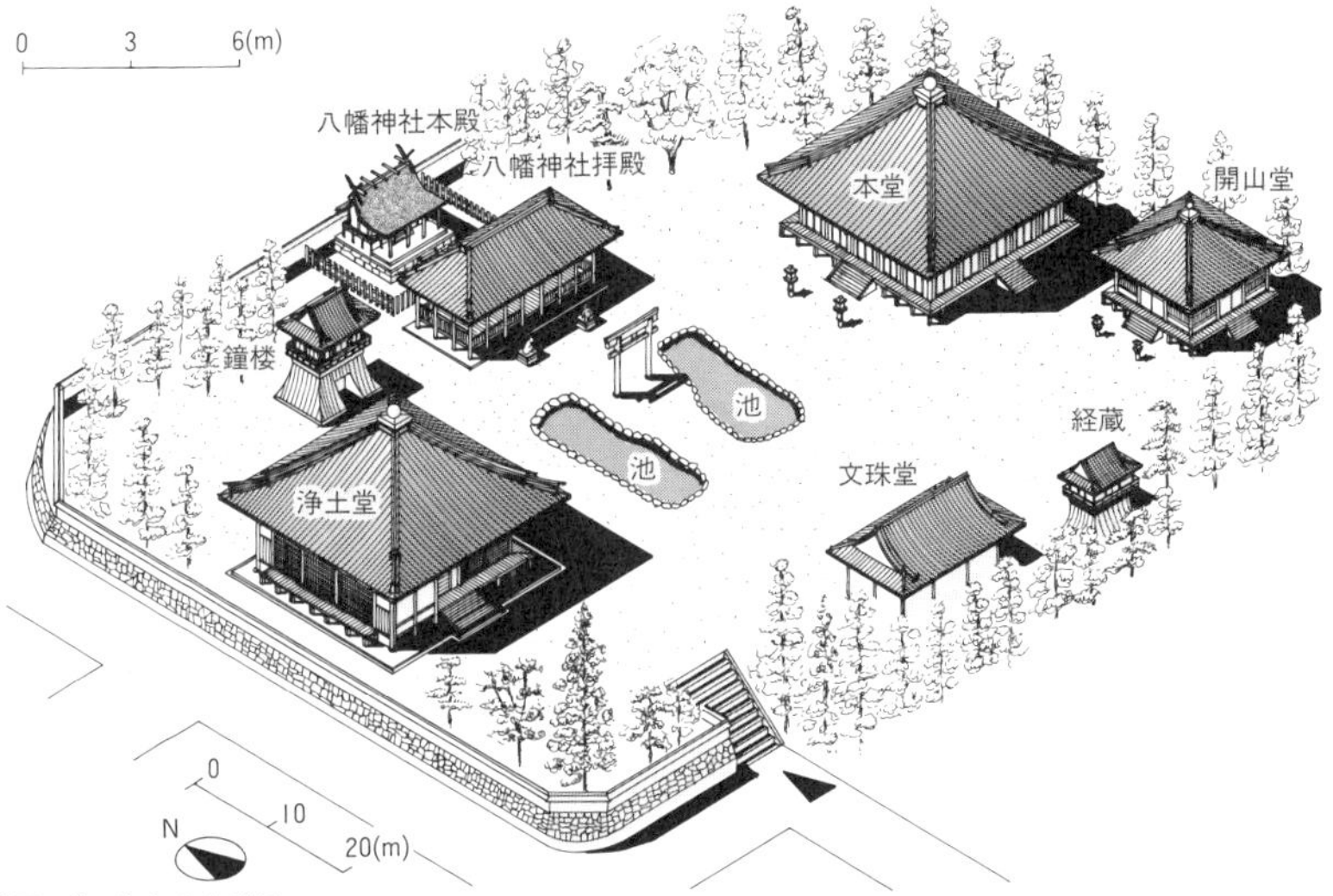

[図19]…浄土寺鳥瞰図

㉟新薬師寺《しんやくしじ》

奈良県奈良市高畑福井町一三五二

（交通）近鉄奈良駅またはＪＲ奈良線より奈良交通バス破石町下車

七四七年、聖武《しょうむ》天皇の眼病平癒《がんびょうへいゆ》を祈願して妃・光明皇后《こうみょうこうごう》が建立したのが新《しん》薬師寺《やくしじ》です。創建当初は総国分寺であった東大寺と同規模の大伽藍でしたが、落雷によって焼失し、現在、当初の建物は本堂一宇を残すのみです（図21）。

この堂はかつての伽藍の中心からずれており、当初の本堂ではなく、食堂だったのではないかといわれています。しかし内部には円型の土壇上に眼病封じから両眼を大きく彫った薬師如来像とそれを取り囲む恐ろしい形相の十二神将が安置されており、建物から仏像まですべて国宝に指定されています。

この他、鎌倉時代に造られた南門（図22）や東門、地蔵堂や鐘楼が重要文化財

［図22］…新薬師寺南門

［図21］…新薬師寺鳥瞰図

に指定されています。

㊱醍醐寺《だいごじ》
京都市伏見区醍醐
（交通）京都市営地下鉄東西線醍醐駅下車

八七四年頃、僧聖宝《しょうほう》が創建し、その後九〇七年に醍醐天皇の御願寺となって発展したのが醍醐寺です。醍醐山の上と下に分かれて堂塔が配され、現在は世界文化遺産にも登録されています（図23、24）。

山上には、一一二四年に再建された薬師堂をはじめとする諸堂宇があり、また山下には十二世紀創建といわれる和歌山湯浅の満願寺本堂を一六〇〇年移築した金堂や、九五一年造営の五重塔など、合計八十余の建物が点在しています。

ほとんどの堂塔が重要文化財か国宝に指定されており、さながら建築博物館の様相を呈しています。

㊲室生寺《むろうじ》
奈良県宇陀郡室生村大字室生七八
（交通）近鉄大阪線室生口大野駅より奈良交通バス室生寺前下車

八世紀末頃、興福寺の末寺として僧賢憬《けんえい》によって創建されたのが室生《むろう》寺です。醍醐寺同様、山の高低差を利用してさまざまな堂塔を配しています（図25）。

最も名高いのは、日本最少のわずか一六メートルの高さの五重塔で、奈良後期の和様を忠実に今に残しており、国宝に指定されています（図26）。

［図26］…室生寺五重塔

次に有名で国宝に指定されているのが、五重塔よりやや遅れて平安前期に造られたとみられる金堂であり、仏像を祀る正堂に礼拝のための礼堂《らいどう》をつけた双堂《ならびどう》となっており、また斜面に長い柱を下して建物を支える「懸造《かけづくり》」となっています。この他、金堂のさらに上に建つ本堂も国宝に指定されています。

㊳興福寺《こうふくじ》
奈良県奈良市登大路町四六
（交通）近鉄奈良線奈良駅下車

中世に栄華を極めた藤原氏を興した藤原鎌足《ふじわらのかまたり》の妃鏡女王《かがみのひめみこ》の創建した山《やま》階寺《しなでら》を前身とし、平城京遷都の際、藤原氏の氏寺《うじでら》として移されたのが興福寺《こうふくじ》

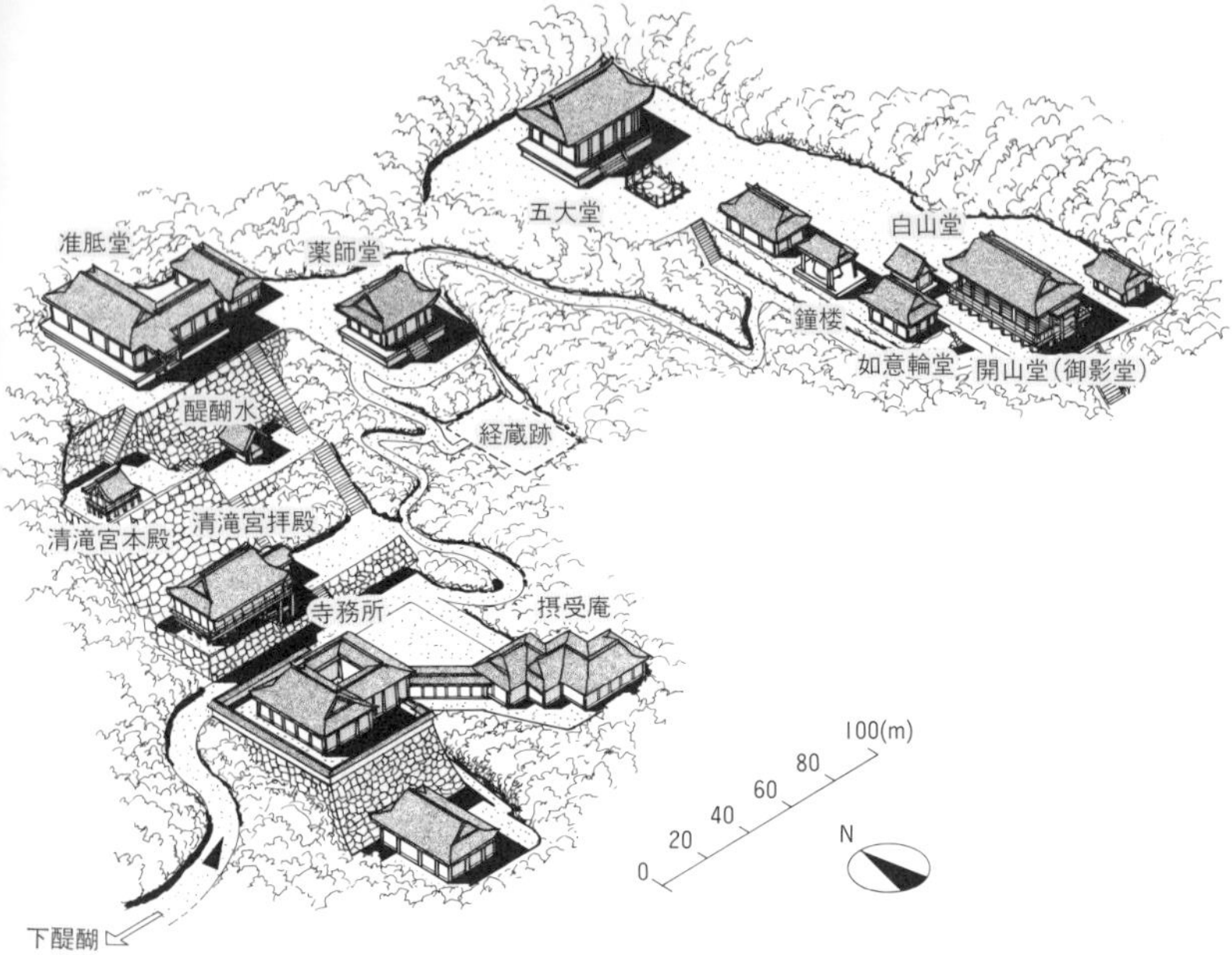

［図 23］…上醍醐寺鳥瞰図

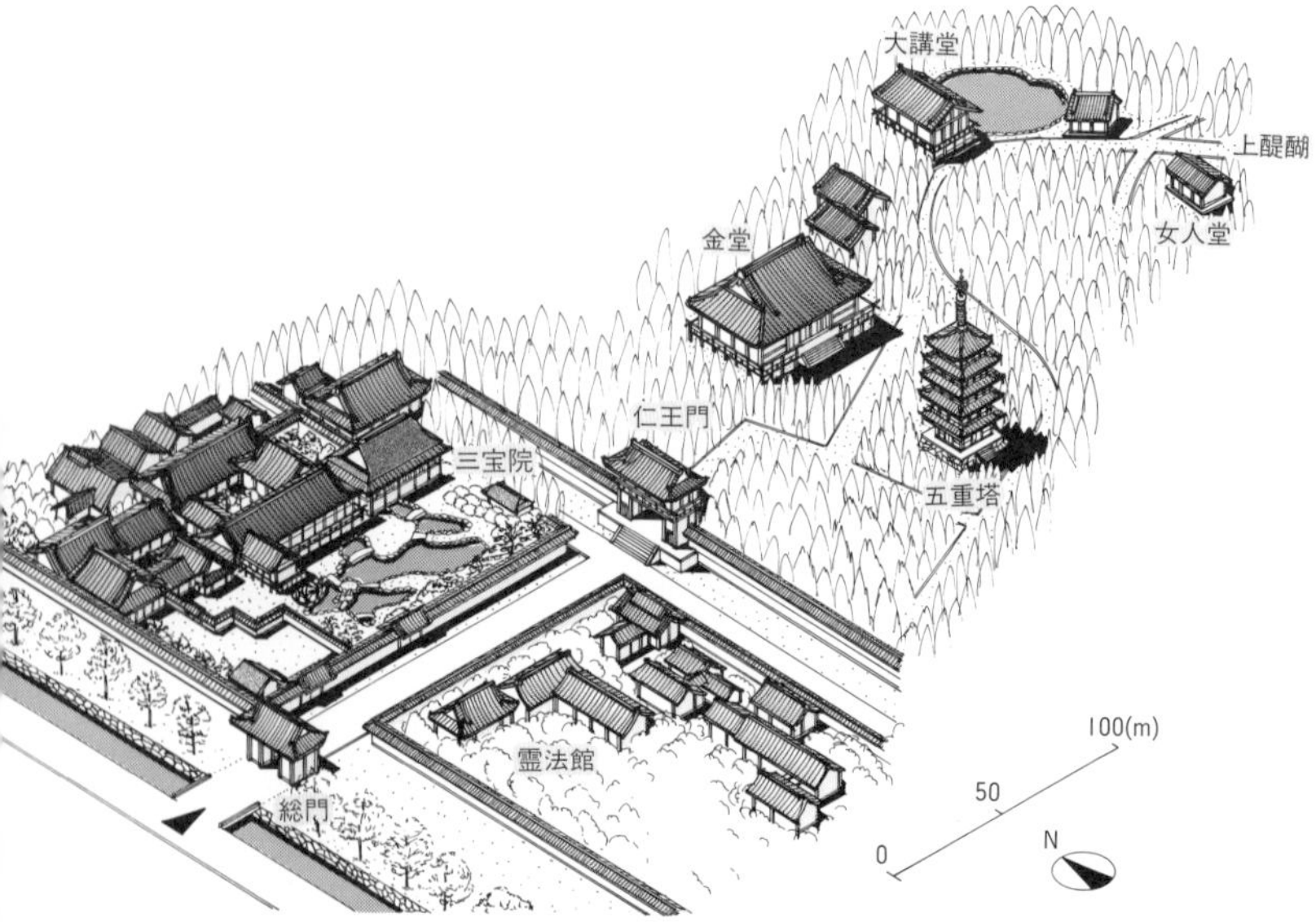

［図 24］…下醍醐寺鳥瞰図

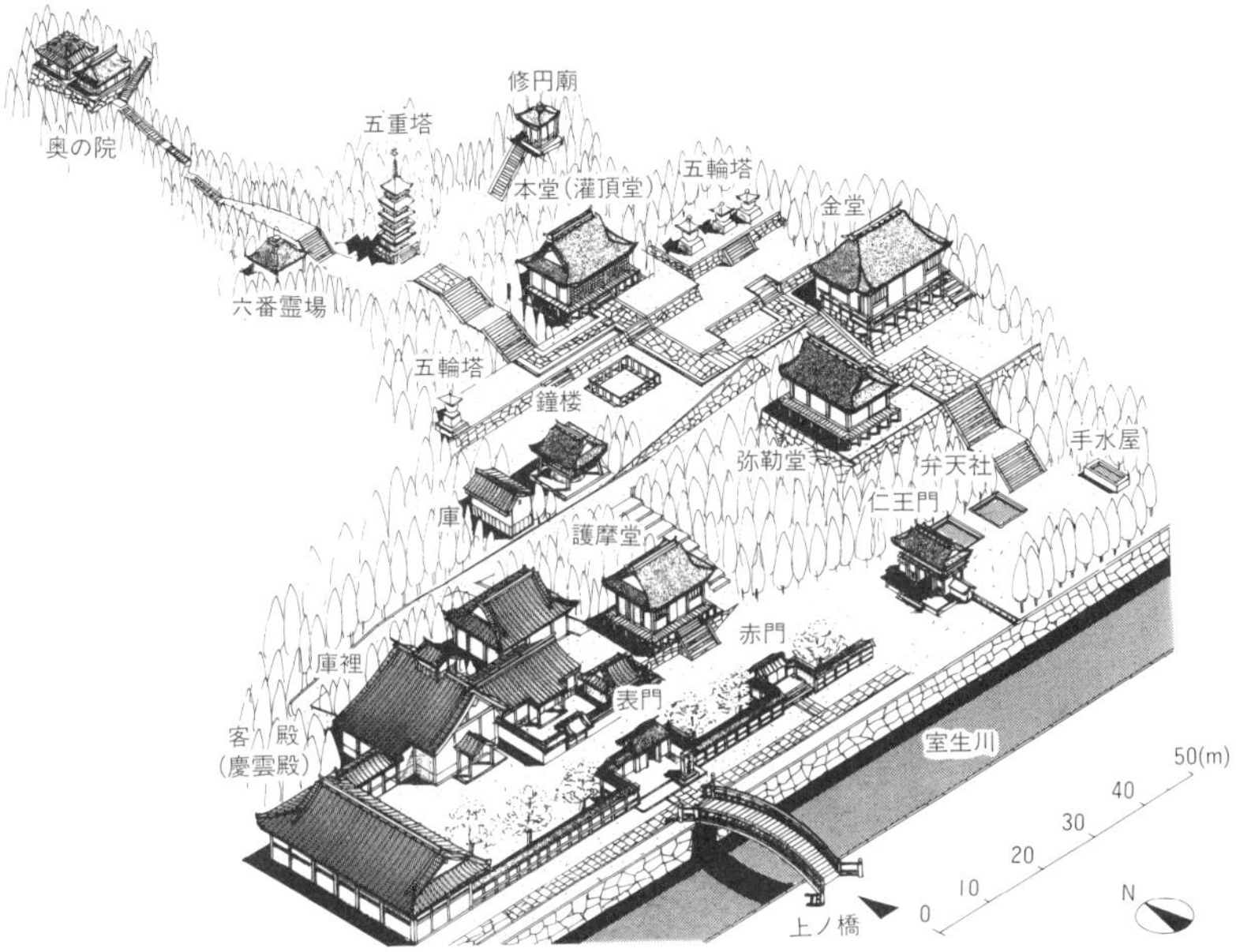

[図 25]…室生寺鳥瞰図

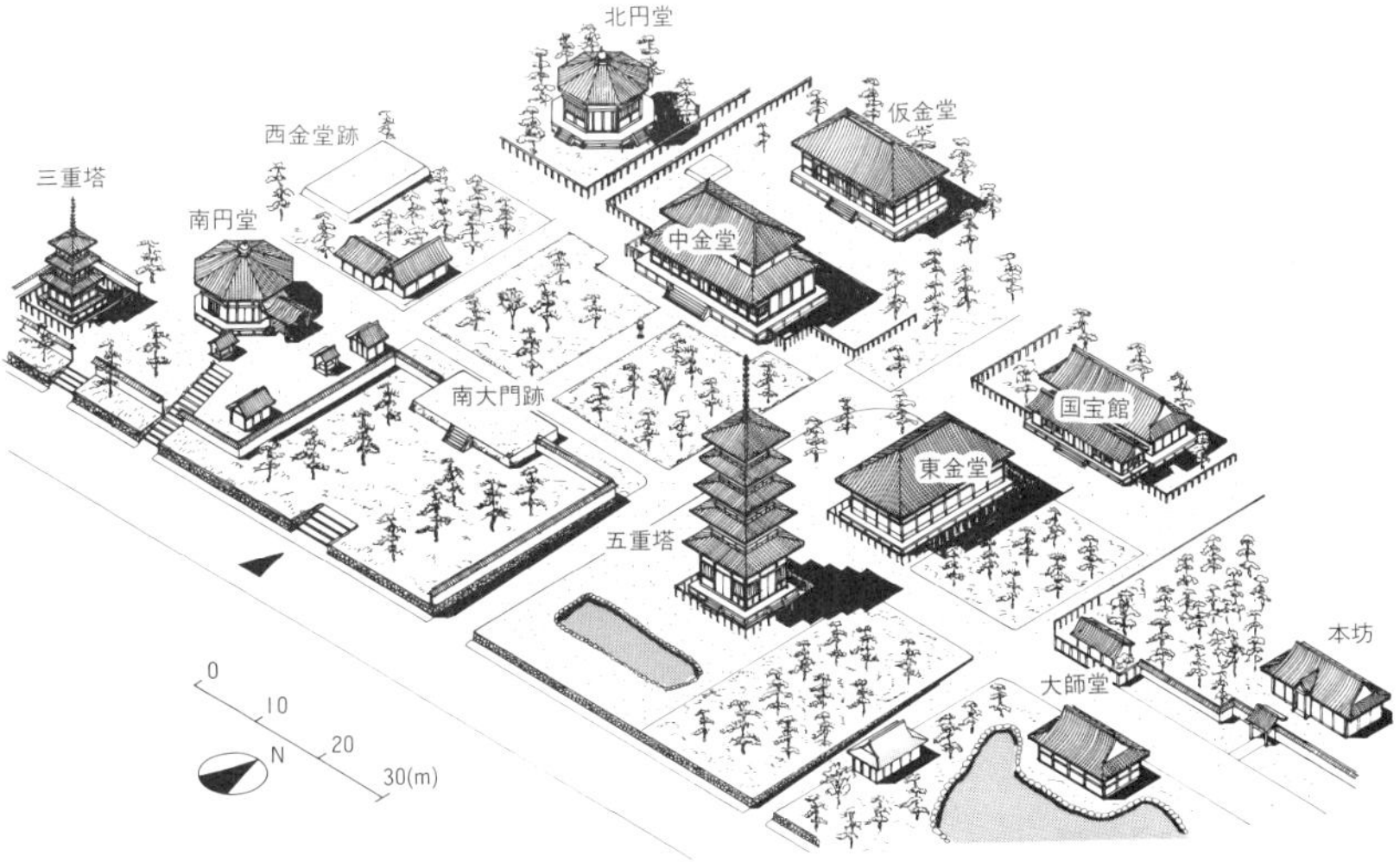

[図 27]…興福寺鳥瞰図

［図 28］…興福寺五重塔

［図 29］…興福寺三重塔

［図 30］…興福寺東金堂

です（図27）。

　数回の火災による再建を繰返し、現在の伽藍はすべて鎌倉以降の造営によるものですが、五重塔や三重塔、東金《とうこん》堂《どう》は当初の様式をほぼ留めており、すべて国宝に指定されています（図28〜30）。また、藤原氏の霊廟にしばしば用いられる八角円堂の北円堂《ほくえんどう》は法隆寺夢殿と並ぶ貴重な遺構として知られています。

㊴西明寺《さいみようじ》

滋賀県犬上郡甲良町池寺二六

（交通）ＪＲ東海道線河瀬駅よりタクシーで十五分

　現存する建物は鎌倉時代の再建によるものですが、寺の創立が八三四年と古いために、和様を純粋に今に伝えることで知られるのが西明寺です（図31）。戦国時代には織田信長の兵火にか

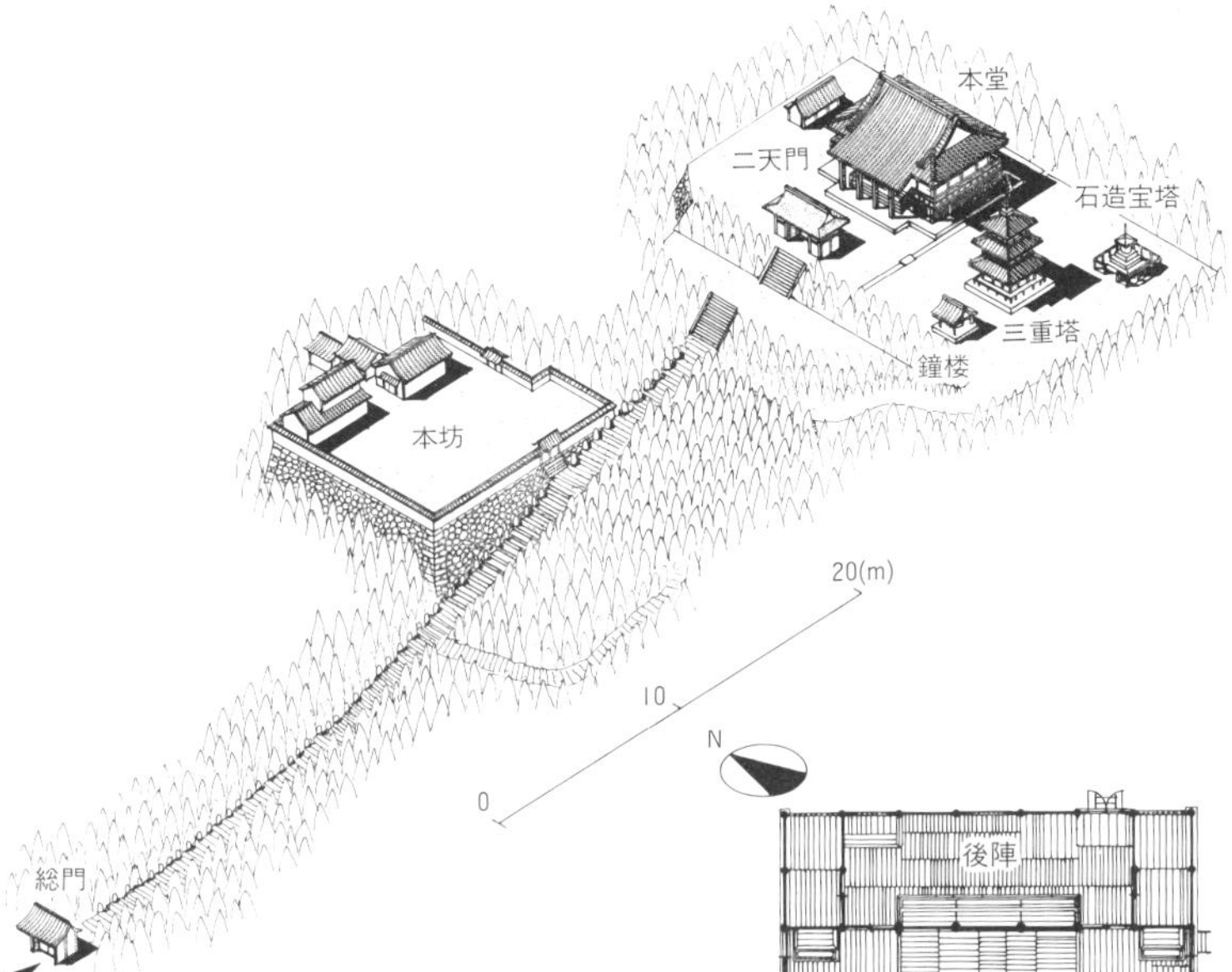

[図 31]…西明寺鳥瞰図

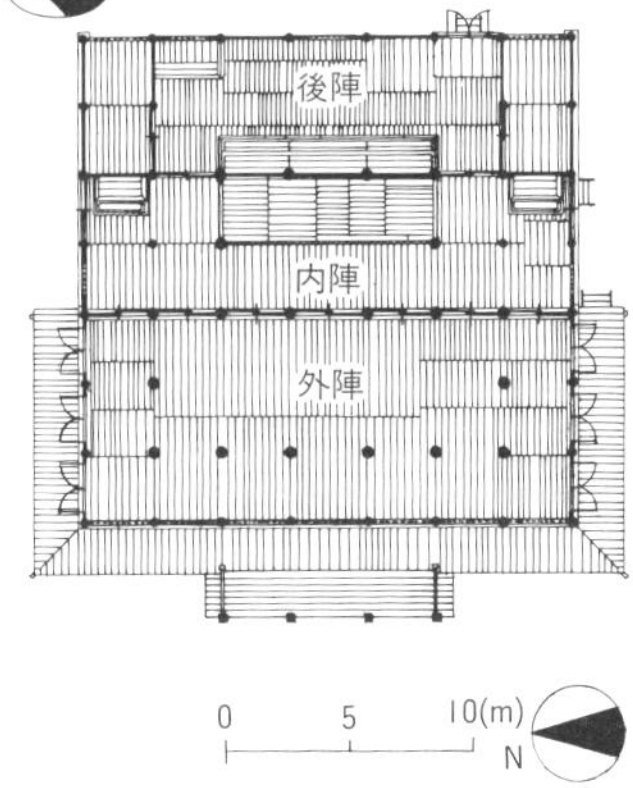

[図 33]…西明寺本堂平面図

[図 32]…西明寺三重塔

[図 34]…西明寺二天門

かり、その際焼失をまぬがれたものに本堂や三重塔（図32）があり、ともに国宝に指定されています。

本堂（図33）はもと五間四方であったものを、前後左右に一間ずつ拡げ、現在は七間四方になっています。この他、室町時代の二天門（図34）も見どころであり、重要文化財に指定されています。

㊵金剛輪寺《こんごうりんじ》

滋賀県愛知郡秦荘町松尾寺八七四

（交通）ＪＲ東海道線稲枝駅よりタクシーで二十分

西明寺と同じく、鎌倉期の建物でありながら、和様を忠実に残す寺院に金剛輪寺があります（図35）。

本堂はやはり西明寺と同じく七間四方であり、一二八八年の造営で国宝に指定されています（図36）。多数の仏像も見どころで、それらのほとんどが重

［図37］…金剛輪寺三重塔

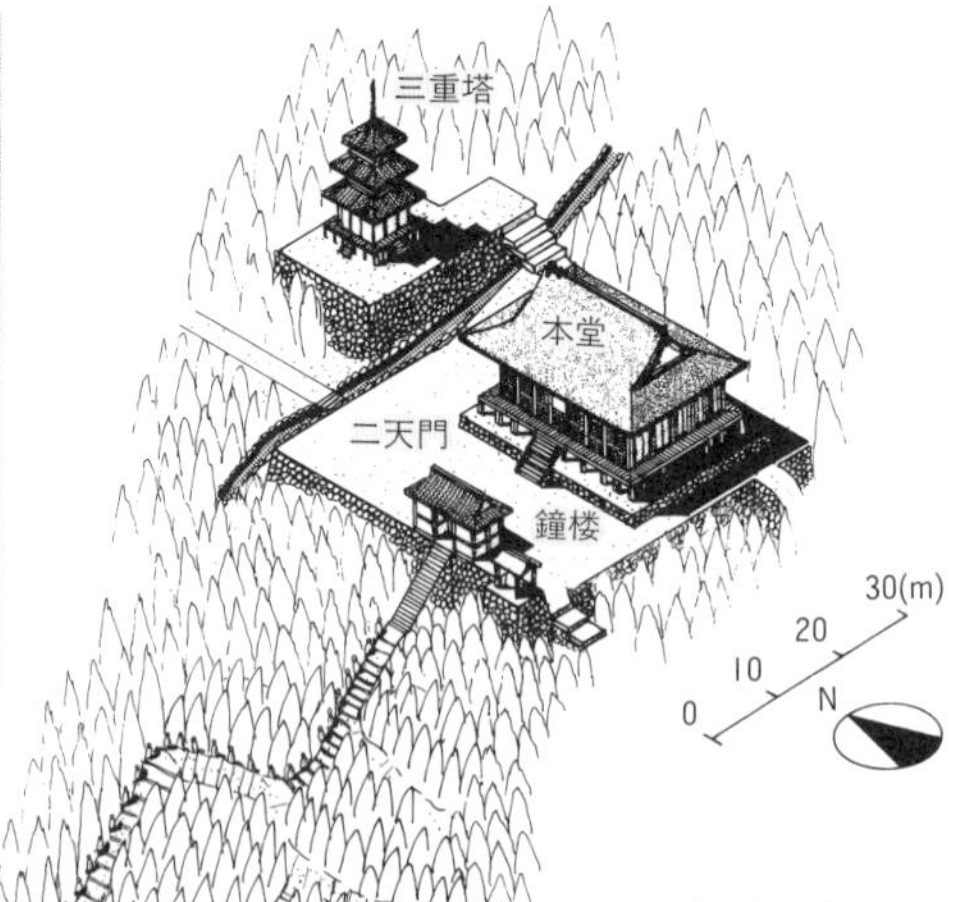
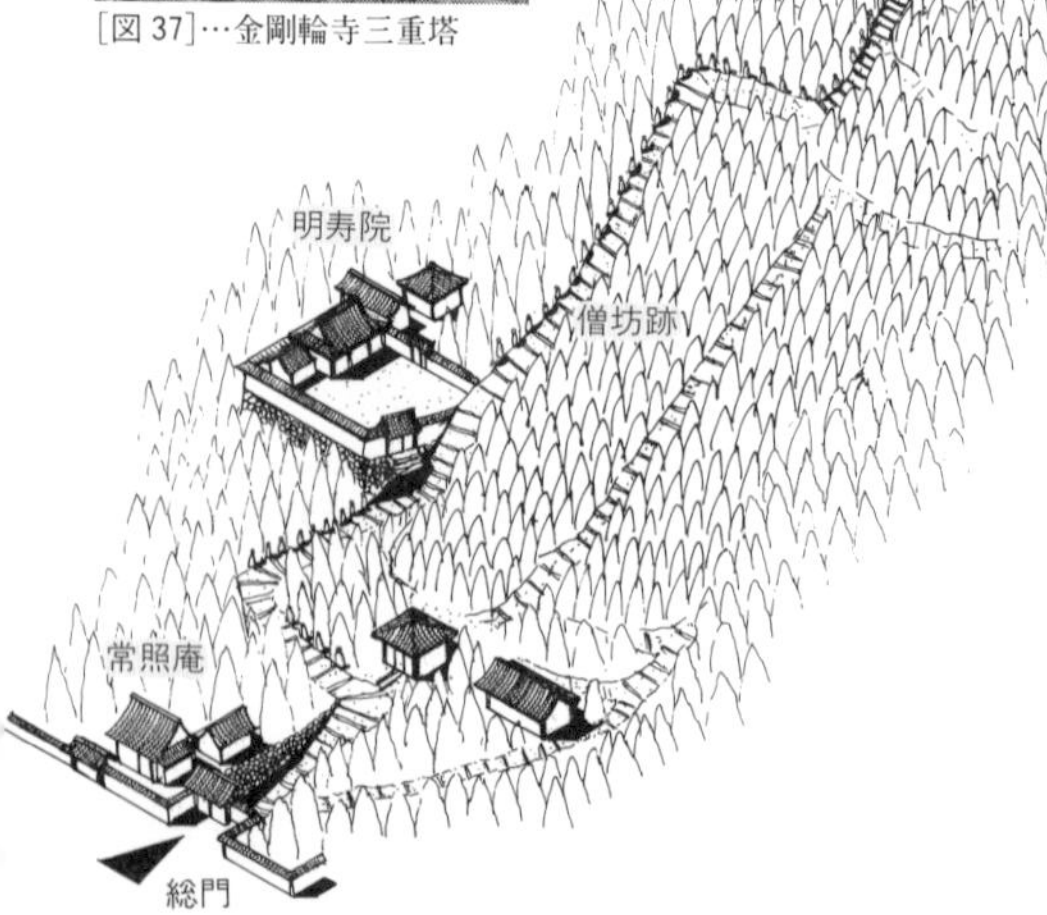

［図35］…金剛輪寺鳥瞰図

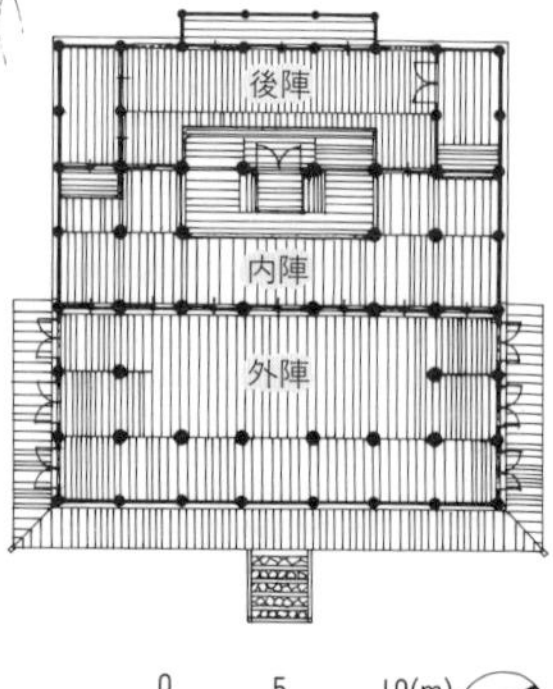

［図36］…金剛輪寺本堂平面図

要文化財に指定されています。

㊶清水寺《きよみずでら》

京都市東山区清水一—二九四

（交通）ＪＲ京都駅から京都市営バス清水道、または五条坂下車

征夷大将軍として東北地方の原住民・蝦夷《えぞ》を平定した坂上田村麻呂《さかのうえのたむらまろ》が七九八年、その褒美《ほうび》として桓武天皇《かんむてんのう》より賜《たま》わった長岡京《ながおかきょう》の宸殿《しんでん》を本堂として創建したのが清水寺です（図38）。

現在の堂舎のほとんどは一六三三年の徳川三代将軍家光による再建ですが、本堂は国宝、その他の建物の多くが重要文化財に指定されています。

本堂は「清水の舞台」（図39）としてつとに有名で、急斜面に張り出した「懸《かけ》造《づくり》」と呼ばれる柱梁構造の基礎をもつ形式です。

[図 39]…清水寺本堂

[図 40]…清水寺仁王門

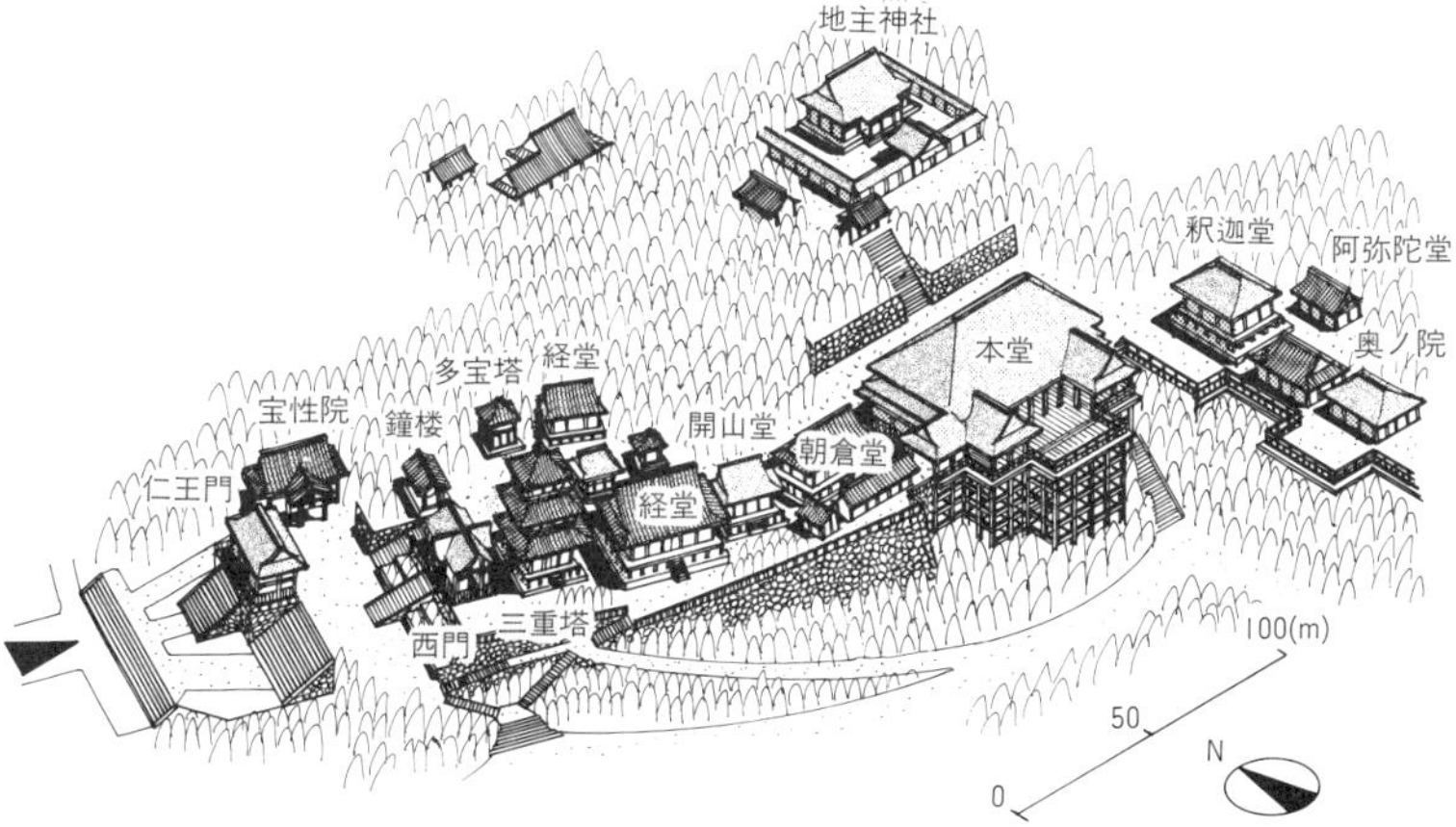

[図 38]…清水寺鳥瞰図

㊷ 石山寺《いしやまでら》

滋賀県大津市石山寺一―一―一

(交通)京阪電鉄石坂線石山寺駅下車

奈良の東大寺建立の際、資材を調達する役割を果した石山院を前身とするのが石山寺です。七六二年に創建されましたが一〇七八年に焼失し、現在の建物はそれ以降の再建によるものです

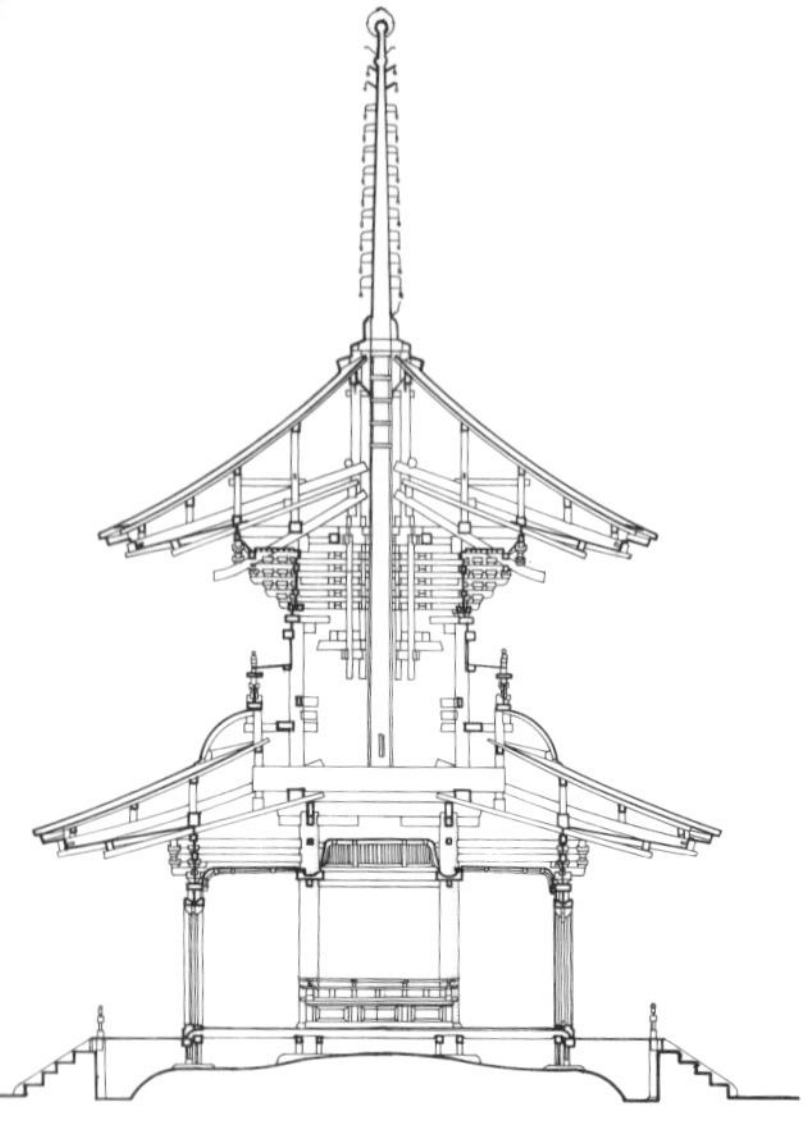

[図 42]…石山寺多宝塔

[図 43]…石山寺東大門

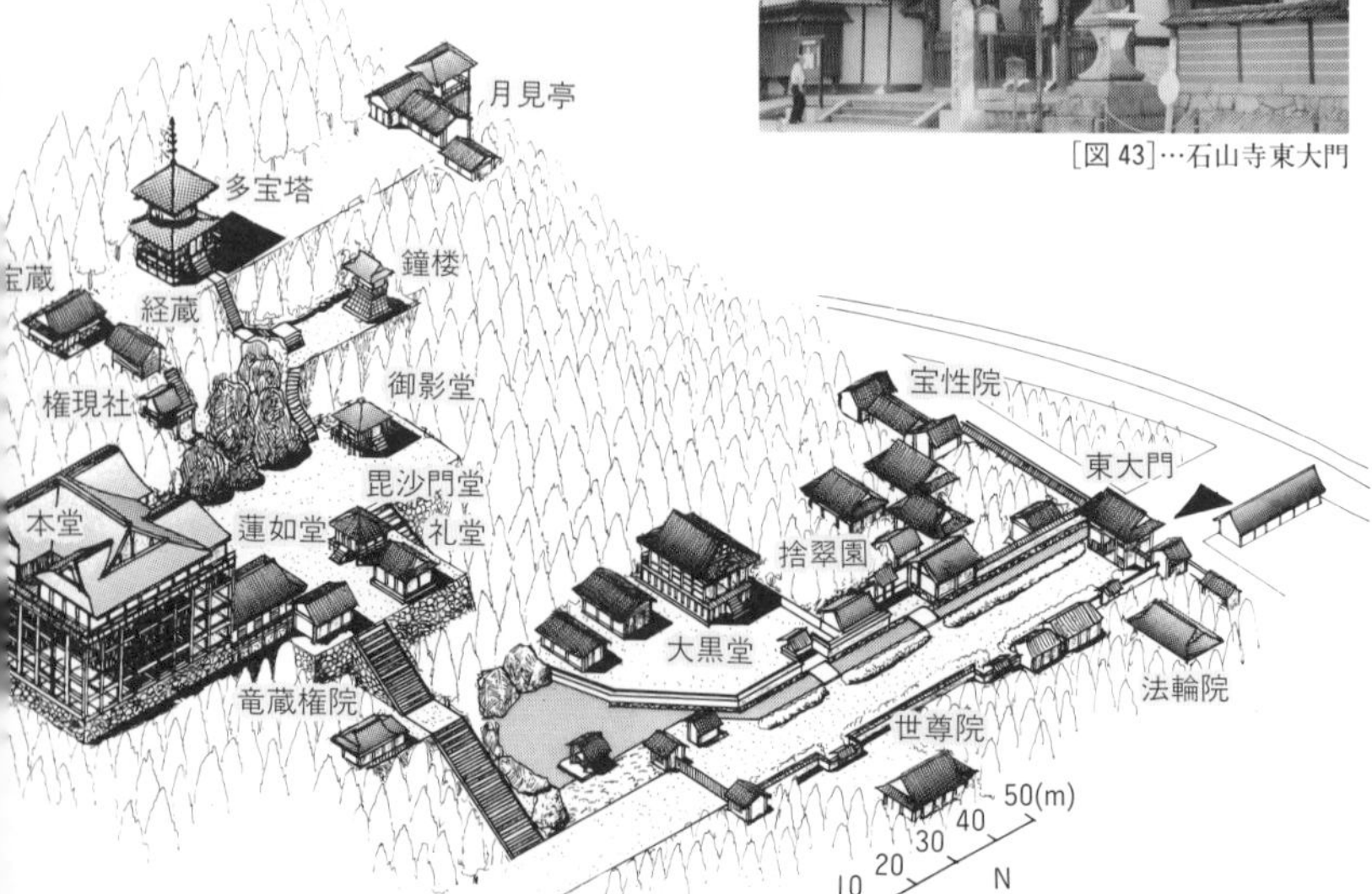

[図 41]…石山寺鳥瞰図

(図41)。

最も重要な建物は一一九四年に建立された多宝塔《たほうとう》(図42)で、全国に残る多宝塔の中でも最古のもので形も最も美しいといわれ国宝に指定されています。また、一〇九六年造営の本堂は有名な清水寺と同じ舞台造(懸造)と呼ばれる斜面に柱梁を組んでその上に設ける珍しい形式で、同じく国宝に指定されています。

なお石山寺は、ここでかの紫式部が源氏物語を執筆した場所としても知られています。

㊸ 蓮華王院《れんげおういん》(三十三間堂《さんじゅうさんげんどう》)

京都市東山区三十三間堂廻町

(交通)JR京都駅より京都市営バス博物館三十三間堂前下車、または京阪電鉄本線七条駅下車

一一六四年、後白河法皇《ごしらかわほうおう》の命により、

[図44]…三十三間堂外観

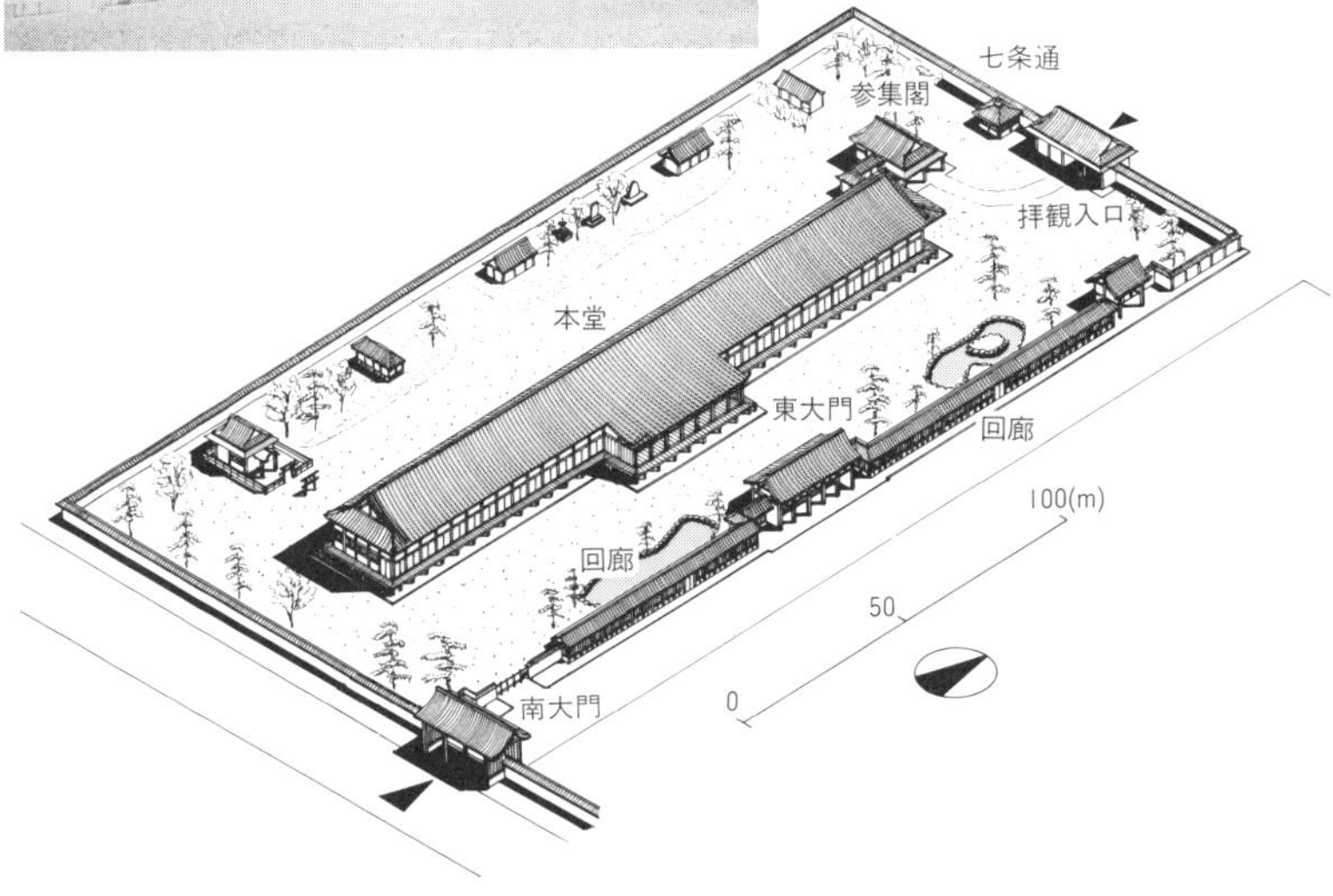

[図45]…三十三間堂鳥瞰図

平清盛《たいらのきよもり》が建立したのが三十三間堂こと蓮華王院です（図44、45）。国宝の千手観音坐像一体と一〇〇一体の千手観音立像（重要文化財）（図46）を安置するために正面が三十三間、奥行き二間の細長い千体観音堂があるために通称三十三間堂と呼ばれます。

当初の建物は、一二四九年に焼失し、現在の三十三間堂は一二六六年に後嵯峨天皇により再建されたもので様式的にはほぼ和様を留めており、国宝に指定されています。

[図 46]…蓮華王院内部

㊹根来寺《ねごろじ》

和歌山県那賀郡岩出町根来二二八六

（交通）ＪＲ和歌山線岩出駅あるいはＪＲ阪和線紀伊駅よりタクシーで十五～二十分

覚鑁《かくばん》上人が高野山に創建した大伝法院を発祥とし、一二八八年に現在の地へ移されたのが「根来寺」です（図

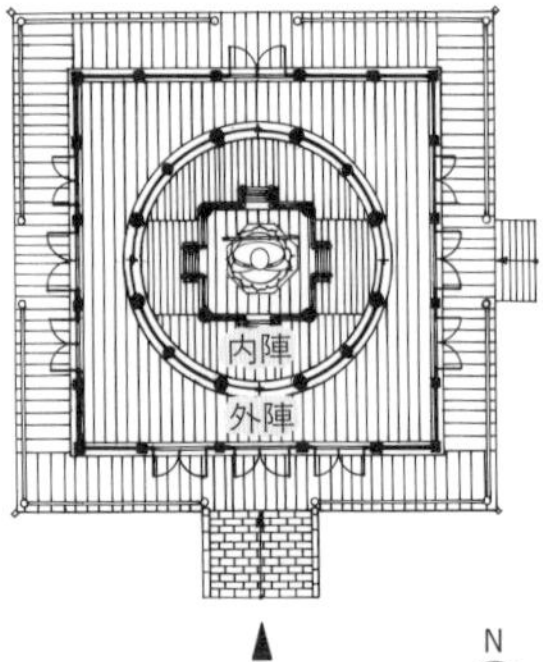

[図 48]…根来寺大塔平面図

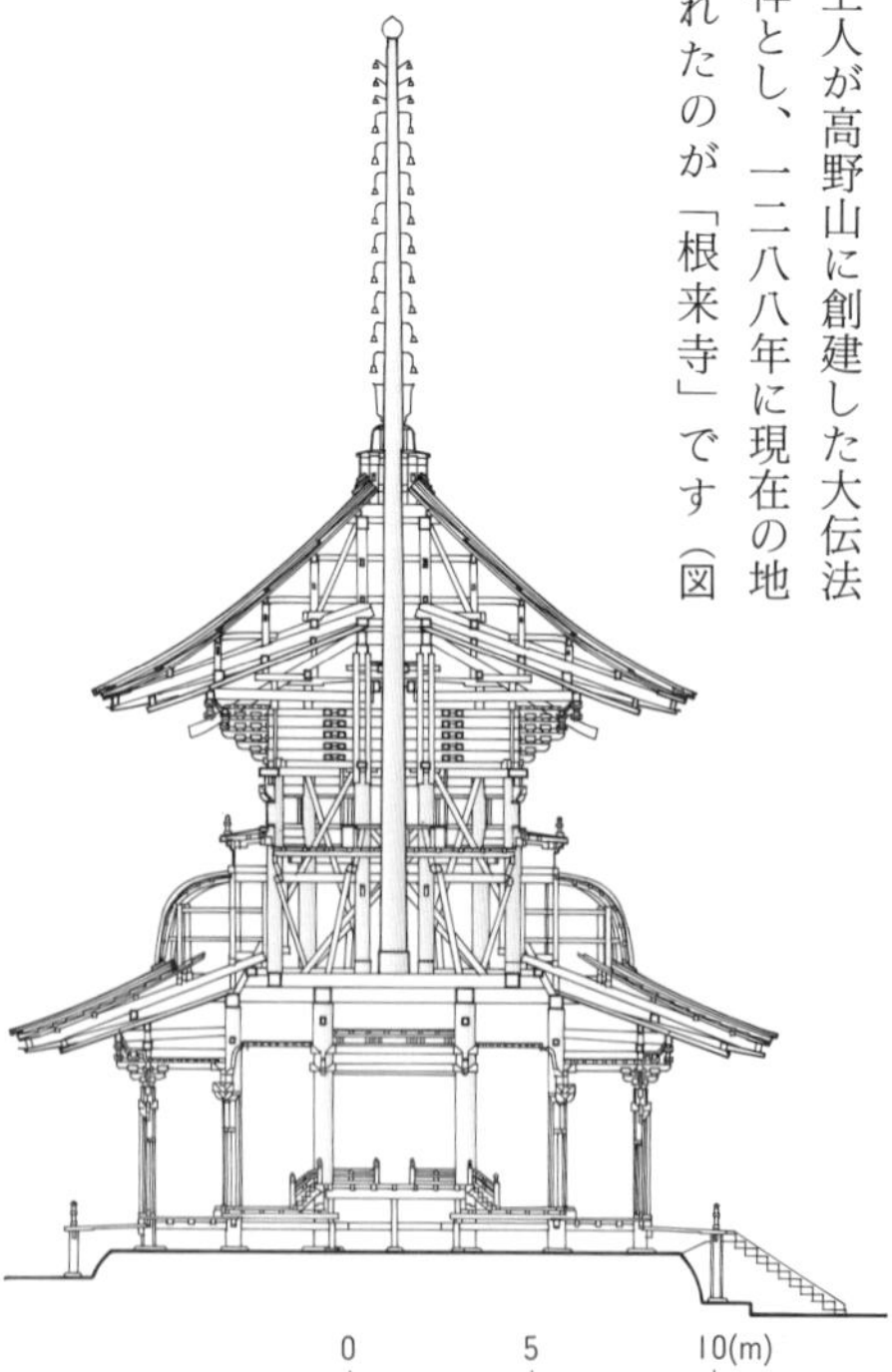

[図 49]…根来寺大塔断面図

47）。

最大の見どころは、一五四七年に完成した「大塔《だいとう》」（多宝塔《たほうとう》）（図48、49）で、現存する多宝塔の中で唯一大塔の形式を今に伝えるもので、国宝に指定されています。

十二本の柱を円形に配し、中央に四天柱と呼ばれる塔をたて、一層に五間四方の裳階《もこし》をつけたもので、多宝塔の原形とでもいうべき珍しい塔です。

㊺ 延暦寺《えんりやくじ》

滋賀県大津市坂本本町四二二〇

（交通）JR京都駅から京都市営バス・京阪バス延暦寺バスセンター駅下車、またはJR湖西線比叡山坂本駅下車比叡山鉄道ケーブル坂本駅よりケーブル延暦寺駅下車

桓武天皇《かんむてんのう》は、七九四年、現在の京都のルーツである平安京を造るにあたり、その鬼門《きもん》（古来鬼が出入りするとして

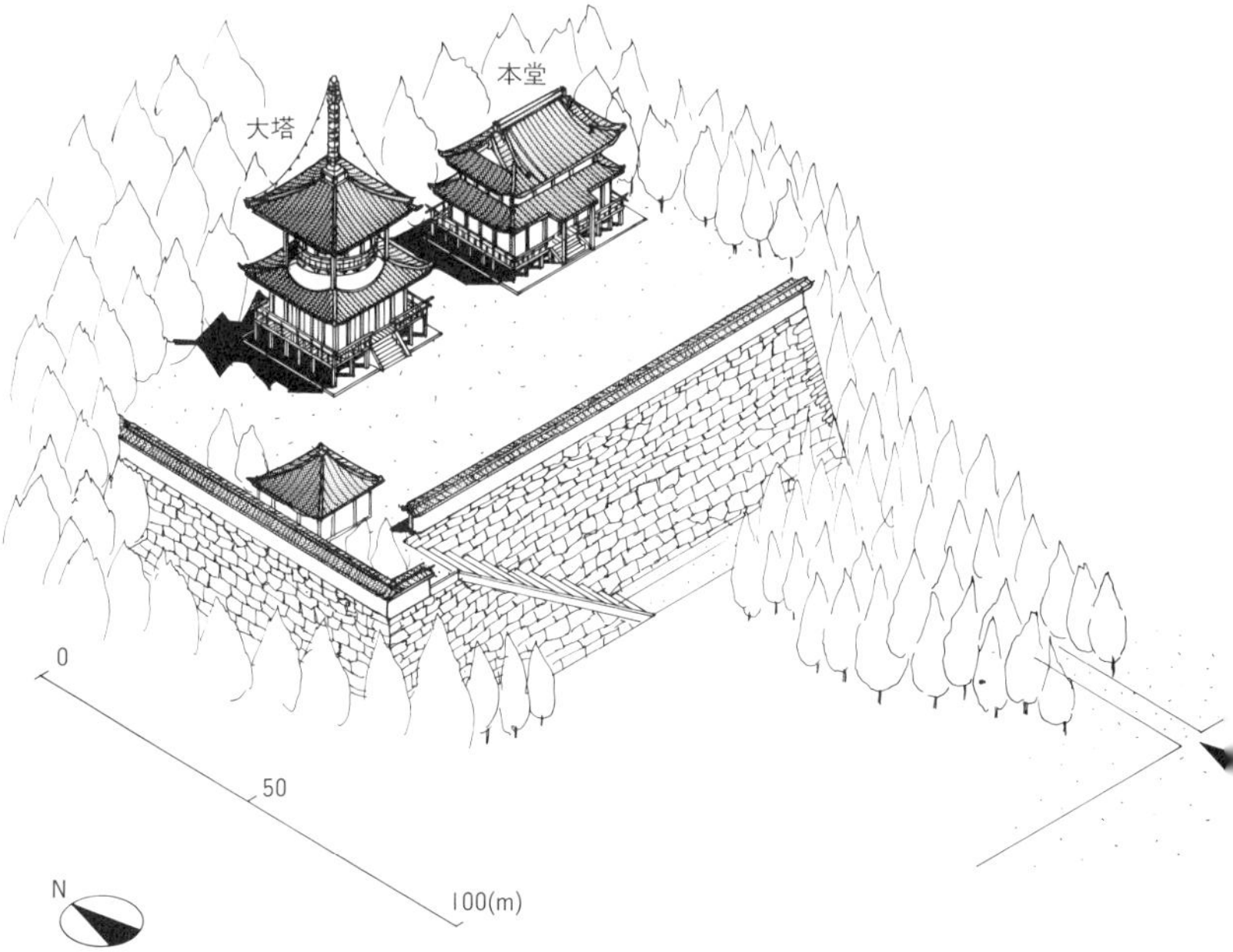

[図47]…根来寺鳥瞰図

忌み嫌われた東北の方位）に位置する比叡山に、唐から帰国した留学僧で天台宗の宗祖最澄《さいちょう》を送り、鬼門の守護として一乗止観院《いちじょうしかんいん》、のちの延暦寺《えんりゃくじ》を建てさせました。それ以来、都で災害が起こるたびに、悪鬼調伏《あっきちょうぶく》の祈禱《きとう》が行なわれたのです。

延暦寺には「元三大師御廟《がんさんだいしみびょう》」と呼ばれる墓がありますが、この元三大師とは最澄の時代から約二世紀後の第十八代天台座主《てんだいざす》（天台宗を代表する主宰）良源《りょうげん》のことを指し、彼は老朽化した諸堂を復興し、寺はこの時最も栄えたといわれます。そのため、「魔《ま》を降《くだ》す」の意から降魔大師《ごうまたいし》とも呼ばれ、比叡山の厄よけのお札の絵にもなっているのです。そして実に良源の墓は、比叡山全体の鬼門に位置していますが、平安京の鬼門のさらに鬼門に自らの亡きがらを祀ることより、比叡を、そして何より京の都を守り続けようとしたのがわかります。

また、比叡山の麓には、延暦寺の守護神として日吉《ひよし》大社があり、仏教だけではなく神道の力を駆使して鬼門を封じているのです。さらに平安京と比叡山の鬼門軸線上には、四明岳《しめいだけ》があり、この四明とは道教で四方の鬼を退治する神の意で、なんと比叡山は仏教、神道、道教の三教を動員して都の鬼門を

［図50］…延暦寺配置図

［図51］…四明岳

二重三重に守り固めていたことになるのです（図50、51）。
延暦寺は、三塔と呼ばれる「東塔《とうとう》」「西塔《さいとう》」「横川《よかわ》」の三つから成り、これらはさらに十六谷に分かれ、かつては何百という諸堂を配していました。しかし、一五七一年の織田信長の焼き討ちですべてを失い、現在の建物はすべてその後の造営によるものです（図52、53）。

山全体の中枢である東塔の「根本中堂《こんぽんちゅうどう》」（91頁図4参照）も一六四二年の再建ですが、国宝に指定されており、最澄が初めて建てたという薬師堂、文殊堂、経蔵を表わす三基の厨子を納めて、巨大な屋根でおおったものです。

また西塔は、最澄の弟子円澄《えんちょう》らによって整えられたもので、その中心「釈迦堂」は一五九五年に園城寺《おんじょう》（三井寺）の金堂を移建したものです。その他、一五九五年に再建された「堂行堂《じょうぎょうどう》」（93頁図9参照）と「法華堂《ほっけどう》」（図57）を渡り廊下でつないだ「担《にな》い堂」（図58）がありますが、これは肩に天秤棒をかけて荷物を運ぶ姿に似ていることから命名されたものでしょう。

さらに「相輪橖《そうりんとう》」と呼ばれる塔の先端のみを建てた珍しい形式の塔があり、

［図52］…延暦寺西塔釈迦堂

［図53］…延暦寺大講堂

［図54］…延暦寺東塔

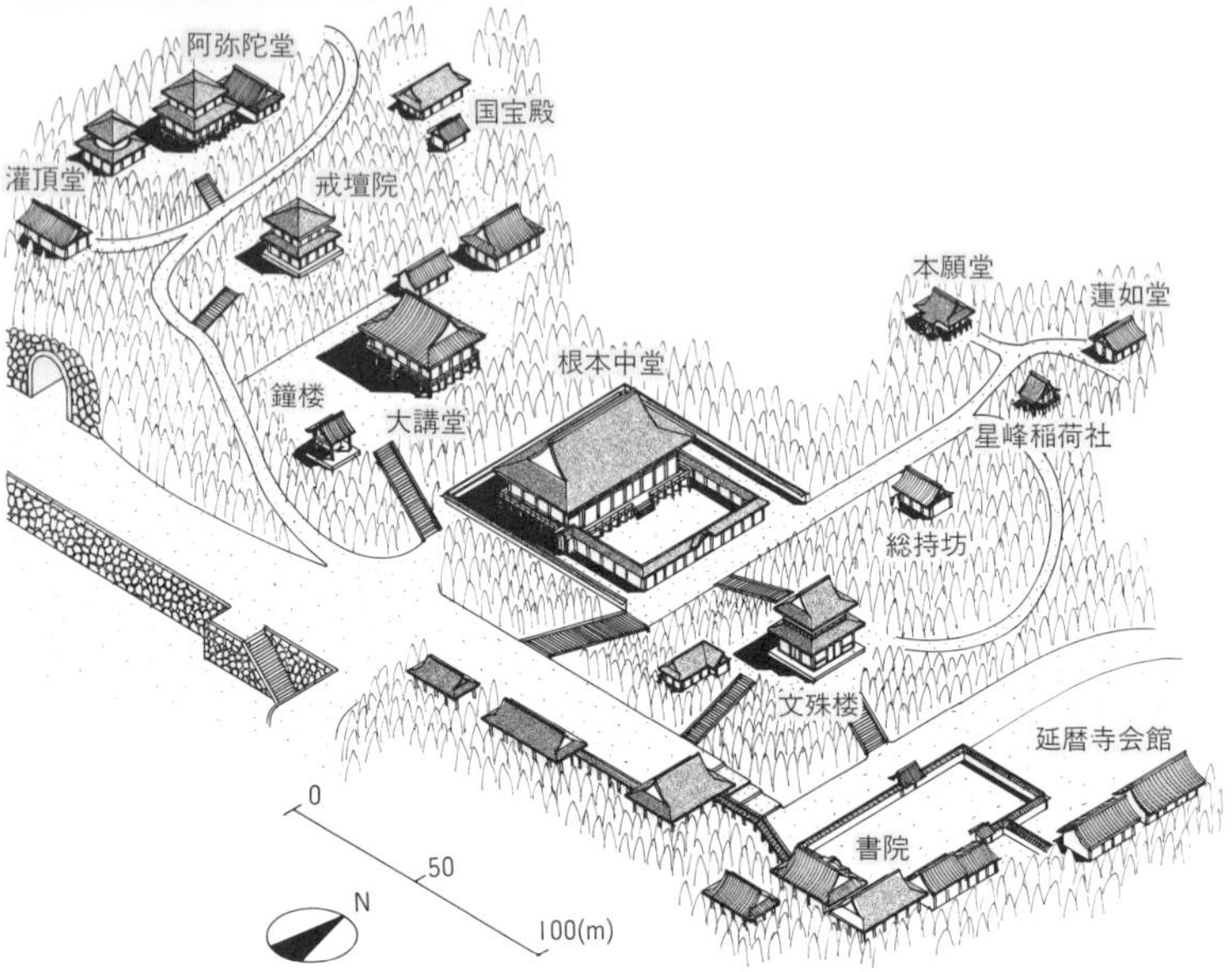

［図 55］…延暦寺東塔鳥瞰図

［図 56］…延暦寺西塔鳥瞰図

これらはすべて重要文化財に指定されています（図59）。

現在、比叡山はこれらの建築にその自然環境を含めて、世界文化遺産に登録されています。

㊻金剛峯寺《こんごうぶじ》壇上伽藍《だんじょうがらん》

和歌山県伊都郡高野町高野山一三二

（交通）南海電鉄高野線難波駅より極楽橋駅下車

比叡山に天台宗の延暦寺を開いた最澄と並び称される空海が、真言宗の総本山として八一六年に高野山《こうやさん》に開いた寺院が金剛峯寺《こんごうぶじ》です（図60）。

九九四年の火災で草創期の伽藍はすべて失われましたが、その後も密教の中枢として今にいたっています。

中心となる不動堂は、鎌倉期に建立されたものですが国宝に指定され、全体に部材が細く軽快なプロポーション

[図58]…渡り廊下

[図57]…法華堂

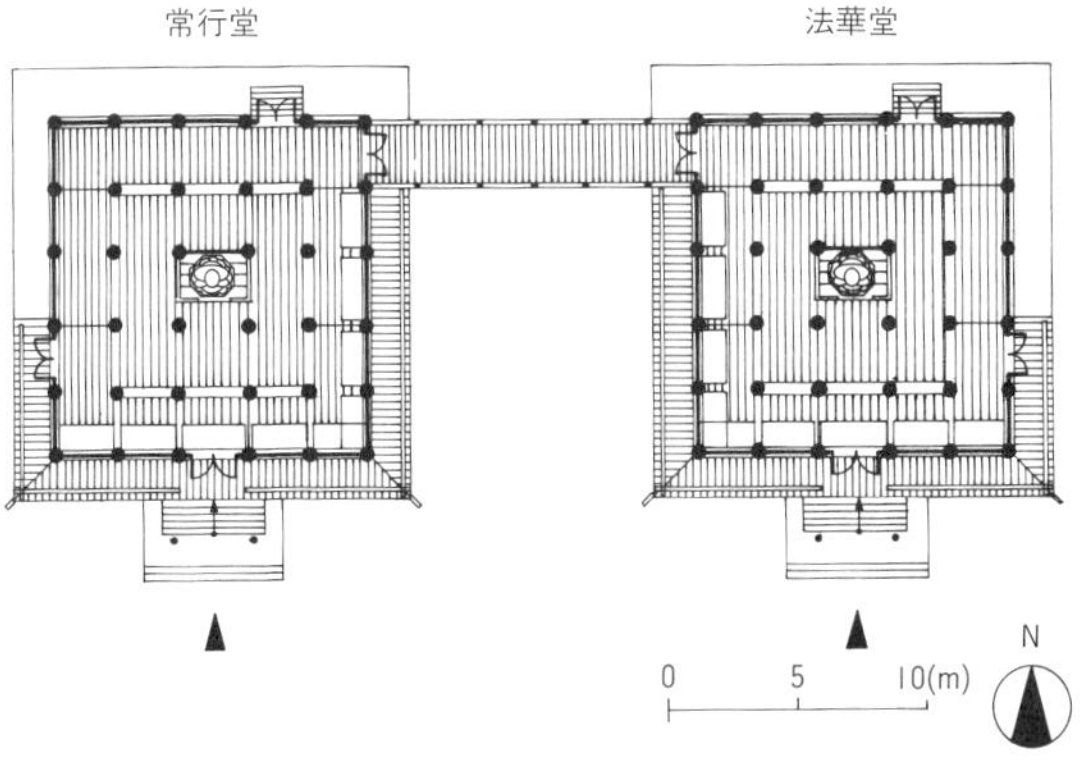

[図59]…延暦寺担い堂（根本中堂）平面図

をもちます。

また、一二二三年造営の金剛三昧院多宝塔は根来寺《ねごろじ》、石山寺《いしやまでら》のそれと並び称される貴重な塔で、同様に国宝に指定されています。

この他、数多くの仏像を有しており、そのほとんどが国宝か重要文化財であり、一見の価値があります。

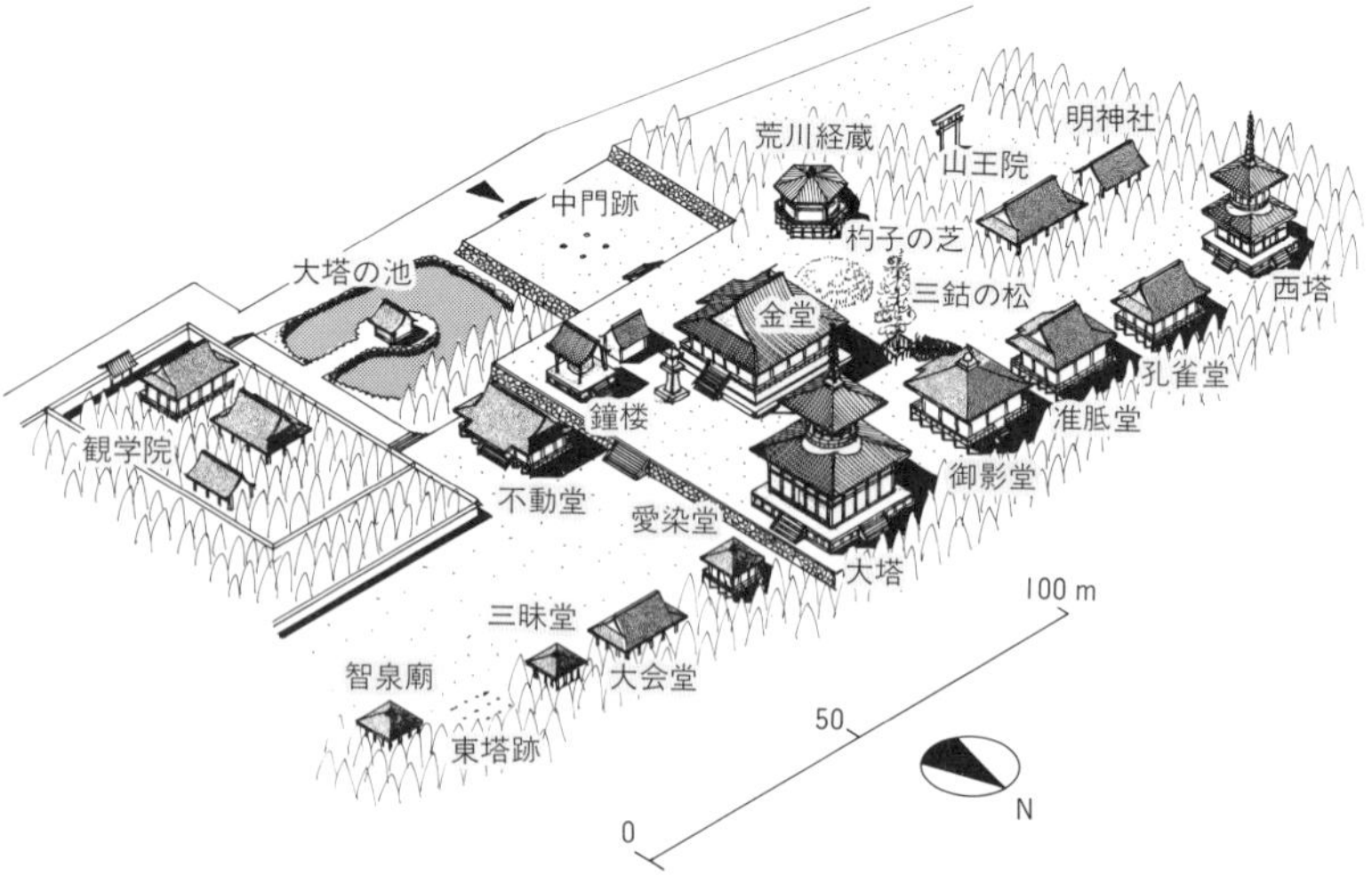

[図60]…金剛峯寺（壇上伽藍）鳥瞰図

こぼれ話

法隆寺より古かった元興寺

これまで、七世紀末から八世紀に造られた法隆寺が現存する世界最古の木造建築であるといわれてきました。しかし、2000年10月、元興寺文化財研究所の調べにより、元興寺極楽坊の禅室の建築部材が法隆寺よりさらに約1世紀も古い582年頃のものであることがわかりました。1951年の禅室の修理の際、取り換えられた「巻斗」と呼ばれる部材を年輪から年代測定したところ、最も外側の年輪が582年であることが判明したのです。

元興寺は、日本初の寺院・飛鳥寺を前身とし、718年に北へ22 km離れた現在地に移転されたものといわれ、現に禅院の屋根には飛鳥寺の瓦が今も葺かれていますが、定説では元興寺の建物は移転時にすべて新築されたことになっていました。しかし今回の発見によって、飛鳥寺の建物を移建あるいは再利用したことがわかったのです。

エピソード

遷都と風水

❖1　四神相応

日本において首都を築く「遷都」を行う場合、古来中国の陰陽《いんよう》五行説《ごぎょうせつ》と呼ばれる占術《せんじゅつ》によって「四神相応《しじんそうおう》」の地形を選んできました。この四神相応とは、地相的に見て大吉の地形を指すものであり、この地相を持つかどうかが、そこに建つ城や都市の未来を左右するといわれたのです。すなわち、

東に「青龍《せいりゅう》」の神がやどる川
西に「白虎《びゃっこ》」の神がやどる道
南に「朱雀《すざく》」の神がやどる池か海
北に「玄武《げんぶ》」の神がやどる山

を持つ地形を指します。つまり、青い龍、白い虎、朱色の孔雀《くじゃく》、黒い亀に蛇が絡んだ姿をした宇宙をつかさどるといわれる四つの神を、それぞれ川、道、海、山にたとえ、これらが東西南北に位置する土地を選べというのです。

そのような地形は、山を背にして南から太陽の光をいっぱいに浴びつつ、東から清流をひき、飲み水をふんだんに使いながら、西の道から運ばれてくる食料で豊かに生活するという、人間にとっての理想郷を指しているのです。

四神相応の起源は古く、古代中国の文献『周礼《しゅうれい》』にはすでに四神に関する記述があり、『礼記《らいき》』には、それを軍隊の配列に応用した例が述べられています。わが国の例では、高松塚古墳やキトラ古墳に四神が壁画として描かれ、高松塚古墳の東壁には太陽と青龍、西壁には月と白虎、北壁には玄武の図があります（南壁は欠落により不明）。

さらに都市計画についても早くから古文献に四神相応の記事がみられ、聖徳太子の伝暦を集めた『太子伝玉林抄』、近世における古代研究書である『続和漢名数』には、四神相応の条理が詳しく述べられています。

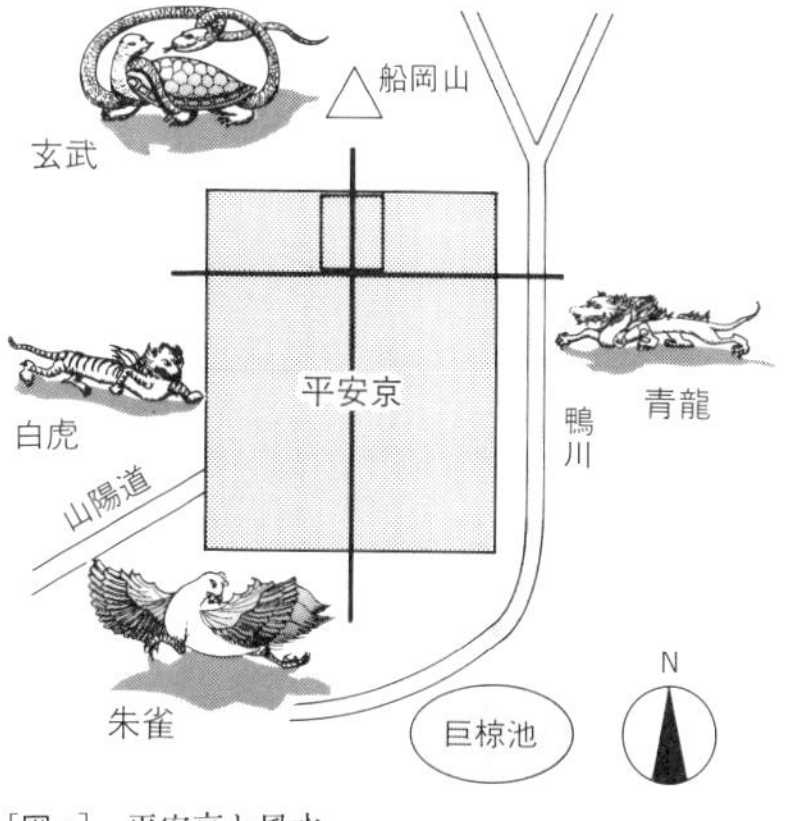

[図 a]…平安京と風水

実際に造られた都市についても、『続日本記』の平城京の条をみると、遷都に際して亀筮《きせい》を行ない、四神相応の位置を選定しています。また平安京についても、東に鴨川、西に山陽道、南に巨椋池《おぐらいけ》、北に船岡山《ふなおかやま》を持つ、四神相応の地を選んだのです。さらに江戸についても、東に平川、西に東海道、南に東京湾、北に富士山があるという、四神相応にあてはまる土地を探したことがわかるのです。

❖2 平安京の鬼門《きもん》封じ

平安京は七九四年、桓武天皇によって造られた当時の首都です。桓武天皇が平安京の都市計画でまず最初に行なったのは、鬼門封じです。

延暦寺の項でも述べましたが、桓武天皇は平安京の鬼門に位置する比叡山《ひえいざん》に最澄に延暦寺を建立させ、都で災事が起るたびに、悪鬼調伏《あくきちょうふく》の祈禱《きとう》が行なわれるようになりました。

また、延暦寺を鎮護する山の神「山王《さんのう》権現《ごんげん》」を祀る日吉《ひよし》大社、平安京と比叡山

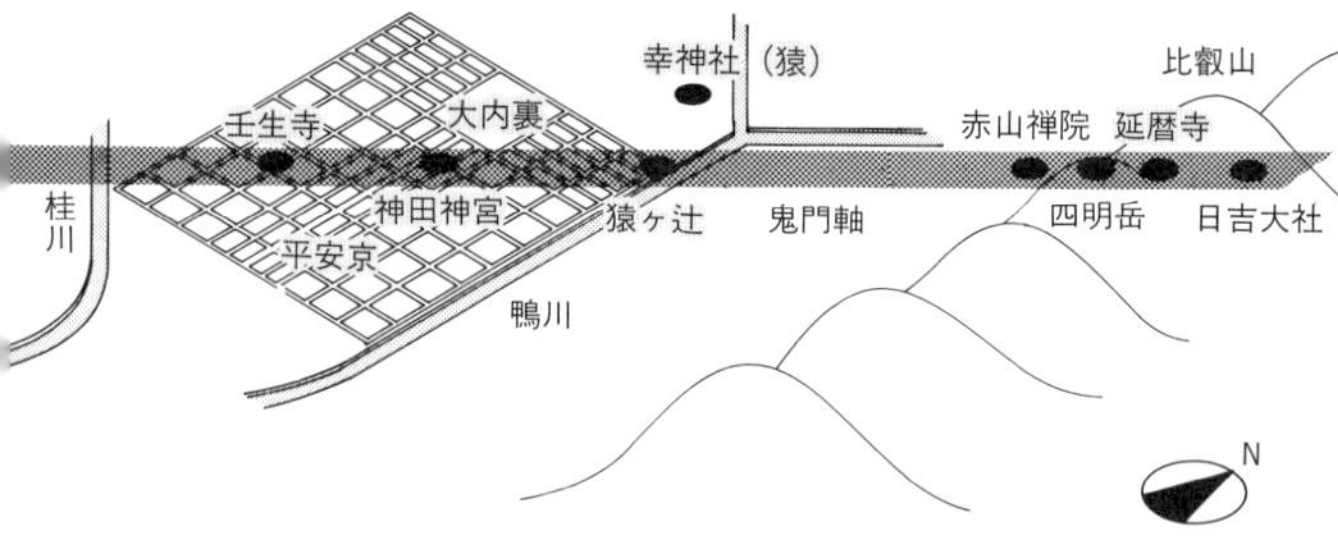

[図b]…平安京と鬼門軸

の鬼門軸線上にある四明岳《しめいだけ》により、比叡山が、仏教、神道、道教の三教を駆使して、平安京の鬼門を守り固めていたことは前にも述べた通りです。

しかも、それだけではなく、天皇はもっと大きな視野で鬼門を封じようと計画していました。その計画とは、征夷大将《せいいたいしょう》軍《ぐん》坂上田村麻呂の東北遠征です。征夷大将軍の「征夷」とは、現在の東北地方の先住民である蝦夷を征服するという意味であり、七九八年、田村麻呂は天皇の命により東北地方へおもむきました。つまり田村麻呂の東北遠征は、都の鬼門封じに他ならなかったのです。

例えば、岩手県平泉《ひらいずみ》の近くに現存する達谷窟《たっこくのいわや》は、蝦夷最強の首長アテルイが最後まで立てこもったところですが、田村麻呂はそこに毘沙門堂《びしゃもんどう》を築いています。また、蝦夷と朝廷軍の激戦場となった胆《い》沢城《ざわじょう》跡には、胆沢八幡宮を創建しました。この他、田村麻呂が建てたみちのくの寺社は大変多く、実に三十箇所以上に

ものぼっています。すなわち、蝦夷という鬼を平らげ、さらにその霊を鎮魂しようとしたのでしょう。

また、七九六年に造られた平安京の正門「羅城門《らじょうもん》」の二階楼上にも兜跋毘沙門天像を置いて悪鬼の侵入を封じ、さらにその両脇を東寺（教王護国寺）、西寺という二大寺院で守り固めて都の入口を強化したといわれます。ちなみに現在、東寺は、その勢力を保ち続けていますが、西寺と羅城門はその跡地を残すのみとなっています。

羅城門にあった毘沙門天像は、現在東寺に安置されています。この東寺について、金堂の鬼門の屋根軒先には、魔よけの意味を持つ☆の記号が彫りつけられているのがわかります。この記号は、桓武天皇の死後、陰陽道史上最も有名な陰陽師・安倍晴明《あべのせいめい》が考案したものであったといわれています。しかも、晴明の住居は京都御所の鬼門に建てられ、晴明自身が生きながら悪鬼を封じていたことになるのです。

[図c]…晴明神社鳥居

現在、この住居跡は、晴明神社となっていますが、彼は死後も神となってこの地で歴代天皇を守り続けたのです。

❖3　江戸の鬼門《きもん》封じ

江戸遷都においても鬼門を封じることが最も重要視されました。幕府の宗教担当ブレーンの天海は一六二四年、江戸城のちょうど鬼門にあたる地に、江戸の総鎮守として東叡山寛永寺《とうえいざんかんえいじ》を建立しています。「東叡山」とは、東の比叡山の意味であり、平安京の鬼門鎮護のために比叡山延暦寺を設けたのを模したことがわかります。名称についても、延暦寺の建立が七八八年であることから、その年号をとって名付けられたのに対し、寛永寺も、建立された年号をとったものであり、延暦寺を念頭においてのことでした。

それというのも、天海は家康のはからいで一六〇七年から五年間、天台宗総本山比叡山においてその経営秘訣を学んでいます。そしてその経験を活かして、関東の天台宗総本山として造られたのが寛永寺であったからに他なりません。

この地を選ぶ際、「比叡山が皇居（京都御所）の艮《うしとら》（東北）にあるように、この地も江戸城の艮にあり、麓に不忍池《しのばずのいけ》があるのは、比叡山の麓に琵琶湖《びわこ》があるのに似ているから、この地を除いてほかにはない」と住職天海は言ったといいます。

しかし、琵琶湖には、厳島、江ノ島とともに我が国の三弁天といわれる竹生島《ちくぶじま》があり、そこには弁財天《べんざいてん》が湖の守り神として置かれているのですが、不忍池には、島一つありません。そこで不忍池にも中島を人工的に築き、そこに弁財天を祀る弁天堂を建立しました。

一六二四年から次々に造営されていく堂塔伽藍も、すべて比叡山に倣《なら》ったようです。山王社《さんのうしゃ》があり、中堂（本堂）もあり、文殊楼《もんじゆろう》もあり、釈迦堂《しゃかどう》も建てられます。法華堂《ほっけどう》と常行堂《じょうぎょうどう》は、比叡山独特の形式である担《にな》い堂の形です（131頁図58参照）。

一六二七年になると、寛永寺の隣にさらに家康を神として祀った上野東照宮を建立しています。この土地は、もともと山王社があったところで、かつて江戸城内紅葉山にあったものを移した場所でした。同時に、寛永寺と同じく江戸の鬼門に位置し、江戸最古の天台宗の寺院である浅草寺を幕府の祈願所として、ここにもそれまで祀られていた三神に東照大権現を加えて家康を祀りました。これらにより江戸城の鬼門は、家康自ら神となって守り固められたことになるのです。

さらに天海は、それまで豊島郡芝崎村《としまぐんしばざきむら》にあった江戸の産神《うぶすながみ》・神田《かんだ》神社を、やはり江戸城の鬼門にあたる湯島台《ゆしまだい》の現在の地に移しました。それらによって江戸城の鬼門は、寛永寺の仏教の力だけではなく、神道の力によっても厳重に守られることになったのです。

一方徳川家康は、一五四二年、八白《はっぱく》の寅年生まれです。陰陽五行説では、この年に生まれた者は艮《うしとら》（東北）と坤《ひつじさる》（西南）の方角が弱点といわれています。そこで艮の鬼門だけではなく、鬼門に次いで恐れられている坤の方位、いわゆる裏鬼門を同様に重視しました。その結果江戸城の裏鬼門に徳川家の菩提寺《ぼだいじ》として増上寺を移したのです。

しかし、四代将軍家綱、五代綱吉と家光の二子は、寛永寺に埋葬されたため、寛永寺は祈願寺のみならず、菩提寺の性格も合わせ持つこととなり、本来の菩提寺である増上寺は、強く抗議したといいます。それ以後、六代家宣以後、将軍の遺体は増上寺と寛永寺の双方に埋葬され、幕末までに家康と家光の二体は日光へ、その他は寛永寺に六体、増上寺に六体づつ埋葬されました。

一九五八年の東京大学の鈴木尚《ひさし》教授の調査によれば、遺体は衣服をまとったままミイラとして発見され、あぐらをかいて座していたといいます。すなわち、歴代徳川将軍がまるで生きているような姿で、寛永寺に六体、増上寺に六体埋葬されていたのであり、すなわち、将軍自らが、江戸の鬼門と裏鬼門を守り続けてきたことになるのです。

㊼東寺《とうじ》（教王護国寺《きょうおうごこくじ》）

京都市南区九条町一

（交通）ＪＲ京都駅から京都市営バス東寺東門前下車

平安京の南端の羅城門《らじょうもん》と呼ばれる都の入口を、仏教によって守護するためにその東西にそれぞれ建てられたのが東寺《とうじ》と西寺《さいじ》です。西寺（図61）はその後、衰退し、現在は公園としてその遺構を留めるにすぎませんが、東寺は最

［図61］…西寺跡

［図63］…東寺金堂

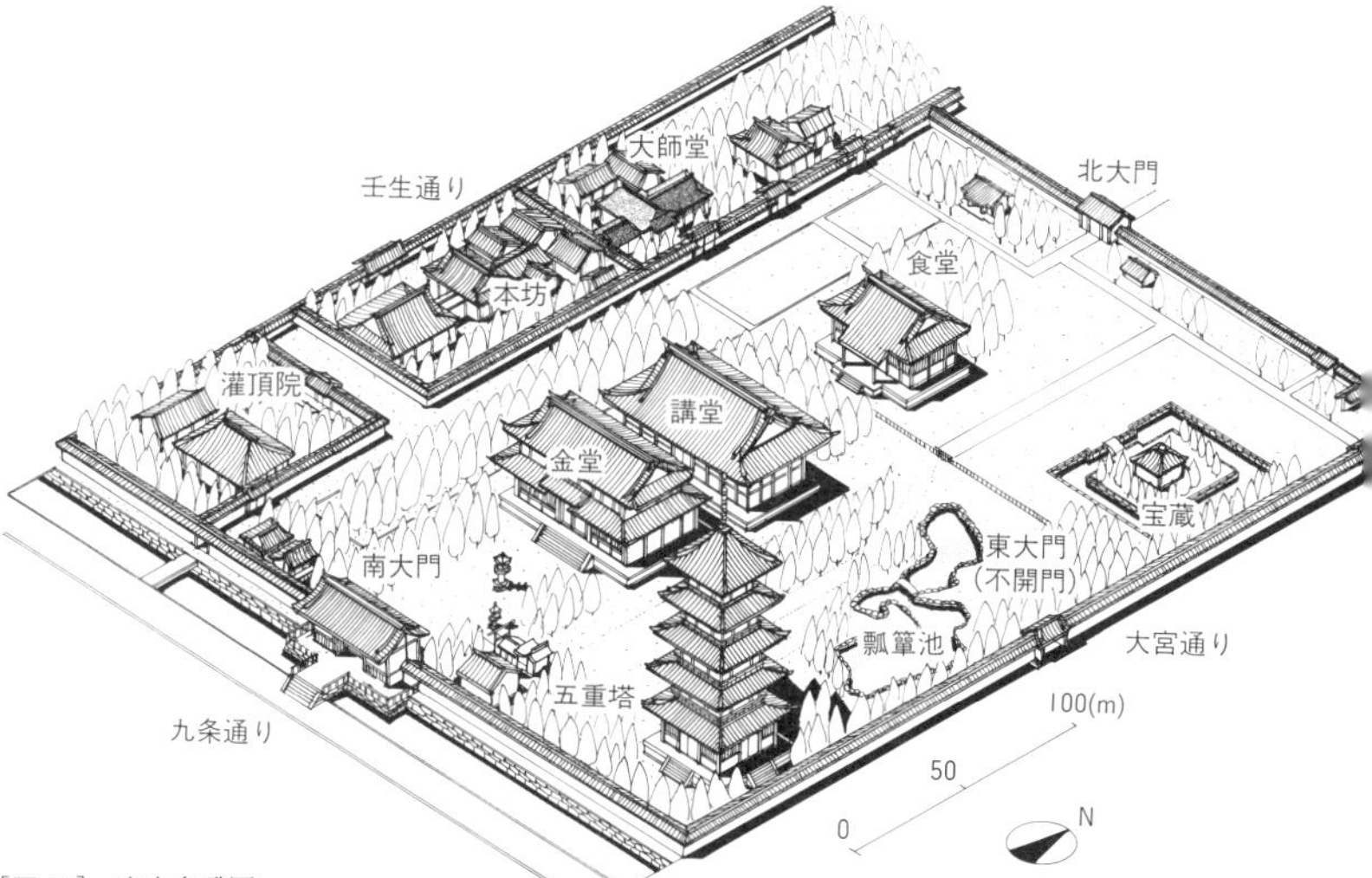

［図62］…東寺鳥瞰図

［図64］…東寺五重塔

澄とともに唐から帰国して真言宗《しんごんしゅう》を開いた僧空海《くうかい》（弘法大師《こうぼうたいし》）に託され、発展をとげます。

当初から南大門《なんだいもん》、金堂《こんどう》、講堂《こうどう》、が南北軸上に並び、南大門の東西には五重塔と「灌頂院《かんじょういん》」と呼ばれる真言宗独特の儀式を行なう建物を配し、さらに食堂の西に弘法大師（空海）の住居跡を守る「大師堂」を配していました。一四八六年の土一揆でこれらはすべて焼失してしまいますが、その後忠実に再建され、今に至っているのです（図62）。

仏像を安置する金堂（図63）は一六〇三年の再建によるもので、一見二階建てに見えますが、内部は一層の吹きぬけとなっています。

また、京都市内の景観上、欠かすことができない五重塔（図64）も一六四四年の再建ですが、現存する五重塔としては最大で、金堂とともに国宝に指定されています。

㊽当麻寺《たいまじ》

奈良県北葛城郡当麻町当麻一二六三

（交通）近鉄南大阪線当麻寺駅下車

七世紀に聖徳太子の弟の麻呂子《まろこ》親王《しんのう》が建てた河内《かわち》万法蔵院《まんぽうぞういん》を天武天皇が現地へ移して当麻寺と改めたといわれる寺で、麻呂子の子孫当麻氏の氏神として発展したといわれます。

七六三年、中将姫《ちゅうじょうひめ》が蓮の糸で織ったという当麻曼荼羅《たいままんだら》を安置する本堂（曼荼羅堂）（図66）や、東西の塔がそろって現存する最古の例で、天平時代の東塔と平安初期の西塔があり、国宝に指定されています（図65）。

また、鎌倉時代に再建された金堂と講堂も重要文化財に指定されています。

［図 65］…当麻寺鳥瞰図

［図 66］…当麻寺本堂

㊾ 中尊寺《ちゅうそんじ》

岩手県西磐井郡平泉町平泉字衣関二〇二

（交通）ＪＲ東北本線平泉駅より岩手県交通バス中尊寺下車

中尊寺は、奥州藤原氏の菩提を弔う寺として藤原清衡が建てた寺で、金色《こんじき》堂《どう》や釈迦《しゃか》堂《どう》を中心に四十以上の堂舎がありましたが、焼失し、現在は金色堂と経蔵のみが残されています（図67）。

金色堂は、一一二四年の建立になる三間四方の小さな建物ですが、内外に金箔を施し、当時の工芸の粋をつくした装飾をもちます。

国宝に指定されており、周囲に点在する毛越寺や観自在王院、無量光院などともに奥州藤原氏の栄華を偲ばせる遺構となっています。

㊿ 平等院《びょうどういん》

京都府宇治市宇治蓮華一一六

（交通）ＪＲ奈良線または京阪電鉄宇治線宇治駅下車

平安時代、栄華を極めた関白藤原道長の子頼通《よりみち》が一〇五二年、自らの別荘を寺にしたのが平等院です（図68）。

その翌年には、池の中島に鳳凰《ほうおう》と呼ばれる鳥に似た神獣を摸して、羽根や

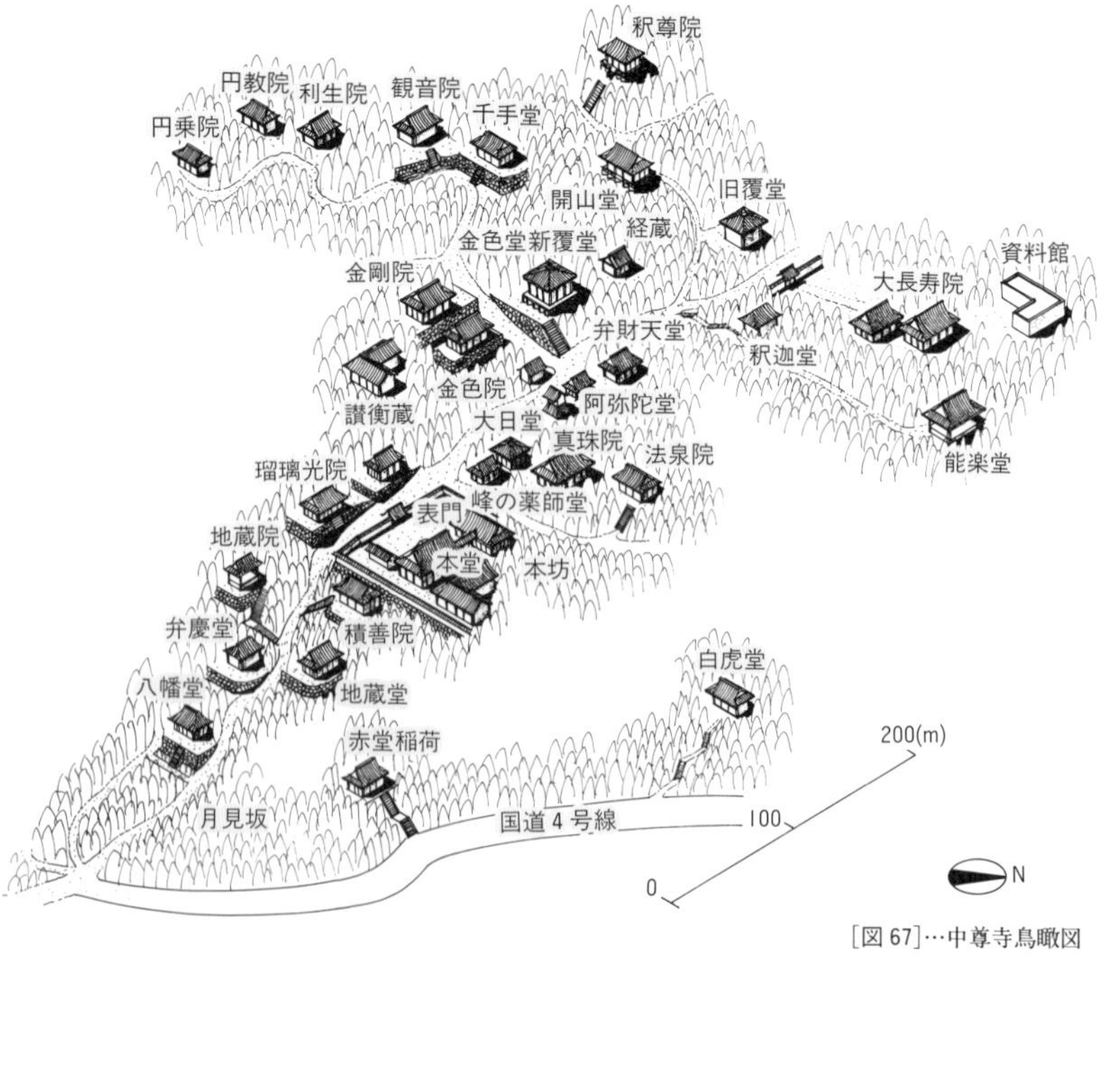

［図67］…中尊寺鳥瞰図

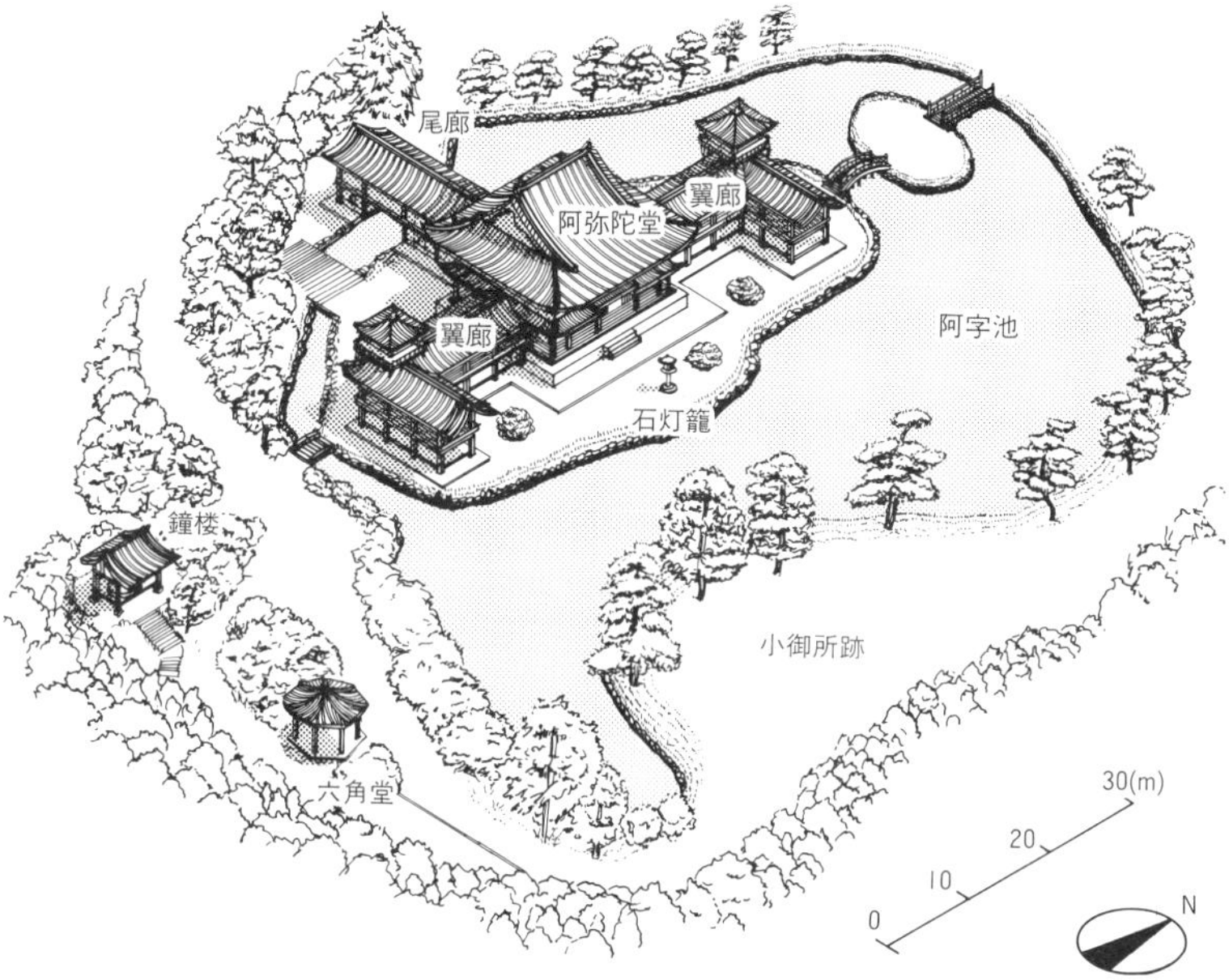

[図68]…平等院鳥瞰図

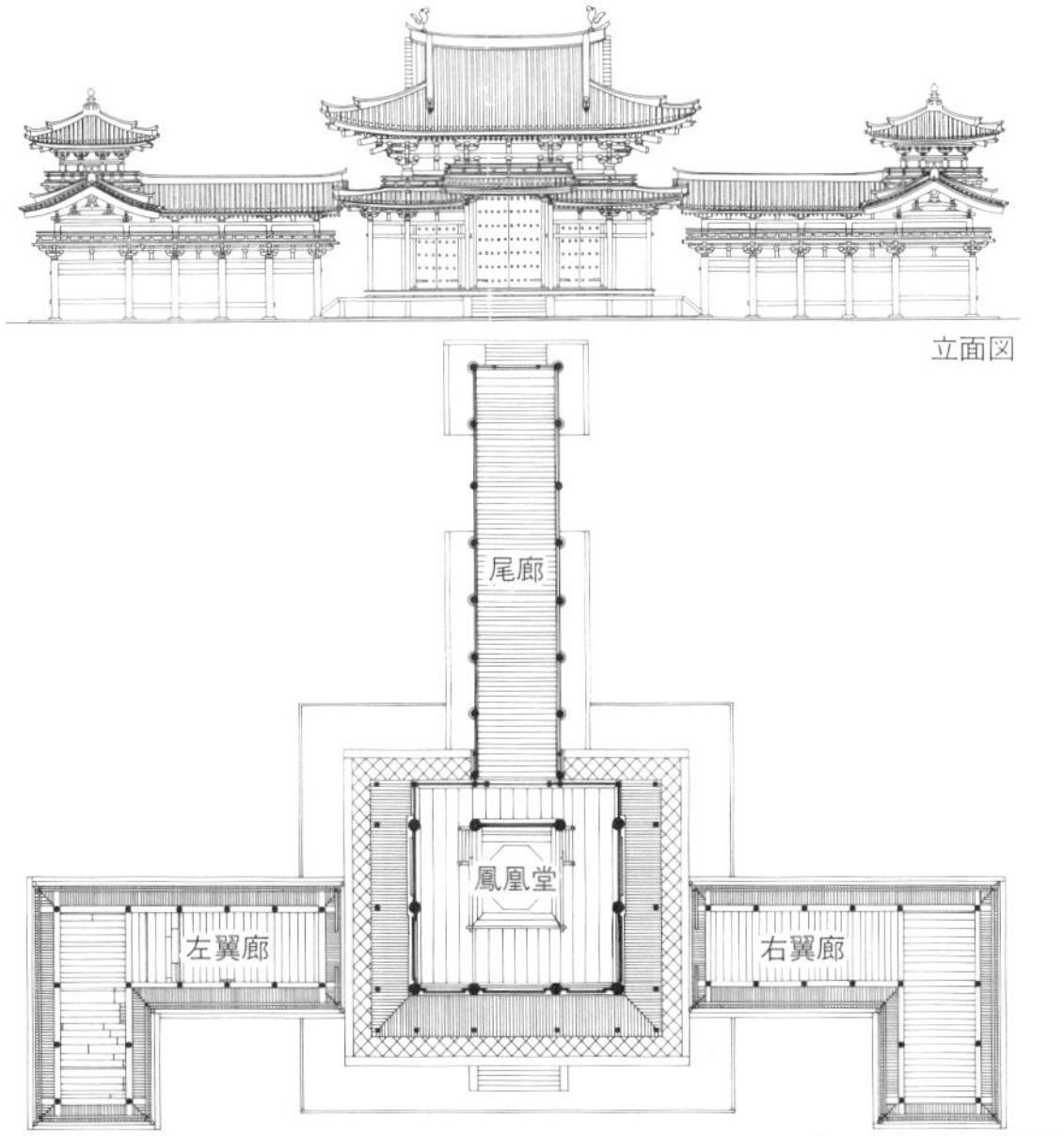

[図69]…平等院立面図・平面図

尾に見たてた廊下を配した阿弥陀堂《あみだどう》を建立し、ここに清らかな死後の世界である極楽浄土を再現しようとしたのです（図69、70）。堂内には、当時最高の仏師であった定朝の手になる阿弥陀如来像や飛天像を安置し、当初は極彩色が施されていたようです。

鎌倉期の古図によれば、現在とは比較にならないほど大規模な伽藍を構えていたようですが、現在は阿弥陀堂と観音堂を残すのみであり、阿弥陀堂は建物や仏像に至るまですべて国宝に指定されています。さらに世界文化遺産にも指定され、左右の羽根を広げて今にも飛び上がらんばかりの躍動感が見る者を魅了してやみません。

［図70］…平等院鳳凰堂

㉛ 浄瑠璃寺《じょうるりじ》

京都府相楽郡加茂町西小札場四〇

（交通）近鉄奈良駅より奈良交通バス浄瑠璃寺前下車

浄瑠璃寺は当初、薬師如来《やくしにょらい》を本尊として一一世紀中頃に建てられたため、薬師如来の浄瑠璃浄土から命名された寺です（図71）。しかし、十二世紀の浄土信仰の流行から阿弥陀如来《あみだにょらい》を本尊とするようになり、一一〇七年には九体の阿弥陀如来を横に並列しておさめる阿弥陀堂が建てられました（図72、73）。一方、当初の薬師如来像はその池の対岸に建つ三重塔に安置され、どちらの建物も国宝に指定されています。

阿弥陀如来を九体安置する形式を「九体阿弥陀堂《くたいあみだどう》」と呼び、一〇二〇年に藤原道長が無量寿院《むりょうじゅいん》（後の法成寺《ほうじょうじ》）に建てたのが発祥で、その後、一〇七七年には白河《しらかわ》天皇が法勝《ほっしょう》寺に建てて以降流行し、多数建立されましたが、この浄瑠璃寺の本堂が現存する唯一の遺構なのです。

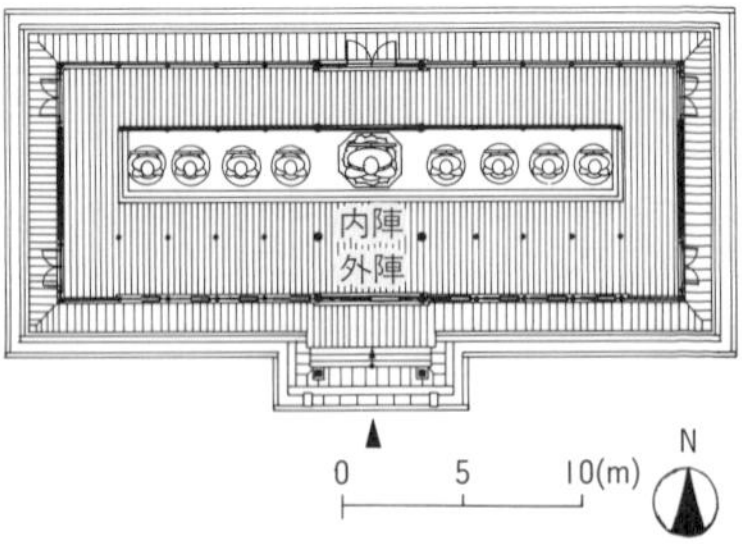

［図72］…浄瑠璃寺阿弥陀堂平面図

㉜ 法界寺《ほうかいじ》

京都市伏見区日野西大道町一九

（交通）京阪電鉄宇治線山科駅またはＪＲ山科駅より京阪バス日野薬師前下車

一〇五一年に日野資業《すけなり》の別荘を寺に

[図 73]…浄瑠璃寺阿弥陀堂

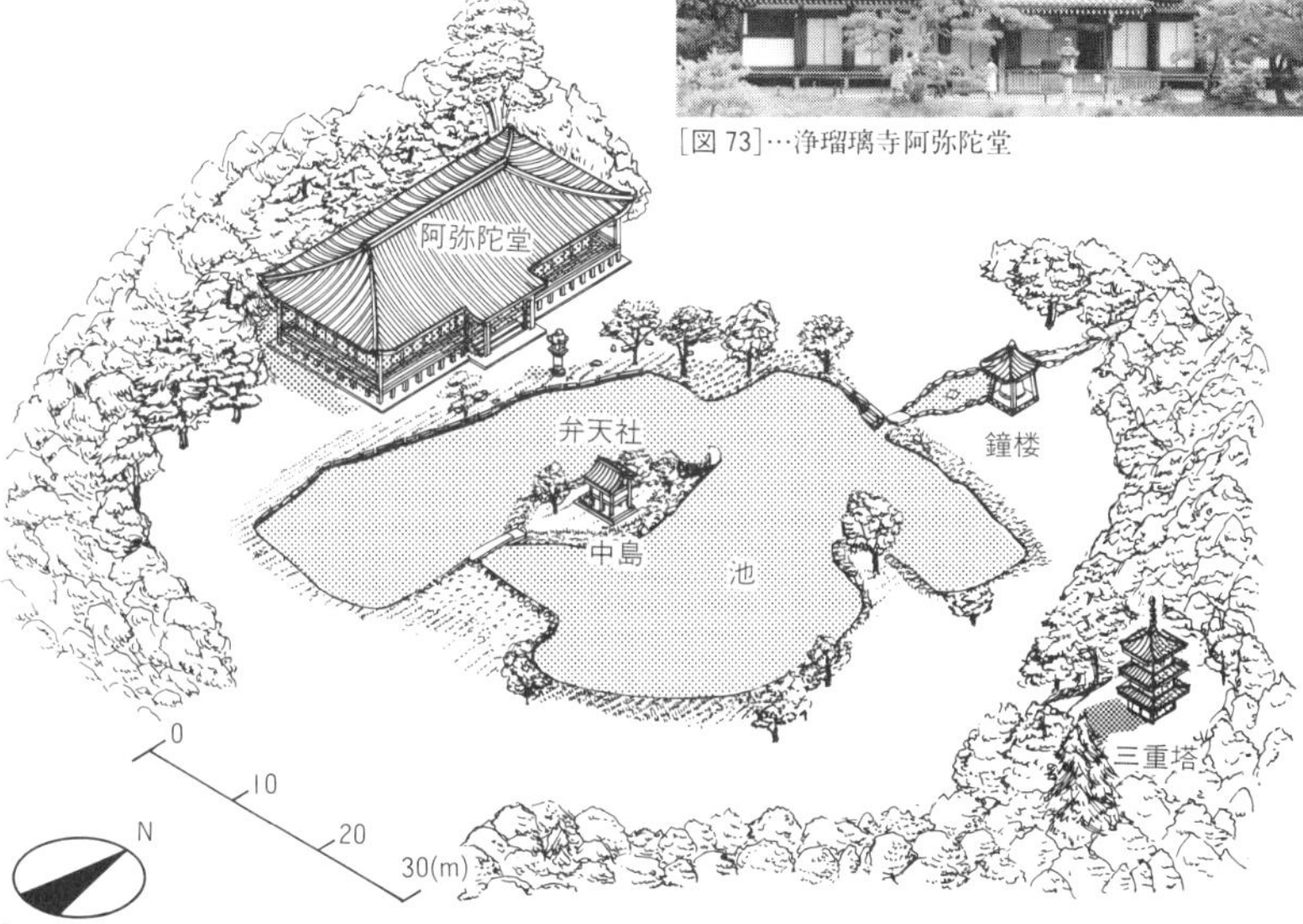

[図 71]…浄瑠璃寺鳥瞰図

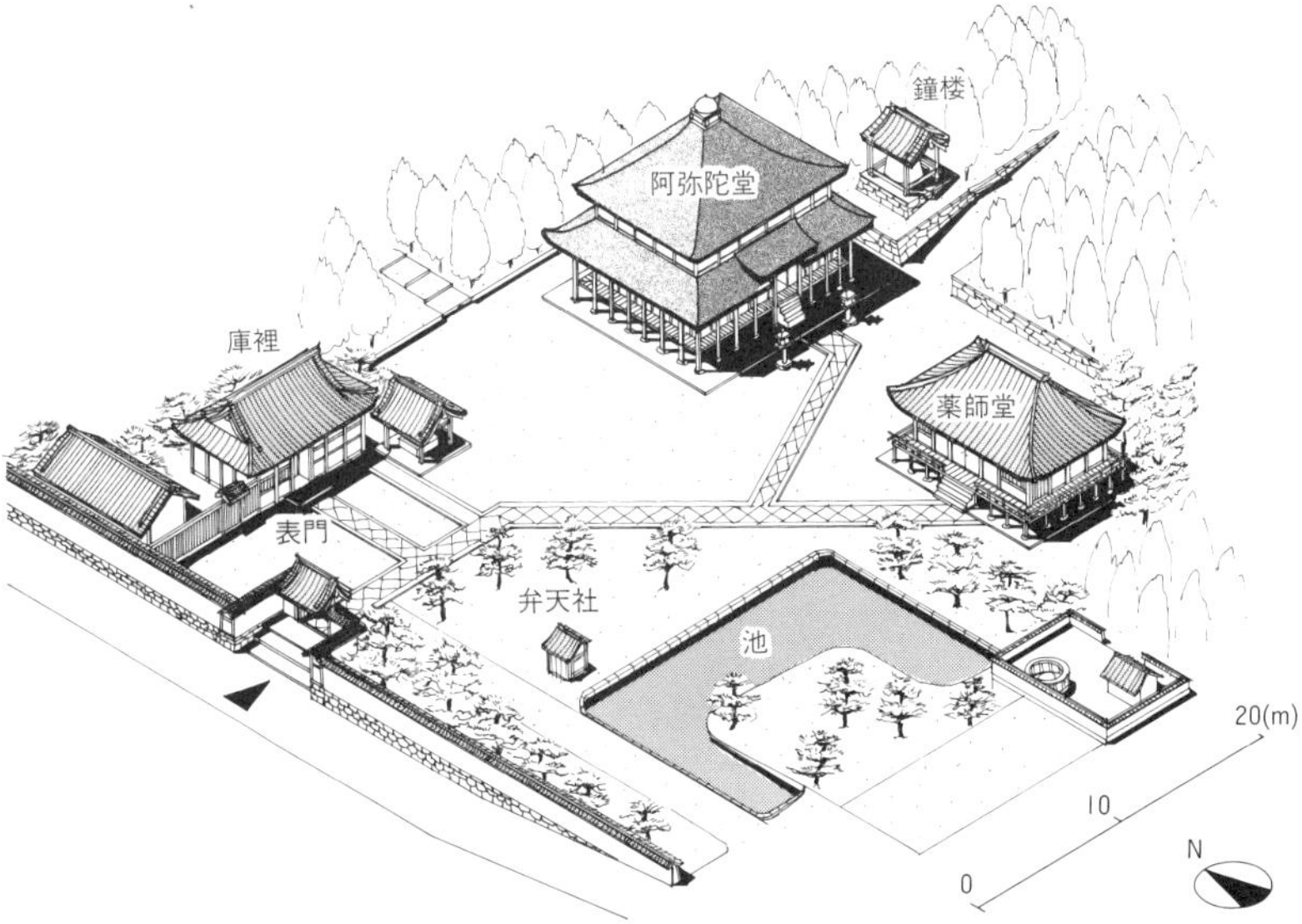

[図 74]…法界寺鳥瞰図

したのが法界寺で、かつては多数の堂塔をもつ大伽藍を誇っていましたが、京都を舞台にした十二年にもおよぶ応仁の乱やその後の戦国時代にそれらのほとんどを失い、現在では阿弥陀堂と奈良の伝灯寺の本堂を明治時代に移した薬師堂のみとなっています（図74）。

しかし、阿弥陀堂は浄瑠璃寺、平等院のそれと並ぶ傑作といわれ、現在国宝に指定されています（図75、76）。

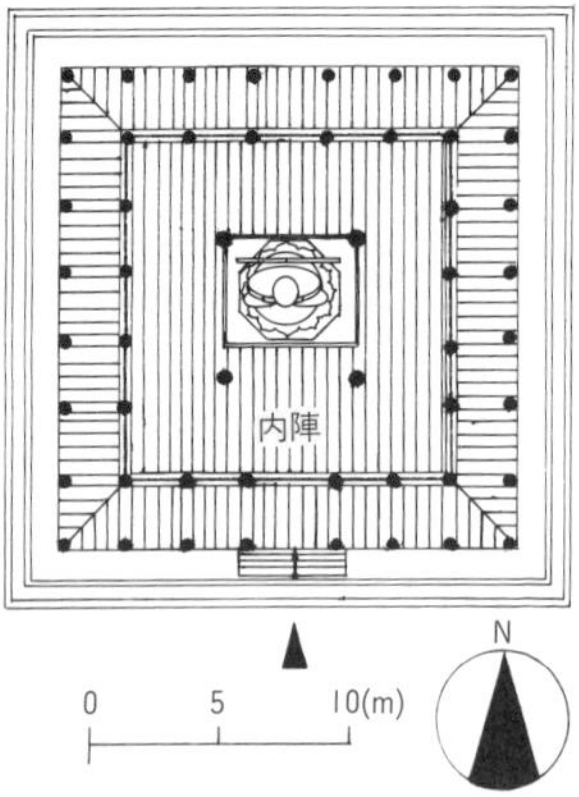

［図 76］…法界寺阿弥陀堂平面図

㊸元興寺《がんごうじ》

奈良県奈良市中院町一一

（交通）近鉄奈良駅より奈良町バス元興寺前下車

七一〇年の平城京遷都の際、飛鳥の元興寺（現飛鳥寺）を都に移したもの

［図 78］…元興寺本堂

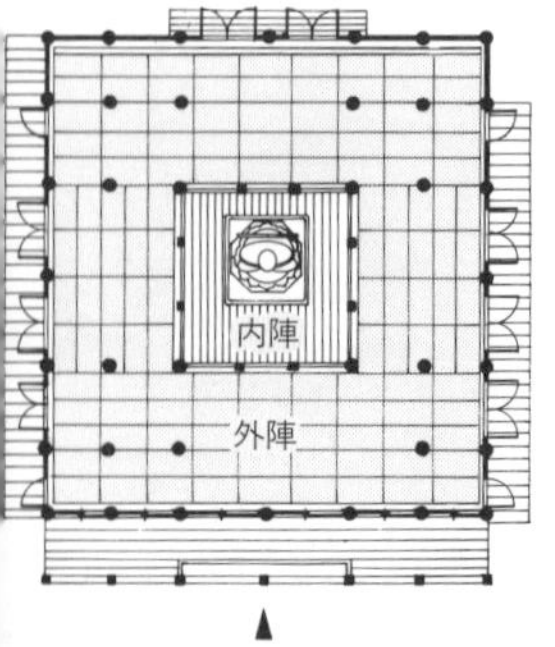

［図 79］…元興寺本堂平面図

です。南都七大寺の一つとして重用されましたが、その後衰退し、現在は奈良市芝新屋町の元興寺跡に五重塔の塔跡を残すのみとなっています（図77）。

その僧坊の一部が中世以降独立して寺となったのが旧称元興寺《がんごうじ》極楽坊《ごくらくぼう》で、現在は単に元興寺と呼ばれています。現存する建物は本堂と禅室《ぜんしつ》、東門などで、本堂と禅室はもとは一つの僧房であったものを鎌倉初期に切り離し、本堂は一二四四年に大改造が施されて今に至ったものです（図78〜81）。

もとは僧房の一部であったとはいえ、奈良時代の元興寺の栄華を今に伝える唯一の遺構とあって、本堂、禅室ともに国宝に指定されています。

なお、収蔵庫には同じく国宝の「五重小塔」があり、天平期に造られたもので、元興寺五重塔の十分の一の模型ではないかといわれています。

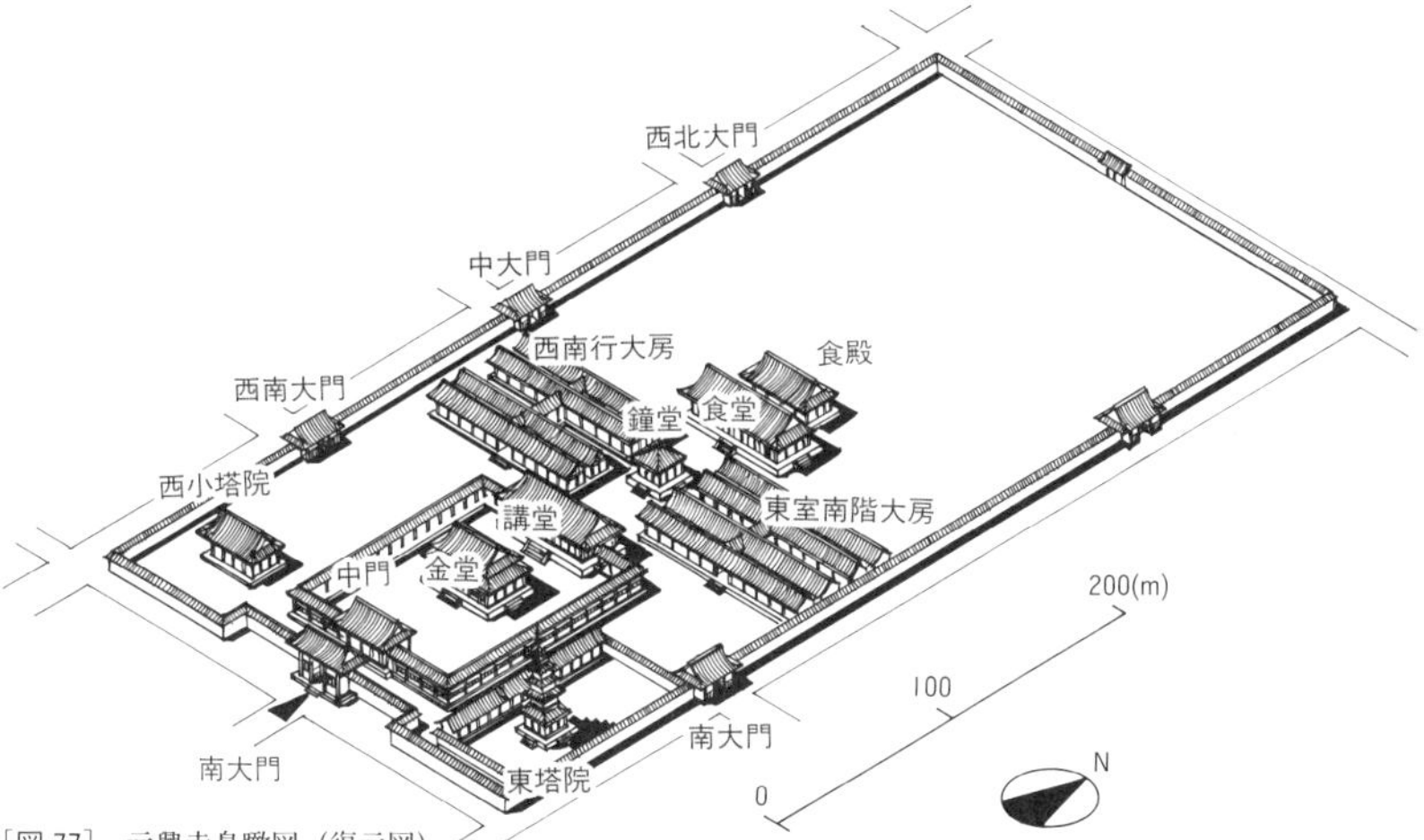

[図 77]…元興寺鳥瞰図（復元図）

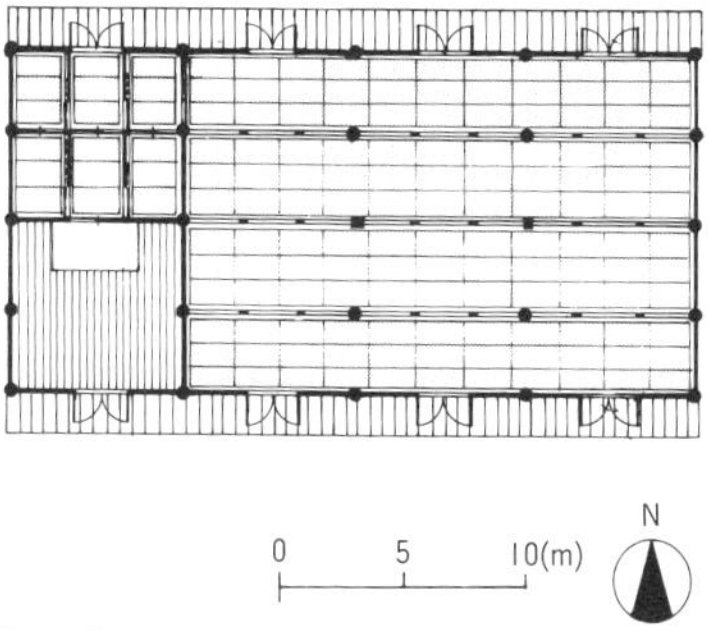

[図 81]…元興寺禅室平面図

[図 80]…元興寺禅室

㉞円覚寺《えんがくじ》

神奈川県鎌倉市山ノ内四〇九

（交通）ＪＲ横須賀線北鎌倉駅下車

源頼朝《みなもとのよりとも》によって一一九二年、鎌倉幕府が開かれ、ちょうどそれと重なって新しい仏教として禅宗がもたらされます。この禅宗とともに禅宗様（唐様《からよう》）と呼ばれる建築様式が伝えられ、一二〇二年に京都の建仁寺《けんにんじ》、一二五三年には鎌倉に建長寺《けんちょうじ》に用いられて全国に拡大していきます（図82）。

一二八二年創建の円覚寺にある塔頭正続院《しょうぞくいん》の「舎利殿」は、室町末期に太平寺の仏殿を移建したものです。その禅宗様を最も純粋に今に伝える代表作といわれ、国宝に指定されています。

㉟東福寺《とうふくじ》

京都市東山区本町一五―七七八

（交通）ＪＲ奈良線または京阪本線東福寺駅下車

一二三六年、関白九条道家が発願し、一二五五年、聖一国師《せいいっこくし》（円爾《えんに》弁円）を招いて開いた禅宗寺院で、京都五山と呼ばれる禅宗を代表する寺の一つです（図83）。

「禅宗伽藍」と呼ばれる三門《さんもん》（図84）、仏殿《ぶつでん》、法堂《はっとう》（図85）が南北に一直線に配す形式を今に伝えており、また一四〇五年の瓦銘がある国宝の三門は、大仏様に禅宗様を加えた珍しいものです。

仏殿、法堂は明治期の再建ですが、禅堂、東司、浴室、六波羅門、月下門、愛染堂、鐘楼、仁王門など脇役の建物に貴重なものが多く、それらのほとんどが重要文化財に指定されています。

［図84］…東福寺三門

［図85］…東福寺法堂

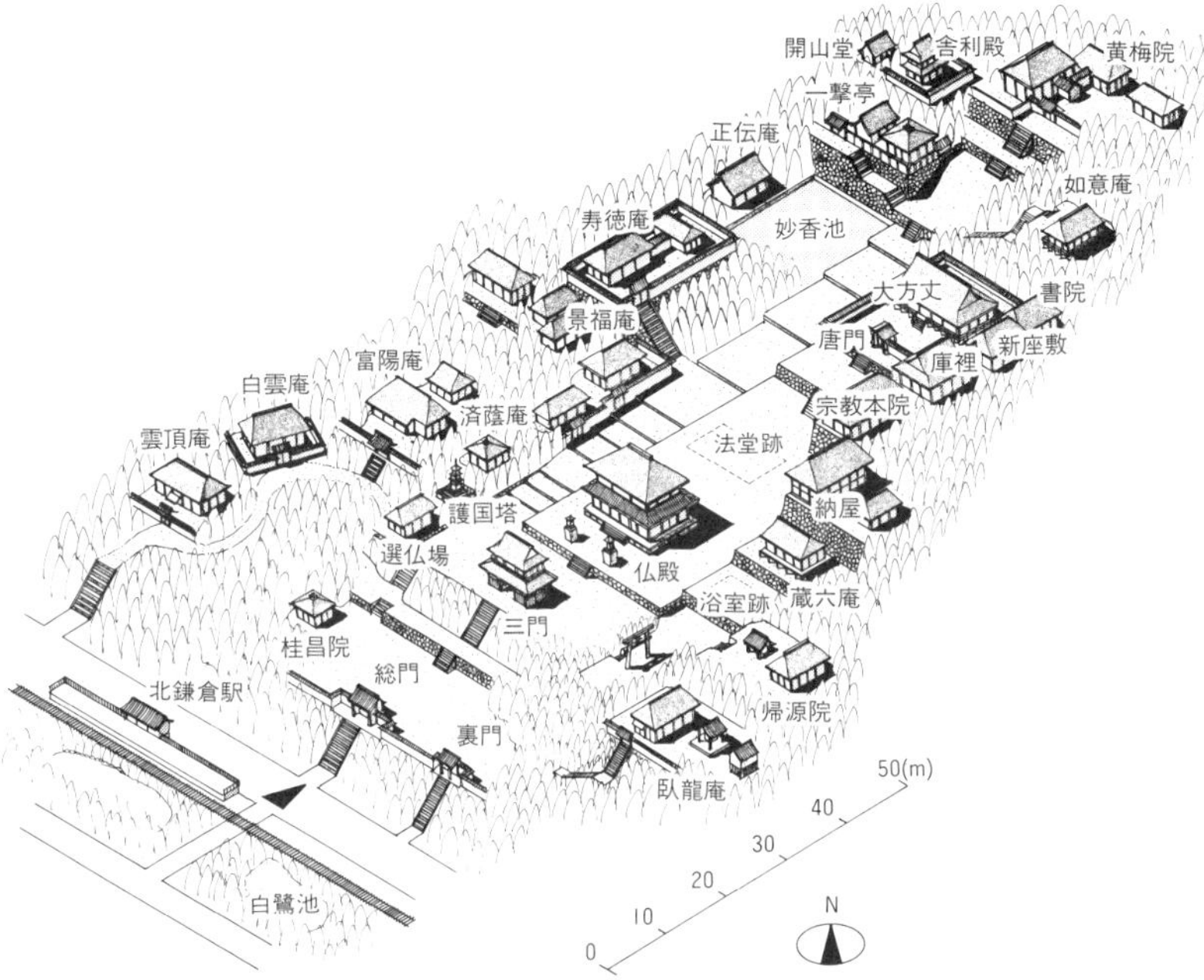

[図 82]…円覚寺鳥瞰図

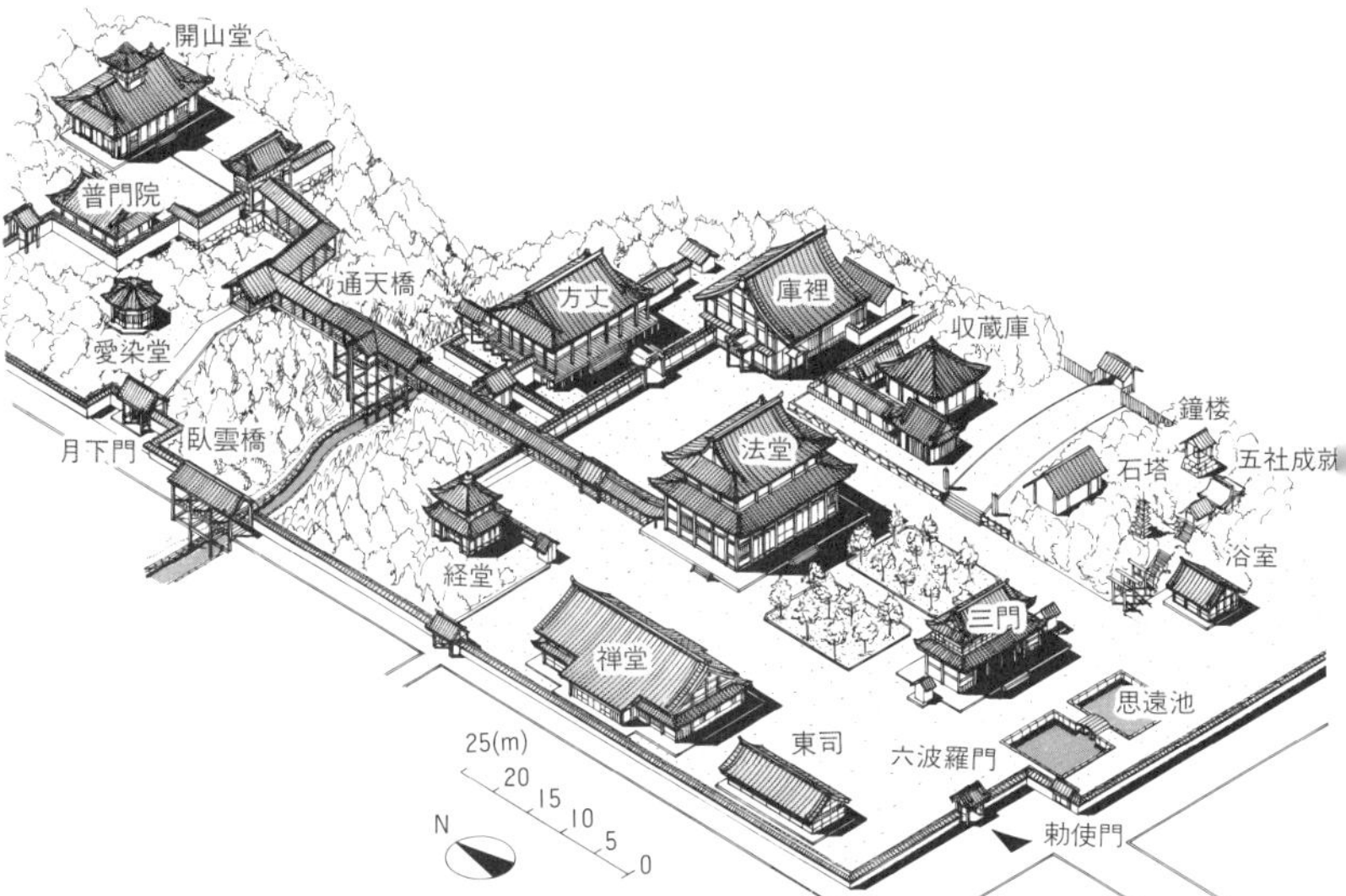

[図 83]…東福寺鳥瞰図

㊱ 鶴林寺《かくりんじ》

兵庫県加古川市加古川町北在家四二四
（交通）ＪＲ山陽本線加古川駅下車

五八六年、聖徳太子《しょうとくたいし》が豪族秦河勝《はたのかわかつ》に建立させたと伝わるのが鶴林寺です。七一八年には身人部春則《みとべはるのり》が伽藍を整え、のちに鳥羽上皇より「鶴林寺」の額を与えられたともいわれます（図86）。

一三九七年に建立された本堂は、内外とも和様に大仏様や禅宗様を駆使した独創的なもので、折衷様の代表作として国宝に指定されています（図87）。

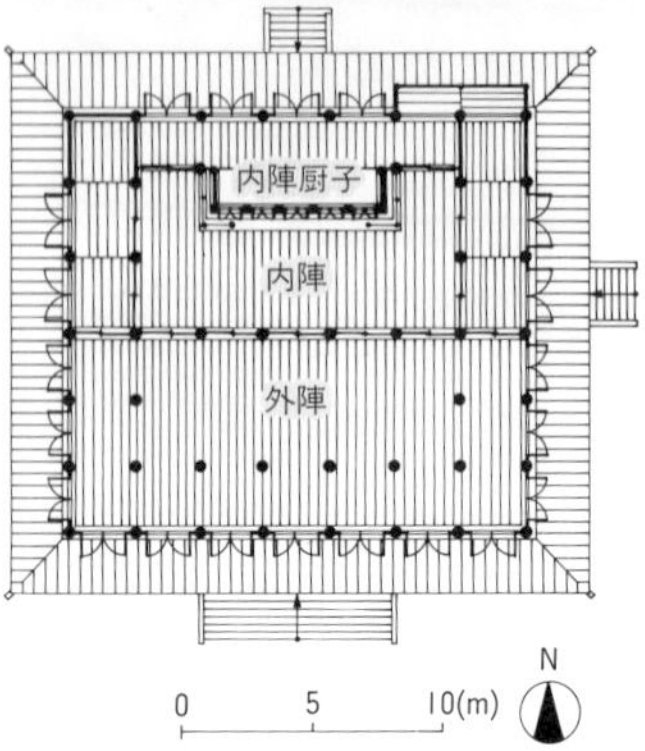

［図87］…鶴林寺本堂平面図

また、同じく国宝で一一一二年造営の太子堂が見どころで、その他鐘楼や護摩堂、常行堂、行者堂等も重要文化財に指定されています。

㊲ 観心寺《かんしんじ》

大阪府河内長野市寺元四七五
（交通）南海電鉄高野線または近鉄長野線河内長野駅下車

真言宗を開いた空海《くうかい》の弟子実恵が創建した寺院で、鶴林寺と並んで折衷様《せっちゅうよう》の代表作です（図88）。

特に一三七八年頃に建立された金堂は国宝に指定されており、平面形式こそ一般的な密教寺院を継承していますが、構造的には和様三斗組に双斗や海《え》老虹梁《びこうりょう》等を組み込むなど、独創的なしくみをもっています。

大阪にあって第二次世界大戦の空爆をのがれたまれな寺院の一つといえましょう。

㊳ 大徳寺《だいとくじ》

京都市北区紫野大徳寺町五三
（交通）ＪＲ京都駅より京都市営バス大徳寺前下車

一一九一年に禅宗が伝わると、同時にもたらされた禅宗様の寺院が全国に次々と建てられます。大徳寺も大燈国《だいとうこく》師《し》（宗峰妙超《しゅうほうみょうちょう》）によって一三一五年、禅宗寺院として創建されましたが、応仁の乱で伽藍のほとんどを焼失し、その後有名な一休和尚によって戦国武将や大阪堺の豪商などから寄付を集めて復興されました。

三門・仏殿・法堂《はっとう》が一直線に並ぶ上、方丈《ほうじょう》・浴室・経蔵といった禅宗寺院独

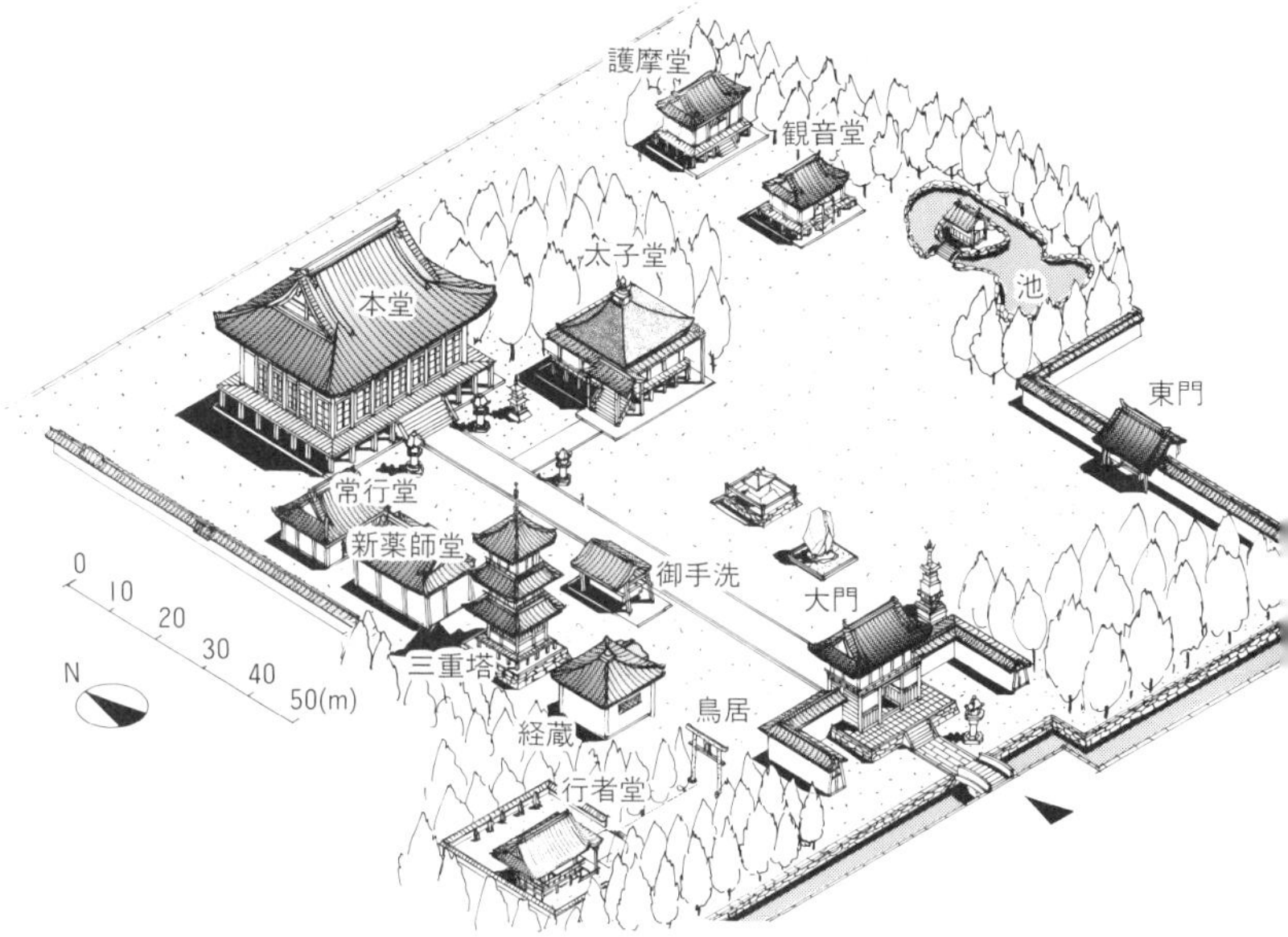

[図 86]…鶴林寺鳥瞰図（鐘楼は省略）

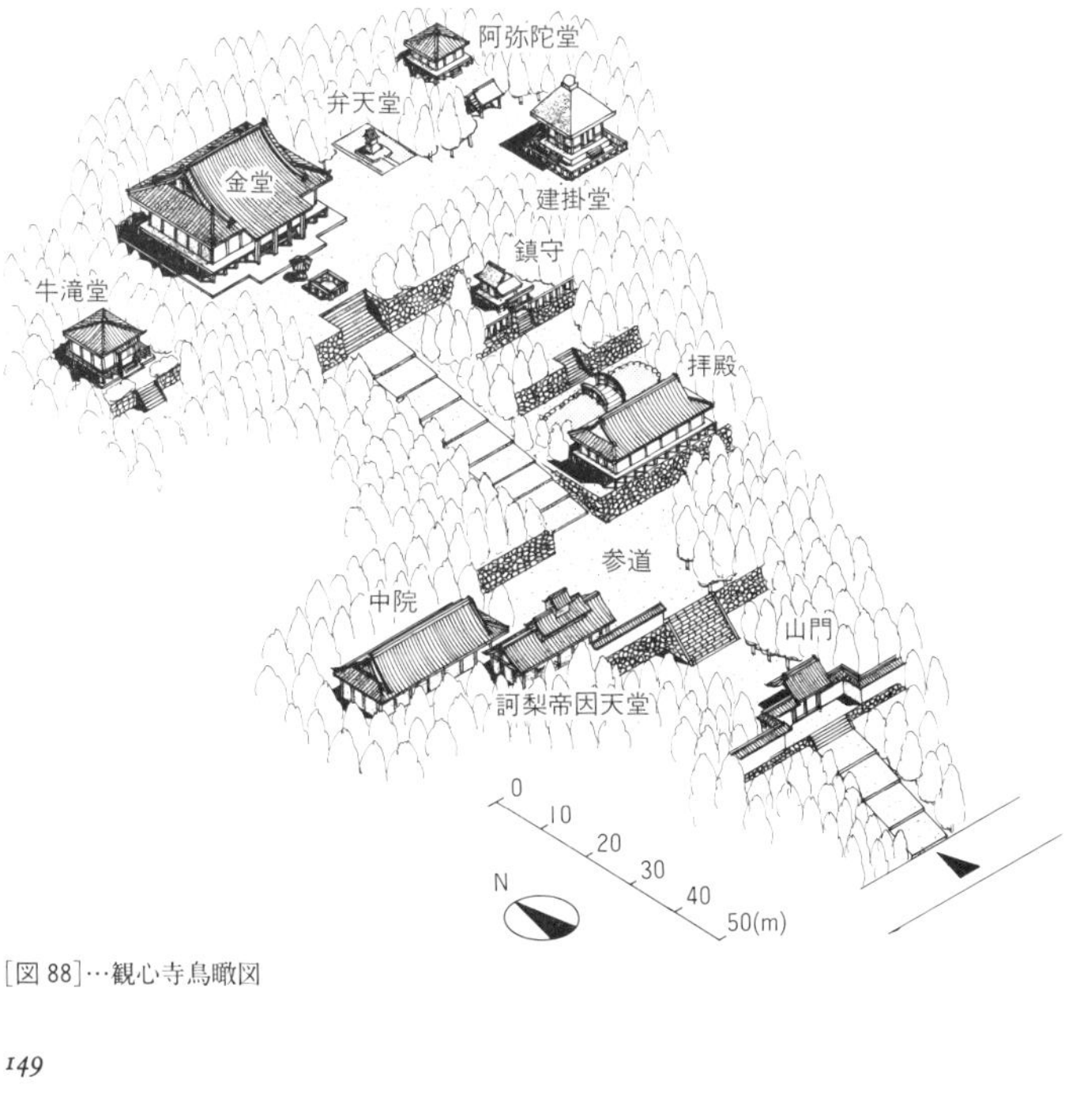

[図 88]…観心寺鳥瞰図

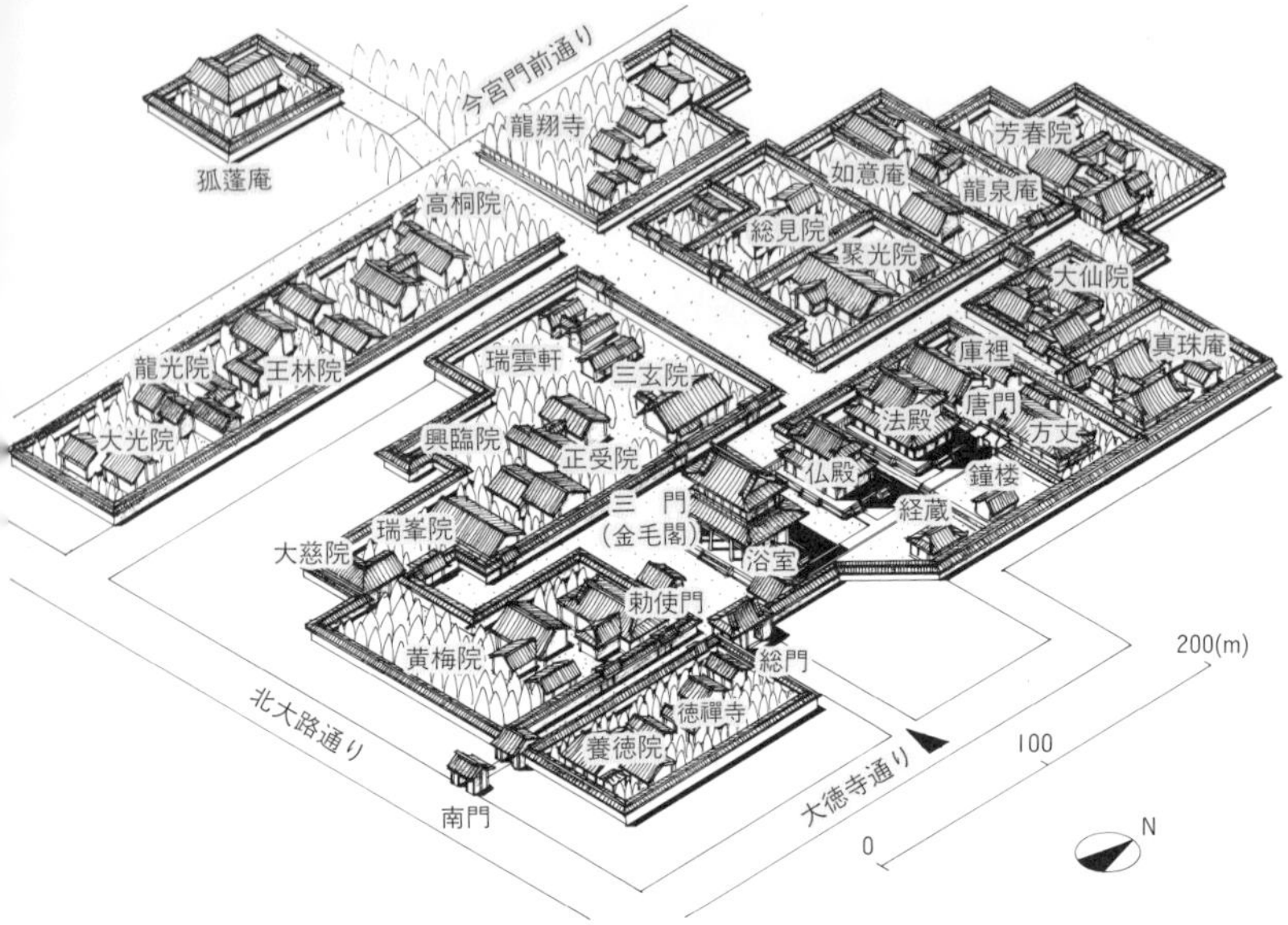

[図 89]…大徳寺鳥瞰図

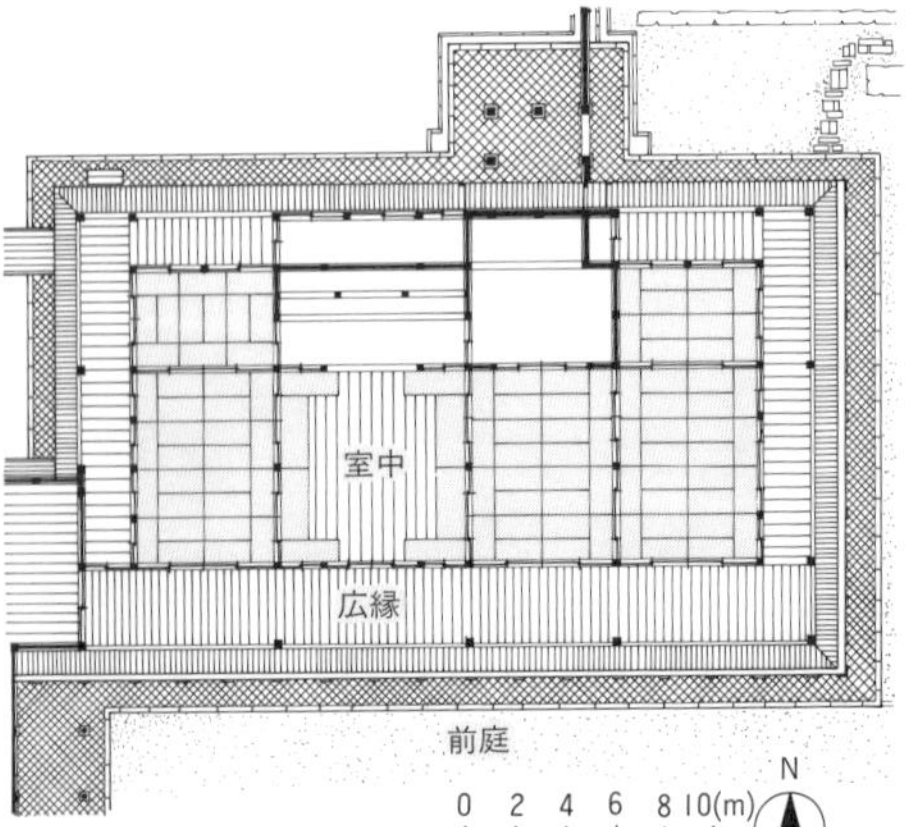

[図 90]…大徳寺本坊方丈平面図

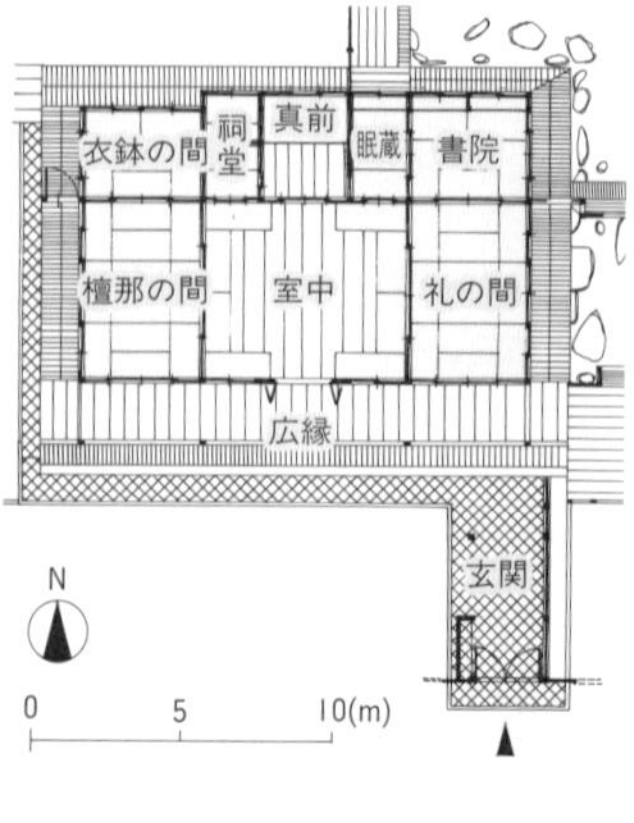

[図 91]…大徳寺大仙院方丈平面図

特の建物とその配置をみることができます（図89）。特に「方丈」（図90）と呼ばれる左右対称の平面をもつ建物が見どころで、本坊方丈は国宝に指定されています。

また、桃山期の復興の際、多数の寄付をつのったことから「塔頭《たっちゅう》」と呼ばれる付属の寺院が数多いことでも知られ、最盛期には五十以上あり、現在でも二十一院に及んでいます。中でも有名なのが大仙院（図91）で、禅院特有の方丈は国宝に指定されています。

さらに一休を通じた堺の茶人との交流から、茶室の傑作を数多くもつことでもよく知られますが、それらについては第四章で触れたいと思います。

㊾南禅寺《なんぜんじ》

京都市左京区南禅寺福地町

（交通）京都市営地下鉄東西線蹴上駅下車、またはＪＲ京都駅より京都市営バス法勝寺町下車

大徳寺とともに京都五山と呼ばれる有力禅寺の一つに数えられるのが南禅寺です。前身は、一二六四年に亀山天皇が造営した別荘であり、大徳寺同様、応仁の乱で焼失し、桃山時代に入り、のちに徳川幕府の宗教担当の政僧金地《こんち》院《いん》以《い》心崇伝《しんすうでん》によって復興されたものです（図93、94）。

禅寺特有の方丈は、一五八四年頃造営された仙洞御所の建物を一六一一年頃移建したものであるといわれ、国宝に指定されています（図92）。

［図92］…南禅寺方丈庫裡

また、大徳寺と同じく塔頭が多いことでも知られ、中でも金地院《こんちいん》（図95）は崇伝の住寺で、方丈は伏見城の遺構ではないかともいわれています。

㊿妙心寺《みょうしんじ》

京都市右京区花園妙心寺町一

（交通）京都市営バス妙心寺北門または京都バス妙心寺下車、あるいは京福電鉄妙心寺駅またはＪＲ山陰線花園駅下車

花園天皇が一三三七年に自らの離宮

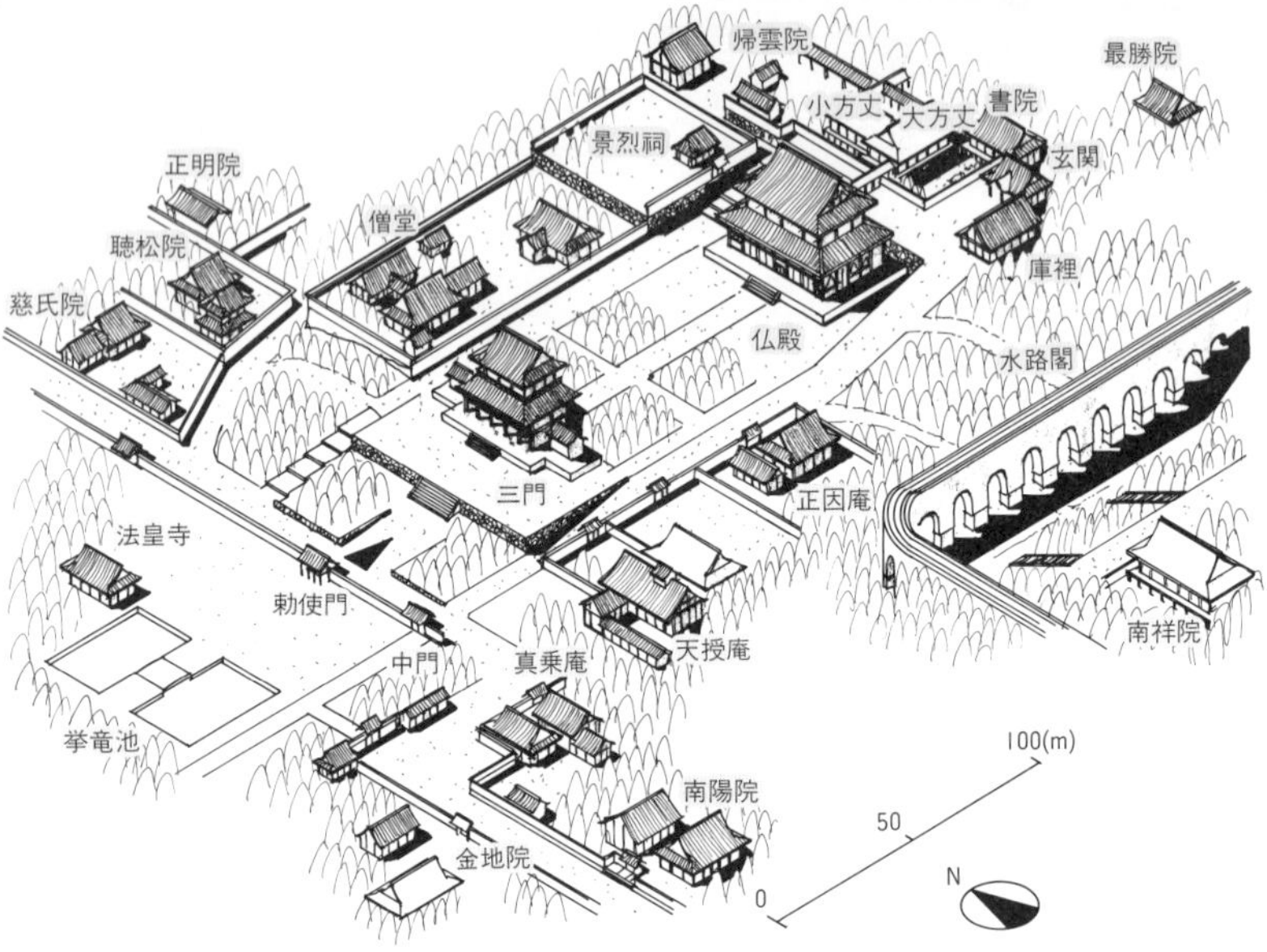

[図 93]…南禅寺鳥瞰図

[図 94]…南禅寺三門

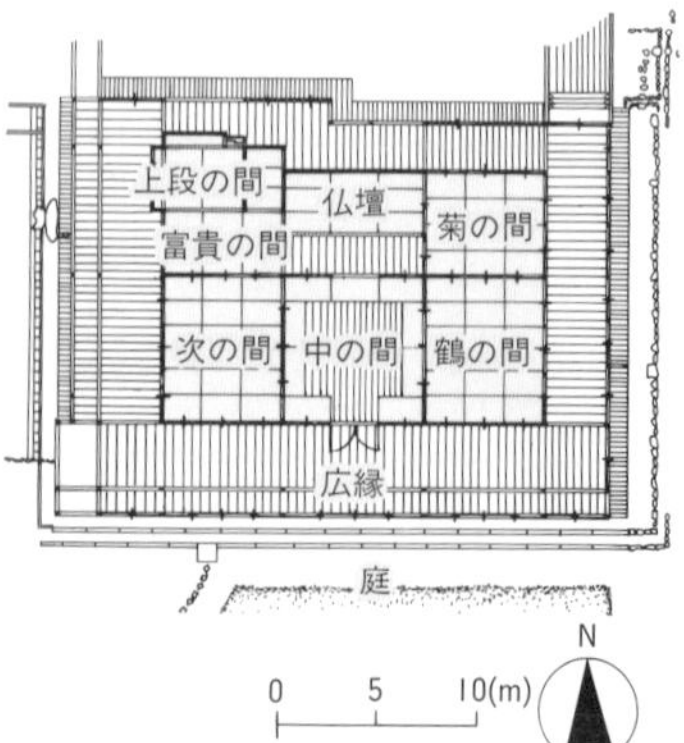

[図 95]…金地院方丈平面図

を禅寺に改め、開山慧玄（無相大師）を迎えて開山としたのが妙心寺《みょうしんじ》です。大徳寺や南禅寺同様、戦乱によって一時衰退しましたが、戦国大名・武将らの帰依により復興し、江戸時代初期に現在の形になりました（図96）。

　南北に山門・仏殿・法堂《はっとう》・大方丈・大庫裏が一直線に並ぶ禅寺独特の配置を持ち、臨済宗では最も多い四十七院に及ぶ塔頭があり、それらの建築物のほとんどは重要文化財に指定されています。

㉑ 万福寺《まんぷくじ》

京都府宇治市五ケ庄三番割三四

（交通）JR奈良線または京阪電鉄宇治線黄檗駅下車

　禅宗の一派である黄檗宗《おうばくしゅう》の寺院で、一六六一年、中国からの帰化僧隠元《いんげん》に

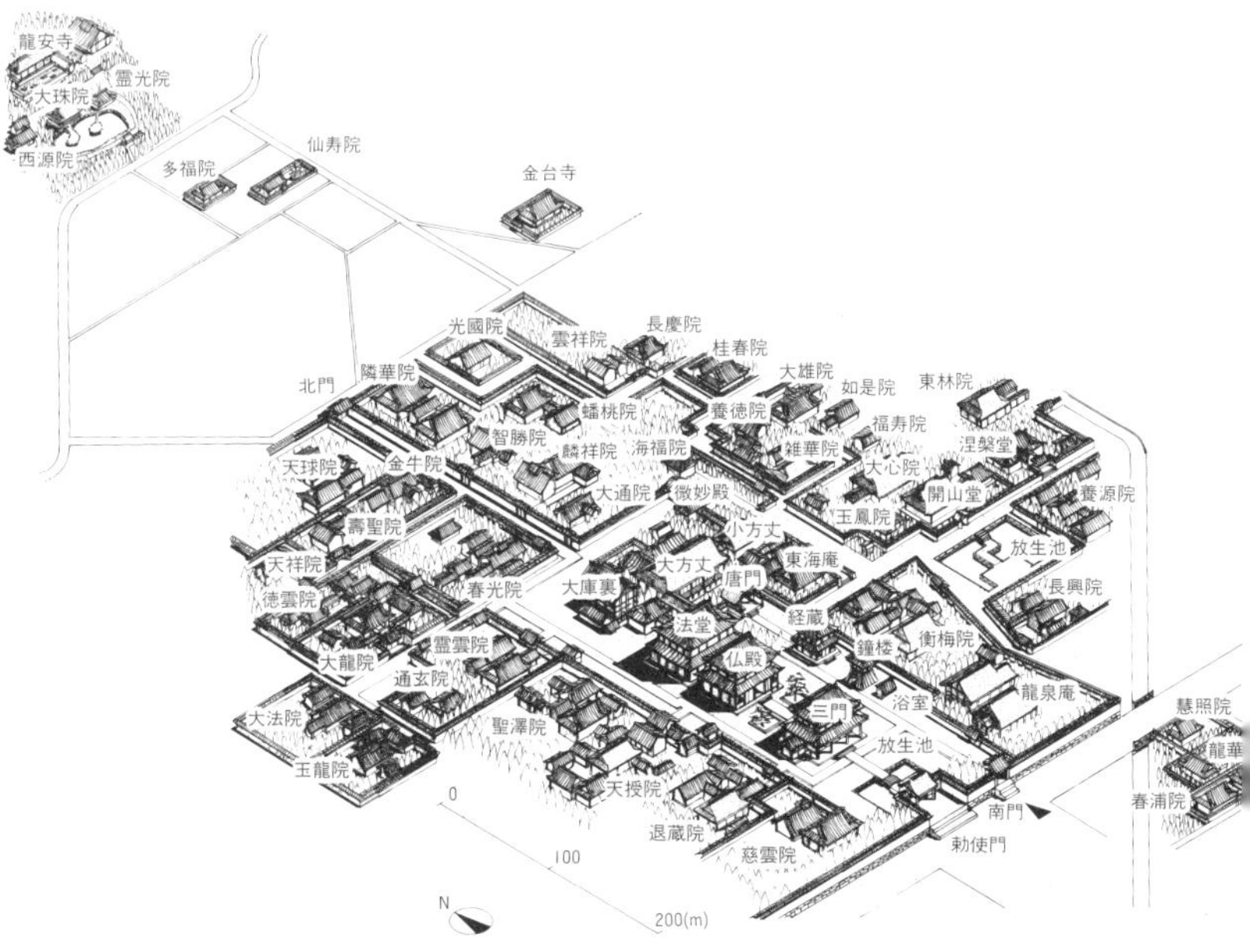

[図96]…妙心寺鳥瞰図

こぼれ話

塔頭とは

　塔頭（たっちゅう）とは、本来禅宗寺院において、宗派を生んだり、復興した祖師と呼ばれる僧侶を供養する塔がある場所を指し、祖師の死後、師を慕って弟子が塔の頭（ほとり）に坊を構えたことから、その名がつけられました。しかし、現在は本寺の境内にある小寺全般を指しており、桃山時代以降、武家が菩提寺を建てたのがはじまりです。特に大徳寺や妙心寺は20以上もの塔頭をもつことでつとに有名です。

よって創建されました。禅宗特有の禅宗様ではなく「黄檗様」と呼ばれる独特の様式をもち、中国風の異彩を放っています。

伽藍は、三門、天王殿、大雄宝殿、法堂《はっとう》が一直線に並ぶ禅宗独特の配置ですが、屋根は強い反りをもつ上、中央に宝珠をのせ、棟の両端には摩伽羅《まから》と呼ばれる鯱《しゃちほこ》を置き、さらに花頭窓《かとうまど》の変わりに円窓《まるまど》を用いるなど極めて珍しい意匠をもっています（図97）。

㊷ 西本願寺《にしほんがんじ》

京都市下京区堀川通花屋町下ル

（交通）JR京都駅から京都市営バス西本願寺前下車

西本願寺は親鸞《しんらん》の唱えた浄土真宗の本拠で、「一向一揆」と呼ばれる農民らを組織した反乱を多数起して領主と戦ったために各地を転々としましたが、

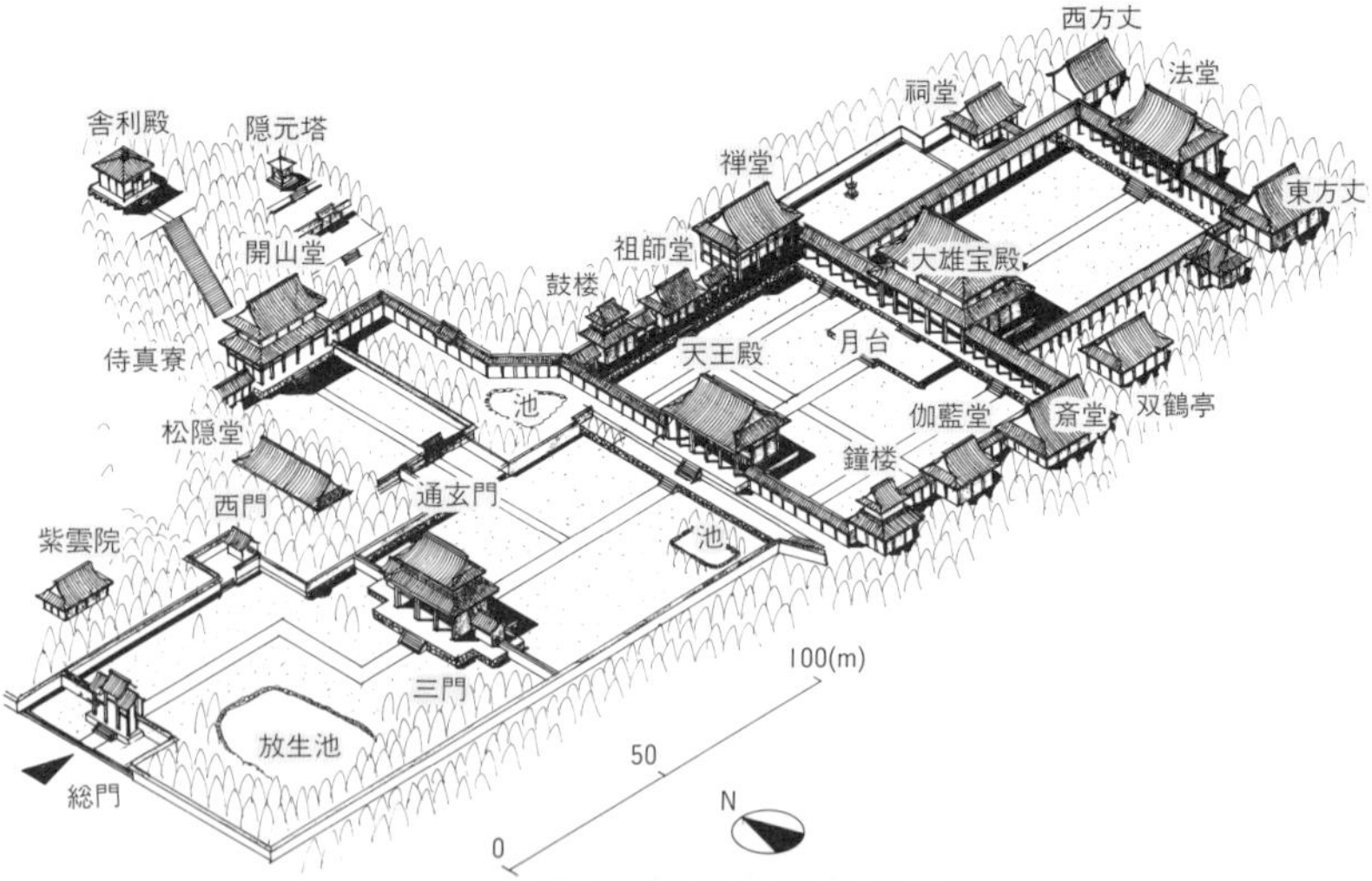

［図 97］…万福寺鳥瞰図

［図 98］…西本願寺御影堂

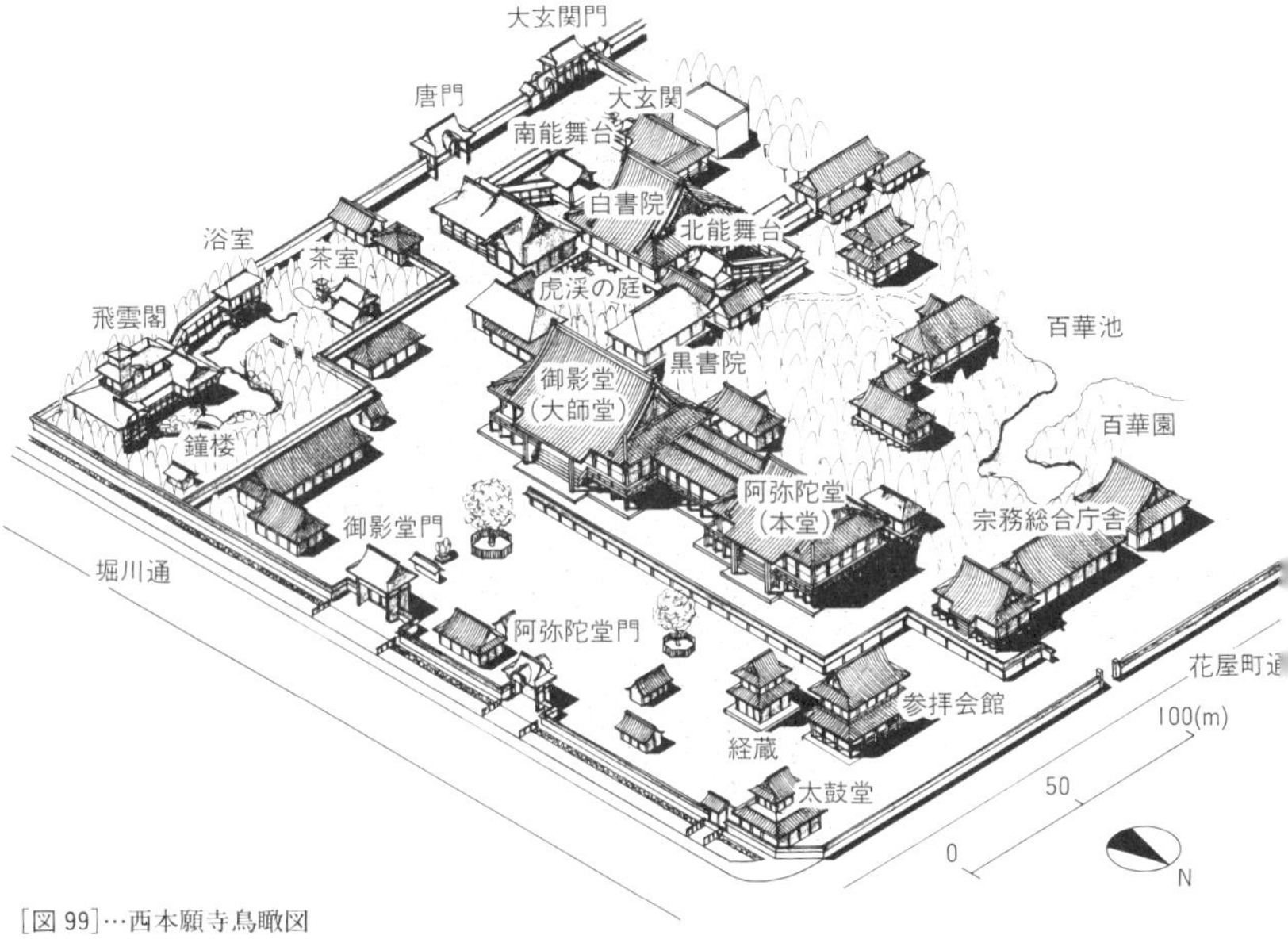

[図 99]…西本願寺鳥瞰図

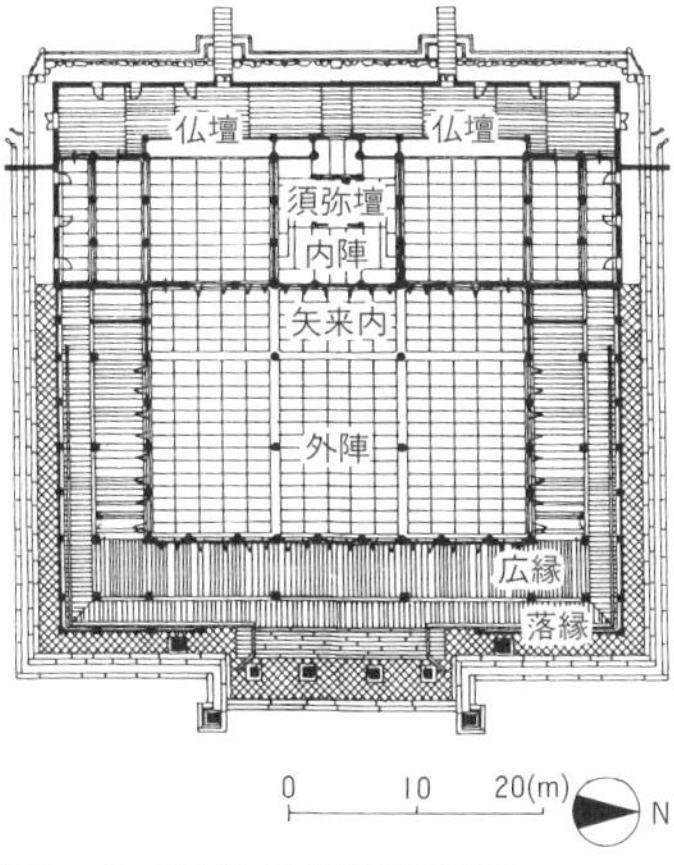

[図 101]…西本願寺阿弥陀堂平面図

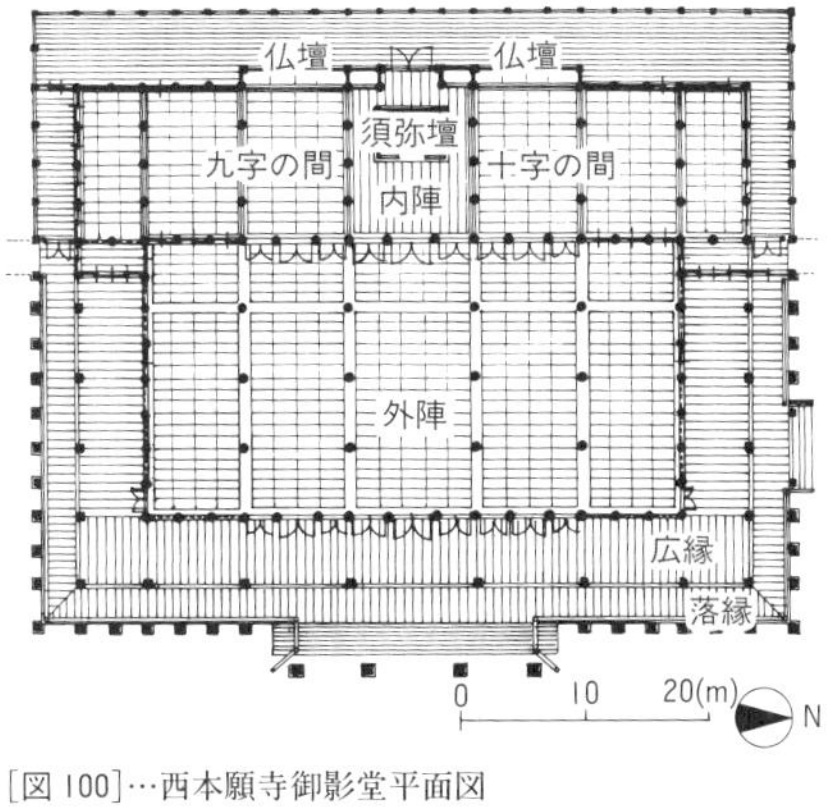

[図 100]…西本願寺御影堂平面図

一五九一年、十一代門主顕如《もんしゅけんにょ》の代に豊臣秀吉から現在地を与えられ、大伽藍を構えました。

一六〇二年には、東本願寺が分離し、現在JR京都駅前に東西本願寺が並び立ちます。現在の西本願寺の諸堂は一六一七年の火災以降のものですが、白・黒書院、飛雲閣、北能舞台、唐門などは国宝で、その他のほとんどの建物も重要文化財に指定されています(図99)。

最も中心となる建物が一六三六年造営の御影堂《ごえいどう》(大師堂《たいしどう》)(図98、100)で、宗祖親鸞上人の像を安置しています。また並んで阿弥陀堂《あみだどう》(本堂)(図101)が建ち、本尊である阿弥陀如来像を納めています。両堂とも外陣を広くとって数多くの信者を収容できるもので浄土真宗の仏堂特有の形式です。

63 照蓮寺《しょうれんじ》

岐阜県高山市堀端町八

(交通)JR高山本線高山駅下車

照蓮寺は西本願寺と同じく浄土真宗の寺院です。もと岐阜県大野郡荘川村中野にあり、飛騨地方で最も勢力のあった寺でしたが、一九五八年の解体修理後、御母衣ダム建設のため現在の地へ移されました。

[図102]…照蓮寺本堂

本堂は一五〇七年に建立されたもので、真宗独特の平面をもつ上、浄土真宗の遺構としては現存する最古の例であり、国宝に指定されています(図102)。

64 善光寺《ぜんこうじ》

長野県長野市元善町五〇〇

(交通)JR長野駅より川中島バス大門町下車

善光寺は六四二年に創建されたといわれている寺院ですが、しばしば火災にあっており、現在の本堂は一七〇七年の再建によるものです。

正面が七間、奥行が十六間という巨

大かつ細長い平面をもち、内部は外陣、内陣、内々陣の三つに分かれています。長野を代表する寺院として古くより庶民の信仰を集めており、本願寺の本堂と同じく、数多くの信者を収容するための形式です（図103、104）。

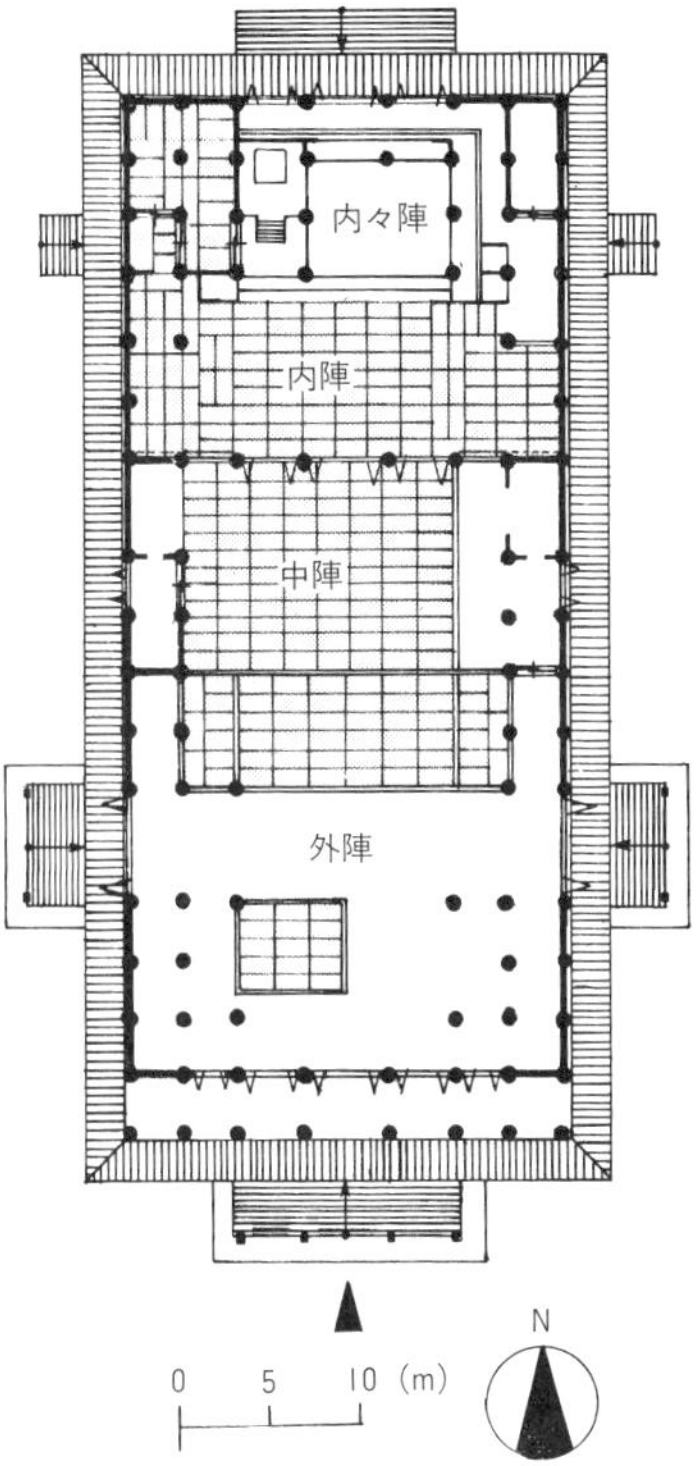

[図103]…善光寺本堂平面図

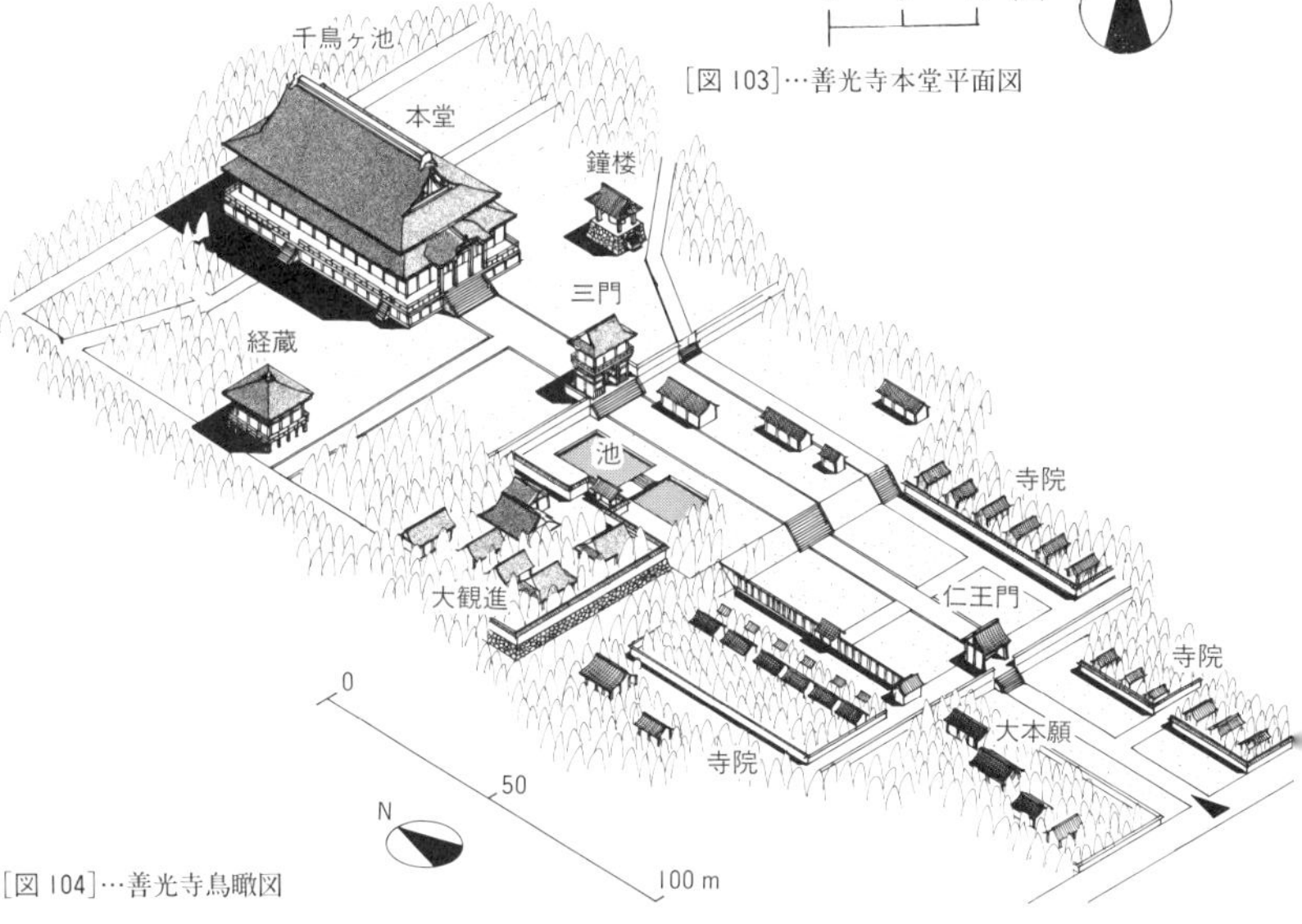

[図104]…善光寺鳥瞰図

エピソード

法隆寺論争

これまで法隆寺は、世界最古の木造建築として、高く評価されてきました。しかし、世界最古といわれながら、じつのところ、いつ建てられたのかはっきりとはわかっていません。様式的に見て、現存する木造建築としては最古であるとみられたことから、ただ単にそういわれてきたに過ぎないのです。

長い間、現在の法隆寺は、聖徳太子が建てた創建当初のものであると考えられてきましたが、のちにとなえられる「再建論」に対して、これを「非再建論」と呼びます。

ところが、一八八八年頃からそれが疑われ始め、「再建論」をとなえる学者が多くなり、その後、学会が真っ二つに割れる大論争となりました。これが有名な「法隆寺論争」です。

再建論者の主張は、『日本書紀』に六七〇年、法隆寺全焼の記事がある事から、現在の建物は再建されたものであるとし、一方、非再建論者の主張は、現在の建物の様式が六〇〇年代前半のものであることから、もし再建されたものであるとすると、わざわざ古い様式で再建されるはずがないとするものでした。

特に一九三九年の再建論者・喜田貞吉氏と非再建論者・足立康氏の論争は激しく火花を散らしたといわれていますが、ここに両者の友人でもある考古学者石田茂作氏が仲裁に入ることになったのです。

石田氏は、法隆寺の発掘に着手し、まもなく現状の建物の下から、もう一つの建物の遺跡と焼けた瓦を発見、すなわち法隆寺が再建されていたことがここにほぼ明らかとなったのです。

これによって法隆寺論争は一応の決着をみたのですが、それでもやはり法隆寺が具体的にいつ建てられたのかは、未だに謎のベールに隠されたままなのです。

[図 a]…法隆寺南大門

第三章 住　宅

人々のくらしの場

住まいの発達――竪穴式《たてあな》・高床式《たかゆか》・寝殿造《しんでんづくり》・主殿造《しゅでんづくり》・書院造《しょいんづくり》・民家《みんか》・町屋《まちや》

人間の生活にとって衣・食とともに欠かすことができない三大要素の一つが「住」であるといわれます。雨・風や寒さ暑さをしのぐために、人類の始まりとともに住居も発生し、その後さまざまな工夫がこらされて今日に至ったのです。

日本において、原始時代には早くも「竪穴式《たてあな》」あるいは「高床式《たかゆか》」と呼ばれる住居形式が生み出され、それらが発達した結果、現在も郊外に行くと見ることができるさまざまな「民家」が造り出されたのです。

また、七九四年に現在の京都にあたる平安京が造られると、条坊と呼ばれる東西、南北の道路によって街が区画され、やがてその中に細長い敷地形状をもつ「町屋」と呼ばれる庶民の住居が建てられるようになります。

一方、平安時代には貴族のための住居形式である「寝殿造《しんでんづくり》」(図1)が生み出され、また室町時代には武家のための住居形式である「主殿造《しゅでんづくり》」があらわれ、近世以降の「書院造《しょいんづくり》」に発展します。

そして、明治時代になって西欧の建築様式が日本にもたらされるまで、それらの住居形式は日本独自の様式として発達してきたのです。

各住宅の形式の説明に入る前に、まず全体に共通した要素について、以下まとめてみましょう。

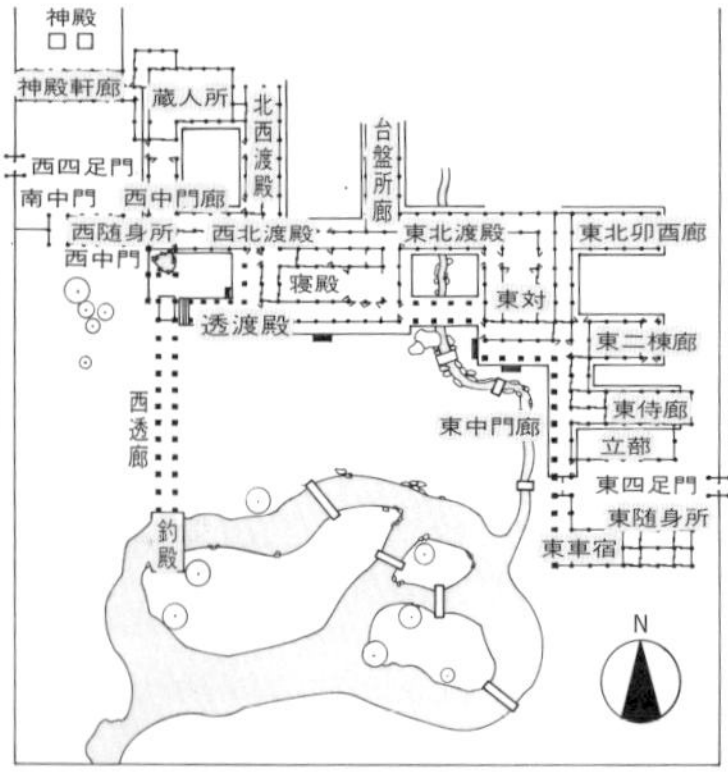

［図1］…寝殿造の例
(東三条殿)

住宅の要素

入口《いりぐち》

式台《しきだい》から玄関《げんかん》へ

原始時代の住居は現存せず、遺跡や出土物に描かれた建物の絵等から想像するしかなく、入口がどのように設けられていたかは定かではありません。

奈良時代の「法隆寺伝法堂《ほうりゅうじでんぽうどう》」や「藤原豊成殿《ふじわらとよなりでん》」の復元案を見ると、両開き扉がつけられており、内側は即室内となっていたようです。日本建築というとかく引戸の出入口を想像しがちですが、初期の入口はドア形式であったのです。

平安時代の寝殿造では、東か西の門をくぐり、「寝殿」と呼ばれる母屋の正面の入口である「南階」を昇って縁側廊下へ上がるしくみになっていました。

中世以降の武家の住宅である主殿《しゅでん》造《づくり》や書院造になると、「式台」(図2)と呼ばれる段差のついた入口専用の部屋が造られますが、これが現在の玄関のルーツにあたります。玄関の段差は、ややもすると靴を脱ぐ土足と床を分けるためにあると考えがちですが、実際は身分によって身を置く高さが定められていたための段差の形式が残ったものなのです。

[図 2]…式台

開口部《かいこうぶ》

蔀戸《しとみど》・遣戸《やりど》(舞良戸《まいらど》)・障子《しょうじ》

縄文時代の竪穴式住居の床は、地面を掘り、原始時代の住居は、屋根を支える強度や防犯上の理由から、入口や煙ぬき以外にほとんど開口部が設けられることはありませんでした。

[図 4]…二条城の雨戸

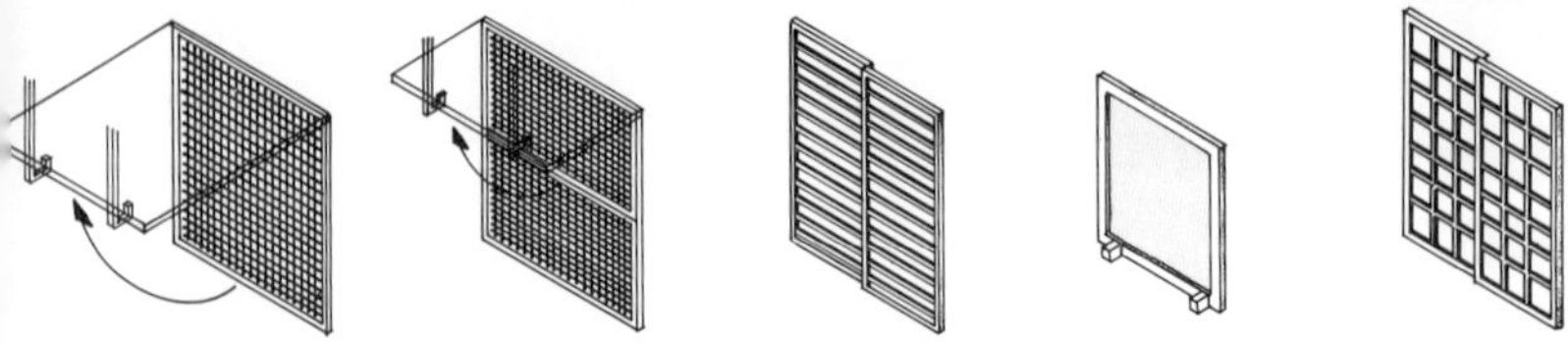

蔀戸　半蔀　遣戸　衝立障子　明障子

[図3]…寝殿造の開口部

しかし、平安時代の寝殿造になると、蔀戸《しとみど》、半蔀《はじとみ》、遣戸《やりど》（舞良戸）、衝立障子《ついたてしょうじ》、鳥居障子《とりいしょうじ》、明障子《あかりしょうじ》などのさまざまな形式の建具があらわれます（図3）。

また、武士の住居である主殿造では、遣戸に明障子を組み合わせて、より多様な使い方が生み出されます。さらに近世の書院造では、建物を保護するための雨戸（図4）とそれを収める戸袋《とぶくろ》が出現します。

インテリアの変化《へんか》

一室空間から間取り平面へ

原始時代、あるいは平安時代の寝殿造の住居においては、屋根のみに覆われており、天井はなく、間仕切りもない単なる一室空間で気の向くままに衝立を立てて暮らしていました。しかし、中世に入ると、内部に天井が張られ、前述のようなさまざまな種類の建具を用いて間仕切りをするのが一般的になりました。

ただし、中世の武士の住居である主殿等を見ると、未だ平安時代の寝殿造の衝立の影響から、人の背の高さより上の間仕切りへの工夫は未発達で、何も設けないか、単に白壁とするだけでした。

しかし近世の書院造になると、間仕切りに施される装飾や工夫が背丈より上部にまで及ぶようになり、白壁はほとんどなくなり、天井まで装飾でおおわれて、天井、壁、建具で室内が完全に包み込まれるようになるのです。

床《ゆか》

板敷から畳敷へ

竪穴式住居の床は地面を掘り下げた土間でしたが、じかに座ったわけではなく、わらや木の葉を敷いていたといわれます。

弥生時代になり、高床式の建物にな

ると、板敷の床となり、飛鳥時代には三分の二ほどを板敷として、残りを土間とした住居が造られました。

農家や町屋では土間の部分が多く、農家ではいろりの周囲や寝室のみわらやむしろを敷いたものが江戸時代までの主流で、町屋では奥まで通した「通り庭」と呼ばれる土間をもっています。

その後、平安時代の寝殿造になると、貴人の座る場所に畳《たたみ》が敷かれるようになり、室町時代以降の主殿造や書院造では、畳が部屋の全面をしめるようになります。また、身分の上下を示す方法として、畳敷きの一部分のみ高くした「上段《じょうだん》」が現われます。

縁側《えんがわ》と庇《ひさし》

日本建築最大の特徴

島国日本は樹木に恵まれているため、古来より容易に加工できる木材による柱と梁の木造建築様式が発展してきました。それに対し、西洋諸国はほとんど大陸であるために、樹木を大量に建築材料として用いるのがむずかしく、土を固めたレンガや石による組積造を中心に発達しました（図5）。

このような材料の違いは、それぞれの空間にも影響したといわれ、柱と梁で造られる日本建築は開放的で、屋外と室内がつながりを深め、「縁側《えんがわ》」や「庇《ひさし》」と呼ばれる外と内の中間的な空間を生むことになるのです。

また、このしくみは日本の湿度の高い気候に適し、通風が容易であり、夏の日差しをさえぎり、冬の日差しは室

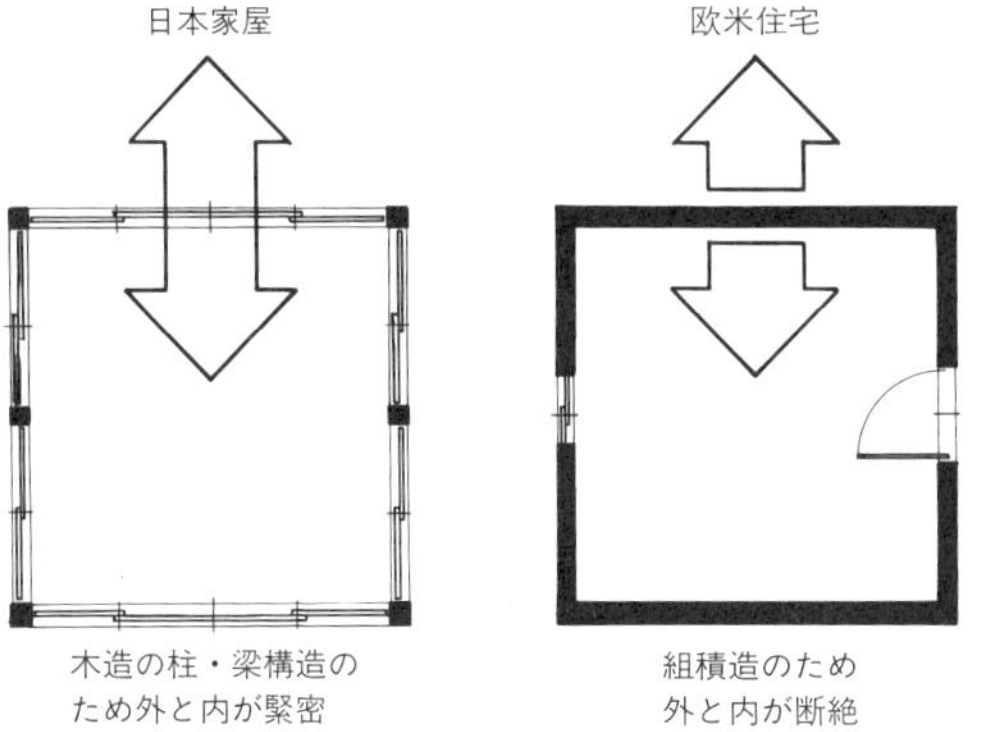

[図5]…日本家屋と西欧の家屋の違い

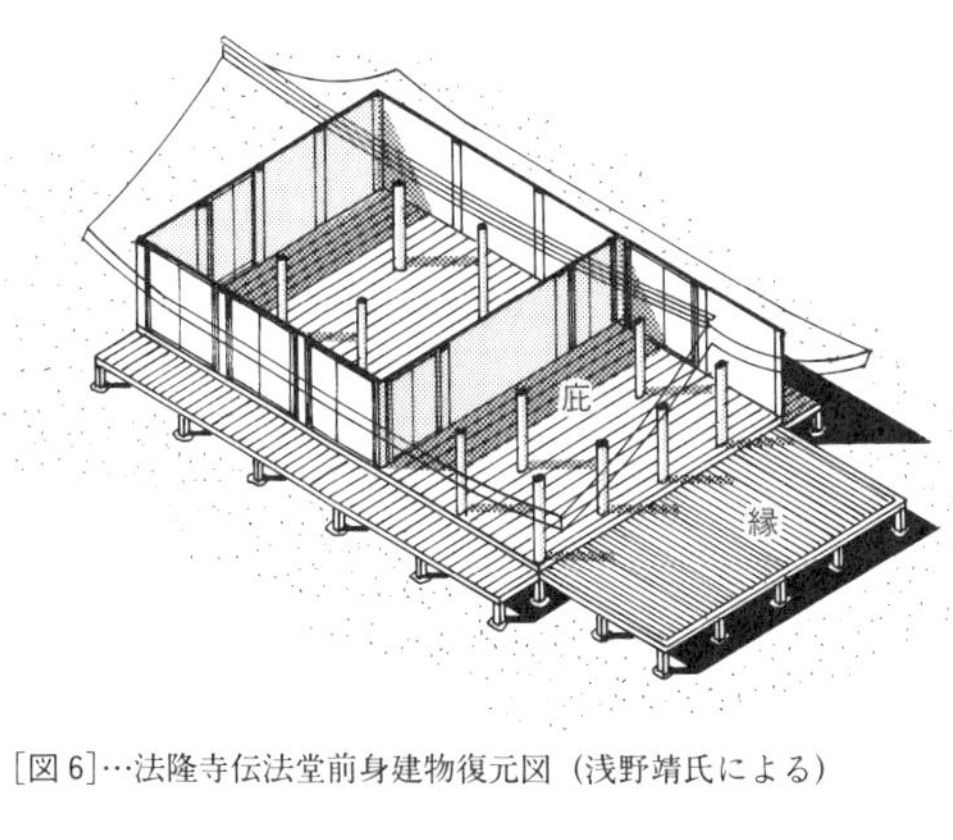

[図6]…法隆寺伝法堂前身建物復元図（浅野靖氏による）

内にもたらします。

一方、組積造中心の西洋では、壁が屋根を支える構造そのものであるため、崩壊を避けるために開口を小さくせざるをえないので、おのずと自然と共生するというよりも対立する閉鎖的空間となったのです。

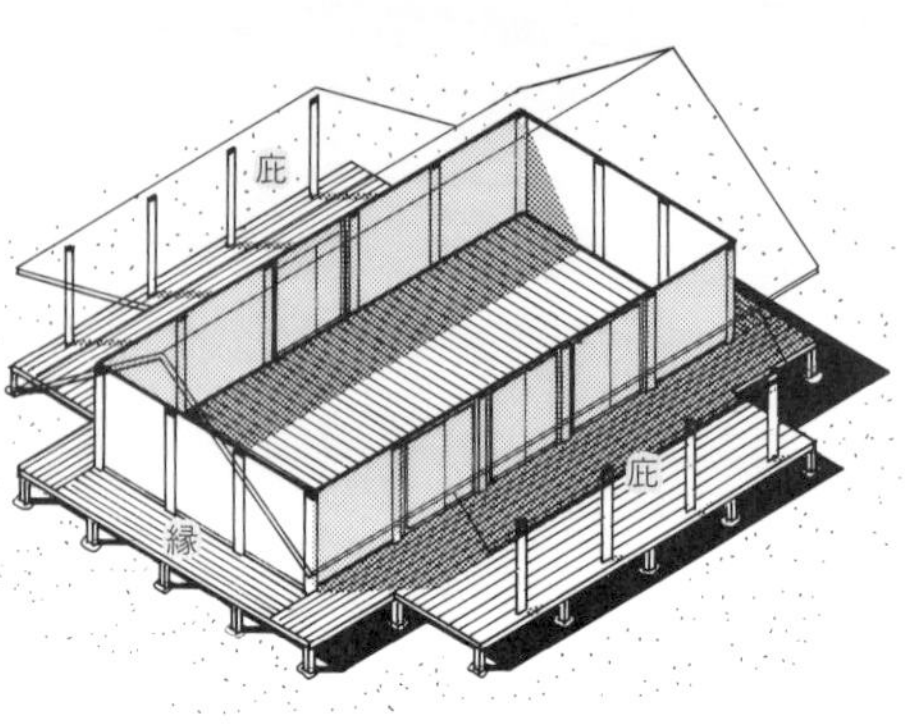

[図7]…藤原豊成殿復元図（関野克氏による）

奈良時代の聖徳太子《しょうとくたいし》の住居であった法隆寺《ほうりゅうじ》伝法堂《でんぽうどう》(図6)や藤原豊成殿《ふじわらとよなりでん》の復元図(図7)を見ると、すでに縁側《えんがわ》と庇《ひさし》が見られ、後《のち》の寝殿造や書院造の原形になったといわれます。

台所《だいどころ》と食堂《しょくどう》

かまど・囲炉裏《いろり》・井戸《いど》

平安以降の寝殿造の台所を描いた絵巻物などを見ると、「かまど」と呼ばれる土間に置かれた火をたく所に釜《かま》をおいて煮たきをしていることがわかります。また、板の間の床を四角く切りぬいて火をたく「囲炉裏《いろり》」(図8)を設け、そこで暖をとりつつ鍋を自在鉤にかけたり、火の周りに串を立てたりして調理している姿が描かれています。

[図8]…桂離宮囲炉裏の間

近世の書院造や農家でも同様に、かまどのある土間敷きの台所と、食事と団らんの場所である板の間の囲炉裏端にて食事を作っていたようです。町屋では囲炉裏を設けない場合が多く、その分、大小いくつもかまどを並べた台所が発達しました。

この他、水をくみ上げるための井戸《いど》も台所には欠かすことができないもので、通常台所の外に設けられました。

主室《しゅしつ》

居間と座敷

古代の住居では、台所、食堂、居間を分けずに一室としていましたが、平安期の寝殿造になると、主室である「寝殿」を他の部屋から独立して設けるようになります、寝殿は板敷であったために、座る場所に畳と茵《しとね》（座るための敷物）を敷き、その横に身の周りの道具類を納めるための「二階棚」あるいは「二階厨子《ずし》」と呼ばれる棚を置きました。また、使い方に応じて、置き畳の周囲に屏風《びょうぶ》や几帳《きちょう》と呼ばれる可動間仕切りをたてて場所をしつらえていました。

この他、腰掛けるための「倚子《いし》」や「台盤《だいばん》」も用いられ、あかりをとるための灯台が立てられていました（図9）。

中世の武士の住居である「主殿造」の主室である「主殿」では、畳が部屋の床《ゆか》全体を占めるようになり、「押板《おしいた》」と呼ばれる「床の間」の前身が設けられ、軸物の絵をかけたり、花をいけるようになります。また、「付書院《つけしょいん》」と呼ばれる正面にあかり窓のついた机と

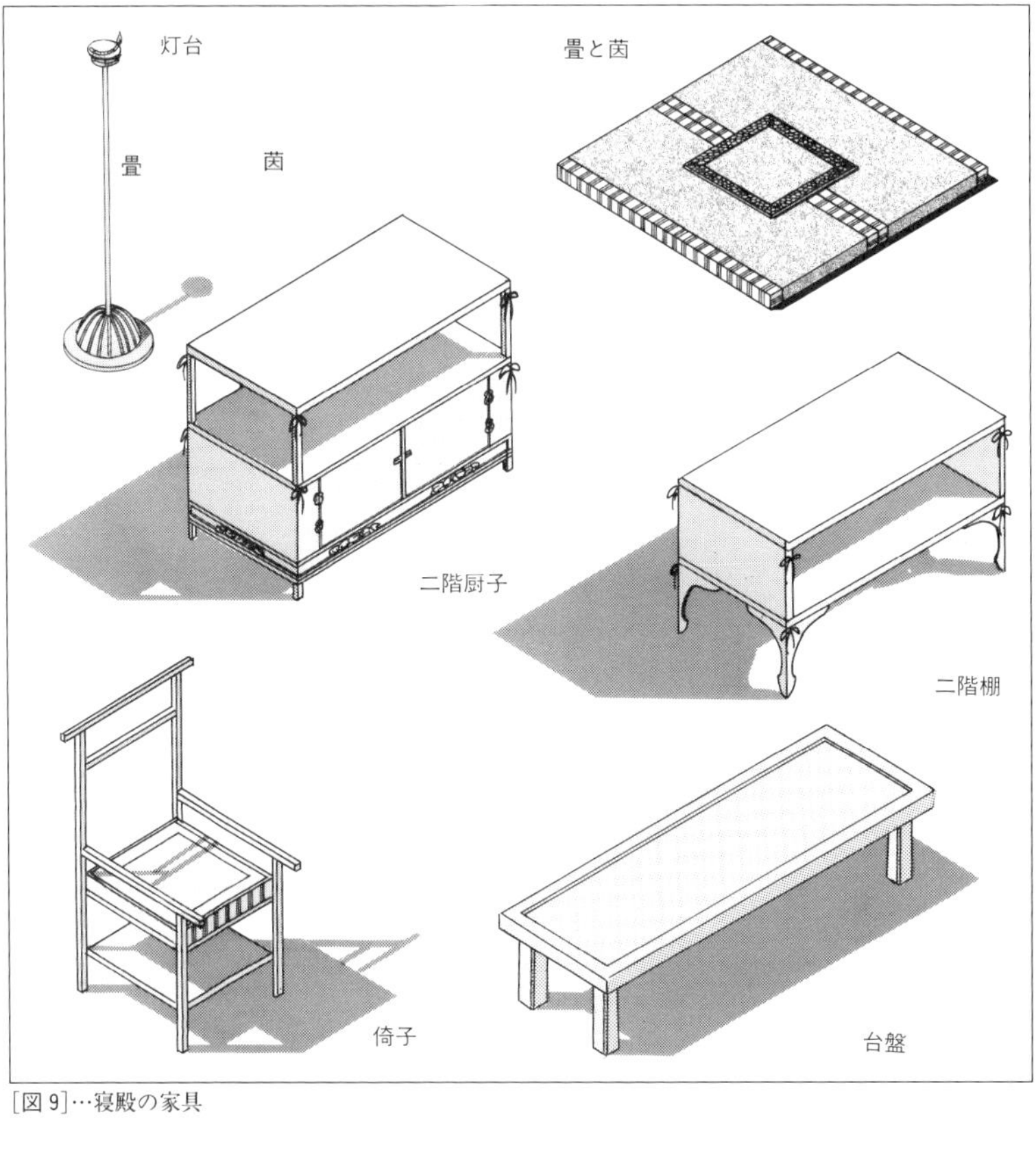

［図9］…寝殿の家具

「違棚《ちがいだな》」という書物や文具等を飾るための段違いの棚がしつらえられます(図10)。

近世に入ると、武士が強い権力をにぎり、多くの家臣を集めて対面するための「対面所《たいめんしょ》」が必要になります。そこで、主殿造の押板、付書院、違棚に「帳台構《ちょうだいがまえ》」と呼ばれる寝室への入口(後に殿様の守護のために家来が控える場所となる)を正面に集めた武士の威厳を示すための「座敷飾《ざしきかざり》」がつくられるようになり、これが近世以降の武士の住居である書院造の特徴となります(図11)。

江戸時代頃になると、押板に畳を敷いた「床《とこ》の間《ま》」があらわれ、身分に応じて座る場所が異なる「上段の間」と呼ばれる一段高くなった座敷が設けられるようになるのです(図12)。

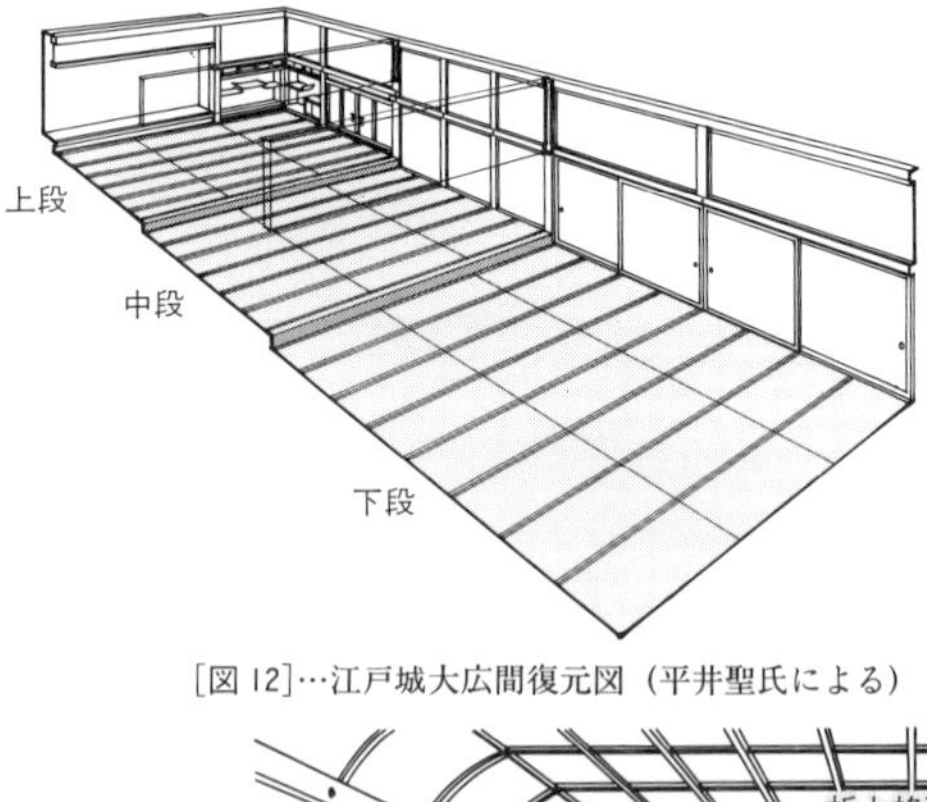

[図12]…江戸城大広間復元図(平井聖氏による)

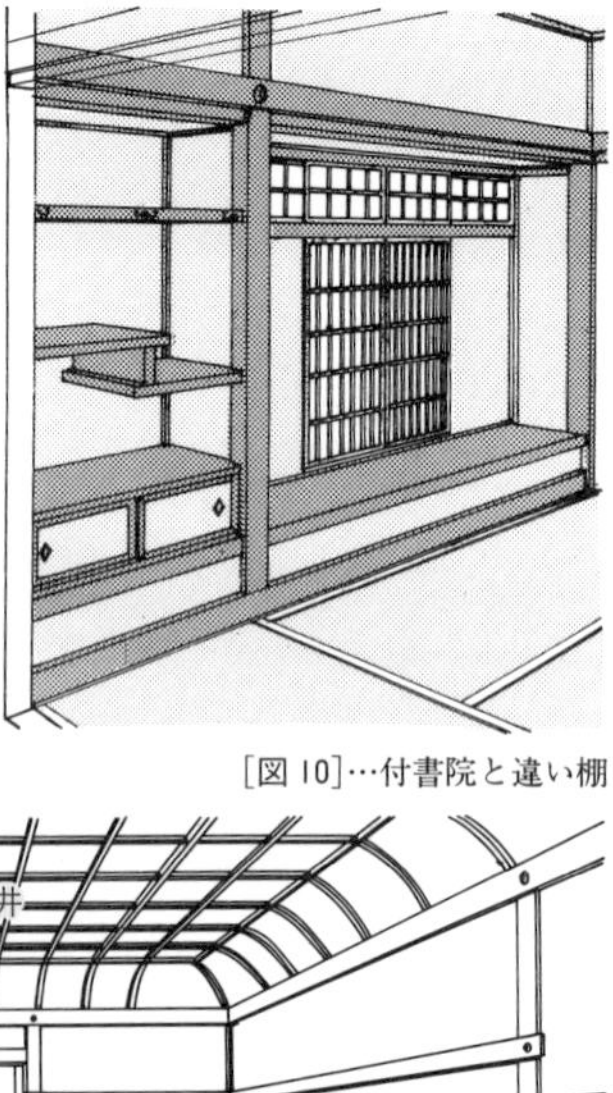
[図10]…付書院と違い棚

[図11]…書院造

寝室《しんしつ》

塗籠《ぬりごめ》・御寝《ごしん》の間《ま》

原始時代の住居では、台所、食堂、居間と寝室が一室空間となっているか、あるいは別棟となっていましたが、平安以降の貴族の住居である寝殿造になると、「塗籠《ぬりごめ》」と呼ばれる寝室が主室である寝室に接して設けられるようになります。「塗籠」の名称は、就寝時の防犯のために壁で塗りこまれているためで、寝殿の奥深くに窓も設けずにしつらえられました（図13）。

塗籠は寝殿と同じく板敷きであったために、「御帳《みちょう》」と呼ばれる障子の屋根がついた畳敷きのベッドを置いて、周囲には「帷《とばり》」という布をたらしました（図14）。

やがて、中世の武士の住居である主殿造になると、塗籠全面に畳を敷くようになり、「納戸」とも呼ばれ、さらに近世の書院造に発展すると、「御寝の間」と呼ばれる別棟の建物として、防犯のために敷地の最も奥まった位置に建てられるようになりました（図15）。

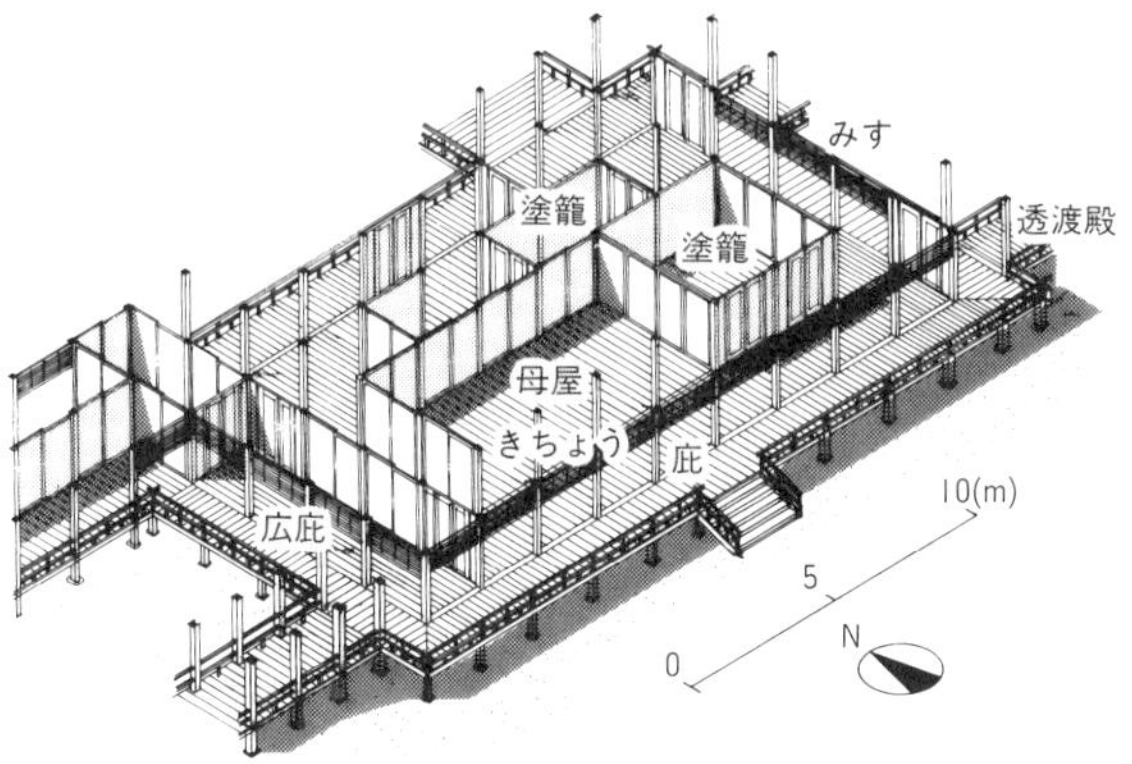

[図13]…寝殿母屋復元鳥瞰図

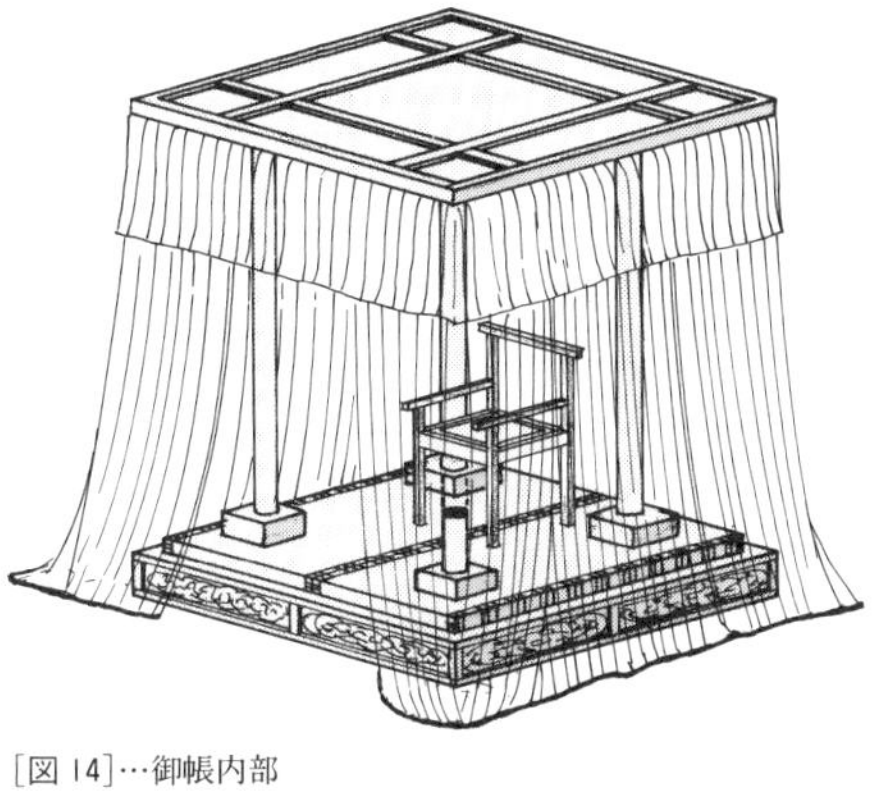
[図14]…御帳内部

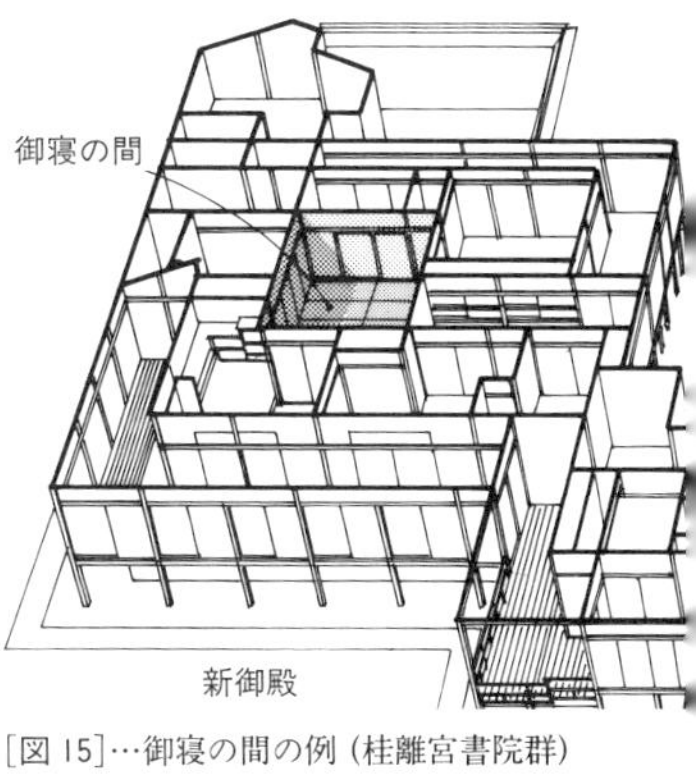

[図15]…御寝の間の例（桂離宮書院群）

1——原始時代《げんしじだい》の住居《すまい》

竪穴《たてあな》式と高床《たかゆか》式

約一万年前ごろから紀元前一、二世紀までの時代を、縄目のついた土器が発掘されることから、縄文《じょうもん》時代といいます。

縄文時代は別名新石器時代とも呼び、石や骨で作った道具を使って獣や魚を捕え、また野生の植物を採って食料としていました。それでは住居はどうであったかというと、川の近くの台地に集団で定住していたようです。

また、その後、西暦五世紀頃までを初めて新しい土器が発掘された地名にちなんで弥生《やよい》時代と呼びます。

縄文時代の住居は「竪穴《たてあな》式」と呼ばれるもので、地面を五〇センチほど掘り下げ、上に木材を放射状に組んで草を敷いた屋根を架けたものでした（図1、2）。

平面は径が五～一〇メートルの円形や長方形で、中央に炉があり、間仕切りのない一室空間でした。四本の柱穴が残ることから、四本の柱で屋根を支えていたのでしょう。

弥生時代になると、大陸から青銅器や鉄器が伝わり、同時に稲作が伝来します。そのため収穫した米を保管するために倉が造られるようになりますが、ネズミなどの被害から守るために高床として、ネズミ返しのついたはしごが架けられていました。

この倉の形式が、住居にも及び、この時代の住居は「高床式」と呼ばれる

［図1］…登呂遺跡復元住居（竪穴式住居）

ものでした（図3）。同時期の遺跡から出土した銅鐸《どうたく》に描かれた絵（図4）を見ると高床で切妻の屋根が架けられていたことがわかるのです。

それでは以下、いくつかの実例について観察してみましょう。

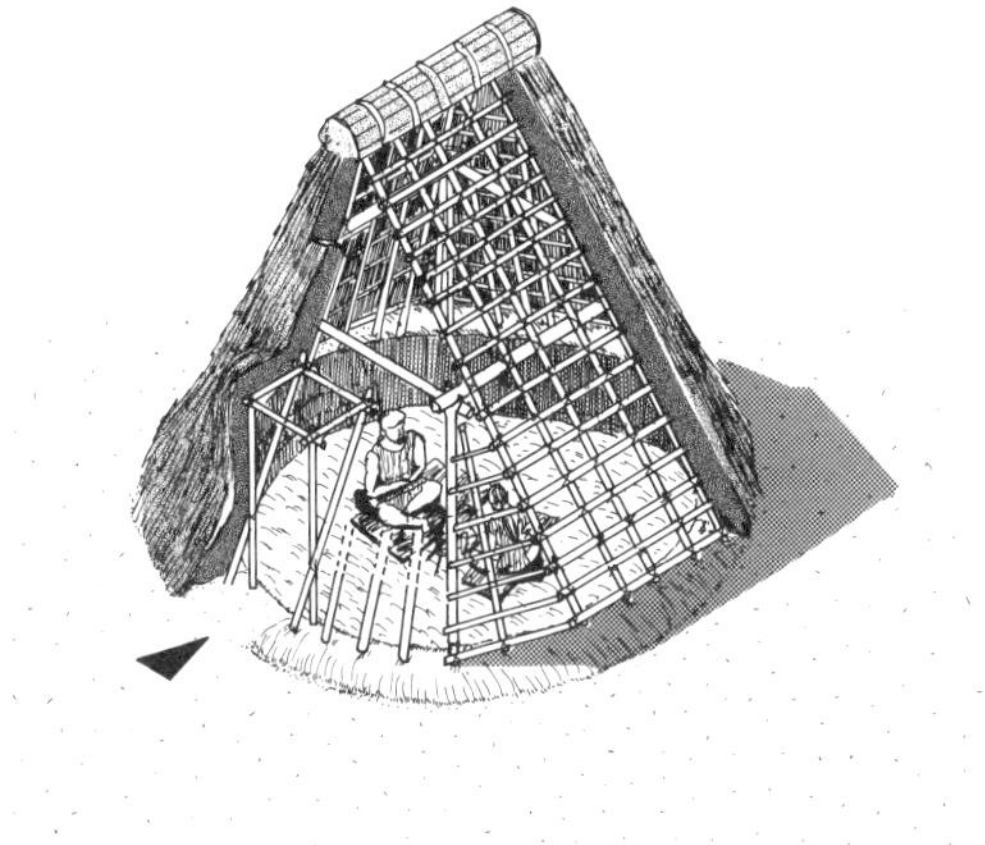

［図2］…竪穴式住居構造図

［図3］…登呂遺跡高床式倉庫

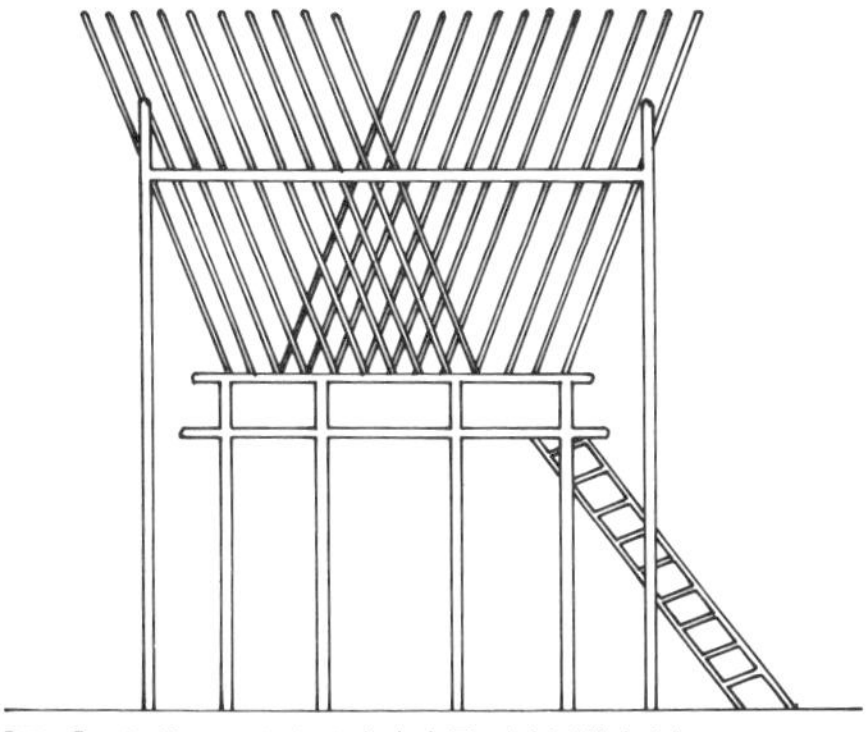

［図4］…銅鉾にみられる高床家屋（香川県出土）

⑥⑤高《たか》根《ね》木《ぎ》戸《ど》遺跡《いせき》

千葉県船橋市西習志野一（現・高郷小学校）

(交通)新京成電鉄北習志野駅または高根木戸駅下車

縄文時代の七十五に及ぶ竪穴式住居跡などで構成されているのが高根木戸遺跡です。環状《かんじょう》集落と呼ばれ、台地の周縁部にのみ住居跡がみられ、中央が空白となっているのが特徴です（図5）。

各住居跡の平面は、おおよそ円形で、直径が四〜五メートル、九〇センチほど掘り下げて床面に五、六本の柱跡が見られます（図6）。

この他、住居跡周辺に一二九にも及ぶ小さな竪穴がありますが、貯蔵のための穴であると考えられています。

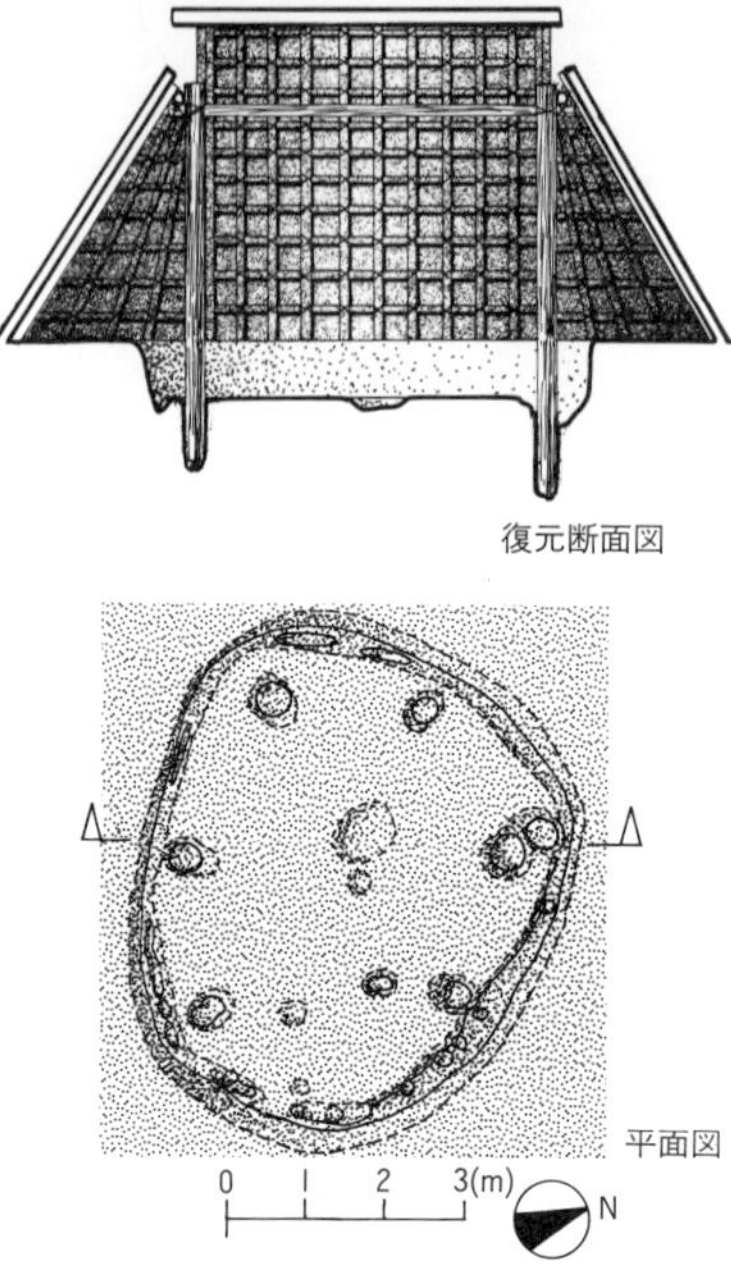

[図6]…高根木戸遺跡住居跡平面図・復元断面図

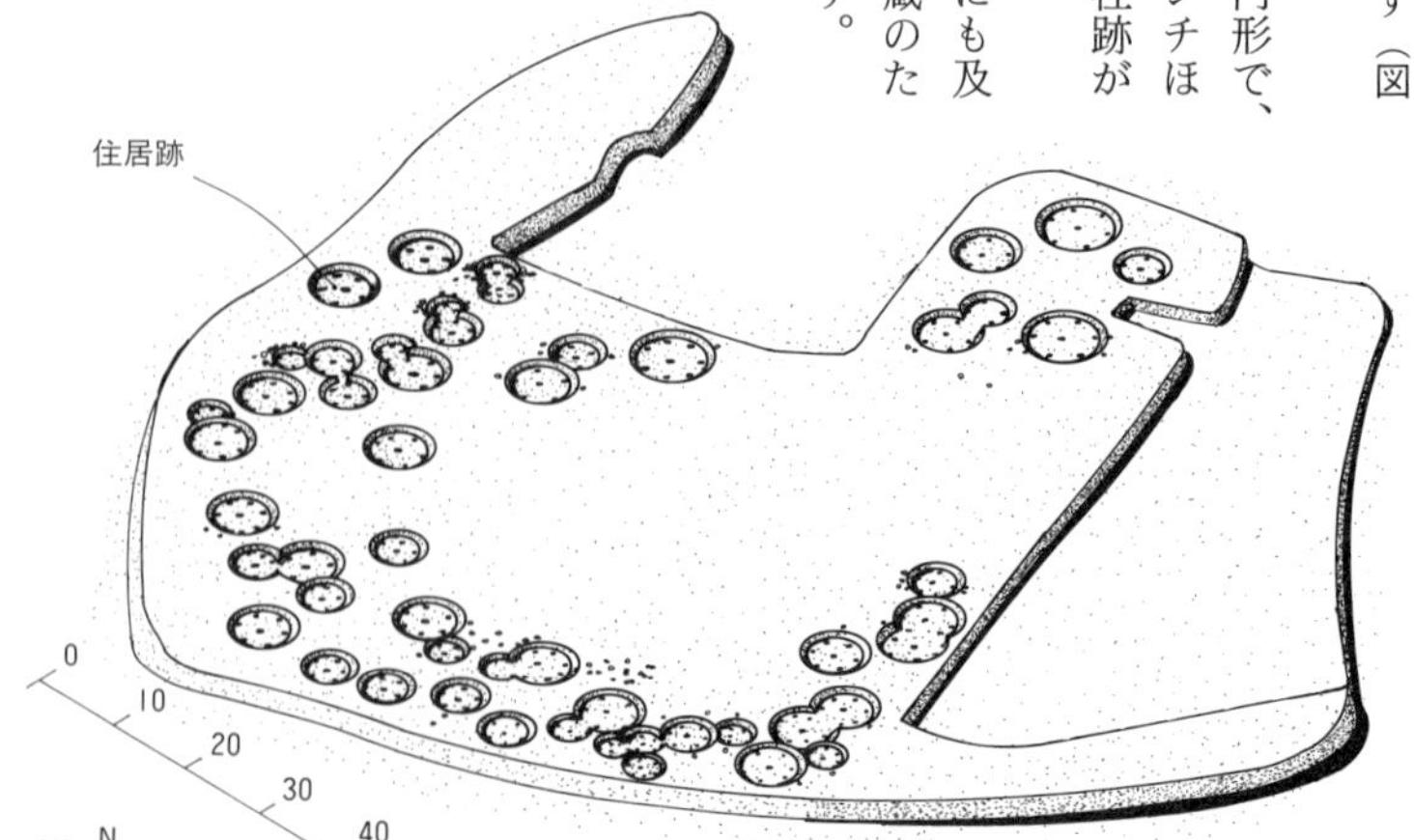

[図5]…高根木戸遺跡鳥瞰図

⑯ 登呂遺跡《とろいせき》

静岡県静岡市登呂五—一〇—五

（交通）ＪＲ東海道本線静岡駅より静鉄バス登呂遺跡下車

弥生式土器や水田跡とともに、十二の竪穴式住居が発見されたのが、有名な登呂遺跡です（図7、8）。

集落跡は海辺に近い低湿地にあり、縄文時代の台地から、より稲作に適した水田向きの地域が求められたものとみられます。収穫した米の保存のための倉庫の跡も三箇所発見されており、ネズミ等から守るために高床式であったと推測できます。なお、この米の備蓄から貧富の差が生まれ、身分の上下へと発展していくのです。

十二の住居跡は、いずれも六〜八メートルの円形平面で、中央に炉をもち、周囲に約二メートルの堀があり、四箇所の柱跡があったことがわかります。

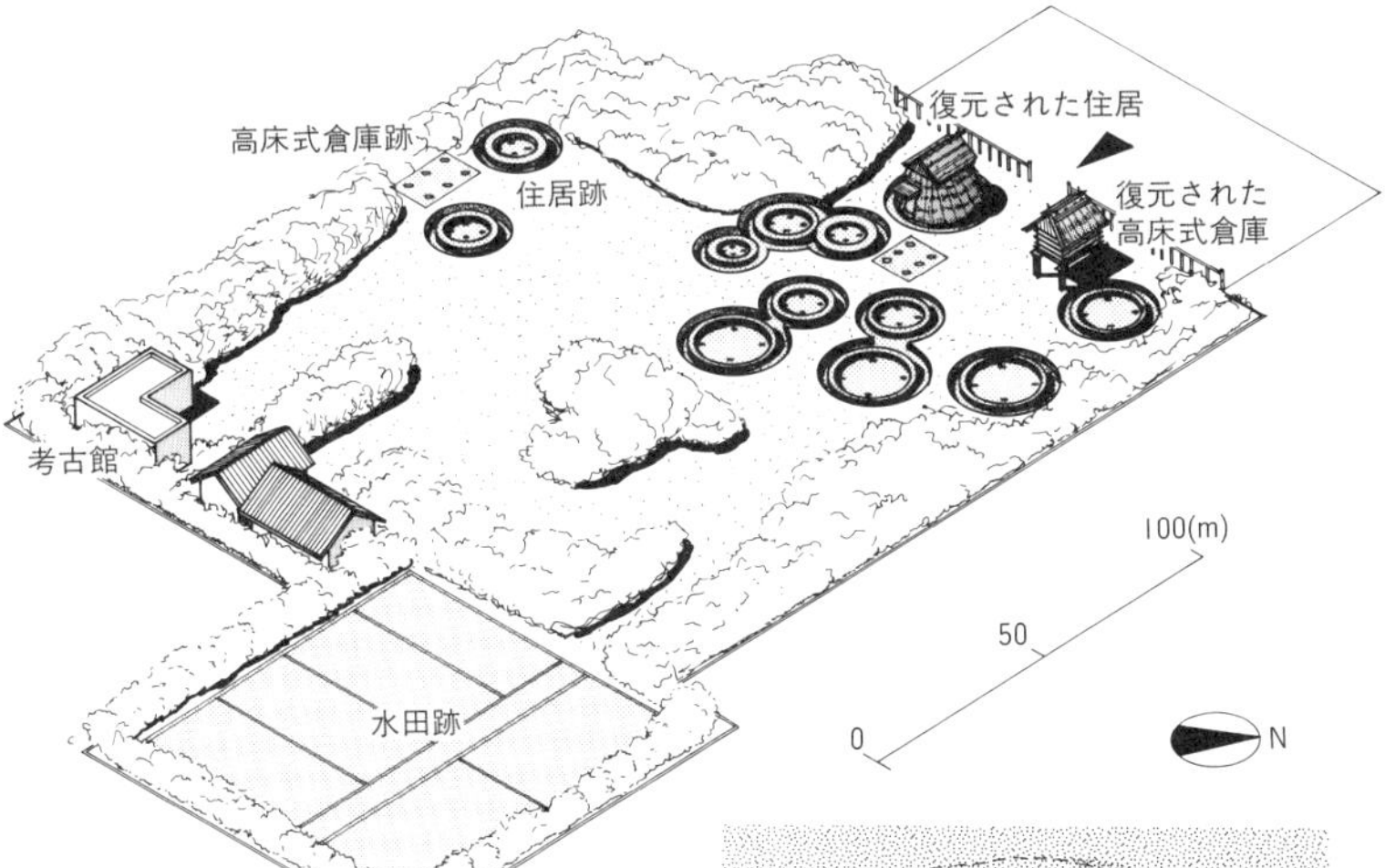

［図7］…登呂遺跡鳥瞰図

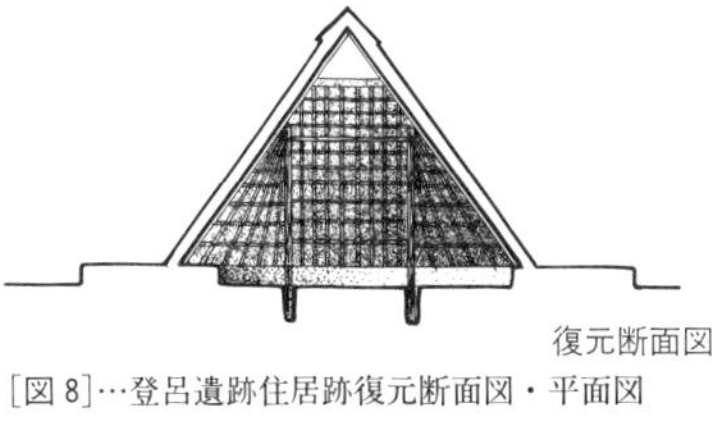

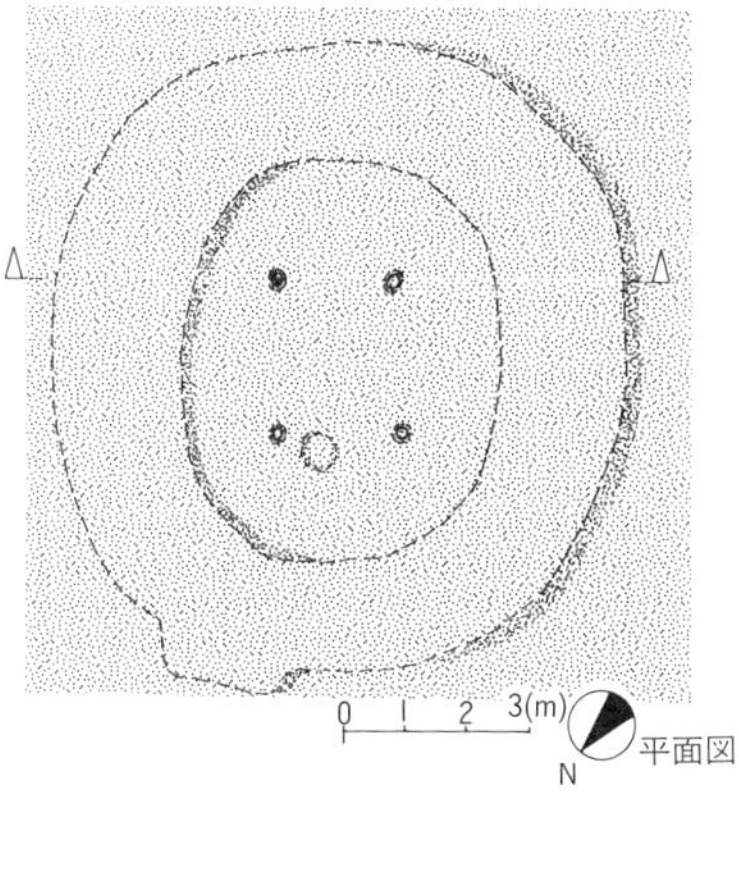

［図8］…登呂遺跡住居跡復元断面図・平面図

2——寝殿造《しんでんづくり》

貴族（公家）のすまい

七九四年、都は現在の京都のルーツである平安京へ遷都され、貴族を中心とした文化が花開きます。平安時代以前の貴族の住居については不明な点が多く、どんな様子であったかは未だにわかっていません。

平安以降の貴族のための住居形式を「寝殿造《しんでんづくり》」といいます。その中心になる母屋《おもや》を「寝殿」と呼び、南に面して中島を浮べた池のある大きな庭園をもっています（図1）。

また、主人のための寝殿を取り囲むように東・西・北側に「対屋《たいのや》」という、家臣や女中等の側近のための建物が造られ、それぞれ東対《ひがしのたい》・西対《にしのたい》・北対《きたのたい》と呼ばれていました。

さらに、池に向かって廊下が伸び、その先に「釣殿《つりどの》」といわれる納涼のための建物がありました。釣殿といっても釣りをするわけではなく、冷房のない時代には、水辺ですごすことによって涼を得ていたのです。

敷地の大きさは、通常一町《いっちょう》（約一二〇メートル）四方でしたが、権力者の住居の場合は、東三条殿（図2）のように、一町×二町といった例外的に大きなものもあったようです。

建物の配置は、左右対称を理想としていましたが、東西どちらかを正門としなければならなかったため、ほとんどの例では左右非対称になってしまっています。

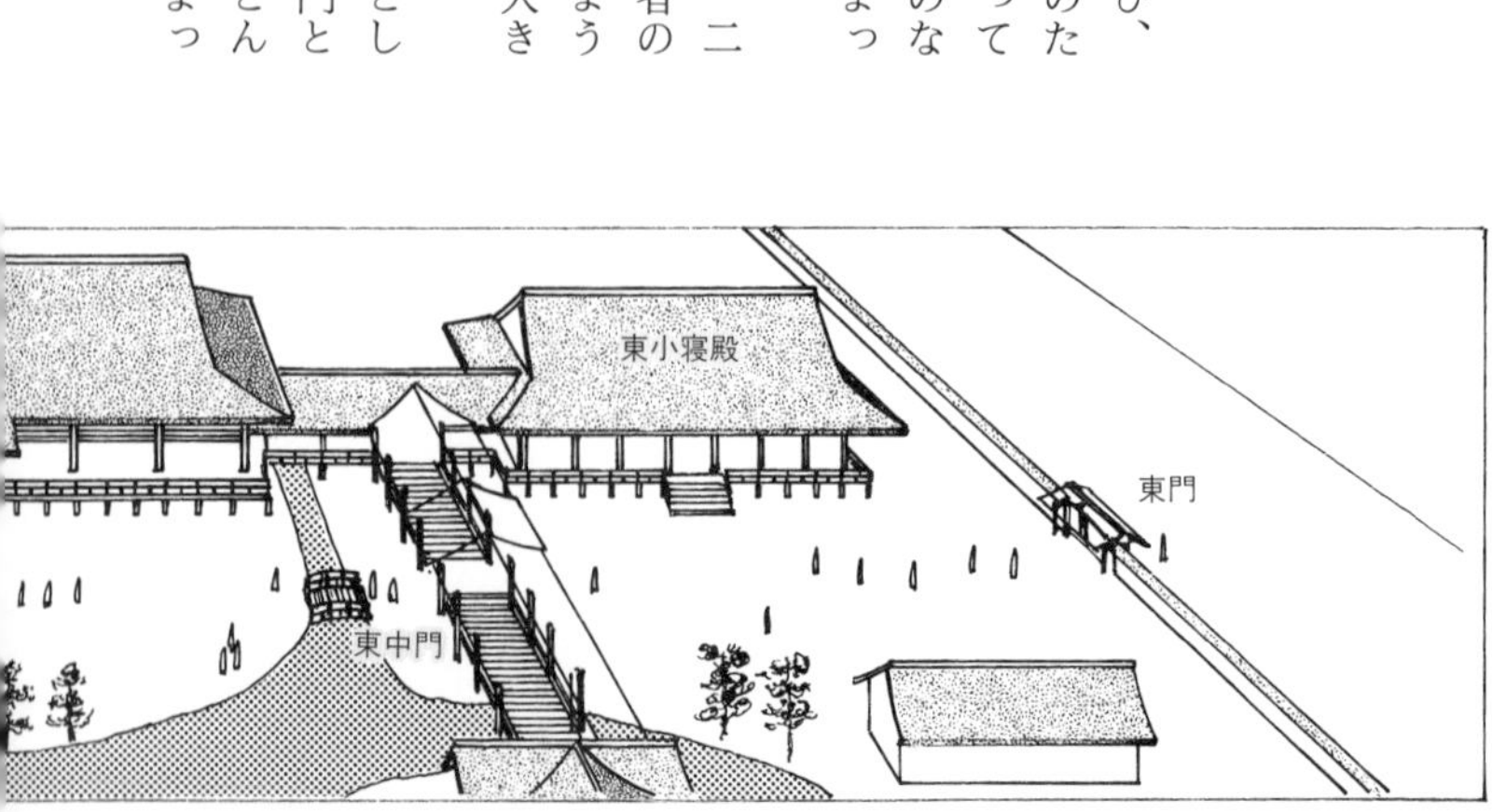

寝殿前庭は儀式などを行なうための広場となっており、時には、舞《まい》や蹴鞠《けまり》(まりをける遊び)などの遊興にも用いられ、宮廷の雅《みやび》の世界が展開されたのです。以下、例を掲げて解説を試みたいと思います。

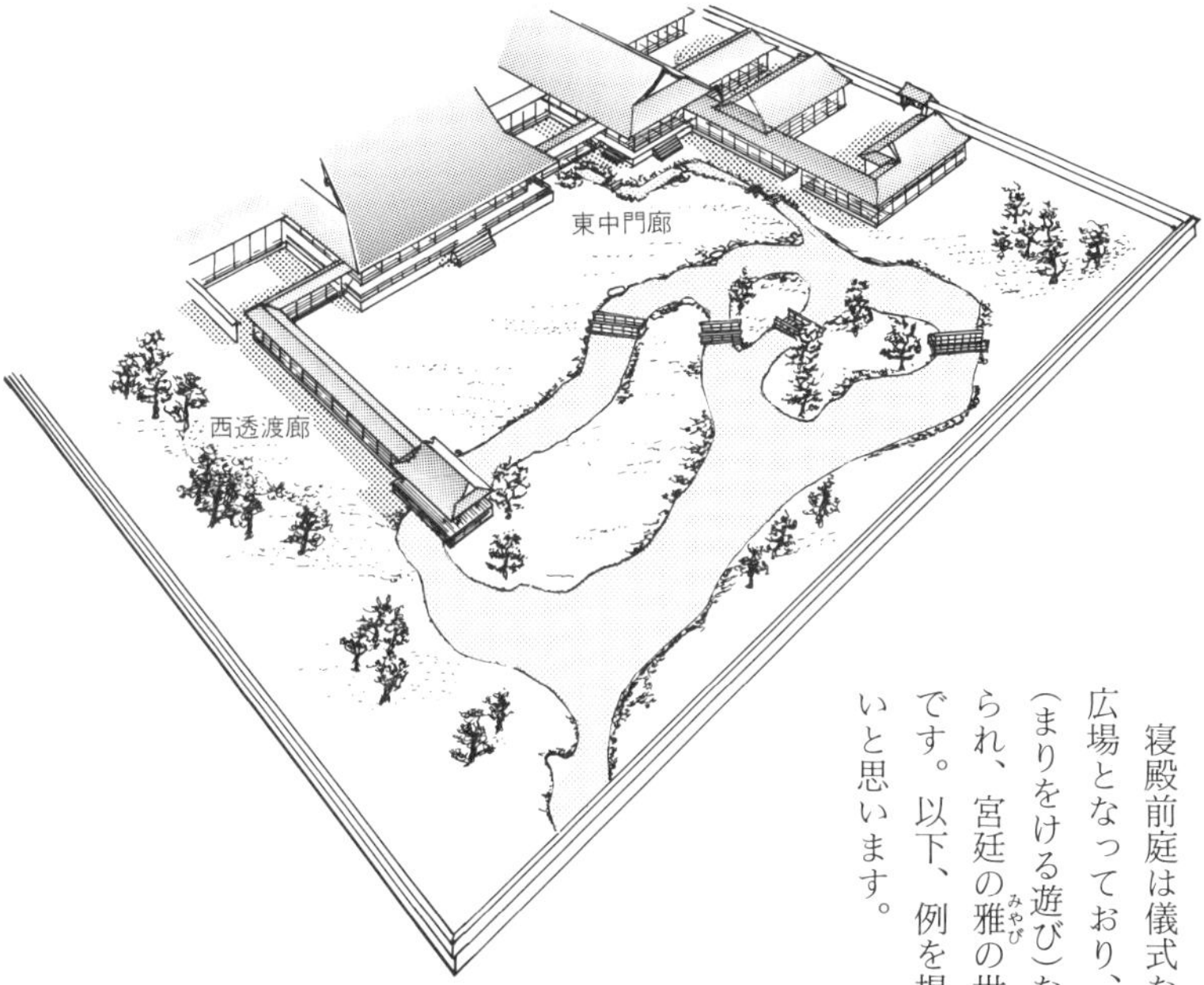

[図2]…東三条殿復元鳥瞰図

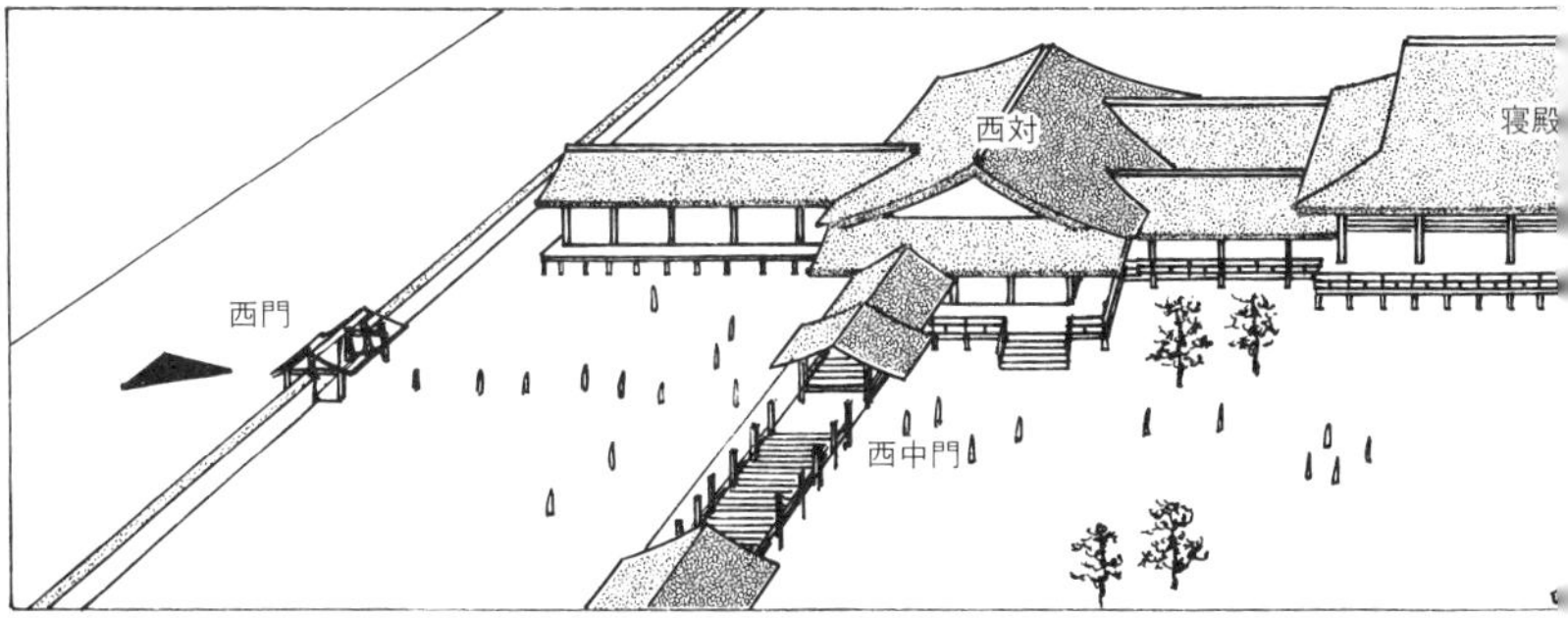

[図1]…寝殿造のしくみ

⑥⑦ 京都《きょうと》御所《ごしょ》紫宸殿《ししんでん》・清涼殿《せいりょうでん》

京都市上京区京都御苑内

（交通）ＪＲ京都駅より京都市営地下鉄烏丸線今出川駅下車、または京都市営バス烏丸一条駅下車

平安時代の天皇の住居兼執務所であった御所は、九〇六年に焼失して以来、十数回の火災にあい、戦乱のたびに点々と場所を変え、南北朝時代以降は、東洞院土御門殿《ひがしのとういんつちみかどでん》の地へ移り、今に至っています。

その後もたびたび焼失し、その建物の様相も古式が失われ刻々と変化しましたが、一七九〇年の造営に際し、裏《うら》松光世《まつみつよ》の考証により紫宸殿及び清涼殿が平安期の姿に復元されました。現在の建築は一八五五年の造営によるものですが、古式をそのまま今に伝えています（図3）。

紫宸殿は、さまざまな儀式を行なう

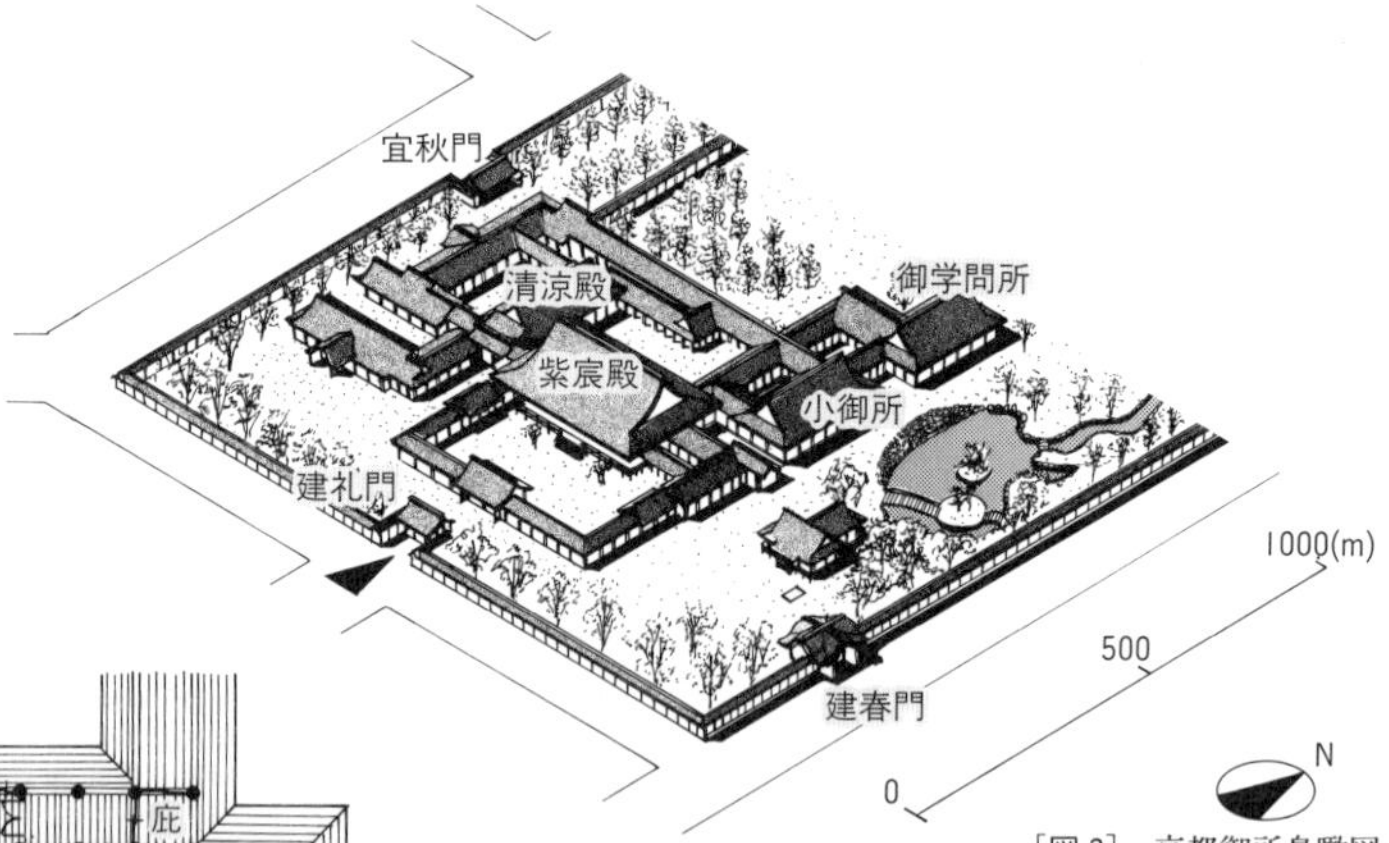

［図3］…京都御所鳥瞰図

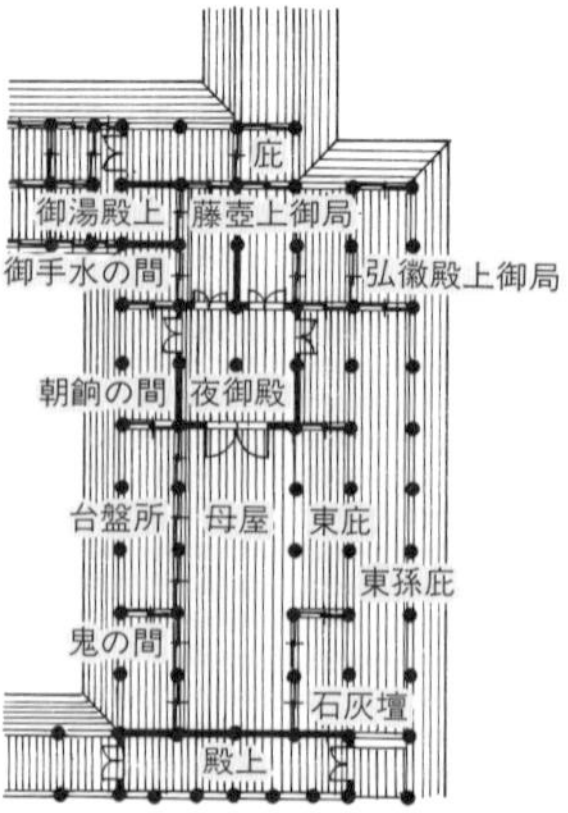

［図5］…清涼殿平面図

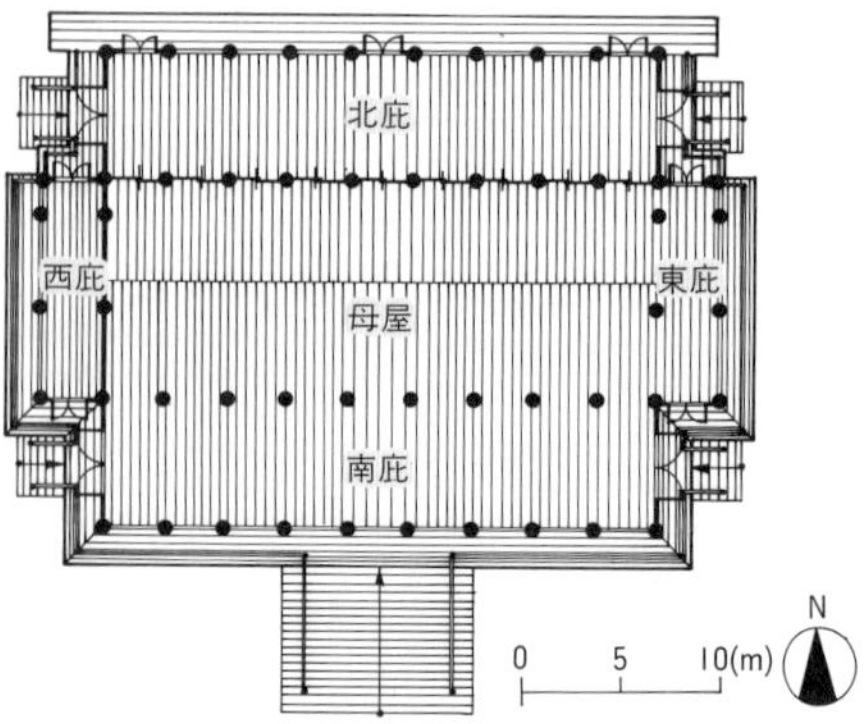

［図4］…紫宸殿平面図

建物で、母屋《おもや》の四方に庇《ひさし》を付け、四隅と正面に階段を架けたものです（図4）。

また清涼殿は天皇の住居であり、寝室である塗籠《ぬりごめ》と居間にあたる母屋（昼《ひる》御《ご》座《ざ》）を中心にさまざまな用途に応じた部屋が設けられています（図5）。

㊳ 仁和寺金堂《にんなじこんどう》・御影堂《みえいどう》（慶長度内裏紫宸殿・清涼殿）
京都市右京区御室大内三三
（交通）ＪＲ京都駅より京都市営バス御室仁和寺下車、または京福電鉄北野線御室駅下車

仁和寺は八八八年、宇多《うだ》天皇によって建立された寺院ですが、たびたび兵火にあって当初の建物を失いました。

そこで、京都御所での江戸初期の寛永度内裏への建て換えの際、それまで用いていた慶長度内裏の紫宸殿と清涼殿をそれぞれ金堂と御影堂として皇室

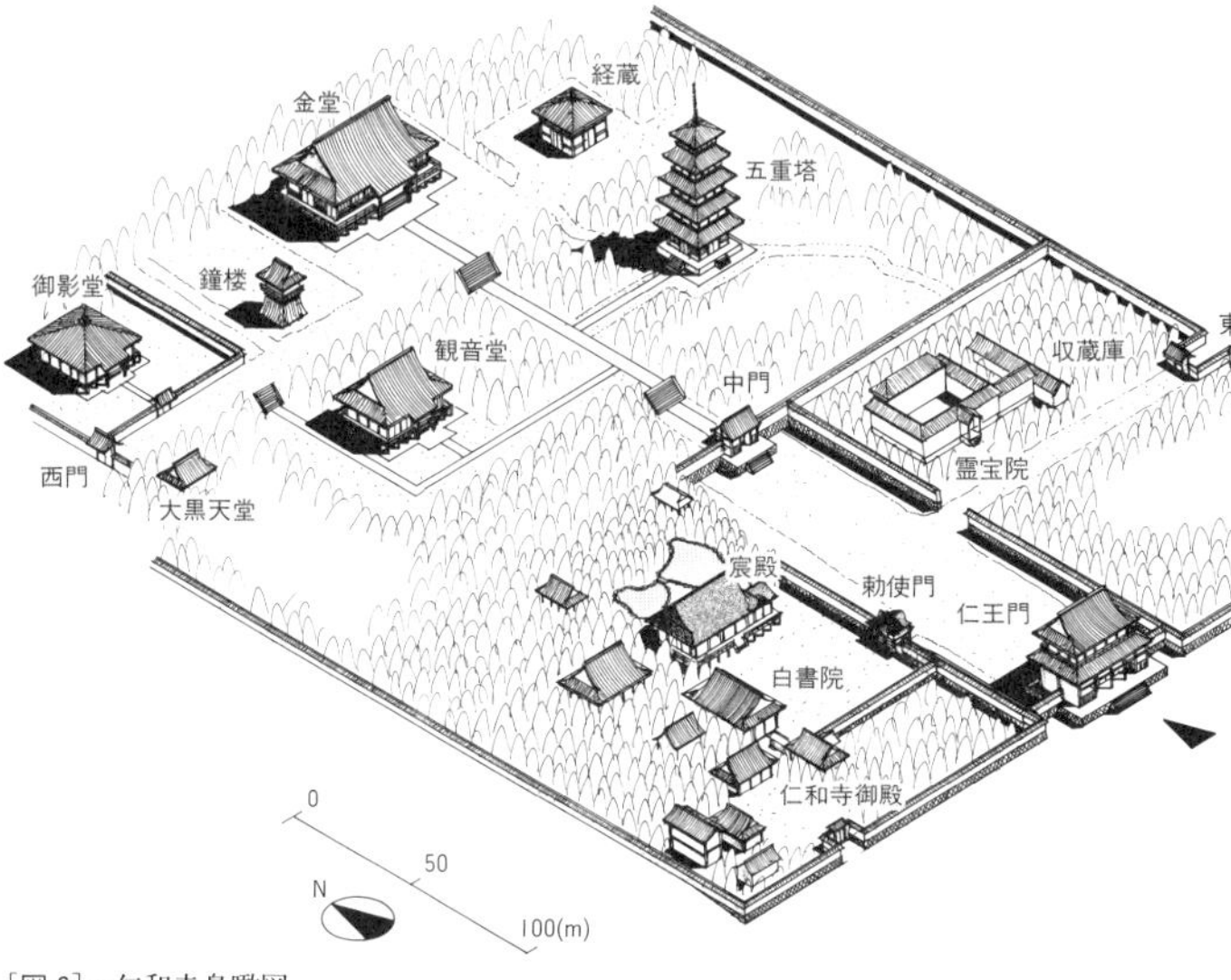

［図6］…仁和寺鳥瞰図

こぼれ話

御所と内野

794年、桓武天皇が現在の京都のルーツにあたる平安京に遷都した際、御所は現在の場所を右端として広大な敷地を有していました。その後戦乱で点々と場所を移し、南北朝以降、現在の地に落ちついたのです。

当初の御所の土地は、10世紀から15世紀までは「内野」と呼ばれ、もと御所のあった聖地として、何も建てられることなく荒れ果てたままになっていたようです。

そこで1587年、天下人となった豊臣秀吉は、京都の居城としてこの内野に聚楽第を造営します。平安京のあった聖地に政庁としての城を建てることによって、自らの権威を示したかったのでしょう。しかし、各地を点々とした御所のジンクスか、この聚楽第もわずか5年で取り壊されてしまうのです。

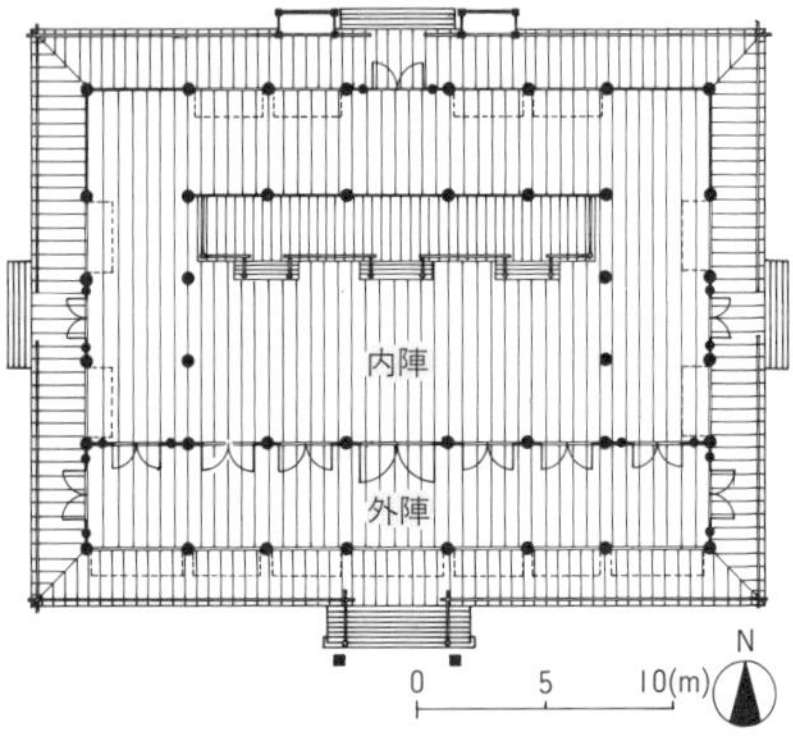

［図8］…仁和寺金堂平面図

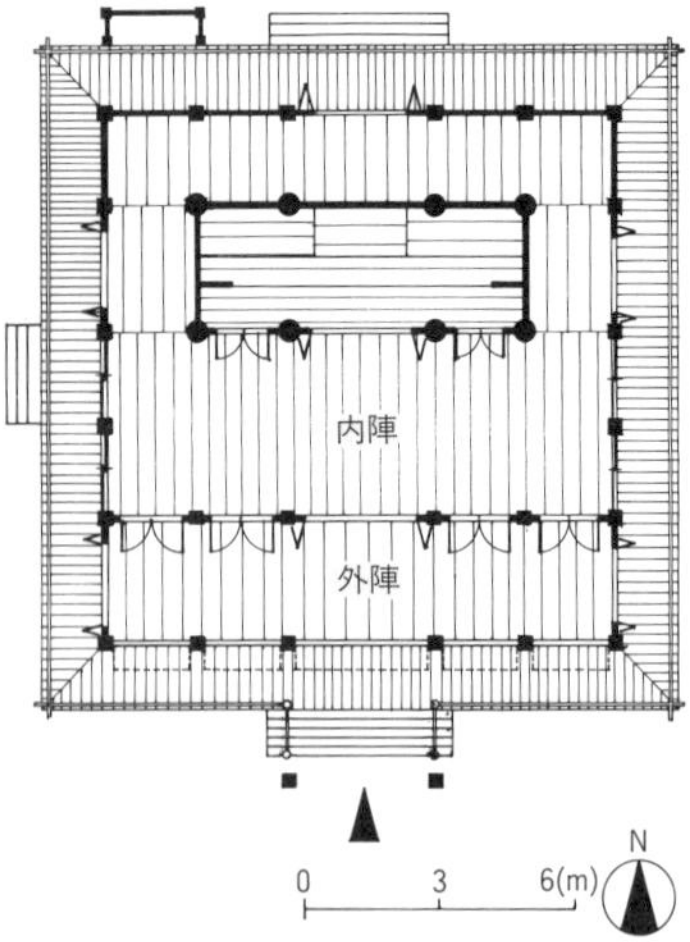

［図10］…仁和寺御影堂平面図

ゆかりの仁和寺に移して今に至っています（図6〜10）。

二つの建物は多少改造されているとはいえ、江戸初期の内裏の姿をとどめており、金堂は国宝、御影堂は重要文化財に指定されています。

69 園城寺《おんじょうじ》（三井寺《みいでら》）円満院《えんまんいん》（慶長度内裏）
滋賀県大津市園城寺町三三

（交通）京阪電鉄石坂線三井寺駅下車

園城寺は天智、天武、持統の三天皇が産湯をつかったという泉があるため、通称三井寺と呼ばれます。そのような皇室ゆかりの寺であるため、前述の仁和寺に慶長度内裏の紫宸殿と清涼殿が移建された際、内裏の中で一六一九年に造営された後水尾天皇の妃・東福門院の御局といわれる建物を一六四七年に移建したものが園城寺の円満院です

（図11）。

移建に際して書院造風に多少改められましたが、全体としては旧来の姿をとどめており、寝殿造の雰囲気を味わうことができます。

仁和寺の金堂・御影堂とともに江戸初期の宮殿建築を今に伝える遺構として貴重な存在であり、重要文化財に指定されています。

[図11]…円満院鳥瞰図

⑳鹿苑寺《ろくおんじ》（金閣寺《きんかくじ》）

京都市北区金閣寺町一

（交通）JR京都駅より京都市営バス金閣寺前下車

寺の正式名は「鹿苑寺」ですが、中心となる建物が「金閣」（図12）であるため、通称金閣寺と呼ばれます。一三九七年に将軍足利義満《あしかがよしみつ》の別荘として造られ、義満の死後、その遺言により寺院になりました。

当初は北山殿と呼ばれ、広大な敷地に色々な建物が建ち並んでいました。北と南の御所があり、北は迎賓館です。その池に現在の金閣つまり舎利殿が建っていたのです。また、南御所には、義満の住居や夫人康子の住居等がありました（図13）。

しかし、その後移建や応仁の乱で荒廃し、江戸時代に寺の住職であった鳳《ほう》林承章《りんじょうしょう》によって、修復されましたが、当時の姿を今に留めるものは金閣および庭園を残すにすぎません。

[図12]…金閣

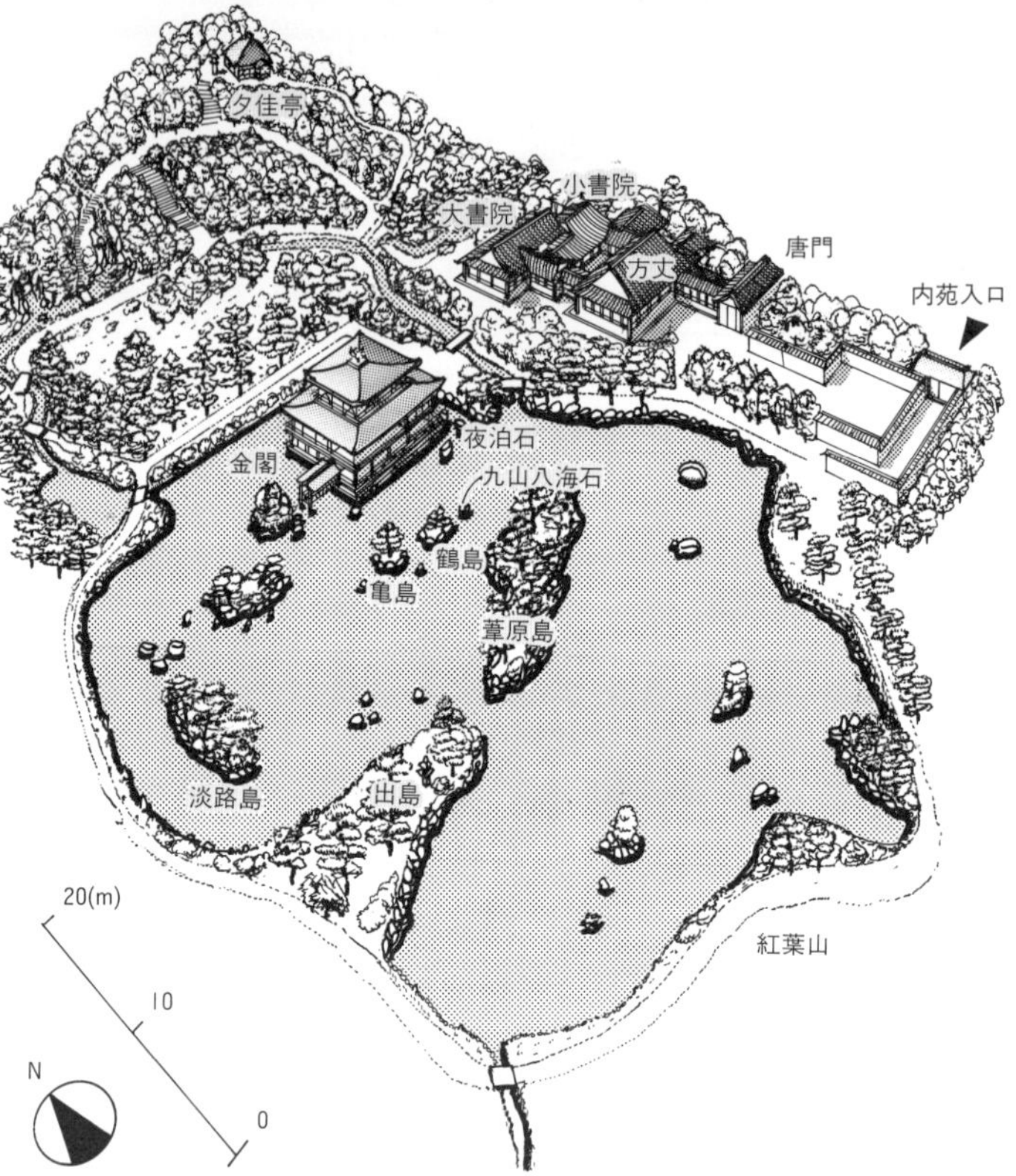

[図13]…鹿苑寺(金閣寺)鳥瞰図 (現状)

この金閣も一九五〇年に一人の若い僧の放火によって灰と化し、現在の金閣は一九五五年の復元によるものです。

三層建の金閣の二層は武家造、三層は仏殿造ですが、一層は寝殿造となっており、庭園を含め北山殿の姿を忍ぶことができます。

⑦1 厳島神社《いつくしまじんじゃ》

広島県佐伯郡宮島町一—一

(交通)JR山陽本線宮島口駅より連絡船宮島港下船

厳島神社は瀬戸内海のほぼ中央の宮島にあり、社殿や回廊、鳥居が海上に浮ぶという独特の配置を持つため、日本三景の一つに数えられ、また島全体を含めてユネスコの世界文化遺産にも指定されています(図14、15)。

神社の発祥は定かではありませんが、現在の社殿に整ったのは平清盛の領地となった一一五六年以降であり、その配置は神社というよりも寝殿造に近く、本書ではあえて住居に分類しました。

　本社は本殿《ほんでん》、幣殿《へいでん》、拝殿《はいでん》、祓殿《はらいでん》、平《ひら》舞台《ぶたい》などからなりますが、寝殿造の寝殿に見立てられていることがわかりま

[図 14]…厳島神社外観

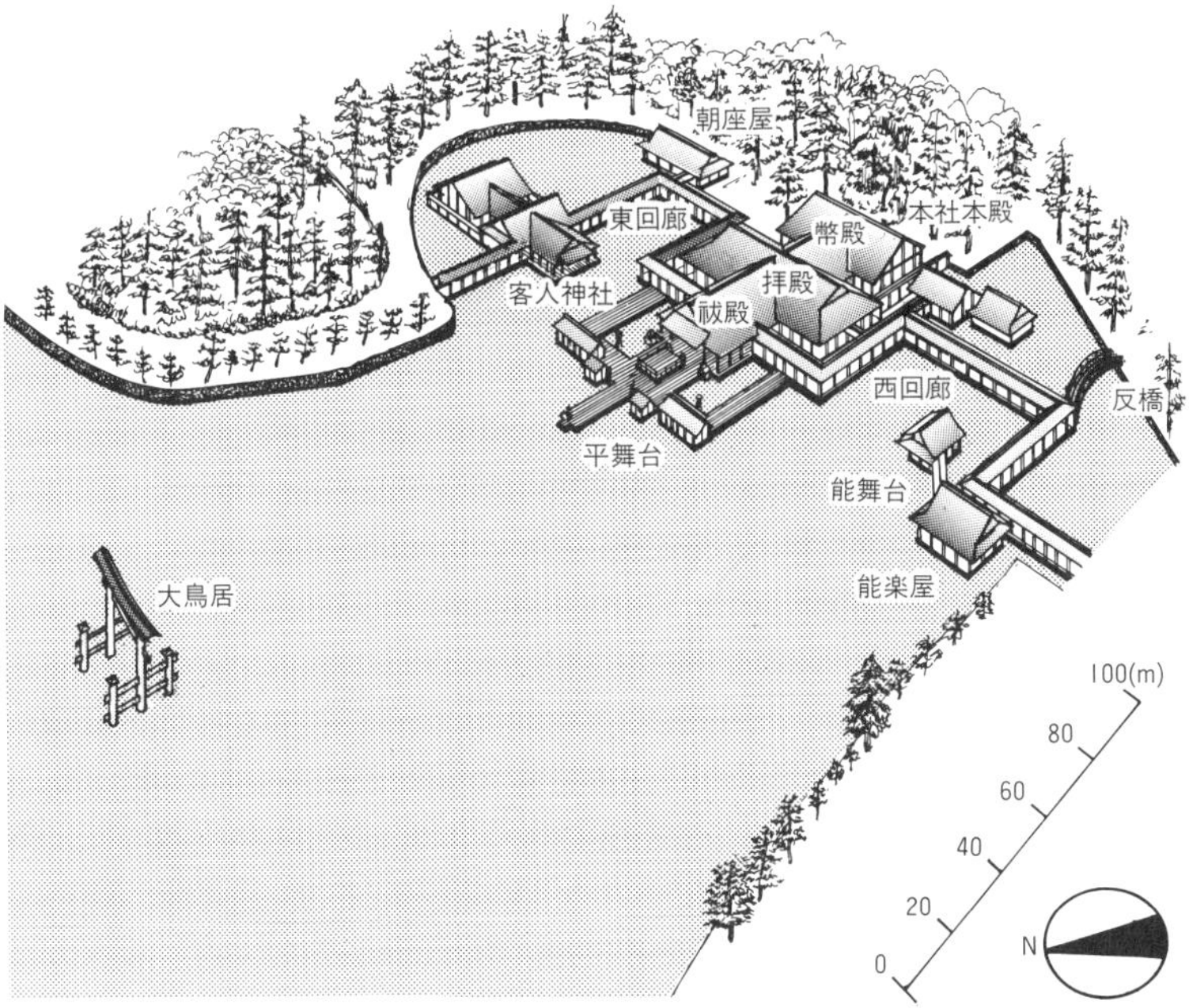

[図 15]…厳島神社鳥瞰図

す。また、その東には摂社客人《まろうど》神社がありますが、これも寝殿造の釣殿に見立てられ、渡廊がこれらを巡っており、屋根やその他の意匠も寝殿造風とあいまって、かつて池沼上に造営されたという鳥羽殿を髣髴《ほうふつ》とさせます。

現在、わずかに残る寝殿造の実例のほとんどが移建や改造によってその姿をわずかに偲ぶことができるに過ぎない中にあって、厳島神社は、神社としてだけではなく、寝殿造の貴重な遺構としても評価できるのです。

⑫ 修学院離宮《しゅうがくいんりきゅう》

京都市左京区修学院藪添

（交通）叡山電鉄修学院駅下車、または京都市営バス修学院離宮道下車

修学院離宮は後水尾《ごみずのお》上皇（のちに法皇となる）が自らの別荘として造営したもので、比叡山《ひえいざん》の近くの広大な斜面

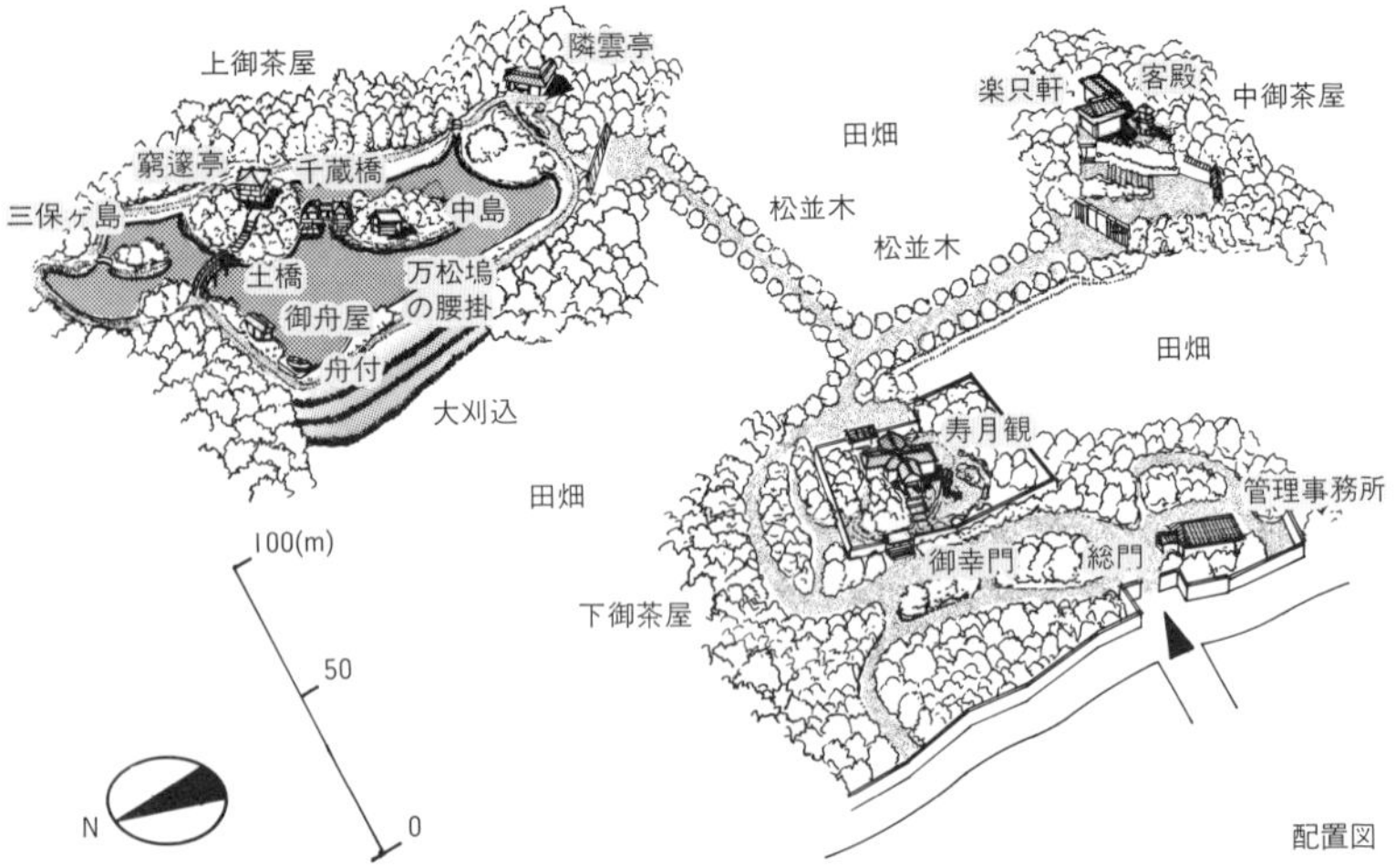

[図16]…修学院離宮鳥瞰図

こぼれ話

後水尾院自ら造営した修学院離宮

皇族の建物は通常、専門の担当者が造営したのはいうに及びません。当時を代表する公家・近衛家熙の口伝『槐記（かいき）』によれば、修学院離宮は木一本、草一本に至るまで、ことごとく後水尾院の作であると記されています。また、それらは精巧な模型を造って検討したものとも述べられています。

さらに、庭園が7、8分できた頃、庭に詳しい女中を輿に乗せて家臣が見に行かせたところ、それが後水尾院自身で、現場の指図に通っていると噂になったといわれます。当時、皇族は幕府の監視下にあり、勝手に立ち歩くことはもっての他でした。驚いた京都所司代が後水尾院に問いただしたところ、後水尾院はむきになって否定したといいます。しかし、これだけの完成度の庭園を現地も訪れず、いったいどうやって造営できたでしょう。やはり噂通り、後水尾院自ら現地に赴いたのではないでしょうか。後水尾院の女中姿が目に浮かぶようではありませんか。

を利用して苑路で連絡された上《かみ》、中《なか》、下《しも》」のそれぞれ独立した三つの御茶屋《おちゃや》によって構成されています（図16）。

一六五二年から五九年頃にまず下と上の御茶屋が築かれ、中御茶屋《なかの》は同じ頃に皇女朱宮《あけのみや》の御所として造営されたのち、後水尾法皇の没後、その菩提《ぼだい》を弔《とむら》うために林丘寺《りんきゅうじ》となっていたものを明治時代に離宮に加えられたものです。そのため、上下茶屋の寿月観《じゅげつかん》や隣雲亭《りんうんてい》、窮邃亭《きゅうすいてい》等の簡略化された茶亭に加え、中御茶屋には貴重な寝殿造の遺構として楽只軒《らくしけん》と客殿《きゃくでん》があります（図17、18）。

まず楽只軒は朱宮御所の最初の建物で、当時の公家の女性の居室の特徴である中敷居の肘掛窓《ひじかけまど》が見どころです。また客殿は、前述の園城寺円満院と同じく東福門院の女院御所にあった建物を移築したもので、一重垂木をもつ堂々たる宮殿建築です。桂離宮《かつらりきゅう》の桂棚《かつらだな》や醍醐寺三宝院《だいごじさんぼういん》の醍醐棚《だいごだな》とともに「天下の三棚」と並び称される霞棚《かすみだな》をもち、あたかも霞がたなびいているような意匠をもちます。その他、女性らしい意匠を凝《こ》らした飾り金具の数々も見どころです。

[図17]…修学院離宮楽只軒

[図18]…修学院離宮中御茶屋客殿

3——書院造《しょいんづくり》
武家のすまい

寝殿造が、平安時代以降の貴族（公家）の住居形式であったのに対し、武家のための住居形式を「書院造《しょいんづくり》」といいます。鎌倉時代に入ると、公家にかわって武家が政治の実権を握り、鎌倉に幕府を開きます。しかし、元来、武士は農村出身者が多かったために、その住居も農家風の質素なものでした。

しかし、足利《あしかが》氏が将軍になって室町幕府を開くと、宮廷生活への憧れから、寝殿造を自らの生活に取り入れはじめ、その頃に描かれた細川管領邸の屏風絵図（図1）などを見ると、寝殿造に酷似していることがわかります。

また、室町将軍たちが譲位すると、出家して僧侶になることが多かったために、しだいに寺院の住居の意匠であった床、棚、書院などが武家の住居に取り入れられ、ここに初期の書院造である「主殿造《しゅでんづくり》」が誕生したのです。その代表例が、将軍足利義政《あしかがよしまさ》が京都に営んだ東山殿《ひがしやまでん》（銀閣寺《ぎんかくじ》の前身）であり、その会所《かいしょ》、あるいは主殿《しゅでん》（常御所《じょうごしょ》）の復元平面図（図2）を見ると、すでに書院造の特徴である「床の間」（押板）や「付書院」（書斎机）、「帳台構《ちょうだいかまえ》」（納戸への入口）等が存在しているのです。

また、現存する慈照寺《じしょうじ》（銀閣寺）の東求堂《とうぐどう》を見ると、やはり書院造の特徴の一つである「違棚《ちがいだな》」がはじめて用いられていることがわかります。

やがて、近世に入ると、これらの床

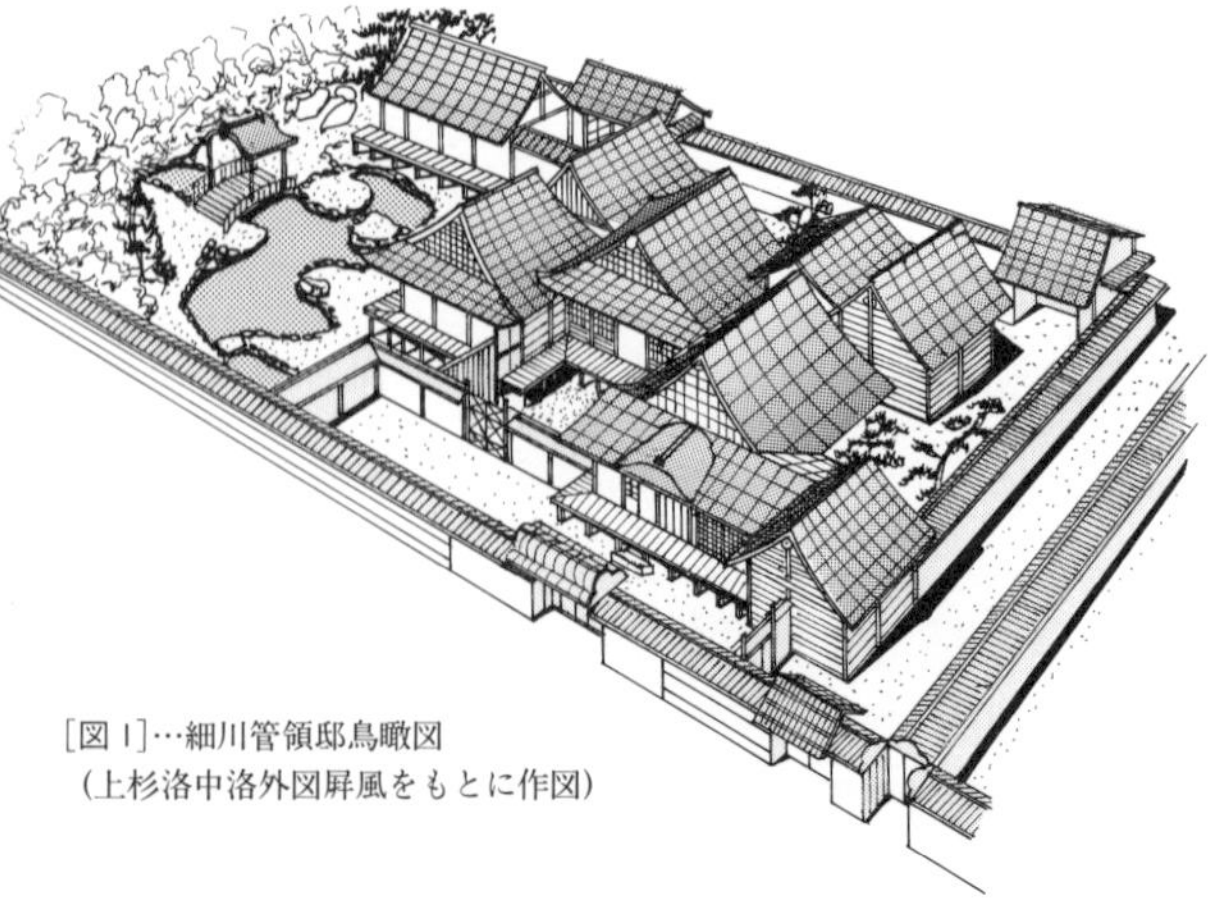

［図1］…細川管領邸鳥瞰図
（上杉洛中洛外図屏風をもとに作図）

の間や付書院、帳台構、あるいは違棚が、それまでばらばらに用いられていたものを一定配列をもって一つの部屋に設けられるようになります。これを「座敷飾《ざしきかざり》」と呼び、武家の対面儀式のために用いられるようになります。これに身分の高い者が座する「上段の間」等が加わって、書院造が完成されたのです（166頁図12参照）。

しかし、武家の対面儀式のための書院造は、雅《みやび》な宮廷生活を送ってきた公家にはやや堅苦しいものであったため、江戸時代に入るとそこへ自由で軽快なしゃれた意匠を取り入れた建物が造られはじめました。これを「数寄屋風書《すきやふうしょ》院造《いんづくり》」と呼び、貴族が好き（数寄）なように工夫をこらしたのでこの名がついたのでしょう（図3）。

以下、初期の主殿造から書院造、あるいは数寄屋風書院造の実例について簡単にまとめてみましょう。

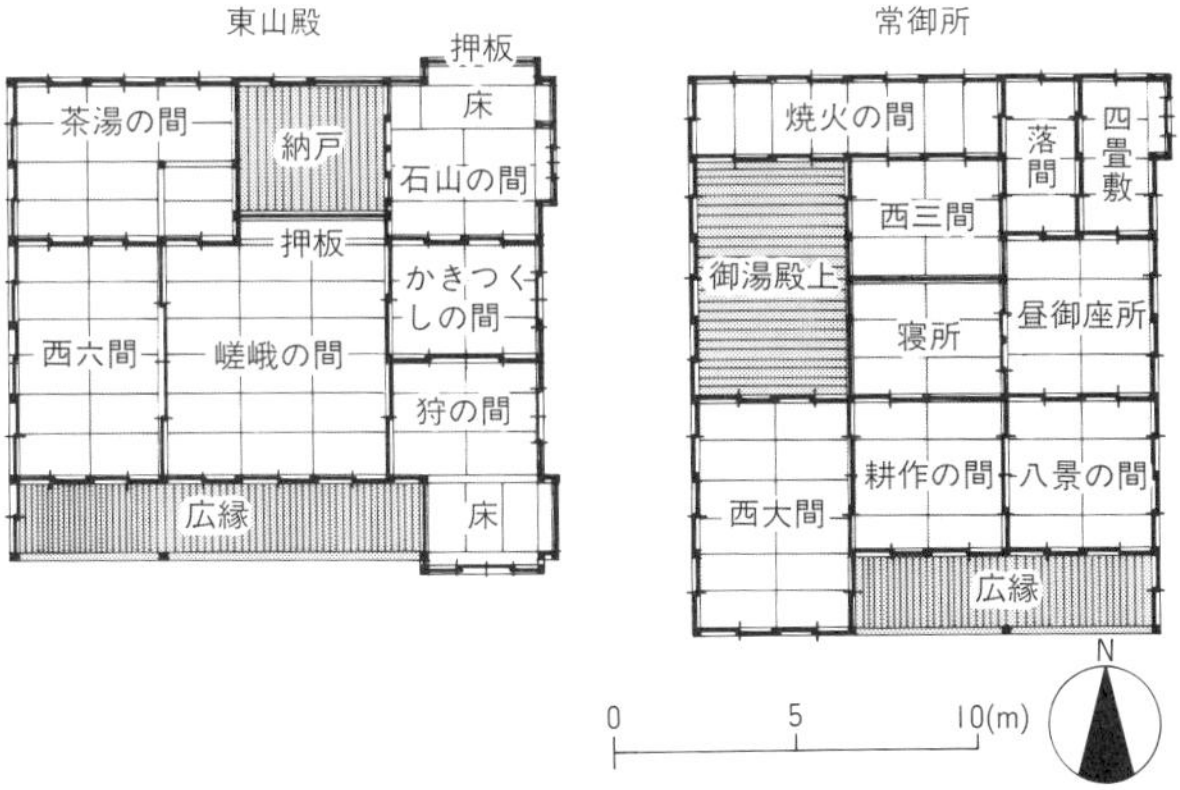

［図2］…東山殿の会所と常御所平面図（宮上茂隆氏復元）

［図3］…数寄屋風書院造の例（修学院離宮中御茶屋客殿）

⑦③ 慈照寺《じしょうじ》（銀閣寺《ぎんかくじ》）

京都市左京区銀閣寺町二

（交通）JR京都駅より京都市営バス銀閣寺道下車

将軍足利義政《あしかがよしまさ》が一四八二年より造営した別荘、東山殿（図4）を義政の死後、その菩提を弔うために寺院としたのが慈照寺です。その中心となる建物を銀閣というため、通称銀閣寺と呼ばれています。

創建当初は広大な建築群でしたが、のちに荒廃し、創建時の建物は現在観音殿（銀閣）と東求堂を残すのみとなっており、どちらも国宝に指定されています（図5）。

一四八九年に建立された銀閣こと観《かん》音殿《のんでん》は、金閣とともに室町時代頃に発生した楼閣建築の初期の例として知られ、二階建の上層は仏殿風ですが、下層は書院造となっています（図6、7）。

また、一四八五年造営の東求堂は畳を敷き詰め、引違い戸で間仕切り、特に同仁斎《どうじんさい》と呼ばれる座敷は付書院や違棚といった書院造の特徴を初めて採用した現存する最古の例であるといわれています（図8）。

［図6］…銀閣寺観音殿

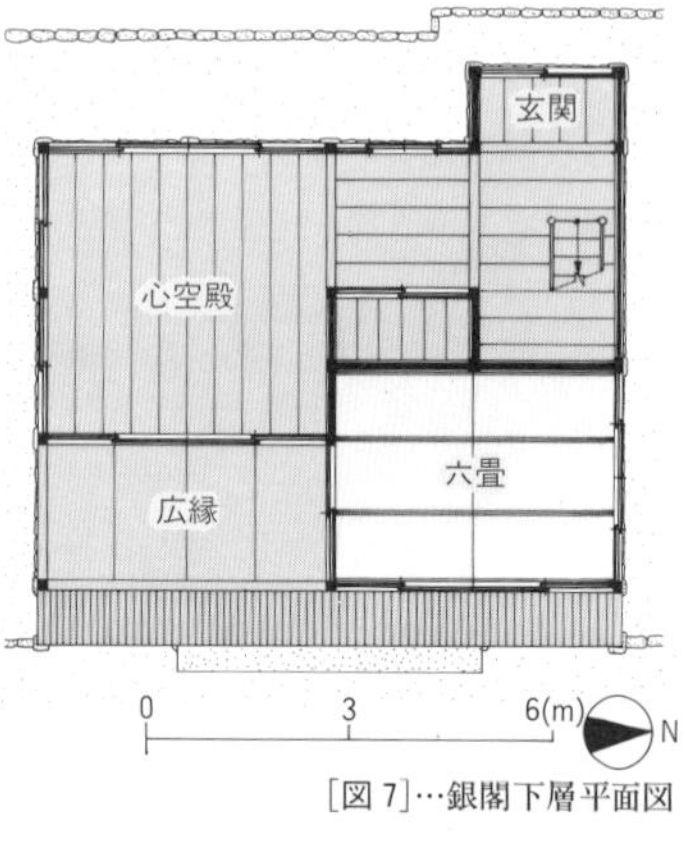

［図7］…銀閣下層平面図

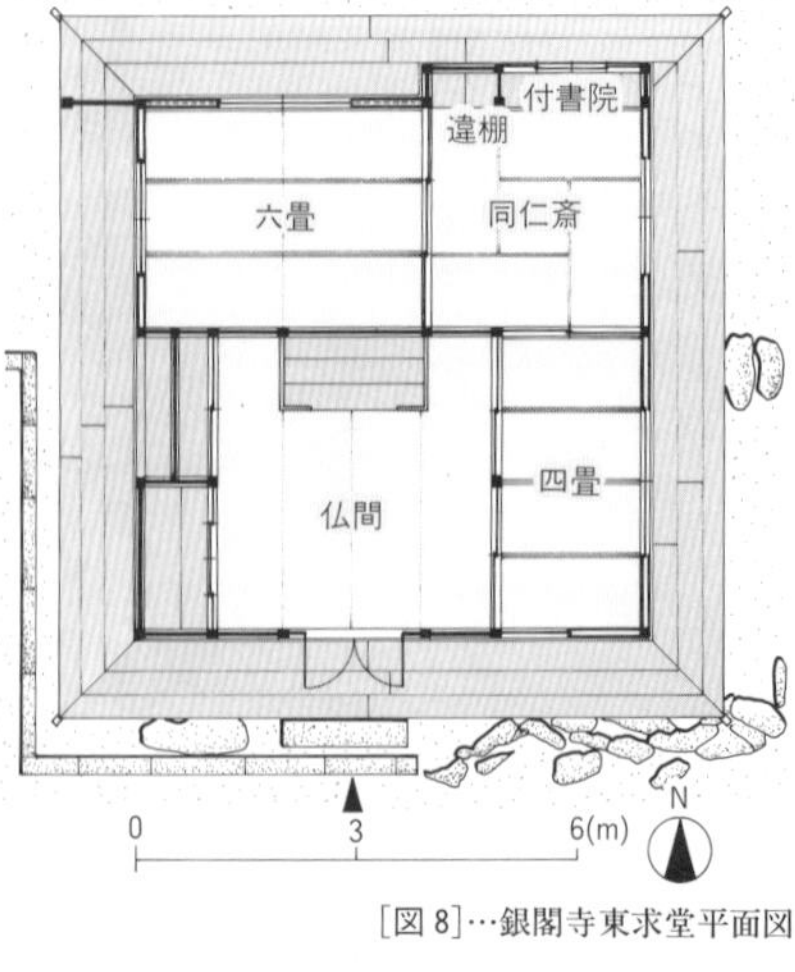

［図8］…銀閣寺東求堂平面図

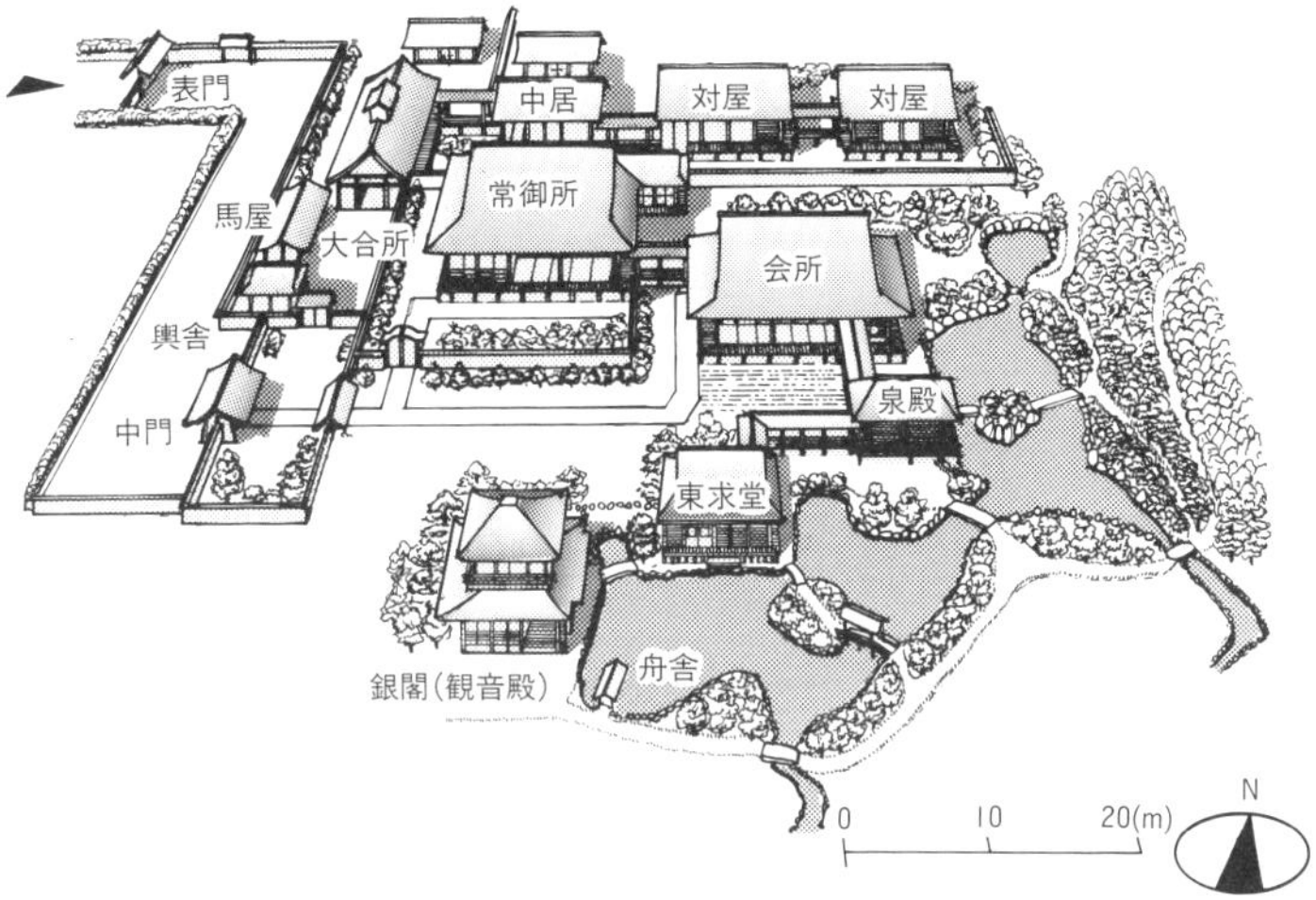

[図 4]…東山殿鳥瞰図（川上貢氏復元、中西立太氏作図をもとに作図）

[図 5]…慈照寺（銀閣寺）鳥瞰図

㉔園城寺《おんじょうじ》(三井寺《みいでら》)光浄院《こうじょういん》・勧学院《かんがくいん》

滋賀県大津市園城寺町二四六

(交通)京阪電鉄石坂線三井寺駅下車

園城寺の歴史は極めて古く、創建年代はさだかではありませんが、弘文《こうぶん》天皇皇子・大友与多王《おおともよたおう》創建といわれ、その後八五九年に僧円珍《えんちん》によって比叡山《ひえいざん》延暦寺別院《えんりゃくじべついん》として復興したものといわれています。

境内には、天智《てんち》、天武《てんむ》、持統《じとう》の三天皇が産湯《うぶゆ》を使ったという泉があり、現在も音をたてて湧き出しているため、通称三井寺と呼ばれているのです。

前に紹介した寝殿造の円満院《えんまんいん》の他、園城寺境内には、さらに書院造の傑作である光浄院客殿《こうじょういんきゃくでん》と勧学院客殿《かんがくいんきゃくでん》があります。

まず光浄院客殿は、一六〇一年に建立されたもので、その平面図は江戸幕

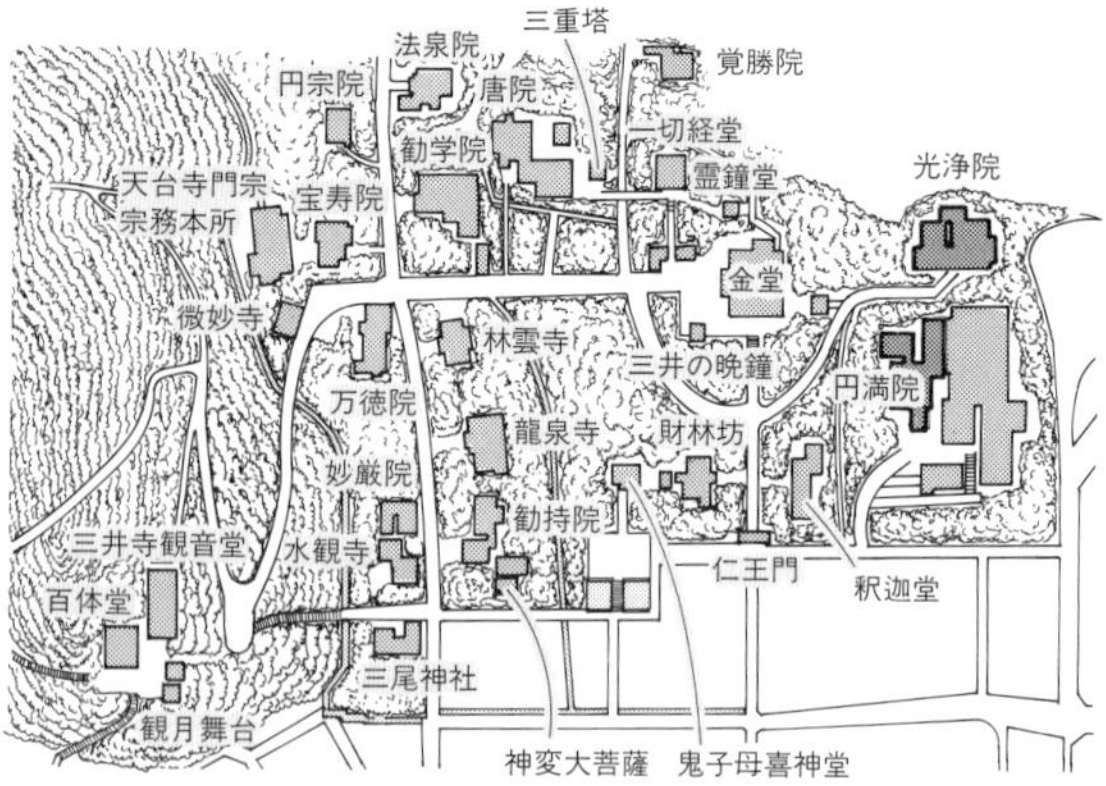

[図9]…三井寺全体配置図

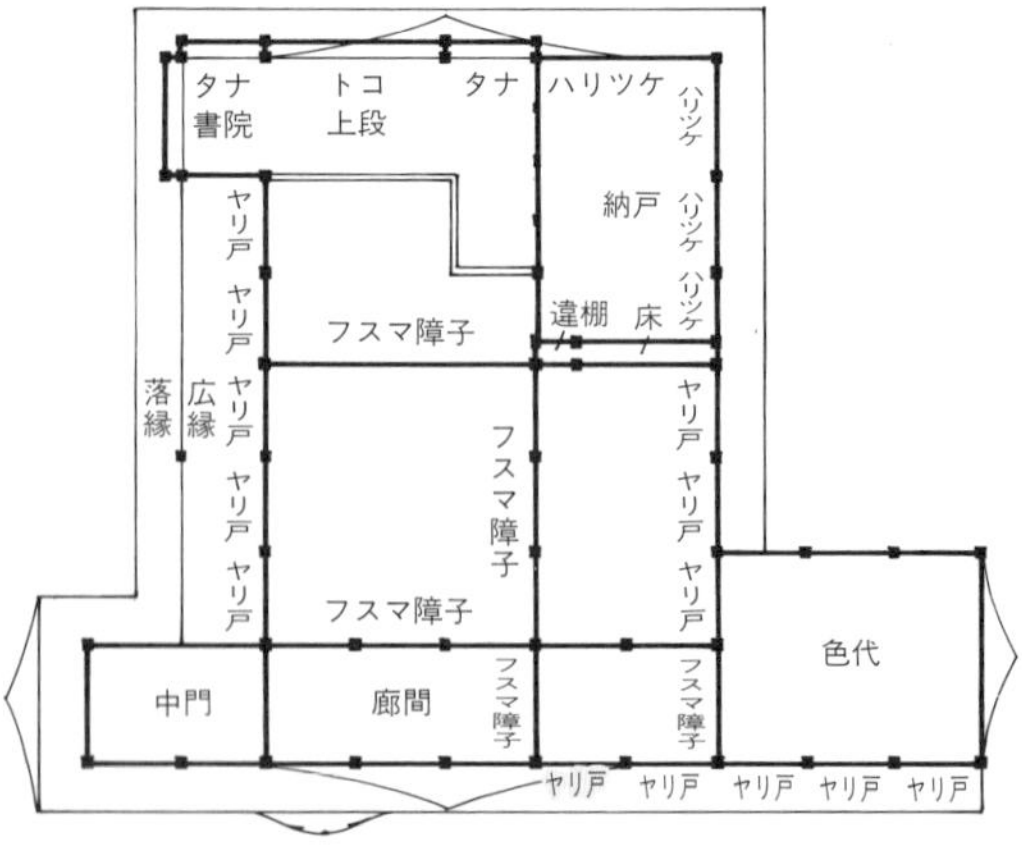

[図10]…昔主殿の図(『匠明』殿屋集写し)

[図 11]…光浄院外観

[図 12]…光浄院客殿鳥瞰図

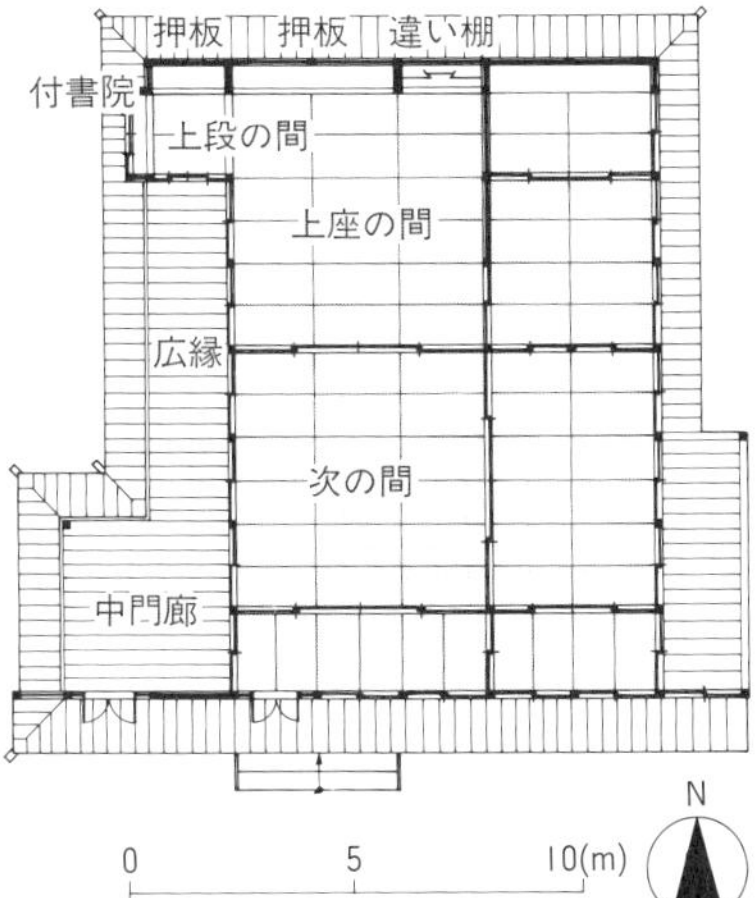

[図 13]…光浄院平面図

府の大工の教科書である『匠明《しょうみょう》』にも掲載されるほど、当時の書院造の典型というべきもので、国宝に指定されています。上座の間に書院造の特徴である床の間、違棚、帳台構と付書院をもちますが、妻戸、連子窓、中門廊などに寝殿造の名残りを見せています（図9〜13）。

次に勧学院客殿は、光浄院より一年早い一六〇〇年の造営で、ほぼ同じ外観と形式をもちますが、間取りがやや異なります。光浄院同様、国宝に指定されています（図14〜16）。

［図14］…勧学院鳥瞰図

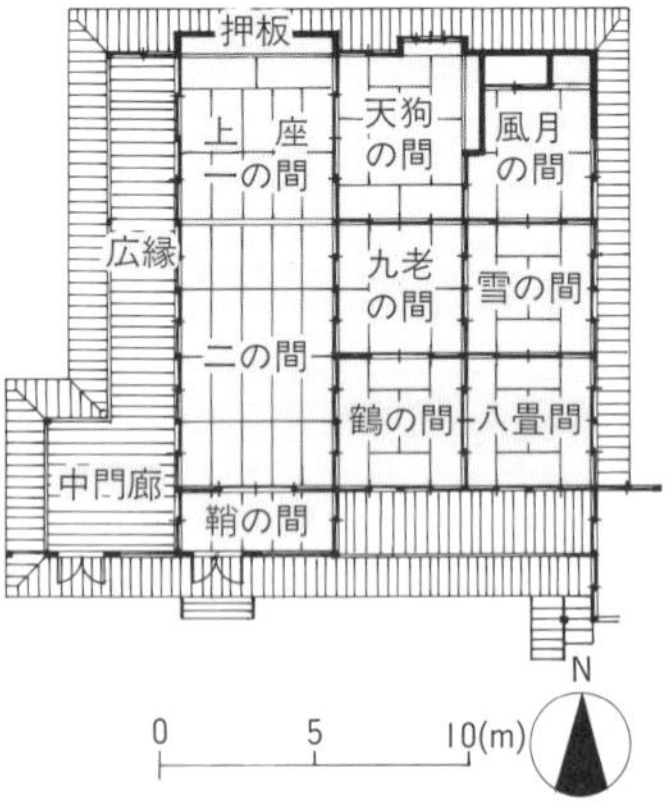

［図15］…勧学院客殿平面図

［図16］…勧学院

⑮ 醍醐《だいご》寺《じ》三宝院《さんぼういん》

京都市伏見区醍醐東大路町二二

（交通）京都市営地下鉄東西線醍醐寺駅下車

醍醐寺全体の本坊が三宝院で、一一

一五年に勝覚《しょうかく》僧正《そうじょう》によって創建されましたが、現在の建物は一五九八年、義演准后《ぎえんじゅんこう》が住職の代に、太閤豊臣秀吉が有名な醍醐の花見に際し造営したものです。そして、この三宝院の中心建物が表書院で、現在世界文化遺産及び国宝に指定されています（図17、18）。

下段の間、中段の間、上段の間の三室を一列に並べ上段に床と棚を設けた書院造で、庭園側に広縁をつけています（図19）。

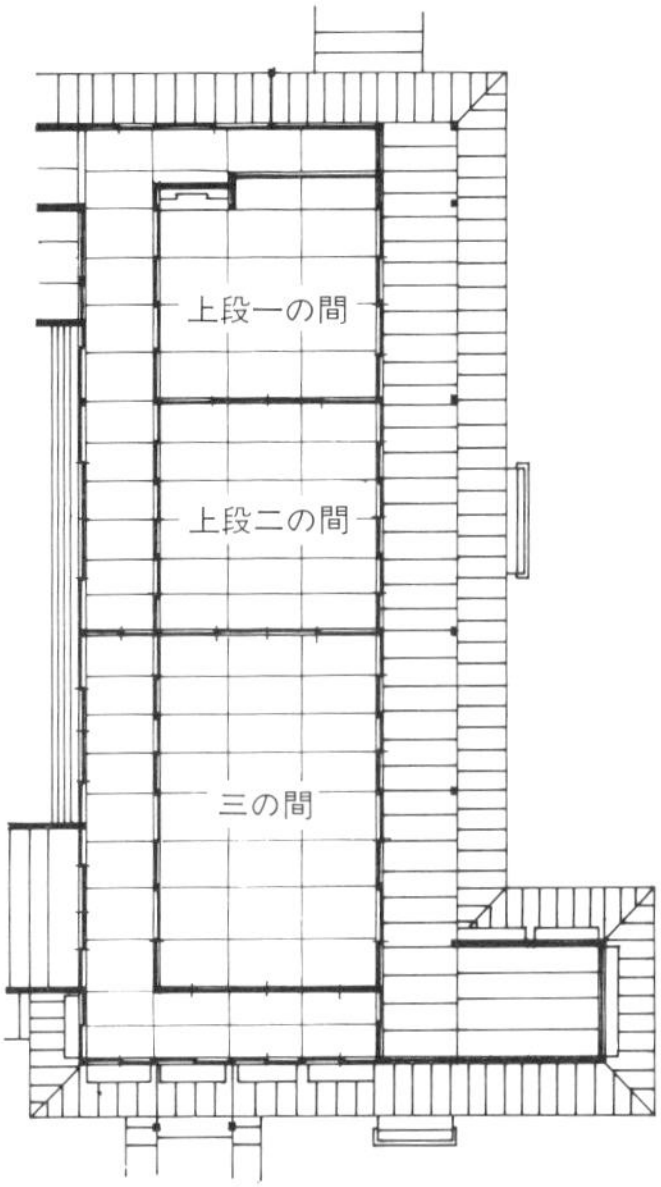

［図19］…醍醐寺三宝院平面図

［図18］…醍醐寺三宝院唐門

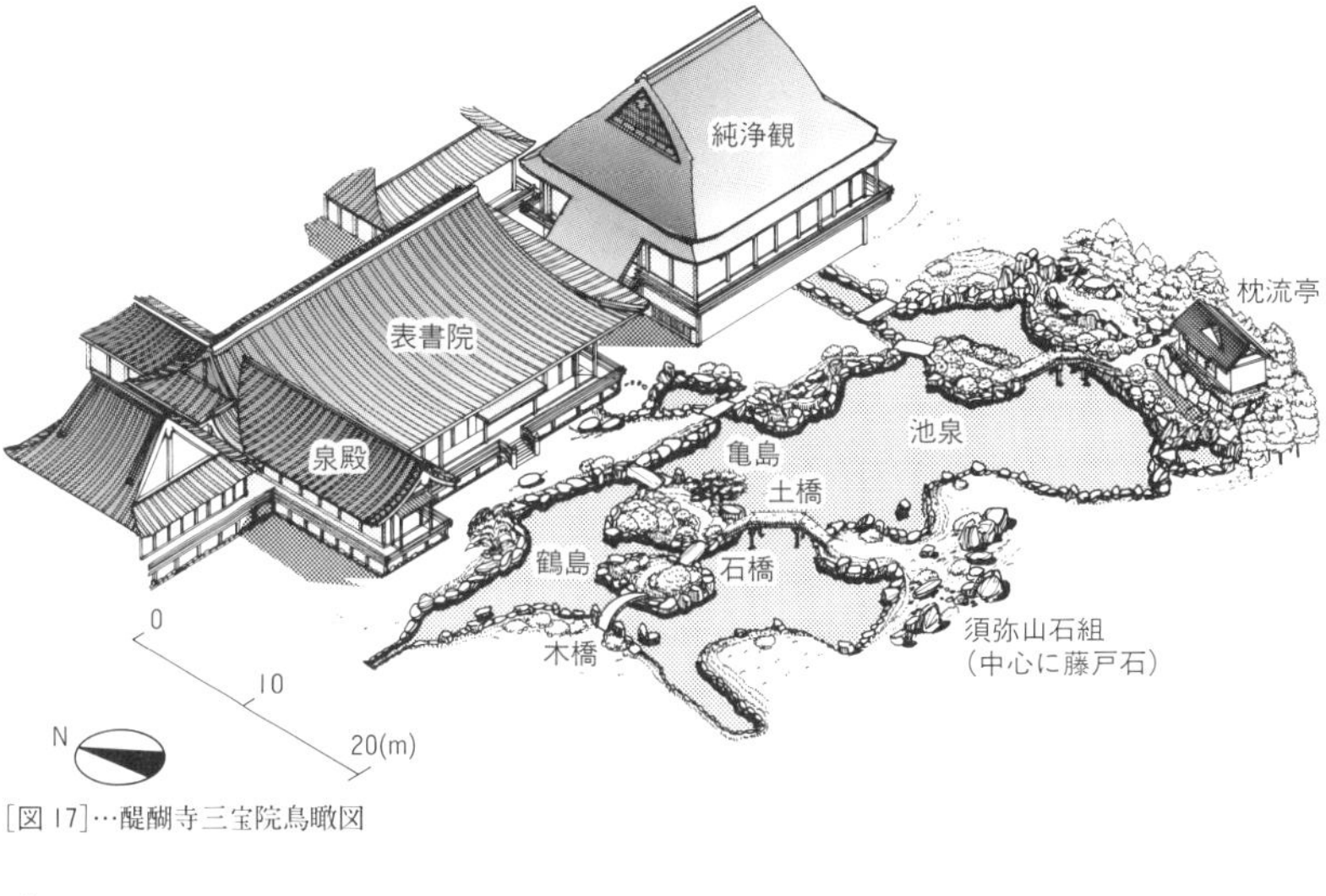

［図17］…醍醐寺三宝院鳥瞰図

⑯ 西本願寺《にしほんがんじ》書院《しょいん》・黒書院《くろしょいん》

京都市下京区堀川通花屋町下ル

(交通)JR京都駅より京都市営バス西本願寺下車

第二章では寺院建築として紹介した西本願寺には、書院及び黒書院と呼ばれる二つの書院造の傑作があります。まず、対面所（図20）と白書院（図21）からなる書院は一六三二年に造営され

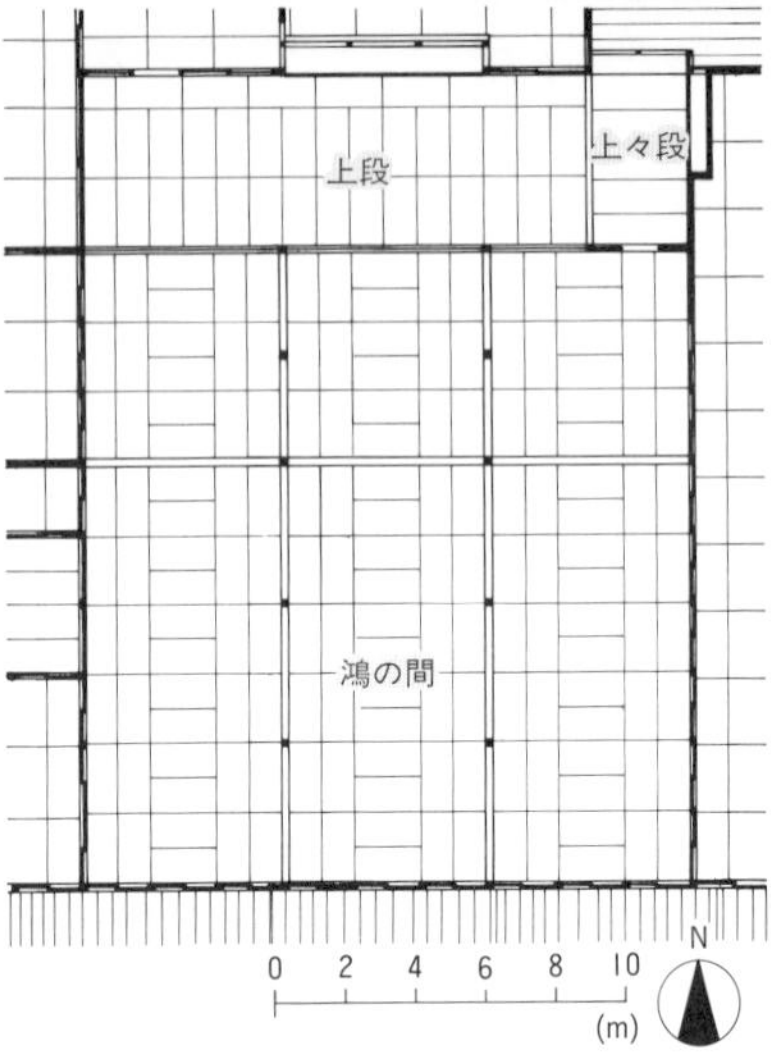

[図21]…西本願寺白書院平面図

[図20]…西本願寺対面所

たもので、対面所は徳川三代将軍家光を迎えるために設けられたといわれ、正面に広く上段をとり、その奥に床、棚、帳台構を一直線に並べています。また、上段の横に上々段があるのも特徴的である上、広縁をはさんで中庭には北能舞台（国宝）（図22）があり、観能を楽しむことができます。また、白書院は将軍の控えの間といわれ、床、棚、書院、帳台構を備えた書院造の定番といえましょう。

　次に黒書院（図23〜25）は、表向きの性格をもつ対面所・白書院に対して、内向きの書院で、一六五七年の造営によるものです。面皮柱や透し彫の欄間など、茶室の影響をうけた数寄屋風の手法をもち、書院、黒書院ともに国宝に指定されています。

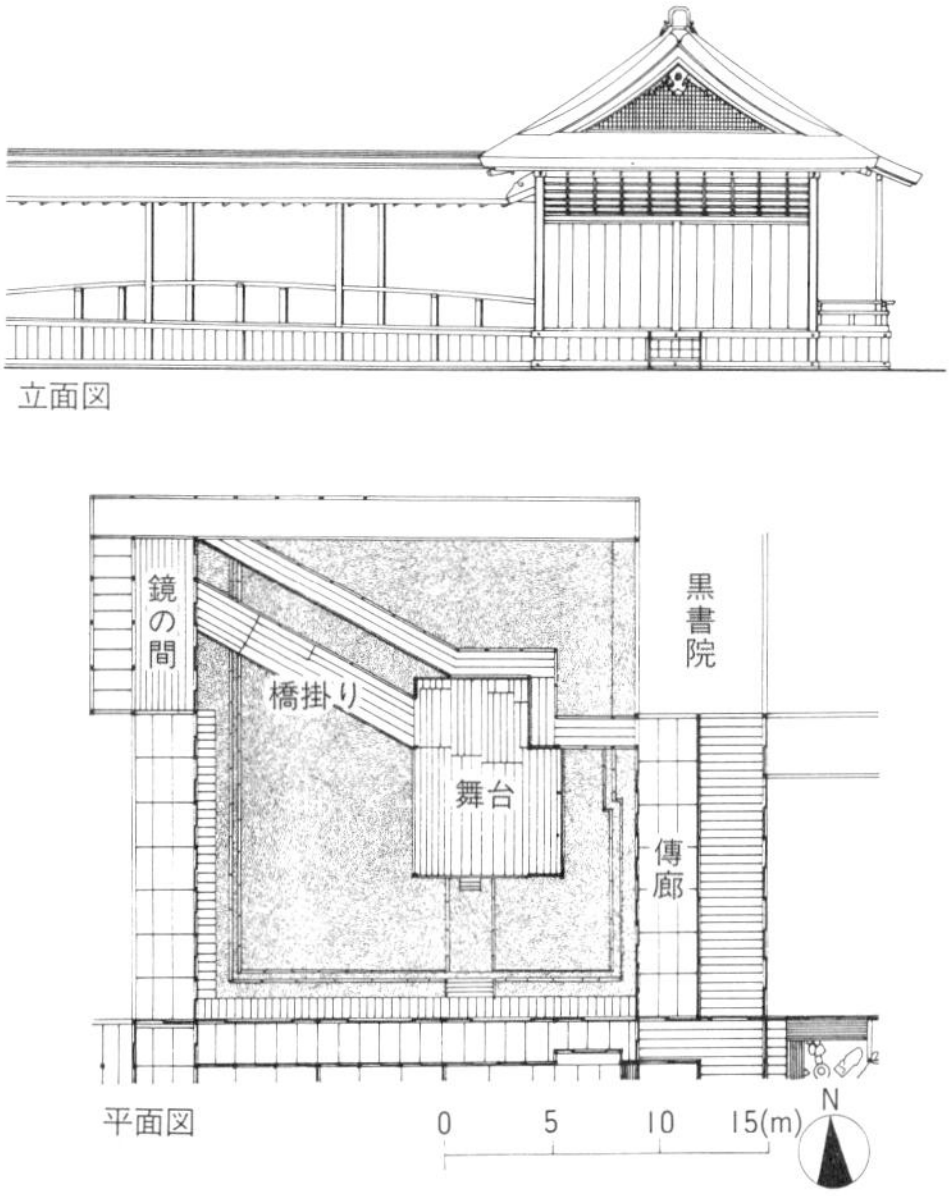

［図22］…西本願寺北能舞台立面図・平面図

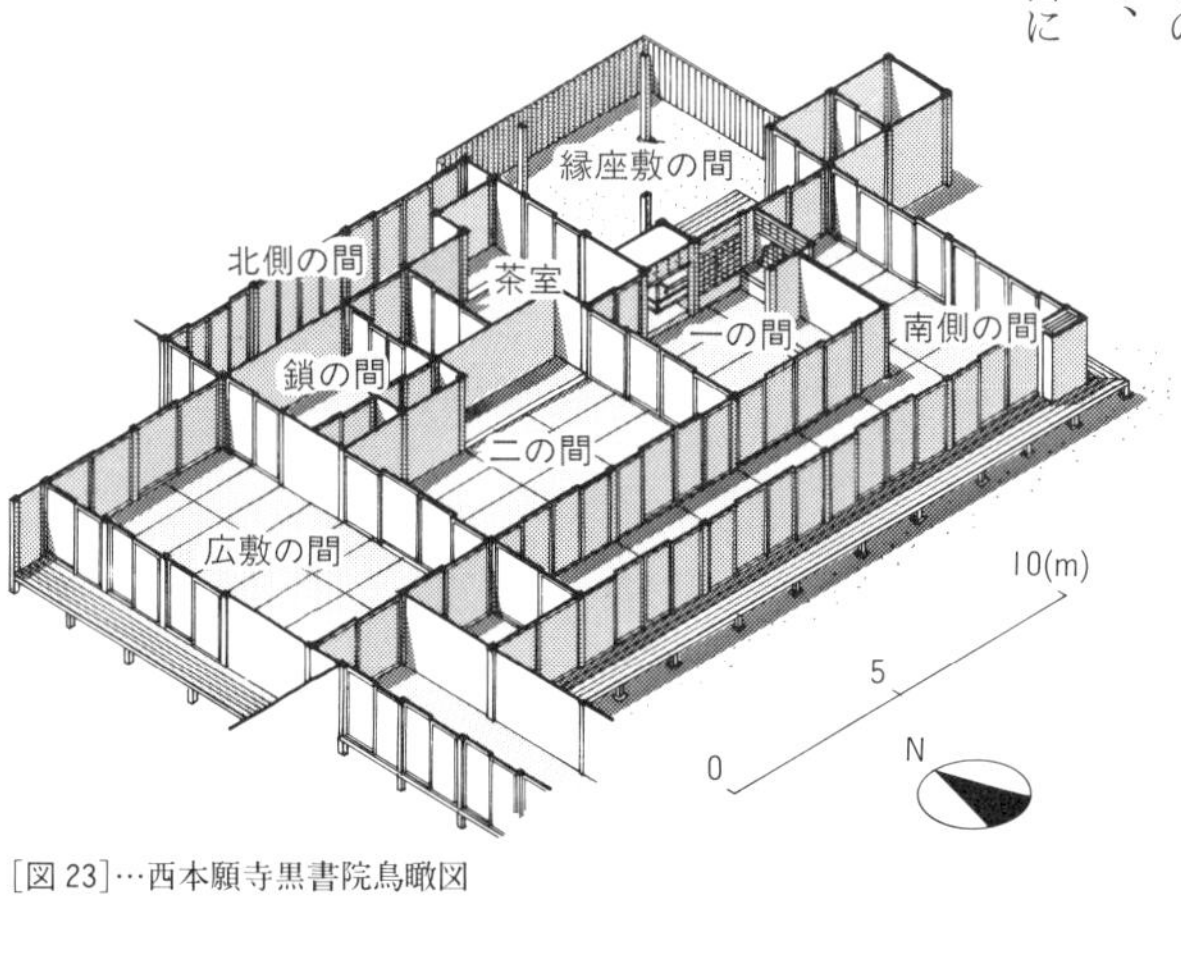

［図23］…西本願寺黒書院鳥瞰図

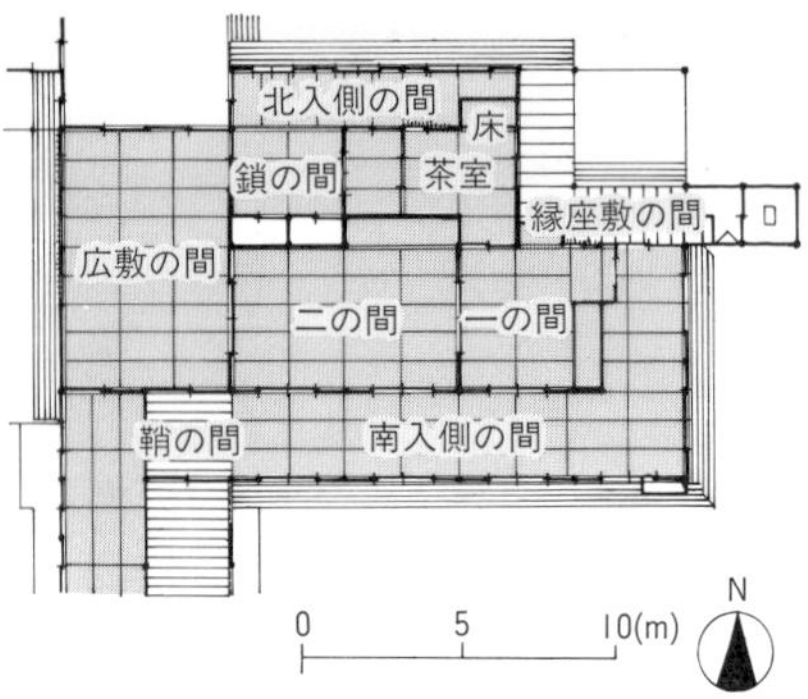

[図24]…西本願寺黒書院平面図

[図25]…西本願寺黒書院

77 二条城《にじょうじょう》二《に》の丸《まる》

京都市中京区二条通堀川西入ル二条城町五四一

(交通)ＪＲ京都駅より京都市営バス二条城前下車、または京都市営地下鉄東西線二条城前駅下車

二条城は一六〇二年頃、徳川初代将軍家康が上洛の際の居城として築いた建物です(図26)。

中でも二の丸御殿と庭園は一六二六年に後水尾《ごみずのお》天皇の行幸にあわせて増築されたもので、幕府作事奉行で将軍茶道指南でもあった小堀遠州《こぼりえんしゅう》の手になるもので、遠侍《とおざむらい》(大名・家臣の間)、大広間(将軍と対面の間)、黒書院(将軍の執務のための間)、白書院(将軍の居間)が雁行《がんこう》型に配されており国宝に指定されています(図27〜30)。

現在の姿は、後水尾天皇行幸の後に再び改築されたもので、当時は庭園に行幸御殿や中宮御殿、楽屋や能舞台、亭などが所狭しと並んでいたといわれています。

78 桂離宮《かつらりきゅう》

京都市西京区桂御苑《ぎょえん》内

(交通)阪急電鉄嵐山線桂駅下車、または京都市営バス桂離宮前下車

桂離宮は、一六一五年頃京都の西南、桂川《かつらがわ》のほとりに建てられた貴族の別荘です。

桂離宮の創建者は、後陽成《ごようぜい》天皇の弟八条宮智仁親王《はちじょうのみやとしひとしんのう》であり、その後、長男智忠親王《としただしんのう》によって一六四一年と一六六二年の二回の増築が加えられ、今日見ることができる姿に完成されました(図31)。

約七万平方メートルの敷地に、小さな山が築かれ、池が掘られ、創建当初の古書院《こしょいん》、一六四一年に増築された中《ちゅう》書院《しょいん》、さらに一六六二年に増築された

[図 26]…二条城本丸御殿

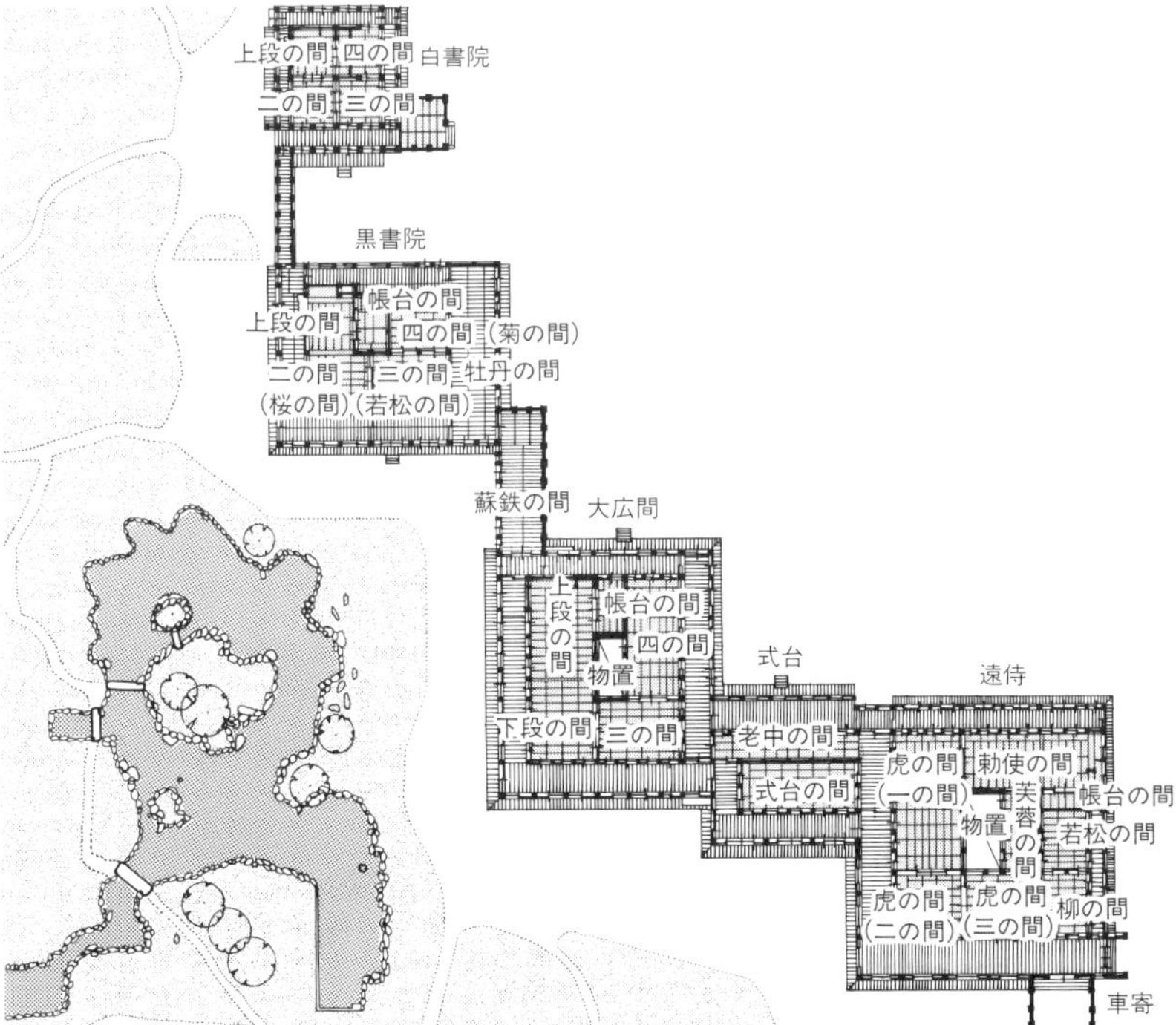

[図 27]…二条城二の丸御殿平面図

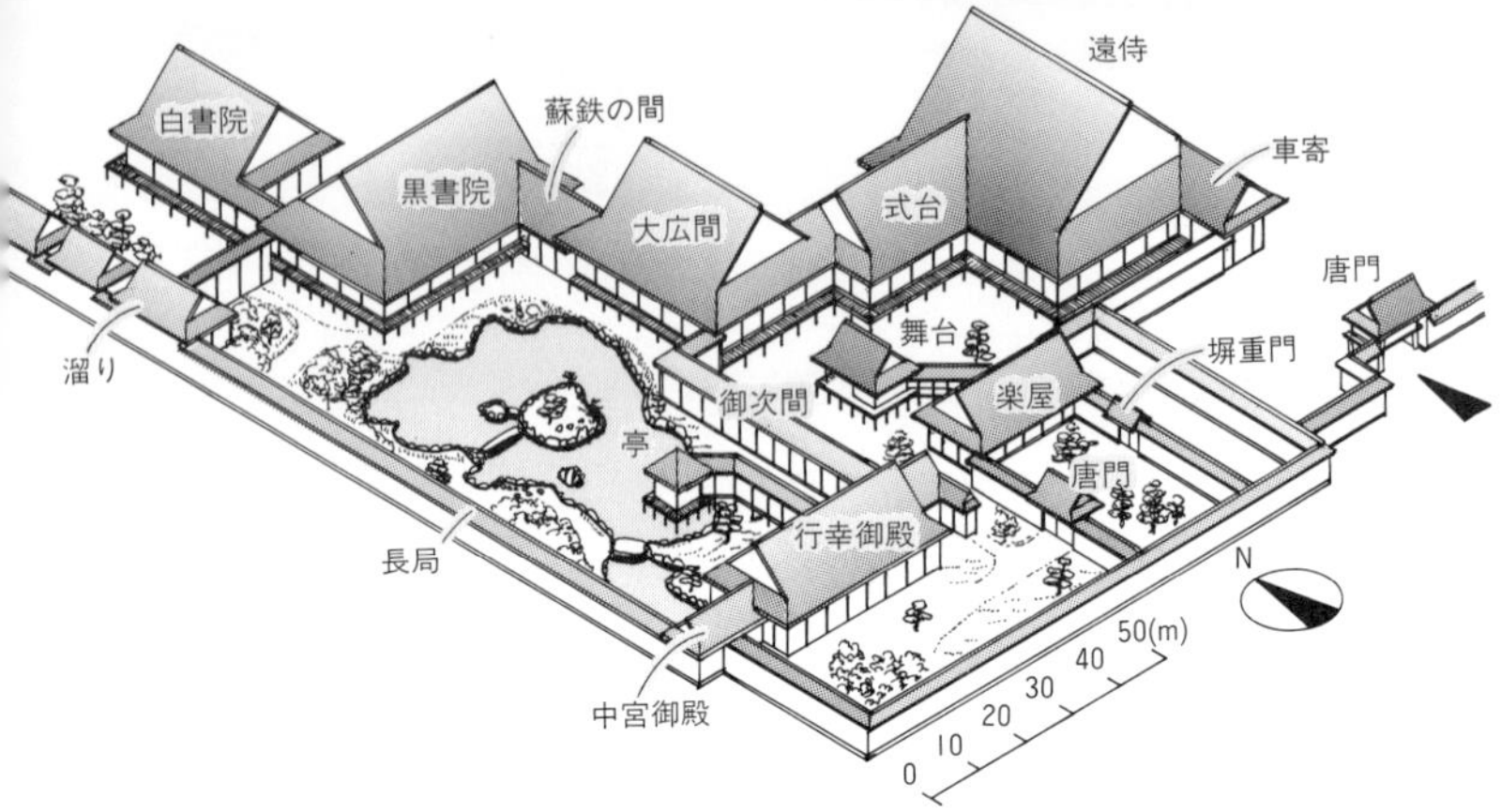

［図 28］…二条城復元鳥瞰図

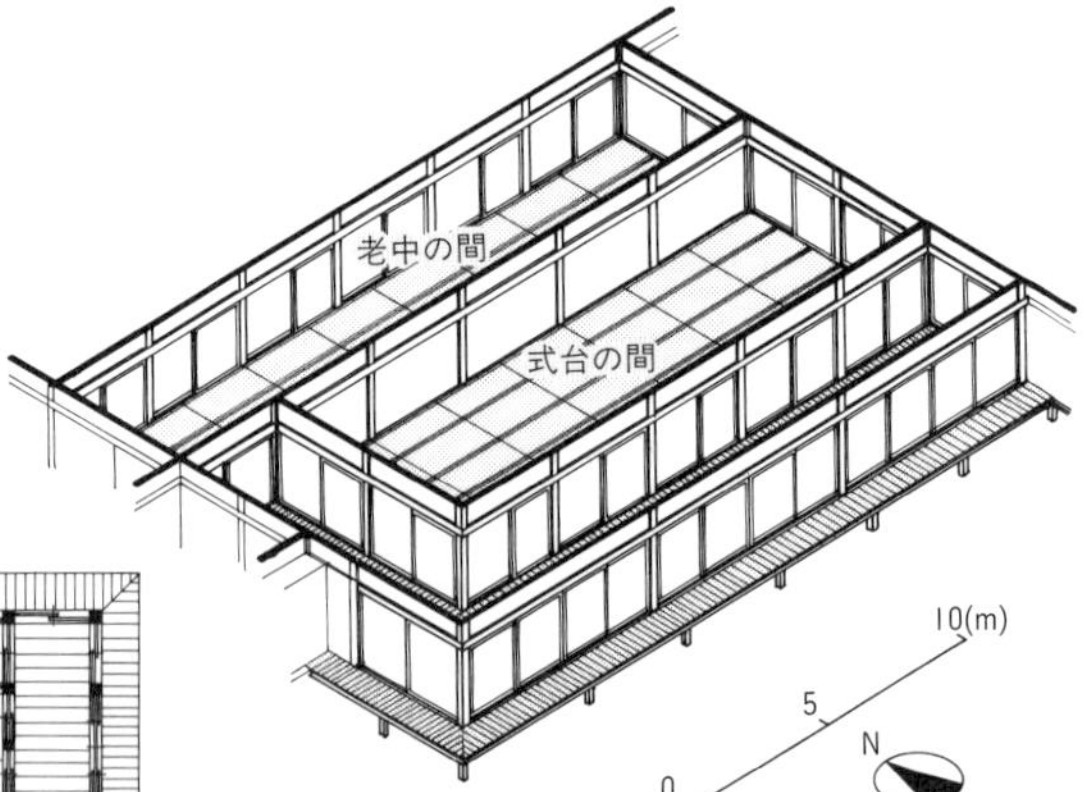

［図 30］…二の丸御殿式台

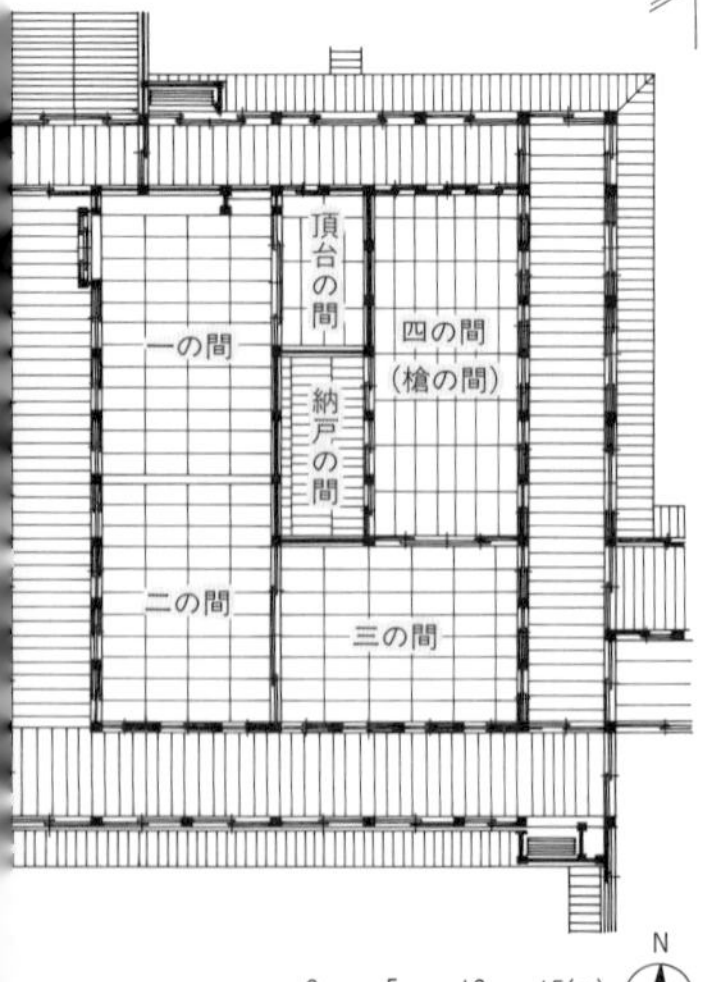

［図 29］…二の丸御殿大広間

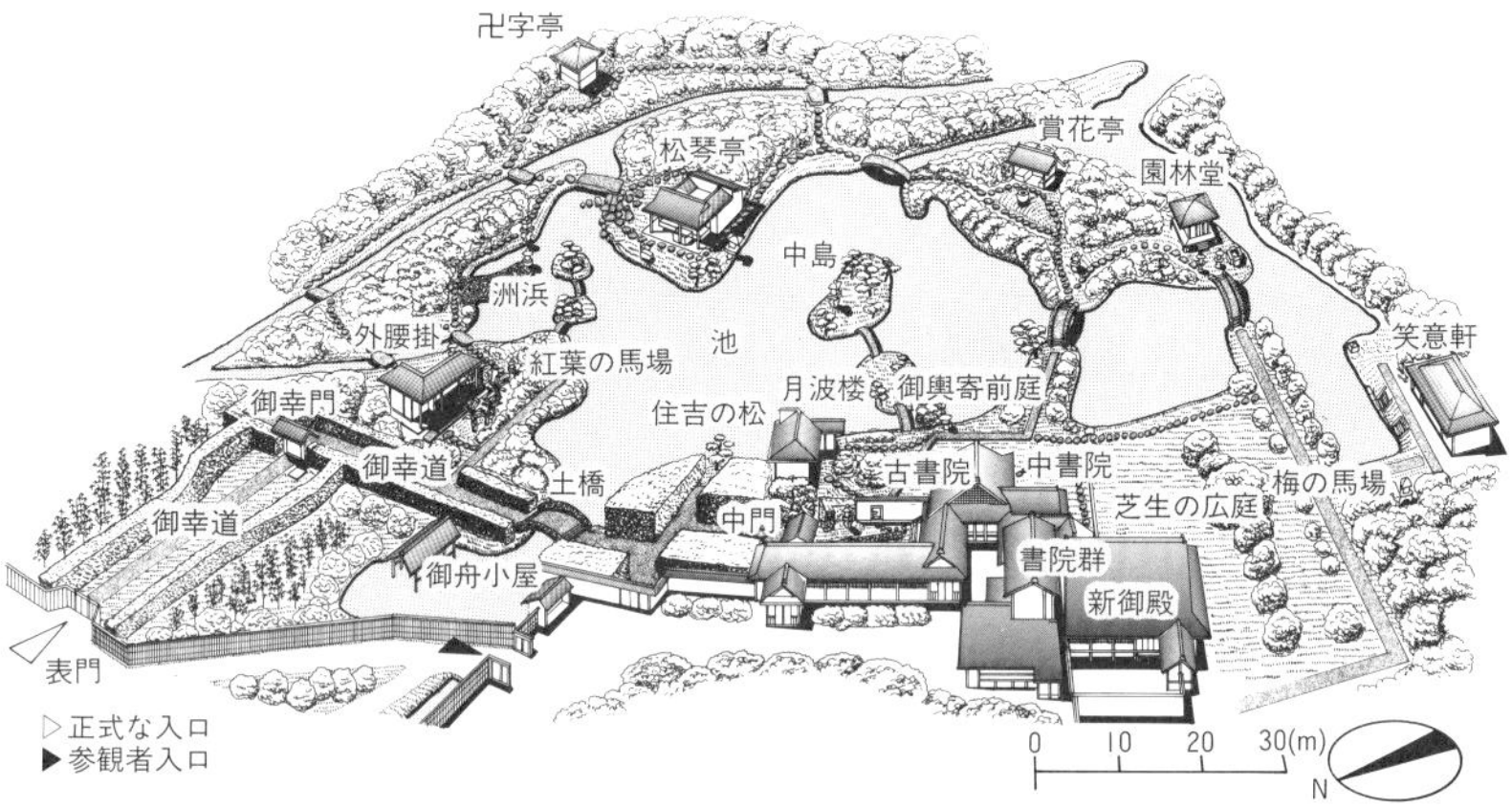

[図 31]…桂離宮鳥瞰図

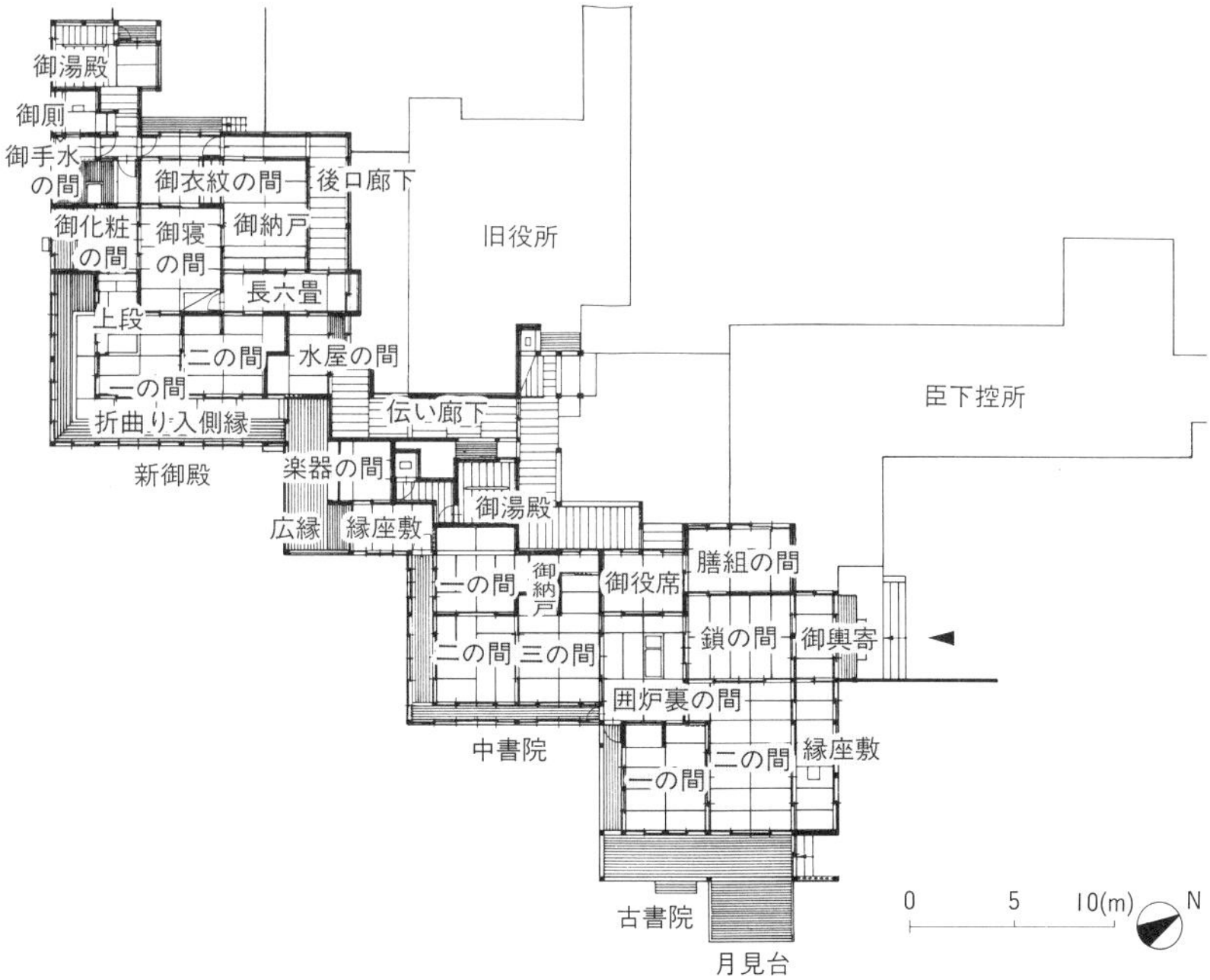

[図 32]…桂離宮書院群平面図

［図33］…桂離宮書院群

新御殿《しんごてん》の三つで構成された書院群《しょいんぐん》（図32、33）が、敷地中央に池を望んで建てられています。

また、月波楼《げっぱろう》、松琴亭《しょうきんてい》、笑意軒《しょういけん》、賞花亭《しょうかてい》、卍字亭《まんじてい》、御腰掛《おこしかけ》などの茶亭や仏堂の園林堂《おんりんどう》など、さまざまな建築が庭園の中に配され、当時の面影を現在もとどめています。

庭は「池泉回遊式庭園《ちせんかいゆうしきていえん》」と呼ばれる形式で、一つ一つの建物を変化に富んだ道によって継ぎ、道を歩くことにより、庭園を一周することができます。途中途中に、趣向がこらされた橋や手水鉢《ちょうずばち》、石灯籠、舟小屋、門、飛石、延段《のべだん》、樹木などが配され、道に四季おりおりの変化を与えています。

書院群は、これらすべての施設の中で、機能的にも、造形的にも最も優れた桂離宮を代表する建物なのです。昭和のはじめ、ドイツを代表する建築家ブルーノ・タウトがここを訪れ、「涙が出るほど美しい」と絶賛したため、現在日本建築のシンボルの一つであるといわれています。

79 曼殊院《まんしゅいん》

京都市左京区一乗寺竹ノ内町四二

（交通）ＪＲ京都駅より京都市営バス一乗寺清水町下車

曼殊院《まんしゅいん》は天台宗の門跡《もんぜき》寺院（皇族が跡を継ぐ寺）で、桂離宮の完成者八条宮智忠親王の弟・良尚《りょうしょう》法親王によって一六五六年に造営されたもので、桂離宮の書院と類似した意匠をもつため、「小さな桂離宮」ともいわれています。造営の際、実兄の助言がかなりあったことを物語っています。本堂は大書院、小書院、茶室から成り、大書院は上段の間に付書院と床の間をもち、またその隣に「曼殊院棚」と呼ばれる複雑な構成の違棚があります（図34、35）。

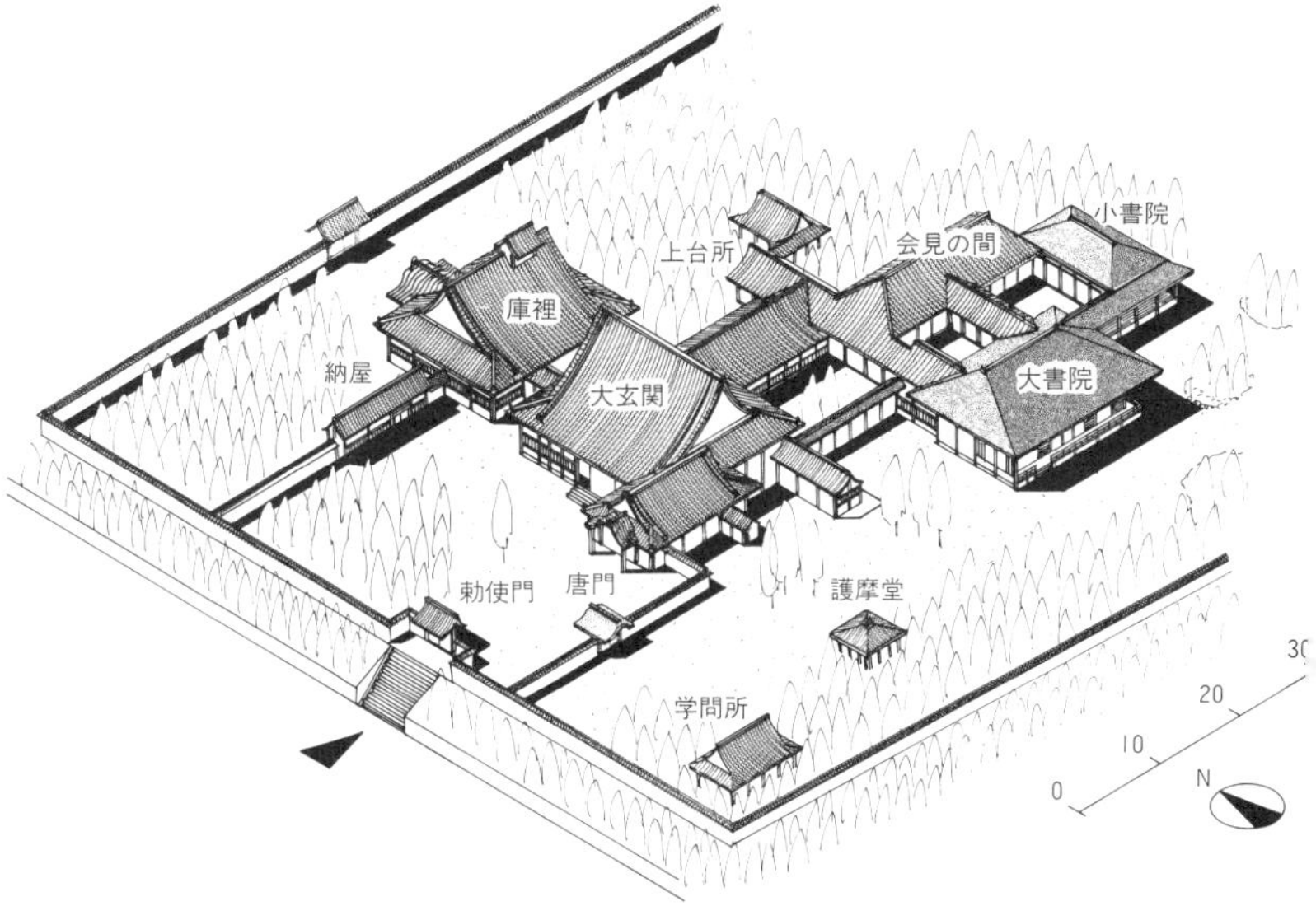

[図 34]…曼殊院鳥瞰図

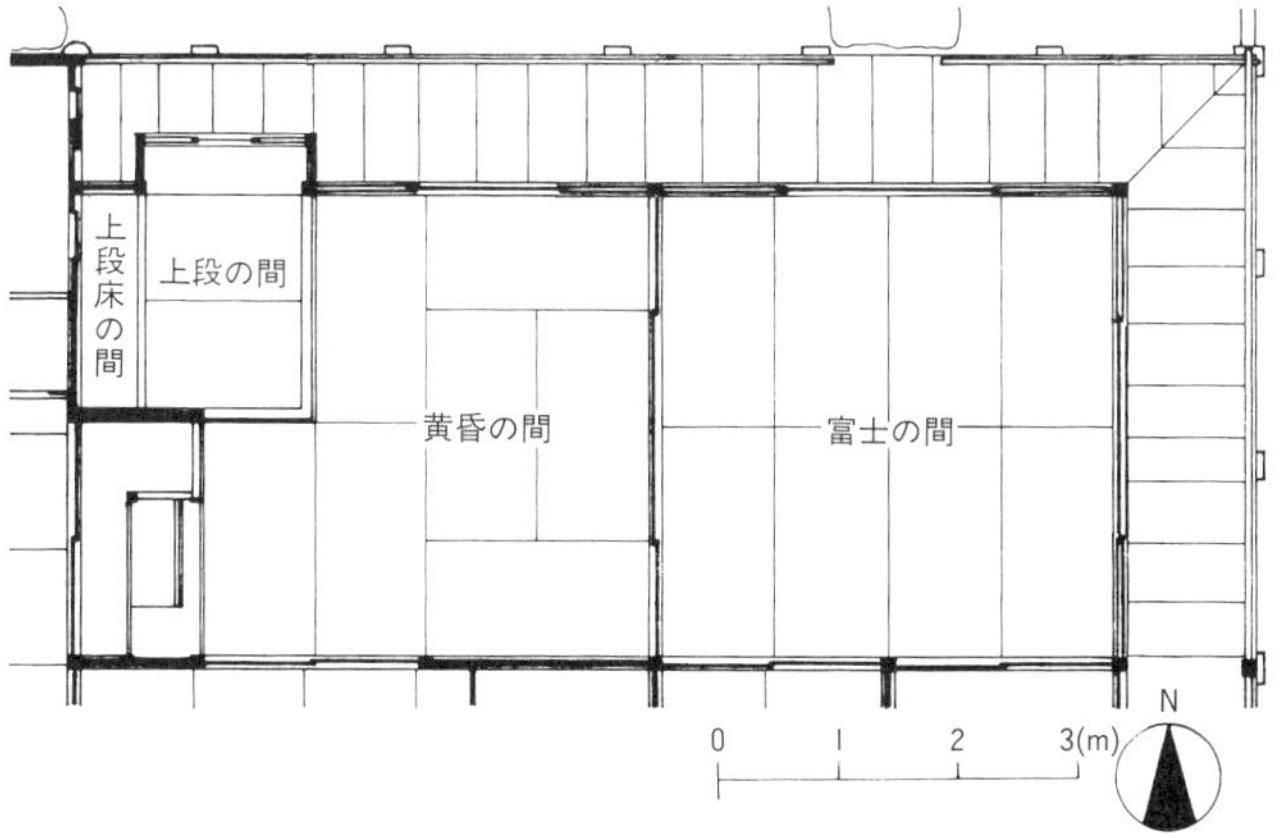

[図 35]…曼殊院大書院平面図

エピソード

書院造とパースペクティヴ

❖1　醍醐寺三宝院

豊臣秀吉が造営した三宝院表書院の間取りを観察すると、三の間、上段二の間、上段一の間のそれぞれの奥行の柱間を四間、三間、二間と等差数列で減らしており、その結果実際より奥行感が強調されるパースペクティヴの手法が巧みにつくり出されていることがわかります。

このような奥行を数列によって減らす方法は、同時代ヨーロッパ教会建築で大流行したルネサンス・バロック文化の最先端知識で、世界文化遺産にも指定されている三宝院にこのような西欧手法が指摘できるのは興味深いことといえましょう。

❖2　西本願寺の秀吉の遺構の是否

西本願寺には豊臣秀吉の遺構といわれるものが数多く、例えば飛雲閣《ひうんかく》や虎渓《こけい》の庭、あるいは能舞台は秀吉の京都の居城聚楽第の遺構であるといわれ、また唐門や書院は秀吉の伏見城の遺構であると伝えられています。

しかし、近年残念なことに、それらの伝説の多くが建築史的には否定されています。ここで、秀吉の建築へのヨーロッパ文化の影響という点から、西本願寺の秀吉の遺構の是否についてもう一度考えてみましょう。

まず、書院ですが、一九五九年の半解体修理によって移建の形跡が全くない上に白書院と対面所がもと別の建物であり、対面所は九〇度向きを変えたものであることがわかりました。その結果、建築史家西和夫氏によれば、伏見城からの移建の可能性はなく、もともと本願寺で造営された建物が一六三三年頃引き屋、改築されたものであるとされています。

しかし、この対面所の奥行方向の独立柱の間隔を観察してみると二間、二間、一・五間、一・五間と構造的混乱を起こしてまであえて減らしており、その結果ここにも奥行を強調するパースペクティヴのしくみが指摘できるのです。奥行方向の柱間を減らす方法は先にも触れましたが、この方法の日本における発祥は、秀吉の聚楽第大広間であることが大工の秘伝書である『匠明』の平面図から明らかです。また前述の醍醐寺三宝院表書院にも同様の手法が見られることから、ここに秀吉による何らかの関連を見い出すことは容易でしょう。

次に飛雲閣ですが、聚楽第を描いた『聚楽第図』を見ると、その中に三層の飛雲閣に酷似した楼閣を発見することができます。また『当代記』によれば、聚楽第の破却の際、同時に建設をすすめていた伏見城にかなり多くの建物が移建されたことがわかります。一方『義演准后日記』

によれば一五九七年にわずか数ヶ月の期間で伏見城に突如「舟入学問所」と呼ばれる楼閣が完成しており、工事の早さから、聚楽第からの移建をにおわせるのです。飛雲閣が舟入の間と呼ばれる船から直接建物に入るしくみを唯一もつ現存する楼閣であることはいうまでもありません。

このように見てくると、聚楽第からいったん伏見城に移建され、それがさらに本願寺に移された可能性はないわけではないのですが、秀吉の伏見城も一六〇〇年に焼失、現在の飛雲閣に結びつけることはできません。しかし、この飛雲閣の書院を見ると八景の間、招賢殿、上段の間の奥行方向の柱間がやはり四間、二・五間、一・五間と等差数列になったパースペクティヴの手法が用いられており、ここにも前掲の秀吉建築特有のしくみが見い出せるのです。

ちなみに、付属した黄鶴台というサウナも実に秀吉らしい施設であるといえますが、秀吉の遺構の真偽は今後の新資料の発掘に期待したいと思います。

❖3 曼殊院書院

曼殊院の建物は、桂離宮の創建者として知られる八条宮初代智仁親王の次男・良尚法親王によって、一六五六年に造営されたものです。

その書院について、富士の間、黄昏の間、上段の間それぞれの奥行方向の柱間を調べてみると、やはりそれぞれ二間、一・五間、一間と等差数列によって減らされていることがわかり、ここにもパースペクティヴの手法を指摘できます。しかも、上段の間が一段高くなっている上、幅も半分に狭まっているため、ここに座する法親王が明快なアイポイントとなってさらに遠近感が強調されるしくみが巧みに造り出されているのです。

なお、書院の縁側につけられた手すりについても、奥に行くほど高さを減らしており、ここにもパースペクティヴの手法を認めることができるのです。

この他、曼殊院棚と呼ばれる複雑な構成の棚についても、やはり同時代ヨーロッパにて大流行した一対一・六一八の相似関係である黄金分割が用いられており、西欧文化の影が見え隠れしています。

❖4 江戸城

建築史家平井聖氏による江戸城本丸大広間の復元図（166頁図12参照）を観察すると、下段、中段、上段それぞれの奥行方向の柱間がやはり四間、三間、二間、一間と等差数列によって減らされており、また、それに合わせて、床が一段づつ高まるためにパースペクティヴの効果が認められます。日光東照宮本社の内部にも同様の数列による柱間縮小のパースペクティヴの手法を指摘できますが、くしくも江戸城の中心御殿とでもいうべき大広間にも同時代ヨーロッパのテクニックが応用されたふしがあるのです。このように、パースペクティヴの手法は、書院造の特徴の一つとして、その後一般化した可能性が指摘できるのです。

4——町屋と民家

庶民のくらし

寝殿造や書院造は公家や武家等の身分の高い人々の住居形式ですが、それでは庶民のすまいはいったいどのようなものであったのでしょうか。

奈良や京都の都であった平城京や平安京（図1、2）、あるいは権力者豊臣秀吉や徳川家康の居城である大坂城や江戸城の城下町では、縦、横の格子状の道である「条坊《じょうぼう》」によって街が区画されていました。これらを「町割《まちわり》」と呼び、通常一二〇メートル四方の区画を「一町《いっちょう》」と呼び、その中に庶民の住居である「町屋《まちや》」を多数設けたため、おのずと開口が狭く、奥へ細長い住宅となりました。

そして一区画の中央には「会所地《かいしょち》」

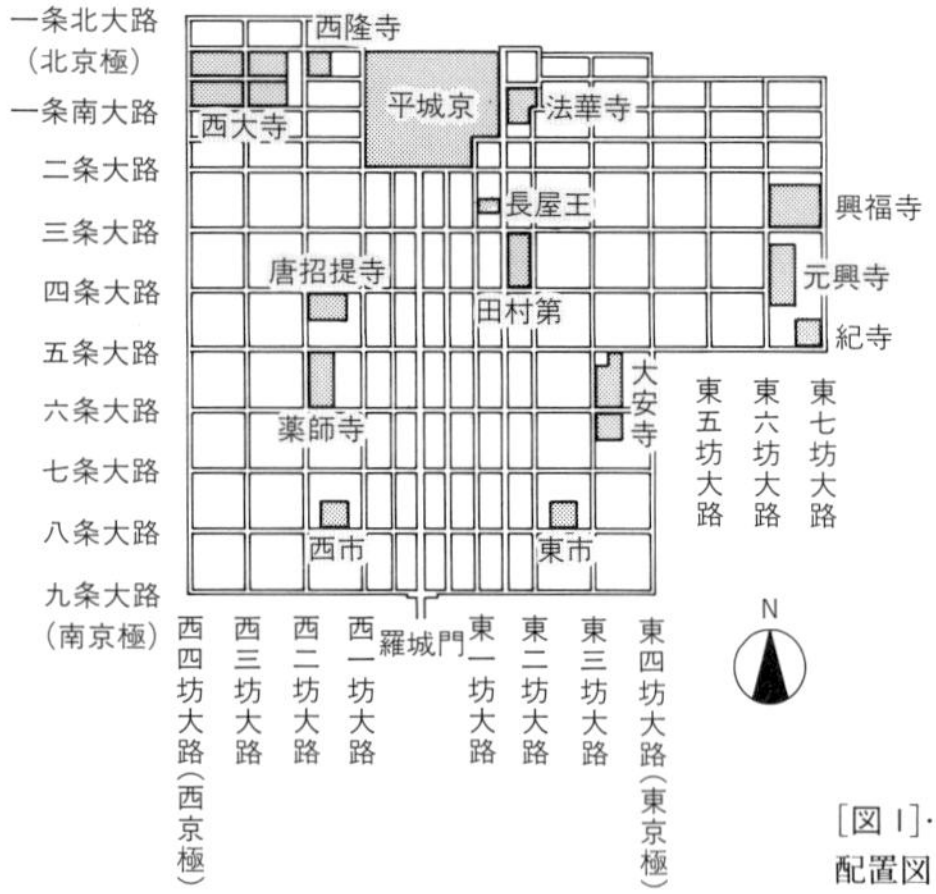

［図1］…平城京配置図

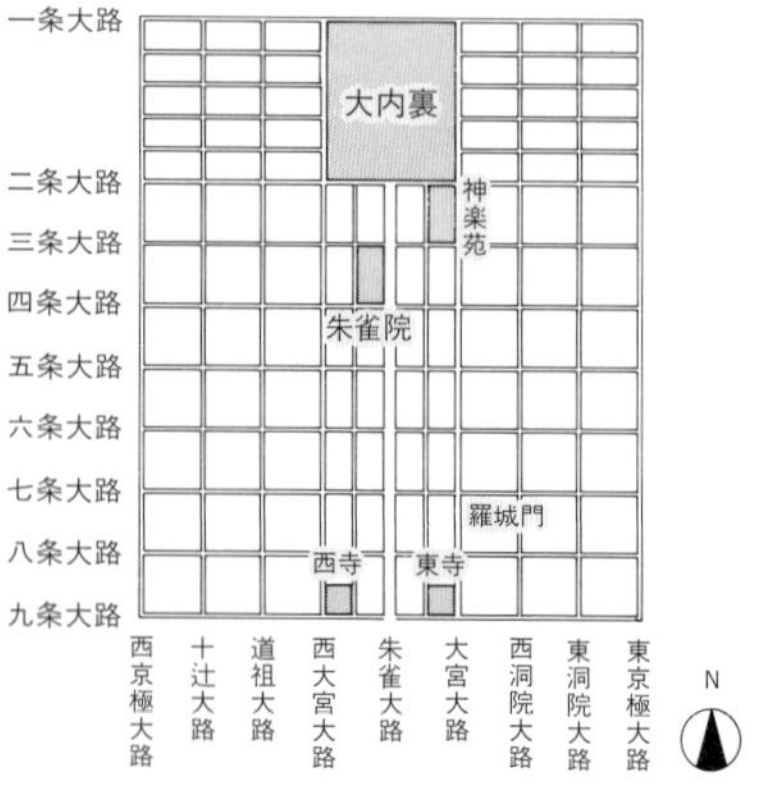

［図2］…平安京配置図

と呼ばれる空地が残され、井戸や便所のような共同で使う施設や畑等に利用されていました（図3〜5）。

江戸などの大きな都市では、職人などの町人が裏長屋に住んでいたという話がよく出てきますが、これは当時世界最大の人口をかかえていた江戸で住宅難となったおり、会所地を住宅地にあてたものといわれています。

このような町屋に対し、一軒建ての農家や商家を一般に「民家《みんか》」と呼びます。民家は地方ごとにその土地の気候や風土、生活様式に応じてさまざまな意匠をもちますが大別すると以下の五つに分類できます（図6）。

まず一つが「合掌造《がっしょうづくり》」（図7）と呼ばれる急勾配の屋根をもつ形式で、豪雪地帯に多いタイプ。次に厩《うまや》を取りこんでできたLの字平面の「曲家《まがりや》」で、南部地方に多い形式。第三に大きな切妻屋根の棟の上に独特の形を「雀おどり」

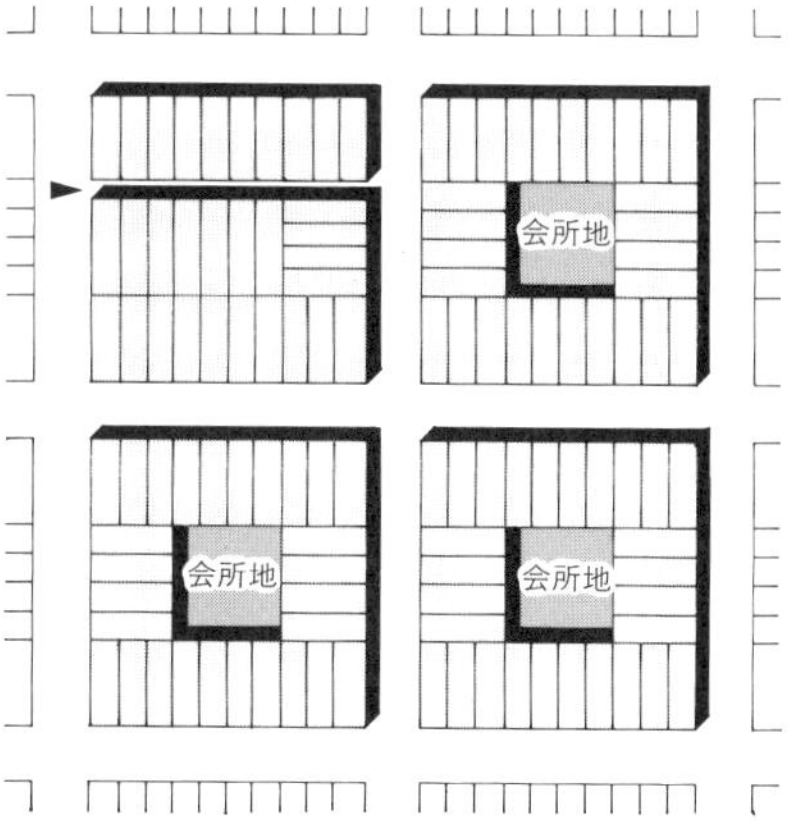

[図3]…江戸の町割

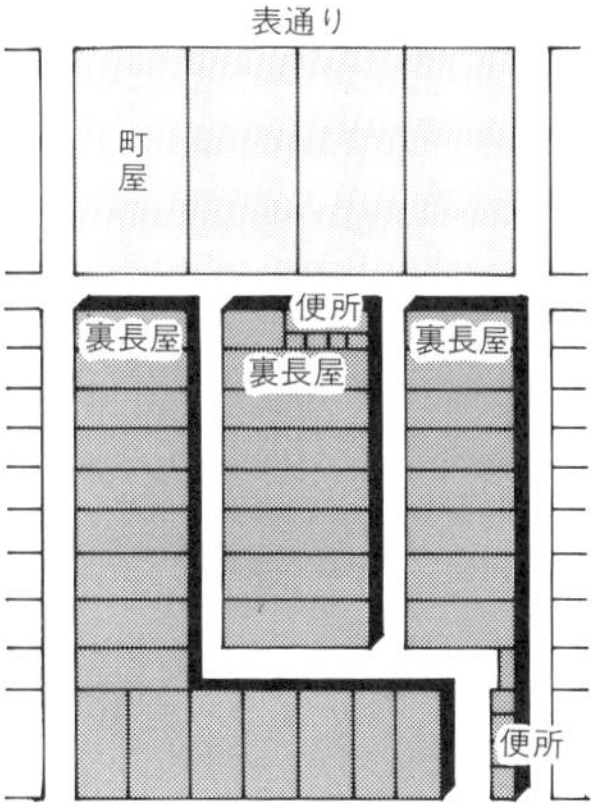

[図4]…江戸の裏長屋

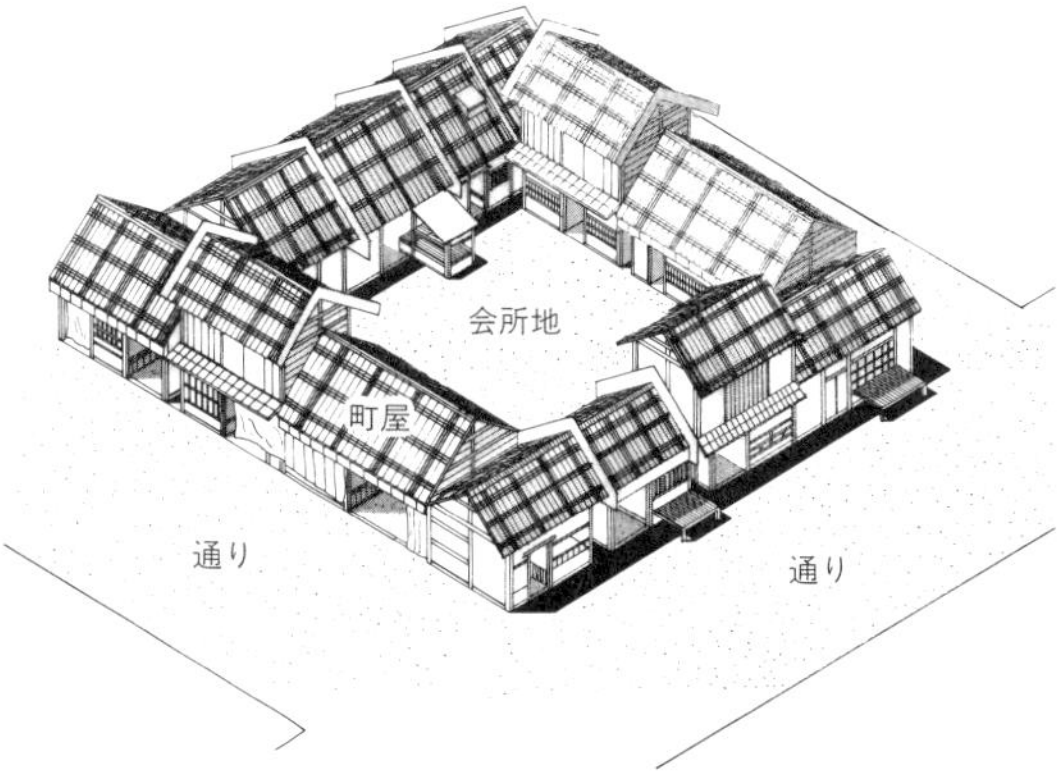

[図5]…洛中の町屋

と呼ばれる屋根を載せた形式で、信州に多いタイプ。第四に大和地方から河内にかけてみられる切妻屋根に庇をつけた「大和《やまと》棟《むね》」と呼ばれる形式。最後にコの字平面をもつ佐賀県に多い「くど造」の形式があります。

以降、それぞれの実例について概説してみましょう。

[図7]…合掌造（白川郷）

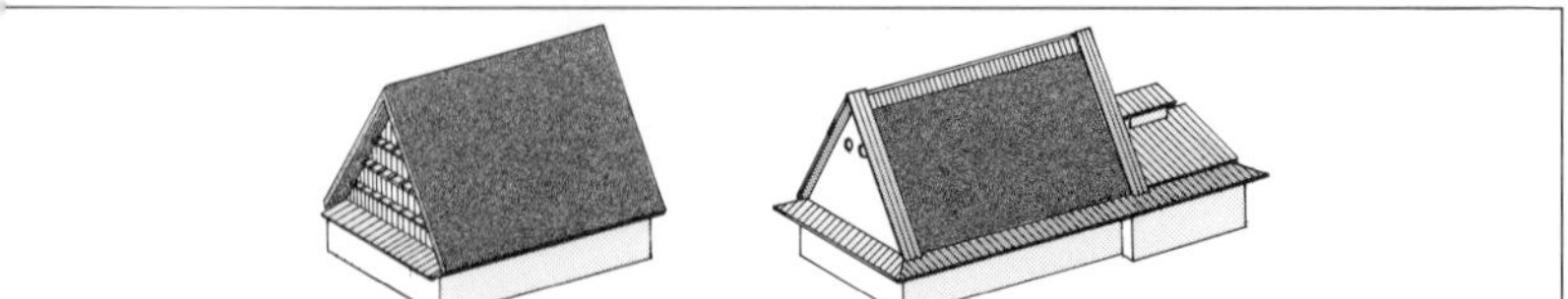

[図6]…民家の5タイプ

⑳ 合掌造《がっしょうづく》り民家園《みんかえん》・白川郷《しらかわごう》合掌造《がっしょうづく》り集落《しゅうらく》

岐阜県大野郡白川村大字萩町二四九九

（交通）ＪＲ高山本線高山駅より濃飛バス牧戸下車、ＪＲ東海バスに乗換え萩町八幡神社前下車

合掌造り民家園は、白川郷各地の合掌造の民家二十五棟を移築して保存・展示した屋外博物館です（図8）。また、庄川を挟んで現在も実際に人々が生活する白川郷合掌造り集落があり、「和田家」（重要文化財）に限り展示公開されています。

合掌造とは、豪雪地帯であるこの地方独特の民家の形式で、雪に対応するために急勾配の藁ぶき切妻屋根をもち合掌した時の手の形に似ているためその名で呼ばれています。

釘などを一切用いず部材同士は縄などで縛って造られており、柔軟に荷重を支えるために高い強度をもち、かつ

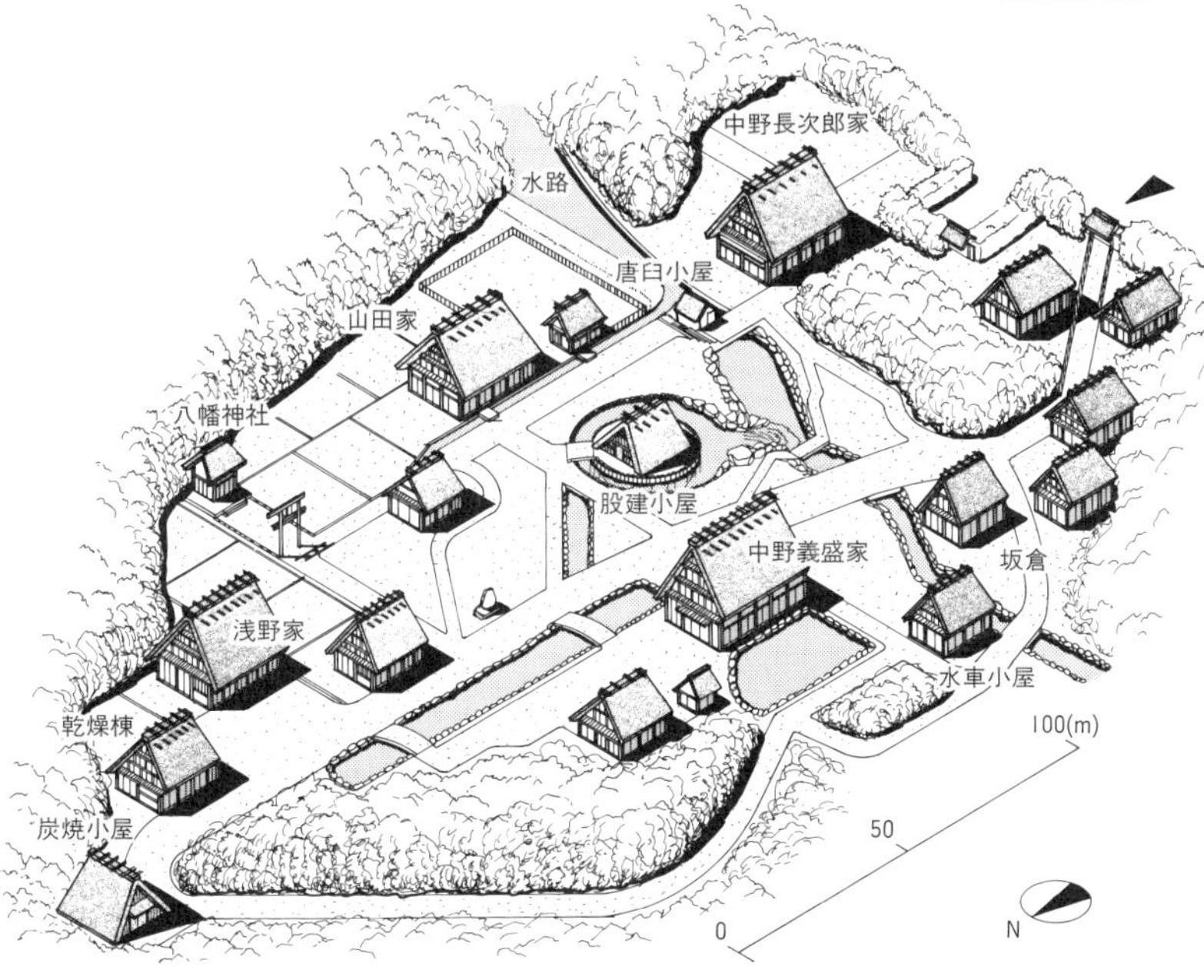

[図8]…民家園鳥瞰図

こぼれ話

移建と現地保存について

民家の造形は、その土地固有の気候と風土がつくり出したものです。よって、現地にそのまま保存するのが最も理にかなう方法であるといえます。

しかし、持ち主が代々受け継いでいくことはむずかしく、現地保存されている例は、白川邸の例などほんのわずかを残すに過ぎず、ほとんどは廃棄されるか、民家園に移建保存されているのが現状です。

［図9］…合掌造

屋根修理が容易であるため、数百年はもつといわれています。また、屋根は稲作後の藁を用いる上、葺きかえ修理後は燃料に使われるため、いっさいゴミを出すことがなく、自然環境と共生した建物といえましょう（図9、10）。

［図10］…合掌造のしくみ

これらの民家の建造や屋根修理は工匠が行なうのではなく、すべて近隣の人々の労力の貸し借りで行なわれ、この制度を「結《ゆい》」といいます。これらの自然環境及び人々の好ましい共生を含めて、白川郷合掌造り集落は重要伝統的建造物群保存地区に指定されており、世界文化遺産にも登録されています。

㉛ 飛驒民俗村《ひだみんぞくむら》（飛驒《ひだ》の里《さと》）

岐阜県高山市上岡本町一—五九〇

（交通）ＪＲ高山本線高山駅より濃飛バス飛驒の里下車

飛驒地方の国指定重要文化財四棟を含む三十数棟の民家を移建、展示した屋外博物館が飛驒民俗村です（図11）。前に触れた切妻の合掌造の他、「かぶと造」（図12）とも呼ばれる入母屋造の例や、積雪の少ない飛驒中央部の民家の形式である棟が低く勾配のゆるい榑板《くれいた》屋根の民家など、江戸から大正期にかけての飛驒地方のさまざまな民家を見ることができます（図13）。

特に入母屋合掌造の旧若山家や旧吉真家、榑板《くれいた》屋根の旧田口家や旧田中家などが貴重な遺構といわれています。

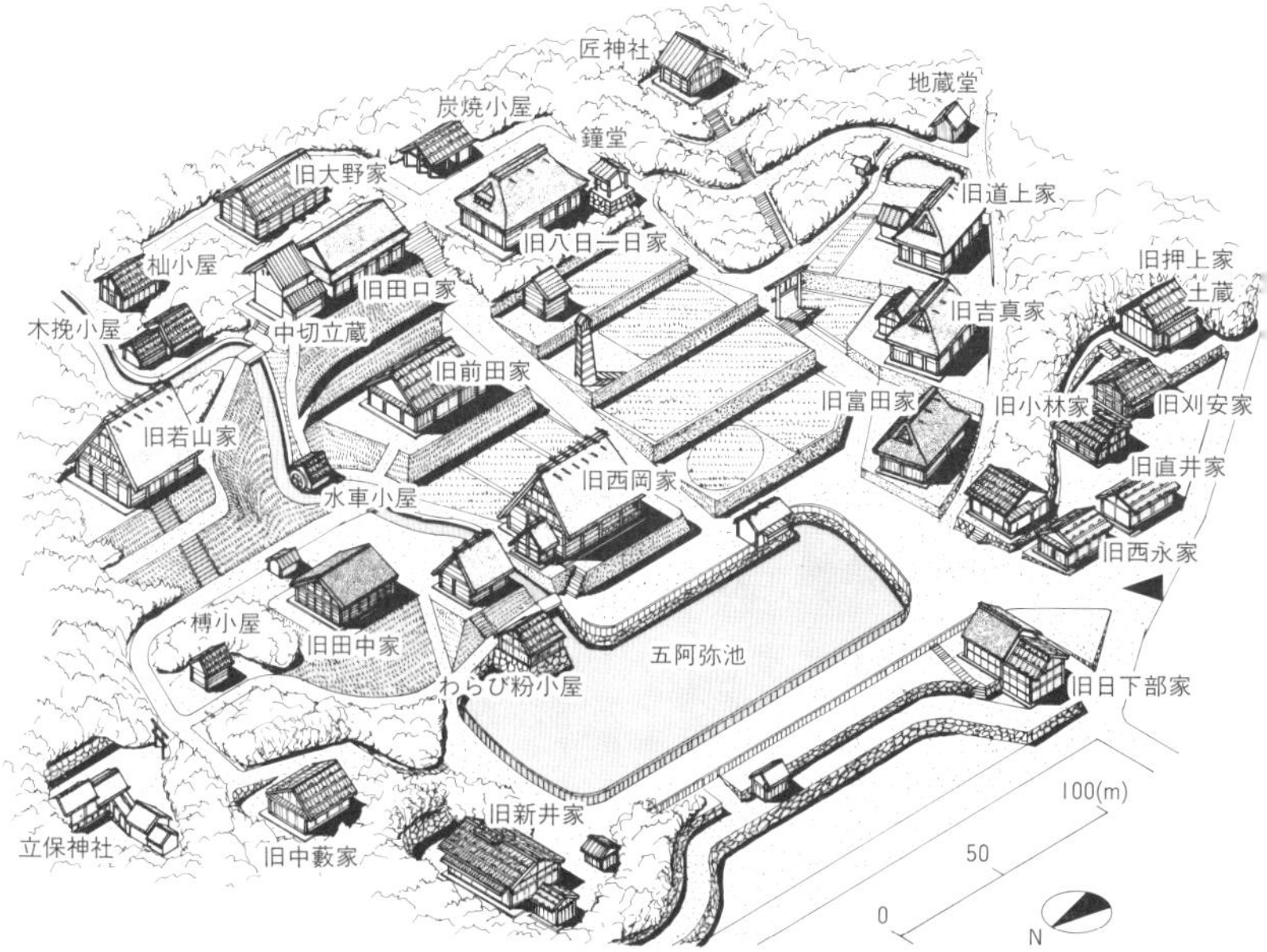

[図 11]…民俗村鳥瞰図

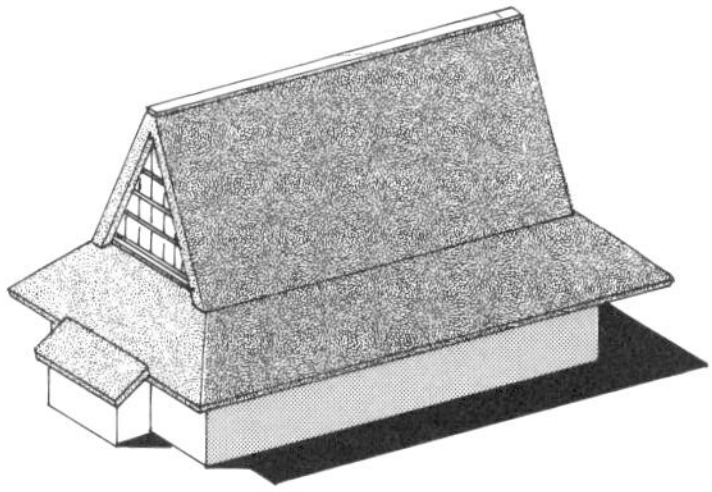

[図 12]…かぶと造

[図 13]…飛騨民俗村（飛騨の里）

㉜ 日本《にほん》民家《みんか》集《しゅう》落《らく》博物館《はくぶつかん》

大阪府豊中市服部緑地一—二

（交通）大阪市営地下鉄北御堂筋線より北大阪急行電鉄緑地公園駅下車

日本民家集落博物館は、日本各地の代表的な民家を移築して展示している野外博物館です（図14）。

北は岩手南部の曲家《まがりや》から南は鹿児島の奄美大島《あまみおおしま》の高倉《たかくら》まで、合計十一棟の民家があり、中でも雪国である長野県下水内郡栄村の旧山田家が貴重で、土座と呼ばれる土間にムシロを敷いて暮らしていた珍しい民家です（図15）。

㉝ 日本民家園《にほんみんかえん》

神奈川県川崎市多摩区桝形七―一―一

（交通）小田急電鉄線向ケ丘遊園駅下車

日本各地を代表する民家を移建して復元・保存し、屋外博物館として展示しているのが日本民家園です（図16）。合計二十四棟に及ぶ民家があり、中でも旧作田家及び旧北村家が貴重な遺構です。

まず旧作田家はもと千葉県の九十九里浜で網元を営んでいた漁師の民家で、床部と土間部が別棟で接して並ぶ「分

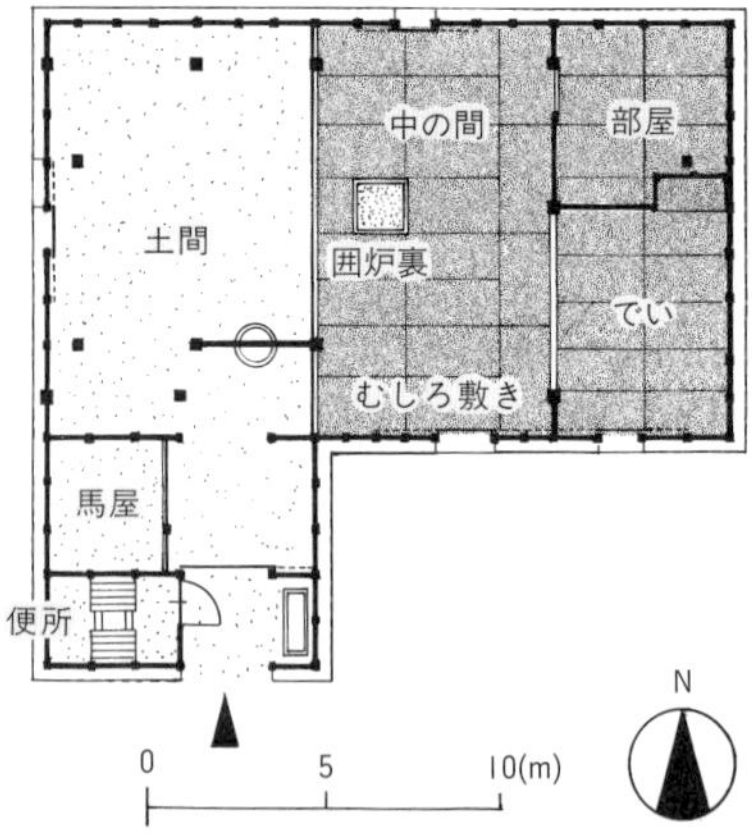

[図15]…旧山田家平面図

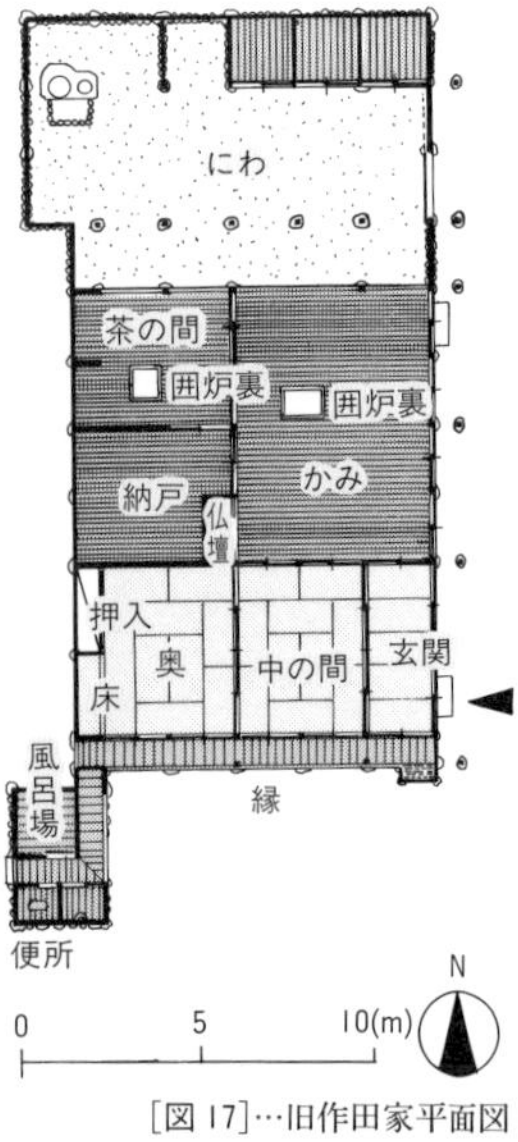

[図17]…旧作田家平面図

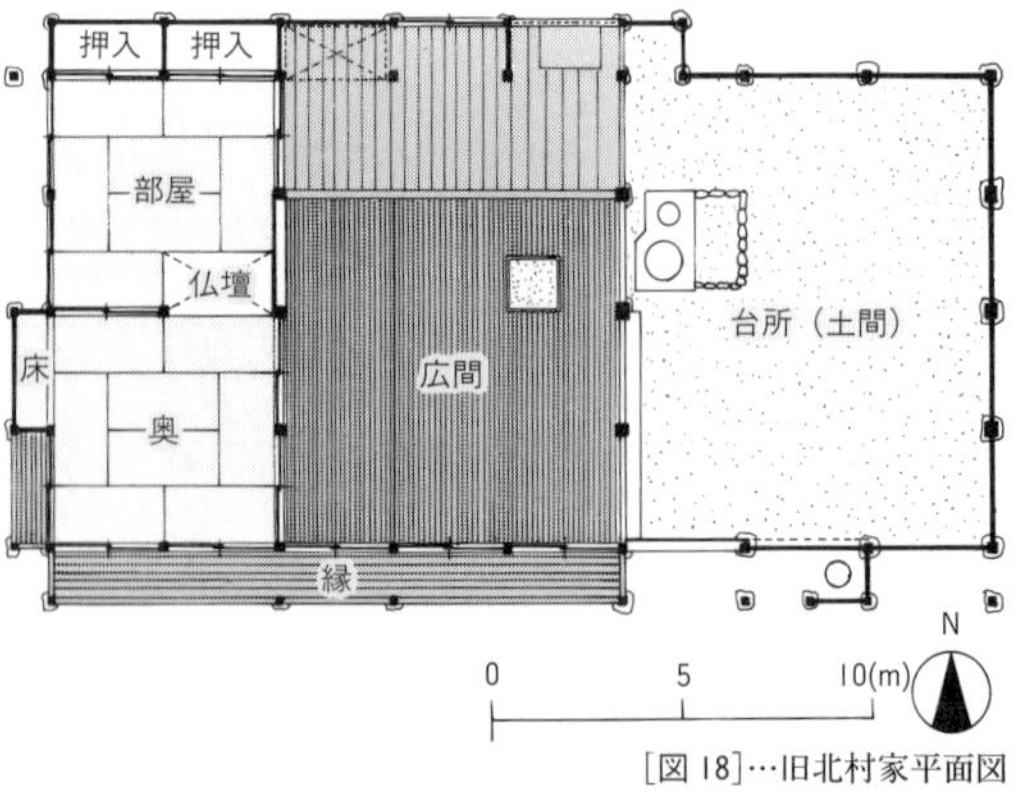

[図18]…旧北村家平面図

[図 14]…日本民家集落博物館鳥瞰図

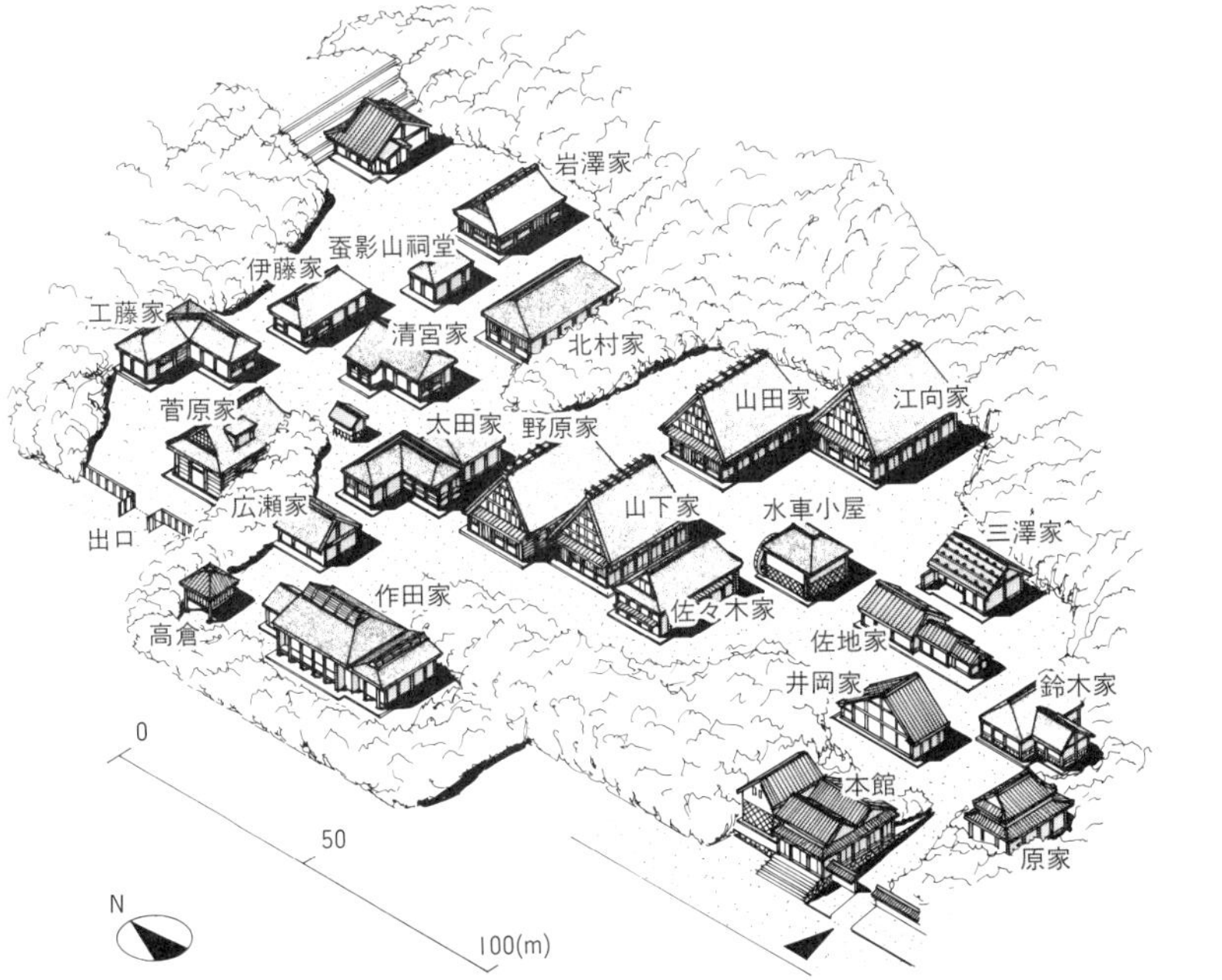

[図 16]…日本民家園鳥瞰図

棟型」の典型を示す例です（図17）。

また、旧北村家はもと丹沢山にあった民家で、広間の床のほとんどを竹すの子ばりとした例です。どちらも江戸時代の関東地方の標準的な民家の形式を今に伝えています（図18）。

84 吉村家《よしむらけ》

大阪府羽曳野市島泉町五—三—五

（交通）近鉄南大阪線高鷲駅、または恵我ノ荘駅下車

吉村家は一六一五年頃に建てられた大庄屋の民家で、一六八〇年頃までに客室部分が増築されて今に至っています（図19）。

広い土間をもち居室部と座敷・玄関などの客室部からなり、東西に長く南面し、大和棟《やまとむね》と呼ばれる屋根が外観の特徴です（図20）。

客室部分は、書院造の形式をもち、武士の住居形式が農村上層部に浸透していくごく初期の例を示しており、重要文化財に指定されています。

［図19］…吉村家外観

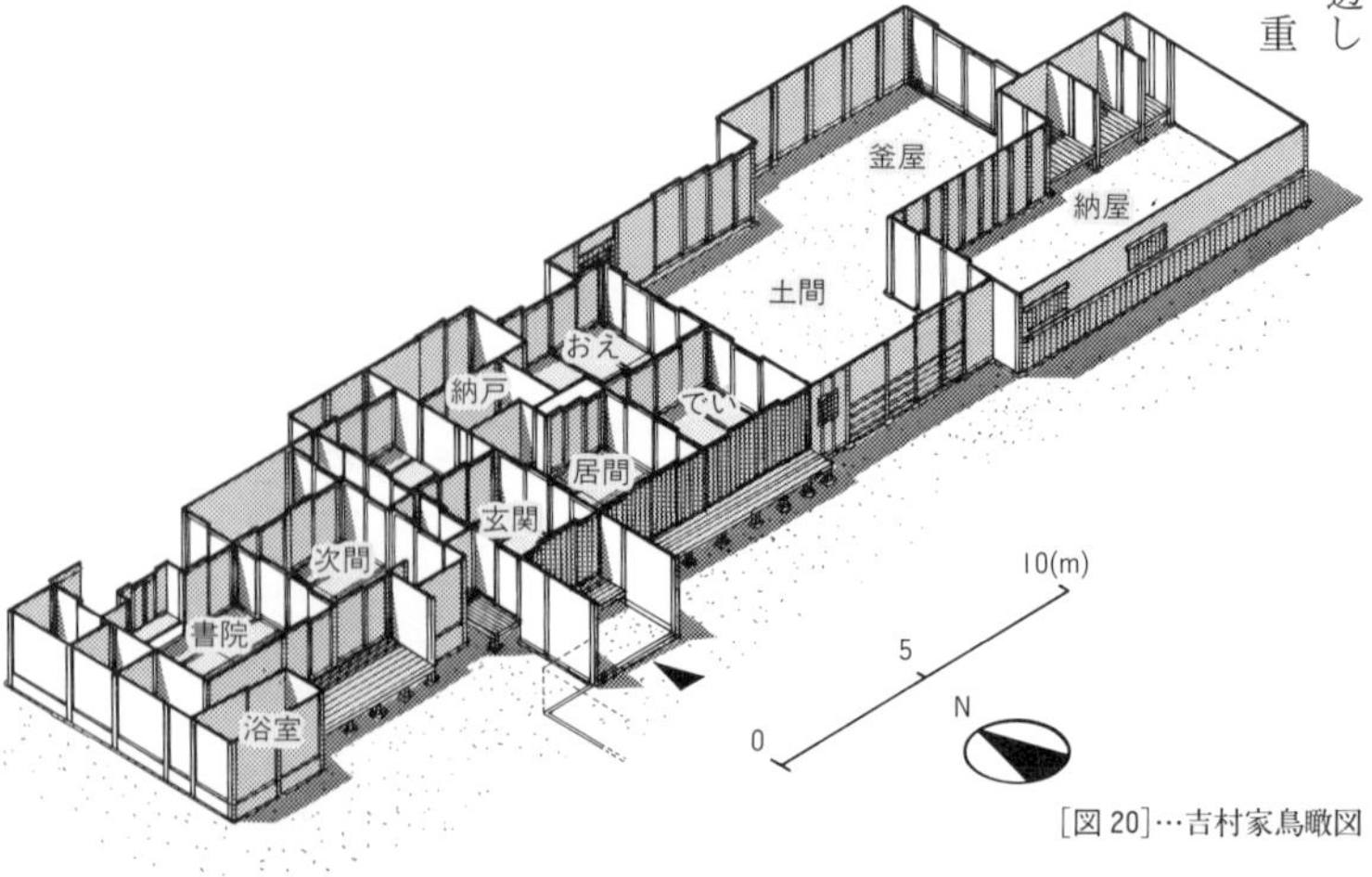

［図20］…吉村家鳥瞰図

85 吉島家《よしじまけ》

岐阜県高山市大新町一—五一

（交通）ＪＲ高山本線高山駅下車

高山は一六九二年に江戸幕府の直轄地となり、以降北陸の商業の中心地として栄え、上下一之町、二之町、三之町（図21）と呼ばれる町並みに町屋の旧状をよく留めています。

中でも下二之町の吉島家は貴重で、一九〇五年に建てられた比較的新しい町家ですが、重要文化財に指定されています（図22、23）。

最大の見どころはどーじ（通り庭）、おえ（居間）、なかおえ、だいどこ（台所）といった家屋の南半分が大吹き抜け空間となっているところであり、縦横に組み上げられた小屋組《こやぐみ》は見応え十分です。

なお、吉島家の隣りの日下部家《くさかべけ》（日下部民芸館）もほぼ同様のしくみをもつ町屋であり、いっしょに訪れたいものです。

［図21］…高山・上二之町町並み

［図22］…吉島家外観

［図23］…吉島家内部

86 今西家《いまにしけ》

奈良県橿原市今井町三―二五

（交通）近鉄大阪線八木西口駅下車

今西家のある今井町は、室町末期に一向宗の寺内町として発展したものです。現在も約八百戸の町屋が残り、町並も旧状をよく留めており重要伝統的建造物群保存地区に指定されています（図24）。今西家はこの今井町の町屋の典型というべきもので、重要文化財に指定されています。

一六五〇年に建てられ、外観は「八《やっ》棟造《むねづくり》」と呼ばれる妻飾を二重にもつもので、城の天守のような趣きがあります（図25、26）。

内部は吹き抜けの土間の片側に六室を整然と配したもので、今井町の町屋の特徴となっています（図27）。

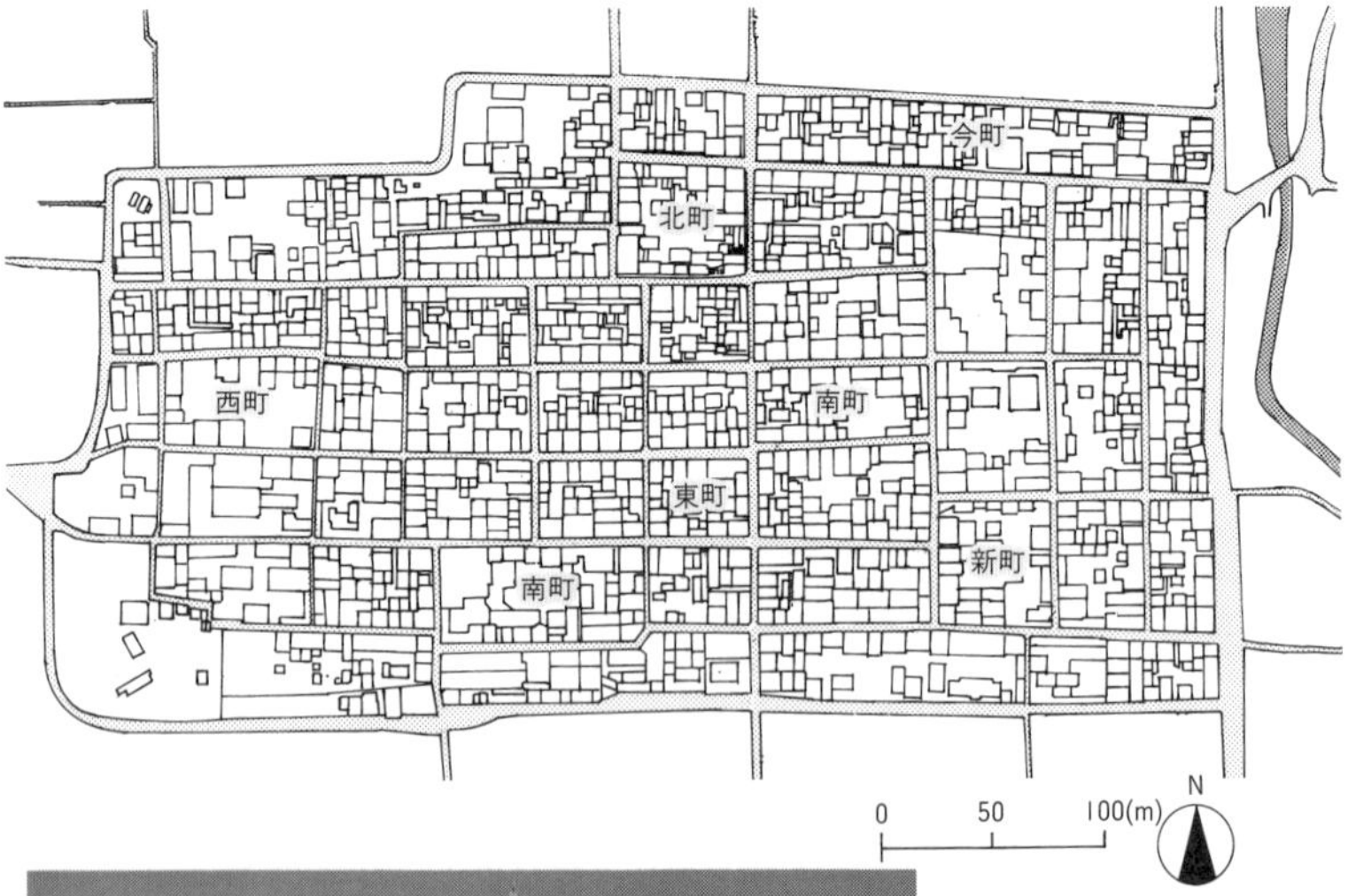

［図24］…今井町配置図

［図25］…今西家の「八棟造」を見る

[図 26]…今西家外観

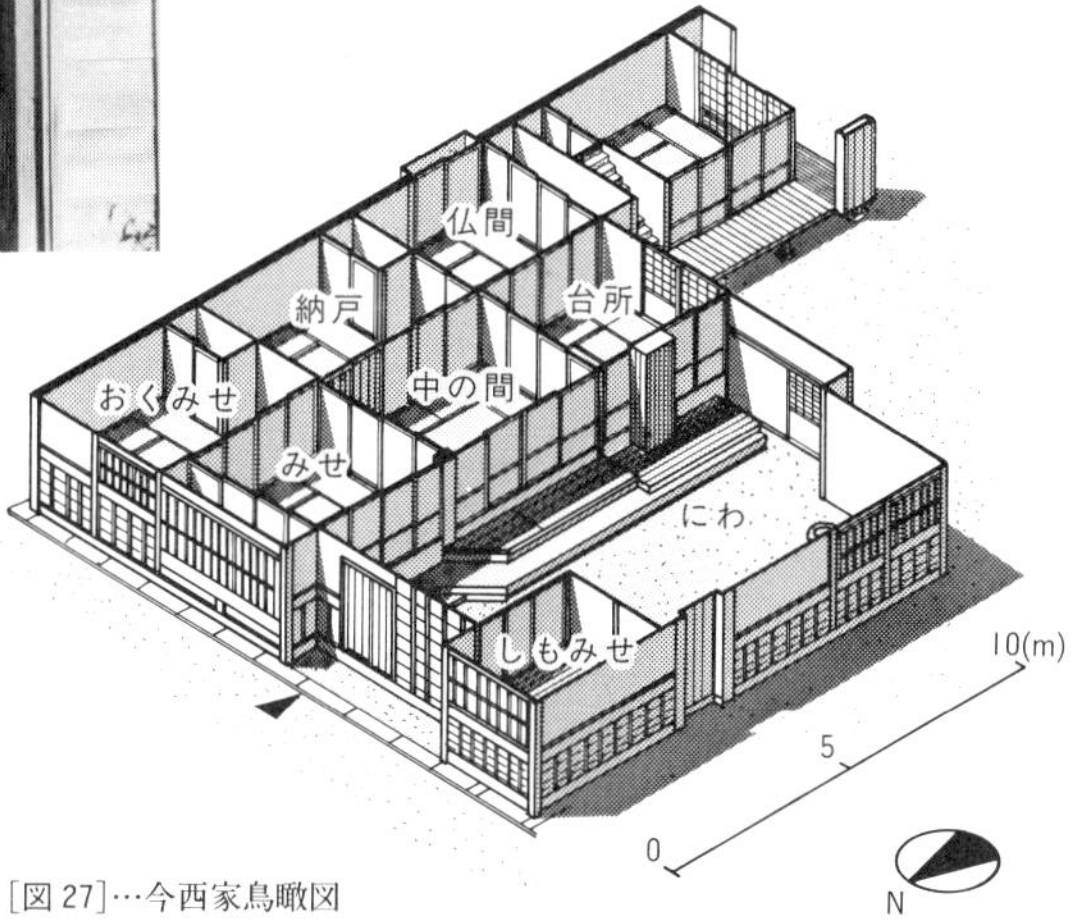

[図 27]…今西家鳥瞰図

こぼれ話

日本と西洋の町並みの違い

黒川紀章氏によれば、日本には本来、公共空間としての「広場」の概念はなく、そのかわりに公共空間としての街路、いわゆる「界隈」が発達したのではないかといいます。例えば京都や各地の街並みを見ると街路に対して壁で拒絶することなく、格子戸や格子窓を通して開口部をもち、街路空間が単なる通路ではなく、コミュニケーションの場として生きていることがわかります。

このように日本の公共的空間が街路であるのに対し、西洋諸国では、公共的空間が広場であることが多く、例えばイタリアの都市空間を体験してみると、寺院などの公共施設は広場に面して開口部を開いています。ところが、いざ広場につながる街路へと一歩足を踏み入れると、住居や店舗のほとんどは開口部をもたず、単なる通路と化してしまっています。イタリアの都市空間には日本のような公共空間としての街路はほとんど存在しないといってよいでしょう。それではイタリアの住居が屋外空間と完全に関係をもたないかというとそうではなく、各住居ごとに中庭をもち、そこで外部との関係を補っているのです。

エピソード

桂離宮を科学する

❖1 通風

貴族の建築様式である寝殿造について調べてみると、その中心建築である寝殿はすべて南を正面にしていたようです。

ところが、興味深いことに桂離宮の中心施設である書院群は、東南二九度という方位を持っています。

桂離宮のある京都では、蒸し暑い夏を過ごしやすくする唯一の方策が東風を取り込むことであるといわれます。そこで、京都における夏の平均風向を調べてみると、七月は南東一一度、八月は南東六六度となり、東南の風向きが最も多いことがわかります。

すなわち、書院群の東南二九度という方位は、京都の夏の暑さを最も過ごしやすい方位であることがわかるのです。

このような方位角のみならず、書院群は暑さを防ぐために、また地面の湿気を室内に伝えないように床を高くしてあります。この土地が毎年桂川の氾濫によって悩まされ、庭の松琴亭《しょうきんてい》の壁の痕跡《こんせき》から、洪水位が、その床上約九センチにも及んだことがあったのを考えると、洪水対策も考え合わせていたのかもしれません。

また、床が高いだけではなく、窓を広く開け、間仕切を簡単に取りはずせるよう、すこぶる開放的にし、夏の通風を少しでもよくするように注意しています。その上、太陽の照り返しを防ぐ意味から、草や苔をもって裸地をおおい、水面をなるべく建物に近く引き寄せて、その気化《きか》熱《ねつ》を利用するなど、そのゆきとどいた気配りは心にくいほどです。

桂離宮が、盛夏にしばしば利用されていたことは、古文書などから明らかであり、当初から夏の暑さをしのぐための別荘として計画されたことがわかるのです。

❖2 採光

書院群は、古書院、中書院、新御殿が雁行《がんこう》配置（ずらして置くこと）しています。この配置について、採光の面から考えてみると、奇しくも一九二五年にフランスの建築家ル・コルビュジェが提唱した太陽儀位置《たいようぎいち》に一致しているのです。太陽儀位置とは、東南六十度の方位のことを指し、一年を通して一番日照量の多い方向のことです。つまり、書院群の配置は、東南六〇度に向けて雁行しているので、採光を十分取り入れることができるのです。

ここまでをまとめれば、書院群の配置は、通風のために東南向きとし、さらに採光のために雁行させたことになります。

しかし、これだけの目的であれば、正しく東向きにした上、東南六〇度へ向けて雁行されるべきであるのに、書院群は東南二九度という微妙な方位角を持っているのです。いったいなぜこのような特殊な方位を持つに至ったのでしょうか（図a）。

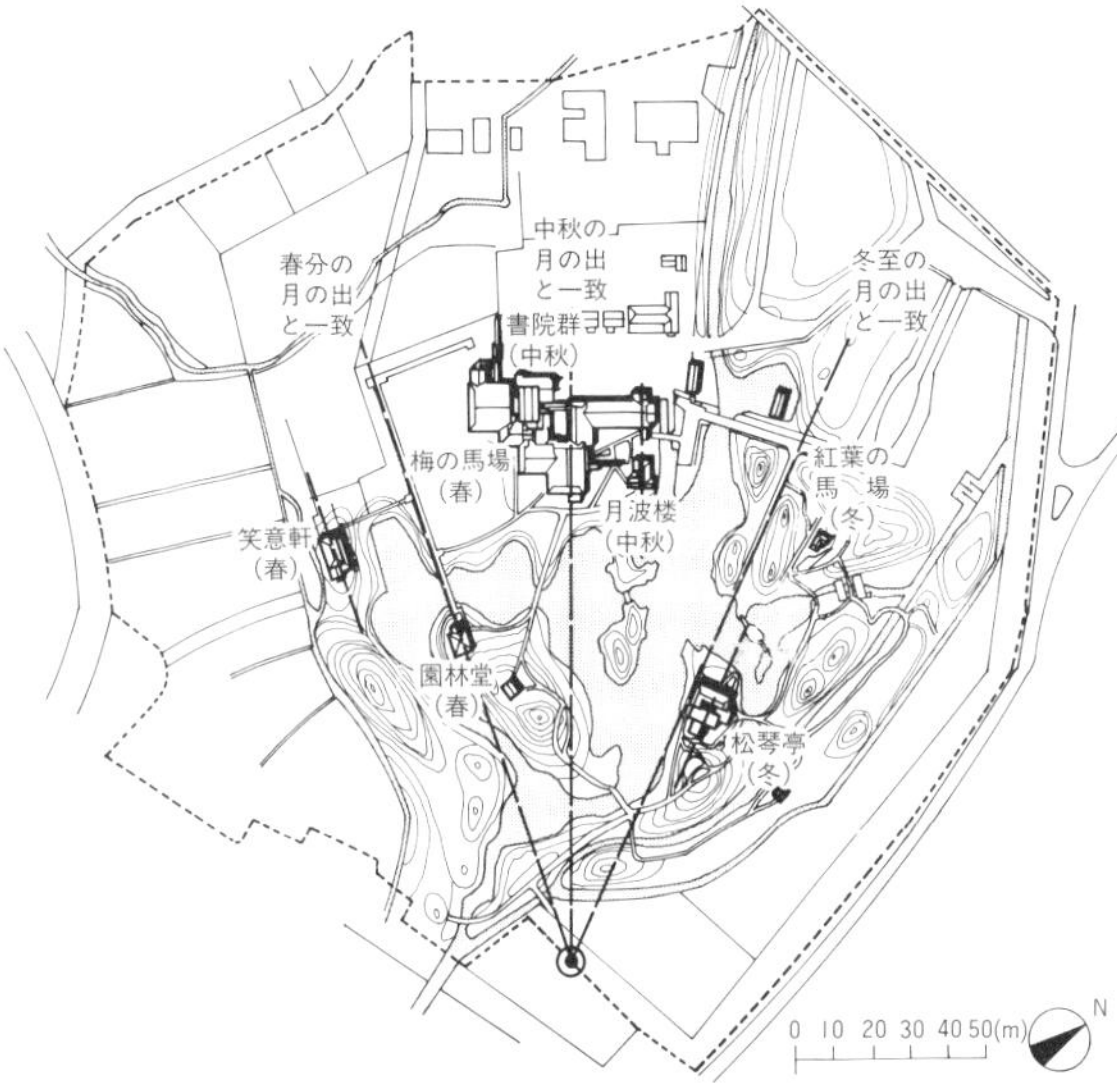

［図a］…桂離宮の季節的性格

❖3　観月《かんげつ》

桂離宮の建つ桂地方は、古来月の名所として知られ、その地名も中国の「月桂《げっけい》」の故事から名付けられました。桂離宮の南には月読神社《つきよみじんじゃ》があり、月を信仰する土地であったことがわかります。

さらに、現在桂離宮が建つ敷地には、平安時代には藤原道《ふじわらみち》長《なが》の観月の楼閣が建っていたのです。このような由緒の土地に建つのですから、桂離宮についてもなおさら月を意識して建てられたに違いありません。

現に、桂離宮には、月を意識した名称・装飾等が数多くあり、例えば、浮月《うきづき》の手《ちょう》水鉢《ずばち》・月波楼《げっぱろう》・月見台《つきみだい》・月見橋《つきみばし》・歩月《あゆみづき》等の名称、また「月《つき》の字《じ》の引手《ひきて》」や「月《つき》の字崩《じくず》しの欄間《らんま》」といった月という漢字をデザインした装飾を見つけることができるのです。このような月へのこだわりは、単に桂離宮の名称、装飾にだけみられるのでしょうか。

書院群の縁高・軒の出の寸法を、当時の標準住宅の寸法である木割と比較してみると、**図b**のようになります。これを見ると、書院群の縁高は木割に比べて、異常に高床になっていることがわかり、また軒の出は、非常に短くなっていることがわかります。中世以降の庭園のバイブルとして有名な『作庭記《さくていき》』には、「高楼《こうろう》はさることにしてうちまかせては軒《のき》短《みじか》きを楼《ろう》と名付《なづ》けて―楼《ろう》は月《つき》をみむ《ん》ため」つまり、高床で軒の出の短い建築を楼といい、楼とは月を見るための建築であるとはっきり書かれているのです。

普通の観月は、四季それぞれに趣きのある満月を鑑賞するものですが、単に満月だけでなく、月齢がたとえ何であっても、いずれもその月の出端《ではな》を最も高く評価してきました。すなわち、桂離宮の書院群は、一瞬でも早く月の姿を望みとらえようとの意味から、高床式にしたのではなかったでしょうか。

さらに、中天した月を何物にもさえぎられることなく鑑賞するために、短く軒を切りつめたのではなかったでしょうか。なによりも、書院群の中で初めて建てられた古書院には月見台が設けられているのですから、桂離宮の創建当初より、明らかに観月を意識して造られていたものと考えられるのです。

さて、ここで問題となるのは、前に述べた書院群の東南二九度という方位の意味についてです。普通の観月は、四季おりおりの趣きのある月を楽しむのですが、当時、特に十五夜（中秋）の満月、それも前述のようにその出端《ではな》を最も珍重していたことに留意したいのです。

そこで著者は、一つのある実験を試みることにしました。月というのは、約十二年周期でその動きが複雑に変化するのですが、ここでは、桂離宮が創建されたとみられる一六一五年の中秋の名月の月の出の方位をコンピュータで計算してみたのです。

その結果、一六一五年の中秋の名月の月の出の方位は、なんと東南二九度でした。つまり、書院群の特異な東南二九度という方位は、創建の年の中秋の名月の月の出によって決定されていたとみて、まず間違いないでしょう。

以上のように、桂離宮の書院群の配置計画は、通風と採光を十分に考慮した上、さらに観月を主目的にしたものと考えることができます。このように現代の科学の目からしても、桂離宮は極めて巧妙に造られていることがわかるのです。

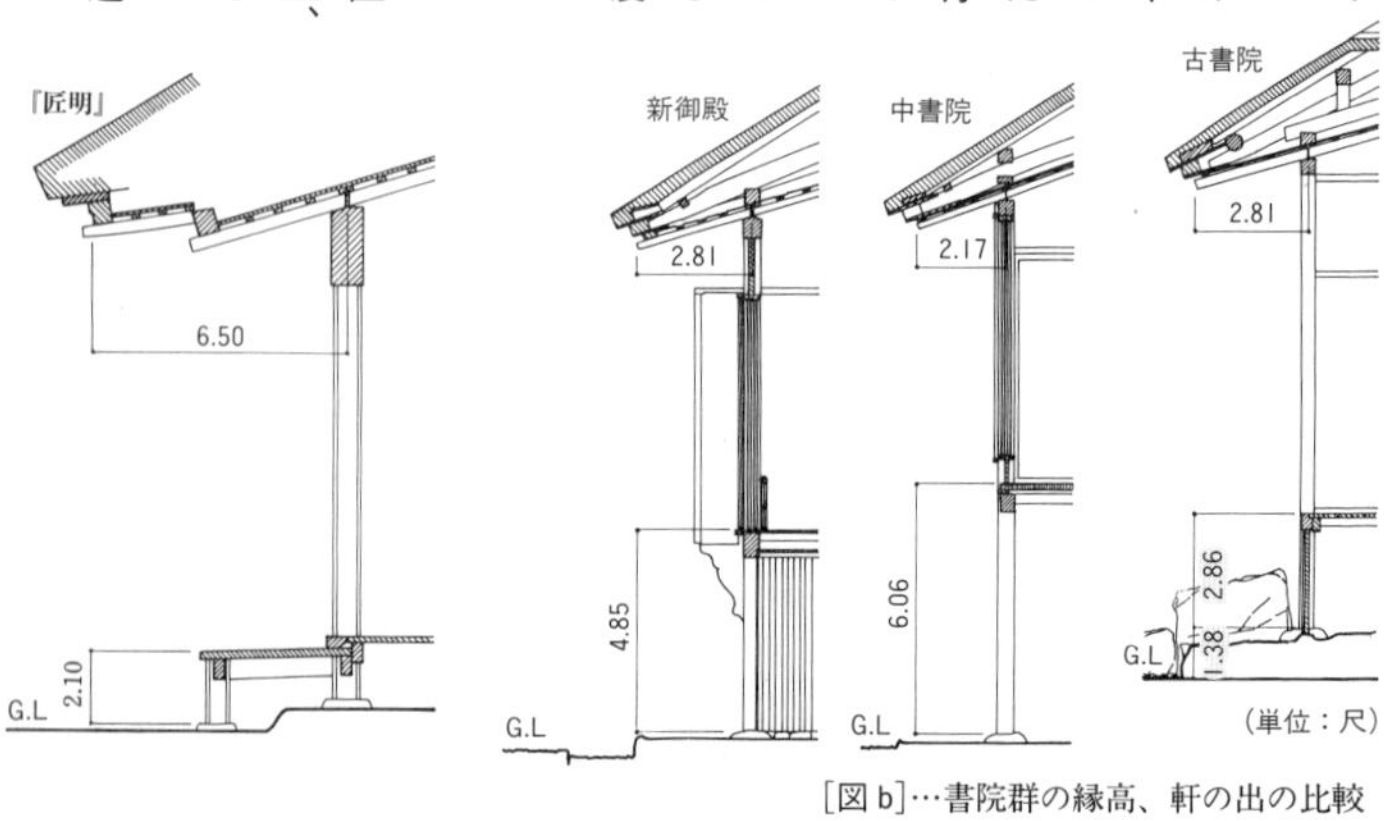

[図b]…書院群の縁高、軒の出の比較

第四章　茶　室

一期一会の空間

茶ノ湯とは——茶道の発生と発展

お茶そのものが日本に伝えられたのは奈良時代までさかのぼります。しかし、茶をたてて飲むという行為を「茶道」あるいは「茶ノ湯」と呼ばれる精神的な作法にまで高めたのは、室町時代の禅僧の村田珠光《むらたじゅこう》とその弟子の武野紹鷗《たけのじょうおう》であるといわれています。さらに、その弟子の有名な千利休《せんのりきゅう》（図1）が、「わび」「さび」の言葉に代表される簡素な美意識を完成させ、その流れが現在、いくつかの茶道の流派となっているのです。

利休には、「七哲《しちてつ》」と呼ばれる茶の湯の弟子がいましたが、その直系として彼の茶を今日まで伝えたのは「三千家《さんせんけ》」と呼ばれる三つの流派です。利休は一五九一年、太閤豊臣秀吉《たいこうとよとみひでよし》の命により切腹し、その息子少庵が復興、次いで孫の宗旦《そうたん》が千家を再興、さらにその四人の子のうち、次男・宗守《そうしゅ》は武者小路《むしゃのこうじ》の地にて茶の湯を極め、現在「武者小路千家」として受け継がれています。また、三男・宗左《そうさ》は紀《き》州《しゅう》家の茶道指南、四男宗室《そうしつ》は加賀前田家《かがまえだけ》の茶道指南となって、それぞれ「表千《おもてせん》家《け》」「裏千家《うらせんけ》」として今日に伝えられています。

利休の没後、茶の湯が武士によって受け継がれるようになると、草庵風の簡素な「わび」「さび」が、しだいにより華やかな「きれいさび」と呼ばれる美意識に変化していき、利休七哲の一人・古田織部《ふるたおりべ》の流派である「織部流」、あるいは織部の弟子である小堀遠州《こぼりえんしゅう》の「遠州流」などとして、現在まで継承されているのです。

［図1］…千利休画像（表千家不審菴蔵）

露地《ろじ》——気分を高めるための道

茶の湯に用いられる茶室にいたるまでの道のりを「露地《ろじ》」といい、江戸時代前半までは「路地」あるいは「路次」と表していたようです。茶室で行なわれる茶会に際して、気分を高揚させるための「間合《まあ》い」として、茶室には欠かすことができません（図2）。

露地の入口を「露地門」といい、その内側は「中潜《なかくぐり》」（図3）と呼ばれるもう一つの門を境にして「外露地」と「内露地」に分かれます。外露地は茶会が始まるまでの待ち合わせの場所で、「外腰掛《そとこしかけ》」（図4、5）という屋根付きの椅子や「雪隠」と呼ばれる鑑賞用のトイレが備えられています。また、内露地は茶会そのものに用いられる場所で腰掛けや雪隠の他、手や口を清めるための「手水鉢《ちょうずばち》」（図6）等が置かれています。

その他、露地には「飛石《とびいし》」（図7）という踏石や、夜間の茶会に備えて「石灯籠《いしどうろう》」（図8）、あるいはさまざまな植栽等が変化をつけて配され、茶室へ導くための数々の演出が施されているのです。

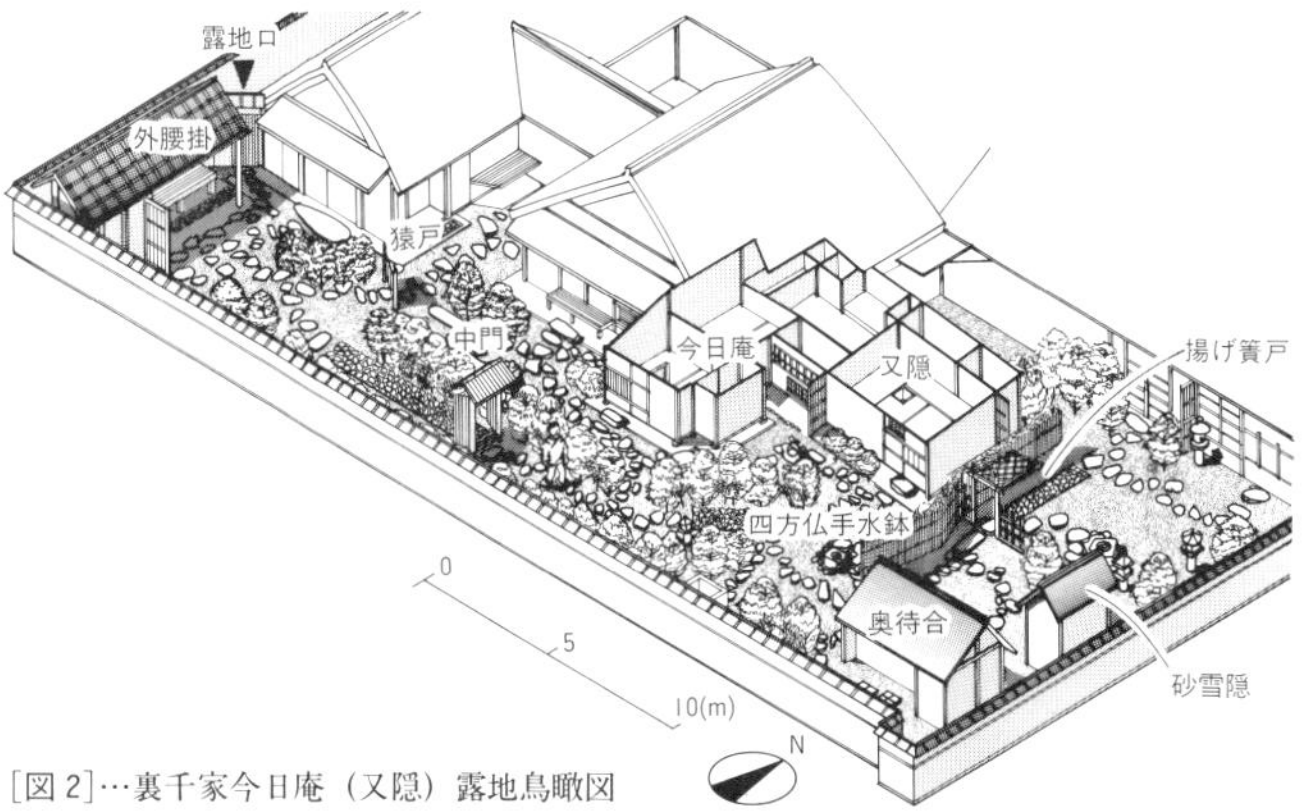

[図2]…裏千家今日庵（又隠）露地鳥瞰図

[図4]…桂離宮外腰掛

[図3]…表千家中潜

[図7]…園林堂脇の飛石

[図6]…浮月の手水鉢

[図8]…織部灯籠

茶亭《ちゃてい》と茶室《ちゃしつ》——出会いの空間

茶道に用いられる建物全般を「茶室」あるいは「数寄屋」「茶亭《ちゃてい》」といい、中でも「躙口《にじりぐち》」と呼ばれる狭い潜り口や「貴人口《きにんぐち》」と呼ばれる専用の入口をもつ畳敷きの部屋のことを「茶室《ちゃしつ》」といいます。

茶室の他に茶亭には、土間からそのまま座敷にあがる桂離宮《かつらりきゅう》の月波楼《げっぱろう》（図9）や笑意軒《しょういけん》（図10）、修学院離宮《しゅうがくいんりきゅう》の寿月観《じゅげつかん》（図11）、隣雲亭《りんうんてい》等の他や、屋根付きの腰掛で茶を楽しむ桂離宮の賞花亭《しょうかてい》（図12）などの格式張らない軽快な例もあります。

茶室には、わずか二畳敷にかけ軸や花を飾るための押板《おしいた》（床《とこ》の間《ま》）があるだけの極小茶室である妙喜庵待庵《みょうきあんたいあん》や裏千家又隠《ゆういん》、また三、四畳の茶室に台所をもつ有楽苑如庵《うらくえんじょあん》のような例、さらに躙口の中に土間をもつ大徳寺真珠庵《だいとくじしんじゅあん》や、「相伴席《しょうばんせき》」と呼ばれる付き人のための空間をもつ藪内家燕庵《やぶのうちけえんなん》のような例があります。

いずれにしても茶をたてる亭主は勝手口から、客人は躙口から茶室に入り、露地によって高められた気持ちの頂点を一期一会《いちごいちえ》（一生に一度の出会いと思って面すること）の出会いとして茶室で迎えることになるのです。

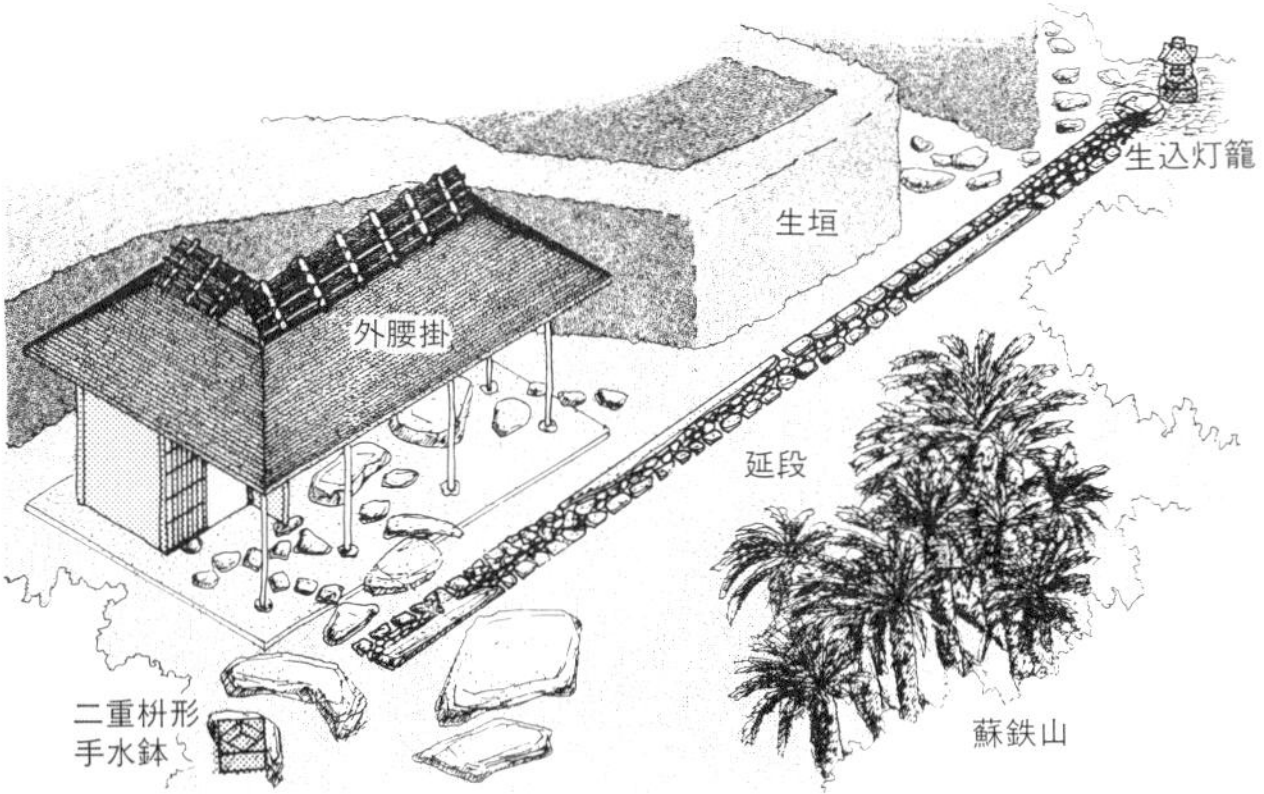

[図5]…桂離宮外腰掛鳥瞰図

[図 9]…桂離宮月波楼

[図 10]…桂離宮笑意軒

[図 11]…修学院離宮寿月観

[図 12]…桂離宮賞花亭

茶室の要素

出入口《でいりぐち》

躙口《にじりぐち》・貴人口《きにんぐち》・茶道口《さどうぐち》

茶室の客の出入口に「躙口」と「貴人口」があります。躙口は露地から茶室にあがる際に用いる七〇×六〇センチ前後の小さな出入口で、一説にはたとえ身分の高い武士であってもかがんで入ることによって「侘び」の境地を体験できるように千利休が考案したものといわれます。躙口の外壁の「刀掛け」と呼ばれる武士の刀を掛けるための仕掛けも利休の考案であるといわれ、これは武士の象徴である刀を茶室に持ち込ませないことを意図しているのでしょう（図13）。

[図13]…躙口付近の様子

[図14]…貴人口

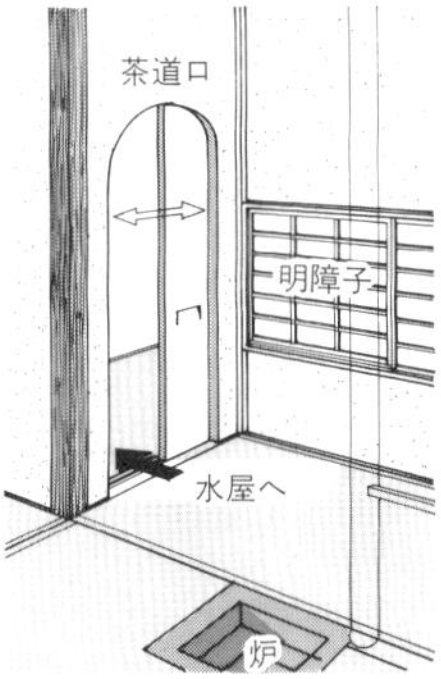

[図15]…茶道口付近の様子

また、貴人口は露地を用いず直接建物と接する出入口です（図14）。

さらに、茶をたてる茶主の出入口を「茶道口」と呼びます（図15）。

床《ゆか》

畳《たたみ》（座《ざ》）・台目畳《だいめだたみ》

茶室の間取りには九〇センチ×一八〇センチ前後の畳をわずか二畳敷いたものから八畳以上までさまざまな例があります。中には「台目畳《だいめ》」といって普通の畳より小さな畳を用いていることもあります（図16）。

また客の座る畳と亭主が座る畳をそ

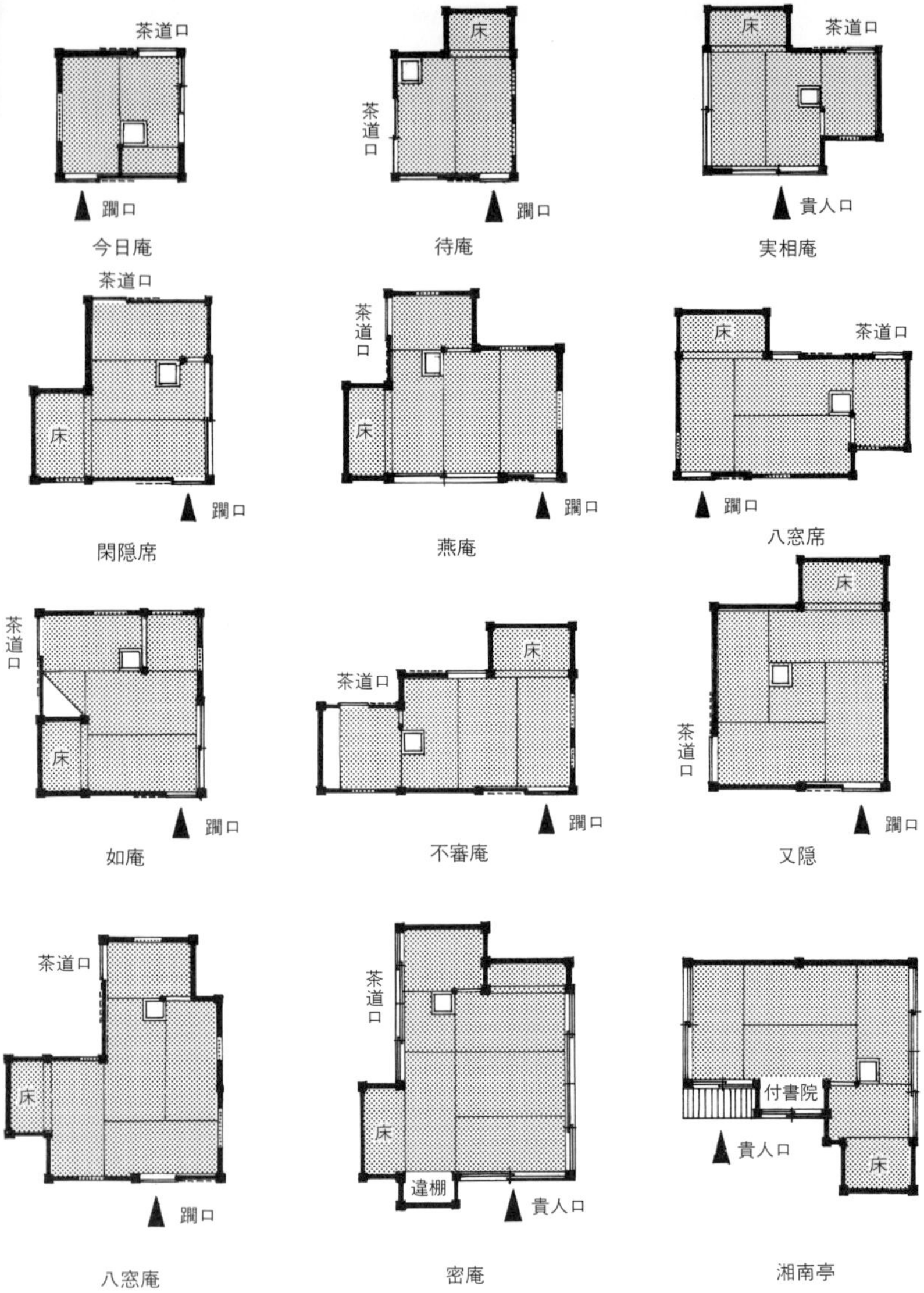
茶道口
躙口
今日庵
床
茶道口
躙口
待庵
床
茶道口
貴人口
実相庵
茶道口
床
躙口
閑隠席
茶道口
床
躙口
燕庵
床
茶道口
躙口
八窓席
茶道口
床
躙口
如庵
床
茶道口
躙口
不審庵
床
茶道口
躙口
又隠
茶道口
床
躙口
八窓庵
茶道口
床
違棚
貴人口
密庵
付書院
貴人口
床
湘南亭

[図16]…茶室の間取り

れぞれ「客畳（客座）」「点前畳《てまえだたみ》（点前座）」といい、さらに床の間の前と躙口（貴人口）の前の畳をそれぞれ「貴人畳」「踏込畳」と呼び、その他炉を切った畳を「炉畳」といいます（図17）。

一方、正客につづくその他の客を「相伴《しょうばん》」といい、その座る場所を「相伴席」と呼びます。

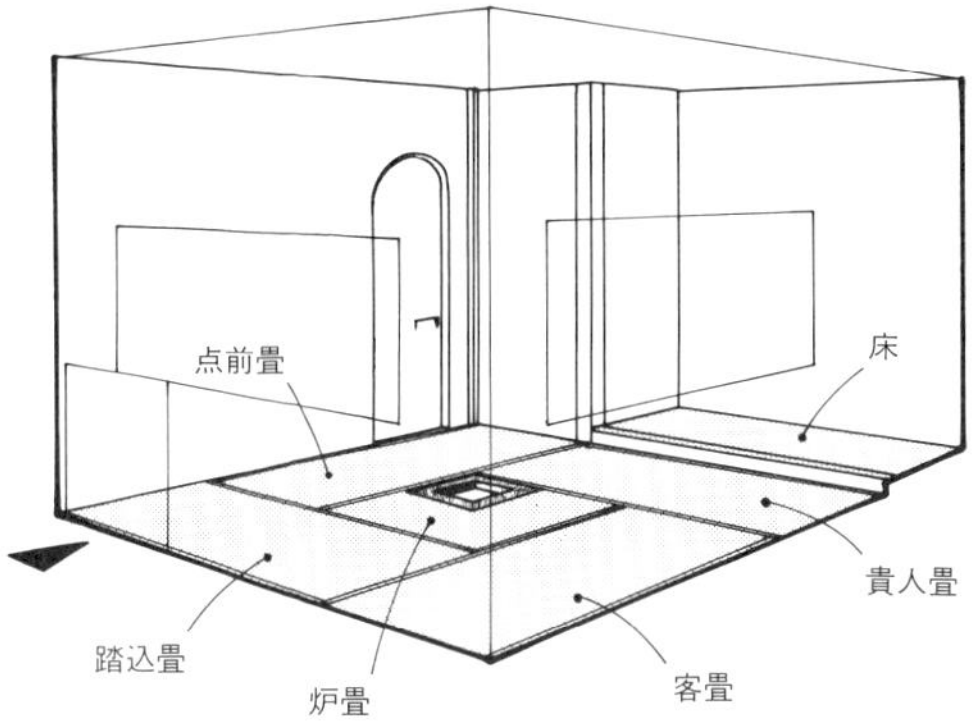

［図17］…畳の名称

造作《ぞうさく》
床《とこ》の間《ま》・炉《ろ》・中柱《なかばしら》

客をもてなすために掛軸や花入れを飾る場所を「床の間」といいます。武士の住居形式である書院造において身分の高い者が座る「上段の間」という一段高くなった場所が名物を置く場所に変化したものといわれています。

また、茶をたてるための湯をわかすための四角い「炉」を設けることが多く、これは民家の囲炉裏が変化したものといわれ、上部に釜をつるすための鍵をつけたり、また民家の大黒柱に見立てた中柱を立てることもあります。

壁《かべ》
張付壁《はりつけかべ》・塗壁《ぬりかべ》・土壁《つちかべ》・腰張《こしばり》

千利休以前の茶室の壁は、張付壁と呼ばれる土壁に白い和紙をはったものでした。書院造ではそこへ壁画を描きますが、茶室では白紙のままだったようです（図18）。

また、土壁に彩色を施した壁を総称して「塗壁」といい、抹茶色の聚楽土を塗ったものを聚楽壁、聚楽土に紅殻を混ぜて塗った壁を紅壁と呼びます。

利休以降、これら土壁の露出したま

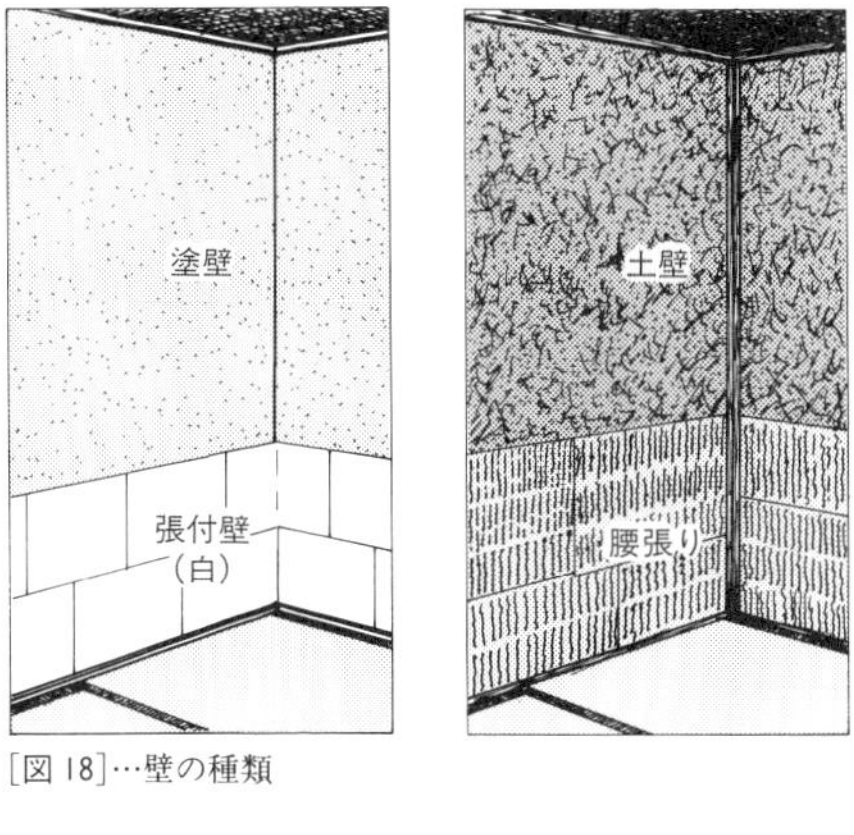

［図18］…壁の種類

まの茶室が流行し、衣服の汚れを防ぐために「腰張」という和紙を壁の下方にはり巡らすようになります。腰張には反古紙《ほごし》と呼ばれる古い暦などの紙を再生して用いることが風情があると当時考えられていました。

窓《まど》

下地窓《したじまど》・連子窓《れんじまど》・風炉先窓《ふろさきまど》・突上窓《つきあげまど》・明障子《あかりしょうじ》

壁土を塗り残し、下地が見えている窓を「下地窓」と呼び、茶室にしばしば用いられます。また竹を縦に並べた窓を「連子《れんじ》窓」といい、下地窓同様、ひんぱんに用いられます。

　また、炉の換気のために炉の近くの壁面に設けた窓を「風炉先窓」、屋根上に設けた窓を「突上窓」といいます。

　一方、障子を張った窓を「明障子」と呼びます（図19）。

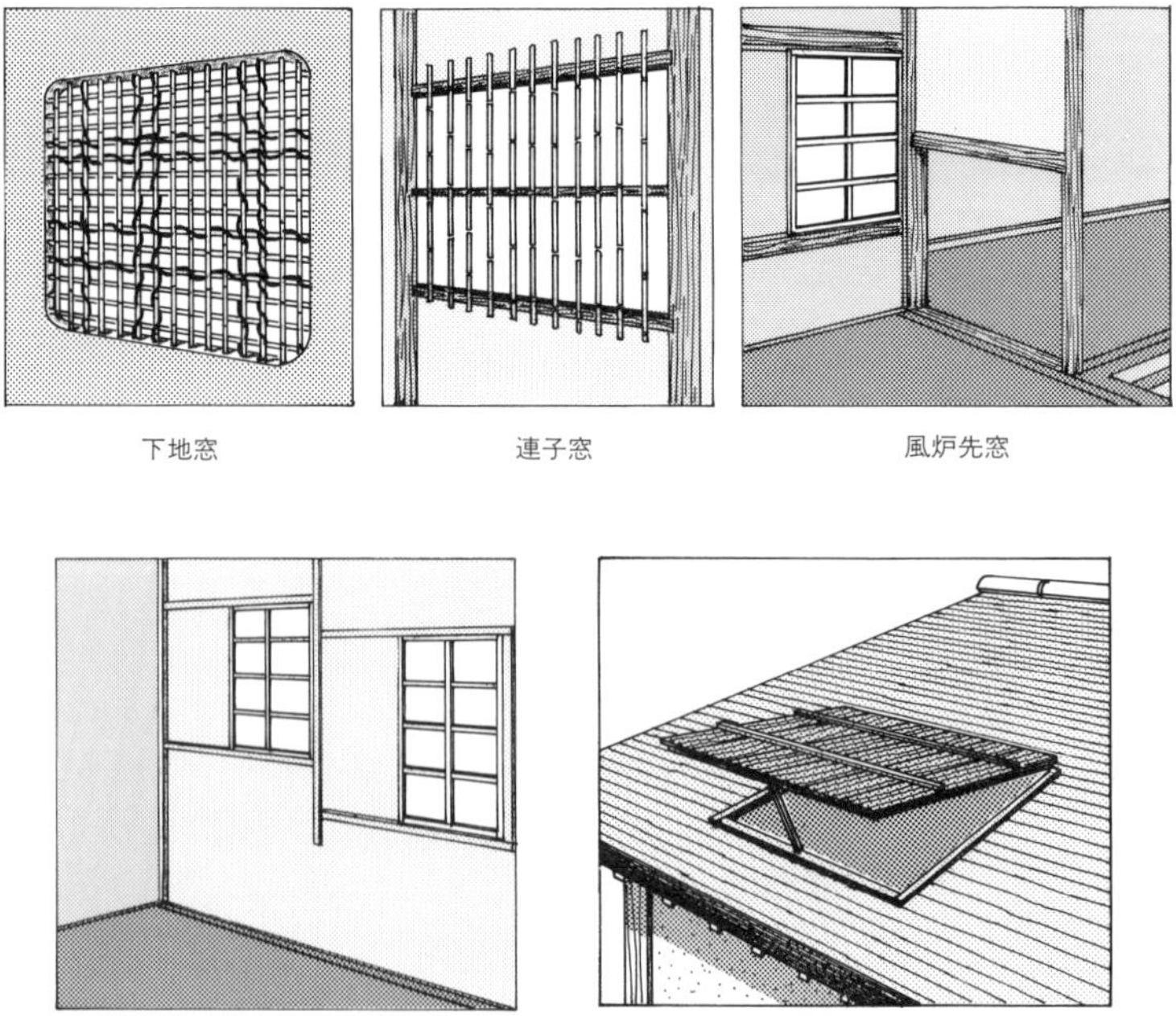

下地窓　連子窓　風炉先窓

明障子　突上窓

[図19]…窓の名称

水屋《みずや》

洞庫《どうこ》・台子《だいす》・棚《たな》

茶室の台所にあたる場所を「水屋」といいます。茶碗やその他の道具を納めるための釣棚や竹を並べたすの子棚を備えられます。

また、道具類を収納する引戸扉つきの棚を「洞庫《どうこ》」といいます。

これらは利休が考案したといわれますが、利休以前では「台子《だいす》」と呼ばれる持ち運びのできる道具入に収めていたようです。利休以降でも「台子点前《だいすてまえ》」と呼ばれる台子を用いて茶をたてる作法が残っています。

エピソード

茶の湯とキリスト教

千利休の七哲が、誰を指すかについては異論がありますが、キリスト信仰が最も厚かった人物はといえば高山右近でしょう。右近の父図書《ずしょ》は一五六三年宣教師ビエラのすすめで入信し、その後家族全員を洗礼させたため、右近も翌年妻とともに入信し、洗礼名をジェストといいます。父を継いで高槻城主になると、家臣や領民を次々に入信させ、宣教師の報告では一五八一年現在で領民の約八〇%がキリシタンだったといいます。

一五八三年バテレン追放令を出した際、豊臣秀吉は右近をおそれて千利休からキリスト教を捨てるよう説得させましたが、さすがの師匠の説得も無駄に終わり、大名の職を解かれた右近は加賀大名前田利家にかくまわれて茶道指南となっています。ところが茶匠としてまねかれたはずが、この金沢でも布教活動を行い、一六〇五年にはついに金沢にも教会を建てたといい、秀吉の右近へのおそれは奇しくもあたっていたのです。その結果、金沢の領民ばかりか利家の息子である利長や高次の他、利休七哲である蒲生氏郷、小西行長、黒田如水、牧村兵部と次々に茶の湯の弟子を入信させていったために、結果として茶道とキリスト教を深く関係づけてしまったのです。

- 武野紹鷗
  - 小西　隆左（キリシタン）
  - 佐久間信盛（〃）
  - 日比屋了荘（〃）
  - 万代屋宗安（〃）
  - 千　利休（娘がキリシタン、西欧人の弟子有り）
    - 織田有楽（キリシタン）
    - 蒲生氏郷（〃）
    - 黒田如水（〃）
    - 高山右近（〃）
    - 古田織部（？）
    - 細川三斎（キリシタン、妻はガラシャ夫人）
    - 牧村兵部（キリシタン）
    - 瀬田掃部（〃）
  - 大友　宗麟（〃）

[図a]…茶人系図

1——三千家の茶室

草庵茶室

前に触れた通り、「わび」「さび」の言葉に代表される簡素美によって茶の湯の一つの到達点を築いたのは千利休です。そして、その美意識を今日まで継承しているのは、利休の血縁者による「武者小路千家《むしゃのこうじせんけ》」「表千家《おもてせんけ》」「裏千家《うらせんけ》」といった三つの流派があることも既に触れました。

利休にあみ出され、三千家に伝えられた簡素な茶室の形式を「草庵茶室《そうあんちゃしつ》」と呼び、おそらく利休作で、現存する最古の草庵茶室といわれるのが「妙喜《みょうき》庵茶室《あんちゃしつ》・待庵《たいあん》」です。この待庵は、一五八二年頃に豊臣秀吉《とよとみひでよし》が自らの茶頭《さどう》（茶の湯の師匠）であった利休に命じて造らせたものといわれ、わずか二畳の極小の茶室に一畳の次《つぎ》の間《ま》（予備の部屋）と一畳の勝手《かって》（台所）を付けたものです。

秀吉のための一畳と利休のための一畳だけのきわめて質素な茶室で、壁は民家の藁を混ぜた土壁で、土を塗り残して竹の下地を露出させただけの「下地窓」を造るなど、草庵の風情を造り出すことで、物資による豊かさではなく、精神性をきわ出させることを意図しているのでしょう。

このような草庵茶室の形式が三千家によって継承されたものに、武者小路千家の「官休庵《かんきゅうあん》」や表千家の「不審《ふしん》庵《あん》」、裏千家の「今日庵《こんにちあん》」や「又隠《ゆういん》」、あるいは堀内《ほりのうち》家の「長生庵《ちょうせいあん》」（図1）などがあげられます。

以下、実例について観察してみたいと思います。

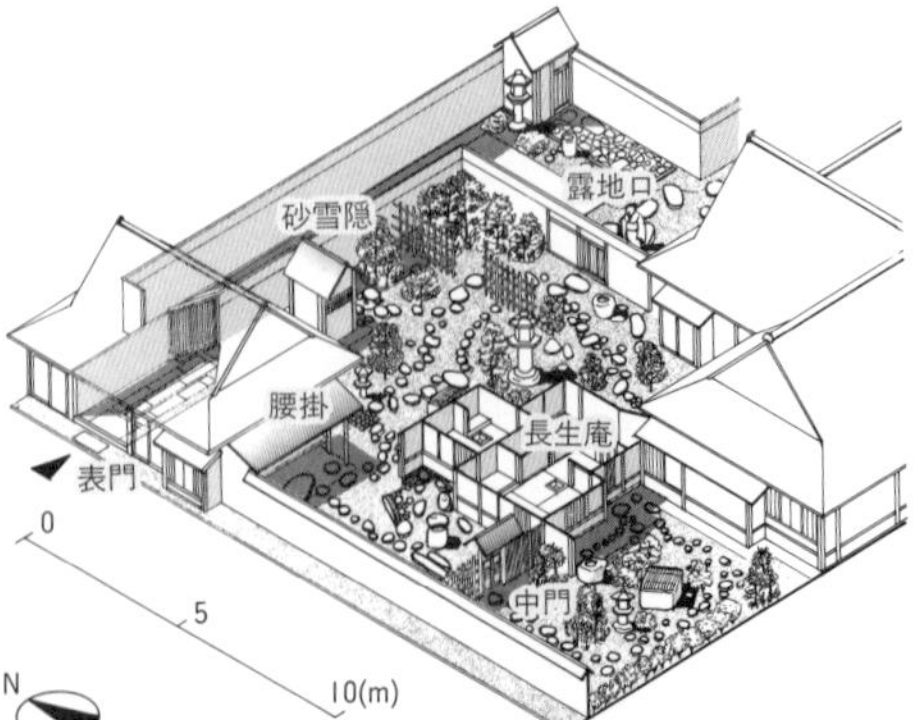

［図1］…堀内家長生庵露地鳥瞰図

87 妙喜《みょうき》庵待庵《あんたいあん》

京都府乙訓郡大山崎町竜光五六

（交通）ＪＲ東海道本線山崎駅下車

東福寺派の禅寺である妙喜庵の茶室待庵は、千利休が手がけた現存する唯一の茶室であるといわれ、国宝に指定されています（図2）。

豊臣秀吉が天下人となる直前、山崎の合戦のために山崎城に陣取っていた一五八二年頃、利休に構えさせたものとみられ、近くにあった利休屋敷から移築したという説もあります。

茶をたてる点前座と客座がそれぞれ一畳しかない計二畳の極小茶室で、利休の「わび」の概念を具現化した草庵茶室の究極を示すものであるといわれます（図3）。

壁は藁を混入した土壁である上、床の間は通常より極めて小さく、付け壁（和紙をはった高級な仕上げ）を廃して隅をぬり廻した室床《むろどこ》の形式で、名物を置くことをこばんでいるかのようです。その頃成金趣味に傾いていった秀吉をいましめるための二人の美意識の対決の空間であったともいえましょう。

それまでの縁側から引戸を開けて茶室へ入る形式を改め、外部に面した庇の下の躙口《にじりぐち》より入るしくみを用いた最古の例の一つで、また二畳の茶室には各一畳の次の間と水屋が付属しています。

88 表《おもて》千家《せんけ》不審庵《ふしんあん》

京都市上京区小川通寺ノ内上ル

（交通）ＪＲ京都駅より京都市営バス堀川寺ノ内下車

千利休の没後、息子少庵《しょうあん》は一時利休の七哲の一人蒲生氏郷《がもううじさと》にかくまわれていましたが、一五九三年、現在の地に、大徳寺門前の屋敷にあった利休の茶室を継承する不審庵《ふしんあん》をつくりました（図4）。

その後、三代目宗旦《そうたん》、四代目江岑《こうしん》（表千家初代）によってさらに改良がすすみましたが、一七八八年の火災で焼失し、再建のおり、もと残月亭の南にあった不審庵が東へ移されました。ところが一九〇六年に再度焼失し、現在の建物は点雪堂を除き、すべてその後の再建によるものです。

利休が最初に造った不審庵は、四畳半でしたが、二代目少庵は三畳台目と三畳の二つの茶室を構え、最初の火災後はさらに江岑が新しく三畳台目を再建し、この間取りが現在まで継承されたものとみられます（図5）。

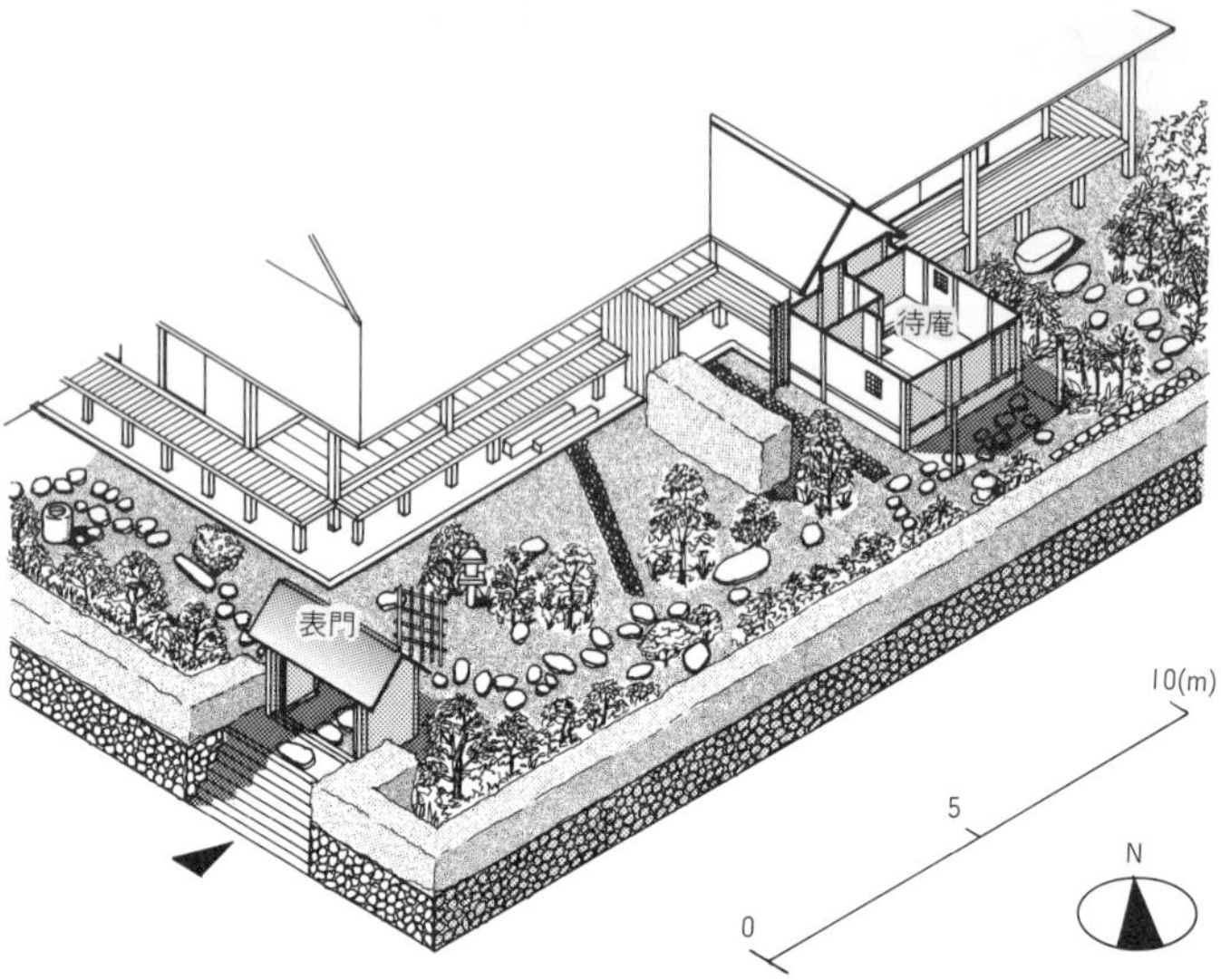

[図 2]…妙喜庵待庵露地鳥瞰図

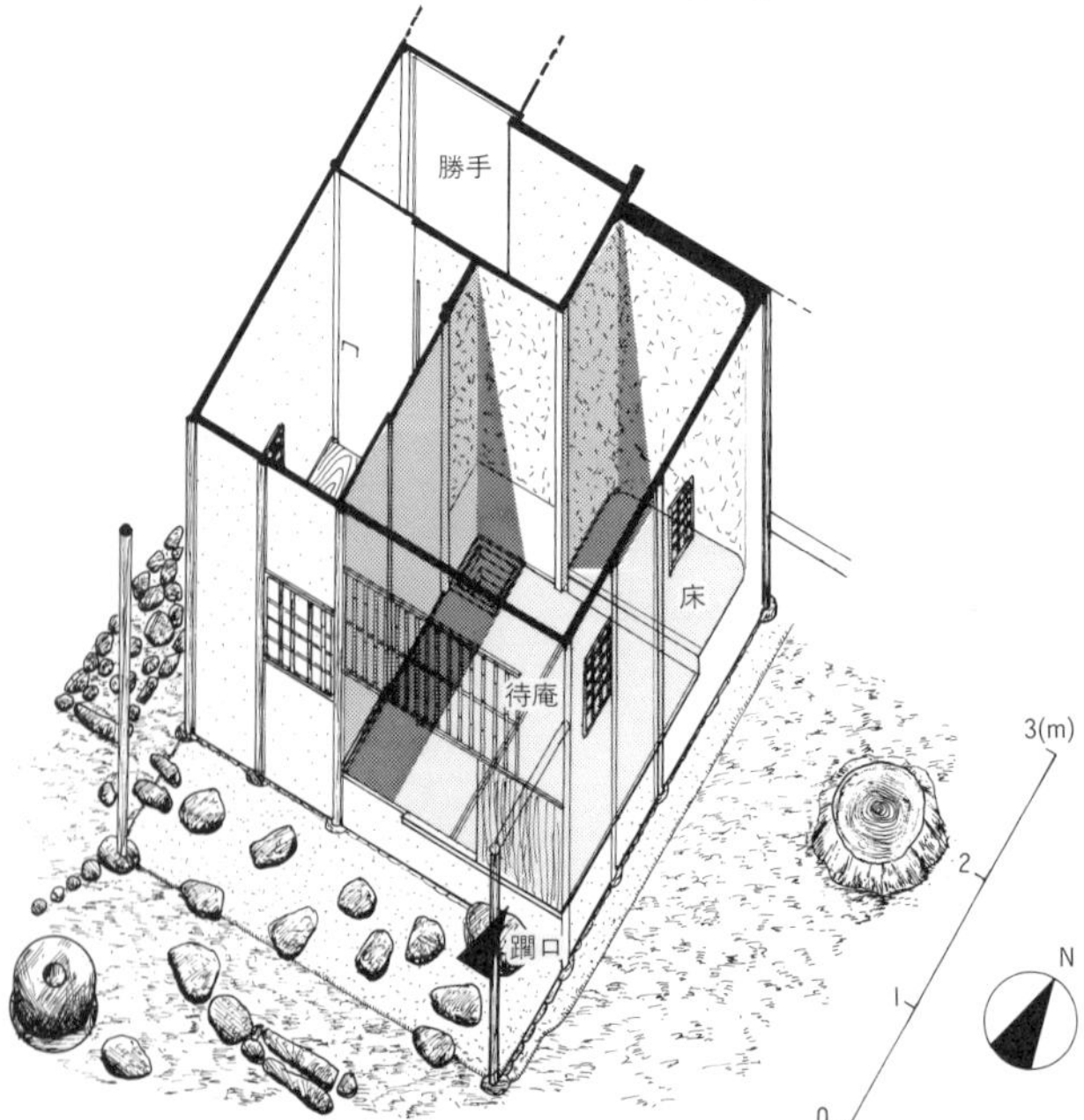

[図 3]…妙喜庵待庵鳥瞰図

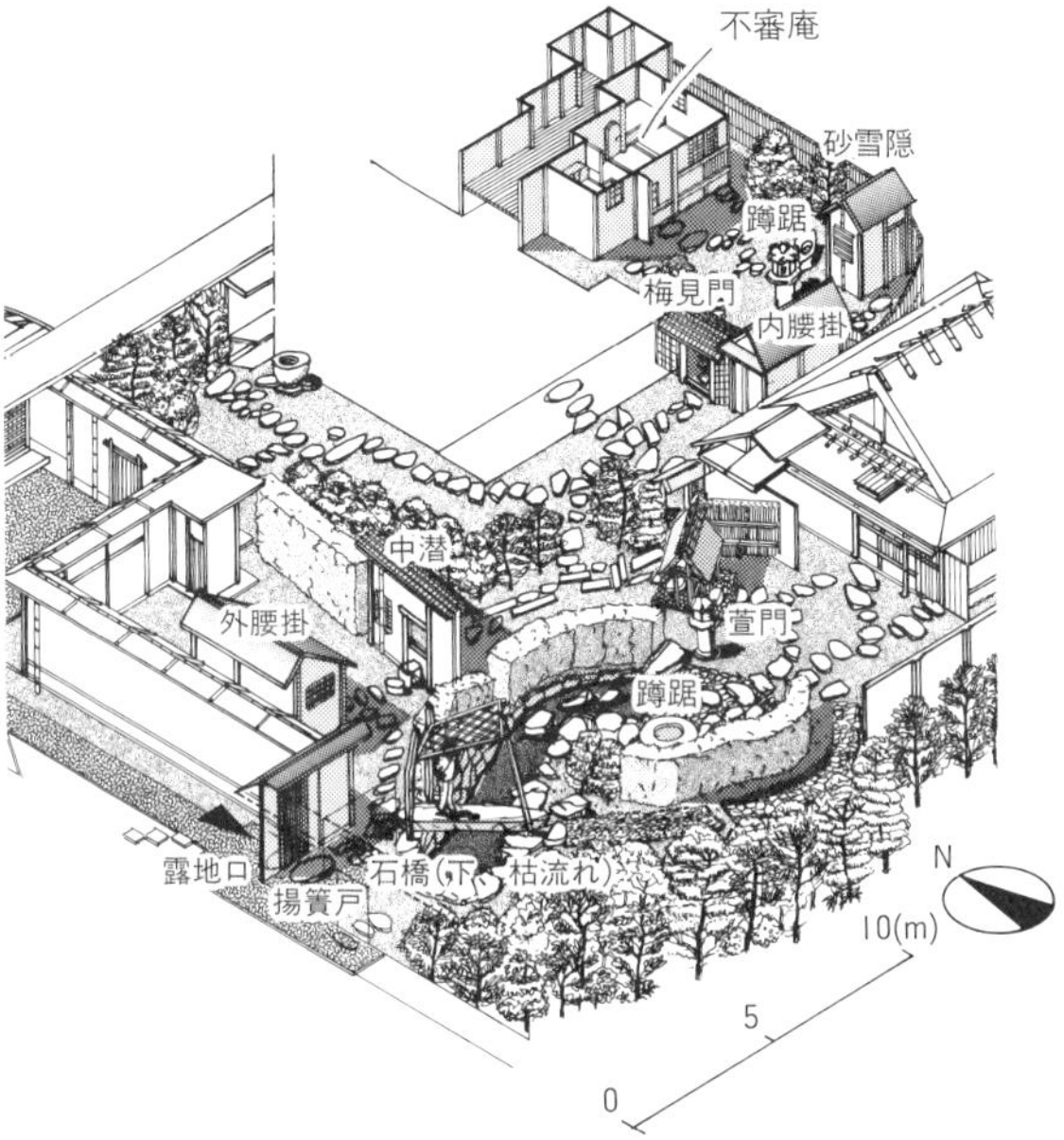

[図4]…表千家不審庵露地鳥瞰図

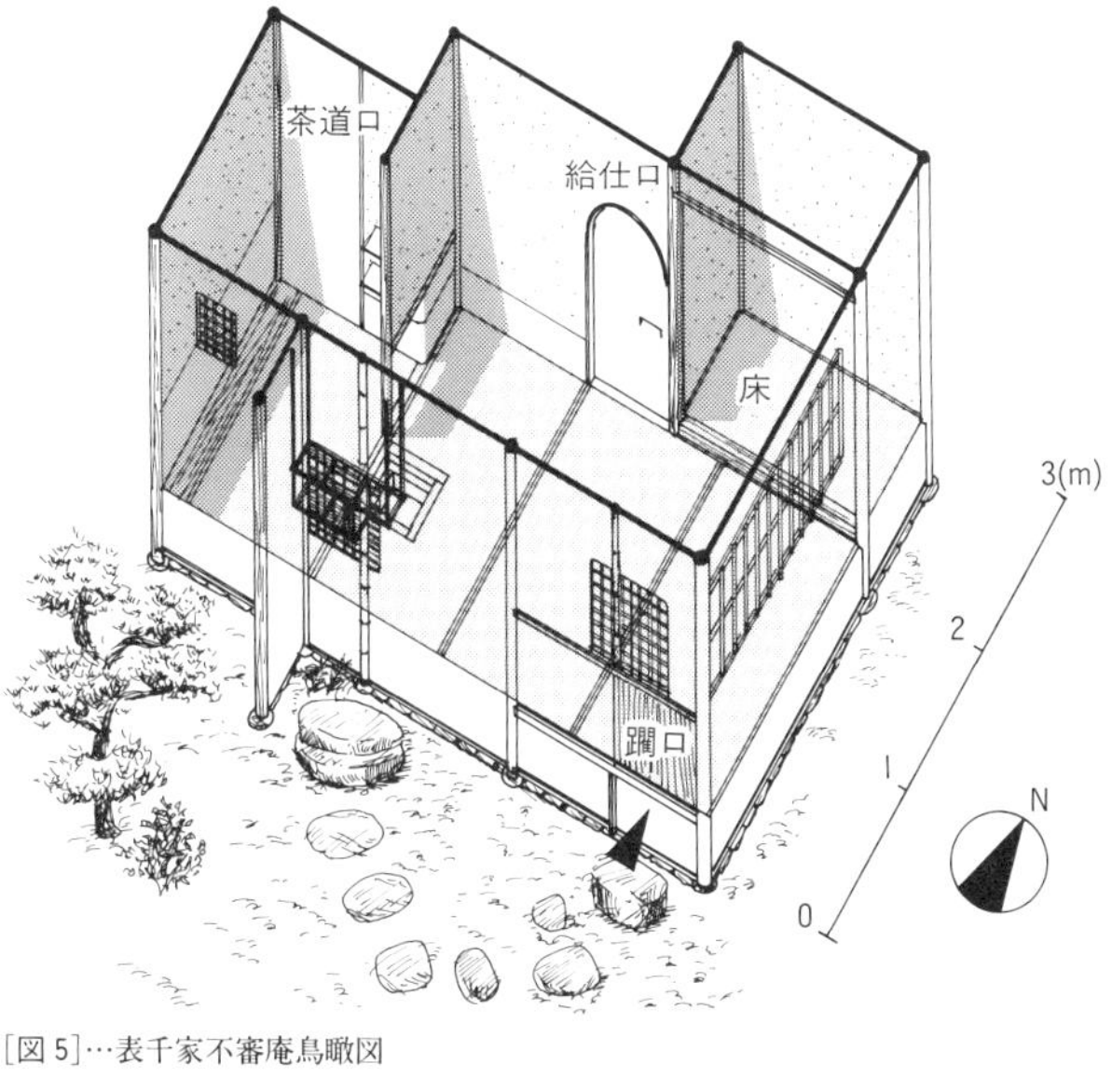

[図5]…表千家不審庵鳥瞰図

㊾武者小路《むしゃのこうじ》千家《せんけ》官休庵《かんきゅうあん》

京都市上京区武者小路通小川東入ル

（交通）ＪＲ京都駅より地下鉄烏丸線今出川駅下車、または京都市営バス上京区総合庁舎前下車

表千家の三代目であり裏千家の創設者である千宗旦の次男一翁宗守《いちおうそうしゅ》は、高松藩の茶頭《さどう》をしていましたが、一六六七年に現在の地に武者小路千家を興し、官休庵《かんきゅうあん》と呼ばれるわずか一畳台目の極小茶室を造りました。その後安永、天明の大火、さらに嘉永にも火災にあい、現在の茶室は一九二六年に再建されたものです（図6）。

内部は台目（一畳よりも小さい変形畳）の点前座と一畳の客座の間に幅約一五センチの板を敷き、室床と呼ばれる隅まで塗り廻した床となっています。また、小さな水屋洞庫が板戸を挟んで設けられています。

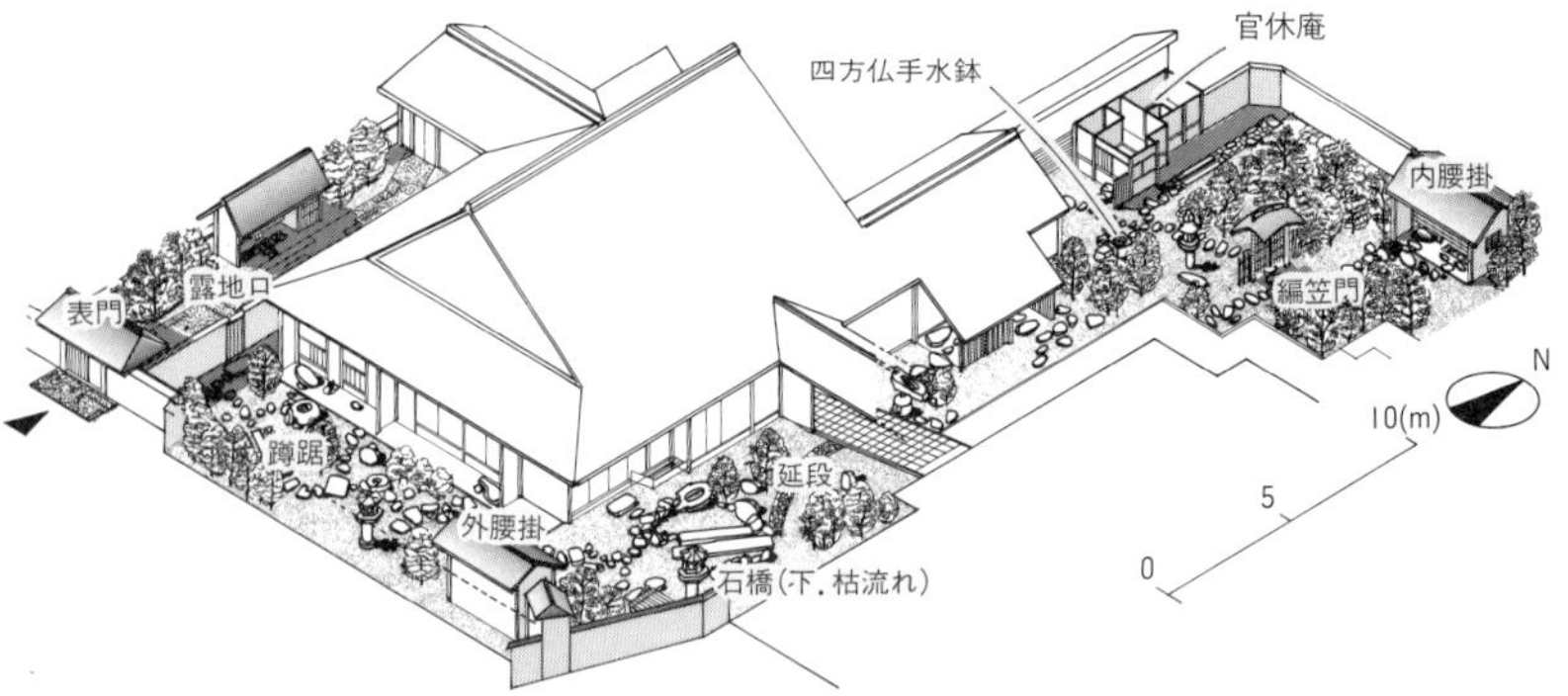

［図6］…武者小路千家官休庵露地鳥瞰図

⑨⓪高台寺《こうだいじ》傘亭《かさてい》・時雨亭《しぐれてい》

京都市東山区高台寺下河原町五二六

（交通）ＪＲ京都駅より京都市営バス東山安井下車

高台寺は、豊臣秀吉の夫人・北政所《きたのまんどころ》（高台院湖月尼《こうだいいんこげつに》）が夫の冥福を祈るために一六〇六年に創建した寺院です。しかし、たび重なる火災によって、当初の建物は開山堂、御霊屋《おたまや》などとこの傘亭《かさてい》、時雨亭《しぐれてい》を残すに過ぎません。

伏見城の遺構であるとか利休好みだという伝承もありますが、豊臣家の宿敵徳川家の援助で造られた経緯もある上、この時期活躍した徳川おかかえの建築家、小堀遠州の絵図の中に酷似した描写があり、現に土間廊下の意匠が遠州好みであることから、遠州ゆかりの茶亭である可能性も無視できません。

ともに素朴な草庵風のたたずまいの、二階建の時雨亭と平屋の傘亭が土間廊

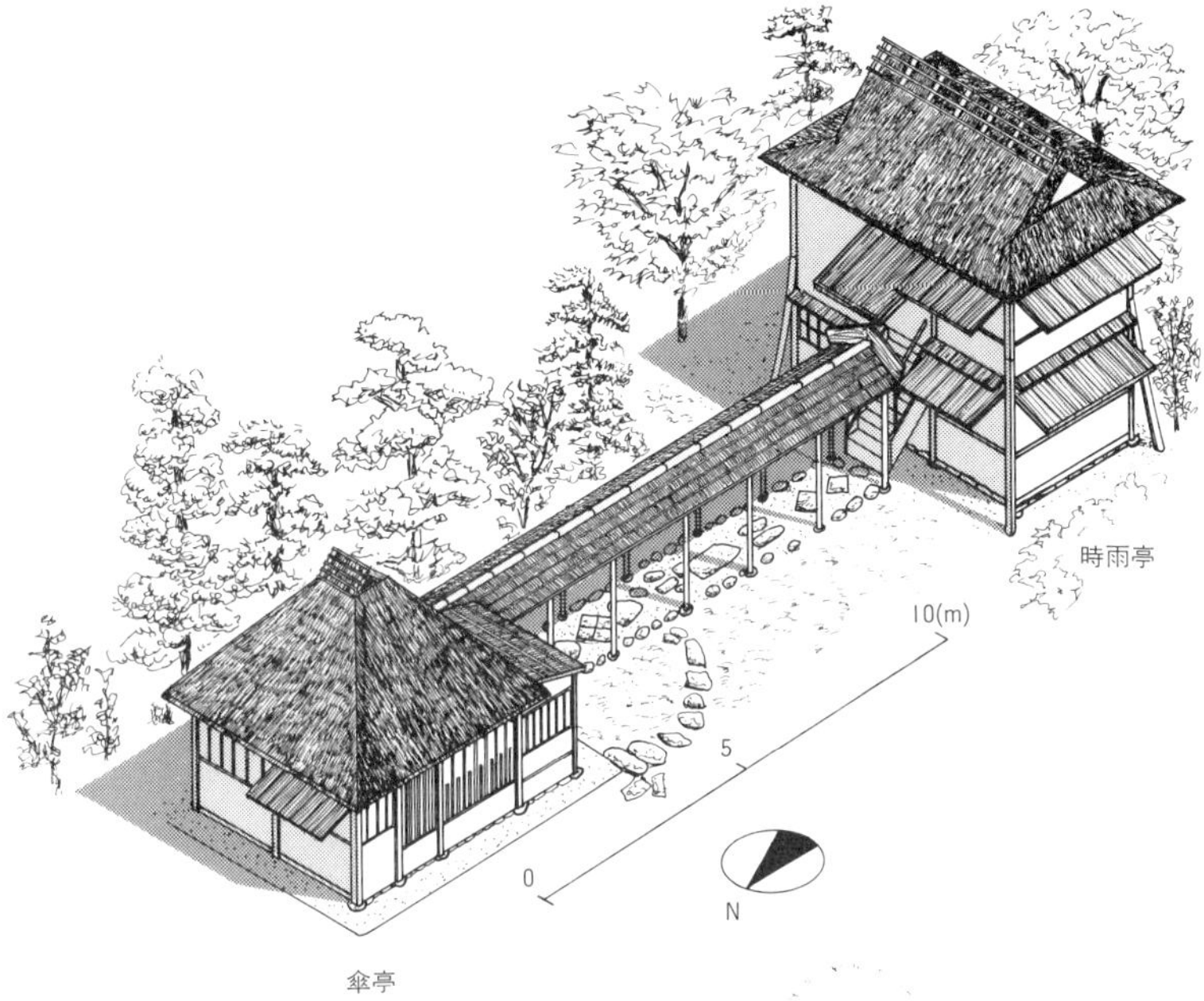

[図 7]…高台寺傘亭・時雨亭鳥瞰図

[図 9]…高台寺傘亭(右)と時雨亭(左手前)

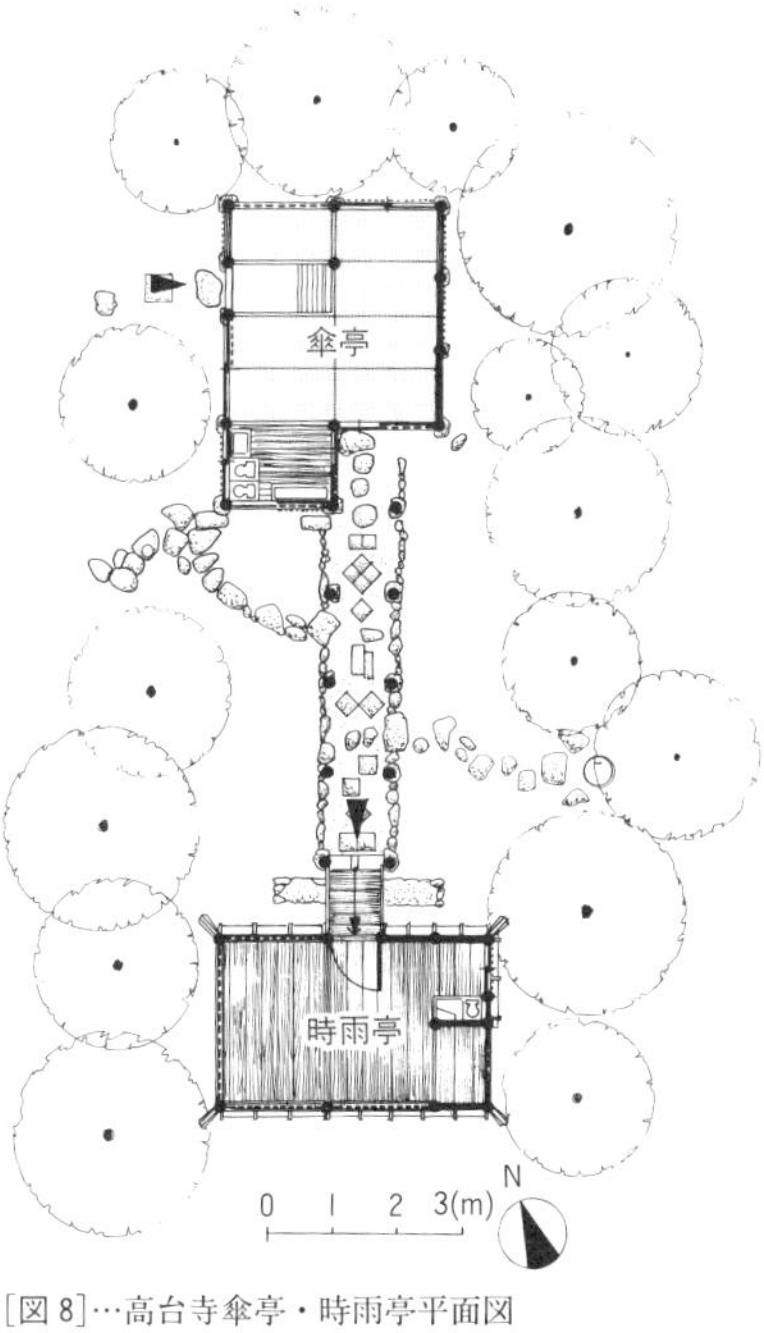

[図 8]…高台寺傘亭・時雨亭平面図

下でつながれて一体となったもので、正式には「安閑窟《あんかんくつ》」と呼ばれます。傘亭はその名の通り放射状の屋根の下に上段と土間、水屋と六畳敷の茶室からなり、また時雨亭は南半分を上段、東を下段とし、下段には床と水屋を設けて茶室としています。閉じた傘亭と開放された時雨亭をそのときの用途に応じて使い分けたのでしょう（図7～9）。

⑨① 西芳寺《さいほうじ》湘南亭《しょうなんてい》

京都市西京区松尾神ケ谷町

（交通）JR京都駅より京都バスまたは京都市営バス苔寺道下車

西芳寺は「苔寺」の名で現在は知られ、もと西方寺と呼び、奈良時代に行《ぎょう》基《き》が創建した寺院で、一三三九年頃に夢《む》窓《そう》疎《そ》石《せき》が復興し、西芳寺と名を改めます。その際、諸建築や庭園とともに

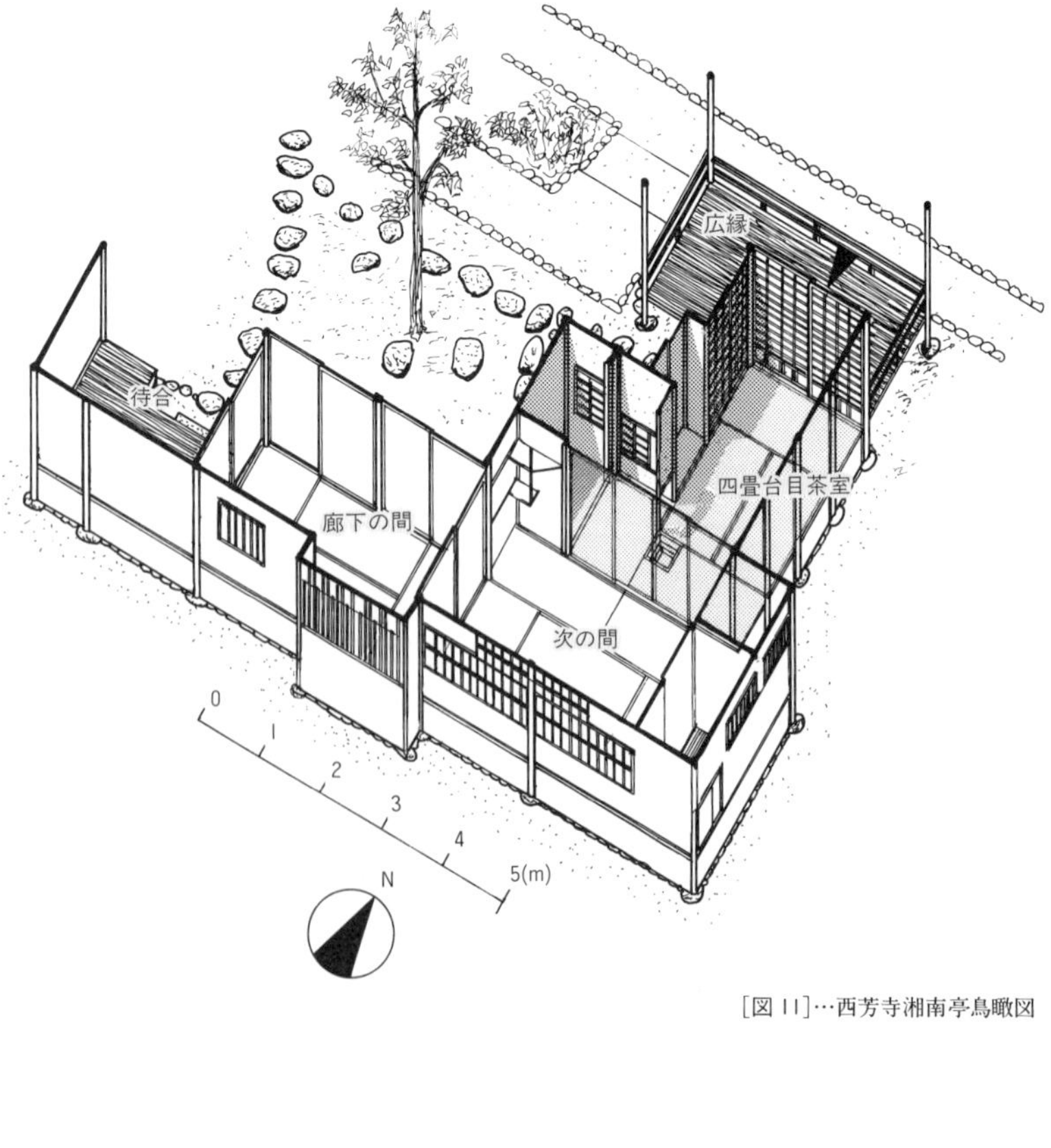

[図11]…西芳寺湘南亭鳥瞰図

茶亭・湘南亭《しょうなんてい》が建てられたとみられます（図10）。

しかし、その後兵火や洪水などで寺は荒廃し、湘南亭も失われていましたが、慶長年間（一五九六〜一六一五年）頃に千利休の息子少庵が再建したものといわれています。

内部は縁台のついた四畳半茶室・松庵を中心に六畳と四畳の部屋が設けられています。興味深いのは、通常客をもてなすための床の間が点前座の勝手に設けられていることで、これを「亭《てい》主床《しゅどこ》」と呼びます。また客座には付書院が設けられ、書院造の影響もみられます（図11）。

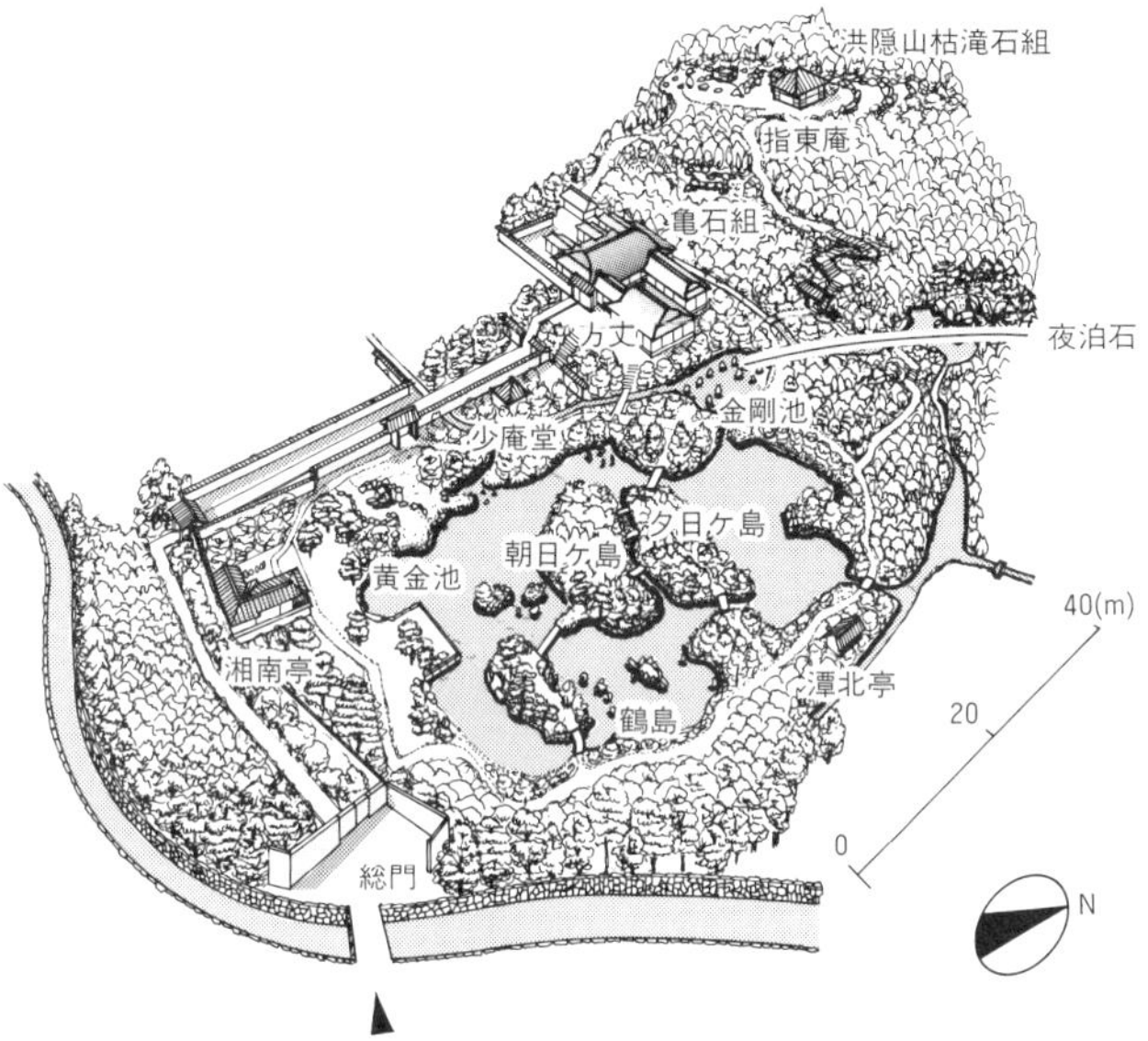

[図 10]…西芳寺鳥瞰図

(こぼれ話)

日本と西洋の建築空間の違い

西洋の教会建築の特徴は、なんといってもその吹き抜け空間にあります。それに比べ日本の寺院は、垂直方向の空間の広がりよりも、庭園などへの水平方向の広がりに特徴があるといえます。

なぜこのような違いが生まれたのかといえば、樹木よりも石や土が入手しやすい大陸に位置する西洋では、石や土を焼き固めた煉瓦による組積造で建物を造ったのに対し、島国日本では良質の木材を柱梁に組んで造った点に端を発しているといわれます。

つまり、西洋の組積造は開口部を取ることがむずかしいので、空間の広がりを垂直方向に求め、また日本の柱梁構造は容易に開口部をとることができたため、水平方向に広がりを求めたのでしょう。

2——大名家の茶室

書院風茶室

前述のように、利休には七哲と呼ばれる茶の湯の弟子がありましたが、そのほとんどが秀吉の家臣である武将であったため、利休の茶は三千家のような血縁者だけではなく、大名などの武士にも受け継がれます。

するとしだいに草庵茶室に、武士の住居形式である書院造の要素が加えられはじめ、簡素美であった「わび」「さび」が、より華やかな「きれいさび」と呼ばれる美意識に変化していくのです。このような茶室を「書院風茶室」といって草庵風茶室と区別しています。

利休の七哲の一人であった戦国大名・古田《ふるた》織部《おりべ》の好みといわれる「藪内《やぶのうち》家茶室《けちゃしつ》」や、その弟子の江戸幕府作事《さくじ》奉行《ぶぎょう》・小堀遠州《こぼりえんしゅう》の隠居所である「大徳《だいとく》寺《じ》孤蓬庵《こほうあん》」等が書院風茶室の代表作といわれ、それぞれ草庵茶室とは異なり技巧的な造りとなっており、視覚的な仕掛けを意図していることがわかるのです。

以下、いくつかの事例を掲げて解説してみましょう。

[図1]…古田織部肖像(興聖寺蔵をもとに作図)

[図2]…小堀遠州肖像(春屋宗園賛、大徳寺孤蓬庵蔵をもとに作図)

㉒南禅寺《なんぜんじ》金地院《こんちいん》八窓席《はっそうのせき》
京都市左京区南禅寺福地町

（交通）JR京都駅より京都市営バス法勝寺町あるいは南禅寺下車

寺院の章で南禅寺金地院には触れましたが、同院に江戸幕府作事奉行で将軍茶道指南であった小堀遠州が一六二八年に造った八窓席と呼ばれる茶室があります。八窓席とはいうものの、実際には窓は六つしかなく、間取りは三畳台目で西向きの床の間があります。明らかに遠州作とわかる貴重な茶室として、重要文化財に指定されています。

㉓桂離宮《かつらりきゅう》 松琴亭《しょうきんてい》
京都市西京区桂御園内

（交通）阪急電鉄京都線桂駅下車、または京都市営バス桂離宮前下車

第三章の実例で掲げた桂離宮の庭園

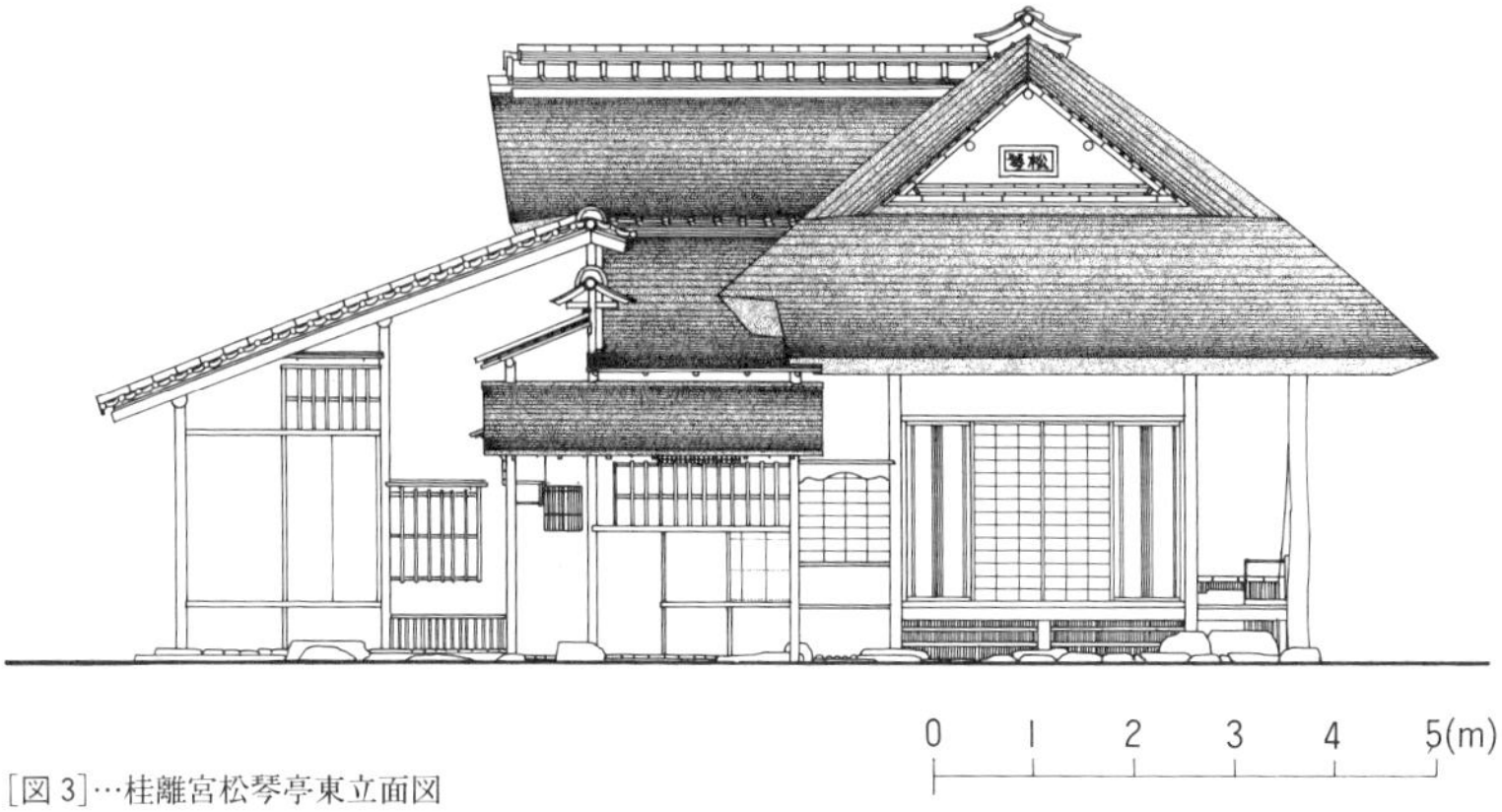

［図3］…桂離宮松琴亭東立面図

［図5］…桂離宮松琴亭茶室内部

［図4］…桂離宮松琴亭平面図

にはいくつかの茶亭が点在していますが、中でも最も重要な建物が松琴亭です。

桂離宮は三回の造営を経て現在の姿に完成されましたが、松琴亭は一六四一年頃の二度目の造営の時に建てられ、その後一六六一年の三度目の造営の際、増築されたため、極めて複雑な外観をもっています（図3）。

また、庭園内の外腰掛及び卍字亭《まんじてい》と呼ばれる建物は、この松琴亭で行なわれる茶会のための待ち合いとして建てられたものです。

内部は中央の光庭を囲むように三つの領域に分かれており、一の間と次の間を挟んで水屋にあたる板間、二の間と縁を挟んで水屋、中心茶室と後の間を挟んで水屋と板間といった具合です（図4、5）。

注目すべきは、小堀遠州の好みで造られた中心茶室で、前掲の同じく遠州好みの南禅寺金地院八窓席では窓は六つしかありませんでしたが、松琴亭では八窓をもつ上、躙口の外には「流《ながれ》手《ちょう》水《ず》」と呼ばれる池で手を清める遠州独特の趣好がこらされているのです。

現在、桂離宮への遠州の関与は否定されていますが、遠州作が確実な金地院の茶室よりもさらに遠州好みとして完成度が高い松琴亭は、いったい遠州以外の誰によって造られたというのでしょうか。

㊹ 水無瀬《みなせ》神宮《じんぐう》燈心亭《とうしんてい》

大阪府三島郡島本町広瀬三―一〇―二四

（交通）阪急電鉄京都線水無瀬駅下車

水無瀬神宮は、もと後鳥羽上皇の別荘・水無瀬殿の地で、上皇が流刑の末、没した後、その霊を祀り、明治以後そこへ土御門、順徳天皇を合祀したものです（図6）。

［図6］…水無瀬神宮本殿

燈心亭《とうしんてい》は、三畳台目の茶室と水屋からなり、台目の点前座を客座の中央に設けた、茶人古田織部や小堀遠州が好んだ間取りをもっています。正面には床の間と飾棚が設けられ、畳縁が付けられるなど貴族的な意匠をもち、桂離宮や修学院離宮に一脈通じるものがあります。造営年代は不明ですが、江戸初期とみられ、重要文化財に指定されています（図7）。

⑨⑤ 慈《じ》光《こう》院《いん》高《こう》林《りん》庵《あん》

奈良県大和郡山市小泉町八六五

（交通）近鉄奈良駅より奈良交通バス慈光院前下車

石州流《せきしゅう》の元祖として知られる茶人片桐石州《かたぎりせきしゅう》が、居城の北に両親の菩提を弔うために一六六三年に創建した寺が慈光院です。書院と茶室がそのまま現存しており、ともに重要文化財に指定されています（図8）。

茶室高林庵は、一六六四年に書院へ増築された二畳台目で、最大の特徴は西芳寺湘南亭《さいほうじしょうなんてい》と同じく、客をもてなすための床の間が客座ではなく点前座にある「亭主床《ていしゅどこ》」となっていることです。

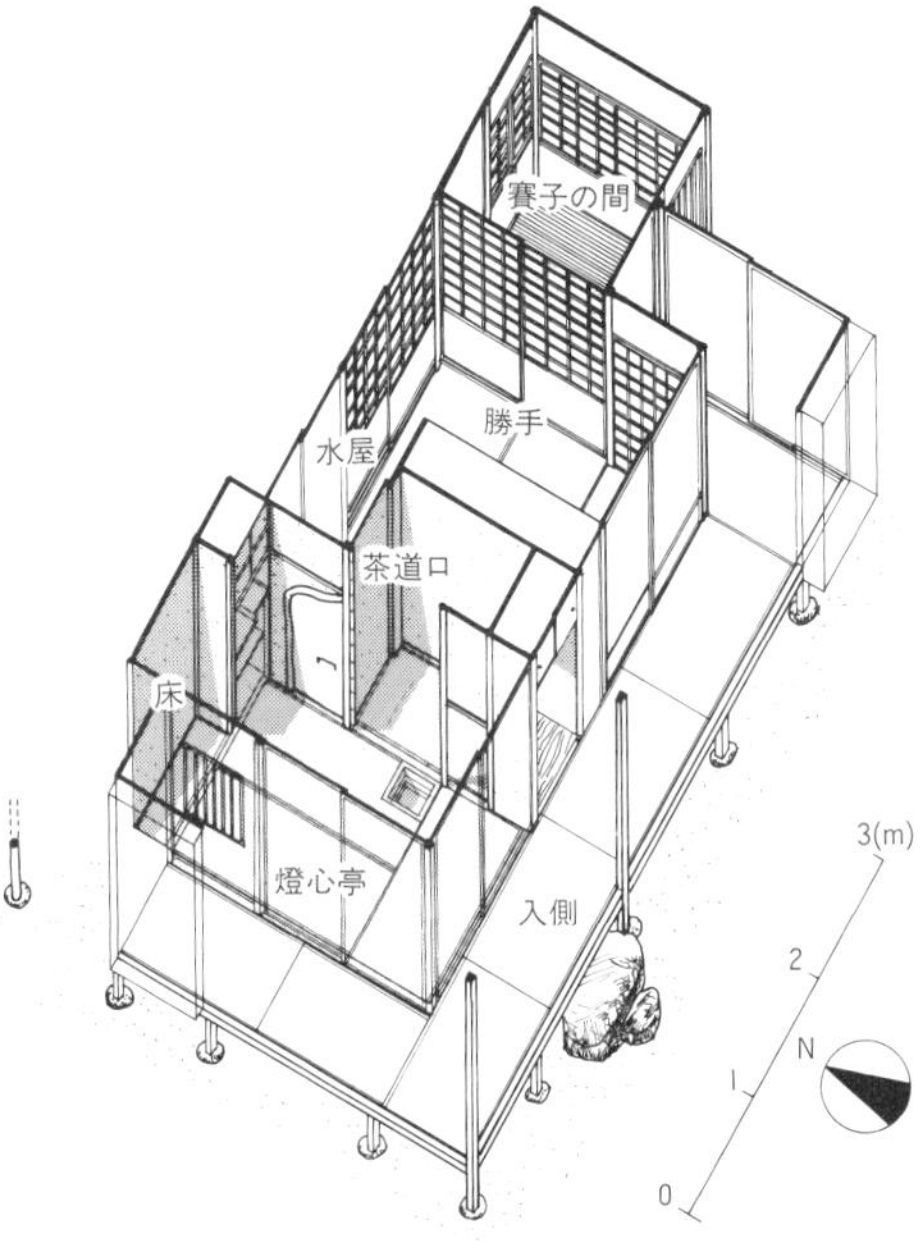

［図7］…水無瀬神宮燈心亭鳥瞰図

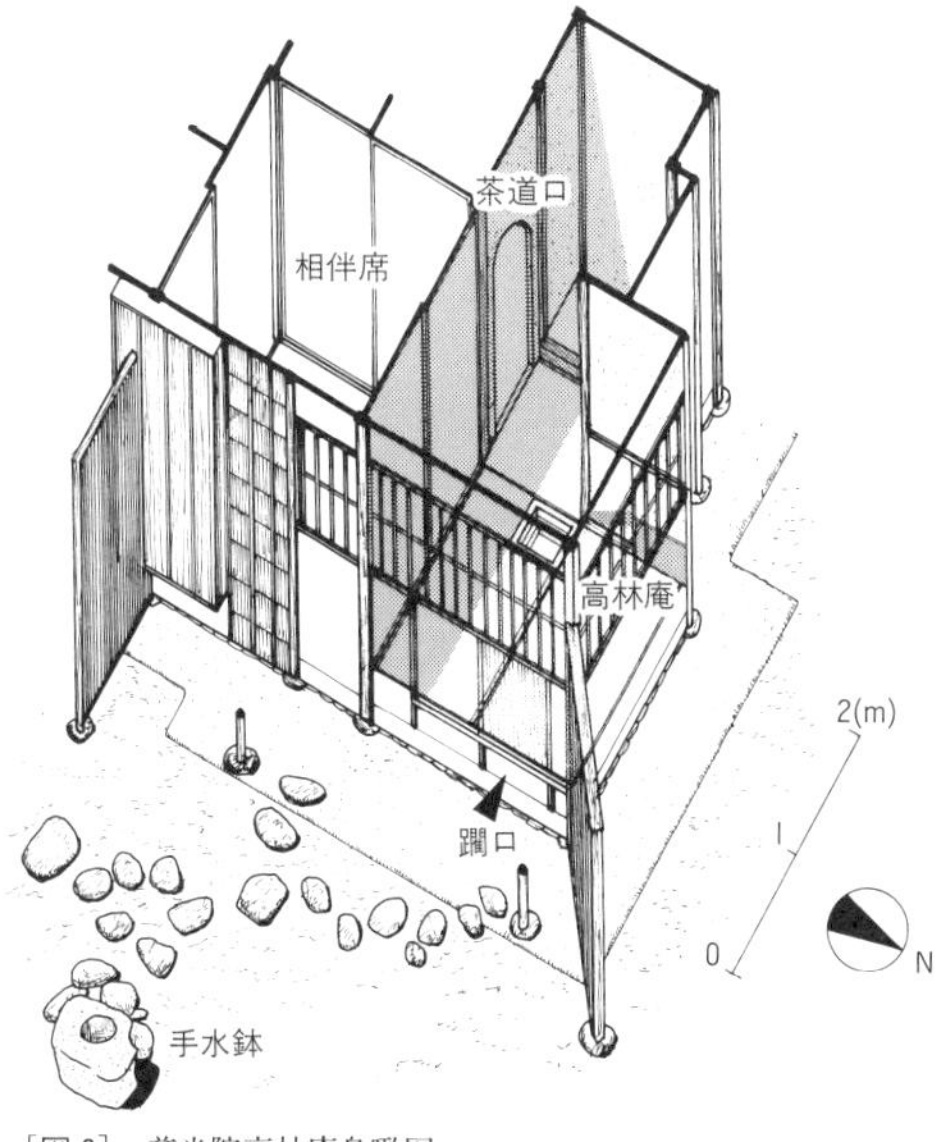

［図8］…慈光院高林庵鳥瞰図

❾❻ 仁和《にんな》寺《じ》遼《りょう》廓《かく》亭《てい》・飛《ひ》濤《とう》亭《てい》

京都市右京区御室大内三三

(交通)JR京都駅より京都市営バス御室仁和寺下車、または京福電鉄北野線御室駅下車

仁和寺については第二章の実例で触れましたが、堂塔だけではなく、二つの茶亭があります。

まず一つは、庭園の西に位置する遼《りょう》廓亭《かくてい》で、江戸初期に造営、末期に絵師尾形乾山邸から移建したものといわれ重要文化財に指定されています。二畳半台目で床の間の隣りに三角形の地板を入れる茶人織田有楽の茶室如庵に見られる「有楽囲《うらくがこい》」の手法が用いられています(図9)。

一方、庭園東の飛濤亭《ひとうてい》は、江戸末期に建てられた茶室で、四畳半に水屋を設け、躙口の変わりに貴人口をつけた

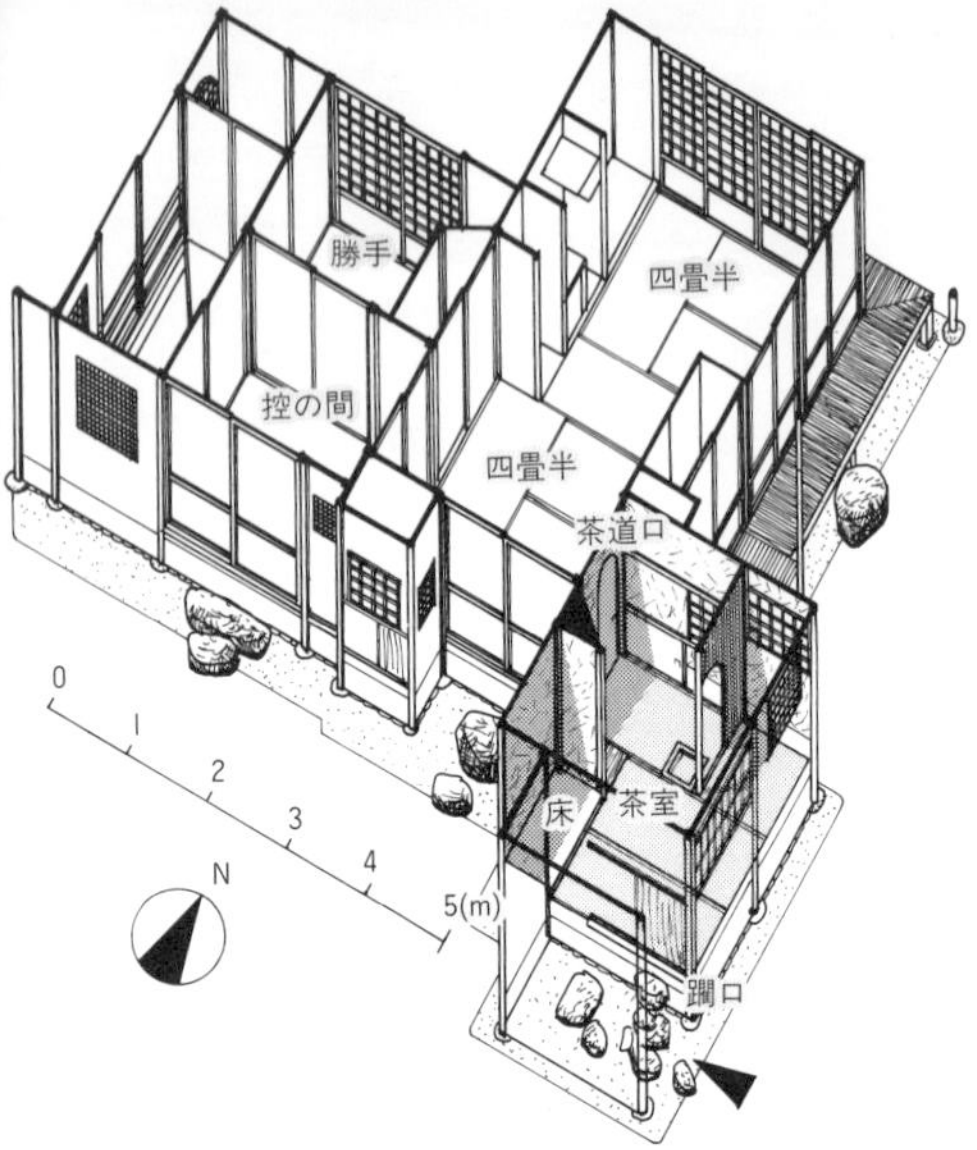

[図9]…仁和寺遼廓亭鳥瞰図

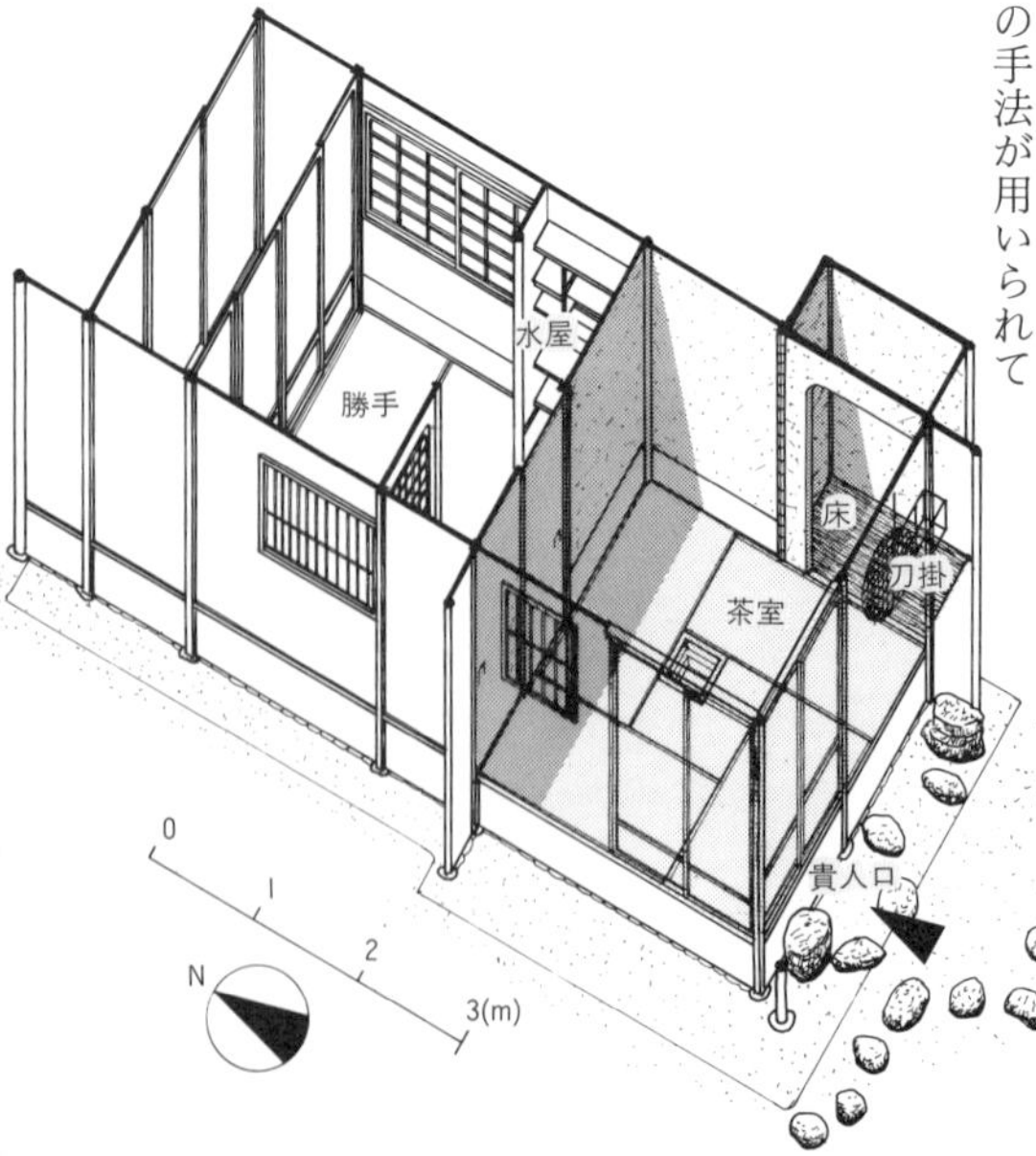

[図10]…仁和寺飛濤亭鳥瞰図

ものです。床の間は框《かまち》も落掛《おとしがけ》もない「洞床《ほらどこ》」と呼ばれる珍しい意匠となっています（図10）。

97 西本願寺《にしほんがんじ》飛雲閣《ひうんかく》憶昔席《いくじやくのせき》

京都市下京区堀川通花屋町下ル

（交通）JR京都駅より京都市営バス西本願寺前下車

西本願寺については、第二章の実例で触れましたが、堂舎に加えて「滴翠《ちゃくすい》園《えん》」という庭園に金閣、銀閣とともに三閣といって並び賞される三層の楼閣建築「飛雲閣《ひうんかく》」（国宝）があります。豊臣秀吉が京都の居城として一五八七年に築いた聚楽第《じゅらくだい》の遺構ともいわれますが、聚楽第が破壊されたのは一五九五年で、本願寺が現地に伽藍を構えた一五九二年には既に飛雲閣があったことが記録にあるので、矛盾をかかえています。また本願寺は一六一七年に全焼

[図11]…西本願寺飛雲閣

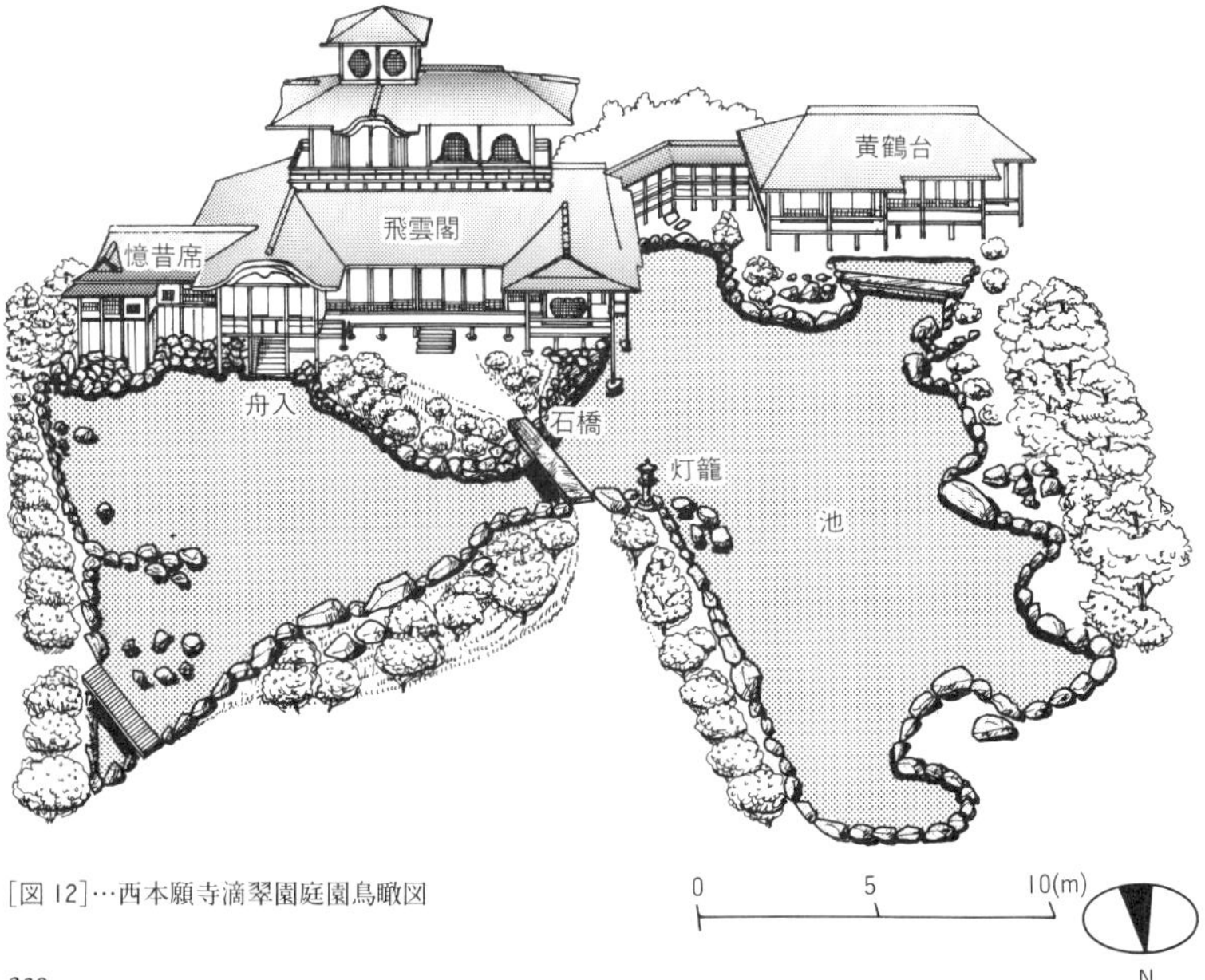

[図12]…西本願寺滴翠園庭園鳥瞰図

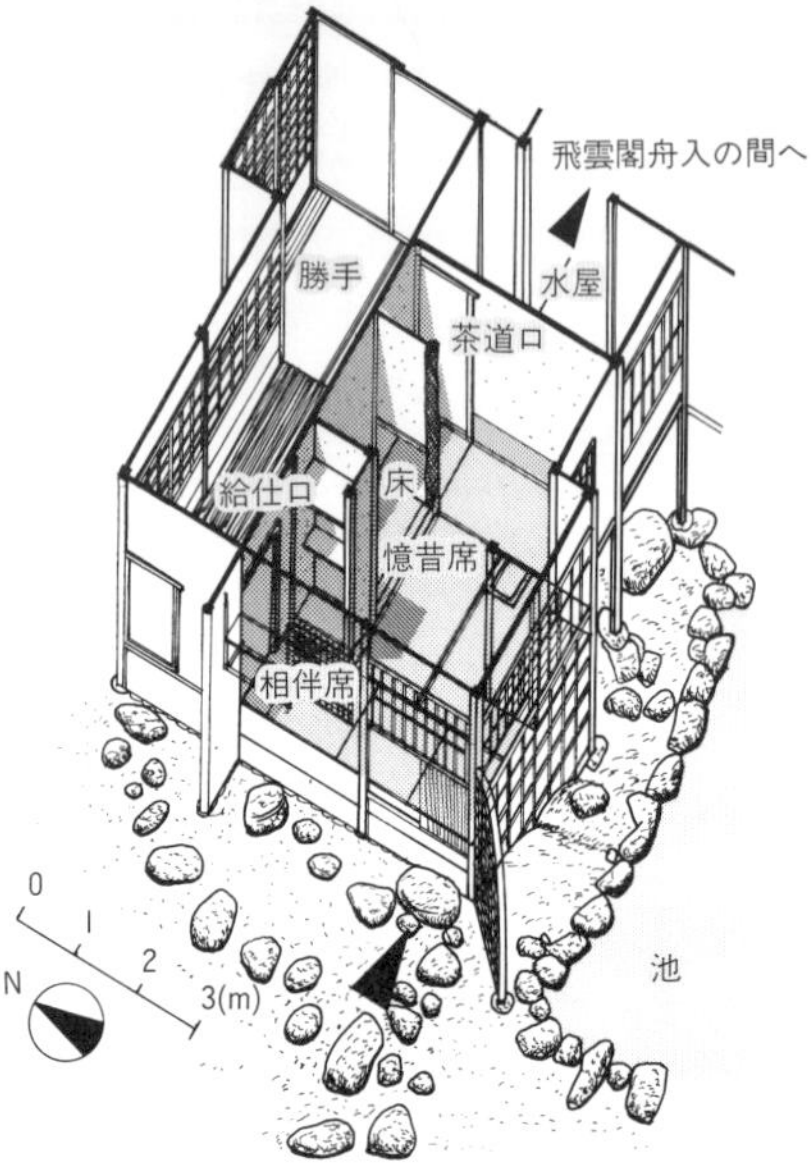

[図13]…憶昔席

[図14]…舟入り

しており、もし現在の飛雲閣が秀吉の遺構であるとするならば炎上を免れたことになるのです（図11、12）。

ただし、飛雲閣に付属する茶室憶《いく》昔席《じゃくのせき》の由緒は明らかで、一七五五年の茶会のために、茶人藪内竹蔭などの関与で造られたものです（図13）。

茶室は舟入の間（図14）と呼ばれる池上の船から直接建物に入るための入口の東に、水屋を隔てて接しています。

内部は三畳半を上段の間に見立てて、板間の相伴《しょうばん》席を下段として付けた珍しいものです。なお床柱は「蛇の目の木」と呼ばれる産方《うぶかた》産の珍木が用いられています。

⑨⑧ 大徳寺《だいとくじ》聚光院《じゅこういん》閑隠席《かんいんせき》・桝床席《ますどこのせき》

京都市北区紫野大徳寺町五八

（交通）JR京都駅より京都市営バス大徳寺前下車

大徳寺については第二章の実例で触れましたが、塔頭《たっちゅう》として数多くの茶室を有しており、中でも聚光院《じゅこういん》は茶人千利休の墓所として、また三千家の菩提寺としても有名です。

まず閑隠席《かんいんせき》ですが、利休の聚楽屋敷から移築したものといわれますが、実際は一七四一年の利休の百五十回忌の折に造られたものです。三畳敷で窓は二つと極めて少なく、光を嫌った利休の好みをよく再現しています。

また桝床席《ますどこのせき》は、閑隠席の西に水屋をはさんで設けられており、入口を二枚障子の貴人口として内部は四畳半、「桝《ます》床《どこ》」と呼ばれる隅に方形の床の間をもつため、この茶室の名がつきました（図15）。

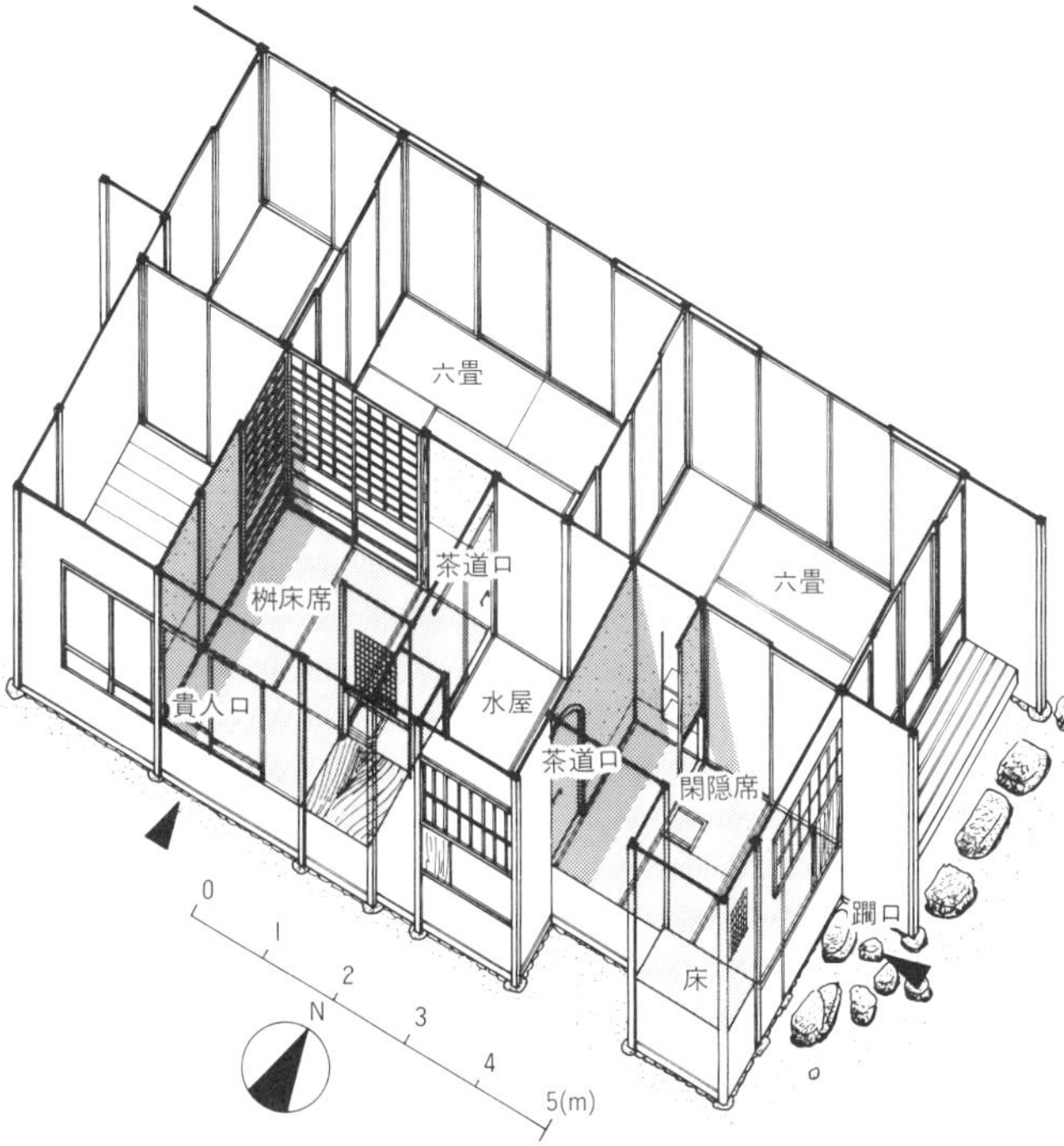

［図 15］…大徳寺聚光院閑隠席・桝床席鳥瞰図

⑨⑨ 大徳寺《だいとくじ》孤蓬庵《こほうあん》忘筌《ぼうせん》

京都市北区紫野大徳寺町六六—一

（交通）ＪＲ京都駅より京都市営バス船岡山下車

孤蓬庵は、前述の聚光院と同じく大

［図 16］…大徳寺孤蓬庵

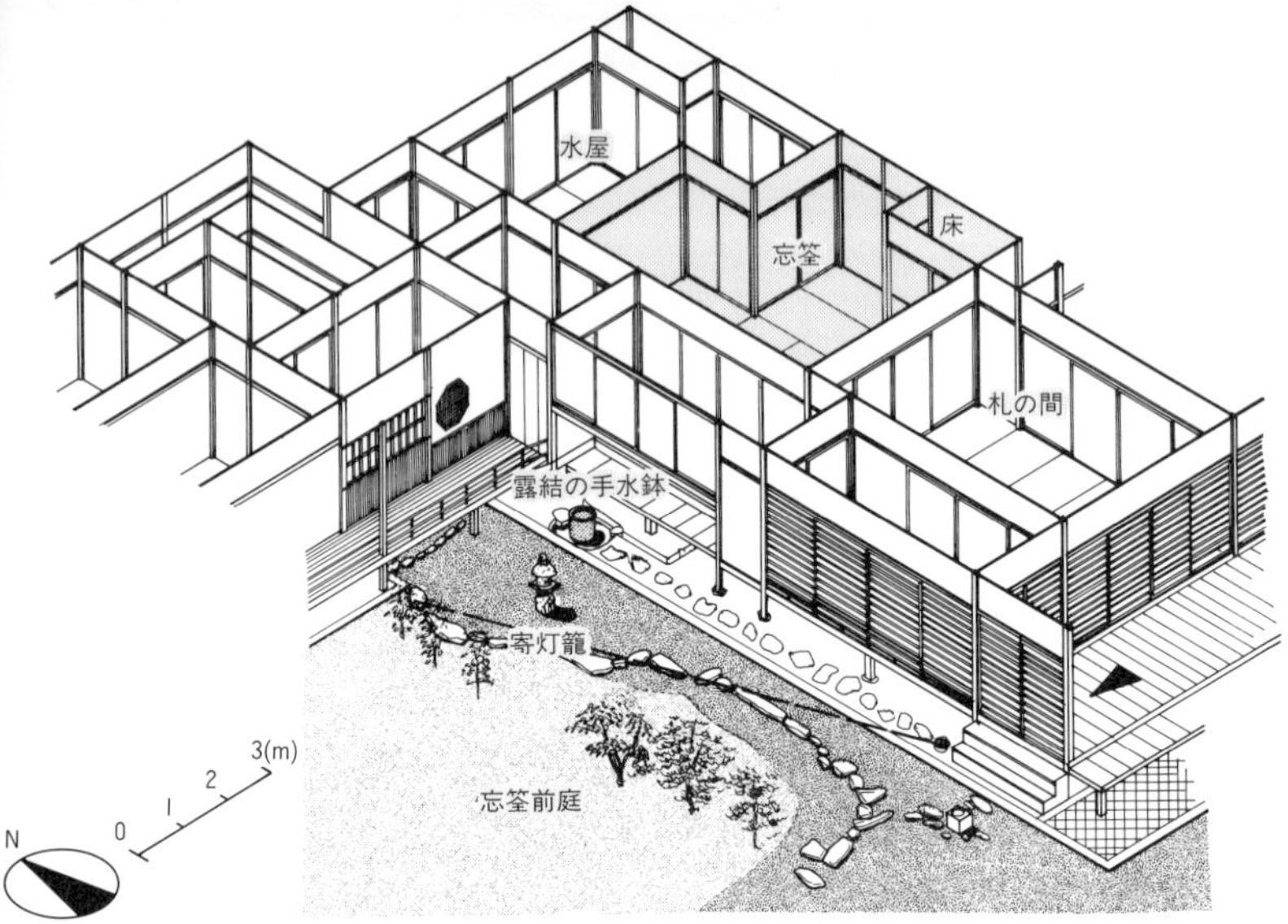

[図17]…大徳寺孤蓬庵忘筌前庭露地

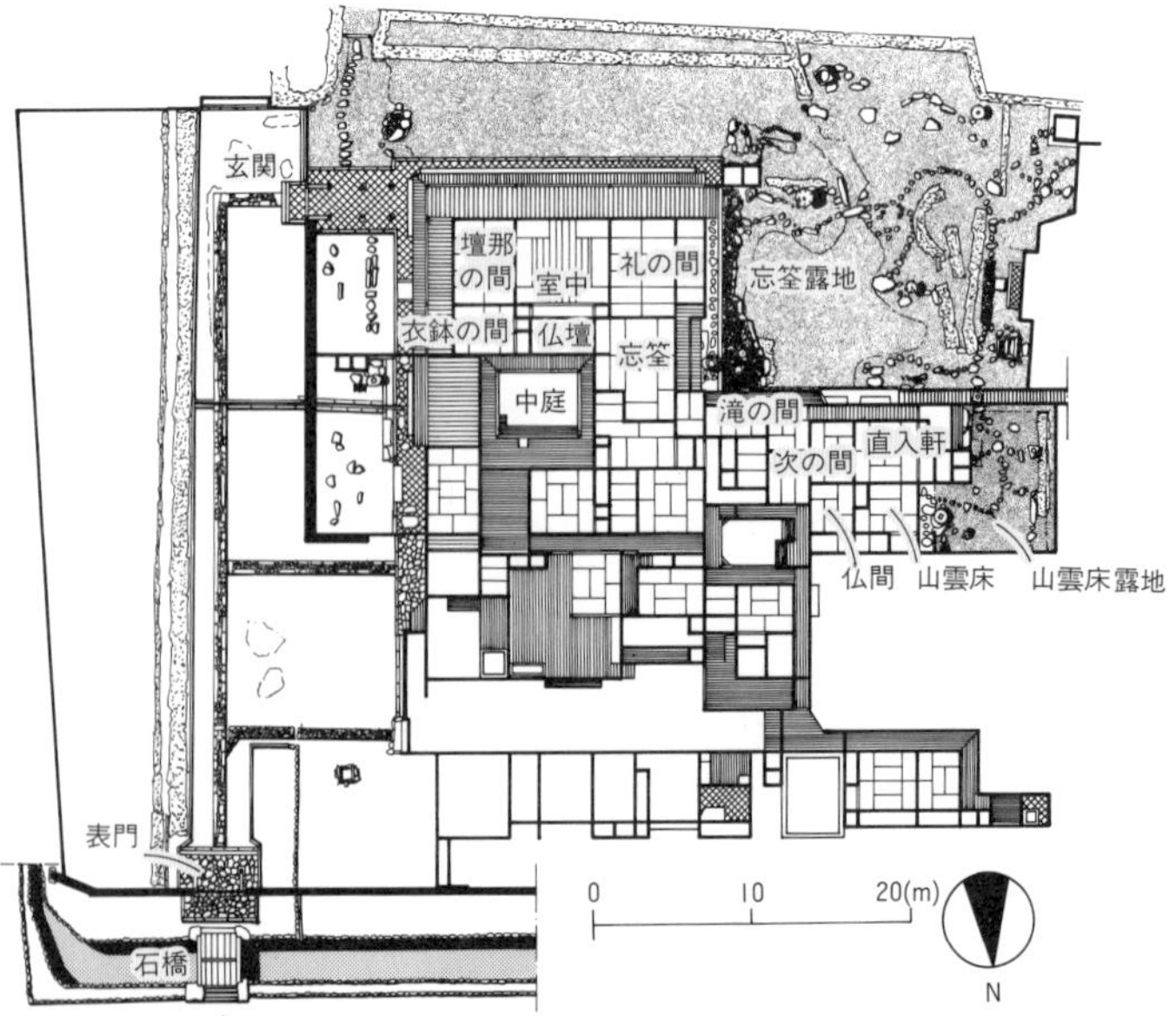

[図18]…大徳寺孤蓬庵全体平面図

徳寺の塔頭《たっちゅう》の一つで、一六一二年に茶人小堀遠州《こぼりえんしゅう》が自らの菩提寺《ぼだいじ》として創立し、一六四三年に現在地へ移り、隠居所としたものです（図16）。しかし一七九三年に全焼し、指図をもとに遠州を偲ぶ松平不昧《まつだいらふまい》によって忠実に復元されて現在に至っています。

内部は十一畳に一畳の点前座《てまえざ》をつけた計十二畳で、八畳と三畳の相伴席《しょうばんせき》が付属しており、この他畳一枚分の一間床があります。

最大の見どころは、縁側と露地で、茶室より広縁《ひろえん》と落縁《おちえん》を介して露地の庭が見え、上部半分のみを障子としているため、立っている時には庭が見えず、座ると庭が切りとられて目の前に広がるといった寸法です。露地をすすむ際、アイポイントとなる露結《ろけつ》の手水鉢や地蔵彫りのある灯籠がアクセントになっています（図17、18）。

なお、忘筌の他、孤蓬庵には直入軒《じきにゅうけん》及び山雲床《さんうんじょう》と呼ばれる二つの茶室があり、いずれの茶室もすべて重要文化財に指定されています。

100 藪《やぶ》内《のうち》家《け》燕庵《えんなん》

京都市下京区西洞院正面下ル

（交通）JR京都駅より京都市営バス西洞院六条下車

千利休《せんのりきゅう》の七哲《しちてつ》の一人古田織部は、謀反を企てた罪により自刃する一六一五年に、藪内家初代の剣仲紹智《けんちゅうしょうち》へ茶室燕庵を譲り与えたといわれ、二代目真《しん》翁《おう》が一六四〇年に西本願寺の茶道指南に迎えられたために、本願寺にほど近い現在の地に茶室を構えました。

しかし、一八六四年に焼失してしまい、現在の茶室は一八二九年頃に燕庵を忠実に模したといわれる写しを有馬から一八六七年に移建したものといわれます（図19）。

庇のついた躙口から中へ入ると三畳の客座と台目畳の点前座が中柱付真壁によって仕切られ、床の間と引戸で仕切られた一畳の相伴席及び水屋があります。

点前座には織部好の色紙窓や雲雀《うんじゃく》棚《だな》があり、床にも同じく織部好の花明《はなあかり》窓《まど》と花入釘《はないれくぎ》があり、織部の茶室を正確に写していることが確認できます（図20）。

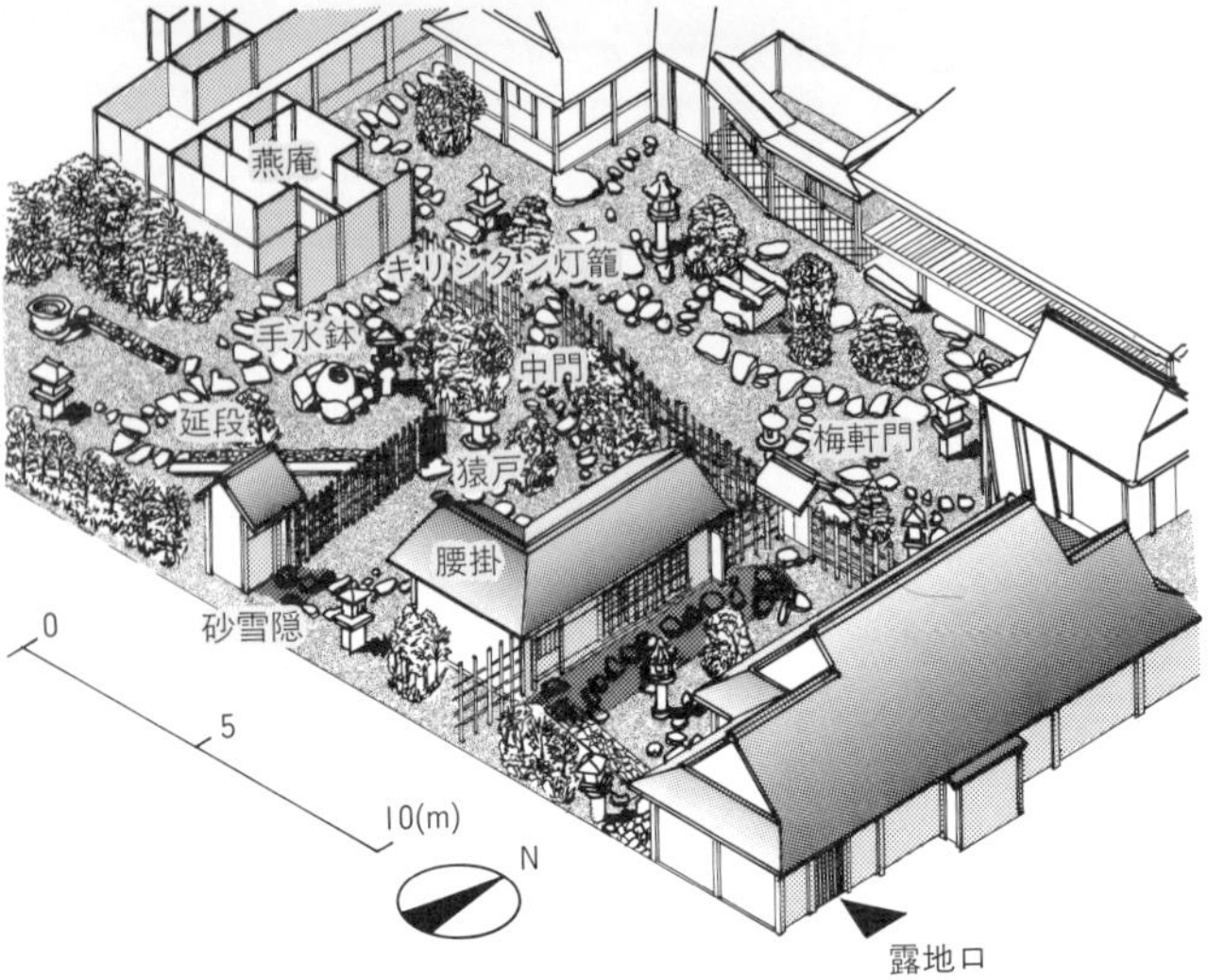

[図 19]…藪内家燕庵露地鳥瞰図

[図 20]…藪内家燕庵燕庵鳥瞰図

エピソード

二畳茶室待庵の意味

❖1 待庵の特異性

一五八二年、豊臣秀吉は山崎城を造営した際、その城下へ千利休に命じて茶室をつくらせました。これが「わび」を具現化した妙喜庵待庵です。

利休一畳、秀吉一畳の計二畳という極小空間で、一生に一度の出会いを念頭に置いて望むという「一期一会」の厳しい対決の空間であるといわれます。壁は藁を混ぜたもので、その極小空間とあいまって極めて質素な茶室であり、一説には天下人になる直前の最も慢心していた秀吉を戒めるためにつくったともいわれています。

利休は待庵以前にどんな茶室をつくっていたかというと、彼の本邸堺屋敷には茶の湯の師武野紹鷗の四畳半茶室の写しがあったといい、東大寺四聖坊にも同様のものをつくったといわれます。

また待庵以降はどうかといえば、いまだ堺の四畳半を使っていたというし、一五七七年の北野大茶湯でも四畳半を用い、聚楽第にも四畳半の茶室をつくっており、利休自身四畳半を茶の「法式の根本」とまでいい切っているのです。

すなわちわずか二畳の待庵は、利休にとっても極めて異端な存在であったといわざるをえないのです。

❖2 書院造の否定

それでは待庵は従来の茶室とどこが異なっているかというと、紹鷗の四畳半への武家の住居形式である書院造の影響を否定していることでしょう。

まず書院造の武士の権威を示すための名物を飾る押板から発達した「床の間」を縮小して大掛軸等を掛けられなくし、花の一輪掛けを重視したことです。従来は張付壁だったものを藁入りの土壁むき出しとしたのも名物を置けなくするためでしょう。

次に書院造の身分に応じた段差をもつ式台から発達した紹鷗の縁入口を武士も町人も身分に関係なくはいつくばって入る躙口《にじりぐち》に改めたことで、同時に武士の象徴である刀を茶室から廃すために、現在の待庵には失われていますが、従来は「刀掛け」がつくられていたといいます。

これらはすべて武士の身分差別から生まれた書院造の否定に他なりません。

❖3 西欧文化の否定

そして一九八頁で触れたように、書院造には、秀吉の聚楽第以来、パースペクティヴなどの西欧手法が混入していました。美術史家柳亮氏によれば、紹鷗の四畳半茶室ですら、同時代西欧の黄金分割の手法が混入しているといいます。つまり書院造どころか紹鷗の茶室すら西欧文化に侵されていたのであり、それを利休は待庵において退けようとしたふしがあるのです。

利休や秀吉の周辺は西欧文化に満されており、秀吉こそがそれらを日本にもたらしたパイオニア的存在でした。同時期の西欧ルネサンス・バロック芸術を支配していたのは、マニエリスム思想であり、一言でいえば人工操作を尊重する概念です。この思想は、芸術に限らずヨーロッパによる植民地支配の発想をも生み出したといわれ、現に同時代数多くの国を植民地化しているのです。

こうしたマニエリスム思想を学んだ秀吉は、ちょうど待庵がつくられた頃、朝鮮侵略計画を打ち出している点に注意しなければなりません。すなわち、西欧文化の享受の末、ついにはヨーロッパと同様、植民地支配に走るマニエリスム思想に毒された秀吉を戒める事があの待庵の真の目的だったのではないでしょうか。

❖4　封建主義への批判

歴史学者の村井康彦氏によれば、待庵は躙口や室床に朝鮮民家と密接な関係があるといいます。利休の茶碗を焼いたのは朝鮮出身の長次郎である上、さらに大書院の一角に茶室を設けることを「高麗（朝鮮）囲い」、朝鮮出兵の際に輸入したツバキを「わび助」と呼ぶことにも注目しなくてはなりません。

朝鮮出兵に際して、ことさら朝鮮色を強調したかどうかはともかく、マニエリスムへ走る秀吉に人の力で制するのではなく、自然をさとし、封建主義を批判したことだけは確かでしょう。

［図 a］…豊臣秀吉公画像（高台寺蔵）

第五章　城郭建築

戦う建築

城の発達——山城から平城へ

城の起源は古く、縄文時代にはすでに堀や盛土をつくり、砦《とりで》を築いて外敵から集落を守る工夫が凝らされていました。

中世になると、城は山の頂上に建てられるようになり、これを「山《やま》城《しろ》」と呼びます。傾斜が急で険しい上、山は信仰の対象として神社の御神体《ごしんたい》（神が宿るもの）と考えられていたため、心理的に攻めにくいといったメリットがありました。当時の山城はほとんど存在しませんが、再建されたものを含めて、岡山の備中松山城、岐阜の岐阜城、千葉の久留里《くるり》城等があります。

中世末期になると、山城は活動に不便な上、政治、経済の中心としても不向きであることから、城下町をつくりやすい平野に望む小高い丘の上に城を建てるようになりましたが、これを「平山城《ひらやまじろ》」といいます。兵庫の姫路城や滋賀の彦根《ひこね》城（図2）、愛知の犬山城、熊本の熊本城、青森の弘前《ひろさき》城等があります。

やがて近世に入ると、さらに軍事性よりも政治、経済に重点が置かれるようになり、城下町が拡大しやすい完全な平野に城が築かれるようになり、これを「平城《ひらじろ》」といいます。京都の二条城（図3）が代表的な例であり、その他長野の松本城が有名です。また、遺構として残るものには東京の江戸城、再建された例に愛知の名古屋城、

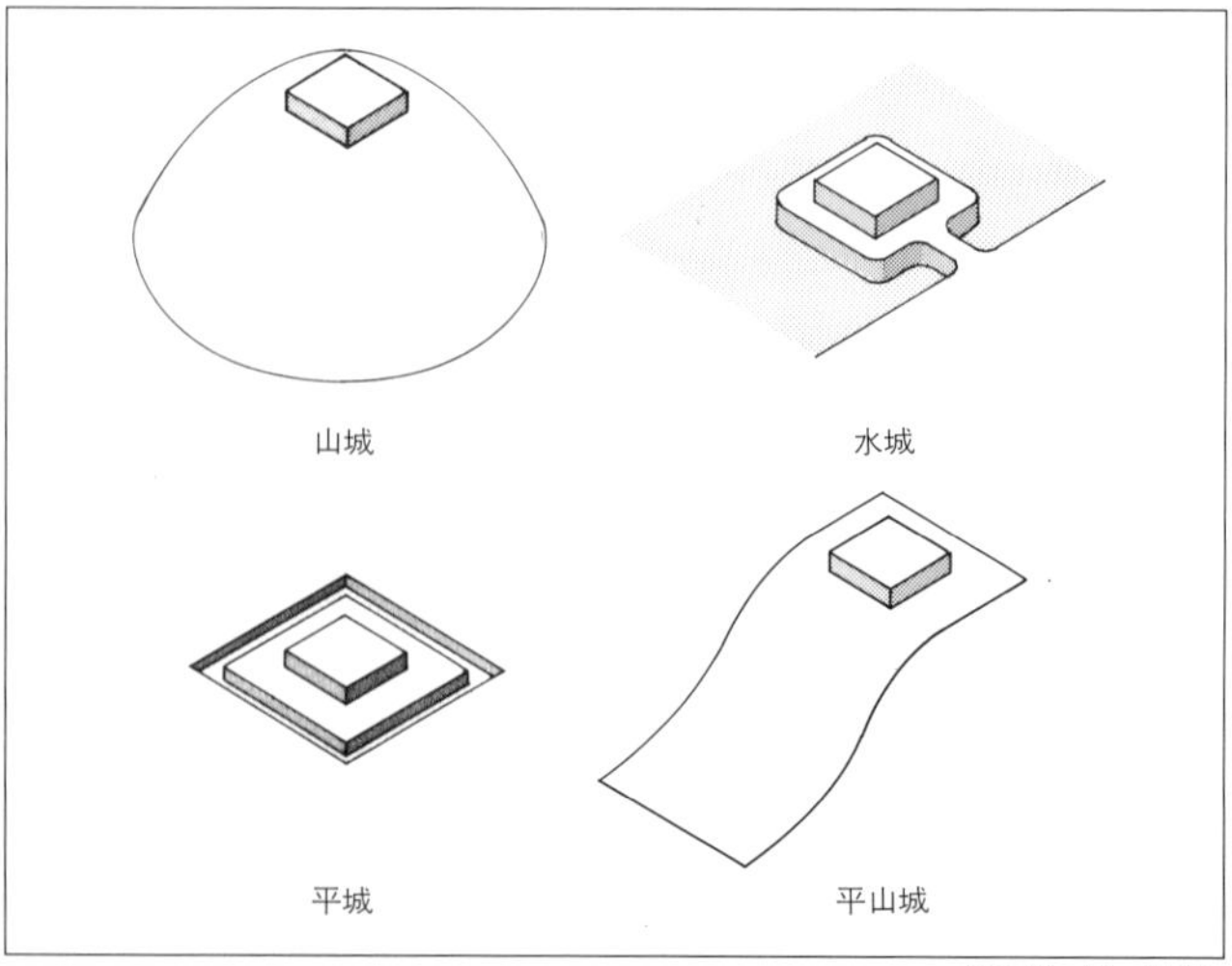

［図1］…城の種類

大阪の大坂城、広島の広島城があります（図1）。
この他、水辺に突き出した敷地に築いた城を水城といい、遺構として残るものに安土城跡（現在、水辺は開拓されてなし）や長浜城跡、膳所《ぜぜ》城跡等、琵琶湖周辺に数多くあります。

［図2］…彦根城

［図3］…二条城本丸跡石垣

こぼれ話

信長と安土城

信長の安土城については、建築史家・内藤昌氏が復元案を発表しておられますが、その中で最も興味深いのは、天主の吹き抜け大空間です。内藤氏は、この吹き抜けについて、同時代西欧ルネサンス・バロック期の教会堂建築の影響である可能性を示唆しています。また安土城は天守閣をもつごく初期の城ですが、その発端は信長が1575年の「長篠合戦」において、当時の最新兵器である鉄砲をはじめて大量に用いて勝利したことにあるといわれ、鉄砲伝来以前の日本の城郭は「平城」と呼ばれる一階建てであったのに対し、鉄砲導入によって高層化が進んだわけです。

このように信長はキリスト教を通じてもたらされた西欧の知識や技術をいち早く自らに取り入れていることがわかります。

信長は西欧文化を享受するのと同時に、茶の湯も好み、安土城にも茶室をしつらえたといわれます。フロイスによれば、信長はその頃60点以上の茶道具の名物を所持していたといい、今井宗及や津田宗及、そして千利休を茶頭として、登用しています。また茶の湯を武士の礼儀作法の一つとして家臣や大名に奨励したため、それ以降、日本の指導者や文化人のほとんどが茶をたしなむようになったのです。

城郭の要素

縄張り《なわばり》

天守《てんしゅ》・曲輪《くるわ》・櫓《やぐら》

城をつくる上で最も重要なことは、自然の地形を利用していかに堅固な要塞を築くかということで、この配置計画を「縄張り《なわばり》」といいます。

近世に入ると領民に対する権威の象徴として、戦争の際、指令塔となる「天《てん》守《しゅ》」がつくられるようになります。天守を初めてつくったのは、戦国時代の武将・織田信長による琵琶湖畔の安土城であるといわれ、現在は遺構のみ残されています（図4）。

[図4]…安土城跡

この天守を擁する「本丸《ほんまる》」を中心に、これを土盛や堀、石垣や塀で取り巻いて二の丸、三の丸を配置するのが縄張りの基本で、これらを「曲輪《くるわ》」と呼びます。また、入口には「枡形《ますがた》」（図5）と呼ばれるロ型の平面をもつ二つの門と石垣塀でつくられた罠《わな》をつくり、敵を中に封じ込めました。さらに石垣の上には「多聞櫓《たもんやぐら》」、要所には「隅櫓《すみやぐら》」と呼ばれる物見や指揮、あるいは矢を射るための高楼を設けました。「櫓《やぐら》」とは「矢倉《やぐら》」の意味で、また「多聞《たもん》」とは兵の指揮をとるところから命名されたものでしょう（図6）。

それぞれ石垣と石灰を練った「漆喰《しっくい》」を用いた耐火構造として攻撃に備えられています。

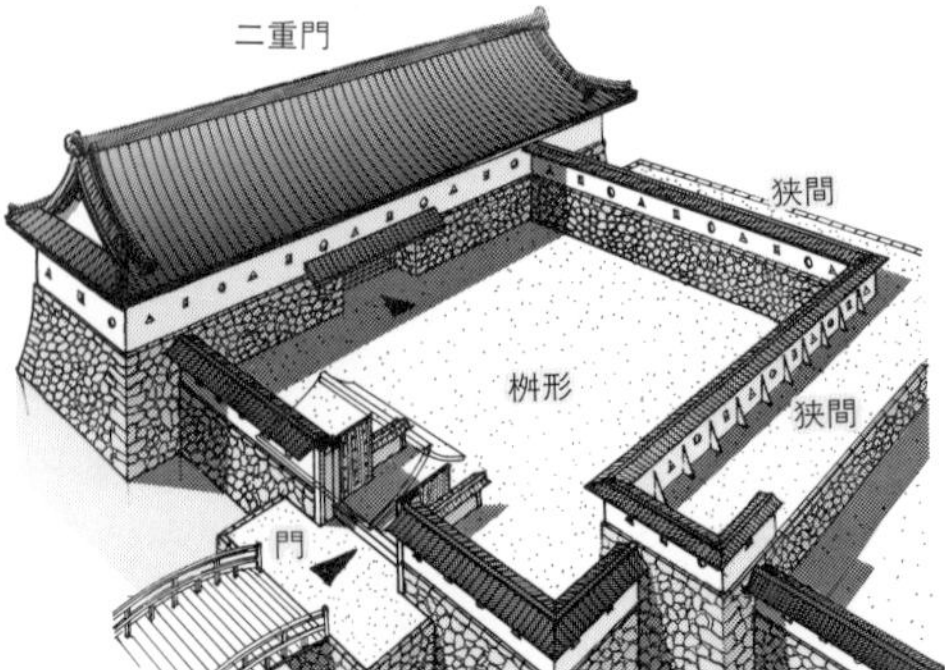

[図5]…枡形

縄張りは、「過郭式《かかく》」「連郭式《れんかく》」「環郭式《かんかく》」「梯郭式《ていかく》」の四つに分類できます。まず過郭式は、うず巻き状に曲輪《くるわ》を配す方法で、姫路城や江戸城がこのタイプにあたります（図7）。

次に、連郭式は、本丸、二の丸、三の丸を一直線上に連続したタイプで、兵庫の明石城や大阪の岸和田城、茨城の水戸城などがあげられます。

さらに環郭式は本丸を中心にドーナッツ状に曲輪を配したもので、京都の二条城や大阪の大坂城、静岡の駿府城などがあります。

最後に梯郭《ていかく》式ですが、地形の高低差を利用して山を背に本丸以下曲輪を設けた例で、愛媛の松山城や愛知の岡崎城などがこの形式に属します。

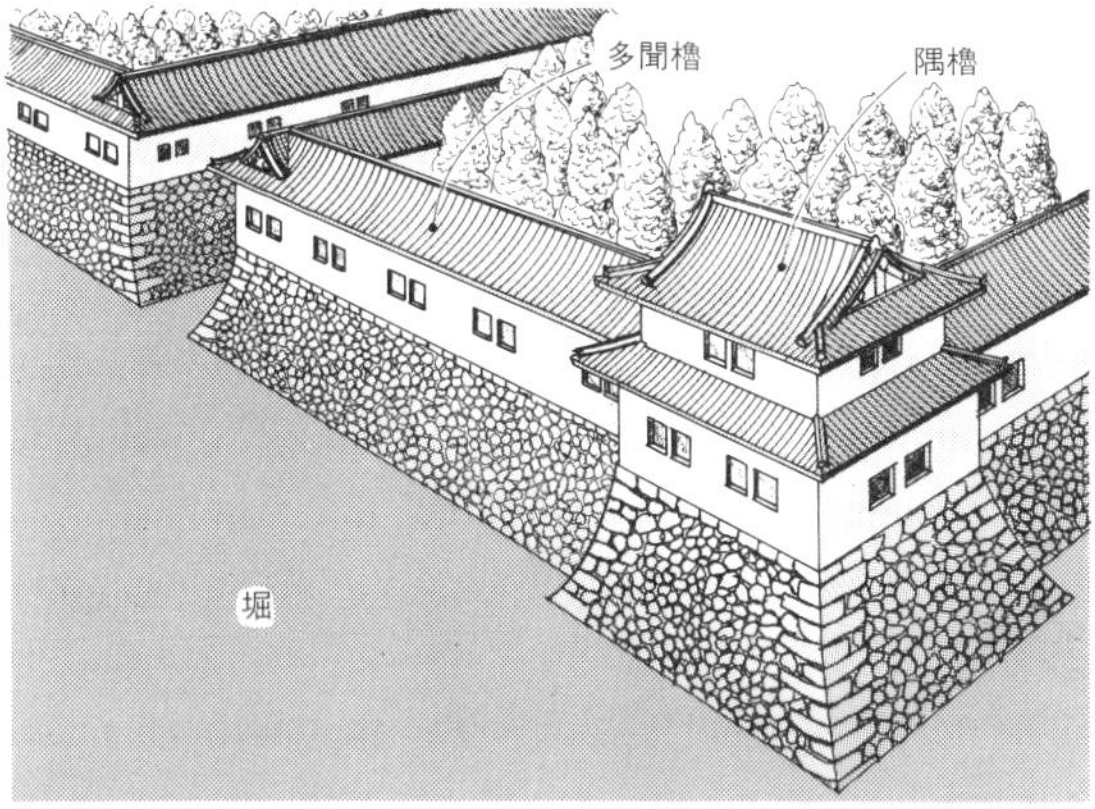

［図6］…櫓の種類

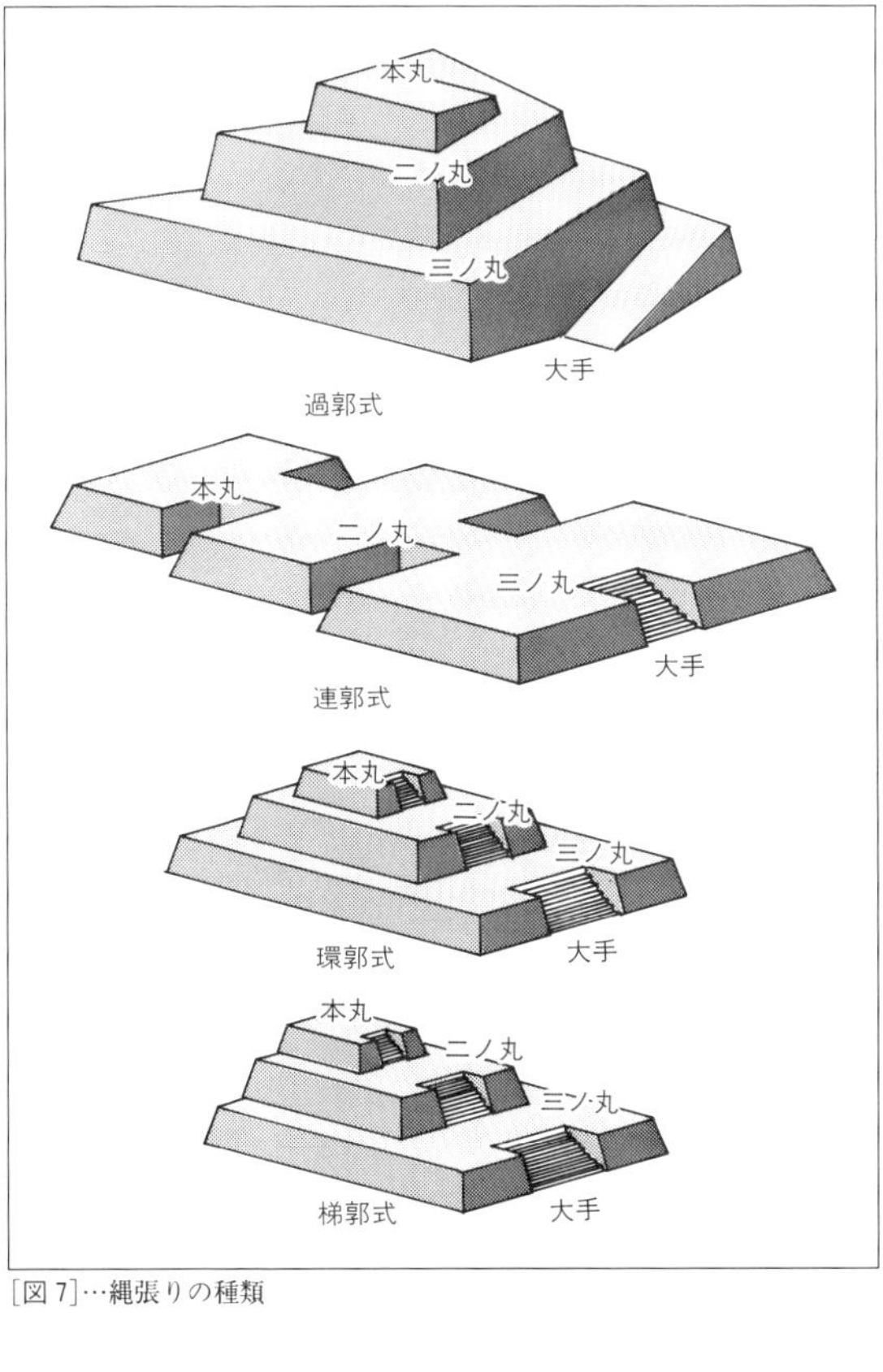

［図7］…縄張りの種類

本丸《ほんまる》・天守《てんしゅ》の種類《しゅるい》

梯立式《ていりつ》・連立式《れんりつ》・環立式《かんりつ》・単立式《たんりつ》

城の中枢にあたる本丸及び天守の配置を大別すると以下の四タイプに分類することができます（図8）。

まず、本丸の一角に天守を設けて、残りの三つの角に隅櫓《すみやぐら》を置くタイプを「梯立式《ていりつ》」と呼び、丸岡城などが有名です。次に天守の他にもう一つ小天守を設けて、「渡櫓《わたりやぐら》」と呼ばれる廊下のような櫓でつないだタイプを「連立《れんりつ》式」といい、高島城などの例があります。さらに、本丸の中にさらに塀を設けて、その中に天守を設けるタイプを「環立式《かんりつ》」と呼び、浜松城などがこの形式です。

その他、本丸内に独立して天守を設けるタイプを「単立式」といい、大坂城などがこれに属します。

明治時代には四十以上の天守が現存

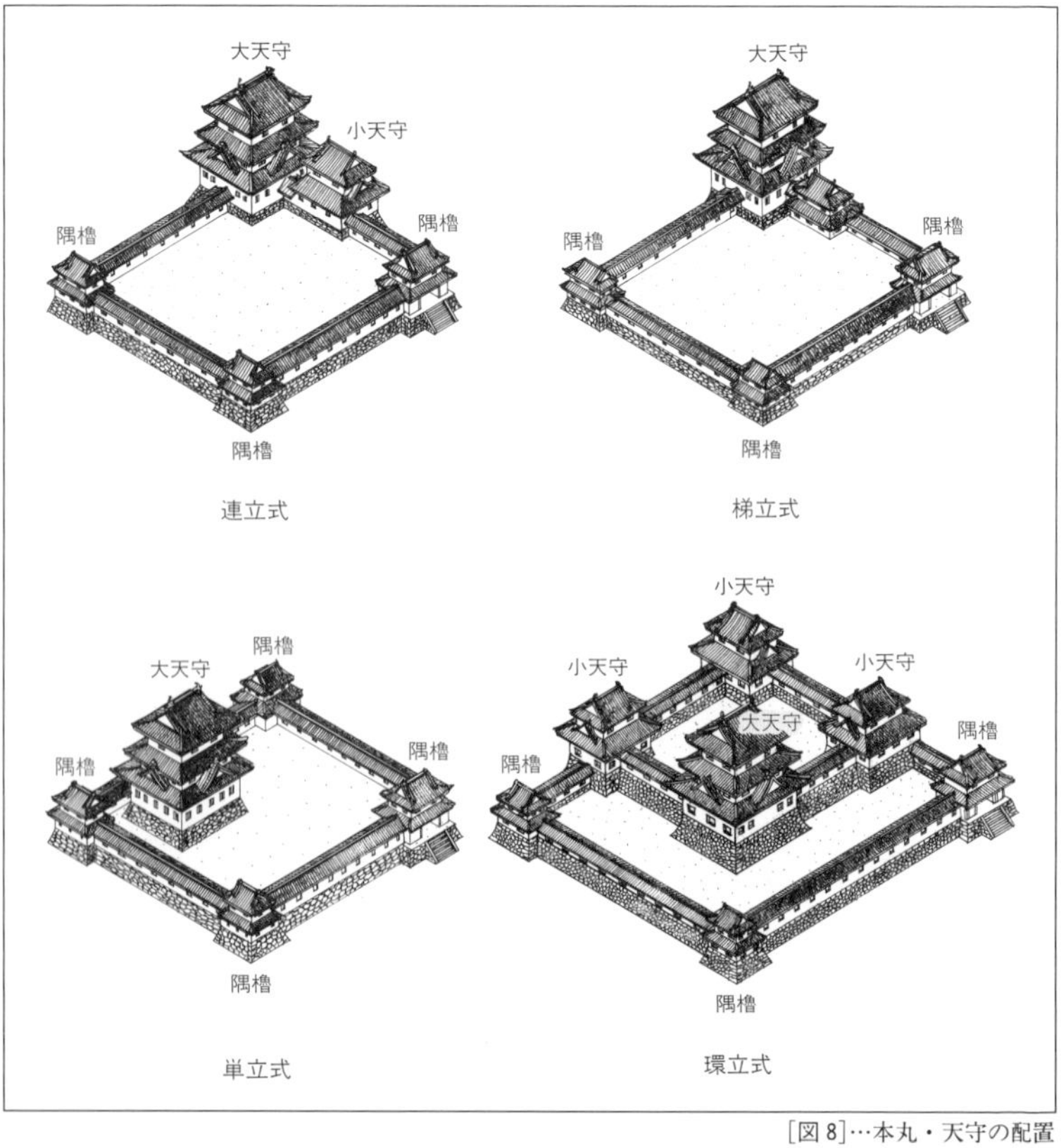

[図8]…本丸・天守の配置

していましたが、取り壊されたり、第二次世界大戦で破壊されたりし、当初の天守で残っているものは十二例しかなく、それ以外は近年再建されたものです。

［図9］…高麗門

［図10］…櫓門

門《もん》の種類《しゅるい》

高麗門《こうらいもん》・櫓門《やぐらもん》・埋門《うずみもん》

城郭に用いられる門の種類には、主に三つのタイプがあります。まず最もよく用いられるのが「高麗門《こうらいもん》」（図9）であり、三角形の妻をもつ「切妻造《きりづまづくり》」の屋根を柱で支えたタイプで、朝鮮（高麗）の影響を受けた門です。

次によく見られるのが「櫓門《やぐらもん》」（図10）で、三角形の妻に庇をつけた「入母《いりも》屋造《やづくり》」の屋根を石垣の上にのせた櫓のような形式の門です。

さらに、曲輪どうしの間の石垣を四角くくりぬいた門を「埋門《うずみもん》」と呼び、敵が侵入した際、中の枡型を土砂で埋めて封じることから命名されました。

この他、城内の御殿には、寺院の章で触れた唐門や薬医門《やくいもん》が用いられます。

狭間《はざま》

攻撃の仕掛け

天守や櫓、石垣や塀に攻撃用に設けられた開口部を「狭間《はざま》」といいます。狭く小さな間口であるためにこの名がついたのでしょう（図11）。

狭間には、弓で矢を射るのに用いる際、使い易いように縦長の開口とした「弓狭間」、石垣を登ってくる敵に石を落しやすいようにせり出させた「石狭間」、外から攻撃されにくく、かつ鉄砲でねらい易くするために断面中央部の穴を小さくした「鉄砲狭間」等さまざまな種類があります（図12）。

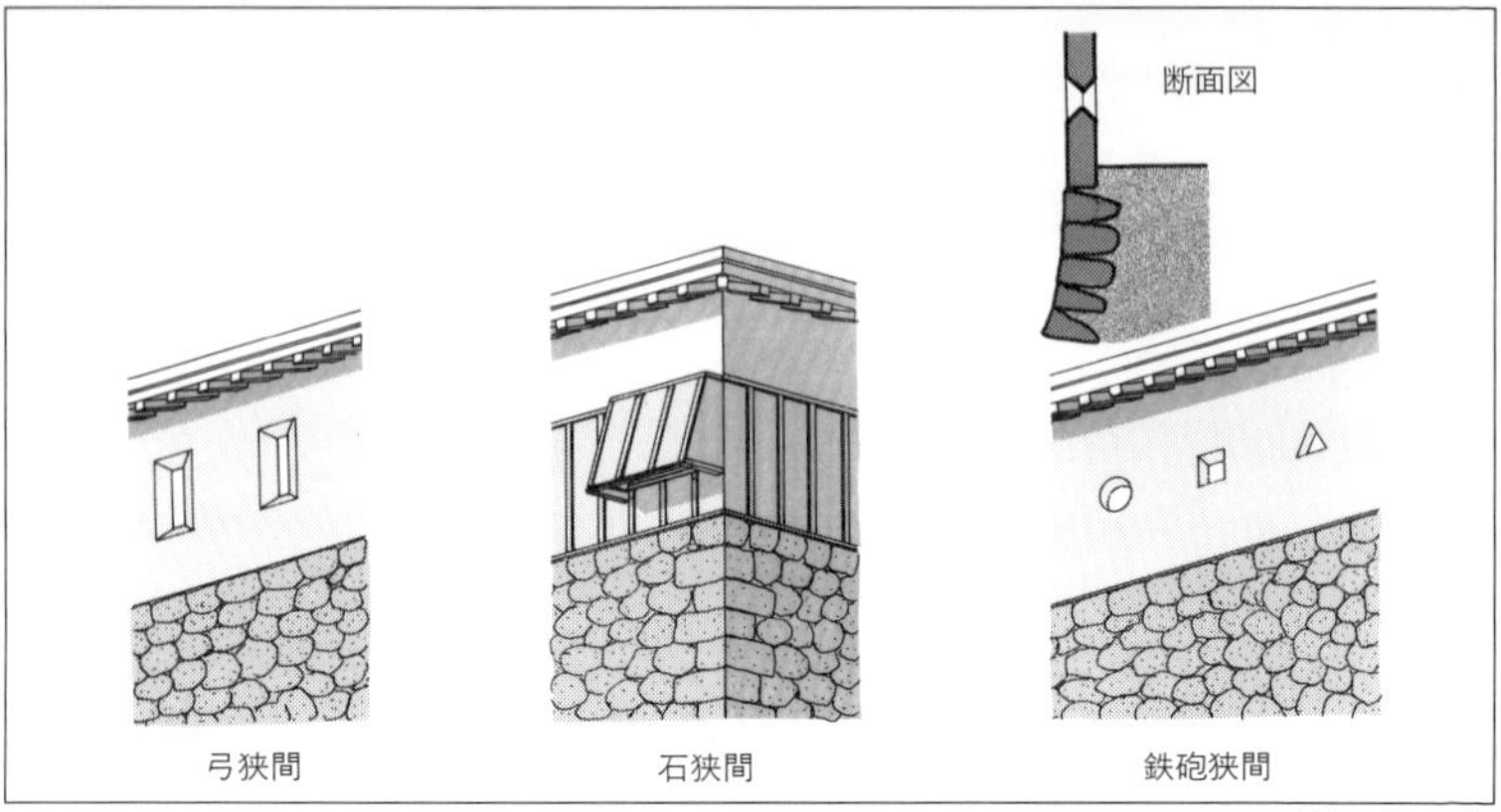

[図 11]…狭間

[図 12]…鉄砲狭間

城下町《じょうかまち》の形成《けいせい》

政治・経済的発展

近世に入り、権力者や大名たちが城を築くと、その周辺に家臣らの屋敷が建てられ、その生活を支えるために商人や職人が移住して、やがて「城下町」と呼ばれる街並みを形成するようになります。

例えば織田信長の安土城を発端として、豊臣秀吉の大坂城の城下町が現在の関西の巨大都市大阪への発展のきっかけになりました。また、徳川家康が築いた江戸城を中心とした都市計画が、今日の首都東京の繁栄の原点となったものです。

さらに、平安京を原形とした京都ですら、秀吉の居城聚楽第や、家康の居城である二条城の城下町として改造、発展を繰返してきたのです。

一方、秀吉や家康の配下である地方の大名たちの城においても、さまざまな城下町が形成され、現在も当時の面影が残されているものが多数あります。例えば、伊《い》井《い》直弼《なおすけ》の彦根城の城下町や加賀前田家の金沢城の城下町などが有名です。

1——現存する天守

十二の例

城の象徴とでもいうべき天守は、明治までには約四十箇所以上の城郭に残されていました。しかし、その後取り壊されたり、第二次世界大戦の空襲により破壊されたりし、当初の天守が現存する例は、わずか十二例にすぎません。

日本最古の現存する天守は一五七六年に造られた福井県の丸岡城の天守で、次に古い例が一五九六年に造られた長野県の松本城の天守であるといわれています。

この他一六〇一年に造られた愛知県の犬山城《いぬやま》や一六〇六年の滋賀県の彦根《ひこね》城、一六〇九年に造営された兵庫県の姫路城《ひめじじょう》、一六一一年の島根県の松江城が続きます。

一六一五年に徳川幕府が開かれると、「一国一城令」と呼ばれる各地の城郭建立の法律が出され、次々と城が建てられますが、丸亀城（香川県）や備中松山城（岡山県）、高知城（高知県）、弘《ひろ》前《さき》城（青森県）、松山《まつやま》城（愛媛県）等は、それ以降建てられて天守を今に残す例です。

以下いくつかの実例について触れてみたいと思います。

こぼれ話

秀吉の大坂城天守の謎

豊臣秀吉の造った大坂城天守が何階建てであったのかというと、『大友史料』によれば「九つ」といい、『土佐物語』でも「九層」としています。しかし吉川経安の手紙では「八重」といい、『兼見日記』でも「八重ばかりか」と記しているのです。一方『天正記』では「七重也」と述べており、また秀吉の大坂城を描いた「慶長年間大坂城図」という絵図にはしっかりと五層に描かれているのです。このように史料は一致せず、秀吉の大坂城天守が果たして何階建てであったのか未だに定かではありません。

現在の天守は1931年に鉄筋コンクリート造で復興されたものですが、このような史料の不一致を物語るように、外観は5層で、内部は8階建てという実に中途半端な建て方になってしまっています。

---

101 丸岡城《まるおかじょう》

福井県坂井郡丸岡町霞一―五九

（交通）京福電鉄三国芦原線芦原湯ノ町駅下車

現存する最古の天守をもつ城郭が一五七六年造営の丸岡城です。天守は本丸の中に独立して建ち、単層の入母屋造の櫓の上へ望楼を設けた単純なもので、初期の天守の様相を知ることができる貴重な遺構です（図１）。

特徴的なのは、望楼のみ柱や梁が壁の外に露出した真壁《しんかべ》造となっている上、手すりを巡らせていることで、この部分だけが城主の住居として住宅風に造られていることです。

また、この望楼とその下の櫓は構造的に完全に分離しているなど過渡期の天守の姿をうかがうことができます。

102 犬山城《いぬやまじょう》

愛知県犬山市大字犬山字古券六五―二

（交通）名鉄犬山線犬山遊園駅下車

木曽川を一望できる断崖上に築かれた平山城が犬山城です。一五三七年に織田信長の叔父にあたる織田信康《おだのぶやす》がこの地に築城したのが発端で、その後一五九五年に豊臣秀吉の家臣石川光吉《いしかわみつよし》が城主になり、大改造の結果、ほぼ現在に至っています（図２）。

天守は地下二階の櫓が一六〇一年に建てられ、その後一六二〇年に三、四階を増築されたもので、望楼が著しく小さいのは、このような経緯によるものといわれます。

なお、唐破風などは一六一七年に入城した成瀬正成《なるせまさなり》によるもので、改造が著しいものの国宝に指定されています。

103 松本城《まつもとじょう》

長野県松本市丸の内四

（交通）ＪＲ篠ノ井線松本駅下車

豊臣秀吉の家臣石川数正《かずまさ》、康長《やすなが》父子によって一五九七年頃築かれたのが松本城です。その後、江戸時代に入り松平直政《まつだいらなおまさ》によって辰巳小天守《たつみこてんしゅ》と月見櫓《つきみやぐら》が増築されて現在に至ったといわれています（図３）。

天守は全部で五箇所もあり、五層六階建の大天守《だいてんしゅ》と渡櫓《わたりやぐら》でつながれた三層四階建の乾小天守《いぬいこてんしゅ》を中心として、東に二層二階建の辰巳《たつみ》小天守と月見櫓が結ばれ、すべて国宝に指定されています。なお、月見櫓は朱漆塗《しゅうるしぬ》りの高欄《こうらん》つきの縁が巡り、住宅風の造りとなっていますが、その他の天守には住宅的要素は全くなく、多数の石狭間をもち、窓が少なくそのかわりに弓狭間が多数

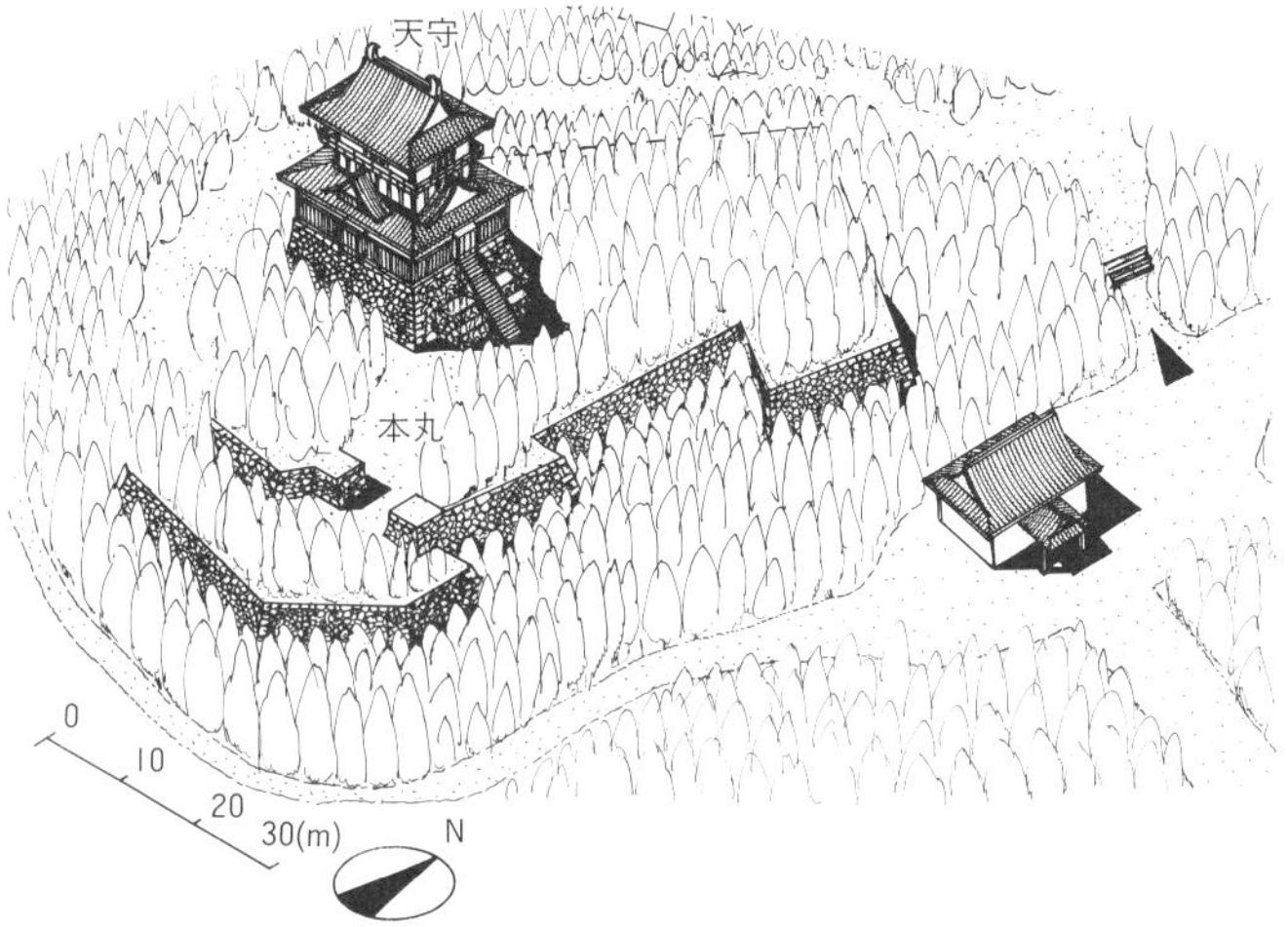

[図 1]…丸岡城鳥瞰図

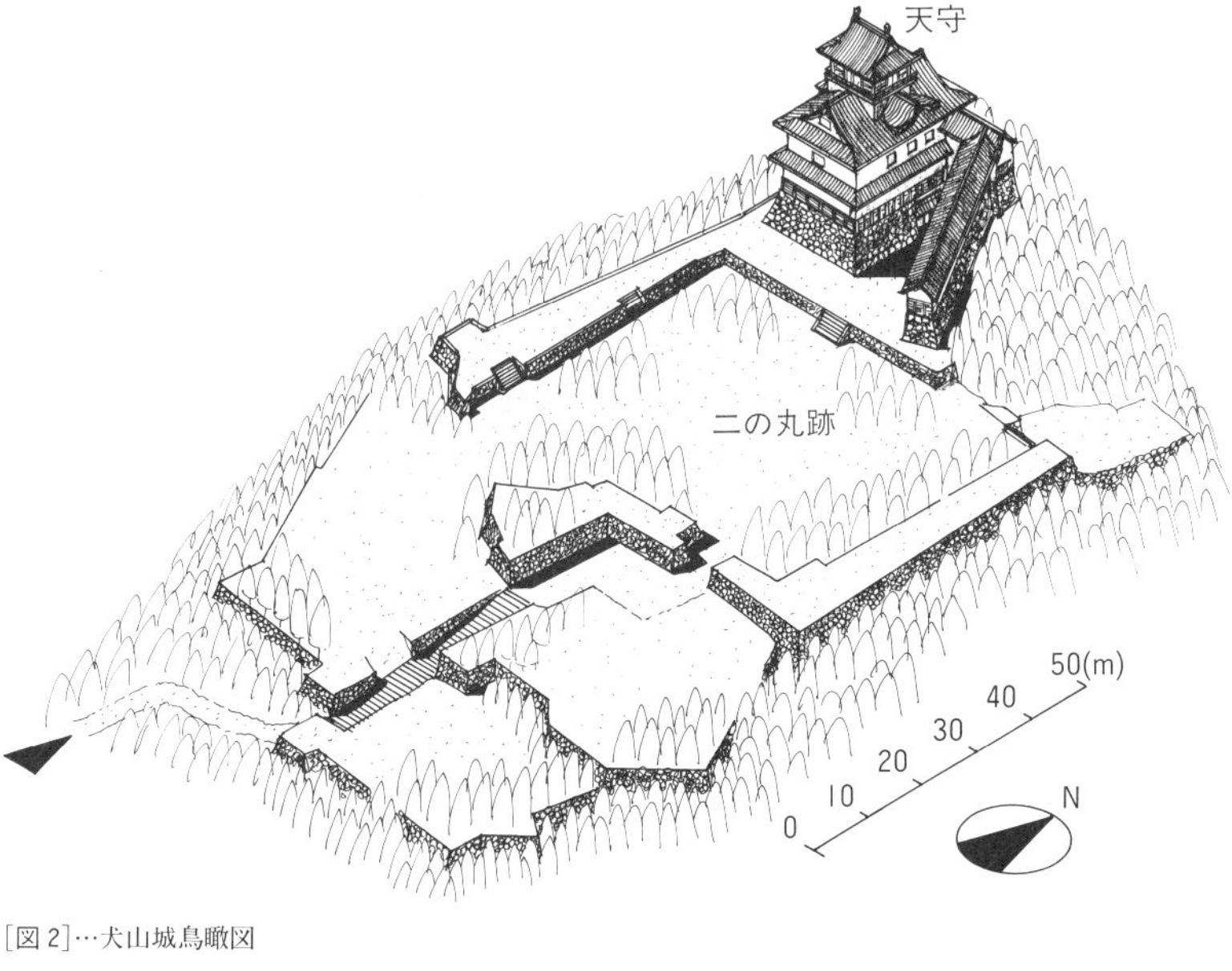

[図 2]…犬山城鳥瞰図

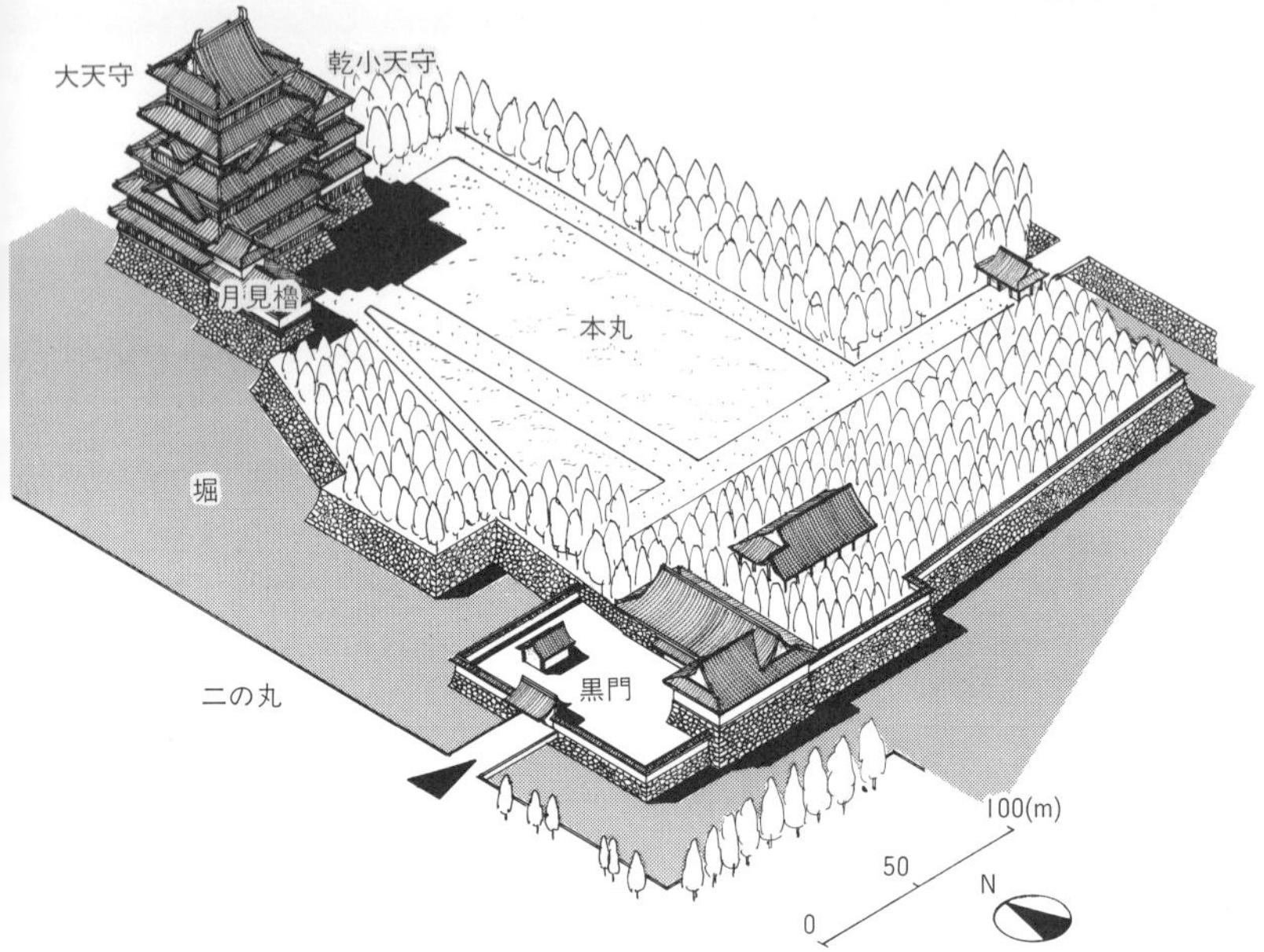

[図3]…松本城鳥瞰図

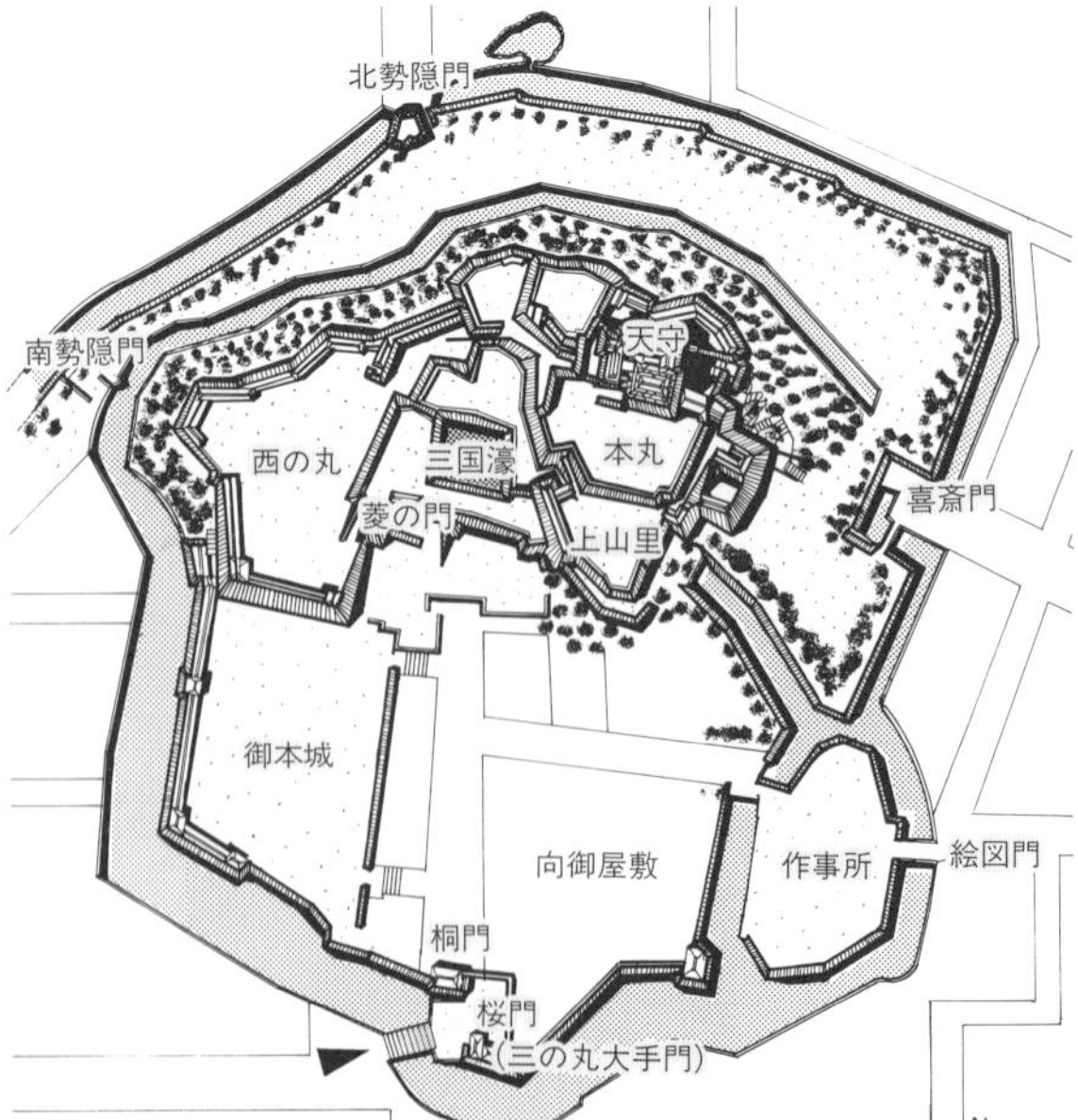

[図5]…姫路城配置図

[図4]…松本城

あり、極めて軍事的なしくみをもっています。

⑩④ 姫《ひめ》路《じ》城《じょう》

兵庫県姫路市本町六八

（交通）ＪＲ山陽本線または山陽新幹線姫路駅下車

姫路城が最初に築かれたのは一五八一年の豊臣秀吉の造営によるもので、その後一六〇九年に徳川家康の娘婿にあたる池《いけ》田《だ》輝政《てるまさ》が秀吉時代の三重の天守を解体し、五層六階建、地下一階つきの大天守及び、大天守と渡櫓《わたりやぐら》で結ばれた連立式の三つの小天守《こてんしゅ》を築き、現在に至っています（図5、6）。

[図6]…姫路城

それでは秀吉時代の遺構は完全に失われたのかというと、現在の石垣は秀吉時代の石垣に新しい石垣を積み上げたことが一見して観察でき（図7）、また解体修理の結果、乾小天守などから秀吉時代の城の部材が多数みつかっており、再建時に利用したものと見られます。

天守群の他、本丸、二の丸、三の丸、西の丸に分かれ、広大な敷地に櫓、渡櫓、櫓門、土塀を配しています。

[図7]…姫路城石垣の継ぎ目

城郭の多くが明治維新や第二次世界大戦によって失われ、現存するものも当初の姿を留めていない例が多い中で、ほぼ完全な形を保つ遺構は他にはなく、天守がすべて国宝に指定されているばかりか、縄張り全体が世界文化遺産に登録されています。

⑩⑤ 彦《ひこ》根《ね》城《じょう》

滋賀県彦根市金亀町一—一

(交通)JR東海道本線彦根駅下車

初代藩主井伊直政の死後、後継ぎの直継《なおつぐ》が一六〇六年に琵琶湖のほとりに築城したのが彦根城です(図8)。

天守はもと豊臣秀吉が初の居城として一五七六年に築いた長浜城の天守を移建したものといわれ、三層三階建で、入母屋造の唐破風、切妻破風のついた屋根をもつ優美なもので、国宝に指定

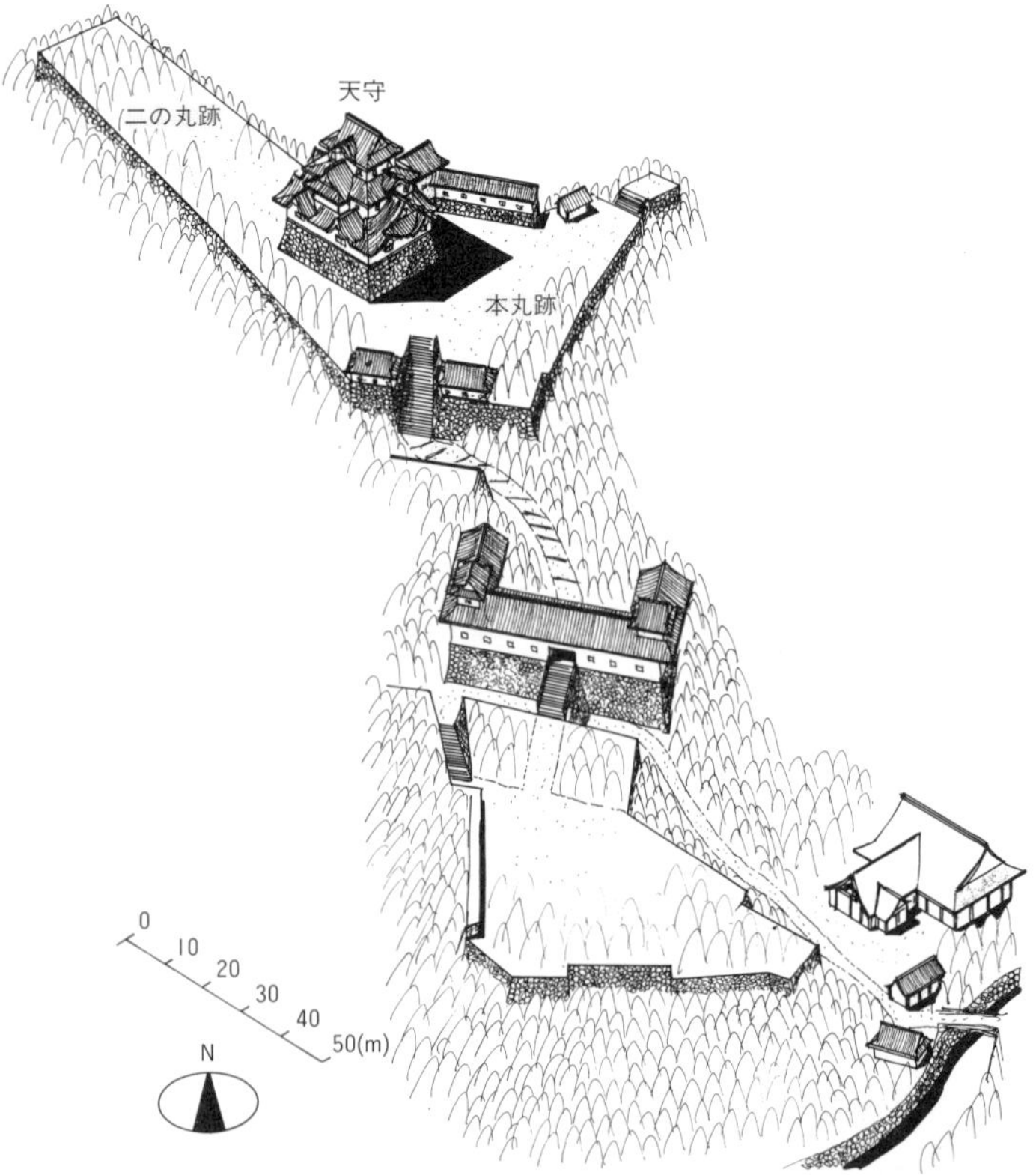

[図8]…彦根城鳥瞰図

されています（図9）。

また、附櫓や多聞櫓、天秤櫓など周辺の建物も見ごたえがあります（図10）。

周囲は琵琶湖の水をひいて内堀、中堀、外堀を三重に巡らし、城下町を形成しており、現在も当時の姿を偲ぶことができます。

[図9]…彦根城天守

[図10]…彦根城天秤櫓

こぼれ話

江戸城の人柱

1925年6月11日、江戸城伏見櫓の土手の修築の際、16人の白骨が出土し、さては築城時の人柱ではないかと新聞をにぎわしましたが、現在に至るまで未だ結論は出ていません。人柱とはいうまでもなく生贄のことで、神や自然の怒りを鎮めるために人身御供を行うことで、築城の際しばしば行われたといいます。白骨の出土した位置はちょうど江戸城の鬼門であり、鬼門封じの目的とも一致するのです。また16人という数も、4（死）×4（死）として古来呪術には欠かせない数字といわれます。

ちなみに1992年の東京都埋蔵文化センターの発掘調査によれば、城下の武家地の石垣からも人為的に石垣に挿入された頭蓋骨が発見され、おそらくこれも江戸時代初期に流行した陰陽師による呪術であるといいます。というのも、同じ発掘調査の際、屋敷の魔除けなどに用いられたとみられる呪符が出土したことが、このような呪術の存在をはっきりと物語っているからです。

このような例からも、江戸城の鬼門から出土した人骨も人柱といった呪術の目的で埋められた可能性を未だ残しており、一考を要するとみられているのです。

2——遺構として残る城郭

遺跡・再建

戦国時代の城郭は、戦乱によって失われたものが多く、その遺構のみが残されている例があります。有名な例では、武将織田信長が一五七九年に琵琶湖のほとりに建てた滋賀県の安土城の遺跡があり、一の丸、二の丸等の石垣や、豊臣秀吉や前田利常などの重臣の邸宅跡まで出土、整備されています(図1)。

また、徳川幕府によって一六三九年に完成した江戸城は一六五七年の火災で焼失し、以後天守は再建されることはありませんでしたが、現在さまざまな門や石垣の一部が皇居に遺構として残されています(図2)。

さらに一六〇一年に戦国武将加藤清正が造営した熊本城(熊本県)も一八七七年の西南戦争で焼失しましたが、後に復元・再建されて今に至っています(図3)。

その他、博物館等の現代的な建物として天守が再建された例も多く、豊臣秀吉の長浜城や大坂城の天守等が有名

[図1]…安土城遺構

[図2]…江戸城(桔梗門)

です（図4、5）。
以下、いくつかの例について説明を加えてみましょう。

［図4］…長浜城天守（現長浜歴史博物館）

［図5］…大坂城（大阪城）天守（現状）

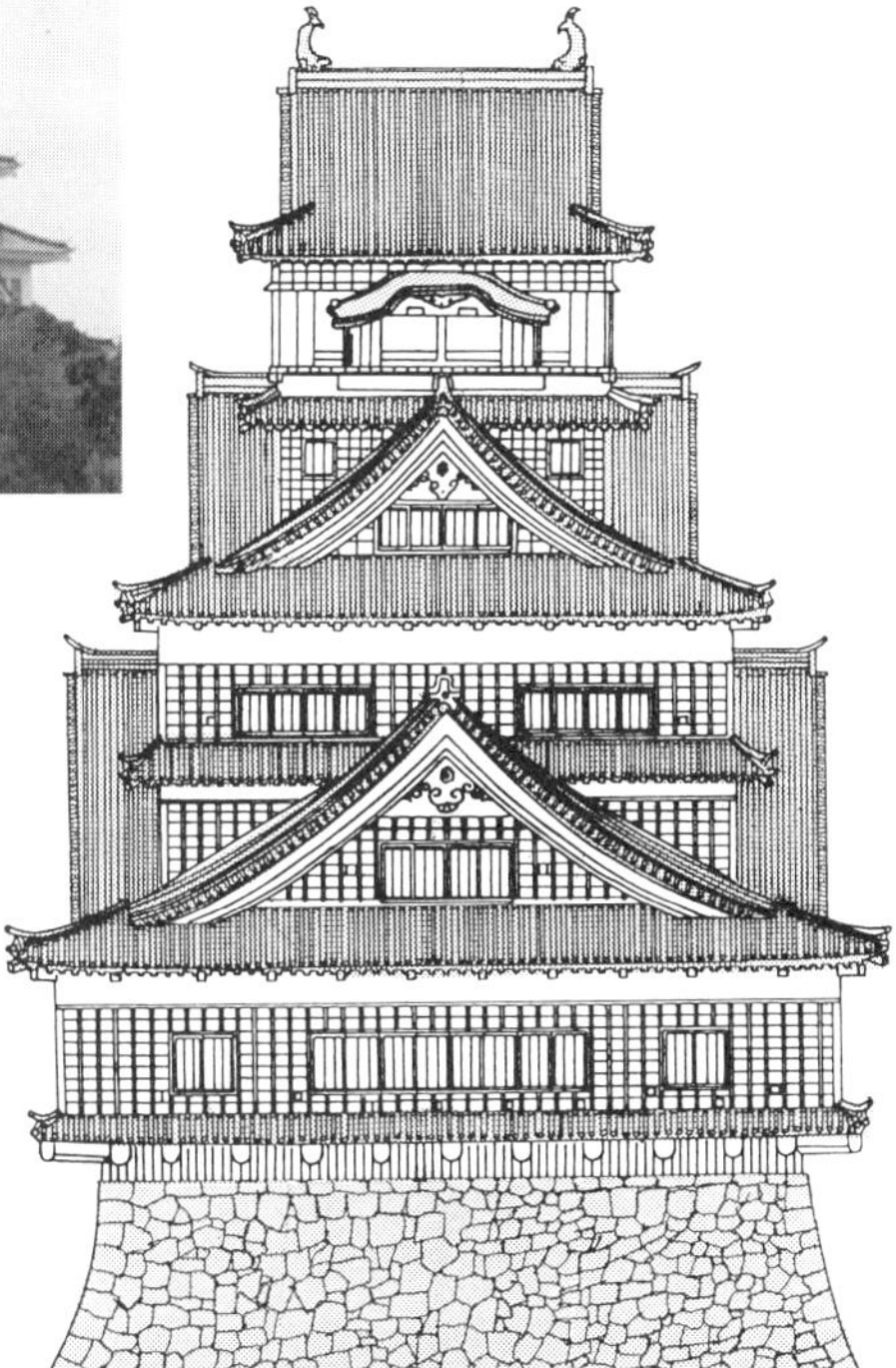

［図3］…熊本城立面図

⑩⑥名《な》古《ご》屋《や》城《じょう》跡《あと》

愛知県名古屋市中区本丸一—一

(交通)JR名古屋駅より地下鉄名城線市役所駅下車、または名古屋市営バス名古屋城南下車

名古屋城は一六一二年、徳川家康によって造られた城で、大天守は五重五階建、地下一階付で、小天守が本丸西北隅に建つ連結式の例です（図6〜8）。

初期の望楼天の天守とは一線を画し、江戸初期の頃の天守閣の完成期の端正な姿をもっています。

しかし、残念なことに一九四五年に第二次世界大戦により焼失し、現在の姿は戦後、忠実に復元されたものですが、大都市名古屋のシンボルとして市民に親しまれているのです。

[図7]…名古屋城小天守

[図6]…名古屋城天守

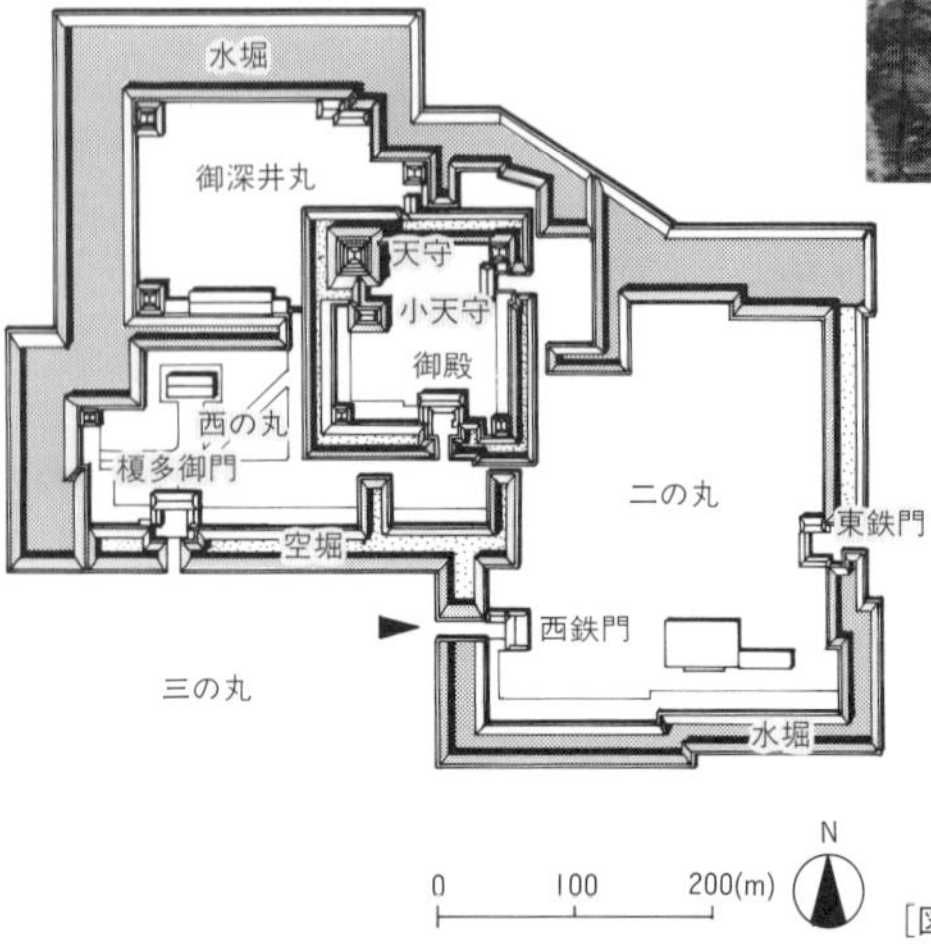

[図8]…名古屋城配置図

⑩⑦安土城跡《あづちじょうあと》

滋賀県蒲生郡安土町

(交通)JR東海道本線安土駅下車

安土城は一五七九年、織田信長が天下統一に先がけて自らの居城として築いた平山城です。しかし一五八二年、本能寺の変で信長が非業の死をとげると城に火がはなたれ、現在は遺構を残すのみになっています(図9)。

天守は五層七階建であったとされ、遺構や文献資料、絵図などから、近年二つの復元案(宮上茂雄、内藤昌説)が有力視されています(図10〜12)。

遺構は特別史跡に指定され、天守跡や石垣、大手道の他、家臣であった豊臣秀吉や前田利長、徳川家康邸跡などが整備されており、一見に値します。

なお、内藤昌氏復元による実物大天守が近くの安土城考古博物館に展示されている上、信長が当時保護して安土城

[図9]…安土城天守閣趾門柱

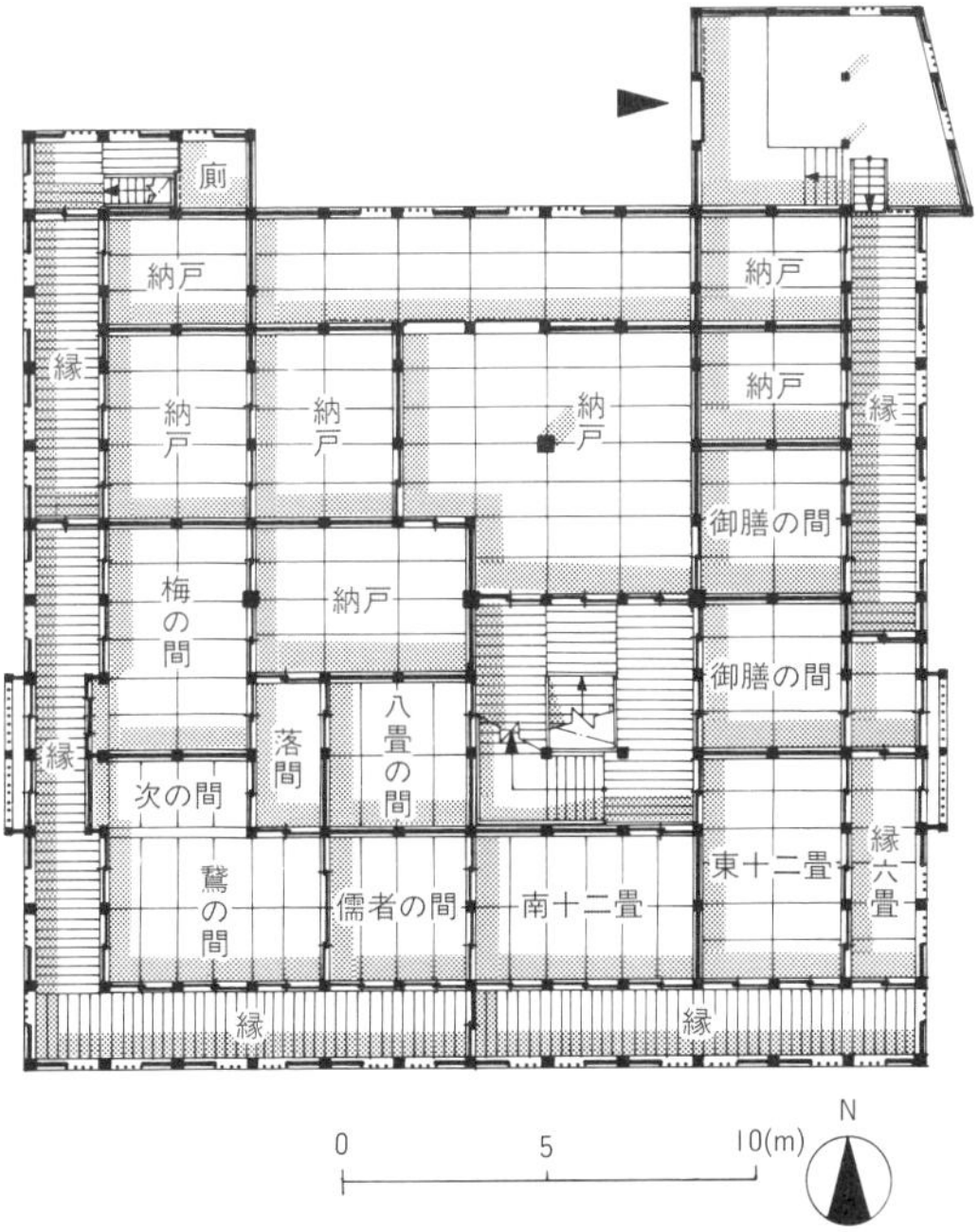

[図10]…安土城宮上案復元平面図

[図 11]…安土城内藤案復元立面図

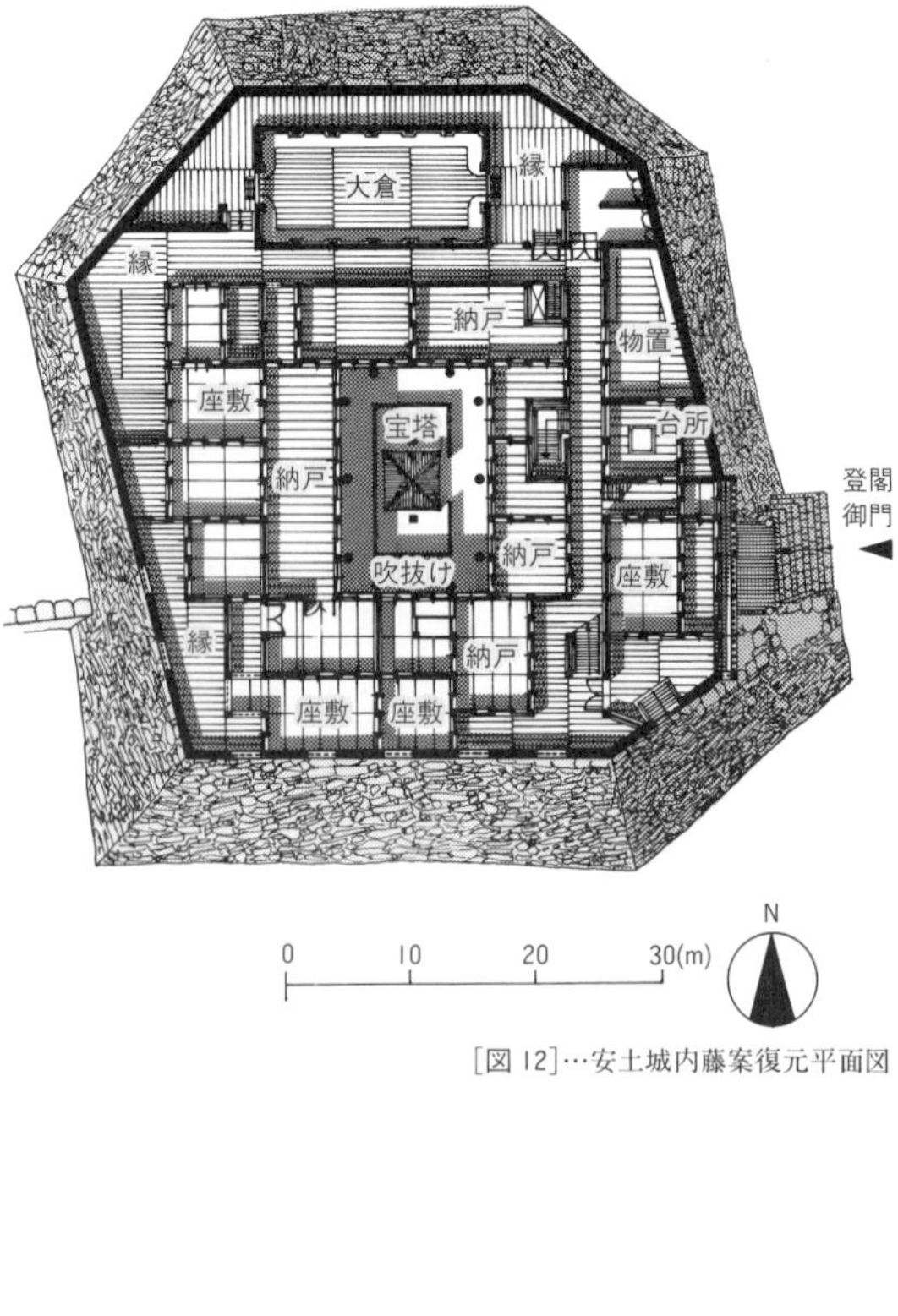

[図 12]…安土城内藤案復元平面図

[図 13]…復元天守

下に建てさせたといわれるキリスト教宣教師の教会と学校跡が残されており、ロマンがかき立てられます。

108 江戸城跡《えどじょうあと》

東京都千代田区千代田一―一

(交通)営団地下鉄東西線竹橋駅または大手町駅下車

江戸城は一四五七年に領主太田道灌《おおたどうかん》

の居城を発祥とします。その後、徳川家康が一六〇一年に江戸入城後、現在の皇居にあたる道灌の城跡に自らの居城の造営を開始し、一六〇七年には天守や本丸御殿が完成、一六一五年に徳川幕府が開かれると首都江戸のシンボルとなります（図14、15）。

その後、さらに徳川二代将軍秀忠《ひでただ》、三代将軍家光《いえみつ》によって造営は続けられ、一六三九年には五層五階建の大天守をもつ難攻不落の城が完成しますが、一六五七年の明暦《めいれき》の大火でもろくも焼失、以後天守は建てられませんでした。

田安《たやす》門櫓《やぐら》門、田安《たやす》門高麗《こうらい》門、清水《しみず》門櫓《やぐら》門、清水《しみず》門高麗《こうらい》門、外桜田《そとさくらだ》門櫓《やぐら》門、外桜田《そとさくらだ》門高麗《こうらい》門などが現存し、また皇居の中にも城の石垣が残されており、当時を偲ぶことができます。

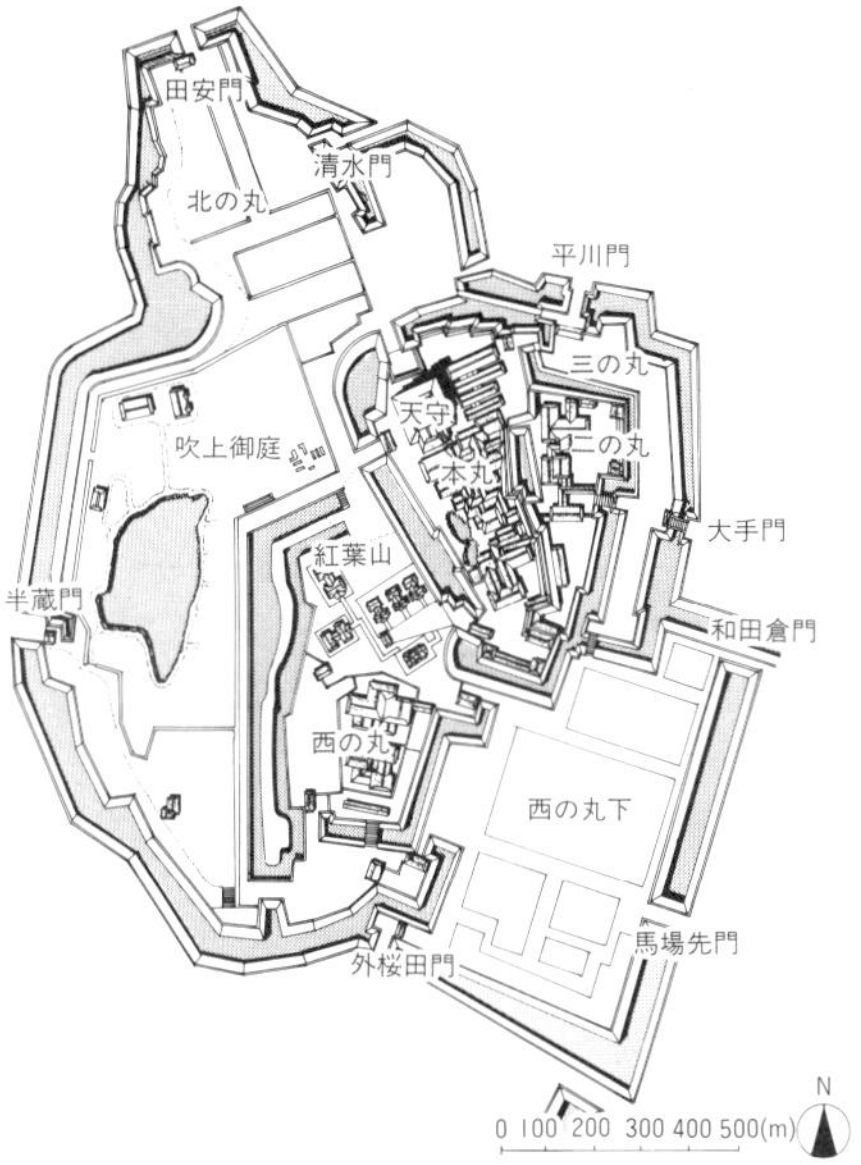

[図15]…皇居配置図

⑲大坂城跡《おおさかじょうあと》

大阪府大阪市中央区大阪城一—一

(交通)京阪電鉄本線天満橋駅、またはJR環状線大阪城公園駅下車

天下人となった豊臣秀吉が居城として一五八三年から造営を開始したのが大坂城です。(図16)

まず一五八五年に本丸が完成し、引続き二の丸の造営が行なわれ一五九四年には完成、さらに三の丸に着手し、秀吉の死後も造営は続けられました。

その後、一六一五年の大坂夏の陣で徳川方に攻められ焼失、一六二五年には徳川時代の大坂城に造り直され、秀吉の城郭の痕跡はすべて新しい城の地中深くに理没してしまいました(図17)。

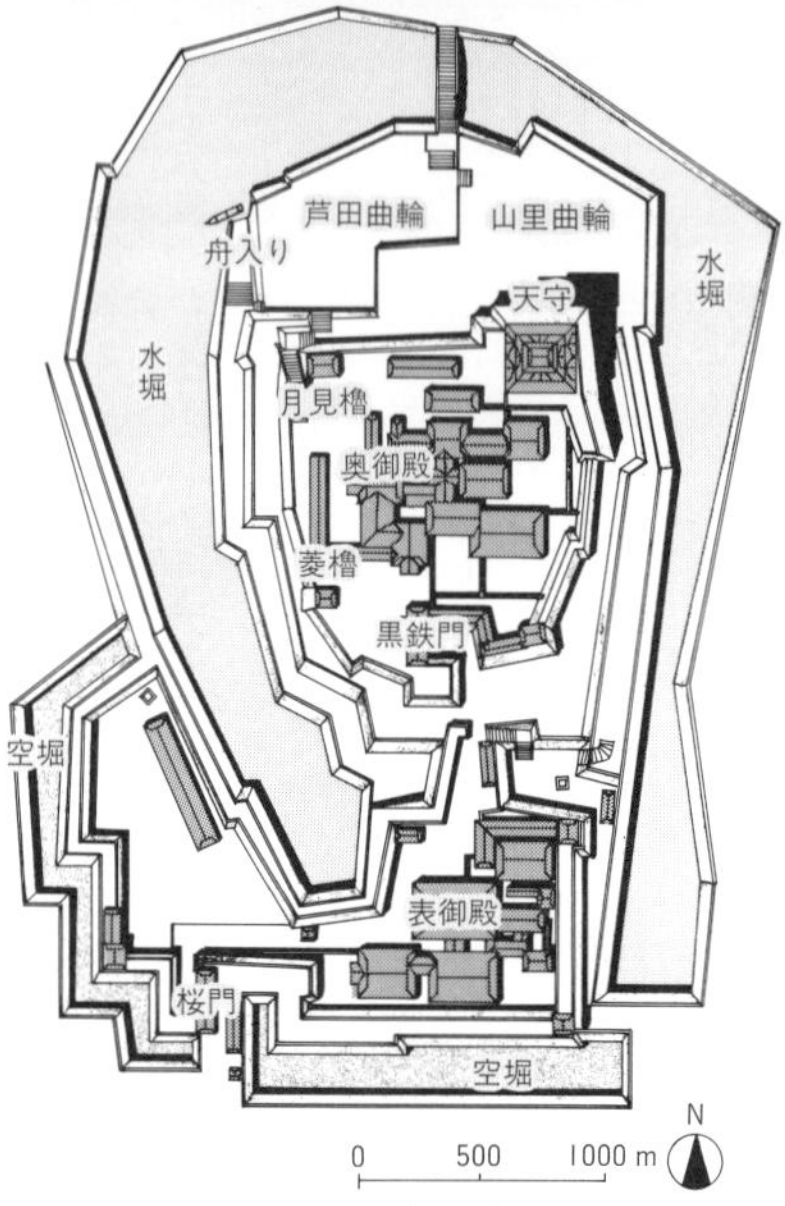

[図16]…豊臣時代の大坂城配置図

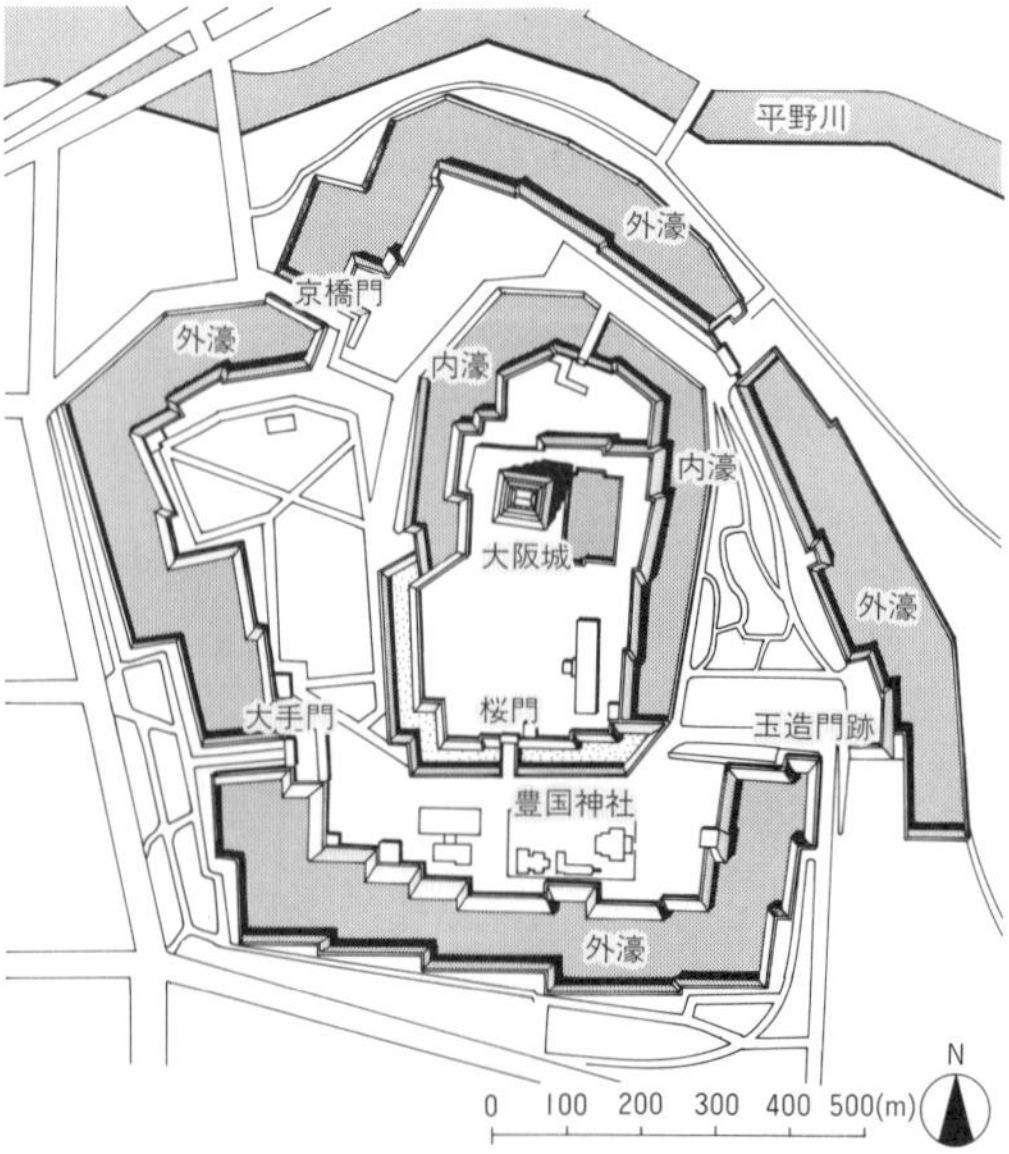

[図17]…大坂城(大阪城)現状配置図

付録

日本建築のしくみ

I
架　構
建物を支えるしくみ

基壇《きだん》

建物をのせる台にあたるものが基壇《きだん》です。基壇の種類には、「壇上積《だんじょうづみ》」「石《いし》垣積《がきづみ》」「礎石《そせき》」の三種があります。

まず、壇上積とは整形した石を台状に組み立てて、石段と呼ばれる階段を設けるタイプで、寺院に用いられることが多く、法隆寺の二重をのぞいて通常、一重に造られます（図1）。

次に石垣積は、自然石をできる限り加工せずに台形状に積み上げるタイプで城郭等に多く用いられます（図2）。積み方には「布積《ぬのづみ》」と呼ばれる切石を並べたもの、「野面積《のづらづみ》」という自然石を加工せずに積み上げたもの、「亀甲積《きっこうづみ》」

[図1]…壇上積

[図3]…亀甲積

[図2]…石垣積

と呼ばれる六角形に整形して積む方法(図3)、「ごぼう積《づみ》」という見える面より奥行きの方が長いゴボウのような石を使った例などがあります。

一方、礎石というのは、柱の下にのみ石をすえる方法で、自然石をそのまま置いたり、円盤状のものや穴をあけたものなどさまざまなタイプがあります(図4)。礎石の下には礎盤と呼ばれる石を置いて沈下を防ぎます。

[図4]…礎石と礎盤

柱《はしら》

建物の上部の重さを支える部材を柱《はしら》といいます。近年では鉄骨や鉄筋コンクリートの柱も用いられていますが、ここでは古建築に用いられている木造の柱について触れておきます。

材質的にはヒノキ、ケヤキが強度が高く最も多く用いられ、次いでスギやマツが使われます。皮付きのまま用いたものを「黒《くろ》木柱《きばしら》」と呼び、皮をはいだものを「白《しら》木柱《きばしら》」といって区別しています。

また、断面が円状の柱を「円柱《えんちゅう》」、正方形のものを「方柱《ほうちゅう》」と呼び、円柱の場合「エンタシス」といって柱の中ほどにふくらみをもたせてバランスをとった例があります(図5)。

さらに方柱の場合は、角《かど》を少し欠けさせる「面取《めんとり》」と呼ばれる加工が施されることが多く、造営年代によってその面の大小があり、時代考証にも用いられ

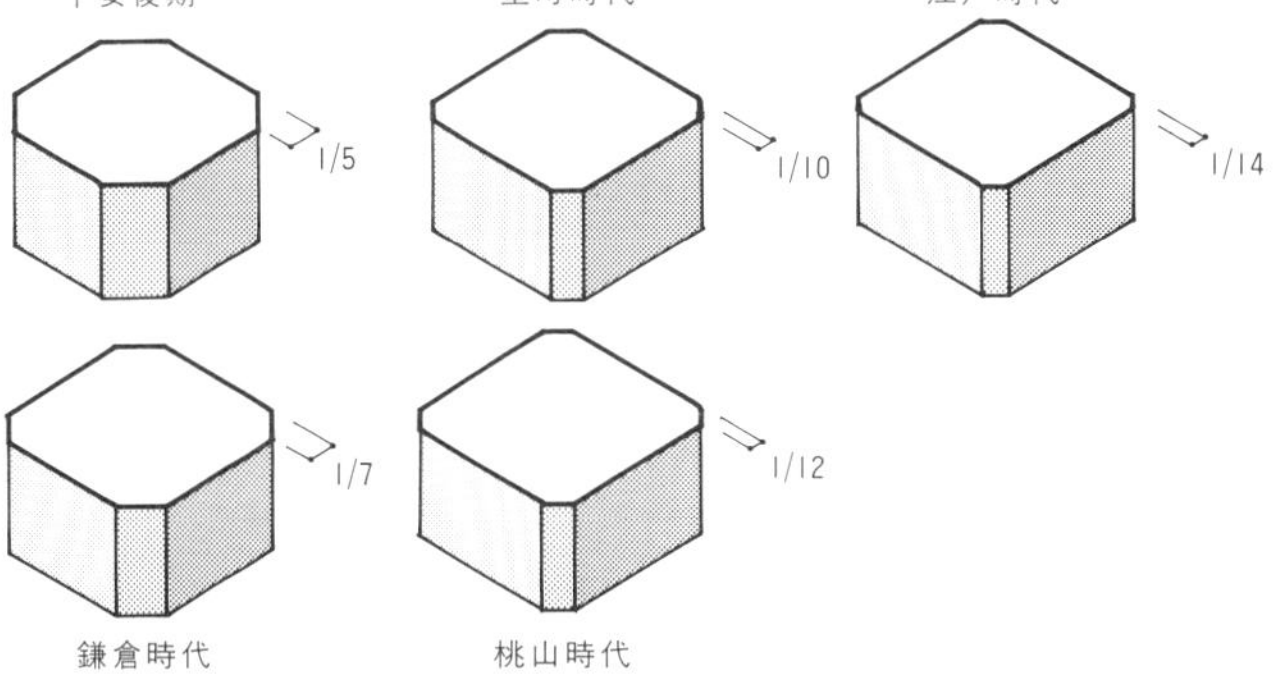

[図6]…時代による面取の違い

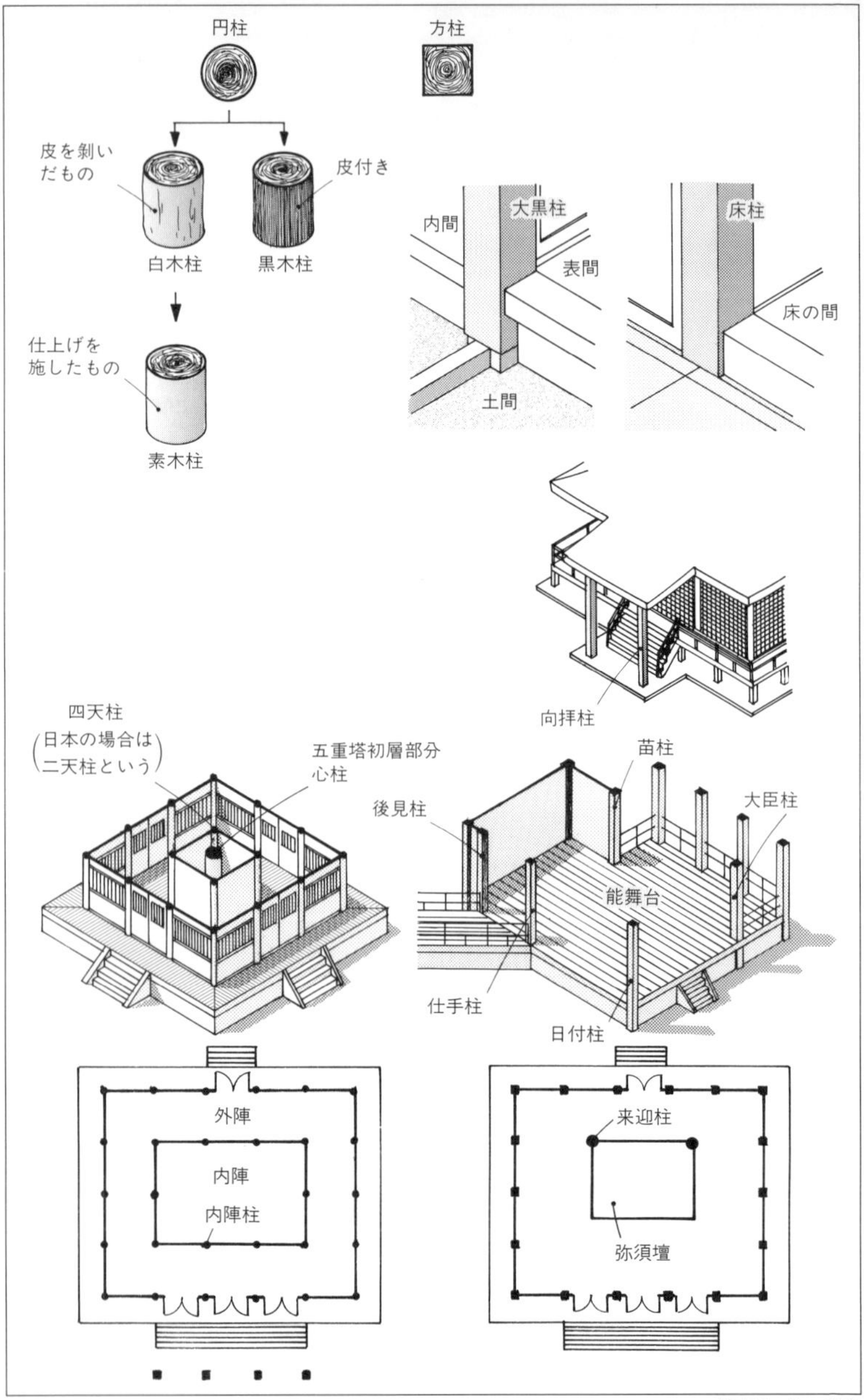
円柱
方柱
皮を剝いだもの
皮付き
白木柱
黒木柱
仕上げを施したもの
素木柱
内間
大黒柱
表間
土間
床柱
床の間
向拝柱
四天柱
(日本の場合は二天柱という)
五重塔初層部分
心柱
後見柱
苗柱
大臣柱
能舞台
仕手柱
日付柱
外陣
内陣
内陣柱
来迎柱
弥須壇

[図5]…柱の種類

られます（図6）。

組物《くみもの》（斗栱《ときょう》）

地震国日本では、柱と梁《はり》（水平な部材）の接点を強化する必要があるため、非常に複雑なしくみをもっていますが、これを組物あるいは斗栱と呼んでいます。

［図8］…法隆寺雲型肘木

組物は「斗《ます》」と呼ばれる四角い部材と「肘木《ひじき》」という舟型の部材に大別でき、それぞれ建築様式によってさまざまな種類があります（図7）。

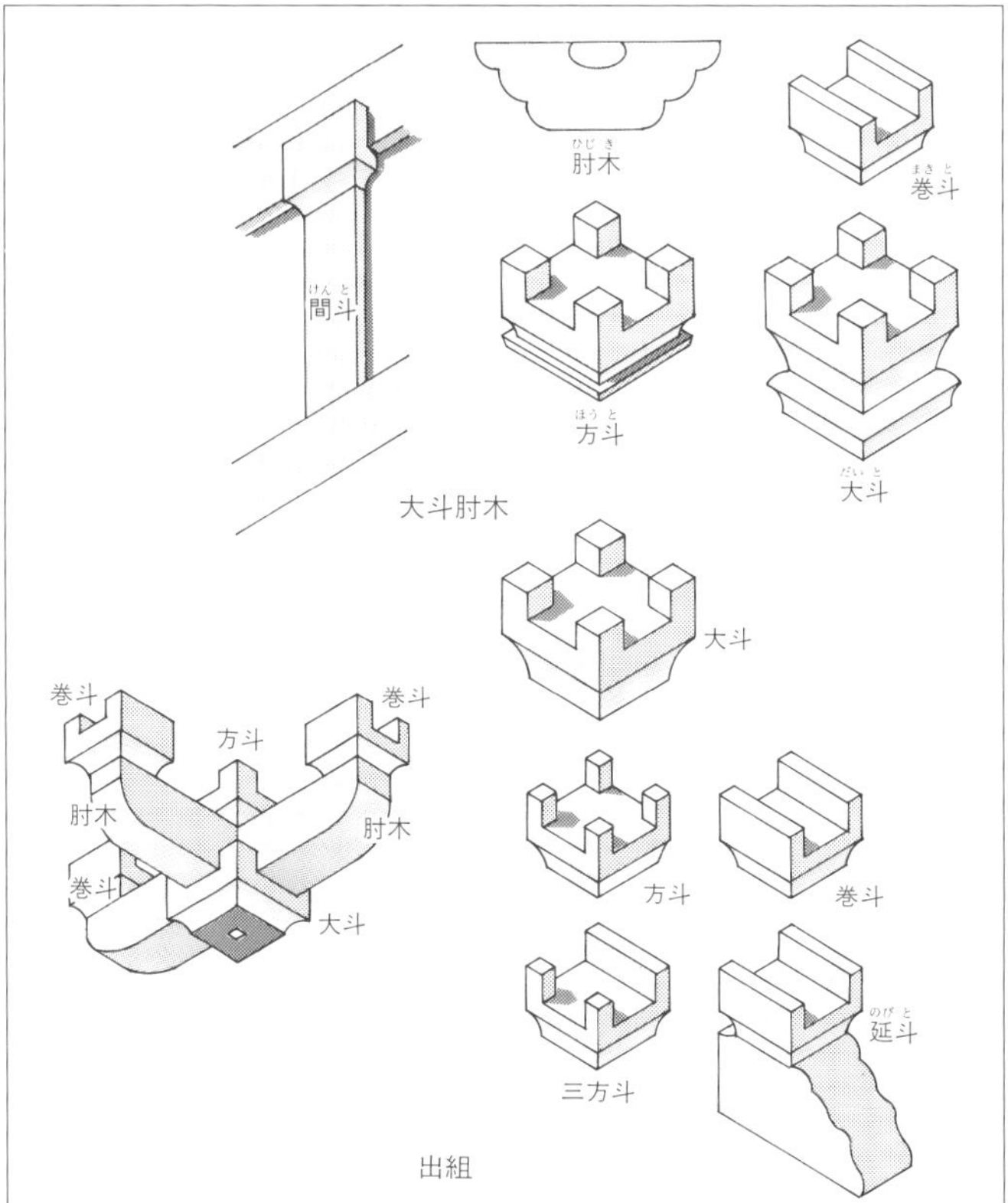

［図7］…組物の種類

有名なものには、法隆寺などに見られる「雲型肘木《くもがたひじき》」があり、雲のような彫刻を施して、支えている屋根がまるで浮いているかのように見せることに成功しています（図8）。

蟇股《かえるまた》

組物とともに上部の重さを支える部材に「蟇股」があります。あたかもカエルが両脚でふんばっているような形から命名されたものでしょう。

時代によってさまざまな種類があり、一言でいえば、時代が進むにつれて装飾がより複雑化していくため、建物の造営年代の推定にも用いられます（図9）。

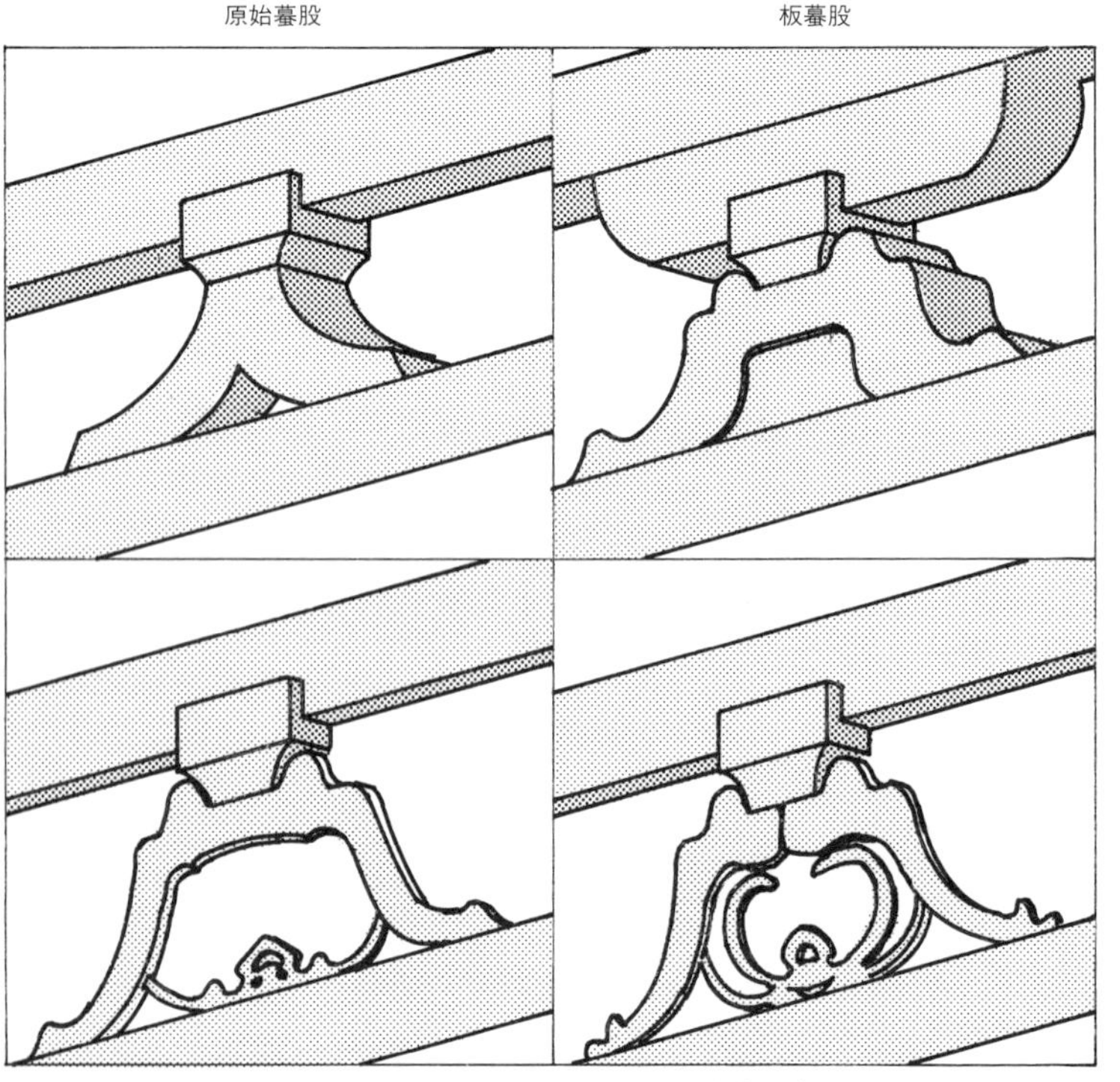

[図9]…蟇股の種類

虹梁《こうりょう》

構造的に強度をもたせるために弓型に湾曲させた水平な部材を「虹梁」といいます。虹のようにカーブを描いた梁という意味でしょう。

建物の中の用いられる場所によって名称が異なりますが、すべて地震などの水平の圧力に抵抗するための部材です（図10）。

年代によって形がやや異なり、飛鳥時代から平安時代にかけては曲がり方が強い上、細身ですが、鎌倉時代に入ると全体に太くなり、さらに室町時代以降は曲がり方が弱くなる上、彫刻が施されるようになります（図11）。

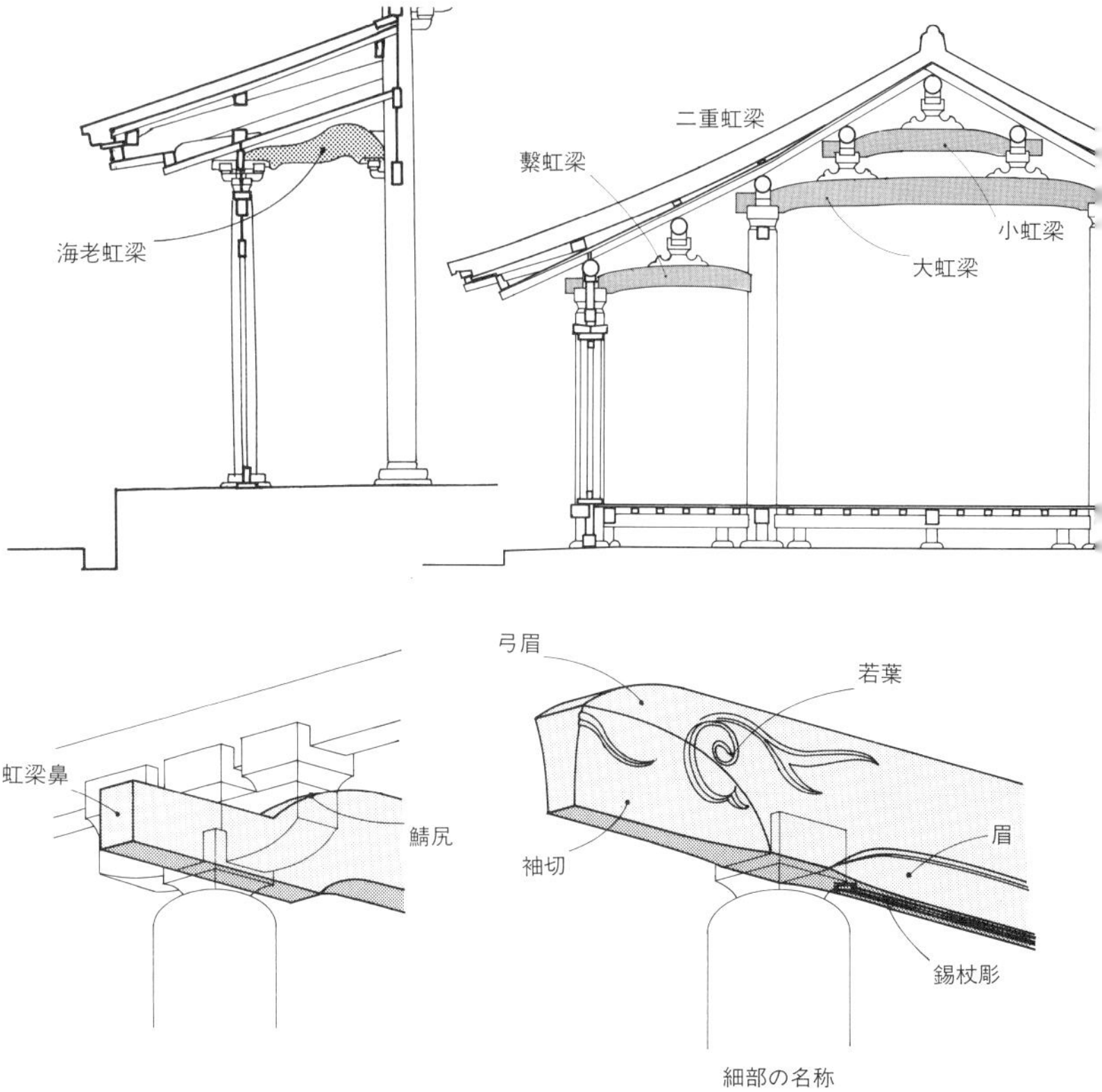

[図10]…虹梁の種類

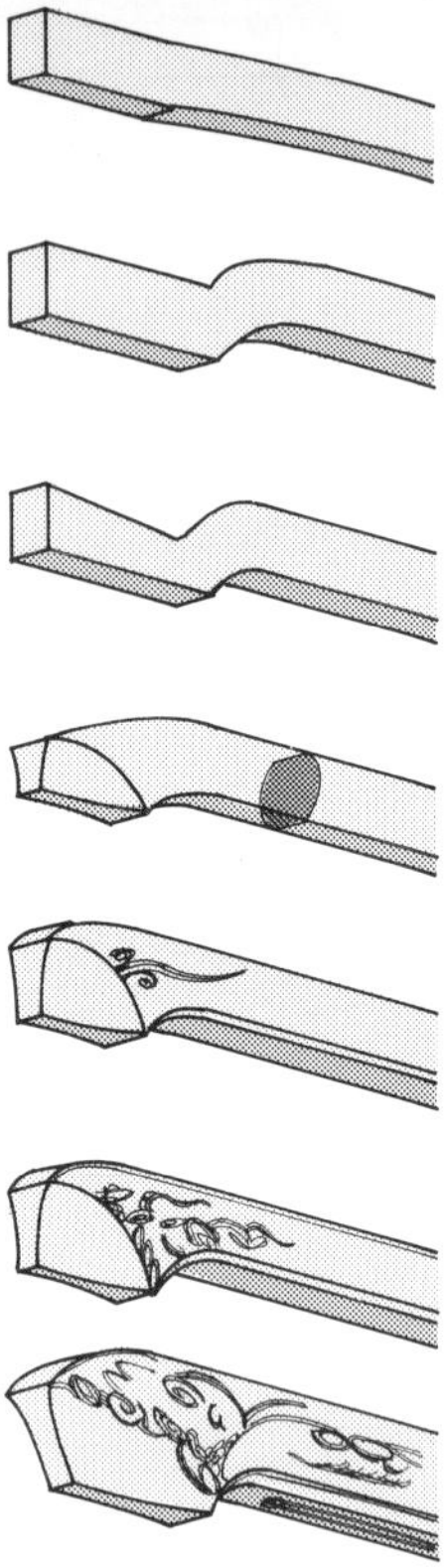

[図11]…時代による虹梁の違い

垂木《たるき》

屋根の軒《のき》をささえる部材を「垂木」といいます。神社・寺院では反り上がっていることが多くこれを「反り」といい、また江戸以降の住居形式一つである数寄屋造では「むくり」といって外側にふくらみをもっています。

軒を見上げた際、垂木が何段並んでいるかによって、一軒《ひとのき》、二軒《ふたのき》、三軒《みのき》と分けて呼び、通常は二軒であり、その場合、下方を「地垂木《ぢだるき》」、上方を「飛檐《ひえん》垂木《だるき》」といいます。

建築様式によってさまざまなバリエーションがあり、時代によっても使い分けられています（図12）。

束《つか》

建物の要所要所に用いられる短い柱のことを「束」といいます。使われる箇所によって呼び名が異なり、柱と異なるのは、上部の重さを支えるだけではなく、下部の重さを釣り上げるのにも用いられる点にあります（図13）。

支輪《しりん》

高さの異なる位置にある二つの梁を連結するための曲線状の斜めの部材を「支輪」と呼びます（図14）。

時代によって形状が異なり、一言でいえば飛鳥時代には直線的であったものが徐々に曲率を増し、かつ装飾が増していきます。

なお、大仏様にのみ、支輪は用いられなかったといわれます。

一軒・半繁垂木

二軒・繁垂木

一軒・疎垂木

二軒・疎垂木

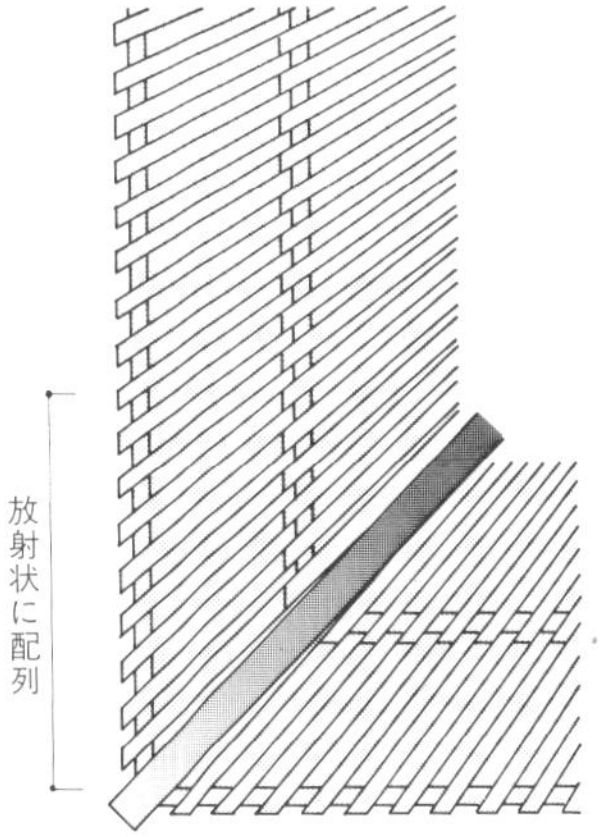

扇垂木

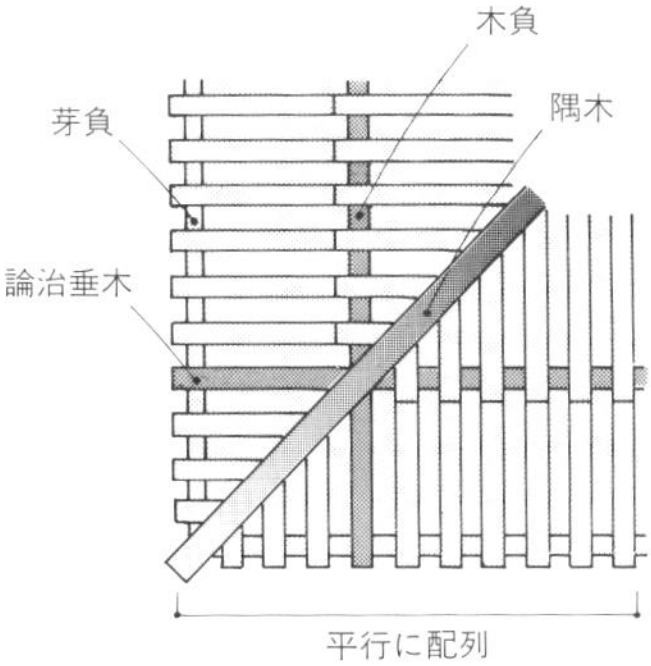

平行垂木

[図12]…垂木の種類

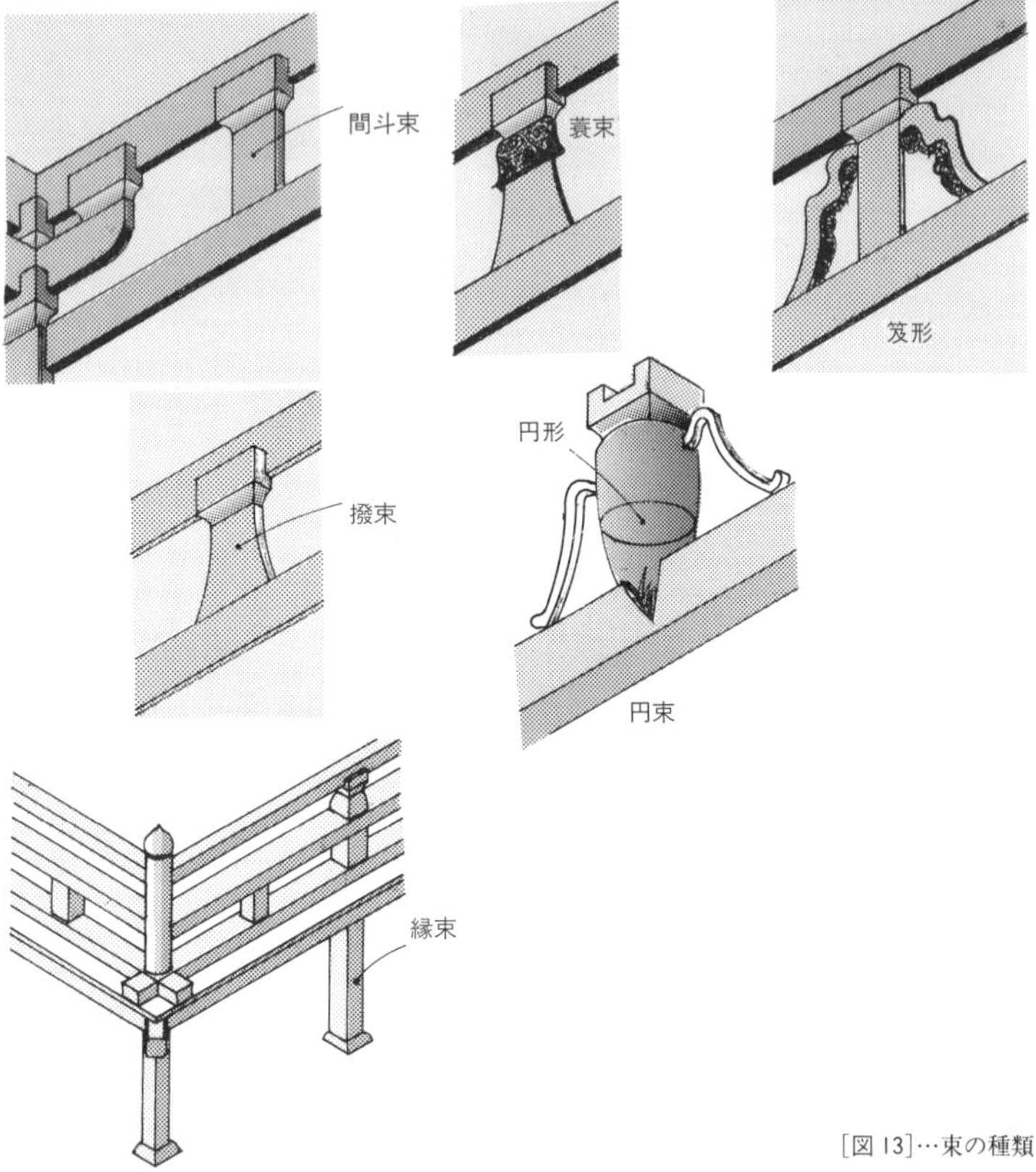

[図13]…束の種類

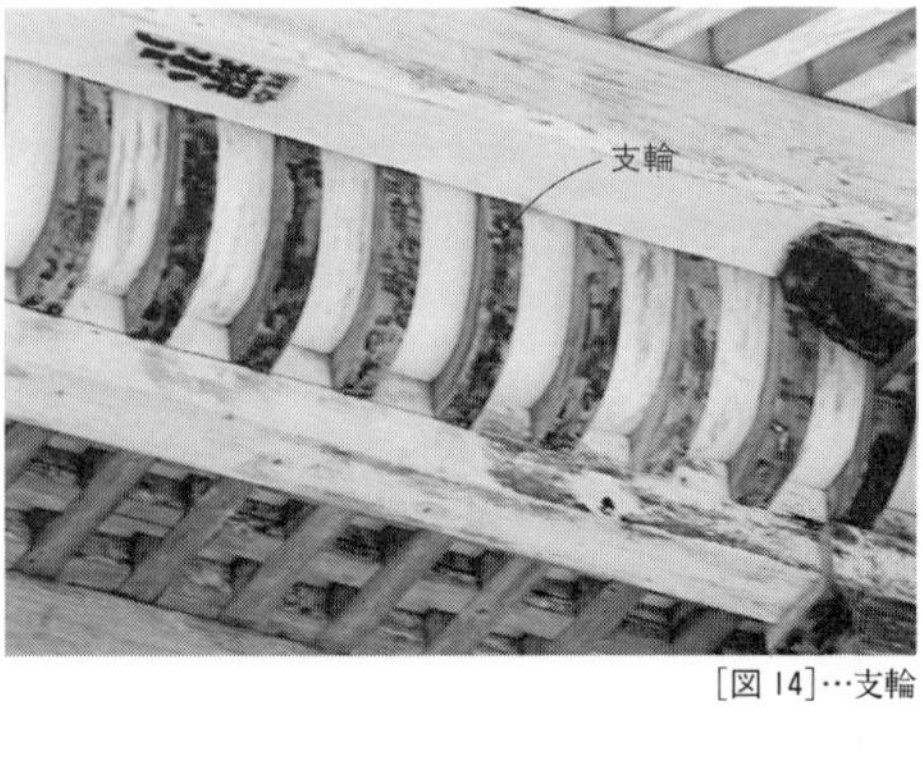

[図14]…支輪

木鼻《きはな》・手挟《てばさみ》

梁が柱から突き出た部分に彫刻などの装飾を施したものを「木鼻」といいます。また、軒の勾配によって生じた三角形のすき間を埋める装飾を「手挟」と呼びます。

日本で独自に発展した和様の建物には見られず、鎌倉時代に伝えられた大仏様と禅宗様に用いられました。

大仏様では主として象や獏《ばく》、龍等の動物を模した意匠が用いられ、また禅宗様では主として若葉や楓《かえで》、栗、桃、梶などの植物系の装飾が用いられています（図15）。

龍彫

獅子鼻

禅宗様木鼻

獏鼻

［図15］…木鼻の種類

II 外装

外観のしくみ

屋根《やね》・瓦《かわら》

日本は雨が多いために建物の屋根にはさまざまな工夫をこらしてきました。切妻造や寄棟造《よせむねづくり》、入母屋造《いりもやづくり》が一般的で、この他、錣葺造《しころぶきづくり》や方形造《ほうぎょうづくり》、八注造《はっちゅうづくり》などがあります（図1、2）。

また、これらの屋根は複雑な細部から造られており、各部に名称がつけられています。屋根の素材にもさまざまな種類があり、ススキを用いた萱葺《かやぶき》、

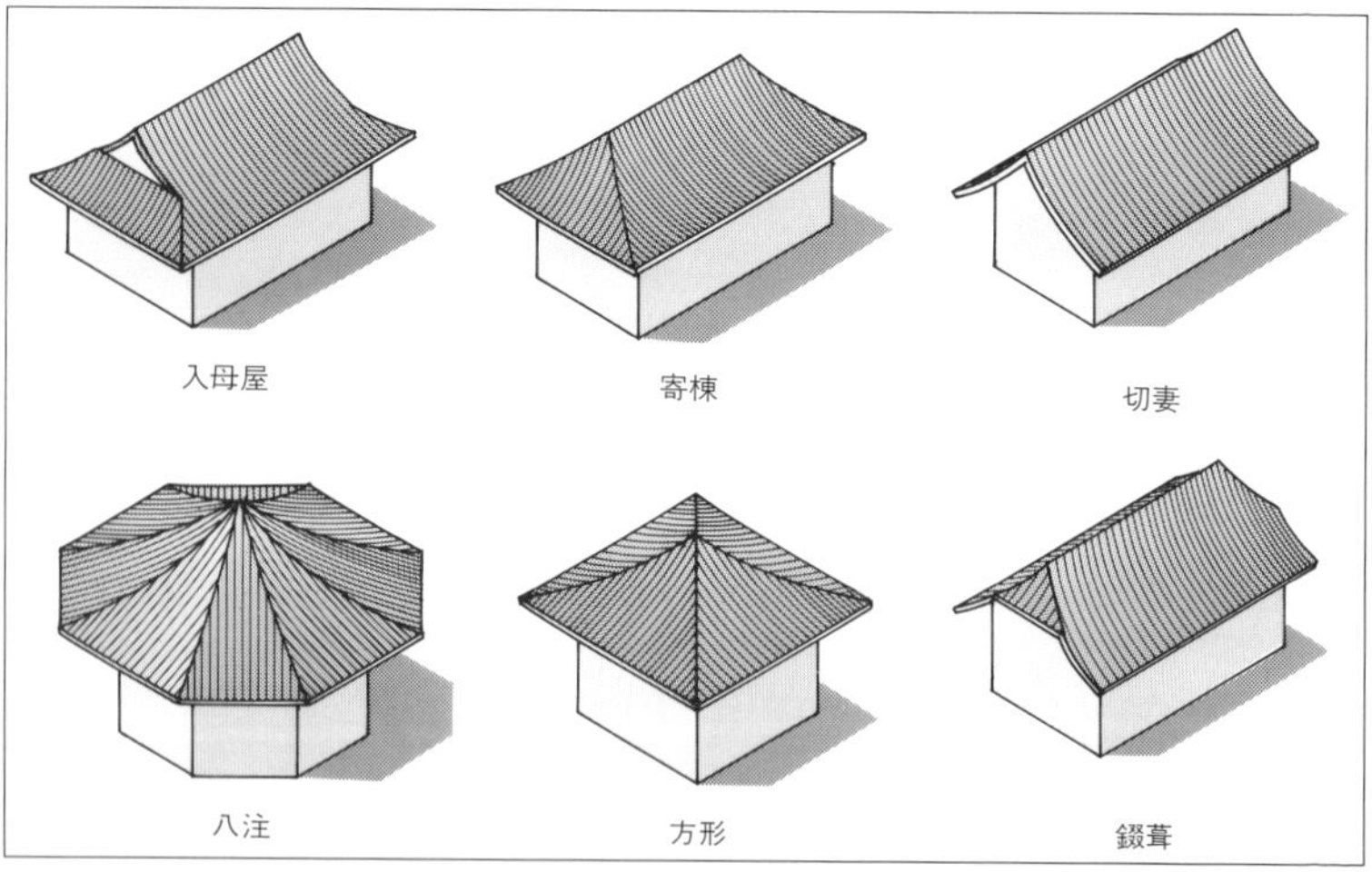

[図1]…屋根の形

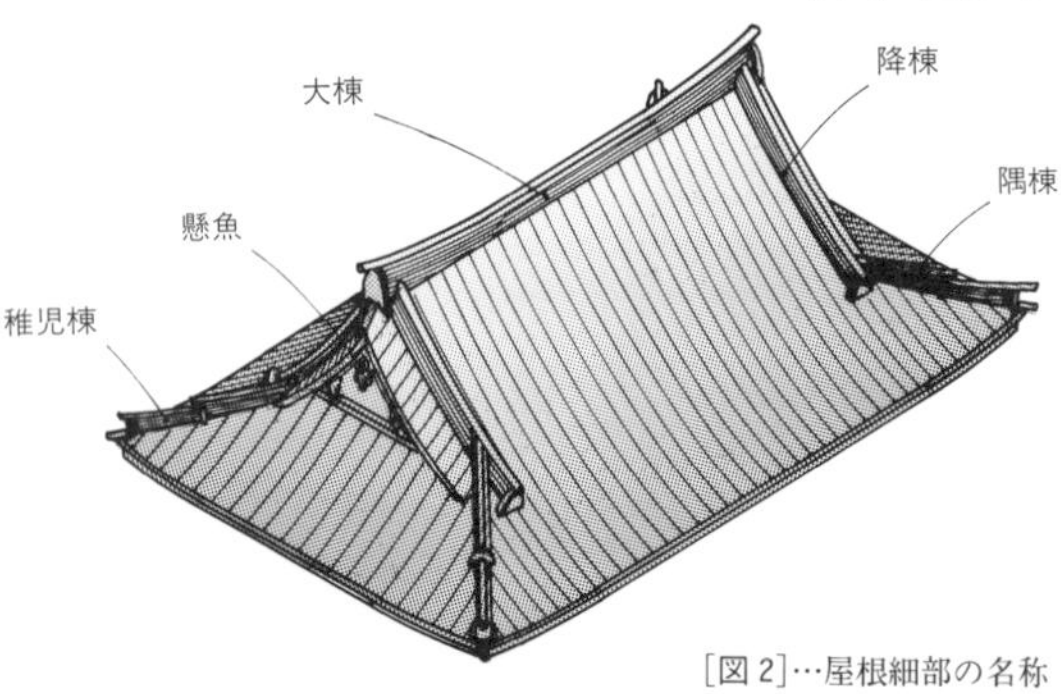

[図2]…屋根細部の名称

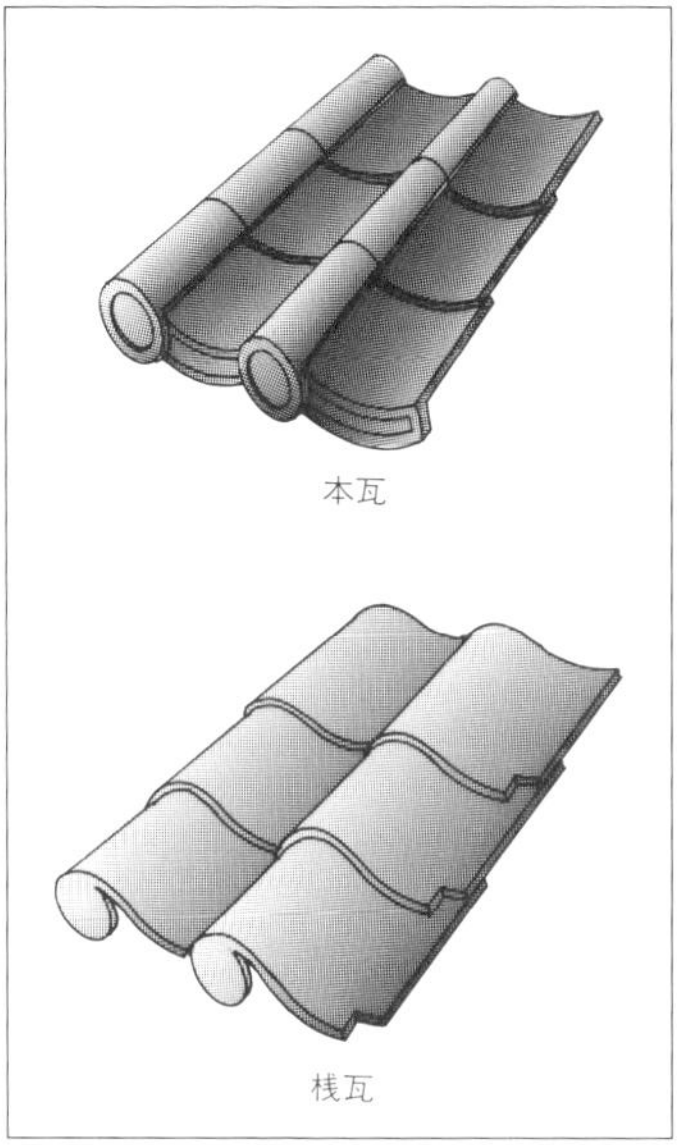

[図4]…本瓦と桟瓦

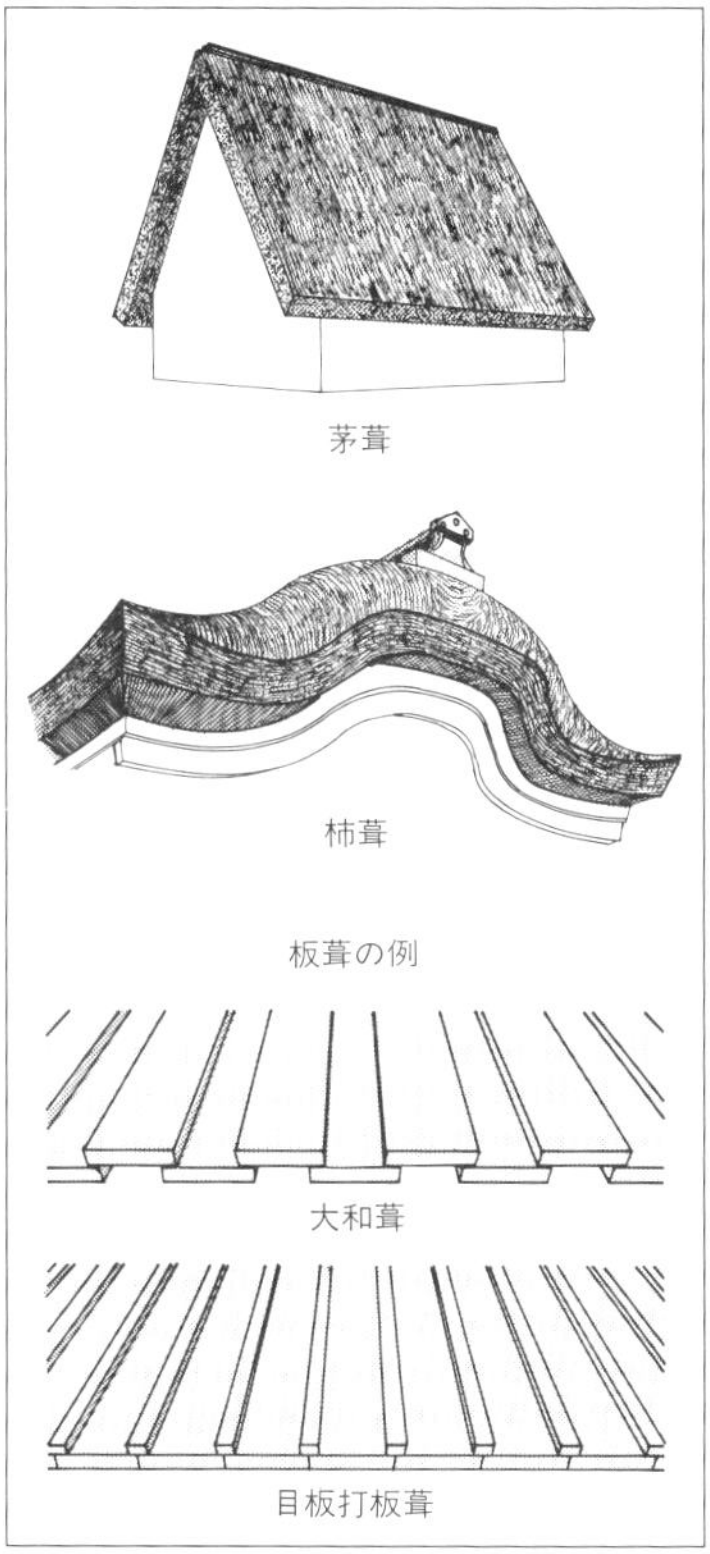

[図3]…屋根の素材

木の皮を葺いた檜皮《ひわだ》葺や杉皮《すわだ》葺、板を葺いた板葺や柿《こけら》葺、栩《とち》葺などの植物性のものの他、瓦を用いた瓦葺などがあります（図3）。

なお、瓦葺には本瓦葺と桟瓦葺の二種類があり、本瓦葺は丸瓦と平瓦を交互に組み合わせた葺き方で、桟瓦葺は地震や火災の際にくずれにくくするために江戸時代に考案された軽快な瓦です（図4）。

[図6]…鯱

この他、「鴟尾《しび》」や「鯱《しゃちほこ》」「鬼瓦《おにがわら》」と呼ばれる魔除けを屋根につけることもあります（図5、6、7）。

破風《はふ》と懸魚《げぎょ》

建物の屋根を切り落とした切り口のことを「妻《つま》」と呼びますが、古来妻にはさまざまな装飾が試みられ、これを「妻飾」といいます。最も一般的な妻飾りが「破風《はふ》」で、多数のバリエーションがあります（図8）。

また、通常破風には「懸魚《げぎょ》」と呼ばれる魚を象徴化した装飾が取りつけられますが、これは、水のシンボルとして火災を避けるための魔除けでしょう。懸魚にもさまざまな種類があります（図9）。

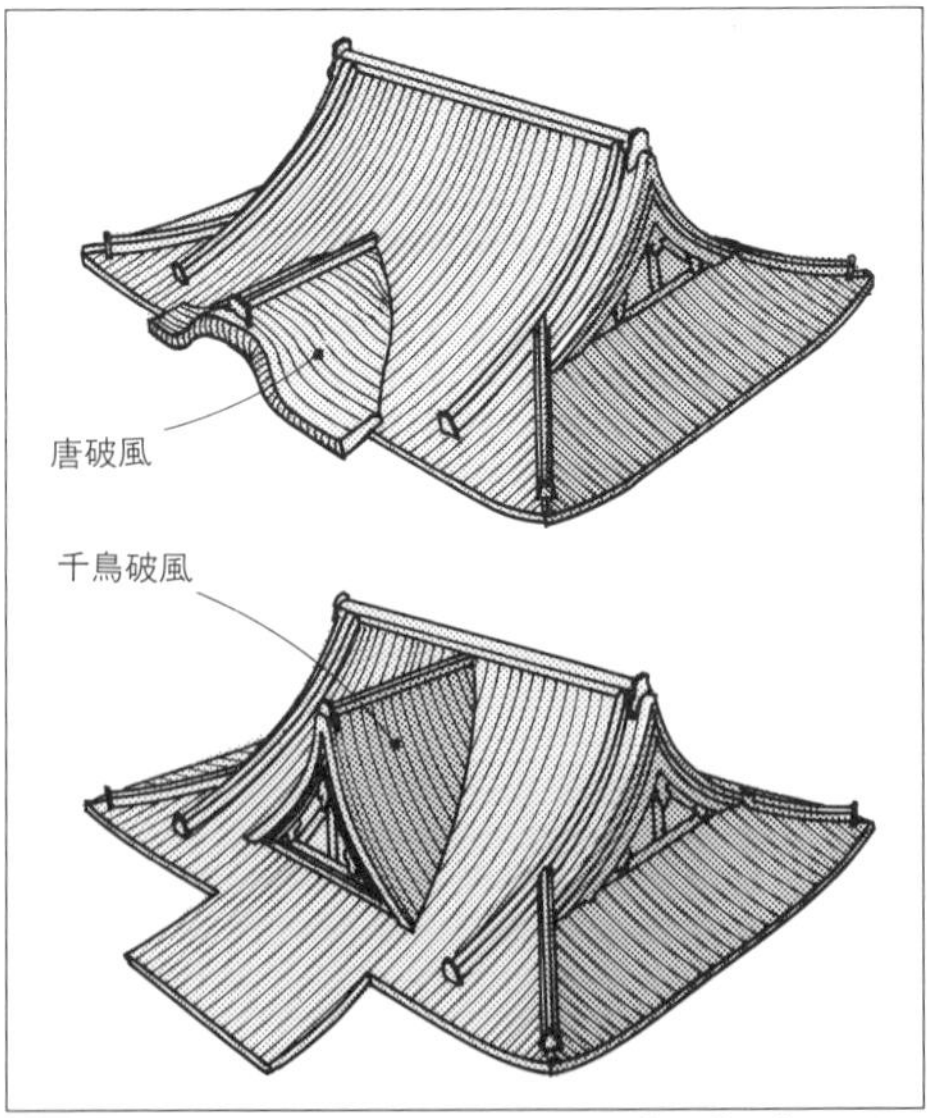

[図8]…破風の種類

[図7]…鬼瓦

平安神宮太極殿の鴟尾

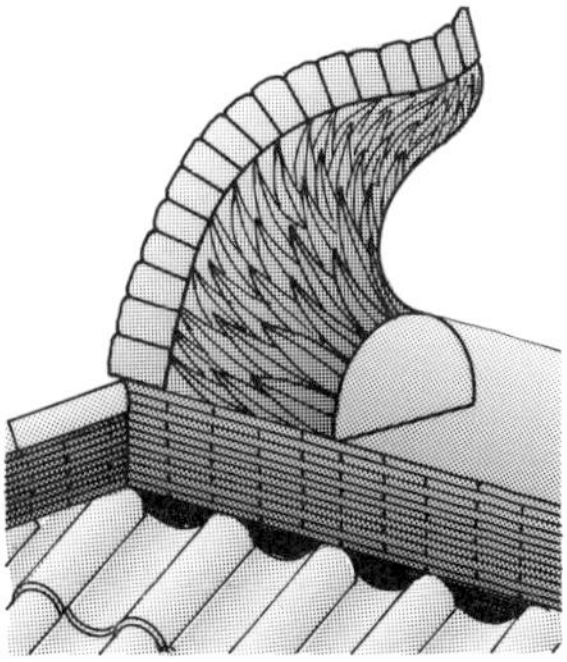

玉虫厨子鴟尾

[図5]…鴟尾の種類

梅鉢懸魚

蕪懸魚

猪の目懸魚

三ツ花懸魚

[図9]…懸魚の種類

開口部《かいこうぶ》

●窓

日本建築の窓《まど》で、最も一般的なのが方形の細い材木を縦に等間隔で並べた「連子《れんじ》窓」です。またこの他、燃え上がる火に似た形の「花頭窓」などが社寺に用いられることが多く、この他民家などには「下地窓」や「格子窓」が使われます。

●扉・戸

一方、扉では、「板唐戸《いたからど》」や「桟唐戸《さんからど》」と呼ばれる板をはぎ合わせたものや、木枠に板をはったものが一般的で、それぞれ片開きと両開きがあります。また、「花狭間《はなはざま》戸」という花模様の格子を入れたものもその変形です。

また、寝殿造の住宅などには「蔀戸《しとみど》」と呼ばれる上部にせり出して開く格子戸が用いられます。

この他、引戸としては板戸に水平な桟を取りつけた「舞良戸《まいらど》」、杉板に絵画などを描いた「杉戸《すぎど》」などがあります（図10）。

●高欄

これらの開口部の外部には、一般に手すりがつけられますが、これを「高欄《こうらん》」と呼び、さまざまな種類があります（図11）。

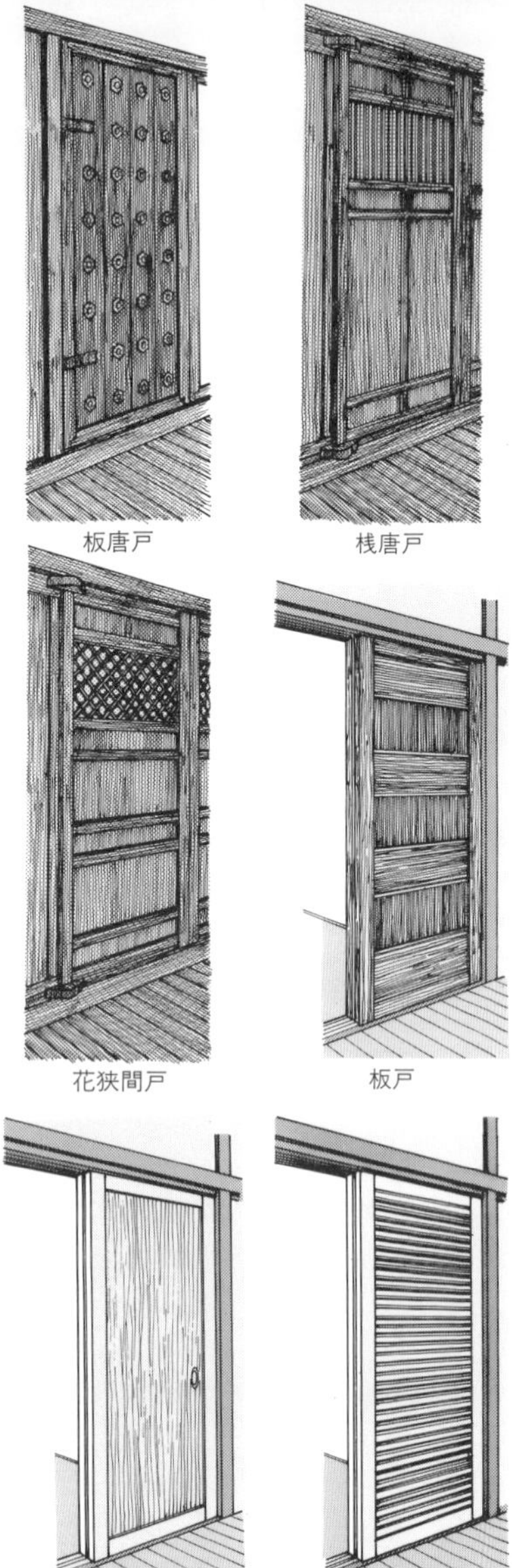

［図10］…戸の種類

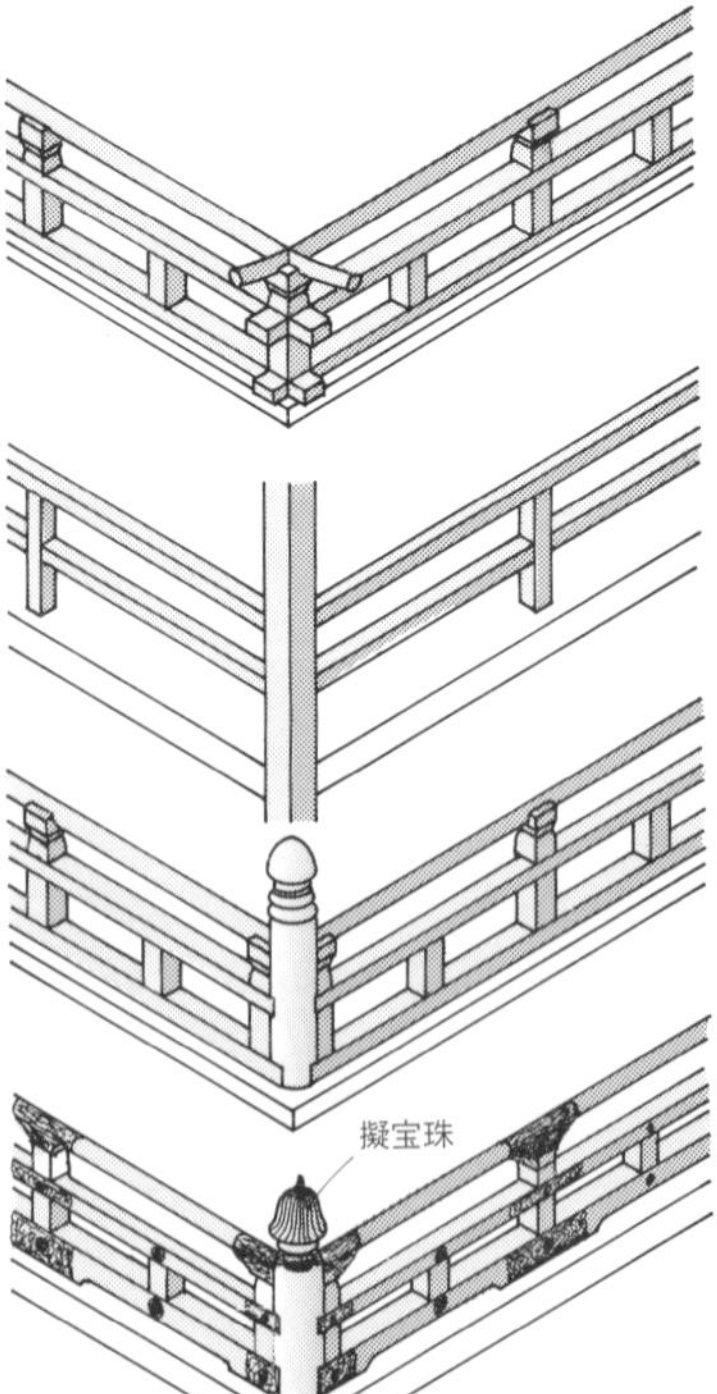

［図11］…高欄の種類

エピソード

能舞台と歌舞伎小屋

能は十四世紀に観阿弥《かんあみ》、世阿弥《ぜあみ》父子によって完成された謡《うたい》・舞《まい》・囃《はやし》からなる演劇の一種です。もともと神社や寺院において神仏に奉じられていた猿楽《さるがく》から発達した猿能《さるのう》と、農民が豊作を神に祈願するための踊りである田楽《でんがく》から発達した田楽能の二種類を組み合わせて完成したもので、一三七四年に観阿弥ら父子の能を将軍足利義満が見物して以来、時の権力者に保護されてきました。

豊臣秀吉や徳川家康も能を大いに好み、以後武家屋敷には必ず能舞台が設けられるようになりました。

能舞台のしくみは、橋掛《はしがか》りと舞台《ぶたい》からなっています。舞台へ役者が上がるための斜めにかけられた橋掛りと呼ばれる屋根付き廊下の端に、同じく屋根付の板敷き舞台が設けられており、それを別の建物の広間から観賞できるように配されているのです。

西本願寺の北能舞台は一五八一年につくられたもので現存する最古の能舞台として国宝に指定されています。

一方、歌舞伎は十七世紀に出雲地方出身の出雲阿国《おくに》の念仏踊りから発達した演劇の一種で、はじめは能舞台で演ぜられていましたが、庶民に大人気となり、専用の芝居小屋がつくられるようになります。

内部は能舞台の名残りの屋根付の舞台と斜めに取りついた花道を「桟敷」と呼ばれる二、三階建ての客席が取り巻き、舞台正面にも客席を設けたしくみになっていました。また十八世紀になると、廻り舞台と呼ばれる可動式の舞台や、せりと呼ばれる地下からエレベーター式に役者を舞台にもち上げる装置も登場します。さらに外観正面二階には、四角い箱状の櫓が付けられ、役者の人気とり等に用いられました。

[図a]…西本願寺南能舞台

III 内　装

内部のしくみ

開口部《かいこうぶ》

●襖《ふすま》・障子《しょうじ》

木材を格子状に組み、その両面に木や紙を張った内装用の引戸を「襖《ふすま》」あるいは「障子《しょうじ》」と呼び、また片面にのみ光を通すうすい紙を張ったものを「明障子」といいます。

さらに、絵柄を張った障子を「唐紙《からかみ》障子」、下部が板張りになったものを「腰障子《こししょうじ》」と呼びます（図１）。

●欄間《らんま》

一方、天井と鴨居（引き戸の上部のレール部分）の間の開口を「欄間《らんま》」と呼びます。透かし彫りを施した「彫刻欄間」や格子状の「格子欄間」、障子を用いた「障子欄間」などが一般的です（図２）。

●格狭間《こうざま》

その他、壇や桟唐戸、壁面に装飾として開けるものに「格狭間《こうざま》」があります（図３）。

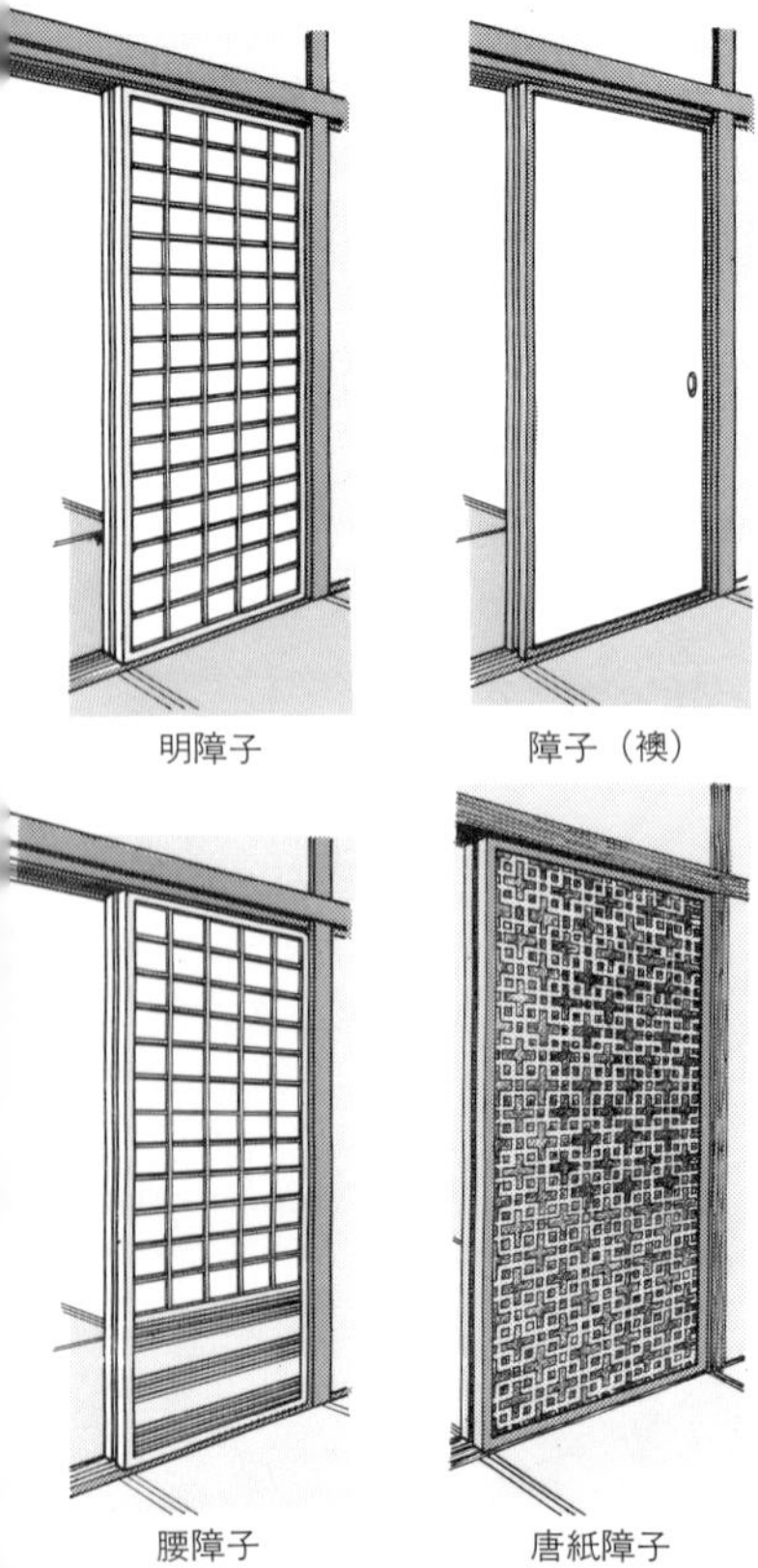

明障子　障子（襖）　腰障子　唐紙障子

［図１］…襖・障子の種類

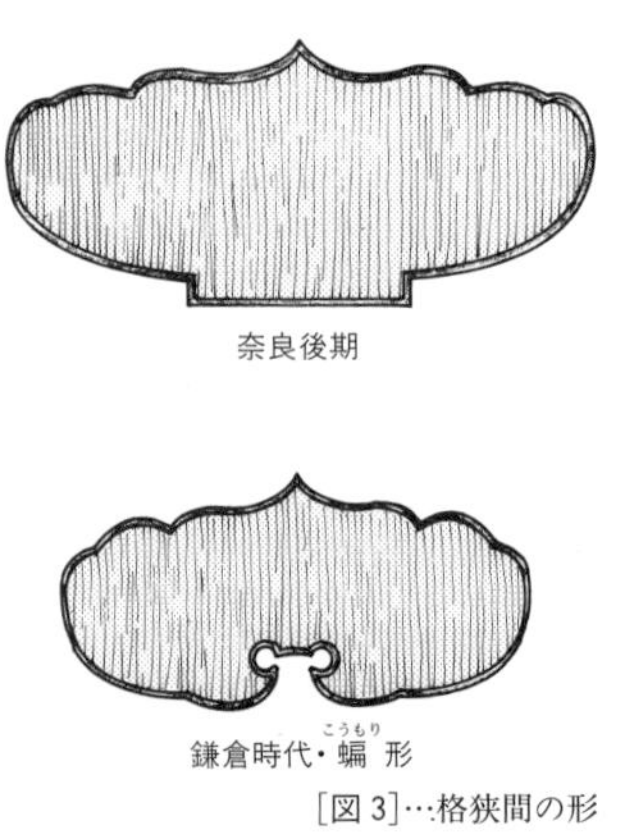

奈良後期

鎌倉時代・蝙《こうもり》　形

［図３］…格狭間の形

天井《てんじょう》

天井の仕上げで最も一般的なものに「化粧屋根裏天井《けしょうやねうらてんじょう》」があり、天井を張らずに、梁や垂木をそのまま見せる方法です。茶室では「駆込《かけこみ》天井」とも呼びます。また、「棹縁天井《さおぶちてんじょう》」といって棹に天井板を並べて張った天井もよく用いられ、今日の住宅の和室はほとんどこの形式です。さらに「棹縁天井」の棹を格子状に並べたものを「格天井《ごうてんじょう》」といいます。

一方、天井が二段になっており、曲面や斜面でつないだものに「折上天井《おりあげてんじょう》」があります。また、天井全体を板で張り、龍などの絵を描いたものを「鏡《かがみ》天井」、舟底のようにV字型の斜面に板を張ったものを「舟底《ふなぞこ》天井」と呼びます。さらに天井板が上の階の床をそのまま兼ねる場合を「力《ちから》天井」、うすい木の帯を編んだものを「網代《あじろ》天井」といいます。

この他、紙を張ったものを「紙貼《かみはり》天井」、土を塗ったものを「土《つち》天井」と呼びます（図4）。

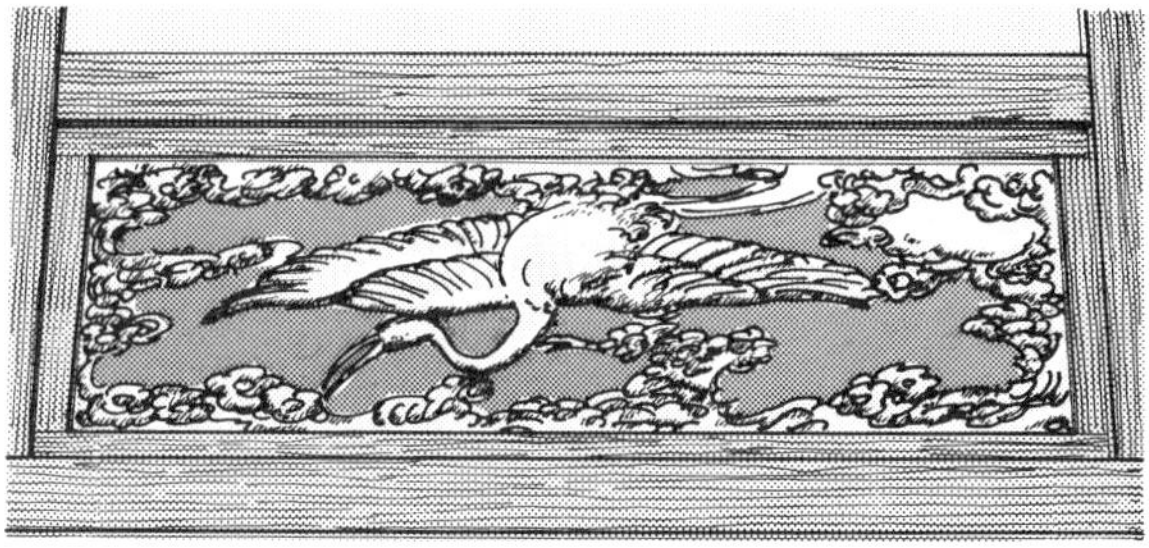

彫刻欄間

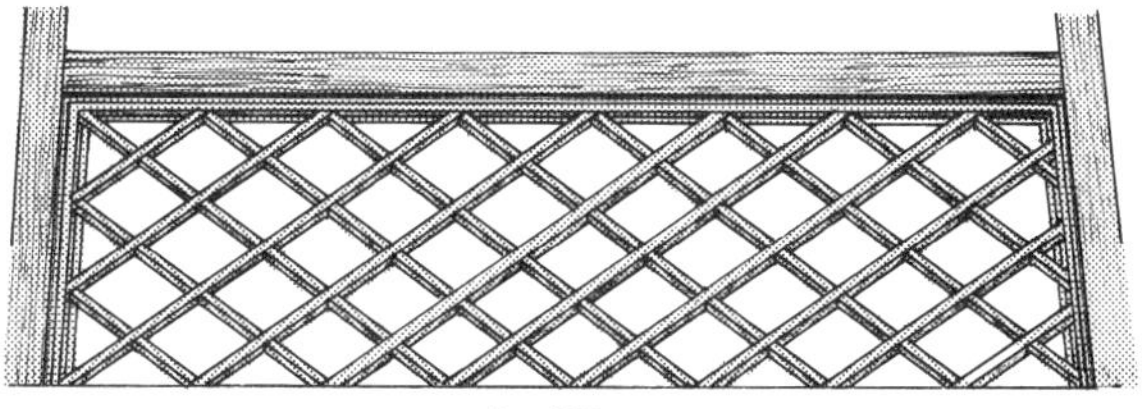

格子欄間

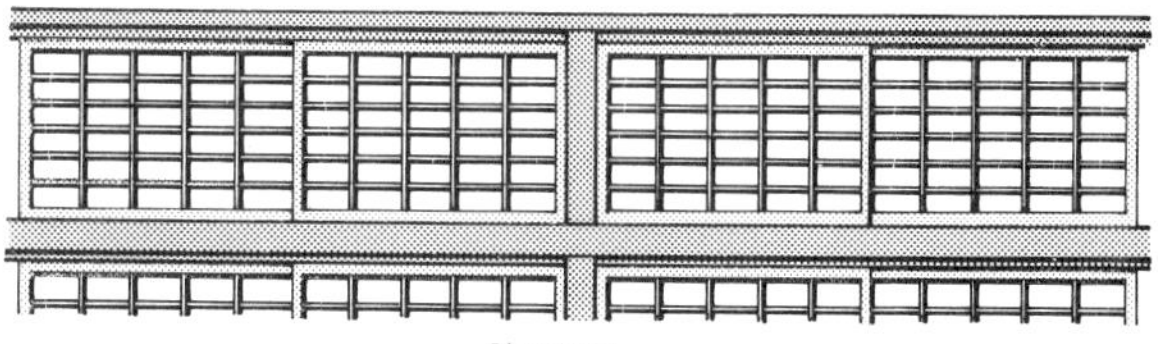

障子欄間

［図2］…欄間の種類

須弥壇《しゅみだん》

仏像を安置する壇を仏がすむといわれる「須弥山《しゅみせん》」という山にたとえて「須弥壇《しゅみだん》」と呼びます。

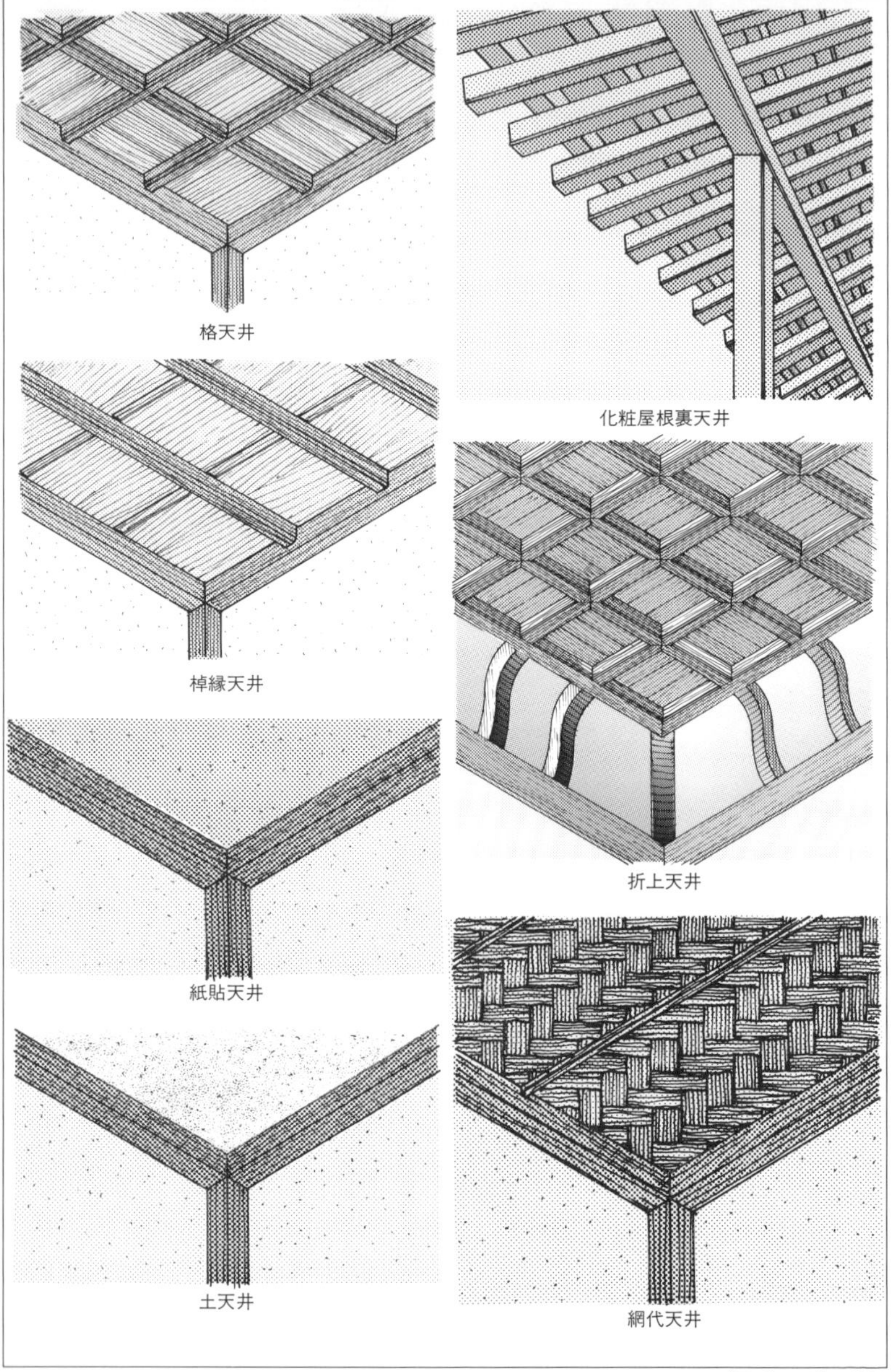
格天井
化粧屋根裏天井
棹縁天井
折上天井
紙貼天井
土天井
網代天井

[図4]…天井の種類

和様と禅宗様に二形式があり、和様はシンプルなものが多く、平安以降は高欄がつけられるようになります。また禅宗では複雑な彫刻が施され、低い脚がつけられます（図5、6）。

装飾金具《そうしょくかなぐ》

日本の古建築には、さまざまな装飾金具が施されています。最も有名な例では五重塔などの仏塔の頂上に取りつけられる「相輪《そうりん》」があげられます（図7）。また、書院造などの住宅では、長押を打ち留めている大釘《おおくぎ》の頭を隠すために「釘隠《くぎかくし》」と呼ばれる金具を取りつけます。特に桂離宮などの数寄屋造に傑出した意匠のものが見られます。さらに襖や戸の引手にも金具が用いられることが多く、さまざまな工夫がこらされました（図8）。

[図5]…和様須弥壇

[図6]…禅宗様須弥壇

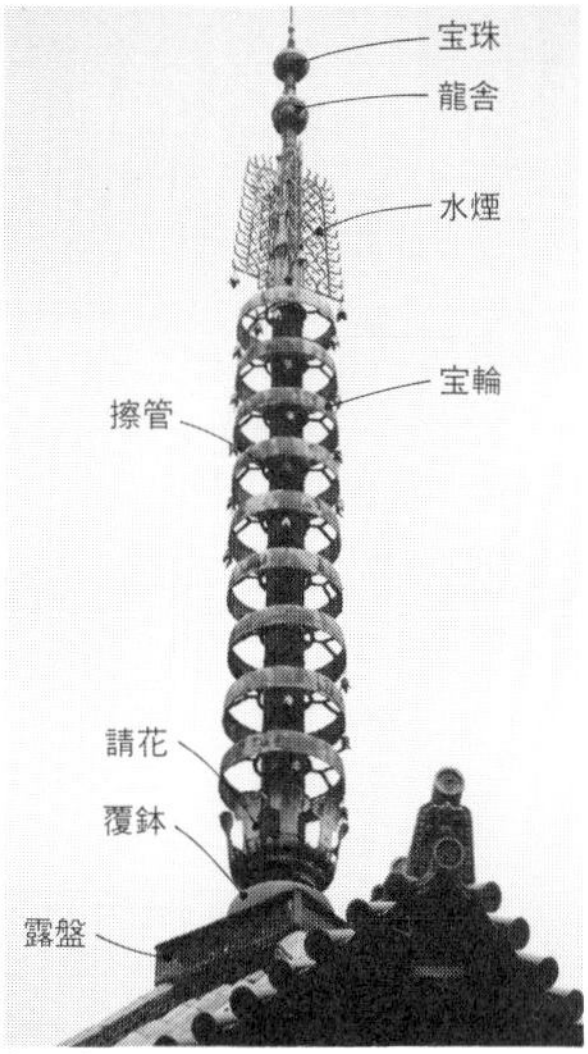

[図7]…相輪のしくみ

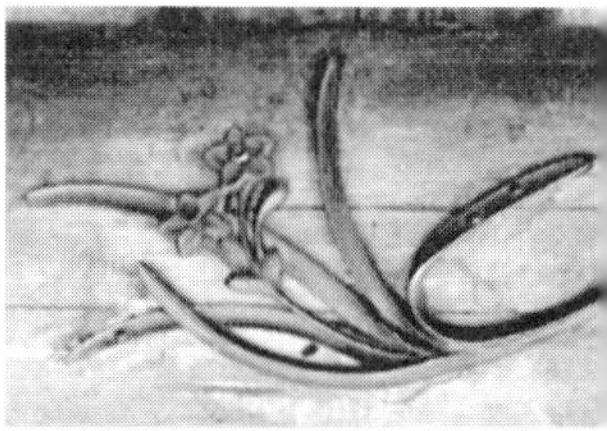

水仙形の釘隠

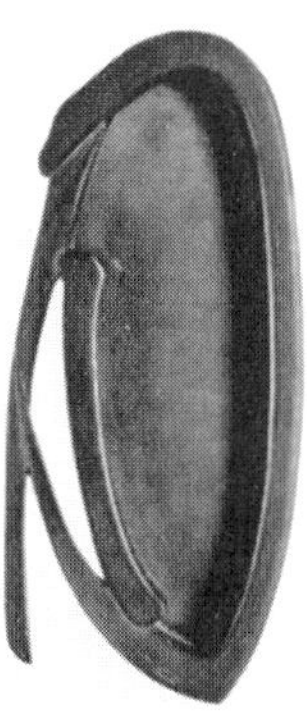

月字形の引手

[図8]…桂離宮の釘隠と引手

エピソード

桂離宮と源氏物語

❖1 敷地は道長の別荘の土地

『源氏物語』は、平安時代に紫式部によって書かれた小説です。その主人公である光源氏のモデルとなった人物として、紫式部が仕えた関白藤原道長ではないかといわれ、また物語には「桂殿」と呼ばれる建物が登場しますが、これについても道長の別荘「桂院」を取材したものといわれます。かつての読者もまた、栄耀栄華を極めた道長の桂院を思い浮かべて物語を読んだのでしょう。

それでは、道長の桂院は現在のどのあたりにあったのでしょうか。藤原忠通の『法性寺関白御集』には、「桂院は西国街道に沿い、西山と桂川の間にあり、舟を繋ぐ所に近い」とあり、その位置は下桂村の東南部の一画に絞られ、現在桂離宮が建つ敷地と実に一致するのです。

また近衛家の古文書によっても、道長、忠通と伝承した土地が、鎌倉時代に至って近衛家の所領となったことがわかり、その土地が八条宮家のものとなって、桂離宮が造営されたことが確認できるのです。

❖2 桂院と桂離宮の類似点

またそれだけではなく、『法性寺関白御集』の桂院についての記述と桂離宮を比較すると、造形的にも類似点が数多く見いだせます。

例えば、記述に「竹で編んだ垣が廻り、柴でできた門の扉の中に入ると松と杉の木が暗いほど茂っていた」とあるのは、桂離宮の竹垣や表門と類似し、また「泉や琴を置くための建築」というのは、離宮の中の小川や松琴亭と合致します。

さらに「月を眺めるための楼閣が水面を前に建つ」という記述は、離宮の古書院月見台や月波楼に相応するのです。

桂離宮の設計者八条宮智仁親王は、『桂古歌』と呼ばれる桂の土地に関する歌集の中に、道長時代の桂別業についての歌を二首選出していることからも、おそらくこの土地が道長以来の桂院に一致することを認識し、桂離宮造営について多分に暗示を得たと考えることができましょう。

❖3 桂離宮は源氏物語の再現

寛永二年(一六二五年)、徳川家康の側近、金地院崇伝が、桂離宮の訪問記『桂亭記』を著しました。この中では、桂離宮を指して「源氏物語の中の桂殿と呼ばれた土地である」と述べられています。つまり、源氏物語の桂殿が道長の桂院を取材したものであることを前提に、桂殿の土地が桂離宮の敷地そのものであることを指摘しているのです。

また、灰屋(佐野)紹益の『にぎはひ草』には、桂離宮について、「源氏物語を再現したものであり、これはすべて智仁親王の考えたことである」と記されています。すなわち、設計者智仁親王が、源氏物語の桂殿に取材された道長の桂院跡に物語を再現しようとしたのが桂離宮であると、少なくとも当時理解されていたことが分かるのです。

❖4　桂離宮に再現された個所

智仁親王は、慶長一五年（一六一〇年）、細川幽斎から『源氏物語相伝』を授けられるほどの源氏物語研究の権威でした。そのような立場の親王が、物語ゆかりの土地を入手したのですから、そこへ建てる別荘にも当然物語の影響があったものと思われます。

さらに注目すべきことは、親王が物語中から特に興味を持った箇所を書抜きした『源氏物語詞書抜下書』と呼ばれるものを製作していることです。この内容のほとんどは、歌や恋愛の描写ではなく、一見何の趣もない、純粋に建築や庭園の造形に関するものばかりであり、これらは、桂離宮に源氏物語を再現するための書抜きと考えられています。その中から、以下にいくつか例を挙げてみましょう。

まず、五十四帖のうちの乙女の巻からの「南東は山が高くて、春の花の木が無数に植えてあった」という書抜きは、桂離宮の賞花亭の建つ築山付近に再現されているといわれ、また「もともとあった築山に色濃く紅葉するような木を植え」というのは、外腰掛前面の紅葉山周辺に再現されているといわれます。

次に帚木の巻からの「寝殿の東側をきれいに開けさせて」という書抜きは、書院群の東南29度という特異な方位角に関係し、また「田舎の家らしい柴垣が作られており」とあるのは、垣根の意匠に再現されています。

さらに「蛍がたくさん飛び乱れてしゃれた風情である」という記述は、離宮内の蛍谷や「水蛍」と呼ばれる灯籠に表されているといえます。

若紫の巻からの「後ろの方の山へ出て今度は京方を眺めた」という書抜きは、賞花亭の高所からの眺めに関係し、また胡蝶の巻の、前述の『にぎはひ草』にも引用された一文「廊を廻った藤も舟が近づくにしたがって鮮明な紫になってゆく。池に影を映した山吹もまた盛りに咲き乱れている」という書抜きも、賞花亭付近に再現され、さらに薄雲の巻からの「春花の林と秋の野の盛りをそれぞれ人がその優劣を論じている」というのは、庭園の春と秋の季節的性格に表されていると考えられているのです。

【年表】

時代	西暦	和暦	事項
飛鳥時代	6世紀		仏教伝来
	五八六		鶴林寺創建
	六〇七		法隆寺創建
	六四二		善光寺創建
	六六七		日吉大社西本宮創建
	六七〇		法隆寺焼失
	六八〇		薬師寺創建
	六八五		法起寺三重塔建立
奈良時代	七一〇	和銅3	元興寺創建
	七一八	養老2	薬師寺、現在の地に移築される
			鶴林寺伽藍建立
	七四五	天平17	東大寺創建
	七四七	天平19	新薬師寺創建
	七五二	天平勝宝4	東大寺大仏殿完成
	七六二	天平宝字6	石山寺創建
	七六三	天平宝字7	栄山寺創建
			当麻寺本堂・東西塔建立
	七六八	神護景雲2	春日大社創建
	8世紀末		室生寺創建
平安時代	七九八	延暦17	清水寺創建
	八一六	弘仁7	金剛峯寺創建
	八三四	承和1	西明寺創建

時代	西暦	和暦	事項
平安時代	八五九	貞観1	園城寺（三井寺）復興
	八七四	貞観16	醍醐寺創建
	八七六	貞観18	八坂神社創建
	八八八	仁和4	仁和寺創建
	九〇六	延喜6	京都御所火災
	九四七	天暦1	北野天満宮神殿建立
	九五一	天暦5	醍醐寺五重塔造堂
	九九四	正暦5	金剛峯寺焼失
	一〇二〇	寛仁4	無量光院創建
	一〇三六	長元9	賀茂御祖神社(下鴨神社)、式年遷宮始まる
	一〇五一	永承6	法界寺創建
	一〇五二	永承7	平等院創建
	一〇七七	承暦1	法勝寺創建
	一〇七八	承暦2	石山寺焼失
	一〇九六	永長1	石山寺本堂建立
	一一〇七	嘉承2	浄瑠璃寺阿弥陀堂建立
	一一一二	天永3	鶴林寺太子堂建立
	一一一五	永久3	醍醐寺三宝院創建
	一一二一	保安2	醍醐寺薬師堂再建
	一一二四	天治1	中尊寺金色堂建立
	一一六四	長寛2	蓮華王院（三十三間堂）建立

※本書で取り上げた建築、事項のみで構成した。

時代	西暦	和暦	事項
平安時代	一一八〇	治承4	鶴岡八幡宮創建
			東大寺大仏殿焼失
鎌倉時代	一一九〇	建久1	東大寺大仏殿・南大門再建
	一一九一	建久2	禅宗伝わる
	一一九二	建久3	浄土寺創建
	一一九四	建久4	石山寺多宝塔建立
	一二〇二	建仁2	建仁寺創建
	一二二三	貞応2	金剛峯寺多宝塔建立
	一二四四	寛元2	元興寺大改造
	一二四九	建長1	蓮華王院（三十三間堂）焼失
	一二五三	建長5	建長寺創建
	一二五五	建長7	東福寺創建
	一二六四	文永1	南禅寺創建
	一二六六	文永3	蓮華王院（三十三間堂）再建
	一二八二	弘安5	円覚寺創建
	一二八八	弘安11	金剛輪寺造営
			根来寺移築
	14世紀		春日大社、式年遷宮始まる
	一三一六	正和5	大徳寺創建
	14世紀後半		新羅善神堂創建
南北朝時代	一三三七	延元2 建武3	妙心寺開山
	一三三九	延元4 暦応2	西芳寺復興
	一三七六	天授2 永和2	仁科神明宮、式年遷宮始まる

時代	西暦	和暦	事項
南北朝時代	一三七八	天授4 永和4	観心寺金堂建立
室町時代	一三九七	応永4	鶴林寺本堂建立
	一三九八	応永5	鹿苑寺（金閣寺）創建
	一四二五	応永32	備中吉備津神社再建
	一四五七	長禄1	太田道灌、江戸城の地に居城造営
	一四八二	文明14	慈照寺（銀閣寺）造営開始
	一四八五	文明17	慈照寺（銀閣寺）東求堂建立
	一四八六	文明18	東寺焼失
	一四八九	長享3	慈照寺観音殿（銀閣）建立
	一五〇五	永正2	東福寺三門建立
	一五〇七	永正4	照蓮寺建立
	一五三四	天文3	金鑽神社造営
	一五四七	天文16	根来寺大塔完成
	一五七一	元亀2	延暦寺焼き討ち、日吉神社も焼失
桃山時代	一五七六	天正4	丸岡城造営
			長浜城造営
	一五七九	天正7	安土城造営
	一五八一	天正9	姫路城造営
	一五八二	天正10	妙喜庵待庵造営
			安土城焼失
	一五八三	天正11	神魂神社再建（現存）
			大坂城造営開始
	一五八五	天正13	大坂城本丸完成
	一五八六	天正14	日吉大社西本宮再建
	一五八七	天正15	秀吉、北野天満宮にて大茶の湯行う
			聚楽第創建

時代	西暦	和暦	事項
桃山時代	一五九一	天正19	西本願寺、現地に移る
	一五九三	文禄2	表千家不審庵造営
	一五九四	文禄3	大坂城二の丸完成
	一五九五	文禄4	日吉大社東本宮再建
			延暦寺に法輪堂が園城寺（三井寺）より移築される
			延暦寺常行堂・法華堂・担い堂再建
			聚楽第破壊
江戸時代	一五九七	慶長2	松本城造営
	一五九八	慶長3	醍醐寺三宝院、現在の建物造営
	一五九九	慶長4	醍醐寺金堂移築
	一六〇〇	慶長5	園城寺（三井寺）観学院客殿建立
	一六〇一	慶長6	園城寺（三井寺）光浄院客殿建立
			犬山城造営
			江戸城造営開始
			熊本城造営
	一六〇二	慶長7	都久夫須麻神社、竹生島に移築される
			東本願寺、西本願寺から分離する
			二条城造営
	一六〇三	慶長8	宝厳寺、竹生島に移築される
			東寺金堂再建
	一六〇六	慶長11	高台寺創建、傘亭・時雨亭造営
	一六〇七	慶長12	北野天満宮社殿再建
			大崎八幡神社創建
			江戸城天守完成
	一六〇九	慶長14	姫路城改築

時代	西暦	和暦	事項
江戸時代	一六一一	慶長16	南禅寺方丈、仙洞御所の建物を移築
			松江城造営
	一六一二	慶長17	大徳寺孤蓬庵忘筌造営
			名古屋城造営
	一六一五	元和1	桂離宮造営
			吉村家造営
			大坂城、大坂夏の陣で焼失
	一六一六	元和2	久能山東照宮建立
	一六一七	元和3	日光東照宮建立
			西本願寺焼失
			犬山城改築
	一六二〇	元和6	犬山城増築
	一六二二	元和8	彦根城造営
	一六二三	元和9	日吉東照宮創建
	一六二五	寛永2	大坂城、徳川の大坂城に造り直される
	一六二六	寛永3	二条城二の丸御殿・庭園造営
	一六二八	寛永5	南禅寺金地院八窓席造営
	一六三二	寛永9	西本願寺対面所・白書院造営
	一六三三	寛永10	清水寺再建
	一六三四	寛永11	家光、日光東照宮再建
	一六三六	寛永13	仁科神明宮、現在の社殿の遷宮が行われる
	一六三七	寛永14	西本願寺御影堂再建
	一六三九	寛永16	江戸城大天守完成
	一六四一	寛永18	石清水八幡宮社殿造営
			桂離宮中書院・松琴亭造営

時代	西暦	和暦	事項
江戸時代	一六四二	寛永19	延暦寺根本中堂再建
			大徳寺孤蓬庵、現地に移築
	一六四四	寛永21	東寺五重塔再建
	一六四七	正保4	園城寺（三井寺）円満院・東福門院・御局建物移築
	一六四八	慶安1	備後吉備津神社再建
	一六五〇	慶安3	今西家造営
	一六五二〜一六五九	承応1〜万治2	修学院御茶屋造営
	一六五四	承応3	八坂神社再建
	一六五六	明暦2	曼殊院造営
	一六五七	明暦3	西本願寺黒書院造営
			江戸城焼失
	一六六一	寛文1	万福寺創建
	一六六二	寛文2	桂離宮書院群増築
	一六六三	寛文3	慈光院創建
	一六六四	寛文4	慈光院高林庵創建
	一六六七	寛文7	武者小路千家官休庵創建
	一六九八	元禄11	金鑽神社拝殿・幣殿焼失、多宝塔は免れる
	一七〇七	宝永4	善光寺本堂再建
	一七四一	寛保1	大徳寺閑隠席造営
	一七四四	延享1	出雲大社再建
	一七八八	天明8	表千家不審庵焼失
	一七九〇	寛政2	京都御所復元
	一七九二	寛政4	大徳寺孤蓬庵全焼
	一八一〇	文化7	住吉大社再建
	一八一三	文化10	美保神社再建

時代	西暦	和暦	事項
江戸時代	一八一六	文化13	藪内家燕庵、古田織部より剣仲紹智に譲られる
	一八二八	文政11	鶴岡八幡宮再建
	一八二九	文政12	藪内家燕庵複製が造られる
	一八四〇	天保11	藪内家燕庵、現在の地に移築
	一八五五	安政2	京都御所造営（現状）
	一八六一	文久1	宇佐神宮再建
	一八六三	文久3	春日大社遷宮（現存）
			賀茂別雷神社（上賀茂神社）、賀茂御祖神社（下鴨神社）本殿・権殿造営
			賀茂御祖神社（下鴨神社）遷宮（現存）
	一八六四	元治1	藪内家燕庵焼失
	一八六七	慶応3	藪内家燕庵複製を移築
近代	一八七七	明治10	熊本城焼失
	一九〇六	明治39	表千家不審庵再度焼失
	一九二六	大正15	武者小路千家官休庵再建
	一九四四	昭和19	法起寺焼失
	一九四五	昭和20	名古屋城焼失
	一九五〇	昭和25	鹿苑寺（金閣寺）焼失
			鹿苑寺（金閣寺）再建
	一九五七	昭和32	照蓮寺、ダム建設のため移築

[参考文献・写真提供]

◆参考文献

太田博太郎他編『日本建築史基礎資料集成』25巻（中央公論美術出版、昭和47年）
日本建築学会編『日本建築史図集』（彰国社、昭和38年）
中村昌生・恒成一訓著『茶室大観』3巻（創元社、昭和52年〜53年）
平凡社編『世界建築全集』日本I 古代（平凡社、昭和57年）
太田博太郎他著『図説日本の町並』7近畿編（第一法規、昭和57年）
吉田靖他編『日本の民家』8巻（学研、昭和55〜56年）
彰国社編『伝統のディテール』（彰国社、昭和47年）
久野健・太田博太郎他編『日本古寺美術全集』25巻（集英社、昭和54年〜58年）
奈良六大寺大観刊行会編『奈良六大寺大観』14巻（岩波書店、昭和43年〜48年）
太田博太郎他編『大和古寺大観』7巻（岩波書店、昭和51年〜53年）
太田博太郎他著『奈良の寺』21巻（岩波書店、昭和48年〜50年）
毛利久他著『大和の古寺』7巻（岩波書店、昭和56年〜57年）
太田博太郎他監修『名宝日本の美術』26巻（小学館、昭和55年〜58年）
前久夫著『古建築のみかた図典』（東京美術、昭和55年）
岡田米夫著『日本史小百科　神社』（東京堂出版、昭和52年）
近藤豊著『古建築の細部意匠』（大河出版、昭和63年）

◆写真提供

＊宮内庁京都事務所・財団法人伝統文化保存協会

[図8]桂離宮囲炉裏の間（164頁）、[図17]修学院離宮楽只軒（181頁）、[図18]修学院離宮中御茶屋客殿（181頁）、[図3]数寄屋風書院造の例（修学院離宮中御茶屋客殿）（183頁）、[図33]桂離宮書院群（196頁）、[図4]桂離宮外腰掛（218頁）、[図7]園林堂脇の飛石（218頁）、[図8]織部灯籠（218頁）、[図9]桂離宮月波楼（220頁）、[図10]桂離宮笑意軒（220頁）、[図11]桂離宮寿月観（220頁）、[図12]桂離宮賞花亭（220頁）、[図5]桂離宮松琴亭茶室内部（235頁）、[図8]桂離宮の釘隠しと引手（289頁）

＊浄土真宗本願寺派（西本願寺）

[図6]西本願寺阿弥陀堂（92頁）、[図16]西本願寺唐門（95頁）、[図98]西本願寺御影堂（154頁）、[図20]西本願寺対面所（190頁）

＊滋賀院

[図34]天海肖像（66頁）、[図17]徳川家康肖像（80頁）

＊豊国神社

[図a]豊国祭礼図屏風（79頁）

＊妙法院門跡（蓮華王院）

[図46]蓮華王院内部（124頁）

＊平等院

[図70]平等院鳳凰堂（142頁）

＊不審庵

[図1]千利休画像（長谷川等伯筆）（216頁）

＊高台寺

[図a]豊臣秀吉公画像（246頁）

（上記以外は、著者撮影）

◆協力

清水寺・宮内庁京都事務所・久能山東照宮・平等院・妙心寺・鹿苑寺　他　（敬称略、五十音順）

おわりに

本書は、龍谷大学コミュニティカレッジ「日本建築入門―みかた・楽しみ方―」（一九九九年）及び、龍谷大学国際文化学部開講講義「日本の建築美術」（一九九七年〜二〇〇〇年）の講義録をもとに、多数の取材を加えて新たに書き起こしたものです。講義の間、受講者の数多くから激励を受けましたが、最後まで、それが本書執筆の原動力となりました。一言お礼を申し上げます。

著者を含めた日本建築の研究者の多くは、京都、奈良に憧れているといわれます。それは、京都、奈良周辺が第二次世界大戦で唯一空爆を免れ、私たちの研究テーマである古建築のメッカとなったためでしょう。五年前、願いかなって憧れの京都に職を得た際、まず夢見たのが、日本建築を網羅するガイドブックの構想でした。一〇〇以上の古建築を丹念に取材することは、近畿以外の研究者にとっては、まさに至難の業であったに違いありません。五年間の気の遠くなるような作業の連続の末、その夢が現実となって出版にこぎつけられた喜びは何者にも代え難いものです。関係者の方々の献身的努力をおそらく一生忘れる事はないでしょう。

本書の大量の写真と図版を整理してくれたのは松永智美君です。また、本書の出版を快諾していただいた学芸出版社編集部の吉田隆氏、さらに実際の編集作業でお手を煩わせたのは同編集部越智和子氏、そして取材を受け入れて下さった数多くの建築の所有者の方々に心より感謝の意をあらわします。

二〇〇一年二月　三井寺の見える書斎にて

宮元健次

1235～1237 嘉禎
1238 暦仁
1239 延応
1240～1242 仁治
1243～1246 寛元
1247～1248 宝治
1249～1255 建長
1256 康元
1257～1258 正嘉
1259 正元
1260 文応
1261～1263 弘長
1264～1274 文永
1275～1277 建治
1278～1287 弘安
1288～1292 正応
1293～1298 永仁
1299～1301 正安
1302 乾元
1303～1305 嘉元
1306～1307 徳治
1308～1310 延慶
1311 応長
1312～1316 正和
1317～1318 文保
1319～1320 元応
1321～1323 元亨
1324～1325 正中
1326～1328 嘉暦
1329～1330 元徳
1331 元弘

南北朝時代

（南朝）

1332～1333 元弘
1334～1335 建武
1336～1339 延元
1340～1345 興国
1346～1369 正平
1370～1371 建徳
1372～1374 文中
1375～1380 天授
1381～1383 弘和
1384～1392 元中

（北朝）

1332～1333 正慶
1334～1337 建武
1338～1341 暦応
1342～1344 康永
1345～1349 貞和
1350～1351 観応
1352～1355 文和
1356～1360 延文
1361 康安
1362～1367 貞治
1368～1374 応安
1375～1378 永和
1379～1380 康暦
1381～1383 永徳
1384～1386 至徳
1387～1388 嘉慶
1389 康応
1390～1392 明徳

室町時代

1393 明徳
1394～1427 応永
1428 正長
1429～1440 永享
1441～1443 嘉吉
1444～1448 文安
1449～1451 宝徳
1452～1454 享徳
1455～1456 康正
1457～1459 長禄
1460～1465 寛正
1466 文正
1467～1468 応仁
1469～1486 文明
1487～1488 長享
1489～1491 延徳
1492～1500 明応
1501～1503 文亀
1504～1520 永正
1521～1527 大永
1528～1531 享禄
1532～1554 天文
1555～1557 弘治
1558～1569 永禄
1570～1572 元亀

桃山時代

1573～1591 天正
1592～1595 文禄

江戸時代

1596～1614 慶長
1615～1623 元和
1624～1643 寛永
1644～1647 正保
1648～1651 慶安
1652～1654 承応
1655～1657 明暦
1658～1660 万治
1661～1672 寛文
1673～1680 延宝
1681～1683 天和
1684～1687 貞享
1688～1703 元禄
1704～1710 宝永
1711～1715 正徳
1716～1735 享保
1736～1740 元文
1741～1743 寛保
1744～1747 延享
1748～1750 寛延
1751～1763 宝暦
1764～1771 明和
1772～1780 安永
1781～1788 天明
1789～1800 寛政
1801～1803 享和
1804～1817 文化
1818～1829 文政
1830～1843 天保
1844～1847 弘化
1848～1853 嘉永
1854～1859 安政
1860 万延
1861～1863 文久
1864 元治
1865～1867 慶応

近代

1868～1911 明治
1912～1925 大正
1926～1988 昭和
1989～2018 平成
2019～ 令和

※西暦は各元号の改元の年から末年の前年までとした。

西暦—元号対応表

飛鳥時代

645～649	大化
650～654	白雉
686	朱鳥
701～703	大宝
704～707	慶雲

奈良時代

708～714	和銅
715～716	霊亀
717～723	養老
724～728	神亀
729～748	天平
749	天平感宝
749～756	天平勝宝
757～764	天平宝字
765～766	天平神護
767～769	神護景雲
770～780	宝亀
781	天応

平安時代

782～805	延暦
806～809	大同
810～823	弘仁
824～833	天長
834～847	承和
848～850	嘉祥
851～853	仁寿
854～856	斉衡
857～858	天安
859～876	貞観
877～884	元慶
885～888	仁和
889～897	寛平
898～900	昌泰
901～922	延喜
923～930	延長
931～937	承平
938～946	天慶
947～956	天暦
957～960	天徳
961～963	応和
964～967	康保
968～969	安和
970～972	天禄
973～975	天延
976～977	貞元
978～982	天元
983～984	永観
985～986	寛和
987～988	永延
989	永祚
990～994	正暦
995～998	長徳
999～1003	長保
1004～1011	寛弘
1012～1016	長和
1017～1020	寛仁
1021～1023	治安
1024～1027	万寿
1028～1036	長元
1037～1039	長暦
1040～1043	長久
1044～1045	寛徳
1046～1052	永承
1053～1057	天喜
1058～1064	康平
1065～1068	治暦
1069～1073	延久
1074～1076	承保
1077～1080	承暦
1081～1083	永保
1084～1086	応徳
1087～1093	寛治
1094～1096	嘉保
1096	永長
1097～1098	承徳
1099～1103	康和
1104～1105	長治
1106～1107	嘉承
1108～1109	天仁
1110～1112	天永
1113～1117	永久
1118～1119	元永
1120～1123	保安
1124～1125	天治
1126～1130	大治
1131	天承
1132～1134	長承
1135～1140	保延
1141	永治
1142～1143	康治
1144	天養
1145～1150	久安
1151～1153	仁平
1154～1155	久寿
1156～1158	保元
1159	平治
1160	永暦
1161～1162	応保
1163～1164	長寛
1165	永万
1166～1168	仁安
1169～1170	嘉応
1171～1174	承安
1175～1176	安元
1177～1180	治承
1181	養和

鎌倉時代

1182～1184	寿永
1184	元暦
1185～1189	文治
1190～1198	建久
1199～1200	正治
1201～1203	建仁
1204～1205	元久
1206	建永
1207～1210	承元
1211～1212	建暦
1213～1218	建保
1219～1221	承久
1222～1223	貞応
1224	元仁
1225～1226	嘉禄
1227～1228	安貞
1229～1231	寛喜
1232	貞永
1233	天福
1234	文暦

■や行

■ら行

■わ行

■ま行

■は行

■な行

■た行

■さ行

■か行

索　　引

■あ行

形式		No.	建築名	所在地・問い合わせ電話番号	公開時間・休日	掲載頁
城郭建築	遺構として残る城郭	106	名古屋城跡	愛知県名古屋市中区本丸 1－1 Tel.052－231－1700（名古屋城管理事務所）	9:00～16:30　12/29～1/1 休	p.264
		107	安土城跡	滋賀県蒲生郡安土町 〔安土城天主・信長の館〕　滋賀県蒲生郡安土町桑美寺　Tel.0748－46－3141（安土町観光協会） 〔安土城考古博物館〕　滋賀県蒲生郡安土町下豊浦 6678　Tel.0748－46－2424	城跡の一部は見学自由、〔信長の館・博物館〕9:30～17:00 日曜日・祝日の翌日および 12/28～1/5 休	p.265
		108	江戸城跡（皇居東御苑）	東京都千代田区千代田 1－1 Tel.03－3213－2050（宮内庁庭園課）	9:00～16:00（11～2 月は 15:30 まで）　月・金曜日（祝日は開苑）および特別行事の日休	p.266
		109	大坂城跡（大阪城）	大阪府大阪市中央区大阪城 1－1 Tel.06－6944－0546	9:00～16:30（夏季は 20:30 ごろまで、1/1 は 11:00 から）　12／28～31 休	p.268

（2000 年 12 月調べ）

※各建築への入場は、特記以外公開時間終了の 30 分前までに受付をしてください。

上記記載の他、それぞれの特別行事日に休日となる場合がありますので、詳細は各建築の窓口等へお問合わせください。

見学が申込制の建築への訪問は、原則的には、往復ハガキに見学者の人数・住所・氏名および 2～3 の見学希望日を記入して、少なくとも 1 カ月前までに申込みます。あらかじめ見学可能日が定められていたり、所定の書類を取り寄せなければならない場合もありますので、事前に電話で問合わせたほうがよいでしょう。

非公開の建築については、紹介者等がない限り現在は見学できません。特別公開の情報に気をつけてください。

形式		No.	建築名	所在地・問い合わせ電話番号	公開時間・休日	掲載頁
茶室	三千家の茶室	87	妙喜庵待庵	京都府乙訓郡大山崎町竜光 56 Tel.075－956－0103	申込制（往復ハガキ）	p.227
		88	表千家不審庵	京都市上京区小川通寺ノ内上ル Tel.075－432－1111	月に 1 回程度公開（電話にて事前問合せ）	p.227
		89	武者小路千家官休庵	京都市上京区武者小路通小川東入ル Tel.075－441－1000	申込制（往復ハガキ）	p.230
		90	高台寺傘亭・時雨亭	京都市東山区高台寺下河原町 526 Tel.075－561－9966	9:00～17:00（季節により夜間拝観あり） 無休	p.230
		91	西芳寺湘南亭	京都市西京区松尾神ケ谷町 Tel.075－391－3631	境内は申込制（往復ハガキ）、湘南亭内部は非公開	p.232
	大名家の茶室	92	南禅寺金地院八窓席	京都市左京区南禅寺福地町 Tel.075－771－3511	申込制（往復ハガキ）	p.235
		93	桂離宮松琴亭	京都市西京区桂御園内 Tel.075－211－1215（宮内庁京都事務所参観係）	宮内庁宛参観申込要	p.235
		94	水無瀬神宮燈心亭	大阪府三島郡島本町広瀬 3－10－24 Tel.075－961－0078	毎月第 2 日曜日に公開	p.236
		95	慈光院高林庵	奈良県大和郡山市小泉町 865 Tel.07435－3－3004	9:00～17:00 無休	p.237
		96	仁和寺遼廓亭・飛濤亭	京都市右京区御室大内 33 Tel.075－461－1155	申込制（電話で事前問合せ）、不定期に特別拝観あり	p.238
		97	西本願寺飛雲閣憶昔席	京都市下京区堀川通花屋町下ル Tel.075－371－5181（西本願寺参拝部）	毎年 5/21 および春と秋に特別公開あり	p.239
		98	大徳寺聚光院閑隠席・桝床席	京都市北区紫野大徳寺町 58 Tel.075－492－6880	11 月に特別拝観が催されることもある	p.240
		99	大徳寺孤蓬庵忘筌	京都市北区紫野大徳寺町 66－1 Tel.075－491－3698	まれに特別拝観あり	p.241
		100	藪内家燕庵	京都市下京区西洞院正面下ル Tel.075－371－3317	申込制（文書にて）	p.243
城郭建築	現存する天守	101	丸岡城	福井県坂井郡丸岡町霞 1－59 Tel.0776－66－0303（霞ケ城公園事務所）	8:30～16:45 無休	p.256
		102	犬山城	愛知県犬山市大字犬山字古券 65－2 Tel.0568－61－1711	9:00～17:00(冬季は 16:30 まで） 12/29～31 休	p.256
		103	松本城	長野県松本市丸の内 4 Tel.0263－32－2902（松本市教育委員会松本城管理事務所）	8:30～16:30 (4/29～5/7 は 17:30 まで、8 月中は変動あり） 12/29～1/3 休	p.256
		104	姫路城	兵庫県姫路市本町 68 Tel.0792－85－1146	9:00～16:00（6～8 月は 17:00 まで） 12/29～31 休	p.259
		105	彦根城	滋賀県彦根市金亀町 1－1 Tel.0749－22－2742	8:30～17:00 無休	p.260

形式		No.	建築名	所在地・問い合わせ電話番号	公開時間・休日	掲載頁
住宅	書院造	⑬	慈照寺（銀閣寺）	京都市左京区銀閣寺町2 Tel.075－771－5725	8:30～17:00（12～3月は16:30まで） 無休	p.184
		⑭	園城寺光浄院・勧学院	滋賀県大津市園城寺町246 Tel.0775－22－2238	申込制（園城寺事務所宛往復ハガキ送付）	p.186
		⑮	醍醐寺三宝院	京都市伏見区醍醐東大路町22 Tel.075－571－0002	9:00～17:00（11～2月は16:00まで） 無休	p.188
		⑯	西本願寺書院・黒書院	京都市下京区堀川通花屋町下ル Tel.075－371－5181（西本願寺参拝部）	書院は申込制（電話で確認の上、往復ハガキ送付）、黒書院は非公開	p.190
		⑰	二条城二の丸	京都市中京区二条通堀川西入ル二条城町541 Tel.075－841－0096	8:45～17:00（受付は16:00） 12/26～1/4休	p.192
		⑱	桂離宮	京都市西京区桂御苑内 Tel.075－211－1215（宮内庁京都事務所参観係）	宮内庁宛参観申込要	p.192
		⑲	曼殊院	京都市左京区一乗寺竹ノ内町42 Tel.075－781－5010	9:00～17:00 無休	p.196
	町屋と民家	⑳	合掌造り民家園・白川郷合掌造り集落	岐阜県大野郡白川村大字萩町2499 Tel.05769－6－1231	（4～7、9～11月）8:40～17:00（8月）8:00～17:30（12～3月）9:00～16:00 12～3月の木曜日休	p.203
		㉑	飛驒民俗村（飛驒の里）	岐阜県高山市上岡本町1－590 Tel.0577－34－4711	8:30～17:00 無休	p.204
		㉒	日本民家集落博物館	大阪府豊中市服部緑地1－2 Tel.06－6862－3137	（4～10月）10:00～17:00（11～3月）10:00～16:00 月曜日（祝日の場合は翌日）および8/13～17・12/25～1/4休	p.205
		㉓	日本民家園	神奈川県川崎市多摩区枡形7－1－1 Tel.044－922－2181	9:30～16:30 月曜日・祝日の翌日（祝・土・日の場合は開園）および12/28～1/4休	p.206
		㉔	吉村家	大阪府羽曳野市島泉町5－3－5 Tel.0729－58－1111（羽曳野市市史編纂室）	春・秋および5月初旬の指定日のみ公開	p.208
		㉕	吉島家	岐阜県高山市大新町1－51 Tel.0577－32－0038	9:00～17:00（12～2月は16：30まで）12～2月の火曜日および12/29～1/1休	p.209
		㉖	今西家	奈良県橿原市今井町3－25 Tel.0744－25－3388（今西家保存会）	4/15～5/14および10/15～11/14の9:00～17:00に公開（昼休み1時間有り）	p.210

形式		No.	建築名	所在地・問い合わせ電話番号	公開時間・休日	掲載頁
寺院	和様・大仏様（天竺様）・禅宗様（唐様）・折衷様	㊻56	鶴林寺	兵庫県加古川市加古川町北在家 424 Tel.0794－54－7053	8:30～17:00 〔宝物館〕9:00～16:30 無休	p.148
		57	観心寺	大阪府河内長野市寺元 475 Tel.0721－62－2134	9:00～17:00 無休	p.148
		58	大徳寺	京都市北区紫野大徳寺町 53 Tel.075－491－0019	非公開	p.148
		59	南禅寺	京都市左京区南禅寺福地町 Tel.075－771－0365	8:40～17:00（冬季は 16:30 まで） 12/28～12/31 休	p.151
		60	妙心寺	京都市右京区花園妙心寺町 1 Tel.075－461－5226	9:10～15：40 無休	p.151
		61	万福寺	京都府宇治市五ケ庄三番割 34 Tel.0774－32－3900	9:00～16:30（季節により変動あり） 無休	p.153
		62	西本願寺	京都市下京区堀川通花屋町下ル Tel.075－371－5181	（夏季）5:30～17:30（冬季）6:00～17:00 無休	p.154
		63	照蓮寺	岐阜県高山市堀端町 8 Tel.0577－32－2052	（4～10 月）8:00～18:00（11～3 月）8:30～17:00 無休	p.156
		64	善光寺	長野県長野市元善町 500 Tel.0262－34－0188	（夏季）5:00～16:00（冬季）5:30～16:00 無休	p.156
住宅	原始時代の住居	65	高根木戸遺跡	千葉県船橋市西習志野 1 丁目 現・高郷小学校〔飛野台史跡公園博物館〕千葉県船橋市海神 4－27－2 Tel.047－495－1325	遺跡は現在学校敷地内で見学不可、左記博物館に発掘資料を一部展示〔博物館〕9:00～17:00 月曜日・祝日の翌日休	p.170
		66	登呂遺跡	静岡県静岡市登呂 5－10－5 Tel.054－285－0476（登呂博物館）	遺跡自由〔博物館〕9:00～16:30 月曜日・祝日の翌日・平日の月末休	p.171
	寝殿造	67	京都御所紫宸殿・清涼殿	京都市上京区京都御苑内 Tel.075－211－1215（宮内庁京都事務所参観係）	春秋に特別公開あり、その他の期間は宮内庁参観係宛申込要	p.174
		68	仁和寺金堂・御影堂（慶長度内裏紫宸殿・清涼殿）	京都市右京区御室大内 33 Tel.075－461－1155	金堂・御影堂は非公開（不定期に特別公開あり）、境内は 9:00～16:30	p.175
		69	園城寺円満院（慶長度内裏）	滋賀県大津市園城寺町 33 Tel.0775－22－3690	9:00～17：00 無休	p.176
		70	鹿苑寺（金閣寺）	京都市北区金閣寺町 1 Tel.075－461－0013	9:00～17:00 無休	p.177
		71	厳島神社	広島県佐伯郡宮島町 1－1 Tel.0829－44－2020	6:30～18:00（冬季は 17:00 まで、季節により変動あり） 無休	p.178
		72	修学院離宮	京都市左京区修学院藪添 Tel.075－211－1215（宮内庁京都事務所参観係）	宮内庁宛参観申込要	p.180

形式		No.	建築名	所在地・問い合わせ電話番号	公開時間・休日	掲載頁
寺院	和様・大仏様（天竺様）・禅宗様（唐様）・折衷様	38	興福寺	奈良県奈良市登大路町 48 Tel.0742－22－7755	9:00〜17:00　無休	p.117
		39	西明寺	滋賀県犬上郡甲良町池寺 26 Tel.0749－38－3415	8:00〜16:30　無休	p.120
		40	金剛輪寺	滋賀県愛知郡秦荘町松尾寺 874 Tel.0749－37－3211	8:00〜17:00　無休	p.122
		41	清水寺	京都市東山区清水 1－294 Tel.075－551－1234	6:00〜18:00　無休	p.123
		42	石山寺	滋賀県大津市石山寺 1－1－1 Tel.077－537－0013	8:00〜16:30（冬季は 16:00 まで）無休	p.124
		43	蓮華王院（三十三間堂）	京都市東山区東山三十三間堂廻町 Tel.075－525－0033	（4/1〜11/16）8:00〜17:00（11/17〜3/31）9:00〜16:00 無休	p.125
		44	根来寺	和歌山県那賀郡岩出町根来 2286 Tel.0736－62－1144	9:00〜16:30（冬季は 16:00 まで）無休	p.126
		45	延暦寺	滋賀県大津市坂本本町 4220 Tel.077－578－0001	（3〜11 月）8:30〜16:30（12 月）9:00〜16:00（1〜2 月）9:00〜16:30（国宝殿、横川、西塔はそれぞれ 30 分ほど早く閉門）無休	p.127
		46	金剛峯寺	和歌山県伊都郡高野町高野山 132 Tel.0736－56－2011	8:30〜16:30　無休	p.131
		47	東寺（教王護国寺）	京都市南区九条町 1 Tel.075－691－3325	9:00〜16:30　無休	p.137
		48	当麻寺	奈良県北葛城郡当麻町当麻 1263 Tel.0745－48－2004	9:00〜16:30　無休	p.138
		49	中尊寺	岩手県西磐井郡平泉町平泉字衣関 202 Tel.0191－46－2211	（4 月〜11/10）8:00〜17:00（11/11〜3 月）8:30〜17:00 無休	p.139
		50	平等院	京都府宇治市宇治蓮華 116 Tel.0774－21－2861	〔宝物館と庭〕9:00〜17:00（12〜2 月は 16:00 まで）〔鳳凰堂〕9:30〜16:30（12〜2 月は 15:30 まで）	p.140
		51	浄瑠璃寺	京都府相楽郡加茂町西小礼場 40 Tel.0774－76－2390	（3〜11 月）9:00〜17:00（12〜2 月）10:00〜16:00　無休	p.142
		52	法界寺	京都市伏見区日野西大道町 19 Tel.075－571－0024	9:00〜17:00（冬季は 16:00 まで）無休	p.142
		53	元興寺	奈良市中院町 11 Tel.0742－23－1377	9:00〜17:00　無休〔本堂と収蔵庫〕12/29〜1/4 休	p.144
		54	円覚寺	神奈川県鎌倉市山ノ内 409 Tel.0467－22－0478	8:00〜17:00（11〜3 月は 16:00 まで）無休	p.146
		55	東福寺	京都市東山区本町 15－778 Tel.075－561－0087	9:00〜16:00（紅葉の時期は変動あり）12/29〜1/3 休	p.146

形式		No.	建築名	所在地・問い合わせ電話番号	公開時間・休日	掲載頁
神社		㉑	日吉大社	滋賀県大津市坂本5－1－1 Tel.077－578－0009	9:00～17:00　無休	p.62
	宮寺（石の間造）	㉒	北野天満宮	京都市上京区馬喰町 Tel.075－461－0005	9:00～17:30（5:30開門、冬季は17:00まで）　無休	p.74
		㉓	八坂神社	京都市東山区祇園町北側625 Tel.075－561－6155	境内自由	p.75
		㉔	久能山東照宮	静岡県静岡市根古屋390 Tel.054－237－2438	（4～10月）8:30～17:00（11～3月）9:00～16:00　無休	p.77
		㉕	日光東照宮	栃木県日光市山内2301 Tel.0288－54－0560	（4～10月）8:00～17:00（11～3月）8:00～16:00　無休	p.80
		㉖	大崎八幡神社	宮城県仙台市青葉区八幡4－6－1 Tel.022－234－3606	9:00～17:00（正月は変動あり）　無休	p.82
		㉗	宝厳寺唐門・都久夫須麻神社	滋賀県東浅井郡びわ町早崎1664 Tel.0749－72－5252（びわ町観光協会）	9:00～16:00前後（船の運行時間内）　無休	p.84
寺院	和様・大仏様（天竺様）・禅宗様（唐様）・折衷様	㉘	法隆寺	奈良県生駒郡斑鳩町法隆寺山内1－1 Tel.07457－5－2555	（2/22～11/3）8:00～17:00（11/4～2/21）8:00～16:30　無休	p.106
		㉙	栄山寺	奈良県五條市小島町503 Tel.07472－4－2086	8:00～17:00　無休	p.108
		㉚	法起寺	奈良県生駒郡斑鳩町大字岡本1873 Tel.0745－75－5559	8:30～17:00（冬季は16:30まで）　無休	p.109
		㉛	薬師寺	奈良県奈良市西ノ京町457 Tel.0742－33－6001	8:30～17:00　無休	p.110
		㉜	唐招提寺	奈良県奈良市五条町13－46 Tel.0742－33－7900	8:30～17:00　無休	p.111
		㉝	東大寺	奈良県奈良市雑司町406－1 Tel.0742－22－5511	（4～9月）7:30～17:30（10月）7:30～17:00（11～2月）8:00～16:30（3月）8:00～17:00　無休	p.113
		㉞	浄土寺	兵庫県小野市浄谷町2095 Tel.0794－62－2651	（4～10月）9:00～17:00（11～3月）9:00～16:00　12/31・1/1休	p.114
		㉟	新薬師寺	奈良県奈良市高畑福井町1352 Tel.0742－22－3736	9:00～17:00　無休	p.116
		㊱	醍醐寺	〔下醍醐寺〕京都市伏見区醍醐東大路町22 Tel.075－571－0002 〔上醍醐寺〕京都市伏見区醍醐醍醐山1 Tel.075－571－0029	〔下〕9:00～17:00（11～2月は16:30まで）　無休 〔上〕8:30～17:00　無休	p.117
		㊲	室生寺	奈良県宇陀郡室生村大字室生78 Tel.0745－93－2003	（夏季）8:00～17:00（冬季）8:30～16:00　無休	p.117

[訪問ガイド]

形式		No.	建築名	所在地・問い合わせ電話番号	公開時間・休日	掲載頁
神社	本殿をもたない神社	❶	大神神社	奈良県桜井市三輪 1422 Tel.0744－42－6633	境内自由	p.29
神社	本殿をもたない神社	❷	諏訪大社上社前宮	長野県茅野市宮川 2030 Tel.0266－72－1606	境内自由	p.30
神社	本殿をもたない神社	❸	諏訪大社上社本宮	長野県諏訪市中州字宮山 1 Tel.0266－52－1919	境内自由	p.30
神社	本殿をもたない神社	❹	諏訪大社下社春宮	長野県諏訪郡下諏訪町 194 Tel.0266－27－8316（春宮社務所）	境内自由	p.30
神社	本殿をもたない神社	❺	諏訪大社下社秋宮	長野県諏訪郡下諏訪町 5828 Tel.0266－27－8035（諏訪大社下社宝物館）	境内自由〔宝物館〕9:00～16:00　1/1 休	p.30
神社	本殿をもたない神社	❻	金鑽神社	埼玉県児玉郡神川町二宮 751 Tel.0495－77－4537	9:00～16:00　無休	p.33
神社	仏教伝来以前の神社	❼	住吉大社	大阪市住吉区住吉 2－9－89 Tel.06－6672－0753	6:30～17:00　無休	p.36
神社	仏教伝来以前の神社	❽	出雲大社	島根県簸川郡大社町杵築東 195 Tel.0853－53－3100	境内自由	p.37
神社	仏教伝来以前の神社	❾	神魂神社	島根県松江市大庭町 563 Tel.0852－21－6379	境内自由	p.38
神社	仏教伝来以前の神社	❿	美保神社	島根県八束郡美保関町美保関 608 Tel.0852－73－0506	境内自由	p.38
神社	仏教伝来以前の神社	⓫	伊勢神宮	三重県伊勢市宇治館町 1 Tel.0596－24－1111	境内自由（夜間参拝禁止、12/31～1/7 頃までは可）	p.40
神社	仏教伝来以前の神社	⓬	仁科神明宮	長野県大町市大字社宮本 1159 Tel.0261－62－5030（宮司）	境内自由	p.43
神社	仏教伝来以降の神社	⓭	春日大社	奈良県奈良市春日野町 160 Tel.0742－22－7788	7:00～17:00（季節により変動あり）　無休	p.54
神社	仏教伝来以降の神社	⓮	賀茂別雷神社（上賀茂神社）	京都市北区上賀茂本山 339 Tel.075－781－0011	境内自由	p.55
神社	仏教伝来以降の神社	⓯	賀茂御祖神社（下鴨神社）	京都市左京区下鴨泉川町 59 Tel.075－781－0010	6:30～17:30（季節により変動あり）　無休	p.55
神社	仏教伝来以降の神社	⓰	宇治上神社	京都府宇治市宇治山田 59 Tel.0774－21－4634	9:00～16:30（12～4 月は 16:00 まで）　無休	p.57
神社	仏教伝来以降の神社	⓱	園城寺新羅善神堂	滋賀県大津市園城寺町 246 Tel.0775－22－2238（園城寺事務所）	非公開	p.58
神社	仏教伝来以降の神社	⓲	吉備津神社	岡山県岡山市吉備津 931 Tel.0862－87－4111	境内自由	p.60
神社	仏教伝来以降の神社	⓳	宇佐神宮	大分県宇佐市大字南宇佐 2859 Tel.0978－37－0001	6:00～21:00〔社務所〕9:00～17：00　無休	p.62
神社	仏教伝来以降の神社	⓴	石清水八幡宮	京都府八幡市八幡高坊 30 Tel.075－981－3001	（夏季）5:30～18:30（冬季）6:30～18:00（正月）6:00～20:00	p.62

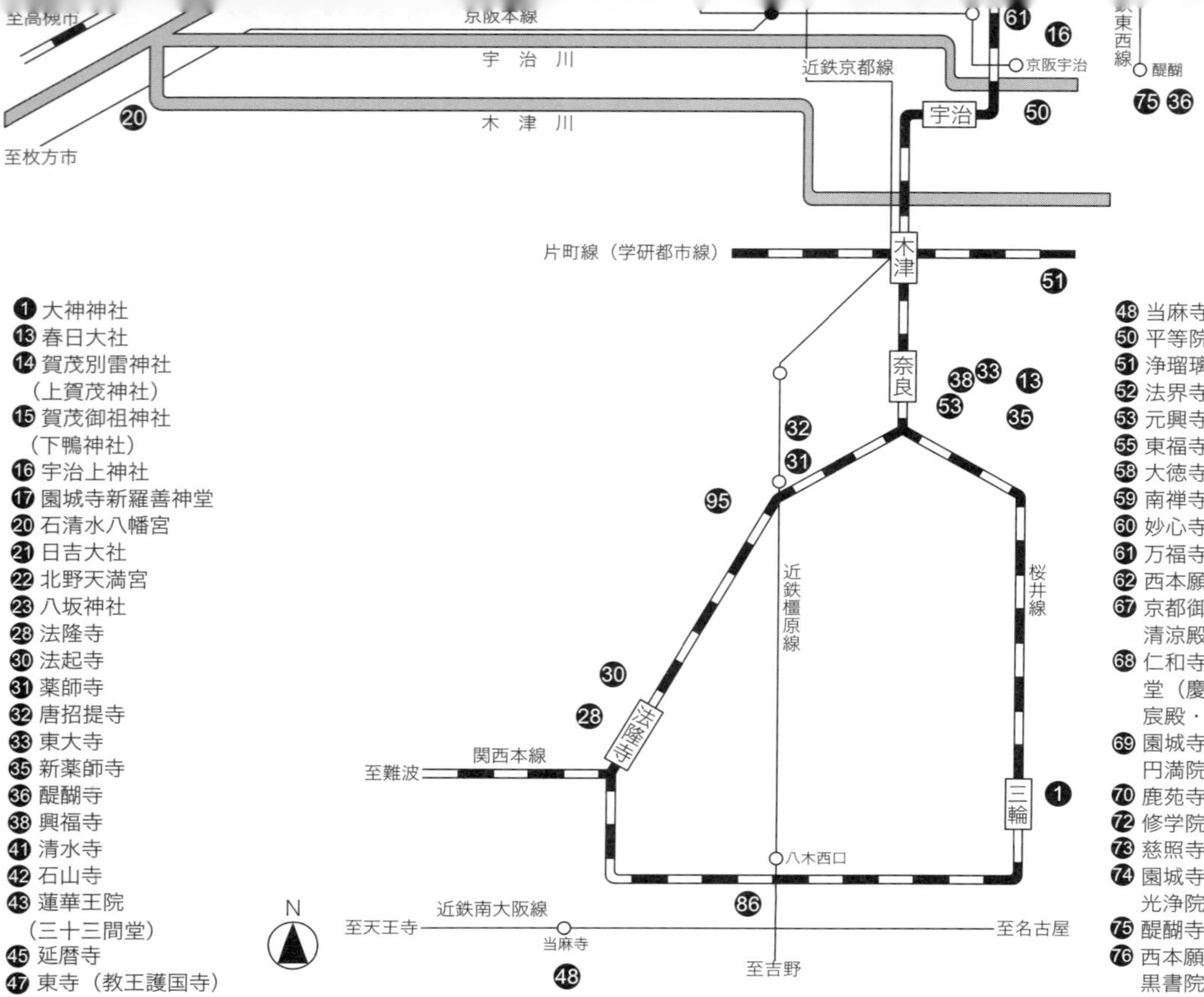

1 大神神社
13 春日大社
14 賀茂別雷神社（上賀茂神社）
15 賀茂御祖神社（下鴨神社）
16 宇治上神社
17 園城寺新羅善神堂
20 石清水八幡宮
21 日吉大社
22 北野天満宮
23 八坂神社
28 法隆寺
30 法起寺
31 薬師寺
32 唐招提寺
33 東大寺
35 新薬師寺
36 醍醐寺
38 興福寺
41 清水寺
42 石山寺
43 蓮華王院（三十三間堂）
45 延暦寺
47 東寺（教王護国寺）

48 当麻寺
50 平等院
51 浄瑠璃寺
52 法界寺
53 元興寺
55 東福寺
58 大徳寺
59 南禅寺
60 妙心寺
61 万福寺
62 西本願寺
67 京都御所紫宸殿・清涼殿
68 仁和寺金堂・御影堂（慶長度内裏紫宸殿・清涼殿）
69 園城寺（三井寺）円満院（慶長度内裏）
70 鹿苑寺（金閣寺）
72 修学院離宮
73 慈照寺（銀閣寺）
74 園城寺（三井寺）光浄院・勧学院
75 醍醐寺三宝院
76 西本願寺書院・黒書院

77 二条城二の丸
78 桂離宮
79 曼殊院
86 今西家
87 妙喜庵待庵
88 表千家不審庵
89 武者小路千家官休庵
90 高台寺傘亭・時雨亭
91 西芳寺湘南亭
92 南禅寺金地院・八窓席
93 桂離宮松琴亭
94 水無瀬神宮灯心亭
95 慈光院高林庵
96 仁和寺遼廓亭・飛濤亭
97 西本願寺飛雲閣憶昔席
98 大徳寺聚光院閑隠席・桝床席
99 大徳寺弧蓬庵忘筌
100 薮内家燕庵

日本建築マップ
II
[京都周辺編]

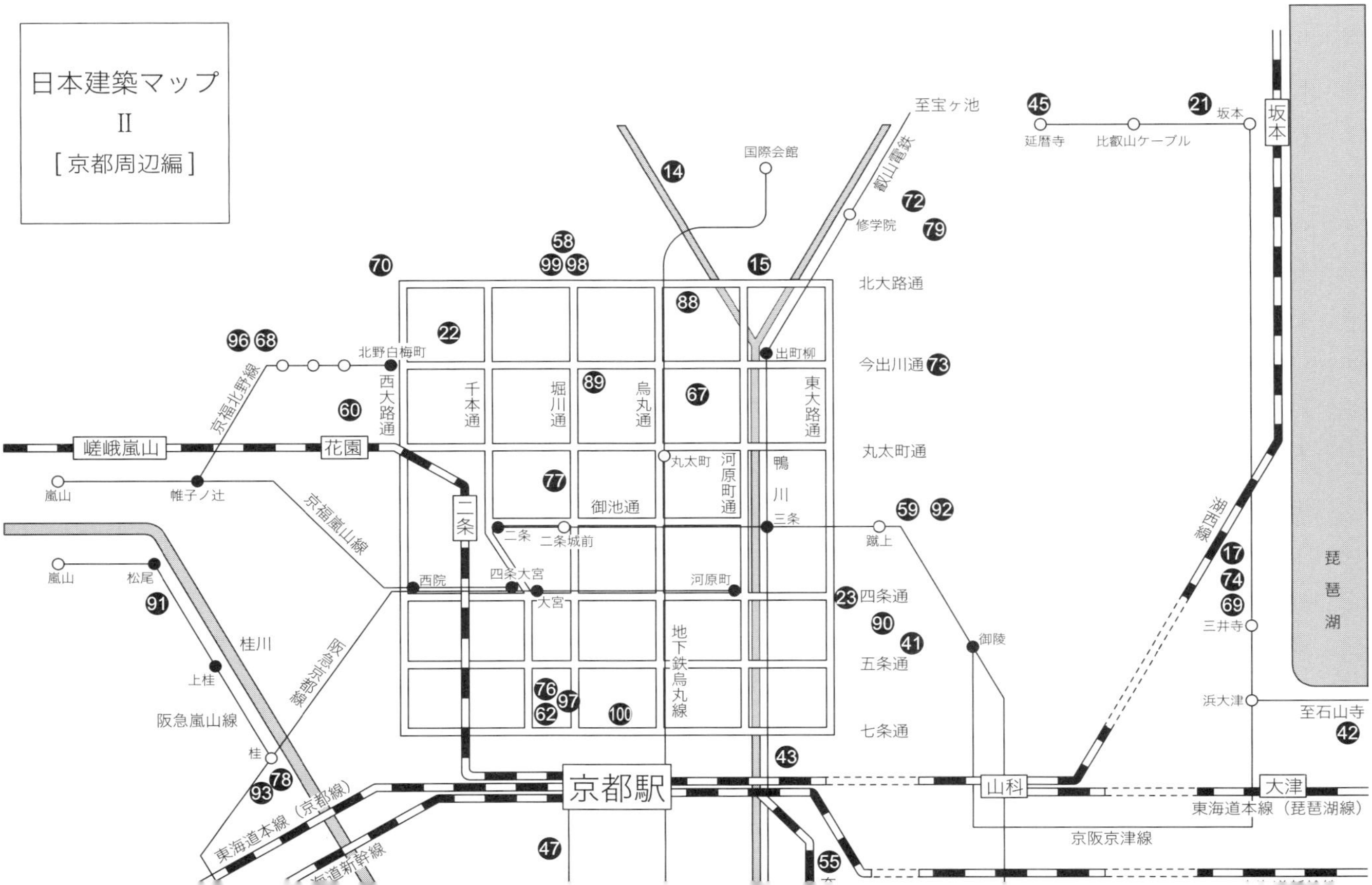

日本建築マップ
I
[全国編]

- ❷ 諏訪大社上社前宮
- ❸ 諏訪大社上社本宮
- ❹ 諏訪大社下社春宮
- ❺ 諏訪大社下社秋宮
- ❻ 金鑚神社
- ❼ 住吉大社
- ❽ 出雲大社
- ❾ 神魂神社
- ❿ 美保神社
- ⓫ 伊勢神宮
- ⓬ 仁科神明宮
- ⓲ 吉備津神社
- ⓳ 宇佐神宮
- ㉔ 久能山東照宮
- ㉕ 日光東照宮
- ㉖ 大崎八幡神社
- ㉗ 宝厳寺唐門・都久夫須麻神社
- ㉙ 栄山寺
- ㉞ 浄土寺
- ㊲ 室生寺
- ㊴ 西明寺
- ㊵ 金剛輪寺
- ㊹ 根来寺
- ㊻ 金剛峯寺
- ㊾ 中尊寺
- 54 円覚寺
- 56 鶴林寺
- 57 観心寺
- 63 照蓮寺
- 64 善光寺
- 65 高根木戸遺跡
- 66 登呂遺跡
- 71 厳島神社
- 80 合掌造り民家園・白川郷合掌造り集落
- 81 飛騨民俗村(飛騨の里)
- 82 日本民家集落博物館
- 83 日本民家園
- 84 吉村家
- 85 吉島家
- 101 丸岡城
- 102 犬山城
- 103 松本城
- 104 姫路城
- 105 彦根城
- 106 名古屋城跡
- 107 安土城跡
- 108 江戸城跡
- 109 大坂城跡

◆著者プロフィール

宮元　健次（みやもと・けんじ）

一九六二年生まれ
一九八七年東京芸術大学大学院美術研究科修了
龍谷大学助教授、大同工業大学建築学科教授を歴任
宮元建築研究所代表取締役

著書　『桂離宮隠された三つの謎』『修学院離宮物語』『近世日本建築にひそむ西欧手法の謎「キリシタン建築」論序説』『建築パース演習教本』『建築製図演習教本』（以上、彰国社）、『桂離宮　ブルーノ・タウトは証言する』（鹿島出版会）、『復元桂離宮書院群』『復元日光東照宮陽明門』（以上、集文社）、『法隆寺五重塔』（雄鶏社）、『Horyuji's Five-story Pagoda』（JPT）、『歴史群像　徳川家光』『歴史群像　豊臣秀吉』『京都古寺の庭をめぐる―京の名庭ベスト・セレクション―』（以上共著、学習研究社）、『建築家秀吉―遺構から推理する戦術と建築・都市プラン―』『江戸の陰陽師―天海のランドスケープデザイン』『加賀百万石と江戸芸術―前田家の国際交流』『芸術家宮本武蔵』（以上、人文書院）、『日本の伝統美とヨーロッパ―南蛮美術の謎を解く―』（世界思想社）、『月と建築』（共著、ＩＮＡＸ出版）、『日光東照宮隠された真実―三人の天才が演出した絢爛たる謎』（祥伝社文庫）、『龍安寺石庭を推理する』（集英社新書）、『インテリアコーディネーター実技テキスト』（ヒューマンアカデミー）、『すぐわかる日本の仏像』『日本美術図解事典』（共著）（以上、東京美術）、『月と日本建築―桂離宮から月を観る―』『京都名庭を歩く』『京都格別な寺』『仏像は語る―何のために造られたのか―』『神社の系譜―なぜそこにあるのか』『名城の由来―そこで何が起きたのか』（以上、光文社）、『近世日本建築の意匠―庭園・建築・都市計画・茶道にみる西欧文化』（雄山閣）、『左右／みぎひだり―あらゆるものは「左右」に通ず』（共著、学燈社）、『鎌倉の庭園―鎌倉・横浜の名園をめぐる』（神奈川新聞社）、『桂離宮と日光東照宮―同根の異空間』『初めての建築模型』『初めての建築構造デザイン』『見る建築デザイン』『よむ住宅プランニング』『図説　日本庭園のみかた』『建築の配置計画―環境へのレスポンス』（以上、学芸出版社）　他

●図版制作補助

松永　智美（まつなが・ともみ）

一九六八年生まれ
現在　宮元建築研究所研究員

〈図説〉日本建築のみかた

二〇〇一年三月一五日　第一版第一刷発行
二〇〇六年二月二〇日　改訂版第一刷発行
二〇一九年六月二〇日　改訂版第七刷発行

著　者　宮元健次
発行者　前田裕資
発行所　株式会社 学芸出版社
京都市下京区木津屋橋通西洞院東入
〒六〇〇－八二一六　☎〇七五（三四三）〇八一一

装　丁　尾崎閑也　／　印刷所　イチダ写真製版　／　製本所　新生製本

ISBN978-4-7615-2251-3